SDHRSS

山东人力资源和社会保障年鉴 2018

Shandong Human Resources and Social Security Yearbook

山东省人力资源和社会保障厅 编

中国文史出版社
CHINA CULTURAL AND HISTORICAL PRESS

《山东人力资源和社会保障年鉴（2018）》编纂委员会

《山东人力资源和社会保障年鉴（2018）》编辑人员

主　　编	侯复东
副 主 编	王　莹　赵盈瑞　胥　玮
执行副主编	戚　成　田　涛
撰 稿 人	韩　林　贾莹莹　蒋大海　范　粟　柳鹏飞　姜　慧
	张连军　崔晓静　马莉亚　王洪举　唐　娟　王　伟
	鄢　鸣　周　刚　郭　赛　杨　琦　孙　栋　李　耸
	王　娟　吴爱梅　吴　琪　宋扬威　高进华　程兴国
	张延诚　石道娟　王　忠　魏兆芳　郭琴琴　王玉泉
	薛　阳　杨树佳　魏　振　刘　扬　戚　成　田　涛
	毛凯程　张　杰　于真真　孙　燕　张延体　慈　磊
	毛可超　张月晓　李兆鹏　张立伟　赵子松　任建平
	刘先谨　季昌栋　徐文锋　沈红叶　丛海平　丛　瑜
	王兴强　伊庆国　赵胜利　李丽欢　张可卿　杨玉强
	郭新立
摄　　影	戚　成　王春晓　毛可超　张　强　王智瑞　周　伟
	丁　浩　张立伟　赵子松　李红涛　刘先谨　徐文锋
	沈红叶　杜　倩　高　雅　程　朋　王兴强　伊庆国
	赵胜利　牟永来　张可卿　王雪玮　袁超杰

编辑说明

一、《山东人力资源和社会保障年鉴》（以下简称《年鉴》）由山东省人力资源和社会保障厅编纂，是山东省人力资源社会保障领域唯一一部专业性年鉴，每年出版一卷。

二、《年鉴》内容系统全面，资料翔实可靠，是各级党委、政府和人力资源社会保障部门、工会和大专院校、科研单位以及各界人士了解、研究山东省人力资源社会保障各项事业发展状况的权威性、资料性参考。

三、《年鉴》（2018 卷）共分七部分，全面系统地记录 2017 年山东省人力资源社会保障各项事业的发展状况。

（一）“文献”部分。选录中共山东省委书记、山东省人大常委会主任刘家义，中共山东省委副书记、山东省省长龚正，中共山东省委常委、山东省常务副省长李群 2017 年的重要批示 10 篇；中共山东省委常委、山东省常务副省长李群讲话 3 篇；中共山东省委组织部副部长，山东省人力资源和社会保障厅党组书记、厅长韩金峰讲话 14 篇。

（二）“山东省人力资源社会保障”部分。全面系统地介绍 2017 年度山东省就业创业、职工养老保险、职工医疗和生育保险、失业保险、工伤保险、居民养老保险、居民医疗保险、社会保险基金监督、社会保险经办、人力资源市场与人力资源流动配置、人才开发、职业能力建设、专业技术人员管理、引进外国智力、公务员管理、事业单位人事管理、军队转业干部安置、工资福利、劳动关系、调解仲裁管理、劳动保障监察、新闻宣传与政策研究、法制工作、规划统计、人事考试、人力资源社会保障科学研究、信息化建设等方面的工作。

（三）“各市人力资源保障工作”部分。按照山东省行政区划排定的顺序，分别介绍 17 市 2017 年度人力资源社会保障工作。

（四）“政策法规”部分。选录 2017 年山东省委、省政府和山东省人力资源和社会保障厅印发的关于就业、社会保障、人才队伍建设、人事制度改革、劳动关系、工资收入分配改革、规划财务、法制建设等八个方面的重要文件 61 件。

（五）“山东省人力资源社会保障大事记”部分。记录 2017 年度山东省人力资源社会保障工作中的大事和重要活动。

（六）“山东省人力资源社会保障统计资料”部分。以统计数据形式，全面反映 2017 年度山东省就业和社会保障发展情况。

（七）“附录”部分。收录 2017 年度“山东荣誉公民”名单、2017 年度齐鲁友谊奖专家名单、2017 年度山东省齐鲁首席技师名单和 2016 年度山东省技术能手名单。

《山东人力资源社会保障年鉴（2018）》的编辑出版是在全省人力资源社会保障系统共同努力下完成的，在此向所有参加编辑出版工作的领导和同志表示衷心的感谢。

2018 年 11 月

2017 年全国大众创业万众创新活动周——首届全国创业就业服务展示交流活动在济南举行，国务院、人社部和省委省政府领导出席并参观活动现场

中共中央政治局委员、国务院副总理马凯（左二），中共中央组织部副部长、人力资源和社会保障部部长尹蔚民（左一）在山东省人力资源市场调研

人力资源和社会保障部副部长、国家外国专家局局长张建国（右二）在山东省人力资源市场调研

人力资源和社会保障部副部长傅兴国（左二）在 12333 山东省人力资源社会保障电话咨询中心调研

人力资源和社会保障部副部长汤涛（中）看望备战第 44 届世界技能大赛工业控制项目选手袁强

人力资源和社会保障部副部长张义珍（中）在山东省人力资源市场调研

中共山东省委书记、山东省人大常委会主任刘家义（右一）在山东省人力资源市场调研

刘家义（左一）调研山东省外国专家工作

人力资源和社会保障部副部长汤涛（中）看望备战第 44 届世界技能大赛工业控制项目选手袁强

人力资源和社会保障部副部长张义珍（中）在山东省人力资源市场调研

中共山东省委书记、山东省人大常委会主任刘家义（右一）在山东省人力资源市场调研

刘家义（左一）调研山东省外国专家工作

中共山东省委副书记、山东省省长龚正（右）接见第 44 届世界技能大赛金牌获得者袁强

中共山东省委常委、山东省常务副省长李群（右）向外国专家颁发齐鲁友谊奖

中共山东省委组织部副部长，山东省人力资源和社会保障厅党组书记、厅长韩金峰（中）看望驻鲁院士专家

韩金峰为山东省社会保障卡知识竞赛获奖单位颁奖

韩金峰在“互联网＋人社”信息化创新应用展现场调研

韩金峰出席 2017 年世界青年技能日主题活动

山东省人力资源和社会保障厅党组副书记、副厅长夏鲁青（左）与省工商局负责人签署企业信息共享工作合作协议

山东省人力资源和社会保障厅一级巡视员李伯平（右一）出席中国山东海内外高端人才交流会暨2017 中国威海·国际英才创新创业大会

山东省人力资源和社会保障厅一级巡视员杨喜坤（左三）在浪潮集团调研

山东省人力资源和社会保障厅副厅长房波（左三）调研和谐劳动关系创建工作

山东省人力资源和社会保障厅副厅长刘杰在山东省第十二届人大常委会第三十次会议上作《山东省劳动人事争议调解仲裁条例（草案）》相关情况汇报

山东省人力资源和社会保障厅副厅长周春艳（中）与第 44 届世界技能大赛获奖选手和教练合影

中共山东省纪律检查委员会驻山东省人力资源和社会保障厅纪检组组长梁永军作案例分析警示教育讲座

山东省外国专家局局长张祝秀（左二）出席第二届外国专家泰安行活动

山东省公务员局局长侯复东（右三）到菏泽市鄄城县旧城镇看望省人社厅挂职“第一书记”

山东省社会保险事业局党委书记、局长亓军（中）参加“道德讲堂”活动

山东省公共就业和人才服务中心党委书记、主任赵振国（右二）在就业鲁渝行——“百企万岗进重庆”活动现场调研

山东省人力资源和社会保障厅二级巡视员刘宝强（中）在菏泽市调研

山东省人力资源和社会保障厅二级巡视员张百顺（中）在菏泽市调研

山东省人力资源和社会保障厅二级巡视员徐国钧（右二）在威海市调研人事考试工作

山东选手在第 44 届世界技能大赛夺得 2 枚金牌、1 枚银牌和 2 个优胜奖，山东实现奖牌零的突破。图为工业控制项目金牌获得者袁强

第 44 届世界技能大赛烹饪（西餐）项目优胜奖获得者曲笛

首届全国创业就业服务展示交流活动在济南举办

开展“就业鲁渝行”东西扶贫协作和对口支援

引领高校毕业生自主创业，促进以创业带动就业

2017 年“山东—名校人才直通车”走进清华大学

建立健全人社精准扶贫工作机制，打造山东“就业扶贫车间”新模式

开展就业创业培训工作

举办农民工恳谈日活动，帮助建筑领域农民工解决就业、社会保障、技能提升、工资支付等问题

加大和谐劳动关系创建力度，维护劳动关系和谐稳定

山东作为“12333 全国统一咨询日”全国主会场开展系列宣传活动

全面实施人社经办服务“综合柜员制”，让群众只跑一次

探索建立新型长期护理保险制度

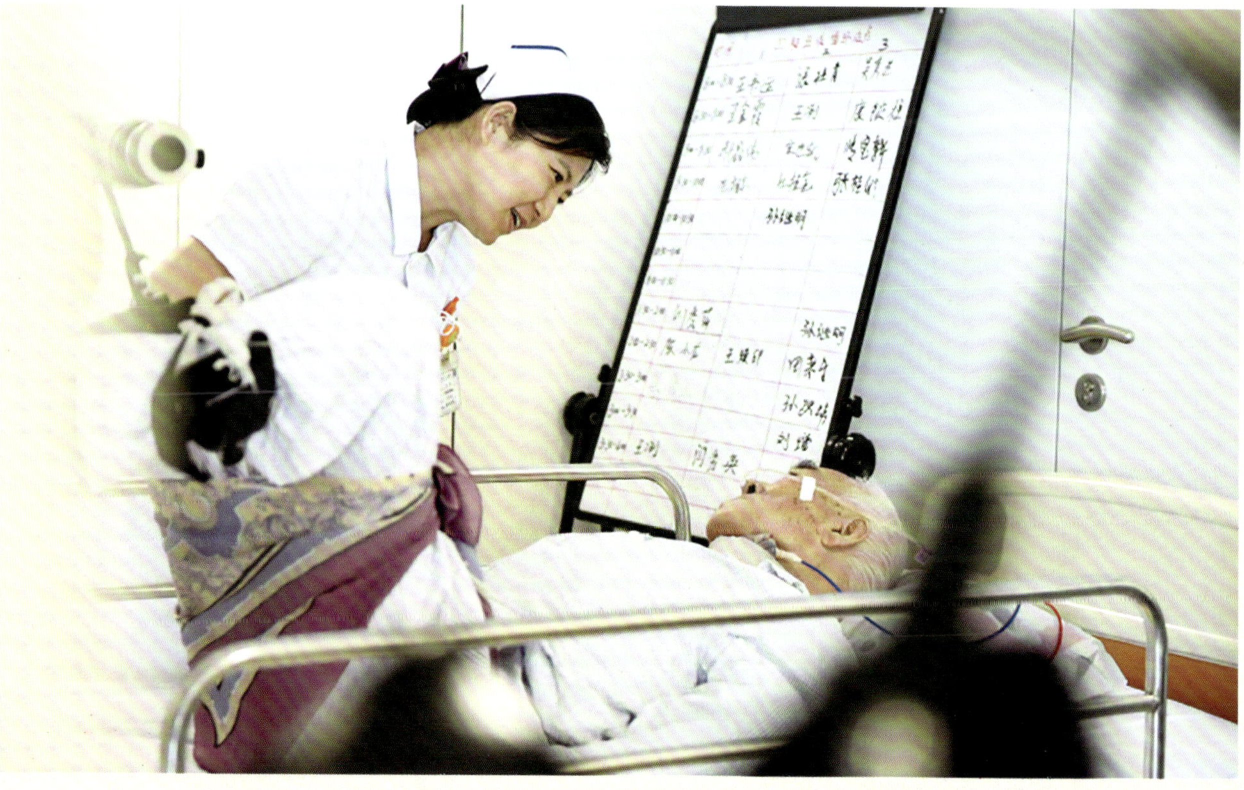

山东省 17 市 432 家医院实现省内异地就医联网即时结算，省本级及 17 市全部接入国家异地就医结算系统，开通定点医疗机构 383 家

加快推进“互联网 + 人社”建设，支撑人社事业转型发展

加强公务员职业道德建设，提升公务员创新担当履职能力

深化职称制度改革，建立科学规范、符合社会主义市场经济发展和人才成长规律的职称制度

全面加强高技能人才队伍建设，培养选拔技能领军人才，59人获“全国技术能手”称号，新增产业技能类泰山产业领军人才10名，齐鲁首席技师150名

全球英才荟聚齐鲁，助力新旧动能转换

聘请外国专家为鄄城县中小学英语教师进行全封闭英语口语培训

目 录
Contents

文献
Literatures

一、批示
I. Instructions

二、讲话
II. Speeches

山东省人力资源和社会保障工作
Human Resources and Social Security Work in Shandong Province

就业创业、失业保险和农民工工作
Work on Employment, Entrepreneurship, Unemployment Insurance and Migrant Workers

职工养老保险
Endowment Insurance of Employees

职工医疗保险处
Medical Insurance of Employees

工伤保险
Occupational Injury Insurance

社会保险基金监督
Supervision of Social Insurance Funds

社会保险经办
Social Insurance Agency

人力资源市场管理与人力资源流动配置
Human Resources Market Management and Human Resources Flow Configuration

人才开发
Talents Development

职业能力建设
Vocational Ability Construction

专业技术人员管理
Management of Professionals

引进国外人才智力
Introducing Foreign Talents and Intelligence

公务员管理
Management of Civil Servants

事业单位人事管理
Human Resources Management in Public Institutions

军队转业干部安置
Placement of Officers and Civil Cadres Transferred to Civilian Work

工资福利
Salary and Welfare

劳动关系
Labor Relations

劳动人事争议调解仲裁管理
Labor and Personnel Dispute Mediation and Arbitration Management

劳动保障监察
Labor Security and Supervision

新闻宣传与调研
News Propaganda and Investigation

法治建设
Rule of Law

规划统计
Planning and Statistics

人事考试
Personnel Testing

人力资源社会保障科学研究
Scientific Research on Human Resources and Social Security

信息化建设
Informatization Construction

各市人力资源和社会保障工作

Human Resources and Social Security Work in Various Municipalities

济南市

Jinan City

青岛市

Qingdao City

淄博市
Zibo City

枣庄市
Zaozhuang City

东营市
Dongying City

烟台市
Yantai City

潍坊市
Weifang City

济宁市
Jining City

泰安市
Tai'an City

威海市
Weihai City

日照市
Rizhao City

莱芜市
Laiwu City

德州市
Dezhou City

临沂市
Linyi City

聊城市
Liaocheng City

滨州市
Binzhou City

菏泽市
Heze City

政策法规
Polices and Regulations

一、就业创业
I. Employment and Entrepreneurship

二、社会保障
II. Social Security

三、人才队伍建设
III. Talents Team Construction

五、劳动关系
V. Labor Relations

六、工资收入分配改革
VI. Reform on Wage Income Distribution

七、规划财务
VII. Finance Planning

八、法制建设
VIII. Legal Construction

大事记

Chronicle of Events

统计资料
Statistics

第一部分 全省人力资源社会保障主要指标简析
Part One Analysis on Main Index of Human Resources and Social Security in the Province

附录
Annexes

索引
Index

文 献

一、批示

（一）省委书记、省人大常委会主任刘家义批示

省委书记、省人大常委会主任刘家义10月20日对山东省参加第44届世界技能大赛取得优异成绩作出批示：热烈祝贺！望在新起点开启新征程，更需在全省普及化，工匠精神大发扬。

省委书记、省人大常委会主任刘家义11月10日在山东省人力资源社会保障厅《关于我省贫困人口医疗保障情况的汇报》上批示：工作很有成效。望就我省社会保障（包括救助）体系机制完善，迅即组织拿出若干条切实可行办法，把十九大精神落到实处。

（二）省委副书记、省长龚正批示

省委副书记、省长龚正10月20日对山东省参加第44届世界技能大赛取得优异成绩作出批示：获得一金一奖，可喜可贺。望再接再厉，努力奋进，再上新台阶。

（三）省委常委、常务副省长孙伟批示

省委常委、常务副省长孙伟3月15日在山东省人力资源社会保障厅《关于引导和鼓励高校毕业生到基层工作电视电话会议主要精神及贯彻落实意见的汇报》上批示：要全面落实中央文件、国家会议和尹部长、邓部长、林部长、尹书记重要讲话精神，结合我省实际扎实做好相关工作。要深入细致、动情入理做好思想政治和动员发动工作，能够使青年学生想到基层、愿到基层，一定要把引导、鼓励政策搞充足并配套，还要长期管用，解除学生后顾之忧，使青年学生下得去、留得住、干得好、流得动。会议请按国家规格，在充分准备的基础上，由几个部门联合召开，可考虑选择不同方面的代表（部门、高校、用人单位、学生等）作典型发言，把会议开得富有成效。

省委常委、常务副省长孙伟3月17日在山东省人力资源社会保障厅《关于全国深化职称制度改革工作部署电视电话会议情况的报告》上批示：要全面贯彻落实国家会议精神和尹部长重要讲话要求。我省深化职称制度改革要特别注意与学校、医院、科研机构等事业单位全面深化改革相协调，起到应有的促进作用。

（四）省委常委、常务副省长李群批示

省委常委、常务副省长李群5月26日在《省委书记刘家义同志在听取省人社厅汇报后的讲话》上批示：家义同志讲话站位高、落地实，我们要认真学习领会。请省人社厅组织好全系统学习，特别是对讲话中提出的要求要进行任务分解，拿出任务书，时间表。比如社保基金不能吃老本问题，最低工资标准要体现技术手艺水平等可尽快拿出办法。

省委常委、常务副省长李群7月23日在省人力资源社会保障厅《关于人才工作专题调研的报告》上批示：我省人才结构与经济产业结构类似，下一步要在人才总量稳步增加的同时，更加重视高层次人才比重提升，望拿出硬办法和实招。

二、讲话

（一）省领导讲话

在省就业和农民工工作联席会议2017年第一次会议上的讲话

（李群 2017年4月20日）

同志们：

这是我到省政府工作后主持召开的第一个联席会议。主要任务是，贯彻落实国务院就业工作部际联席会议和农民工工作领导小组第五次全体会议精神，总结2016年全省就业和农民工工作，分析研究当前工作形势，安排部署今年工作任务。

就业和农民工工作的重要性不言而喻，党中央、国务院历来高度重视。习近平总书记强调，就业是民生之本，经济下行更要关注就业，并多次批示要采取措施加强监察执法、保障农民工合法权益。李克强总理在今年1月18日召开的国务院常务会上，把保障就业称为政府最要紧的责任。省委、省政府认真贯彻落实党中央、国务院决策部署，把努力改善就业结构列为今年社会发展9大优先事项之一。希望大家认真学习领会，把就业和农民工工作作为一项十分重要的任务，抓好贯彻落实。下面，我讲3点意见。

第一，充分肯定就业和农民工工作成绩

过去一年，全省上下认真贯彻落实省委、省政府决策部署，联席会议各成员单位履职尽责、通力配合，全省就业和农民工工作取得显著成效。一是持续保持稳定增长态势。去年城镇新增就业连续13年超过百万，城镇登记失业率控制在3.46%，低于全国平均水平0.56个百分点；高校毕业生总体就业率93.77%，比2015年提高1.76个百分点；分流安置过剩产能企业职工6.3万人，一年就完成了五年计划的32.52%。二是创业就业走在前列。聚焦创业就业，创新完善政策措施，整合服务资源，深入推进“双创”，提高就业质量，推动农民工市民化等工作都取得积极进展。山东被国务院列为5个就业创业工作激励省（市）之一。李克强总理先后两次在我省上报的专报信息上作出重要批示。三是就业扶贫成绩突出。转移就业贫困人口20.1万人，带动实现脱贫35万人，一年就完成了三年脱贫任务的58.3%。在全国首创的“就业扶贫车间”模式得到国务院扶贫办和人社部的充分肯定，被誉为就业扶贫的“山东模式”，为脱贫攻坚大局作出了积极贡献。

这些成绩的取得，是省委、省政府正确领导的结果，也是联席会议各成员单位辛勤工作的结果。我代表省委、省政府向联席会议各成员单位的同志们表示诚挚的感谢。

第二，认清形势增强定力

在比较困难的就业周期，我们取得了不错的成绩。但我们要保持清醒的头脑，总体上看，当前多重困难、多重风险叠加、刚性需求叠加的局面没有改变，要充分认识到工作的挑战性和艰巨性。

一是新旧动能转换处在胶着状态。山东是一个经济大省，但是经济产业结构调整和转型升级的任务十分艰巨，新动能培育还没有取得压倒性优势。特别在经济发展进入新常态，经济下行压力较大的情况下，部分企业生产出现经营困难，用工需求有所变化，对就业产生挤出效应。据统计分析，制造业、批发和零售业、居民服务业、建筑业等行业的用人需求均有所下降，其中房地产业需求同比下降20%左右、制造业同比下降10%左右。再就是，随着产业结构调整步伐加快，"机器换人"问题对就业也会产生影响。如威海魏桥纺织，通过设备更新改造，每万锭需要职工由原来的100人减少为40人，用工同比减少2000人。再如海尔新的智能工厂，水平超过德国4.0，用工人数大幅下降。新旧动能转换这种状态下，智能化带来的用工减少，需要我们高度重视，认真研究。

二是去产能对总体就业形势带来深度影响。伴随着去产能、去库存等供给侧结构性改革持续深入，区域性、行业性集中失业风险，尤其钢铁、煤炭产业占比较大地区，存在规模性失业风险的可能性。去年我们压缩生铁产能270多万吨、煤炭1960多万吨。今年我省将继续推进钢铁、煤炭、水泥、平板玻璃、电解铝、船舶、炼油、轮胎、化工等重点行业过剩产能退出，再压减生铁产能387万吨、粗钢280万吨、煤炭351万吨，带来的职工安置压力很大。失业人员再就业、就业困难人员就业人数可能继续下滑。从供给侧看，农民工年龄结构趋向"老化"，2011年以来，40岁以上农民工增加了10个百分点，2016年占比达到55.5%，按全省农民工2420万人计算，40岁以上农民工是一个很大的群体。这部分农民工的就业如果稳定不下来，只能返回农村，或者游离在城乡之间。同时，城镇基本公共服务均等化问题，农民工的社会保障、"看病贵、看病难"问题，农民工子女教育问题，新时代农民工不仅要"有业就"还要"就好业"问题等，都交织在一起，亟待解决。

三是刚性就业需求持续加大。我省就业总量压力一直较大，今年更是呈现出多种因素"齐碰头"的特点。比如，今年应届毕业生数量将达到60万人以上，历史新高。去年去产能分流职工中，解除和终止劳动合同2万余人。今年济钢内部安置的9502人，将再次进行分流。同时还要新增城镇就业110万人，农村劳动力转移就业、复转军人就业等等，都会增加就业压力。

我们要正视困难，同时也要看到有利方面。一是我省经济发展总体态势是好的，第一季度经济增长速度达到7.7%，创几年来新高，各项指标总体看好。稳中有进、进中向好，企稳回升态势不断巩固和扩大，L型经济横杠基本形成，为就业和农民工工作提供了相对稳定预期和空间。二是政府"放管服"等重点领域和关键环节改革持续推进，新旧动能转换加快，吸纳就业能力不断增强，大众创业、万众创新催生更多新的就业增长点。三是新型城镇化、农业现代化积极推进，积极就业政策深入实施，这都为做好就业和农民工工作奠定了坚实基础。因此，我们要充满信心，保持战略定力。

第三，统筹推进今年各项工作落实

前段时间，省人力资源社会保障厅等做了大量调研，形成的就业和农民工工作两个工作要点都很成熟，大家表示赞同，会议研究通过，这就是今年的任务书。今年全省城镇新增就业110万人，城镇登记失业率控制在4%以内；实现160万农业转移人口市民化，120万城中村、城边村居民市民化。工作中，高质量完成这些指标，要着重把握好3个方面：

一要带着感情做好就业和农民工工作。就业问题说到底还是要通过发展经济、创造就业岗位来解决。作为执政党，作为人民政府，我们要带着对职工、对人民、对弱势群体的感情做好就业和农民工工作。这是党的宗旨要求，是政府最要紧的责任。落实以人民为中心的发展思想，坚定理想信念，不能停留在口头上，很重要的是认真做好就业和农民工工作。要努力把经济搞上去，积极适应和引领经济发展新常态，落实新的发展理念，打赢供给侧改革攻坚战。今年山东经济发展的第一仗就是加快新旧动能转换，加快培育新技术、新产业、新业态、新模式“四新”，实现产业智慧化、智慧产业化、跨界融合化、品牌高端化“四化”，让大象经济跳起轻盈的舞步。要改造传统产业，拥抱互联网时代，智慧化产生新动能、新经济，打造像阿里巴巴、腾讯这样的新业态。改革开放以来，山东抓住了发展机遇，在较长时期内，增速一直高于全国，实现两位数增长。进入新常态，山东增速仍高于全国，但幅度逐步降低，这要引起我们的高度重视，必须下决心把蛋糕做大，不断增强经济发展创造就业岗位能力。要大力实施就业优先战略和积极的就业政策，坚持以就业创业为引领，将经济政策和项目、资金、用人计划等各类资源向改善就业倾斜，强化创业就业与经济转型升级的联动效应。

二要突出重点、抓住关键。今年工作任务重、压力大，各单位要结合工作职责，把工作任务进一步细化，抓好落实，不能停留在文件和一般性要求、原则性号召上，实实在在抓几件事。一是积极实施专项行动。加快推进高校毕业生就业创业促进计划，大学生潜力很大，要鼓励和引导高校毕业生到基层工作、到小微企业去，积极应对今年就业高峰。稳妥做好去产能职工安置工作，促进农村劳动力就地就近就业创业，统筹做好其他重点群体就业工作。二是加强创业平台建设。创业平台建设作为今年就业创业工作的重点，运用市场化手段，推进创客空间、创业咖啡、创新工场等便利化、全要素、开放式的新型孵化平台建设，大力促进创业带动就业。特别是创客空间，有关部门要好好研究，会收到很多意想不到的效益。年轻人生机勃勃创意创业，我们就看到了希望。积极推动全省创业大学建设，健全创业培训服务体系，打造创业服务平台，为创业者、创业导师、创业资本提供交流空间和资源共享空间。三是创新职业教育培训。由人社部门牵头，会同商务、科技等部门，按照“加强统筹、形成合力、完善制度、提升效果”的要求，加快整合培训资源，落实好贫困家庭子女、未升学初高中毕业生、农民工、失业人员和转岗职工、退役军人免费接受职业培训行动，加强高技能人才培养，培育更多具有“工匠精神”的高技能人才。特别是要抓好农民工的职业技能培训。四是认真落实工资拖欠治理责任。建立治理工资拖欠常态化机制，不能出事了才“救火式”处理。创造条件满足农民工合理需求，注重运用法治手段维护和保障农民工合法权益。五是切实强化公共服务建设。加快推进农民工市民化。统筹做好解决城镇普通中小学“大班额”问题，农民工健康权益、住房保障、随迁子女教育等问题。六是确保农民工3项3年行动计划各项目标任务如期完成。今年是这项工作的收官之年，要组织好终期评估验收工作，确保有始有终、见到实效。七是建立就业和农民工工作基础信息库。统筹整合各成员单位信息资源，搭建互联互通、开放共享的大数据平台，及时了解各方面情况和问题，用好大数据分析，更好地起到指导作用，推动就业和农民工工作。

三要以创新求突破。要带着问题去研究工作，密切关注就业形势新动态、新形势、新特点、新变化，找准工作切入点，加强调查研究，创新政策、创新方法、突破瓶颈、破解难题。比如，对高校毕业生中没有实现就业的那7%，应该怎么办；就业结构性矛盾，症结到底在哪里；大学生不愿到基层工作、下不去，是什么原因；拖欠农民工工资始终是“老大难”，问题到底出在哪里；对零就业家庭，应该采取哪些更有针对性措施，等等。只有解决好这些问题，我们的工作才能积小胜为大胜，不断取得新的突破。

最后，我强调一下加强组织领导问题。一要强化大局观念。就业和农民工工作关乎改革发展稳定大局，关乎群众切身利益，政策性很强。要切实增强“四个意识”，认真践行新发展理念，按照中央和省委、省政府部署要求，把转型发展和创业就业各项工作实实在在地做好。二要齐心协力。联席会议不是简单开一个会，要真正的联起来，下活一盘棋，形成合力。在就业和农民工工作这盘大棋上，各个单位都是关键的棋子，要拿出主人翁态度和责任感，把这盘棋下活，下得精彩、下出成效。联席会议办公室要充分发挥好综合协调服务作用，根据情况变化调整联席会议成员单位和人员。各成员单位要固定分管领导，带着问题研究工作，确定牵头处室单位，确保各项工作落到实处。要建立通报制度，定期通报就业和农民工有关情况。三要加强责任担当。勇于负责，敢于担当，切实履行职责，加强工作指导，搞好专项督查，加强统计监测，做好就业形势研判和风险防控，确保各项工作有序推进。

做好今年就业和农民工工作意义重大，要务必高度重视，密切配合，打好稳定和扩就业的硬仗，以优异成绩迎接党的十九大和省第十一次党代会胜利召开。

在全省就业创业工作电视会议上的讲话

（李群　2017 年 12 月 7 日）

（根据录音整理）

同志们：

这次电视会议是省委、省政府决定召开的。省委书记刘家义同志、省长龚正同志高度重视这次会议，专门作出批示指示。这次会议主要任务是深入学习贯彻党的十九大精神，落实全国就业创业工作座谈会精神。刚才，省人社厅、省发改委、省财政厅、省工商局负责同志作了发言，讲得都很好。下面，我讲三点意见。

一、切实担负起做好就业创业工作的责任和使命

党的十八大以来的五年，在以习近平同志为核心的党中央坚强领导下，全省各级各部门、各有关方面认真贯彻落实党中央、国务院关于就业创业工作的一系列决策部署，我省就业创业工作快速发展、成效卓著，就业稳、创业兴成为全省经济社会运行总体稳定的重要标志，为全省总体经济平稳做出了突出贡献。一是就业规模持续扩大，就业结构不断优化。全省每年城镇新增就业始终保持百万以上，累计实现就业 582.92 万人。第三产业就业人员占比去年首次超过第二产业。二是创业环境不断完善。随着“放管服”改革和“双创”深入推进，创业创新活力持续迸发，市场主体呈现井喷式增长。截至今年三季度末，全省市场主体达到 774.6 万户，其中民营企业数量突破 200 万户，居全国第三位。我省建设创业大学加快创新人才培养的做法，被列为国务院第四次大督查发现的 22 项地方典型经验之一，受到国务院通报表扬。三是重点群体就业保持稳定。高校毕业生总体就业率保持在 90% 以上；农业转移人口市民化进程不断加快；全省失业保险金平均水平达到 1030 元，失业人员基本生活得到较好保障；化解过剩产能职工安置工作平稳有序，妥善安置职工近 8 万名；精准扶贫扎实推进，累计实现建档立卡贫困人口转移就业 72.1 万人。我省“就业扶贫车间”的做法得到国务院和人社部肯定，被称为山东就业扶贫新模式。四是就业质量进一步提升。累计开展职业技能培训 507.3 万人次，通过培训实现就业 345.7 万人；劳动者平均收入年均增长超过 GDP 增速，外出务工劳动力人均月收入达到 3675 元，比 2012 年底增加 1300 多元；全省劳动合同签订率达到 90% 以上，社会保险覆盖面不断扩大，劳动关系总体和谐稳定。五是政府促进就业和鼓励创业的责任不断强化。省财政每年安排 10 亿元创业带动就业扶持资金，2013 年以来全省累计支出就业资金 107 亿元，政府在促进就业和鼓励创业方面的责任得到坚决落实。

取得这样的成绩，首先得益于以习近平同志为核心的党中央把就业工作放在战略优先地位，高度重视，形成了一整套完整的政策体系；得益于省委、省政府强力执行中央关于就业创业的各项决策部署；得益于全省各级各有关部门扎实富有创造性的工作；得益于广大企业、市场主体和劳动者创业创新、共同努力。借此机会，我代表省委、省政府，向奋战在就业创业战线的同志们，向各有关方面对就业创业工作做出支持和努力的同志们，表示诚挚的敬意和衷心的感谢！

在肯定成绩的同时，也要清醒地看到，在就业创业方面还有些突出问题和潜在风险需要高度关注。最突出的一个表现就是结构性矛盾凸显。从产业结构方面看，一产就业比重偏高，去年三产就业人口占比才首次超过二产，就业结构调整的空间还很大。从年龄结构方面看，我省劳动年龄人口占比持续下降，“十二五”末，15 ~ 64 岁人口占比下降到 71%，劳动大军数量在减少。从受教育程度方面看，2015 年主要劳动年龄人口平均受教育年限为 10.5 年，比全国平均水平略高出 0.27 年，而广东达到 11.4 年，江苏达到 11.13 年。此外，我省就业创业工作存在的突出问题还表现在：一是就业总量压力不减。我省每年需要在城镇就业的劳动力在 190 万人左右，要想保持城镇失业率不上升，新增就业就不能低于 110 万人。完成这样一个任务总量，压力还是比较大的。二是部分行业集中失业风险压力依然存在。从落后行业看，近年来我省化解过剩产能、整治污染企业力度不断加大，短期内会给部分地区、部分行业带来一些职工失业风险。从先进行业看，新增的劳动力需求还不足以弥补去产能减少的岗位需求，部分行业的失业风险还是存在的。三是重点群体就业任务十分艰巨。特别是高校毕业生就业压力很大。今年全省高校毕业生首次突破 60 万人大关，达到 60.7 万人，增量增幅均创历史新高。加上未就业往届毕业生、走向市场中职生，汇聚成一个庞大的就业群体。对这个群体，我们要高度关注。去产能过程中的分流安置职工，由于年龄偏大、技能单一、转岗再就业能力差，实现再就业压力也是比较大的。四是整体就业质量还不够高。经济发展新动能总体占比还比较低，中高端岗位不够充足，收入水平、工作环境等与劳动者期望值还有差距。

在看到困难和挑战的同时，也要看存在的积极因素和有利条件。大的方面有两点：一是党的十九大胜利召开，中国特色社会主义进入新时代，我国经济社会发展有稳定良好的预期。从我省来看，全省上下认真贯彻党的十九大精神，落实省十一次党代会提出的各项要求，全省经济社会发展运行平稳、稳中向好、好中有进，就业优先战略深入实施，就业创业政策体系的综合效应将持续发挥。二是我省把新旧动能转换重大工程，作为统领经济社会发展的“牛鼻子”，会对全省整体就业创业带来前所未有的机遇。

党的十九大指出：就业是最大的民生。做好下一步就业工作，必须深刻理解好“就业是最大的民生”这一重要论断。一要深刻理解做好就业创业工作对解决新时代社会主要矛盾的重要作用。十九大作出了中国特色社会主义进入新时代的重要判断，提出社会主要矛盾发生了重要变化，这在就业领域是有充分体现的。随着人民对更高质量和更充分就业的需求不断增加，与目前不平衡、不充分的就业之间，构成一对显著的矛盾。就业是美好生活需求当中最基础的需求，没有就业，就不会有美好生活。这就要求我们一定要把就业创业工作摆在更加突出的位置，更好满足人民日益增长的就业创业需求。二要深刻理解实现更高质量和更充分就业的目标要求。对个人而言，更高质量的就业，主要指合理增长的劳动报酬、稳定的工作机会、良好的就业环境、完善的社会保障和体面的工作。对于一个经济体而言，更高质量的就业还包括更优化的就业结构、更高的劳动生产率等。三要深刻理解做好就业工作是各级各部门必须担负起的重大政治责任。就业是经济的“晴雨表”，是社会的“稳定器”，同时就业是重大政治责任，是我们每名党员领导干部都必须具有的民生情怀。要把做好就业创业工作作为落实十九大精神、践行“四个意识”的实际行动，坚决扛起就业创业这个重大责任，以更大的决心，更务实的举措，切实把就业创业工作抓紧抓好、抓出成效。

二、推动实现更高质量和更充分就业创业

当前和今后一个时期，要以党的十九大精神为指引，紧紧围绕新旧动能转换，突出重点难点，创新政策措施，谋划好各级就业创业工作。要重点做好以下几个方面：

（一）要从全局高度综合施策，全面落实就业优先战略。要把稳定和扩大就业作为经济社会发展的优先目标，摆在更加突出的位置，不断增强经济发展创造就业岗位能力。一是促进经济增长与扩大就业联动。各级各部门在推动区域发展、全面深化改革工作中，在制定发展规划、调整产业结构和产业布局时，一定要优先考虑扩大就业规模，改善就业结构，优化就业环境的需要，切实把推动实现更高质量和更充分就业融入经济社会发展全过程。二是支持新就业形态发展。各级各部门要明确一点，“新经济减少就业”这个说法是不对的，它是对传统就业的淘汰，是新就业的提升和增长。要大力发展新技术、新产业、新业态、新模式，坚定不移地开发科技含量高、吸纳就业能力强的智力、技术密集型的中高端岗位，促进更多高校毕业生、专业技术人员就业。三是完善多元化产业体系。既注重发展资本、技术和知识密集的先进制造业、战略性新兴产业，又要支持劳动密集型产业发展，降低实体经济成本，推进传统产业绿色改造，创造更多就业机会。特别是要做大做强现代服务业，加快发展满足个性化、多样化消费需求的新兴服务业，持续提升服务业吸纳就业比重。要聚焦实施乡村振兴战略，大力发展县域经济，加快推进农村一二三产业融合发展，拓宽农村就业创业空间。四是发挥小微企业促进就业的主渠道作用。落实小微企业减税降负等扶持政策，支持小微企业加快发展，增强吸纳就业的能力。

（二）要以优化环境、完善平台为重点，激发创业活力带动增加就业。创业是就业增长的新引擎。要整合资源、多措并举，着力构建良好的创业生态，激发全社会支持创业、参与创业的积极性，不断增强创业带动就业能力。一是持续优化创业环境。要以“审批事项少、办事效率高、服务质量优”目标为统领，加快推进“放管服”改革，进一步规范改进审批行为，降低市场准入门槛和制度性交易成本，为创业清障减负。要深化商事制度改革，实施“多证合一”，消除隐性壁垒，打造国内领先的营商环境。二是搭建多元化创业载体。要针对不同群体的创业需求和特点，积极发展市场化、专业化创业孵化基地、创业园区和众创空间等创业载体，搭建创业服务云平台，聚集优质创业要素和资源，为创业者提供全方位、全过程、便利化、低成本的创业服务。人社、发改、科技等相关部门要认真研究，如何更好地发展孵化器，这方面大有文章可做。要借鉴海尔集团的经验，鼓励大企业利用自身资源优势，实施创客化、平台化改造，带动企业内部员工和社会创业者共同创业。三是激发各类人员创业活力。健全差异化创业扶持政策，支持科研人员等高层次人才创业创新，同时突出扶小帮弱，鼓励更多农民工等草根群体创业。

（三）要以更深感情、更精准措施，推进重点群体就业。要带着对群众的深厚感情，采取更加有力措施，确保重点群体就业稳定。一是继续把高校毕业生摆在就业工作首位。要深入实施高校毕业生就业创业促进计划，健全高校毕业生就业创业服务体系，创新就业信息服务方式方法，确保毕业生就业水平不降低。特别要引导和鼓励高校毕业生到基层工作，畅通流动渠道，打通扎根基层高校毕业生职业发展通道。家义书记多次说过，要建立医生、教师基层锻炼机制。目前，这个机制还没有完全建立起来，有关部门要加强研究，加快推进。要鼓励高校毕业生创业，目前，大学生创业比例相对较低，与美国、欧洲还有较大差距。高校毕业生是创业的重点群体，应该有相当比例的人走向创业，要加大扶持引导力度。二是促进农民工有平等机会多渠道就业创业。要深化户籍制度改革，合理引导产业梯度转移，引导农村劳动力外出就业、就地就近就业。要抓好新生代农民工就业创业工作，引导他们到以“互联网+”为代表的新产业、新业态就业创业。要支持农民工返乡创业，拓宽融资渠道，加大用地

等各方面的倾斜，加强返乡创业园区和孵化基地建设，创建一批返乡创业示范区。要实施就业精准扶贫，总结推广“就业扶贫车间”“扶贫互助公益岗位”等经验做法，准确掌握贫困人口的就业需求，因人因需提供就业服务。“扶贫车间”是我省的创举，有多种模式，各地要认真学习。三是妥善安置好产能调整分流职工。要强化企业主体责任和地方政府统筹作用，落实失业保险稳岗补贴等扶持政策，拓宽分流安置渠道，加强转岗再就业帮扶，确保分流职工就业有出路、生活有保障。四是做好其他重点群体就业工作。要通过公益性岗位托底、就业援助等，确保“零就业”家庭动态消零。要做好退役军人接收安置工作，积极扶持自主择业军队转业干部就业创业；要密切关注平等就业问题，促进妇女、残疾人等公平就业。另外，还要统筹做好少数民族群众、退役运动员、戒毒康复人员、刑满释放人员等群体就业工作。

这里特别强调一件事情：关于年底前清理解决拖欠农民工工资问题，岁末年初，大批农民工开始返乡，他们辛苦了一年甚至几年，是有业可就了，但有的却拿不到应该得到的工资，有何道理？拿不到工资，就业有什么用？这是一个事关人民群众切身利益、事关社会稳定大局的大问题，解决这个问题是对各级各部门践行“四个意识”、为民情怀的重要检验。最近，中央领导同志对这个问题高度重视，作出重要批示。省委、省政府也已发出紧急通知，各级各有关部门务必要切实提高政治站位，紧盯不放，采取得力措施，确保农民工们拿到钱、过好年。

（四）要以开展大规模培训为着力点，加快破解结构性矛盾。妥善解决这一矛盾，必须多管齐下，标本兼治，提升就业匹配能力。一是提升人才培养质量。推进高校创业创新教育改革，加快推进高校学科专业结构调整优化，创新人才培养模式。特别要大力发展技工教育，培养更多技术技能型人才。实施职业教育质量提升计划，推进产教融合、校企合作，全面实施学历证书与职业资格证书“双证书”制度，增强职业教育人才培养与经济社会发展的适应性。要学习德国“职业教育双元制”的经验，将教学与企业、市场紧密结合起来，培育高素质的技能人才。二是大规模开展职业技能培训。要紧紧围绕新旧动能转换、产业转型升级需求，开展职业技能培训，在全社会大力培育和弘扬工匠精神，构建覆盖城乡全体劳动者、贯穿劳动者学习工作终身、适应劳动者和市场需求的职业培训制度。三是提高人力资源供求匹配度。充分发挥市场在人力资源配置中的作用，推动建立人力资源供求调查预测和信息发布制度，加快公共就业创业服务信息化建设，探索“智慧就业”。

（五）要不断强化制度保障，以更高质量就业提高群众获得感、幸福感。一是逐步提高劳动者收入水平。要坚持按劳分配原则，完善按要素分配的体制机制，促进收入分配更加合理有序。要发挥最低工资标准和企业工资指导线制度作用，确保经济与居民收入同步增长、劳动生产率与劳动报酬同步提高。二是完善社会保障制度。增强公平性，适应流动性，保证可持续性，建立健全更加公平、更可持续的社会保障制度，全面实施全民参保计划，促进和引导各类单位和符合条件的人员长期持续参保，实现法定人员全覆盖。完善适应新就业形态特点的用工和社会保险等制度，有关部门要提前研究，主动想办法。三是保障劳动者合法权益。保障劳动者合法权益是新时代满足人民群众美好生活需求的一个非常重要的方面。要继续深入推行劳动合同制度，提高小微企业和农民工劳动合同签订率，依法保障劳动者合法权益。全面落实劳动标准，加强安全生产监管和劳动保护，严厉打击侵害劳动者权益行为，列入失信档案，加大惩戒力度，在全社会营造尊重劳动、依法用工的良好氛围。特别要保障稳定就业的农民工在城市同等享受子女教育、住房保障、卫生医疗等基本公共服务，促进他们逐步融入城市，有更好的生活水平。

三、以钉钉子精神狠抓落实

就业创业工作是一项系统性工程，涉及面广、工作难度大，必须切实强化组织保障，形成共同推进工作的强大合力。

一要加强统筹协调。促进就业创业是政府的重要职责。各级各部门要把就业摆在更加突出的位置，切实履行做好就业创业工作的政治责任，把就业创业工作纳入对党政领导班子的工作实绩考核。各级就业工作议事协调机构要充分发挥职能作用，加强统筹协调和督促检查，及时解决工作中的重点难点问题，确保工作有序推进。

二要强化政策协同。要加强经济社会政策与就业政策衔接，在制定财税、金融、产业、贸易、投资等重大经济政策和人口、教育、社会保障、住房、城市规划建设与管理等重大社会政策时，要综合评价对就业的影响，实现经济社会发展与扩大就业联动。要适应就业创业工作需要，合理安排就业创业资金支出，为就业创业工作提供有力支撑。

三要狠抓政策落实。各市要结合学习贯彻党的十九大精神，抓紧研究制定出台具体的实施意见。工作中，既要保证政策全面落地、不打折扣，也要结合实际，推出一些切实管用的促进就业创业措施，逐个解决存在的难题。省政府将加强绩效评估和督查考核，对抓落实有力有效的，加大政策倾斜和资金奖励力度；对落实不力的，依纪依法严肃问责。

四要抓好风险防范。要密切关注经济和就业形势的变化，综合运用统计、监测、调查、大数据分析等手段，密切跟踪研判就业形势。各级政府要建立失业风险监测预警调控机制，研究制定应急预案，一旦发生规模性失业风险，要及时采取有效措施，化解失业风险，确保失业率不发生较大波动。

同志们，就业创业工作事关经济社会稳定发展，是民生改善的大事。我们要坚决贯彻落实党的十九大精神，尽职担当，全力而为，一件接着一件办，一年接着一年干，为推动我省就业创业工作再上新台阶做出我们应有的努力。

（二）厅领导讲话

深入贯彻落实党的十九大精神
奋力开启新时代人力资源社会保障事业新征程

（韩金峰　2018 年 1 月 9 日）

同志们：

这次全省人力资源和社会保障工作会议的主要任务是，以习近平新时代中国特色社会主义思想为指引，深入贯彻党的十九大精神，全面落实全国人社工作会议和全省经济工作会议的部署要求，总结党的十八大以来工作，安排 2018 年的工作任务。刚才，我们传达学习了全国人社工作会议精神和省委常委、常务副省长李群同志的批示。李群同志的批示，站在全省发展大局的高度，充分肯定了 2017 年的人社工作，对做好 2018 年工作提出了明确要求和殷切希望，这是对我们的极大鼓舞和有力鞭策。我们一定要认真学习、深刻领会，坚决抓好贯彻落实。下面，我讲三点意见。

一、凝心聚力、开拓进取，党的十八大以来人力资源社会保障工作取得显著成效

2017 年是具有里程碑意义的重要一年。一年来，在以习近平同志为核心的党中央坚强领导下，全省人社系统按照省委、省政府的部署，特别是刘家义书记到省厅调研时的讲话要求，着力促改革、补短板、兜底线、防风险，人社事业在更高水平上加快转型发展，为实现创新发展、持续发展、领先发展作出了人社部门的贡献。制定出台新一轮就业创业政策，就业创业政策红利持续释放，城镇新增就业 128.28 万人，就业形势持续稳

定向好；实施全民参保登记计划成效明显，社会保障制度更加完善，保障水平不断提高，建立社会保障体系长效运行机制，出台完善制度体系、促进社会保险无缝衔接、保持基金安全运行的政策措施；人才体制机制改革向纵深推进，人才发展软、硬环境更加优良；人事制度改革不断深入，职务职级并行制度和聘任制公务员试点进展顺利，公务员干事创业积极性得到有效激发，事业单位的发展活力显著增强，军转干部妥善安置；收入分配领域改革有序开展，工资收入分配秩序更加公平、更加合理；劳动关系保持和谐稳定，劳动人事争议调解仲裁条例颁布实施，解决拖欠农民工工资问题的“治欠保支”成效不断显现；公共服务能力持续提升，“互联网＋人社服务”的新格局逐步形成。

同志们，党的十八大以来的五年，是我省人社事业发展极不平凡的五年。五年来，我们按照省委、省政府的决策部署，观大势、谋全局、干实事，人社事业取得突破性跨越式发展，许多工作走在了全国前列。

（一）坚持民生为本，持续保障和改善民生，人民群众的获得感、幸福感显著增强。牢牢把握“守住底线、突出重点、完善制度、引导舆论”的民生工作总要求，陆续出台一系列惠民政策，一大批民生实事得到有效落实，改革发展成果更多、更公平地惠及广大人民群众。一是就业形势总体保持稳定。我们把促进就业创业作为重要的政治任务和改善民生的头等大事，加快建设具有山东特色的就业创业政策体系，就业格局发生可喜变化，就业稳成为全省经济社会运行总体稳定的重要标志。就业规模不断扩大，累计城镇新增就业604.54万人，城镇登记失业率持续控制在4%的目标内。高校毕业生、农民工、就业困难人员等重点群体就业保持稳定，应届高校毕业生总体就业率连续5年超过90%，高于全国平均水平；农民工就业质量不断提高，在城镇稳定就业的农民工劳动合同签订率达90%以上；顺利分流安置去产能企业职工和济钢产能调整职工10.8万人。加强失业动态监测，及时发放稳岗补贴和技能提升补贴，有效防止了系统性集中失业风险的发生。着力把创业培育成拉动就业的新引擎，2014年以来，省里每年安排10亿元扶持创业，累计发放创业担保贷款429.93亿元，创业大学培训模式实现市级全覆盖。加强职业技能培训，化解结构性就业矛盾，累计培训507.31万人。大力提升就业服务的精准度，搭建“山东半小时公共就业服务圈”，创建“四型就业社区”和“一站式”农民工综合服务平台，实施“春风行动”“民营企业招聘周”“山东—名校人才直通车”等专项活动。2016年，我省就业创业工作受到国务院表扬激励。2017年9月，在国务院第四次大督查中，我省“建设创业大学，加快创新人才培养”典型做法，受到国务院的通报表扬。二是社会保障安全网进一步编密织牢。深入实施全民参保登记计划，基本实现社会保障人员全覆盖，截至2017年11月，全省职工养老、职工医疗、失业、工伤、生育保险参保人数分别达2652.6万人、2006.8万人、1264.2万人、1531.8万人、1178.9万人，分别比2012年底增加589.4万人、272.7万人、254.4万人、222.1万人、259.9万人；居民养老、居民医疗保险参保人数分别达4529.3万人、7272.5万人，均居全国第2位。社保基金规模稳步扩大，基金累计结余4489.9亿元，比2012年增长69.6%。在全国第二家将1000亿元社保基金委托全国社保理事会投资运营，基金保值增值渠道进一步拓宽。社会保障水平连年提高，连续13年提高企业退休人员养老金水平，连续11年提高失业保险金标准，居民基础养老金标准提高到每人每月100元，职工医保政策范围内住院报销比例达80%以上，居民医保政府补助标准由280元提高到450元，政策范围内住院报销比例达70%左右。改进医疗服务管理，推进支付方式改革，调整基本药品目录，扩大了用药报销范围。工伤保险“同舟计划”目标全面实现，工伤认定和劳动能力鉴定质量和效率进一步提升，全省累计认定工伤32.8万人次，劳动能力鉴定26.5万人次。适当降低社会保险费率，五年累计为企业减负679.2亿元。全省17市432家医院实现了省内异地就医联网即时结算，省本级及17市全部接入国家异地就医结算系统，开通定点医疗机构383家，社会保障卡发放量达7571.9万张。三是收入分配秩序更趋公平。加快建立体现机关、事业单位和企业特点的工资收入分配制度，收入水平稳步提高，收入分配差距逐步缩小。公务员工资制度运行规范，事业单位绩效工资稳步实施，企业工资宏观调控体系逐步完善。最低工资标准年均增长8.4%，每年发布企业工资指导线。四是劳动关系更加和谐稳定。提请省人大修订《山东省劳动合同条例》，劳动合同签订率和履约质量不断提高，劳务派遣进一步规范。劳动人事争议调解仲裁效能稳步提升，劳动保障监察执法力度不断加大，“两网化”管理实现全覆盖。五年来，共受理劳动人事争议案件35.9万件，涉及劳动者44.5万人，涉案金额82.8亿元；查处违法案件12.2万件，为98.99万名劳动者追发工资等待遇47.88亿元，有力维护了劳动者合法权益。

（二）坚持人才优先，创新人才体制机制，人才发展新高地正在加速形成。深入实施人才强省战略，统筹国际国内两个市场，创新人才培养、引进、评价、使用、流动等政策，人才对经济社会发展的引领、支撑作用不断增强。一是人才队伍规模不断壮大。围绕产业链、科技链，实施重点人才工程，培养选拔了一批突破关键技术、引领学科发展、带动产业转型的领军人才。目前，在鲁两院院士49人，“千人计划”专家205人，享受国务院政府特殊津贴专家3260人，国家百千万人才工程人选176人，省有突出贡献的中青年专家1297人，获得“高层次高技能人才服务绿卡”人选402人。5年来，9万名专业技术人员通过评审取得高级职称。组织实施国家级、省级高级研修项目322期，培训各类专业技术人才2.2万人。全省技能人才总量达1106.4万人，其中高技能人才290.6万人。我省2名选手在第44届世界技能大赛中分获金牌和优胜奖，实现了历史性突破。二是人才开放水平进一步提高。实施更加积极、更加有效的人才引进政策，出台“外专双百计划”，在全国率先制定离岸创新人才引进使用支持办法，全面实施外国人来华工作许可制度，不拘一格引进高层次人才。目前，全省共有国家“千人计划外专项目”专家36人，获中国政府“友谊奖”专家66人，获山东省政府“齐鲁友谊奖”专家478人；每年来鲁工作外国人才近4万人次。借助“创新科技讲堂”外国专家讲座平台，首次聘请获得诺贝尔奖的外国专家来鲁工作，实现了引进诺奖人才零的突破。组织出国培训项目690多项，邀请外国专家举办讲座21期。三是人才发展载体更加健全，市场的决定性作用得到发挥。大力培育人才发展载体，推动高层次人才聚集发展，建成博士后站435个、博士后创新实践基地130个、省级留学人员创新创业示范园4家。建成国家级专家服务基地3家、国家级专业技术人员继续教育基地3家，位居全国前列；新增国家级高技能人才培训基地5个、国家级技能大师工作室5个、省技师工作站20个、齐鲁技能大师特色工作站25个、山东省技工教育特色名校7个。充分发挥市场在人才资源配置中的决定性作用，大力发展人力资源服务业，提请省人大颁布实施《山东省人力资源市场条例》，建成12家省级以上人力资源服务产业园，其中烟台园获批国家级产业园。

（三）坚持问题导向，全面深化人社领域改革，人社事业转型发展呈现多点突破、纵深推进的良好态势。坚持底线思维，全力改革攻坚，用改革的方法创新机制、破解难题、促进发展，人社领域改革的主体框架基本确立，事业发展的内生动力不断增强。一是就业创业体制机制不断完善。大力推进就业领域的基础性、决定性改革，在全国率先建立城乡一体的就业失业登记制度，率先建立就业与重点建设项目、重要政策联动机制，率先建立失业动态监测、预测预警和预防调控三位一体的工作机制，率先出台进一步规范国有企业招聘行为的意见。出台进一步引导和鼓励高校毕业生到基层工作的实施意见，确保高校毕业生到基层工作“下得去、留得住、干得好、流得动”。二是城乡统筹的社会保障体系建设取得重要突破。着力打破制度壁垒和地区分割，率先整合城乡居民基本养老保险，十八大后率先整合城乡居民医保制度，实现了由城乡分割向城乡统筹、由“双轨制”向“单轨制”的转变。率先开展城乡一体的居民大病保险制度，累计补偿580.8万人次、117.7亿元，报销比例提高12个百分点。率先启动实施机关事业单位工作人员养老保险制度改革，纳入新制度人数达357万人。率先开展职工长期护理保险试点，被人社部列为重点联系省份，5.9万名重度失能人员享受到改革成果。率先建立职工大病保险制度，将18种抗肿瘤分子靶向药和特效药纳入大病保险报销范围，补偿1.6万人次、1.8亿元。建立工伤保险省级调剂金制度。三是人才体制机制改革全面推进。深入推动省委、省政府《关于做好人才支撑新旧动能转换工作的实施意见》的落实，不断提升人才发展竞争力。出台《关于深化职称制度改革的实施意见》，建立设置合理、评价科学、管理规范、运转协调、服务全面的职称制度，更好发挥职称的人才评价“指挥棒”作用。统筹推进教育、卫生、科研等领域职称制度改革，率先完成中小学教师职称制度改革，推进中职学校和技工院校教师职称制度改革试点，向高校、科研单位和地方下放职称评审权，引导职称评价与人才培养、使用的衔接融合。率先出台实行人员控制总量备案管理的事业单位人事管理办法，下放事业单位用人自主权，完善引进高层次高技能人才服务“绿色通道”，出台事业单位高层次急需紧缺人才特聘办法、特设岗位办法和县乡事业单位公开招聘意见，确保人才“引得进、留得住、用得好”。四是人事制度改革取得新进展。扎实推进公务员分类管理和聘任制改革试点，17名聘任制公务员正式上岗。在省直和青岛、潍坊开展公务员职务职级并行制度试点，平时考核试点顺利实施，基层公务员考录制度不断完善，技工院校学生报考职位范围逐步扩大。人民警察招录培养体制改革持续深化，定向招录残疾人试点扎实推进。深入开展理想信念教育和精准培训，公务员综合素质和专业能力进一步提升。事业单位人事管理条例全面推行，以人员聘用制度、公开招聘、考核奖惩、岗位设置管理为主要内容的新型人事管理制度基本建立，全省95.1%的事业单位已核准岗位设置方案，94.4%的单位已完成岗位聘用。五年来，招录公务员4.1万人，省市两级机关公开遴选公务员2799人，培训公务员120万人次，公开招聘事业单位工作人员22.36万人，占事业单位新进人员总数的98.3%。大力推行“阳光安置”，军转和涉军维稳工作取得新成效，1.82万名军转干部得到妥善安置。五是收入分配制度改革稳妥推进。在县以下机关建立职务与职级并行制度，乡镇工作补贴人均提高500元左右，激发了基层公务员的工作积极性。深化国有企业负责人薪酬制度改革，收入分配差距明显缩小。在全国率先出台维护机关事业单位未纳入正式职工管理人员劳动保障权益的规定，同工同酬工作全面推进。

（四）坚持强基固本，大力加强基层基础工作，人社事业发展根基不断得到厚植。坚持工作重心下移，大力加强基层平台建设，深入开展行政程序年、基层基础年、作风建设年“三项活动”，全面深化放管服改革，加快推进标准化、信息化、一体化建设，进一步厚植了事业发展的根基。一是筑牢基层平台。基本建成省、市、县、乡、村五级的公共服务网络，所有乡镇（街道）设立人社所（中心），近90%的社区、村设立人社服务站，基层平台配备工作人员8.2万人。全面推动服务下沉，向基层服务平台下沉服务项目69项，打通群众办事“最后一公里”。2017年，乡镇（街道）平台服务群众超过2亿人次，小平台彰显大作为，基层人社服务的群众满意度不断提升。二是大力推进“放管服”改革。简化办事环节和手续，取消、调整行政许可事项2项，取消行政审批事项12项，取消职业资格319项，清理上岗证、准入证17项，降低了群众干事创业“门槛”。强化事中事后监管，对省本级社会保险稽核等22个事项建立事中事后监管制度，严格限制自由裁量权。依法依规开展监管，大力推广“双随机”抽查、一体执法等监管方式，打通部门间信息共享渠道，建立诚信等级认定及违法行为社会公布制度，实现了责任和权力同步下放、放活和监管同步到位。三是着力提升公共服务水平。坚持以“标准化、信息化、一体化”建设为抓手，大力提高便民利民服务水平。以“全省通办”为目标，大力推进标准化，共建立、完善制度6175项，压缩办事环节30%以上。以“互联网+”为引领，大力推进信息化，搭建起以微信、微博、“12333”服务热线、“山东人社服务”APP、门户网站办事大厅和自助服务一体机为载体的“六位一体”网上公共服务系统，60多项业务实现了网上经办。加快资源整合，大力推行综合柜员制，推进系统上下公共服务、业务办理和系统内外一体化的发展，形成了整体服务新优势。

同时，我们统筹推进“法治人社”、信息宣传、规划财务、人事考试、服务窗口等综合性、基础性工作，人社事业发展后劲显著增强。

五年来，我们既注重统筹规划、全面推进，着力提升人社工作的整体效能；又注重突出特色，打造亮点，发挥大活动、大项目的示范引领作用，办了几件可圈可点的大事、难事，在人社事业发展历程中有着浓墨重彩的一笔。一是成功承办首届全国创业就业服务展示交流活动。在时间紧、任务重的情况下，我们举全系统之力，秉承开放、创新、节俭、文明的办会理念，创造和演绎了一场精彩纷呈的创业就业服务大展示，以一届成功、精彩、难忘的展示交流活动，载入全国创业就业服务的史册，为山东赢得了荣誉，受到国务院副总理马凯同志以及人社部、省委、省政府领导高度评价。二是人社领域精准扶贫成果丰硕。我们坚持“精准对接、分类施策、源头帮扶、务实管用”原则，既注重“输血”，更注重“造血”，在省直部门中率先制定出台关于做好人社精准扶贫工作的主体文件，并相继出台一系列配套“办法”“方案”，着力打造顺民心、合民意、惠民生的人社精准扶贫工程，为全省打赢脱贫攻坚战做出了重要贡献。2015 年以来，贫困人口累计转移就业达 72 万人。特别是在全国率先打造“就业扶贫车间”模式，建成“就业扶贫车间”5771 家，累计吸纳 9.6 万贫困人口就业，得到了国务院扶贫办、人社部的充分肯定，并作为就地就近转移就业扶贫新模式，在全国范围内推广。三是成功举办两届“中国·山东海内外高端人才交流会”。我们创新办会方式，丰富会议内容，参会人才数量和层次、项目对接成功率和签约数均创历史之最，最大程度地放大了“海洽会”品牌效应，为优秀人才来鲁创新创业搭建了广阔的舞台。据统计，两届“海洽会”共引进海外留学人才近 1000 人，引进高新技术创业项目 1000 余个，留学人员创办企业 200 多家，在海内外引起很大反响，成为我省招才引智领域的一张靓丽名片。尤其是通过“海洽会”，海内外高端人才亲眼目睹了一个充满生机和活力的新山东，感受和领略了山东人民热情好客、淳朴守信的传统美德，发现了齐鲁大地施展才华、开创事业的广阔空间，为把齐鲁大地打造成海内外知名的高端人才聚集区奠定了坚实基础。

成绩的取得，根本在于习近平新时代中国特色社会主义思想的科学指引，根本在于省委、省政府的正确领导，也离不开各级党委政府的有力推动和有关部门的大力支持配合，更凝聚着全系统广大干部职工的心血和汗水。在此，我代表省人力资源社会保障厅，向长期以来关心、支持人社工作的各地、各部门、各单位，向全系统干部职工致以衷心的感谢和崇高的敬意！

二、突出重点、精准发力，努力推进人社工作高质量发展

2018 年是贯彻落实党的十九大精神的开局之年，是改革开放 40 周年，是决胜全面建成小康社会、实施“十三五”规划承上启下的关键一年，做好 2018 年的人力资源社会保障工作意义重大。总体要求是：以习近平新时代中国特色社会主义思想为指导，全面贯彻党的十九大精神，坚持稳中求进工作总基调，坚持新发展理念，认真落实省第十一次党代会和全省经济工作会议部署，紧扣社会主要矛盾变化，坚持人才优先、民生为本，促发展与惠民生相结合，全力促进就业创业，深化社会保障制度改革，加快人才队伍建设，推进人事管理创新，完善工资收入分配制度，构建和谐劳动关系，提升公共服务能力，持之以恒全面从严治党，大力推动人社工作高质量发展，为加快创新发展、持续发展、领先发展，决胜全面建成小康社会做出积极贡献。

工作中，要牢牢把握以下三个方面：一是始终坚持以习近平新时代中国特色社会主义思想为指引。习近平新时代中国特色社会主义思想，从理论和实践结合上，系统回答了新时代坚持和发展什么样的中国特色社会主义、怎样坚持和发展中国特色社会主义这个重大时代课题，为新时代伟大实践提供了科学指南，是推进人社事业发展的根本遵循。我们要系统理解、精准把握“八个明确”和“十四个坚持”，切实做到以习近平新时代中国特色社会主义思想武装头脑、指导实践、

推动工作。要正确认识我国社会主要矛盾变化对人社事业发展提出的新要求，准确把握人民群众需求的时代特点和发展规律，科学研判面临的困难和挑战，着力解决突出矛盾和问题，大力提升公共服务水平，牢牢掌握工作的主动权。要深入贯彻以人民为中心的发展思想，坚持尽力而为、量力而行这一重大原则，坚持人人尽责、人人享有这一发展途径，坚持坚守底线、突出重点、完善制度、引导预期这一基本思路，坚持社会公平正义这一核心价值，从人民群众关心的事情做起，从让人民群众满意的事情抓起，多谋民生之利，多解民生之忧，不断增进民生福祉。二是牢牢把握高质量发展这个根本要求。中国特色社会主义进入新时代，我国经济社会发展也进入新时代，基本特征就是经济社会事业已由高速增长阶段转向高质量发展阶段。高质量发展，就是满足人民日益增长的美好生活需要的发展，是体现新发展理念的发展。我们要把推动高质量发展作为确定思路、制定政策、实施调控的根本要求，顺应时代脉动，找准事业发展的新历史方位，把更多精力放到提质增效上。要牢牢把握高质量发展的要求，把更多心思用在补齐发展短板上，坚决破除束缚人社事业发展的体制机制障碍，切实做好发展速度和质量效益相统一、事业发展和结构优化相协调，推动人社事业在高质量发展上走在全国前列。三是坚定不移践行稳中求进工作总基调。稳中求进工作总基调是治国理政的重要原则，必须长期坚持。“稳”和“进”是辩证统一的，要作为一个整体来把握。一方面，要认识到，稳中求进，稳字当头。既要继续保持就业创业、社会保障体系建设、人才体制机制创新、人事制度改革、收入分配领域改革、构建和谐劳动关系等各项事业平稳发展的良好势头，也要对工作中存在的各种苗头性问题保持清醒，防控好集中失业、社保基金支付、人事考试、劳动关系领域等各种风险，进一步稳定政策，稳定预期。另一方面，要认识到，稳中求进，贵在有进。坚持稳中求进，不是无所作为、不敢作为，而是要知难而进、奋发有为、以进促稳。我们要按照稳中求进的要求，遵循规律，稳扎稳打，深入贯彻新发展理念，加强各类政策统筹和协同，大力推动质量变革、效率变革、动力变革，促进经济平稳健康发展和民生福祉持续改善。具体做好以下七方面工作：

（一）努力推动更高质量和更充分就业。就业是最大的民生，是经济发展最基本的支撑。当前，就业工作面临的形势依然复杂严峻，一些突出问题和潜在风险需要高度关注：在总量压力依然不减的情况下，就业的结构性矛盾逐步上升为主要矛盾，招工难和就业难问题并存；就业公平性有待增强，整体就业质量还不够高；有的区域、有的行业集中失业风险较大，就业创业政策体系也还不能很好适应新产业、新模式、新业态发展，等等。

今年，要深入实施就业优先战略和积极就业政策，着力破解就业结构性矛盾，努力实现更高质量和更充分就业，保持就业形势持续稳定，力争城镇新增就业 110 万人以上，全省城镇登记失业率控制在 4% 以内。一是完善落实就业创业政策。贯彻落实《山东省“十三五”促进就业规划》和《关于助推新旧动能转换，做好当前和今后一段时期就业创业工作的意见》，加大政策宣传、督促检查、绩效评估力度，推动政策落地见效。贯彻落实《关于进一步引导和鼓励高校毕业生到基层工作的实施意见》，研究制定高校毕业生基层成长计划和创新创业指导意见，促进高校毕业生更好就业创业。深入研究新兴就业创业形态，探索建立新兴就业创业业态的政策服务体系。启动《山东省失业保险规定》修订工作，制定就业创业资金风险防控办法，修改完善就业补助资金管理暂行办法，充分释放就业创业政策的整体效力。二是做好重点群体就业工作。实施好新一轮“三支一扶”计划，启动长期失业青年的青年就业启航计划，促进青年多渠道就业创业。组织高校大学生创新创业大赛，开展第四届“山东大学生十大创业之星”和“山东优秀大学生创业者”评选活动，提升创新实践能力。全力做好钢铁、煤炭等行业职工的分流安置和再就业工作，实施失业保险援企稳岗“护航行动”、技能提升补贴“启航行动”、参保征缴“远航行动”三大行动计划，落实失业动态监测、预测预防、调控“三位一体”工作机制，确保不发生区域性失业风险、不发生影响社会稳定的重大群体事件。组织开展农民工3项行动计划实施情况终期绩效评估，进一步完善政策，提升农民工就业质量。组织实施全省技工院校服务脱贫攻坚行动计划，创新运用好“就业扶贫车间”“互助扶贫公益岗位”“创业扶贫工坊”“劳务扶贫合作社”四种就业创业扶贫渠道，打赢脱贫攻坚战。三是大力促进创业带动就业。组织省级创业示范平台评估认定，建设创业服务云平台，为初创小微企业提供专业化、便利化、全过程创业服务。建立创业载体发展联盟，推动创业载体提档升级。创新创业大学培训模式，建立效能评估机制，提高创业培训水平。四是全面加强职业技能培训。把解决就业结构性矛盾摆在突出位置，改革就业培训机制，加大培训投入，推动劳动者终身职业培训体系建设。继续开展“创业齐鲁训练营”活动，开展网络创业培训，强化培训师资队伍建设和实训基地建设，全面提升劳动者就业创业能力。五是加强公共就业创业服务。开展创业型示范城市（县区）、街道（乡镇）、社区创建工作，举办第四届创业大赛、首届创业孵化平台服务能力大赛等竞赛，开展“山东—名校人才直通车”活动，营造大众创业、万众创新的浓厚氛围。建设“智能化”公共就业人才服务经办平台，创新社会化服务和基本公共服务。推进家庭服务业促进就业工作，认真完成援青、援藏、援疆对口支援任务。同时，探索建立“更高质量和更充分就业”指标评价体系，明确实现路径和推进措施。

（二）推进多层次社会保障体系建设。社会保障是民生安全网、社会稳定器。新时代，人民群众期盼有更高水平、更高质量、更方便快捷的社会保障服务。从社会保障运行情况看，制度的公平性依然不足，可持续性面临重大挑战，在权利义务结合、责任分担、多层次发展等方面还存在一些突出矛盾和问题。从公平性上看，部分农民工、灵活就业人员没有参加城镇职工社会保险；受体制机制及缴费水平差异影响，不同地区、不同制度、不同群体间待遇水平差距较大。从可持续性上看，随着老龄化步伐的加快，各项待遇水平刚性增长，基金支出负担日益加重，部分地区基金出现当期收不抵支，社会保障支付风险正在逐步加大。

今年，要按照兜底线、织密网、建机制的要求，继续深化社会保障制度改革，积极构建覆盖全民、城乡统筹、权责清晰、保障适度、可持续的多层次社会保障体系。一是完善社会保障制度。健全与中央调剂办法相衔接的企业养老保险省级调剂制度，有序做好全国统筹的衔接准备工作。深化机关事业单位养老保险制度改革，全面实现按新制度计发养老待遇。完善企业养老保险省级统筹，推行基金市级统收统支。制定医保支付方式改革方案，大力实施复合式支付方式。完善职工、居民大病保险制度，扩大职工长期护理保险制度实施范围，完善职工生育保险制度。启动工伤保险基金省级统筹，全面推进工伤预防。推行居民养老保险费、医疗保险费统一征缴，提高参保续保率。二是全面实施全民参保计划。以农民工、非公有制经济组织从业人员、灵活就业人员和新兴业态从业人员为重点，加快实现社会保障法定人员全覆盖，努力实现应保尽保。对未参保人员和“断保”人员进行精确分类，精准制定措施，及时将其纳入相应社会保险。三是健全待遇调整和发放机制。调整退休人员养老保险待遇和居民基础养老金标准，努力形成兼顾公平与效率、企业与机关事业单位相统一的调整机制。完善居民医保政策，健全居民门诊保障制度，建立筹资动态调整机制。建立工伤保险待遇调整确定机制。实施社保精准扶贫攻坚，落实养老、医保和大病保险扶贫倾斜政策，实现社保扶贫的动态全覆盖。四是积极应对社保基金支付压力。加大基金征缴力度，促进参保缴费增量提质，实现应缴尽缴。健全完善社会保险财政补助机制，督促各级政府承担发放兜底责任。进一步做好基金委托运营，实现保值增值。推进划转部分国有资本充实社保基金，研究弥补企业职工基本养老保险基金缺口的具体办法。五是提高社保管理服务水平。加强基金收、支、存管理和内部控制，强化预算执行，扎实推进社会保险精算工作，确保基金安全。加强省级异地就医结算、医保监管、社保关系转移接续等系统建设，提高经办管理服务水平。

（三）**大力加强人才队伍建设**。人才是实现民族振兴、赢得国际竞争主动的战略资源。我省人才现状是山多峰少，人才资源总量居全国前列，但高端人才严重匮乏，现有在鲁两院院士 49 人，仅占全国院士总量的 3%，不到江苏的一半；现有国家“千人计划”专家 205 人，占全国 2.92%，仅为浙江省的三分之一。特别是人才发展载体的支撑作用发挥还不充分，一方面，“国字号”和高水平高校、科研机构较少，缺乏集聚高端人才的载体，另一方面，产业结构以传统产业为主，同先进省市相比，我省高新技术企业数量、规模还有较大差距，缺少聚集人才的企业平台。

今年，要坚持以深化人才发展体制机制改革为核心，以更大的力度引进人才、留住人才、用好用活人才，大力打造人才的政策新优势、制度新优势和服务新优势。一是大力促进人才政策的落实。以开展“人才政策落实年”活动为抓手，全面梳理已出台的人才政策，加强督查督办，加大宣传力度，大力推进政策的落实落地，打通政策落实“最后一公里”。落实《关于做好人才支撑新旧动能转换工作的意见》和《关于深化职称制度改革的实施意见》，细化、实化各项工作任务。二是推进高层次人才队伍建设。实施重大人才工程，做好高端领军人才的推荐选拔工作。聚焦高层次人才队伍建设，继续推进享受国务院政府特殊津贴人员、“国家百千万人才工程”人选、泰山学者攀登计划、泰山产业领军人才工程、省有突出贡献的中青年专家、专业技术二级岗位人选、社会建设领域智库高端人才等人才工程，做好推荐选拔工作。扎实做好院士服务工作，加强博士后青年创新人才队伍建设，出台《山东省支持青年人才创新创业的若干措施》，大规模实施专业技术人才知识更新工程，培育一支规模宏大、结构合理、素质优良的高层次人才队伍。聚焦技能人才队伍建设，创新政策，加大投入，强化载体，优化环境，推进技工院校内涵建设、特色发展，打造“技能兴鲁”技能大赛品牌，建设一支适应山东经济社会发展需求的知识型、技能型、创新型高素质技能大军。制定分类推进人才评价机制改革的实施意见。同时，加强基层人才队伍建设，不断增强基层人才的生机和活力。三是提升人才工作的国际化水平。举办第十届“海洽会”，按照“多元化、专业化、精准化、高端化”的办会理念，吸引更多海内外高端人才来鲁创新创业。实施“海创山东”人才发展计划、“千人计划”外专项目、“外专双百计划”等重大引才工程，支持重点产业、重点学科引进高端外国专家及团队。创新人才引进政策，认真组织实施《关于加强新形势下引进外国人才工作的实施意见》，研究制定《关于加快推进人才国际化的若干措施》《外国人在山东工作管理暂行办法》等政策，实施外国人才签证制度，加快构建具有国际竞争力、山东特色的人才引进政策体系。突出市场驱动力，充分发挥猎头、专家组织、协会、海外人才机构等作用，打造灵活有效的引才用才机制。加强留学人员创新创业示范园、引智试验区建设，促进成果推广转化。做好出国（境）培训管理服务工作，提高科学化水平。四是营造优质高效的人才服务环境。加快高层次人才服务体系建设，修订《山东省高层次人才服务绿色通道规定》，建立人才服务专员制度，为高层次人才提供“保姆式”服务。加大外专工作的宣传力度，优化外国专家表彰奖励机制，提升引进海外人才软实力。建立柔性引才机制，深入开展专家服务基层活动。围绕促进产业集聚、园区建设、骨干企业培育、经营业态创新、人才支撑，加快推动人力资源服务业转型升级。

（四）**全面深化人事制度改革**。大力推进人事制度改革，是建设一支高素质专业化干部队伍的必然要求。近几年，我省打造了“阳光考录”“阳光招聘”两个得民心的阳光工程，树立了公开、公平、公正的良好社会形象。在较好地解决考录、招聘的“公平性”后，如何提升公务员考录和事业单位招聘的科学化水平，提高进入机关事业单位工作人员的“人岗相适度”，需要进行更多的探索。同时，公务员队伍激励保障机制不健全，事业单位人事管理配套政策不完善，工资待遇对优秀人才的吸引力不强，职业荣誉感有所下降，优秀人才留不住、吸引不进来，特别是基层公务员队伍建设比较薄弱，基层“留人难”的问题仍然比较突出。

今年，要全面深化人事制度改革，推进高素质专业化干部队伍建设，推动人事制度改革向深层次推进、宽领域拓展、科学化迈进。一是加强公务员队伍建设。深入开展公务员职业道德建设工程，出台公务员诚信档案管理办法，推进“人民满意的公务员和公务员集体”、公务员“职业道德标兵”等创建活动。创新公务员制度，稳妥推进公务员分类管理改革，以本土人才、特殊岗位人才招考为突破口，积极探索分级分类考录模式。扎实推进公务员职务与职级制度试点，深入推进聘任制公务员试点。创新公务员教育培训模式，大力加强理想信念教育和职业道德教育。更好发挥考核奖励的正向激励作用。二是加强事业单位人事管理。根据中央部署，研究制定我省事业单位管理岗位职员等级晋升制度，开展县以下事业单位管理岗位职员等级晋升制度改革试点。出台事业单位人事管理监督办法，创建人事管理示范点。完善事业单位岗位管理、聘用合同、公开招聘、考核奖惩等制度，修订事业单位专业技术二级岗位设置管理、竞聘上岗试行办法等相关政策，提高管理的科学化、规范化水平。三是积极稳妥做好军转安置工作。坚持“阳光安置”，扩大“人岗相适”试点范围，促进军转干部人尽其才。认真做好军队现役干部转改文职人员的相关工作，加强企业军转干部解困稳定和自主择业军转干部服务工作。

（五）稳慎推进工资收入分配制度改革。收入分配是民生之源。让广大劳动者有更满意的工资收入，是改善民生、实现发展成果由人民共享的最重要、最直接体现。从总体收入水平看，我省人均工资在全国处于中游水平，与我省经济发展水平有一定差距。从分配秩序看，我省收入分配机制不健全，缺乏壮大中等收入群体的有效措施，缺乏知识、技术、管理、技能等要素参与收入分配的具体办法，中等收入群体所占比重偏低。从分配结构看，各个群体间的收入差距较大，不同行业、地区、群体之间的工资收入水平不平衡，一线企业职工收入偏低。

今年，要综合运用政府调控、市场引导等手段，统筹平衡各方面利益关系，稳步推进工资收入分配制度改革，推动形成合理、有序的工资收入分配格局。一是加强企业工资宏观指导调控。完善企业薪酬调查和信息发布制度，发布市场工资价位和行业人工成本信息，引导企业、职工对标市场动态。适时调整最低工资标准，科学发布企业工资指导线，适度提高企业一线职工特别是技能人才的收入水平。开展《山东省企业工资支付条例》立法调研，改革国有企业工资决定机制，深化国有企业负责人薪酬制度改革，缩小收入分配差距。二是深入推进公务员工资收入分配制度改革。调整公务员基本工资标准，优化公务员工资结构。制定统一、规范的津贴补贴政策，完善公务员奖金制度，协同财政部门做好规范改革性补贴工作。适应分类管理要求，完善公务员工资制度体系。推进法官检察官工资制度改革，探索符合聘用制公务员管理要求的工资制度。三是深化事业单位收入分配制度改革。出台事业单位收入分配制度改革指导意见，调整事业单位工资标准，制定符合行业特点的事业单位绩效工资实施办法。健全事业单位高层次人才收入分配激励机制，探索年薪制、项目工资、协议工资等分配形式，鼓励人才创新创造。

（六）大力构建和谐劳动关系。劳动关系是最基本的社会关系之一，和谐稳定的劳动关系是社会和谐的重要基础。我省劳动关系领域的矛盾隐患还比较突出，一些用人单位侵害劳动者权益的问题时有发生，劳动者平等意识、权利意识和公平要求不断增强，特别是去产能过程中发生劳动争议和群体性事件的风险有所上升，一些解除、终止劳动关系的职工，如果不能及时兑现拖欠的工资、欠缴的社保，极易引发群体性事件，确保劳动关系和谐稳定任务依然十分繁重。

今年，要坚持标本兼治，着力化解劳动关系领域的矛盾和风险，确保劳动关系的和谐稳定。一是完善劳动关系工作机制。加强和谐劳动关系试验区建设，健全劳动关系三方协调机制，建立协调劳动关系三方委员会，提升集体协商质量和集体合同履行效果，健全多层次、全方位的和谐劳动关系工作格局，促进劳动关系共建、共享、共治。二是提升劳动人事争议处理效能。深入落实“两规则两意见一条例”，完善调解仲裁政策制度体系，健全调解仲裁办案制度，提升仲裁办案质量，创建标准化仲裁院，积极推进调解仲裁标准化、规范化建设。三是完善劳动保障监察制度机制。加强劳动保障监察执法能力建设，深入落实“双随机、一公开”制度，提高监管效能。以解决拖欠职工工资、欠缴社会保险、违法解除合同等突出违法问题为重点，统筹做好案件查办、监管创新、联动平台建设和风险防范工作，全面维护劳动者合法权益。扎实开展拖欠农民工工资专项整治，严格落实属地监管职责，健全长效机制，有效遏制拖欠农民工工资问题的发生。

（七）全面提升人社领域公共服务能力。人社领域公共服务水平，直接关系人民群众的切实利益，代表着人社部门的社会形象。与人民群众的更高质量服务需求相比，人社领域的公共服务体系还不健全，信息化水平还不高，服务的科学化、精准化、人本化有待于进一步增强。

今年，要以推进“标准化、信息化、一体化”为抓手，持续提升公共服务能力，为人民群众提供高效便捷的服务。一是健全以就业、社保等为重点的公共服务体系。坚持以普惠性、保基本、均等化、可持续为方向，创新服务方式，健全服务制度，拓展服务渠道，细化服务标准和服务项目，推进服务对象、服务网络、服务功能的全覆盖。二是加快推进“互联网 + 人社”建设。以“互联网 +”为引领，创新工作模式、工作流程，大力开展网上服务、移动服务、自助服务，打造线上线下一体化服务大厅。牢固树立大数据思维，善于获取数据、分析数据、运用数据，推动数据集中和开放共享，深度开发便民应用。大力推广第三代社保卡，继续拓展社保卡应用，把社保卡打造成政府部门和人民群众的连心桥。三是持续加强窗口单位作风建设。突出重点领域，抓住关键环节，围绕改革抓服务，围绕效能抓创新，围绕素质抓队伍，全面加强窗口单位作风建设，打造规范运行、勤政廉洁、优质高效的服务平台。

三、围绕“四个聚焦”，加强自身建设，确保各项工作任务的落实、落地

全面完成 2018 年目标任务，关键在队伍，关键在落实。我们必须持之以恒地抓好自身建设，全面增强干事创业本领，真正肩负起新时代人社部门的使命和担当。重点强化“四个聚焦”：

（一）聚焦“四个意识”，旗帜鲜明讲政治。旗帜鲜明讲政治，是对全系统干部队伍的第一位要求。要坚持以习近平新时代中国特色社会主义思想为指引，增强“四个意识”、坚定“四个自信”，坚决维护以习近平同志为核心的党中央权威和集中统一领导，在政治立场、政治方向、政治原则、政治道路上同以习近平同志为核心的党中央保持高度一致。把深入学习贯彻党的十九大精神作为首要政治任务，在学懂弄通做实上下功夫，持续深化、常学常新、从严做实。结合“两学一做”学习教育常态化制度化，开展“不忘初心、牢记使命”主题教育，为新时代人力资源社会保障工作提供坚强政治保证。

（二）聚焦能力提升，加强干部队伍的专业化建设。推动高质量发展，是做好今年人社工作的新部署、新要求。推动人社工作高质量发展，必然要求我们建设一支高素质专业化的干部队伍。要通过多岗位锻炼、业务培训、考察学习等多种途径，大力培养专业知识、专业能力、专业作风、专业精神，打牢广大干部的业务功底，增强履职本领。要区分特点，因材施教，既注重培养干部的宏观思维能力，让他们熟悉政策、熟悉制度，打造一批人社工作的“政策通”；又注重培养干部的实际动手能力，让他们熟悉业务操作，熟悉业务经办，打造一批人社工作的“能工巧匠”。要加强实践锻炼，加大轮岗交流、挂职锻炼力度，用好对口支援、选派第一书记等渠道，提供更多的成长锻炼平台。

（三）聚焦务实担当，进一步鼓励改革创新、干事创业。近几年，我省人社事业取得了一定的发展成绩，这都是改革创新、勇于担当、努力工作的结果。要牢固树立改革创新的鲜明导向，高举改革创新的大旗，扛起改革创新的担当，以干在实处的举措、走在前列的成效，勇立新时代改革创新的潮头。要始终保持一股闯劲，大力发扬敢闯敢冒精神，永远保持逢山开路、遇水架桥的劲头，勇于攻坚克难，敢于啃硬骨头，努力创造一批新经验、新典型、新亮点。要保持一股干劲，

坚持干字当头，不仅当好干事创业的组织者，更要当好干事创业的施工队，不仅当好改革的促进派，更要当好改革的实干家，真正做到干在一线、改到实处。要全面落实《关于激励干部担当作为干事创业的意见》，树立鲜明的选人用人导向，推进容错纠错的制度化、具体化，为担当者担当，为改革者鼓劲，充分激发干部干事创业的积极性。

（四）聚焦严细深实，进一步夯实全面从严治党责任。全面从严治党永远在路上。要深入学习贯彻习近平总书记关于作风建设的新指示、新要求，认真落实中央八项规定实施细则和省委实施办法，持续纠治“四风”，加大形式主义、官僚主义新表现的纠治力度，促进作风的根本好转。要落实“一岗双责”，做到党建工作与业务工作同研究、同部署、同检查、同落实。要加强对社保基金、就业创业资金、人事考试、扶贫等重点环节的监督，严格管控廉政风险，防止问题的发生。

同志们，新时代需要新气象，更需要新作为。让我们高举习近平新时代中国特色社会主义思想伟大旗帜，在省委、省政府的坚强领导下，解放思想、改革创新、埋头苦干，大力推动人社工作高质量发展，为决胜全面建成小康社会、奋力谱写新时代中国特色社会主义的山东篇章作出新的更大贡献！

在2017年度总结表彰大会上的讲话

（韩金峰　2018年2月12日）

同志们：

刚才，我们隆重表彰了2017年度先进集体和先进个人。我代表厅党组，向受到表彰的单位和同志们表示热烈祝贺。需要指出的是，还有许多同志辛勤工作，默默奉献，在各自的岗位上作出了积极贡献，但受名额所限或有的同志主动让贤而没有受到表彰，他们取得的业绩同样应该给予充分肯定。下面，我通报一下2017年全厅工作情况和今年重点工作安排。

一、2017年工作情况

2017年是具有里程碑意义的重要一年。一年来，在以习近平同志为核心的党中央坚强领导下，全省人社系统按照省委、省政府的部署，特别是刘家义书记到省厅调研时的讲话要求，着力促改革、补短板、兜底线、防风险，人社事业在更高水平上加快转型发展，为实现创新发展、持续发展、领先发展作出了人社部门的贡献。

（一）坚持民生为本，持续保障和改善民生，人民群众的获得感、幸福感显著增强。牢牢把握“守住底线、突出重点、完善制度、引导预期”的民生工作总要求，千方百计让人民群众共享发展成果。一是就业形势保持总体稳定。坚定不移把促进就业创业作为重要政治任务和改善民生的头等大事来抓，就业格局发生可喜变化，就业稳成为全省经济社会运行总体稳定的重要标志。城镇新增就业128.28万人，超额完成年度任务，城镇登记失业率控制在3.4%。2017年9月，在国务院第四次大督查中，我省“建设创业大学，加快创新人才培养”典型做法，受到国务院的通报表扬。应届高校毕业生总体就业率达94.22%，高于全国平均水平；农民工就业质量不断提高，在城镇稳定就业的劳动合同签订率达90%以上；顺利分流安置去产能企业职工和济钢产能调整职工4万多人。着力把创业培育成拉动就业的新引擎，创业大学培训模式实现市级全覆盖。加强职业技能培训、劳动力训练和职业技能鉴定，积极化解结构性就业矛盾。成功承办首届全国就业创业服务展示交流活动，受到马凯副总理和人社部领导的充分肯定。二是社会保障安全网进一步编密织牢。深入实施全民参保计划，努力实现应保尽保，基本实现社会保险人员全覆盖。社保基金累计结余4535.5亿元，比2017年底增长4%。企业养老保险结余基金投资运营累计实现收益50多亿元。连续第十三年调整退休人员基本养老金，企业退休人员平均养老金水平达到2600多元。职工医保政策范围内住院报销比例达80%以上，居民医保和大病保险政策范围内住院报销比例达70%左右。按照国家统一要求，调整了基本医保药品目录。建立职工大病保险制度，完善居民大病保险制度，将18种抗肿瘤分子靶向药和特效药纳入大病保险报销范围。调整失业保险标准，平均达到1030元。调整工伤保险待遇标准，加强劳动能力鉴定。居民医保政府补助由320元增加到450元。社会保险经办服务水平进一步提升，群众满意度进一步提高。三是收入分配秩序逐步规范。优化机关事业单位工资收入结构，全面实施法官、检察官工资制度改革，激发事业发展活力。开展机关事业单位“吃空饷”专项治理。加强企业工资宏观调控，发布企业工资指导线，调整最低工资标准，不同地区分别达1810元、1640元、1470元。四是劳动关系保持和谐稳定。大力推进和谐劳动关系建设，制定企业守法诚信等级评价制度，推进调解仲裁地方立法，健全多元矛盾纠纷化解机制，强化劳动保障监察执法，完善劳动关系综合治理体系。检查用人单位4万余户，追发劳动者工资待遇近5亿元，补缴社会保险近2亿元。五是人社领域精准扶贫扎实推进。“就业扶贫车间”累计吸纳9.6万余贫困人口就业，2.3万贫困人口实现创业，全省共72万贫困人口实现转移就业。居民基本医保累计补偿贫困人口医疗费用20多亿元，居民大病保险累计补偿近3亿元。做好技能扶贫，有培训需求的贫困人员每年至少轮训一次。做好人才扶贫，“三支一扶”大学生达2千多人，组织多次专家服务基层活动。

（二）坚持人才优先，创新人才体制机制，人才发展新高地正在加速形成。围绕以“四新”促“四化”，创新人才培养、引进、评价、使用、流动等政策，人才对经济社会发展的引领、支撑作用不断增强。一是加强高层次人才队伍建设。围绕产业链、科技链打造人才链，先后出台《关于加强基层专业技术人才队伍建设的实施意见》《关于改革完善博士后制度的实施意见》《山东省鼓励社会力量引进高层次人才奖励实施办法》等一系列政策，在基层人才队伍建设、博士后制度、外国人才引进、高层次人才服务等领域进行了重大政策创新，打造了人才发展新优势。我省现有在鲁两院院士49人，“千人计划”专家205人，享受国务院政府特殊津贴专家3260人，国家百千万人才工程人选176人，省有突出贡献的中青年专家1297人。建立“产学研未来工匠联盟”，开展新型学徒制培养试点，打造了一批技艺精湛的“齐鲁工匠”。全省技能人才数量达1020.7万人，其中高技能人才268.8万人；2名选手在第44届世界技能大赛中分获金牌和优胜奖，实现了历史性突破。人才发展载体更加健全，人力资源市场建设和人力资源服务业发展扎实推进，人才工作市场化水平进一步提升。二是构建全方位、多层次、宽领域的招才引智工作新格局。创新人才引进政策，启动了《关于进一步加强引进外国人才工作的意见》等政策，制定“外专双百计划”，着力引进一批“高精尖缺”的海外人才。出国培训质量不断提高，外国专家系列专题讲座取得新进展。全省共有国家“千人计划外专项目”专家36人，获中国政府“友谊奖”专家66人，获山东省政府“齐鲁友谊奖”专家478人。全年来鲁工作外国人才约4万人次。三是强化公务员制度和队伍建设。创新公务员考录制度，开展“人岗相适”考试试点，深化公安机关人民警察招录培养体制改革，探索开展定向招录残疾人试点，完善基层公务员考录制度，招考公务员8379人，扎实推进公务员分类管理和聘任制改革试点，加强公务员培训，开展平时考核试点，深入开展争做人民满意公务员活动。四是加强事业单位人事管理。先后印发事业单位工作人员考核办法、事业单位特设岗位设置使用办法、人员总量控制事业单位人事管理办法等政策文件，进一步调动事业单位工作人员的积极性、主动性。全面实施事业单位人事管理条例，以人员聘用制度、公开招聘、考核奖惩、岗位设置管理为主要内容的新型人事管理制度基本建立，在全省应实施岗位设置管理事业单位中，95.1%的已核准岗位设置方案，94.4% 的已完成岗位聘用，增添了事业单位发展的新动力、新动能。省属事业单位共招聘工作人员 3234 人。五是扎实做好军转安置工作。妥善安置军转干部，完成了 5993 名军转干部的安置任务。扎实做好军转干部管理服务，认真落实企业军转干部解困维稳政策，军转干部保持总体稳定。

（三）坚持问题导向，全面深化人社领域改革，人社事业转型发展呈现多点突破、纵深推进的良好态势。用改革的方法创新机制、破解难题、促进发展，一些涉及深层次利益调整、多年啃不动的硬骨头得到破解，一大批改革难点变成了改革亮点。一是创新就业创业体制机制，聚焦实施新旧动能转换重大工程，提请省委、省政府出台《关于进一步引导和鼓励高校毕业生到基层工作的实施意见》《关于印发山东省"十三五"促进就业规划的通知》《关于助推新旧动能转换做好当前和今后一段时期就业创业工作的意见》，推出一系列新的促进就业创业重大政策举措。二是创新社会保障制度改革。率先在全国按新制度计发养老保险待遇工作，全省纳入新制度参保人员达 356 万人；出台《关于建立职工大病保险制度的意见》，推进职工长期护理保险工作，约 5.9 万名重度失能老人享受到改革红利；深化医保支付方式改革，推行按病种、按人头、总额预付等复合式支付方式；建立工伤保险省级调剂金制度；在威海开展生育和职工医保合并实施试点。三是创新人才体制机制。聚焦人才引进、评价、使用、流动等环节，出台了一系列含金量高、操作性强的创新性政策。分类推进职称制度改革，提请省委、省政府出台《关于深化职称制度改革的实施意见》，进一步向各市下放职称评审权限，改革基层卫生、会计、中职学校、非公领域等职称制度，人才评价指挥棒作用得到较好发挥。四是构建更加公平有序的收入分配秩序。全省县以下职务与职级并行制度全面建立，在省直和青岛、潍坊开展公务员职务职级并行制度试点，在潍坊启动公立医院薪酬制度改革试点。深化国有企业负责人薪酬制度改革，省管企业负责人开始按新标准领取薪酬。规范劳务派遣制度，落实同工同酬工作全面推进。

（四）坚持强基固本，大力加强基层基础工作，人社事业发展根基不断得到厚植。坚持工作重心下移，大力加强基层平台建设，全面深化放管服改革，加快推进标准化、信息化、一体化建设，进一步奠定了事业发展的根基。一是大力推进"放管服"改革。简化办事环节和手续，取消 2 项、下放 3 项权力事项，落实国家取消的职业资格 434 项，降低了群众干事创业"门槛"。2017 年，梳理并公布全省四级人社部门所有对外服务事项的材料清单，涉及事项 199 项，须提交的各种材料 910 份，其中证明材料有 516 份。公布我厅"零跑腿"事项 15 项、"只跑一次"事项 65 项，获得社会各界的广泛好评。落实流动人员人事档案接收告知承诺制，全省通过档案接收承诺制服务 60 万余人次。强化事中事后监管，建立劳动保障监察举报投诉案件省级联动工作机制，全面落实"双随机、一公开"监管方式，监察总队随机抽取了 37 家省管用人单位，随机检查了 9 类 33 项抽查内容，并向社会公布抽查结果，体现了监管的公平性。二是扎实推进"三化建设"。以"全省通办"为目标，大力推进标准化，制定印发全省社会保险公共服务标准，梳理社会保险服务事项 255 项，明确了 149 项的办理条件、所需材料和业务流程图等内容，形成了完整的社会保险网上办事标准体系。以"互联网 +"为引领，大力推进信息化，搭建起以微信、微博、"12333"服务热线、"山东人社服务"APP、门户网站办事大厅和自助服务一体机为载体的"六位一体"网上公共服务系统，60 多项业务实现了网上经办。加快资源整合，大力推行综合柜员制，推进系统上下公共服务、业务办理和系统内外一体化的发展，形成了整体服务新优势。三是统筹做好各项基础性工作。深入推进全面从严治党，扎实推动"两学一做"学习教育制度化常态化，持续强化思想政治建设和党风廉政建设。调整处级干部 115 人，对部分科级干部进行了交流，不断提高选人用人质量。规范财务管理和财务集中核算，保障了重点项目建设。政务运转顺畅高效，信息宣传工作迈上新台阶，老干部工作积极开展，人事考试公信力受到社会的广泛认可，科学研究、机关后勤服务水平有了新提高。同时，从事对口支援合作、任“第一书记”以及到基层挂职锻炼的同志，克服各种困难，全身心投入工作，树立了良好形象，赢得了广泛认可。在外帮助工作的同志，认真负责、努力工作，圆满完成了各项工作任务，得到帮助工作单位的一致好评。

以上成绩的取得，是省委、省政府坚强领导的结果，是全厅干部职工奋力拼搏的结果，也凝聚着广大干部职工家属的大力支持。借此机会，我代表厅党组，向全厅广大干部职工，向关心支持我们工作的家属同志们表示衷心的感谢和诚挚的慰问!

在看到成绩的同时，我们也要清醒地看到，当前人社领域改革任务重、工作头绪多，一些新老矛盾相互交织，人社事业推进的难度和风险进一步加大，而我们的工作、思想和队伍建设还不能很好地适应形势的发展变化：从工作上看，有的工作进度还不够快，有的政策还没有及时落地，工作中面临许多短板和不足，全面推进高质量发展任重道远；从思想上看，有的同志工作中存在骄傲情绪，缺乏忧患意识，导致自觉或不自觉地产生某种优越感，有的同志拈轻怕重、拖沓推诿、遇到问题绕着走，缺乏勇于担当的勇气和承担责任的自觉；从队伍建设上看，我们的干部队伍总体上是好的，但不作为、不担当、不尽责的现象也在一定范围内存在，表现为动力不足、不想作为，畏首畏尾、不敢作为，花拳绣腿、不真作为，能力不够、不善作为。对于这些问题，我们必须高度重视，采取扎实措施，认真加以解决。

二、2018 年工作打算

2018 年是贯彻落实党的十九大精神的开局之年，是改革开放 40 周年，是决胜全面建成小康社会、实施“十三五”规划承上启下的关键一年，做好 2018 年的人力资源社会保障工作意义重大。总体要求是：以习近平新时代中国特色社会主义思想为指导，全面贯彻党的十九大精神，坚持稳中求进工作总基调，坚持新发展理念，认真落实省第十一次党代会和全省经济工作会议部署，紧扣社会主要矛盾变化，坚持人才优先、民生为本，促发展与惠民生相结合，全力促进就业创业，深化社会保障制度改革，加快人才队伍建设，推进人事管理创新，完善工资收入分配制度，构建和谐劳动关系，提升公共服务能力，持之以恒全面从严治党，大力推动人社工作高质量发展，为加快创新发展、持续发展、领先发展，决胜全面建成小康社会做出积极贡献。重点做好七方面工作：

（一）推动更高质量和更充分就业。贯彻落实《山东省“十三五”促进就业规划》等文件，研究制定高校毕业生基层成长计划，探索建立新兴就业创业业态的政策服务体系，启动《山东省失业保险规定》修订工作，制定就业创业资金风险防控办法。抓好重点群体就业，大力促进创业带动就业，推动劳动者终身职业培训体系建设，切实加强公共就业服务，力争实现城镇新增就业 110 万人以上，全省城镇登记失业率控制在 4% 以内，确保就业形势持续稳定。

（二）推进多层次社会保障体系建设。健全与中央调剂办法相衔接的企业养老保险省级调剂制度，全面实现按新制度计发机关事业单位退休人员待遇，制定医保支付方式改革方案，扎实推进医保改革落实落地，完善职工、居民大病保险制度，扩大职工长期护理保险制度实施范围，完善职工生育保险制度，启动工伤保险基金省级统筹。全面实施全民参保计划，加快实现社会保障法定人员全覆盖。健全待遇调整和发放机制，调整退休人员养老保险待遇和居民基础养老金标准。加大基金征缴力度，做好基金委托运营，加强基金管理，确保基金安全。

（三）大力加强人才队伍建设。开展“人才政策落实年”活动，大力推进政策的落实落地。出台《山东省支持青年人才创新创业的若干措施》，大规模实施专业技术人才知识更新工程。加大高端技能人才培养选拔力度，推进技工院校内涵建设。制定分类推进人才评价机制改革的实施意见。举办第十届“中国山东海内外高端人才交流会”，实施“海创山东”“外专双百计划”等重大引才工程，研究制定《关于加快推进人才国际化的若干措施》《外国人在山东工作管理暂行办法》。修订《山东省高层次人才服务绿色通道规定》，优化外国专家表彰奖励机制，加快人力资源服务业转型升级。

（四）全面深化人事制度改革。加强公务员队伍建设，稳妥推进公务员分类管理改革，探索公务员分级分类考录模式，扎实推进公务员职务与职级制度试点，深入推进聘任制公务员试点。加强事业单位人事管理，根据中央部署研究制定我省事业单位管理岗位职员等级晋升制度，出台事业单位人事管理监督办法，研究解决编外用人问题。稳妥做好军转安置工作，认真做好军队现役干部转改文职人员的相关工作，确保企业军转干部总体稳定。

（五）稳慎推进工资收入分配制度改革。加强企业工资宏观指导调控，完善企业薪酬调查和信息发布制度，适时调整最低工资标准，科学发布企业工资指导线，深化国有企业负责人薪酬制度改革。推进公务员工资收入分配制度改革，调整公务员基本工资标准，完善公务员奖金制度，探索符合聘用制公务员管理要求的工资制度。深化事业单位收入分配制度改革，出台事业单位收入分配制度改革指导意见，调整事业单位工资标准，健全事业单位高层次人才收入分配激励机制。

（六）大力构建和谐劳动关系。加强和谐劳动关系试验区建设，健全劳动关系三方协调机制，建立协调劳动关系三方委员会。提升劳动人事争议处理效能，完善调解仲裁政策制度体系，推进调解仲裁标准化、规范化建设。完善劳动保障监察制度机制，统筹做好案件查办、风险防范等工作，大力实施治欠保支三年行动计划，扎实开展拖欠农民工工资专项整治。

（七）全面提升人社领域公共服务能力。一是健全以就业、社保等为重点的公共服务体系。坚持以普惠性、保基本、均等化、可持续为方向，创新服务方式，健全服务制度，拓展服务渠道，细化服务标准和服务项目，推进服务对象、服务网络、服务功能的全覆盖。二是加快推进“互联网＋人社”建设。创新工作模式、工作流程，大力开展网上服务、移动服务、自助服务，打造线上线下一体化服务大厅。推动数据集中和开放共享，深度开发便民应用。大力推广第三代社保卡，继续拓展社保卡应用。三是持续加强窗口单位作风建设。突出重点领域，抓住关键环节，围绕改革抓服务，围绕效能抓创新，围绕素质抓队伍，全面加强窗口单位作风建设，打造规范运行、勤政廉洁、优质高效的服务平台。

三、坚定不移地狠抓工作落实，努力在新起点上实现新跨越

当前，全省人社工作的目标任务已经确定。圆满完成这些目标任务，加快推进人社事业高质量发展，关键在队伍，关键看行动。全厅上下要进一步提振精神，主动作为，以永不懈怠的精神状态和一往无前的奋斗姿态，狠抓各项工作落实，确保圆满完成全年工作任务。

（一）进一步提振干事创业精气神。良好的精神状态，是做好一切工作的前提。情绪高涨、斗志昂扬，干事创业就红红火火；情绪低迷、胸无斗志，干任何事情都难有起色。去年，我们在一些事关全局和长远发展的重要领域上取得了显著成绩，打造了不少亮点，这是与全厅干部职工始终保持昂扬向上的干事创业激情分不开的。新时代新起点新任务，迫切需要我们进一步提振精神、锐意进取，始终保持干事创业的激情和锐气。一要思想清醒、政治坚定。我厅作为国家机关，所做的每一项工作都包含有政治。对讲政治这个根本性的问题，我们必须头脑特别清醒、眼睛特别明亮、态度特别鲜明、行动特别自觉，任何时候都不能有一丝一毫的含糊和动摇。要深入学习领会习近平新时代中国特色社会主义思想，坚定理想信念宗旨，牢固树立“四个意识”，增强政治定力、纪律定力、道德定力，把维护习近平总书记的核心地位、维护党中央权威和集中统一领导落实到工作的各个方面、各个环节。二要勇争一流、走在前列。近年来，我们始终把走在前列作为目标定位，积极进取、奋发有为，许多工作走在了全国前列，这是一笔宝贵的精神财富，需要我们进一步发扬光大。新的一年、新的起点，要坚持不懈提高站位、拉高标杆，比学赶超、争先进位。全厅干部职工都要追求卓越、勇创一流，始终坚持最高标准、最严要求，瞄准全国一流水平找差距、定措施、抓落实，争做排头兵，继续努力走在前列。三要坚定信心、百折不挠。当前的人力资源社会保障工作可以说任重道远，有许

多难关要闯，许多硬骨头要啃，许多利益障碍要突破。特别是推动人社工作高质量发展，是一个崭新的课题，也是一项艰巨的任务。我们必须有一抓到底的决心、志在必成的信心、舍我其谁的担当、只争朝夕的干劲、冲锋陷阵的勇气，一仗接着一仗打，一个问题接着一个问题解决，争取一个又一个胜利。要发扬钉钉子精神，越是任务重、困难大，越要知难而进、迎难而上，坚持坚持再坚持，接力探索、接续奋斗，步步为营、久久为功，在新起点上不断推进人社工作向纵深发展。

（二）坚持不懈解放思想、改革创新。当今时代，惟改革者进，惟创新者强，惟改革创新者胜。人社工作要跟上新时代的发展步伐，必须在继承的基础上，更加自觉地谋创新、促改革、求突破。一方面，要推动思想再解放。习近平总书记在中央全面深化改革领导小组会议上指出："要弘扬改革创新精神，推动思想再解放、改革再深入、工作再抓实，凝聚起全面深化改革的强大力量，在新起点上实现新突破"。"思想再解放"，再一次被摆在了突出位置，成为推动改革迈向纵深的一个关键。我们要进一步强化"思想解放—理论创新—改革突破"的解放思想链条，高度警惕思维固化、"向来如此"的陈旧逻辑，以更高站位、更宽视野，做解放思想、积极作为的先行者、实践者。要涵养"计利当计天下利"的情怀，秉持"风物长宜放眼量"的远见，跳出山东看山东，跳出人社看人社，以新一轮思想大解放推动新一轮人社大发展，不断焕发人社事业的生机和活力。另一方面，要坚定不移深化改革。人社领域的改革直接关系社会公平正义和增进人民福祉，在全面深化改革中具有十分重要的地位和作用。我们必须深刻领会党的十九大对改革提出的新要求，冲破安于现状不想改、畏首畏尾不敢改、左右观望等待改的思想障碍，克服求稳怕乱思想，跳出自家"一亩三分地"的藩篱，善于创新思维，善于总结成功经验，敢于打破常规，创造性地提出解决问题的新思路、新办法。要充分认识改革的内在统一性、系统协调性、发展连续性，强化责任担当，拧紧责任链条，拓宽改革广度和深度，全面深化人社领域各项改革。要加强上下联动、沟通协调，强化督促指导，注重宣传解读，确保改革顺利推进，保持事业发展的蓬勃活力。

（三）以更严的标准狠抓工作落实。一分部署，九分落实。推动人社事业高质量发展，当务之急就是要真抓实干，扑下身子，撸起袖子，脚踏实地，狠抓落实。在抓落实方面，应该说，我厅干部队伍是讲政治、顾大局、能吃苦、会干事、过得硬的。但也要看到，面对更高标准的发展要求、更加严峻的发展形势、更为艰巨的发展任务，有的干部在狠抓落实上，认识还有一些模糊，方法还有一些欠缺，力度还差一些火候，抓而不实、抓而不力、抓而不紧等问题仍然存在。我们必须进一步树立问题导向、目标导向、结果导向，不折不扣落实中央和省委、省政府决策部署，把既定目标任务全面落实到位。一要强化抓落实的自觉。要真正把"落实"二字内化于心，植根心底，真正从内心深处主动抓落实，心甘情愿抓落实，在全厅上下形成狠抓落实的强烈意识、浓厚氛围、工作常态。要既有"哪壶不开提哪壶"决心，直面问题不回避，迅速行动见成效；更要有"提了哪壶开哪壶"的实效，凭实绩论英雄，以结果论成败。部署工作都要设定明确的目标要求，列出具体的时间表、路线图，一项一项分解落实，挂图作战，倒排工期，对账销号。二要进一步提升能力水平。全厅的每一位同志，都要有知识不足、本领不足、能力不足的紧迫感，自觉加强学习，加强实践，永不自满，永不懈怠，始终保持虚怀若谷、如饥似渴的学习状态，着力强化学习本领、政治领导本领、改革创新本领、科学发展本领、依法执政本领、群众工作本领、狠抓落实本领、驾驭风险本领，努力打造又博又专、推陈出新的素养结构，既政治过硬，又本领高强，既有担当的宽肩膀，又有成事的真本领，全面提升抓落实的能力和水平。三要大兴调查研究之风。没有调查就没有发言权，没有调查就没有决策权。进入新时代，社会主要矛盾已经发生变化，人社工作面临一系列新形势、新情况、新问题，必须进行全面深入的调查研究。要严格落实好各项调研工作制度，真正扑下身子、沉到一线，紧扣人民群众对美好生活的向往，紧扣经济社会发展实际，紧扣贯彻落实党的十九大精神迫切需要解决的现实问题，切实把情况摸清楚，把群众需求搞明白，为科学决策打下坚实基础。

（四）持续推进全面从严治党。全面从严治党永远在路上。我们要深入学习贯彻习近平总书记在十九大报告中提出的党建新要求，突出政治建设在党的建设中的统领地位，全面推进党的政治建设、思想建设、组织建设、作风建设、纪律建设，重整行装再出发，将我厅全面从严治党引向深入，为做好新时代人社工作提供坚强保证。一要扣紧、压实党建主体责任。切实抓好厅党组《关于贯彻落实全面从严治党要求的实施意见》和《关于落实党风廉政建设主体责任的实施意见》等文件的落实，推动党风廉政建设各项任务落到实处。坚持抓“关键少数”，一级带一级，层层传导压力。要严格履行“一岗双责”，带头遵守政治纪律和政治规矩，加强党风廉政建设的监督、指导，推动党风廉政建设的持续好转。二要警惕“四风”回潮。深刻认识作风建设的顽固性和反复性，坚决贯彻落实习近平总书记重要指示精神，认真落实中央八项规定实施细则和省委实施办法，推动作风建设持续改进。要坚持“严”字当头、“实”字托底，在严和实、深和细上下功夫，切实纠正“四风”问题特别是形式主义、官僚主义问题。认真执行机关财务、接待、住房、用车、办公等各项规定，不打折扣、不搞变通。三要切实做到廉洁从政。廉洁是为政之根本、立身之大节。广大干部要正确对待权力和利益，把为民担当、为民办事当成一种快乐，当作一种幸福，做到名利上淡泊而知足，不为物欲所惑，不受贪欲所害，不被人情所扰。要坚持慎微、慎初、慎独，时时自重、自省、自警、自励，顶得住诱惑、耐得住清贫、稳得住心神、管得住手脚、经得起考验，做到认清自己的身份，检点自己的言行，尊重自己的人格，珍惜自己的名誉，清清白白做人、干干净净做事、坦坦荡荡为官。要加大执纪问责力度，加强对社保基金、就业创业资金、人事考试、扶贫等重点环节的监督，严格管控廉政风险，防止问题的发生。

同志们，中华民族的传统节日春节就要到了，在这里，我代表厅领导班子全体成员，向大家拜个早年，祝大家新春愉快，身体健康，工作顺利，阖家幸福！

在全省公务员管理暨考录工作会议上的讲话

（韩金峰　2017 年 3 月 6 日）

同志们：

这次会议的主要任务是，贯彻落实全国公务员管理工作会议、全省组织部长会议和全省人力资源社会保障工作会议精神，总结去年工作，分析研判形势，安排部署今年任务，进一步统一思想，提高认识，以更大的决心、更有力的措施，推动全省公务员管理工作取得新成绩，实现新发展。下面，我讲三个问题。

一、2016 年全省公务员管理工作取得显著成效

过去的一年，是全面建成小康社会决胜阶段的开局之年，也是全面深化改革的攻坚之年。面对艰巨繁重的改革发展任务，各级公务员管理部门在省委省政府坚强领导下，以公务员法实施 10 周年为契机，开拓创新，真抓实干，推动全省公务员管理工作取得显著成效，呈现良好发展态势。

（一）突出创新引领，公务员管理制度建设迈出新步伐。一是公务员分类改革稳步推进。去年7月，中央印发《专业技术类公务员管理规定（试行）》和《行政执法类公务员管理规定（试行）》，为两类公务员建立了单独的职务序列和管理制度，标志着分类改革在制度层面取得重大进展。省公务员主管部门按照部署要求，科学确定职位范围，

摸底调查全省公务员分布情况，积极做好前期准备工作，为稳妥推进分类改革奠定了坚实基础。二是公开遴选机制进一步优化。首次单独设置选调生职位，向基层选调生倾斜，选调生遴选计划提高到30%。灵活掌握开考比例，对部分专业性强、学历要求高的特殊职位放宽比例限制，适当扩大用人自主权，提高选人用人精准度，一批紧缺、急需的优秀人才被选拔上来。63个省直部门、12个市的285个市直部门公开遴选192名、599名公务员，公开遴选人数创近几年新高。三是聘任制公务员试点工作走在全国前列。济南、青岛两市聘任制公务员管理试点工作稳步推进，12名聘任制公务员正式上岗，青岛市新增5个单位、9个职位纳入试点。

（二）突出基层导向，公务员考试录用工作取得新进展。坚持依法考录、公平考录、安全考录，全省各级机关考录公务员8911名，做到了公平公正、万无一失。一是基层公务员考录得到加强。通过提高乡镇招考计划比例，对乡镇机关职位降低专业要求、降低开考比例、单独划定笔试合格分数线等措施，适当降低了基层公务员进入门槛；加大从服务基层项目人员中定向考录，扩大我省高级技工学校（技师学院）高级班毕业生可报考职位范围，进一步拓宽了基层公务员来源渠道，有效补充了基层公务员队伍。二是积极开展从本土优秀人才中考录基层公务员试点。首批确定了52个财政困难县（市、区）作为试点，每个县拿出4—5个基层职位，面向当地户籍或在当地工作3年以上的本地优秀人才招考，试点招录本地优秀人才233名，受到基层广泛欢迎。三是探索开展定向招录残疾人试点。省委组织部、省人力资源社会保障厅等6个单位各拿出1个岗位，定向招录残疾人，共有251名残疾人报名考试，试点工作平稳顺利，为党政机关促进残疾人按比例就业发挥了示范带动作用。四是建立健全公安机关人民警察招录制度。在全国率先推行分类招警，面向社会招考公安机关人民警察233名；建立省级统一招警体制，把招录公安院校公安专业应届毕业生，作为公安队伍补充警力的主要渠道；探索对涉密要害、人才紧缺等职位实行特殊招考，提高了公安队伍的正规化、专业化、职业化建设水平。

（三）突出正向激励，公务员考核激励约束机制更加健全。把建立激励约束机制作为加强公务员管理的重要手段，注重政治上关心、工作上激励、待遇上保障，进一步激发公务员干事创业积极性。一是平时考核工作扎实推进。济南、青岛、潍坊、济宁4市以及47个县（市、区）全面推开；在全省人社系统全面推行平时考核，召开专门会议进行了部署；公安、工商、人防、监狱等10个省直部门开展了平时考核试点；在每个市选取1个县（市、区）和1个乡镇作为平时考核省级联系点，为在全省范围内全面推行公务员平时考核积累了经验，探索了路子。中央组织部和国家公务员局联合在青岛召开了平时考核现场会，充分肯定了我省的工作。二是评比达标表彰更加严格规范。按照从严从紧原则，严格审核评比达标表彰项目。加强表彰管理，让干事创业、勇于担当的公务员受到褒奖，全年向国家推荐先进集体41个，先进个人95名；表彰全省先进集体843个，先进个人1342名，选树了一批立得住、叫得响的先进典型，在全社会树立起了公务员良好形象。三是县以下职务职级并行制度全面实施。全省7.3万人晋升职级，月人均增资481元。通过建立职级，形成职务与职级两个晋升通道，开辟了基层公务员新的发展空间，激励和引导更多基层公务员立足本职、扎根基层、施展才华，受到广大基层公务员的衷心拥护。

（四）突出教育管理，公务员队伍能力建设取得新成效。紧紧围绕建设高素质专业化公务员队伍这一总目标，突出抓好思想教育、从严管理、精准培训三个重点环节，促进公务员队伍作风明显好转，能力素质明显提升。在思想上，突出学习习近平总书记系列重要讲话精神和治国理政新理念新思想新战略这个重点，结合深入开展“三严三实”专题教育、“两学一做”学习教育，加强公务员职业道德教育，持之以恒抓好公务员队伍思想政治建设，广大公务员队伍政治意识、大局意识、核心意识、看齐意识不断增强，理想信念更加坚定，行为方式更加规范，依法行政更加自觉。在从严管理上，坚持严字当头，真管真严、敢管敢严、长管长严，一方面教育引导广大公务员严规守纪、干净干事，另一方面严肃查处党员干部不作为乱作为等问题，贯彻落实领导干部能上能下实施细则，加大不适宜担任现职干部的调整力度，问责处理一批，调整下来一批，从严管理严出了新气象，积聚了正能量。在精准培训上，紧紧围绕省委省政府工作大局和重点工作，积极开展公务员初任、任职、在职、专门业务培训，深入实施对口培训，扎实开展“公务员能力提升培训项目计划”“服务业千人培训工程”和名师送教下基层活动，组织部分县（市、区）负责人赴国外学习培训，提升国际化综合能力，全省累计培训公务员24.7万人次。通过教育培训，全省公务员综合素质和能力得到新的提升。

（五）注重夯实根基，公务员管理工作基础更加稳固。各级把夯实事业发展根基作为头等大事，统筹做好各项基础性工作。坚持问题导向，深入开展调研，以公务员法实施10周年为契机，省委组织部、省人社厅、省公务员局联合组成督查调研组，深入部分市、县、乡镇街道，就公务员法及配套法规实施情况，进行实地调研和专项督查。通过调研，摸清了实情，发现了问题，探讨了解决问题的办法和思路，为规范管理奠定了基础。改进日常管理，各市普遍规范了公务员登记、调任、考核、奖励、惩戒、统计、申诉、信息系统建设等日常管理工作，进一步夯实了公务员管理工作基础。

一年来，我们始终坚持党管干部原则，主动把公务员工作放到干部工作大局中去思考、去谋划，自觉把干部工作的原则、规律和要求贯穿于公务员管理的各个环节、各个方面，确保了公务员工作始终在正确方向上展开，在大局下行动；我们牢固树立问题意识，瞄准突出矛盾和主要问题，加强调查研究，坚持用改革的思路、发展的眼光、创新的办法，精准发力，破解难题，有效提升了公务员管理科学化水平；我们坚持突出重点、统筹兼顾，紧紧抓住制度建设和队伍建设这两个重点，扭住关键环节，完善制度体系，健全体制机制，推动公务员管理工作实现了新作为，谱写了新篇章。成绩来之不易，得益于省委省政府的坚强领导，得益于各级各部门的大力支持，得益于各级公务员管理工作者的无私奉献、奋发有为。在此，我代表省委组织部、省人力资源社会保障厅和省公务员局，向长期以来关心支持公务员管理工作的各部门、各单位，向全省公务员管理部门的同志们致以衷心的感谢和崇高的敬意！

二、准确把握公务员管理工作面临的形势与任务

准确把握形势是做好工作的基础和前提。党的十八大以来，以习近平同志为核心的党中央，带领全党全国人民统筹推进“五位一体”总体布局，协调推进“四个全面”战略布局，贯彻落实新发展理念，开辟了治国理政新境界，开创了中国特色社会主义建设的新局面。公务员管理工作在新的背景下展开，在新的实践中推进。我们必须站在全局和战略的高度，深入分析、准确把握公务员管理工作面临的新形势新任务新要求，进一步增强做好工作的责任感和使命感。

（一）深刻把握全面从严治党对公务员管理工作提出的新要求。党的十八大以来，党中央坚持党要管党、从严治党，从严管理监督干部，对加强党的建设和干部队伍建设作出重大决策部署。今年召开的全国公务员管理会议，系统总结了习近平总书记就干部工作作出的一系列重要论述，以及提出的许多新思想新观点新要求。一是指出了新形势下加强干部队伍建设的极端重要性，强调推进宏伟事业、进行伟大斗争，关键在党、关键在人，必须有一批先锋队，特别是要建设一支德才兼备的高素质干部队伍。二是阐明了党管干部原则，坚持德才兼备、以德为先、坚持五湖四海、任人唯贤，坚持事业为上、公道正派，真正把党和人民需要的好干部精心培养起来、及时发现出来、合理使用起来。三是确立了新时期好干部标准，即信念坚定、为民服务、勤政务实、敢于担当、清正廉洁，并针对不同类别和层级的干部，提出了“三严三实”“忠诚干净担当”“四有”“四个铁一般”等要求。四是明确了干部队伍建设的基本要求，强调要把从严要求贯彻体现到干部队伍建设全过程，坚持以严的标准要求干部、以严的措施管理干部、以严的纪律约束干部，做到真

管真严、敢管敢严、长管长严；强调要坚持正确用人导向，坚决纠正唯票、唯分、唯生产总值、唯年龄等取人偏向，大力整治用人上的不正之风，以用人环境的风清气正促进政治生态的山清水秀；强调要精准科学选人用人，发挥党组织领导和把关作用，严把政治关、品行关、作风关、廉洁关，防止干部“带病提拔”。五是提出干部队伍建设的主要任务，包括加强干部队伍的理想信念、党性观念、纪律规矩和道德品行的教育，加强政治文化建设，不断坚定和提高干部的政治觉悟；加快知识更新，加强实践锻炼，使干部专业素养和工作能力跟上时代节拍；加强日常管理监督，改善考察考核，严格执纪问责，推进能上能下，切实解决一些不愿为、不会为、乱作为的问题；坚持“三个区分开来”，健全完善容错纠错机制，充分调动和保护干部改革创新、干事创业的积极性。这些重要论述，既是对整个干部工作的要求，也为公务员工作指明了前进方向，提供了基本遵循。我们要认真学习领会，深入贯彻落实，不断加强公务员的政治素质、法治思维和专业能力建设，使广大公务员成为党执政兴国的有力组织者、坚决执行者和重要推动者。

（二）积极应对经济社会发展对公务员管理工作提出的新挑战。公务员管理工作与经济社会发展密切相关，与改革发展稳定大局紧密相连。当前，经济发展进入新常态，社会矛盾进入凸显期，发展潜力和发展隐患并存，动力与阻力相互交织，经济发展面临着前所未有的压力。在这样的背景下，加快推进供给侧结构性改革、产业转型升级、增长方式转型，实现新旧动能转换、统筹城乡区域协调发展、保障改善民生等硬任务，迫切需要建设一支能够牢牢把握党和国家大局、贯彻落实新发展理念、善于治国理政、优秀人才密集的公务员队伍。这就要求各级公务员管理部门，在思想政治建设上下功夫，着力引导广大公务员牢固树立正确的价值观、政绩观，牢固树立全心全意为人民服务的宗旨，做到吃苦在前、享受在后，克己奉公、甘于奉献；在能力素质建设上下功夫，着力加强教育培训和实践锻炼，改善公务员知识结构，提高能力素质，增强公务员治国理政的本领，切实担负起规划、组织、协调、实施等重任，推动全省经济社会健康协调发展，实现预定发展目标；在作风建设上下功夫，大力培育和弘扬求真务实、为民服务、积极作为、勇于担当、清正廉洁的良好作风，以实际行动践行以人民为中心的发展理念，着力造就一支政治坚定、业务精湛、作风过硬、人民满意的公务员队伍。

（三）充分认识公务员管理工作自身发展面临的新任务。当前，我省公务员管理工作进入新的关节点。公务员法实施 10 周年以来，先后出台 20 多个配套法规和政策文件，公务员管理制度日益健全，管理体制机制更加完善，进入到依法管理新阶段，由传统的大一统管理向分类管理、精细化管理转变，由注重考核约束向更加注重正向激励转变，由注重从严监督管理向更加注重从严管理与真心关爱并重，更加注重维护公务人员体面和尊严转变。与这些新的发展趋势相比，公务员工作还有很多不相适应的地方，面临着许多新任务。从队伍建设情况看，一是不作为、不担当、不尽责的现象仍在一定范围内存在，表现为动力不足、不想作为，畏首畏尾、不敢作为，花拳绣腿、不真作为，能力不够、不善作为。二是公务员队伍职业荣誉感有所下降，优秀人才留不住、吸引不来，特别是基层公务员队伍建设比较薄弱，尽管我们落实了乡镇工作人员补贴，实行县以下公务员职务与职级并行制度，公务员生活待遇、晋升通道有所改善，但基层“留人难”的问题仍然比较突出，人员不足、人才流失问题比较严重，个别乡镇公务员的空编率甚至超过三分之一。从制度建设情况看，公务员制度改革进入了攻坚期和深水区，完善公务员制度，创新管理机制，提高管理科学化水平，都有大量工作要做。比如，公务员调任、考核、奖惩、培训等制度还不够完善，规范化水平需要进一步提高，等等。从政策执行情况看，虽然大部分地方、单位能够严格执行上级决策部署，但日常管理不够规范的问题仍然存在。比如，有的在执行职务职级并行、落实乡镇津贴补贴时，理解上有偏差，执行上搞变通，没有完全调动起基层积极性；有的把公务员年度考核流于形式，在考核结果上存在随意性，对平时考核不重视、不推进；有的在公务员登记、调任、惩戒、辞职辞退等方面程序不够严格，引发了一些申诉和信访事项。之所以出现上述问题，既有干部思想滑坡、能力欠缺的原因，也与现有制度激励有为、惩戒不为的导向不够鲜明，鼓励创新、包容失误的工作环境不够宽松有关，还与有些地方和单位抓落实不够、执行力不强密切相关。针对这些问题，我们要有一种“时不我待、只争朝夕”的改革精神，拓宽思路，打破窠臼；要有一种“人不卸甲、马不离鞍”的敬业作风，披星戴月、夙夜在公，深入推进公务员管理体制改革，坚持不懈地调动公务员的积极性、主动性和创造性，推进公务员工作在更高水平上转型发展。

三、扎实推进 2017 年公务员管理工作

今年是全面实施“十三五”规划、全面建成小康社会的重要一年，也是巩固扩大管党治党成果、推动全面从严治党向纵深发展的重要一年，我们党将召开十九大，我们省将召开第十一次党代会。做好今年的公务员管理工作，意义非凡，责任重大，必须立足党和国家事业发展全局，紧紧围绕省委省政府部署要求，坚持服务中心、服务大局，切实把中央和省委省政府对公务员工作的决策部署、任务要求落到实处。总体要求是：全面贯彻党的十八大和十八届三中、四中、五中、六中全会精神，深入贯彻习近平总书记系列重要讲话和视察山东重要讲话、重要批示精神，围绕迎接党的十九大、省第十一次党代会和学习贯彻十九大精神这条主线，坚持稳中求进工作总基调，落实全面从严治党要求，以促进公务员想干事、敢干事为重点，加强思想政治建设和能力建设，推进分类管理，拓宽优秀人才来源渠道，改进考核工作，强化激励约束，健全制度机制，加快建设一支忠诚、干净、担当的高素质专业化公务员队伍，为在全面建成小康社会进程中走在前列、加快建设经济文化强省提供坚强组织保证、人才支撑。重点做好六个方面的工作：

第一，加强思想政治建设，进一步锤炼公务员品质作风。思想政治建设是公务员管理的灵魂。做好公务员工作，必须始终把加强思想政治建设摆在首位，坚持不懈强化理论武装，毫不放松加强理想信念和党性教育，持之以恒加强道德教育，不断提高公务员队伍的政治觉悟、理论水平和品质作风。要组织开展好政治理论学习，把深入学习贯彻党的十八届六中全会和十九大精神，作为公务员教育培训的重中之重，坚持用党的最新理论成果补钙壮骨、强身健体。要加强政治纪律和政治规矩的教育，进一步增强公务员的政治意识、大局意识、核心意识、看齐意识，切实提高政治觉悟，引导公务员在思想上、政治上、行动上同以习近平同志为核心的党中央保持高度一致。要加强政治文化建设，营造良好政治生态，大力弘扬忠诚老实、光明坦荡、公道正派、实事求是、艰苦奋斗、清正廉洁等价值观，引导广大公务员牢固树立全心全意为人民服务的宗旨。要加强公务员职业道德教育，贯彻落实中央精神，制定出台《山东省公务员职业道德建设工程实施意见》，并抓好组织实施，各级各部门要根据公务员职业性质和职责任务，建立适应自身特点的职业道德规范，从严规范履职行为。要深入开展好全省第六届“人民满意公务员”和“人民满意公务员集体”评选活动，注重面向基层，选树扎根基层、认真履职、勤于奉献的基层先进典型，树立基层公务员队伍良好形象。

第二，加大改革创新力度，进一步健全公务员管理机制。健全完善管理机制是公务员工作永恒的主题。今年国家部署了多项重点改革任务，要以改革创新的勇气，以时不我待的精神抓好各项改革落地生根。一是深入推进分类管理改革。今年国家将制定印发专业技术类、行政执法类公务员管理规定的配套办法，分类改革的步伐将进一步加快。我省是经济大省、人口大省，公务员数量较多，分类改革任务十分繁重。要按照国家统一部署，按照“成熟一批、实施一批”的原则，科学划分专业技术类、行政执法类公务员的职位范围，逐步实现两类公务员的职务套改和分类入轨，确保分得合理、改得到位、管得科学。二是稳步推进公务员职务与职级并行制度试点。今年 1 月，中央印发公务员职务与职级并行试点意见，将我省省级机关及青岛、潍坊两市各级机关列入试点范围。充分体现了中央对我省公务员工作的

充分肯定和极大信任，体现出对我省公务员队伍的关切关怀和关爱，我们要以高度的政治责任感和紧迫感，采取扎实有力措施，积极稳妥、扎扎实实地抓紧抓好、抓出成效。试点地区和单位要坚决贯彻中央改革部署，加强组织领导，加强统筹谋划，加强协调配合，既要平稳推进现有人员顺利入轨，又要做好与县以下职务职级并行制度的并轨衔接，还要确保队伍稳定，防止舆论炒作，切实把好事办好。没有列入试点范围的市、县，要继续做好县以下职务职级并行工作，完善职级晋升的常态化管理，持续释放正向激励效应。三是积极稳妥推进司法人员分类改革。主动加强与政法部门的沟通协调，继续做好法官检察官、司法辅助人员的分类，落实好有关政策要求。四是从严控制参照公务员法管理审批工作。当前我省参照管理临近国家规定的15%的上限，存在入口紧、出口不畅等问题，要按照“摸清底数、理顺关系、控制规模、动态调整、严格审批”的原则，组织有关人员开展调研，深入分析参照公务员法规范管理问题，研究探索参照人员分类管理政策措施。同时严格程序条件，严格控制增量，加强出口管理，稳慎做好参照管理工作。

第三，坚持考录、遴选并重，进一步优化公务员队伍结构。公务员队伍是各级领导班子和领导干部的基础和来源，应当尽可能把更多的优秀人才选拔进来，有效激活公务员队伍的源头活水。一要提高考录工作科学化水平。要按照精准科学选人用人的要求，科学合理设定职位要求和报考条件，探索实行分级分类考录，加强对人选综合素质的考察，着力解决录用人员岗位适应性差、专业不对口、性别比例失衡等问题。探索构建公务员录用分类考试框架体制，针对不同职业特点，尝试采取不同招考方式，建立不同的招录政策体系，逐步扩大公务员录用分类考试范围。今年要重点做好公安机关、审计机关等行业分类招录，增强选拔人才的针对性和实用性。二要深化从本土优秀人才中考录基层公务员试点改革。认真贯彻落实中央新出台的《关于加强乡镇政府服务能力建设的意见》（中办发〔2017〕11号），加快按编制员额补充乡镇公务员工作进度，争取用3年左右时间，确保到2020年各乡镇公务员队伍保持相对稳定。突出“本土”特色和“优秀”要求，加大从乡村、社区、企事业等优秀基层人员中招录乡镇公务员力度，为基层补充一批留得住、用得好的干部，进一步稳定基层公务员队伍。三要扎实开展公务员遴选工作。加强公务员遴选工作的调研，进一步改进措施，完善政策，组织实施好2017年公开遴选工作，畅通基层公务员上行通道，形成优秀人才到基层去、上级机关公务员从基层来的良性循环。要继续稳妥推进聘任制公务员管理试点工作。青岛、济南两市要对聘任制试点工作进行深入总结，进一步完善试点做法。同时稳妥扩大试点范围，满足机关对紧缺专业人才的需求。另外，今年要继续做好省直部门单位按比例安置残疾人就业工作，进一步扩大省直机关招录残疾人公务员范围，编制100名以上零安置残疾人就业或未达到规定比例的部门单位，要确保至少安置1名残疾人，有关省直部门单位要按要求做好相关准备工作。

这里，我重点强调一下公务员考试安全问题。考试安全风险是人社领域四大风险之一。没有安全，公平性、科学性就是无源之水、无本之木。要坚决把考试安全放在更加突出的位置，牢固树立风险意识、底线思维，增强工作的预见性和主动性。要扎实推进公务员考试的精细化管理，对现有考试制度进行一次全面、系统的梳理和审查，在此基础上进行修订、完善，规范操作流程，做到用制度管人、管考试。要加强考风考纪管理和考试安全监管，继续保持打击违纪违规行为的高压态势，重点打击各种团伙作弊和高科技作弊行为，全力营造公平正义的考试环境，确保省市县乡四级联考等各类公务员考试安全有序、万无一失。

第四，改进教育培训，进一步提高公务员专业素养。近年来，我省公务员队伍年龄结构、学历结构得到较大改善，本科以上学历占69.1%，研究生以上学历占7.7%，但仍然存在专业素养不高的问题。要把教育培训作为提高公务员专业素养的有效抓手，着力提高公务员促进发展、推动改革、维护稳定的本领。各级各部门要积极推进公务员教育培训改革创新，根据不同类别、不同层级公务员的特点，加强培训计划管理和课程管理，开展个性化、差异化、精准化培训，进一步提高培训质量。要深入贯彻落实“十三五”公务员培训纲要，以更新知识、提高能力水平为重点，开展好一专、双基、三项、四类培训。一专，就是紧扣中心工作，围绕推进供给侧结构性改革、脱贫攻坚、依法行政、对口援助等，开展好各类专题培训。双基，就是大力实施机关基础岗位、基层公务员“双基”培训计划。三项，就是继续实施好“服务业千人培训工程”“公务员履职能力提升培训项目计划”“县市区负责人国际化综合能力培训项目”三项培训计划。四类，就是认真抓好公务员初任、任职、在职和专门业务四类培训，提升公务员履职能力。在坚持常规培训的同时，要下功夫探索改进教育培训方式，充分发挥网络、特色实践教育基地、实践锻炼平台等在培训中的重要作用，让各类优质培训资源释放能量、发挥作用，使教育培训更具针对性、更有实效性。

第五，加大考核和监督力度，进一步加强公务员日常管理。党的十八届六中全会强调，要加强和改进干部考核，树立正确的考核导向。全国公务员管理工作会议提出，要进一步改进考核方式方法，切实发挥好考核的“指挥棒”“风向标”作用，要求从今年开始全面推行平时考核，到 2020 年实现各级机关全覆盖。我们要抓好贯彻落实。一是加快推进平时考核。我省平时考核开展较早，工作基础较好，要按照国家部署要求，进一步扩大平时考核范围，稳步推进实施。今年要将省政府办公厅等 10 个省直部门以及淄博、泰安、莱芜 3 市纳入试点。各试点单位要立足实际，大胆探索，为在全省全面推行平时考核积累经验、提供借鉴。省里将研究制定《山东省公务员平时考核办法》，从制度层面推进平时考核工作深入开展，力争到 2018 年底实现全省各级机关平时考核全覆盖。二是改进年度考核。研究出台《进一步加强公务员考核工作的意见》，完善优秀等次评定办法，适当扩大考核激励面，努力做到考出真实绩、评出真优秀、树立好导向。三是强化监督约束。坚持从严从实主基调，用严的标准、严的要求、严的纪律管理公务员。进一步规范公务员处分执行情况的监督检查和处分决定备案工作，强化执纪效果。对公务员在履行职责和执行公务中的行为规范作出规定，严厉整治各种违纪违法行为。认真贯彻落实关于规范公务员辞去公职后从业行为的意见，加快推进公务员诚信体系建设。

第六，强化激励关怀，进一步激发公务员干事创业积极性。要抓住想干事、敢干事两个关键点，在改变逆向激励、健全正向激励上想办法、出对策，让敢作敢为、锐意进取的干部有作为、有地位。一是改进完善表彰奖励工作。深入贯彻中央和省委省政府表彰奖励干部的系列措施，明确表彰奖励条件，规范及时奖励和定期奖励，落实好中央提高公务员奖励奖金标准的政策，加大对艰苦地区基层公务员的表彰奖励力度，把党和政府的温暖送到公务员的心坎上。二是加强公务员权益保障。组建各级公务员申诉公正委员会，依法受理公务员申诉，维护公务员合法权益。各级机关也要加大对公务员尤其是基层公务员的关心关爱，坚决落实体检、带薪休假、加班补休等制度，因地制宜改善基层公务员工作生活条件，解除后顾之忧。三是建立心理健康促进机制。加强心理健康服务，开展心理健康状况调查与评估，通过心理健康讲座、心理在线辅导等，提升公务员的心理健康水平和心理素质。

同志们，今年公务员管理工作的思路和目标已经确定，重点任务已经明确。实现既定目标，完成各项任务，必须切实加强公务员管理部门自身建设，努力打造讲政治、重公道、业务精、作风好的“模范部门”和“过硬队伍”。要更加注重学习。提高政治站位，拓宽全局视野，自觉用中央和省委对干部工作的新精神新要求指导工作，推进各项决策部署落地见效。要继续弘扬“安专迷”的精神，树立专业意识，自觉加强学习、刻苦钻研业务，力争成为公务员工作的专家。要更加注重调研。大兴调查研究之风，深入基层、深入实际，既要调查机关，又要调查基层；既要调查干部，又要调查群众；既要总结经验，又要研究问题，力争在破解公务员工作热点难点问题上实现新突破。要更加注重宣传。改变过去“只干不说”的倾向，在加强保密意识和正确引导舆论的基础上，聚焦公务员领域的重大改革、重要工作，通过多种方式、多种渠道，特别要学会使用“三微一端”，主动发声，准确发声，切实做到三个“讲清楚”：把改革的目的意义讲清楚，增强大家对改革重要性和紧迫性的认识；把改革的总体考虑讲清楚，防止认识不全面，形成碎片化；把改革的具体政策讲清楚，打消有关人员的疑虑担心，让大家理解和支持改革，为推进改革和工作开展营造良好氛围。要更加注重优化服务。加快建设公务员信息管理系统，逐步实现公务员“进、管、出”等各个环节的信息化，以信息化水平的提升带动服务水平的提高。进一步健全规范业务流程，对公务员考录、考核、奖惩等工作，以及日常审批事项尽量要让服务对象“少跑腿”“多办事”，在提供温馨、贴心、周到的服务中，树立公务员管理部门的良好形象。

同志们，做好今年公务员管理工作任务繁重，使命光荣。我们要以更加昂扬的斗志、更加拼搏的精神、更加扎实的作风，不折不扣落实中央和省委决策部署，奋发工作、锐意进取，努力推动全省公务员管理工作再上新台阶，以优异成绩迎接党的十九大和省第十一次党代会胜利召开！

在全省人社系统人才工作座谈会上的讲话

（韩金峰 2017 年 3 月 15 日）

同志们：

这次会议的主要任务是，贯彻落实省人才工作领导小组会议和全省人力资源社会保障工作会议精神，总结工作，交流情况，安排全省人社系统 2017 年人才工作重点任务。刚才，济南、青岛、烟台、潍坊和禹城市人社局做了典型发言；济宁、威海高新区，省科学院，山东科技大学和山东重工集团等 5 家单位，介绍了人才工作的先进做法；厅有关处室也谈了工作打算。大家讲得都很好，听后很受启发，请大家注意相互学习借鉴。下面，我讲三个问题。

一、肯定成绩，正视差距，切实增强做好人才工作的责任感、紧迫感

2016 年是我省人才发展历程中的重要一年，也是成果丰硕的一年。一年来，在省委、省政府的正确领导下，系统上下把深化人才发展体制机制改革作为首要任务，统筹做好各项人才工作，人才发展体制机制改革迈出重要步伐，人才发展环境持续优化，人才对经济社会发展的贡献度明显提高，为人才强省建设做出了积极贡献。概括来讲，重点做到了“五个创新”：

一是创新人才管理体制，政府、市场、社会和用人主体间的关系进一步理顺。鼓励用人主体自主选才、自主用才，允许事业单位自主安排、执行用编进人计划，凭绿色通道“服务绿卡”先行聘用引进的高层次人才，按规定统筹使用中、初级岗位，自主制定岗位设置方案。在人才培养、引进、服务工作中引入市场机制，积极发挥市场在人才资源配置中的决定性作用，激发了人才工作活力。印发《山东省鼓励社会力量引进高层次人才奖励实施办法》，鼓励社会力量为我省经济社会发展引进创新人才。制定《事业单位专业技术二级岗位设置管理办法》，发挥高端岗位对高端人才的吸引作用。

二是创新人才培养机制，高层次、高技能人才队伍规模进一步扩大。围绕产业链、科技链打造人才链，不断提升人才供给质量，培养选拔了一批突破关键技术、引领学科发展、带动产业转型的领军人才。大力推荐选拔高层次创新型人才，新增“泰山学者攀登计划”专家 10 人、科技创业类和产业技能类泰山产业领军人才 34 人、社会建设领域智库高端人才 20 人、国务院政府特殊津贴

专家126人。加快培养青年创新人才，目前全省累计招收博士后6900余人，在站3400余人。加大技能人才培养力度，探索技能人才培养新模式，着力打造技艺精湛的“齐鲁工匠”，新增高技能人才25.9万人、齐鲁首席技师149人，15名选手入选第44届世界技能大赛国家集训队，4个集训基地落户山东。

三是创新人才评价机制，人才创新创造创业活力得到进一步激发。坚持以职业分类为基础，以科学评价为核心，以人才使用为目的，全面推进科学化、规范化、社会化的职称制度改革。完善职称评价标准，分系列修改完善职称评审条件，明确职称外语和计算机不再作为职称评审的必要条件，破除了人才评价“一刀切”现象，努力为人才“松绑”。开展中职、技工院校教师职称制度改革，增设正高级职称，畅通职业教育教师职称晋升通道。下放职称评审权，授权17市组建中小学、卫生系列等高级评审委员会，在4所省属科研单位实行自主评价试点。全面清理整顿专业技术人员职业资格，共取消职业资格107项，保留的项目与国家规定完全一致，减少了用人资格限制，进一步完善了人才评价机制。

四是创新人才流动、激励机制，人才资源配置的均衡性进一步增强。打破人才流动瓶颈，开展高校新聘工程类教师企业任职经历试点，制定研究人员在事业单位和企业间有序流动的办法，制定不同性质单位间社保关系转移接续办法，畅通高层次人才流动渠道。出台支持科研人员离岗创业政策，为离岗创业人员系好“保险绳”和“安全带”。完善事业单位绩效工资制度和企业收入分配制度，健全知识、技术、管理、技能等参与分配的办法。加强人才载体平台建设，促进成果转化，新设博士后创新实践基地100家、省技师工作站20个，新增国家级引智成果示范推广基地1家、省级基地17家。

五是创新人才引进、服务机制，“高精尖缺”人才聚集步伐进一步加快。在全国首批启动外国人来华工作许可试点，实现外国人入境就业许可和外国专家来华工作许可“两证合一”。积极赴海外招才引智，举办海外推介会13场。7名外国专家入选第六批国家“千人计划”外专项目，3名入选首批“首席外国专家项目”。成功举办第九届“海洽会”，引进了一批引领高新技术发展、服务产业转型升级的高端人才。开辟引进高层次高技能人才服务绿色通道，为204人颁发首批服务绿卡。大力发展人力资源服务业，烟台人力资源服务产业园获批国家级人力资源服务产业园，实现了历史性突破。

成绩的取得，是省委、省政府坚强领导的结果，是各级各单位协作配合的结果。在此，我代表省人力资源和社会保障厅，对大家的辛勤努力和付出表示衷心的感谢！

同时，我们也要清醒地认识到，与经济社会发展的迫切需要相比，人才工作还存在一些亟待解决的矛盾和问题。从人才发展角度看：我省人才发展总体水平与国内先进水平相比仍有较大差距，人才队伍的整体规模、素质能力、结构分布与经济社会发展需求还不相适应。一是“高精尖缺”人才严重短缺。引领产业发展的高层次人才特别是一流科学家、科技领军人才匮乏，能跻身国际前沿、参与国际竞争的世界级大师更是凤毛麟角。比如，和江苏相比，目前我省两院院士37人，江苏96人，仅南京大学就有32位院士，接近我们全省的水平。我省“千人计划”专家174人，江苏696人，仅苏州一市就有219人，超过我们全省。二是人才与产业发展的匹配度有待提高。制造业和新材料、新信息、新能源等战略性新兴产业都缺少高层次、高技能人才支撑，互联网、大数据、生物工程领域的产业领军人才更是十分匮乏。三是人才发展潜力有待挖掘。能够担当重任的优秀青年人才严重缺乏，高层次人才后继乏人，两院院士平均年龄76.5岁，70岁以下只有9人；获得国家自然科学基金支持项目偏少，多年排在湖北、陕西、四川等中西部省份之后。四是产业发展急需的实用型技能人才普遍缺乏，高技能人才占比较低。技工教育还存在招生困难、生源质量不高、专业设置不合理、投入不足等问题。从工作角度看：一是工作方式有待改进。比如，有的地方和单位沿用了计划经济下的人才管理模式，行政化、官本位倾向比较突出，导致人才流不动、评不好、缺乏活力；有的习惯套用干部管理的办法去管理专业人才，限制了人才积极性的发挥。二是服务体系不够健全。一方面，公共服务职能发挥不全面，既存在管得过多、过宽的问题，也存在管办不分、事企不分，服务不到位的问题。另一方面，人才引进的市场化、社会化程度不足，没有充分运用市场竞争的杠杆吸引人才、运用人才、储备人才。三是政府人才工作综合管理的职能需进一步强化。在党管人才的大格局下，如何开展政府人才工作的综合管理，仍然需要大力研究推进。特别是有些地方人才开发职能分散，工作力量和工作合力不足，统筹协调不够，没有充分发挥人社部门的政策优势和服务优势。等等。

人才资源是最宝贵的资源，人才优势是最根本的优势。当前，我省正处于实现由大到强战略性转变的关键阶段，经济发展实现新动力、优结构、可持续，更多依靠人才资本质量和技术进步，迫切需要人才优先发展作保障。我们要切实增强做好人才工作的使命感、责任感和紧迫感，努力在日益激烈的人才竞争中抢占先机，为全省人才工作大局作出新贡献。

二、突出重点，创新突破，推动人才工作在更高水平上转型发展

今年党和国家大事多、要事多，党的十九大要召开，我省也要召开第十一次党代会。全系统人才工作要切实增强"四个意识"特别是核心意识、看齐意识，强化责任担当，紧紧围绕经济社会发展大局，突出人才发展体制机制改革这条主线，遵循市场经济规律和人才成长规律，统筹布局、精准发力，努力打造人才政策新优势、制度新优势和服务新优势，推进人才工作创新发展、转型发展。

在工作布局上，要牢牢把握四个方面：一是准确把握工作定位。围绕中心、服务大局，是全系统人才工作的根本出发点和落脚点。要聚焦我省"十三五"发展目标任务，找准服务大局的切入点，确保人才发展与经济社会发展同频共振、步调一致。瞄准"两区一圈一带"、创新型省份建设、脱贫攻坚等重大战略，深入实施各项人才工程，创新人才政策，将人才资源的引领和支撑作用更加充分、更加有效地发挥出来。围绕深入推进供给侧结构性改革和增强发展新动能，抓紧解决人才供给中的突出矛盾，补齐产业转型升级中的人才短板，以人才资源规模的扩大、结构的完善和质量的提升，带动全要素生产率的提高。二是始终坚持党管人才原则。要把党管人才原则贯穿于人才事业发展的全过程、各环节，在各级党委的坚强领导下，坚决支持配合组织部门牵头抓总，主动承接重要工作任务，积极作为，扎实工作。要进一步明确人社部门在人才工作中的职能定位，强化品牌意识，积极研究谋划体现人社部门特点的人才工作抓手，抓出特色、抓出成效。三是更好发挥市场作用。市场是配置人才资源最有效的手段。中央《关于深化人才发展体制机制改革的意见》，首次提出充分发挥市场在人才资源配置中的决定性作用，体现了对人才资源开发规律的深刻把握。要进一步纠正人才管理中的行政化、官本位倾向，加快转变政府人才管理职能，落实政社分开、政事分开、政企分开和管办分离要求，简化人才评价、流动等环节的审批流程，消除对用人主体和市场的过度干预。要完善统一开放的人才市场体系，让用人主体在公平有序的市场环境中开展人才竞争，让人才在市场竞争中尽显其长、实现价值。要积极培育专业社会组织和人才服务机构，有序承接政府转移的人才工作职能，为广大人才提供更多个性化、专业化服务。四是着力打造人才生态竞争综合优势。当前，人才竞争已经从单靠优惠政策，转到以制度、环境、服务等综合优势为主的"生态竞争"。这方面，潍坊、济宁等地通过构建人才强市政策体系，为人才创新创业提供了从协同"产学研金"到建设国际人才社区的全方位全过程服务。各地要积极发挥职能作用，推动改变以往人才政策"单向突破"的模式，在综合配套上多下功夫，努力打造环境好、服务优的引才用才高地。

重点在以下 4 个方面下功夫、见成效：

（一）以激发人才创新创业活力为核心，深入推进人才发展体制机制改革。去年以来，我们推出了一系列改革创新举措，改革成效初步显现，社会反响积极。要继续聚焦重点、难点问题，把

人才发展体制机制改革引向深入。一是健全更加科学的人才评价机制。人才评价具有导向和激励作用，鲜明的评价导向有利于用“活”人才，用“准”人才。要研究制定分类推进人才评价机制改革的实施意见，完善以品德、能力、业绩为重点的人才评价机制，加快形成导向明确、科学合理、公平公正、竞争择优的科学化、社会化、市场化人才评价机制。研究制定深化职称制度改革的实施意见，完善职称评审方式，建立社会和业内认可的职称评审机制。推动高技能人才多元化评价，积极推进企业技能人才自主评价试点。二是健全更加灵活的用才机制。深化事业单位人事制度改革，制定人员控制总量实名制管理办法，创新人事管理制度，确保高校、公立医院、科研院所落实用人自主权。打破人才发展的“天花板”，探索建立事业单位管理岗位职员等级晋升制度，开展二级岗位评审，突出专业技术二级岗位的人才培养平台作用。三是健全以创新创业为导向的青年人才培养支持机制。研究制定支持青年人才创新创业的政策措施，组织实施各类培养工程，加大对博士后青年创新人才、海外留学回国人才等青年人才的扶持力度，充分释放青年人才创新创业潜能。四是健全体现人才知识价值的激励保障机制。探索建立市场评价要素贡献办法，研究制定人才股权、期权激励政策。落实事业单位高层次人才分配激励机制指导意见，研究建立符合行业特点的事业单位薪酬分配制度，增强人才的成就感和获得感。五是健全有利于人才有效配置的流动机制。落实《关于加强基层专业技术人才队伍建设的实施意见》，在乡镇专业技术岗位，建立“定向评价、定向使用”的评审聘用制度，探索将基层服务经历和业绩作为职称评审的重要指标，引导更多优秀人才向基层一线流动。强化政府人才公共服务，加快流动人员人事档案的信息化建设，完善流动人才社保转移接续，真正让人才活起来、用起来。

（二）以服务产业转型升级为目标，加大高层次高技能人才选拔培养力度。人才的高度决定了产业发展高度。要对接产业转型升级、创新发展、提质增效，提高人才选拔培养质量。一是加强创新型领军人才的选拔培养。组织实施“国家百千万人才工程”、泰山产业领军人才、齐鲁首席技师等高端领军人才的推荐选拔工作，全面落实新修订出台的《山东省有突出贡献的中青年专家选拔管理办法》，培养选拔一批突破关键技术、引领学科发展、带动产业转型的领军人才。二是改革完善博士后制度。开展博士后科研工作站独立招收试点，实施优秀博士后国际学术交流计划和省博士后创新人才支持计划，择优遴选一批应届或新近毕业的优秀博士进行专项资助，赴外开展学术交流。三是深入实施专业技术人才知识更新工程。加大高层次、急需紧缺和骨干专业技术人才的培养力度，推进专业技术人员继续教育改革创新，组织实施好高级研修项目，打造专业技术人员高级研修项目品牌。扎实推进继续教育公共信息综合服务平台建设和继续教育基地建设。四是加大高技能人才培养选拔力度。加强技工院校内涵建设，继续开展“百校千企”技能人才培养工程，组织实施技工教育特色名校、齐鲁技能大师特色工作站“双特”建设项目，深化企业新型学徒制、产学研未来工匠联盟等试点，推进技工院校“专业化、市场化、国际化”的新突破。制定职业技能大赛管理办法，加快国家级、省级职业技能竞赛训练基地建设。

（三）以“高精尖缺”为导向，大力引进海内外人才智力。与先进地区相比，目前我省人才政策的开放度还不够高，人才国际化程度还有不小差距。要创新海外人才引进政策，加快构建更加积极、更加开放、更加灵活的人才对外开放体制，集聚一批海内外“高精尖缺”人才。一是牢固树立柔性引才理念。柔性引才、灵活用才，是应对人才流动新趋势、打造人才竞争新优势的战略选择。我们要充分学习借鉴先进地区的引才方式，加大对国内外领军人才的跟踪力度，不拘一格地吸引、用好“高精尖缺”人才，不求所有，但求所用，提高我们在全球使用、布局、配置人才智力资源的能力。要创新平台载体，加快推进博士后工作站、留学人员创业园、专家服务基地、技能大师工作室、引智实验区、引智成果示范基地等载体平台建设，精准对接、柔性吸引更多高层次人才来我省贡献智慧和力量。二是持续推进政策创新。制定出台我省《加快推进人才国际化的意见》《关于加强新形势下引进外国人才工作的实施意见》等政策规定，在引进模式、奖励机制、永久居留等方面实现新突破，健全完善国际化人才服务体系。三是深入实施“海归创新创业在山东”人才发展计划。依托重点人才培养计划、重大科研创新项目、重点学科和重点科研基地，加大资助力度，制定普惠性的留学人员扶持政策，吸引留学人员来鲁工作。将留学人员创业园纳入创业扶持体系，培育一批省级留学人员创业示范园，发挥好辐射带动作用。四是加大引智工作力度。大力实施“外专双百计划”，积极引进国际知名外国专家和高层次外国专家团队。广泛设立海外人才工作站，开展赴欧洲、美加等国家和地区招聘活动，引进一批国际化的高层次人才。加快引智试验区和引智基地建设，形成“一区一业、一业一品”的新局面。开展“出国（境）培训成效年”活动，启动“万人出国培训计划”和“重点出国培训工程”，重点培养一批有国际影响力的人才团队。五是大胆进行先行先试。借鉴北京中关村、上海自贸区引进外国人才的政策措施，依托各类引智试验区和引智成果示范推广基地，推进国际人才政策先行先试，从居留签证、子女入学、服务保障等方面，创新外国人才引进政策，打造可复制、可推广的成功经验。

（四）以营造良好环境为目的，形成具有国际竞争力的人才服务新优势。人才竞争归根结底是人才服务环境的竞争。要把公共化服务和社会化服务有机结合起来，健全市场化、社会化人才管理服务体系，加快由行政主导向多方参与转变，打造更加优质的人才发展环境。一方面，要完善人才公共服务体系，构建全省统一的公共人才服务平台。加快“引进高层次高技能人才服务窗口”建设，实施服务绿卡制度，完善网上办事系统，为人才来鲁创新创业提供便捷通道。研究制定省级专家服务基地建设管理办法，设立省级专家服务基地。另一方面，要推进人才社会化进程，大力发展人力资源服务业。制定《山东省人力资源服务业转型升级实施方案》，健全市场化、社会化的人才管理服务体系，提升人力资源市场配置能力，推动人力资源服务业跨越发展。积极培育各类专业社会组织和人才中介服务机构，加快人力资源服务产业园建设，重点打造济南、青岛、烟台、潍坊、济宁等区域辐射型产业园区，充分发挥人力资源服务业对集聚人才的引领作用。

三、强化措施，狠抓落实，确保圆满完成各项工作任务

人才工作涵盖领域广、参与主体多，政治性、政策性都很强，推进的难度比较大。我们必须以高度负责的态度和“钉钉子”精神，强化责任担当，完善工作机制，狠抓各项工作落实。

一要强化统筹协作。牢固树立全省“一盘棋”思想，加强系统上下、部门之间和处室单位间的协作配合，实现资源共享、优势互补。系统上下要建立顺畅的运转机制，步调一致、协同推进，实现各项要素有机整合、各项工作制度和措施整体配套。要加强与组织、发改、财政、科技等部门的协调配合，积极争取各方面的支持，进一步形成分工合理、错位发展、有序引才、合理用才的政府人才工作新局面。厅人才工作领导小组办公室要加强与成员单位的联系，及时沟通情况，听取意见建议，为大家开展工作提供更多服务。有关处室、单位既要坚持分工负责、认真履行职责，更要加强沟通协调，遇到大事难事互相沟通、共同发力，发挥整体合力。

二要强化督促检查。目前，深化人才发展体制机制改革已经进入深水区，省委《实施意见》明确我厅牵头的 17 项改革任务，已完成 8 项，剩下的 9 项都是难啃的硬骨头。厅人才工作领导小组办公室要发挥牵头作用，完善工作运行机制，分解落实责任，加大调度和督促力度，抓住重点问题跟踪问效。有关处室、单位要按照改革任务分工，把握时间节点，保证工作质量，加快工作进度。各市也要开展经常性的督查，层层传导工作压力和责任，优质高效完成各项工作任务。

三要强化队伍建设。当前，除青岛、日照、潍坊、烟台 4 市外，其他各市均未成立专门的人才工作机构，人才工作多头管理，力量分散，没有形成完整统一的工作体系。各市要重点解决人

才工作“职能碎片化”问题，健全完善工作机构，配齐配强工作力量，为做好人才工作提供坚实组织保障。

四要强化宣传引导。要围绕人才发展重大事件、重要成果、标志性人物等，综合运用传统媒体和新兴媒体，加大宣传力度，深入宣传我省人才政策和人才发展环境，宣传人才创新创业先进典型，形成宣传声势，赢得社会各界的理解和支持，营造吸引各类人才来鲁创新创业的良好氛围。

同志们，做好人才工作责任重大、任务艰巨、使命光荣。我们要在省委、省政府的坚强领导下，解放思想、主动作为，齐心协力、扎实工作，努力开创人才工作新局面，以优异成绩迎接党的十九大和省第十一次党代会胜利召开！

在全省引进外国人才和智力工作视频会议上的讲话

（韩金峰　2017 年 3 月 16 日）

同志们：

这次会议的主要任务是，深入贯彻全国引进外国人才和智力工作会议、全省人力资源社会保障工作会议部署，总结工作，交流情况，安排 2017 年工作任务，推进我省引智事业在更高水平上加快转型发展。

2016 年，全省引智系统认真贯彻落实省委、省政府的决策部署，积极推进体制机制改革和政策创新，不断优化外国人才创新创业环境，统筹抓好各类外国人才队伍建设，各项工作都取得了新进展、新成效，实现了“十三五”良好开局。一是高端外国人才规模进一步扩大。7 名外国专家入选第六批国家“千人计划”外专项目、为历年之最，3 名外国专家入选国家首批“首席外国专家项目”，入选数量均居全国第二位。2 名外国专家获中国政府“友谊奖”，20 名外国专家获省政府“齐鲁友谊奖”。二是引智培训的实效性稳步提升。累计执行培训项目 119 项，派出管理人员和专业技术人员 1222 人，居全国前列。选派 7 批次 117 名县（市、区）主要负责人赴国外开展专题培训，得到省委、省政府主要领导充分肯定。同时，创新培训方式，开展“齐鲁国际讲堂”“科技创新讲堂”等重点外国专家讲座 21 期，聘请高层次外国专家 111 人次来鲁授课讲学，培训各类学员 1.5 万人次。三是引智推广载体平台建设成效明显。新增国家级引智基地 1 家、省级引智试验区 1 家、省级引智基地 17 家。获批国家级示范推广项目 8 个，数量居全国第一；2 所省属高校入选首批地方高校“学科创新引智计划”。设立引智试验区和引智扶贫专项，实施省级项目 36 个。四是国际人才交流合作更加深入。第九届“海洽会”期间，组织“齐鲁友谊奖”颁奖、外国专家建言会、人才项目洽谈等活动，取得丰富成果。开通山东国际人才多语种网站，建设“山东省海内外高层次人才服务专区”。完成山东国际人才交流协会换届工作，协会的参谋助手和桥梁纽带作用得到更好发挥。新建国际人才海外联络处 2 家，与 8 家人才协会、人才组织建立合作交流机制，累计发送人才需求 620 项，达成合作意向 300 余个。五是引智政策和制度建设加快推进。提请省政府出台了《关于组织实施“外专双百计划”的意见》，研究拟定《关于加强新形势下引进外国人才工作的实施意见》《山东省引进外国人才和智力“十三五”规划》《山东省省级引智专项资金使用管理办法》《离岸创新人才引进使用办法》等政策规定，努力打造引智政策新优势。启动实施外国人来华工作许可制度试点工作，建立山东省引进国（境）外人才智力工作联席会议制度。等等。

这些成绩的取得，是省委、省政府高度重视、正确领导的结果，是各级各有关部门密切配合、大力支持的结果，也是全省从事引智工作的同志们团结协作、扎实工作的结果。在此，我代表省人力资源社会保障厅、省外国专家局，向长期关心、支持引智工作的各部门各单位和广大引智工作者表示衷心的感谢和诚挚的问候！

下面，我讲三点意见。

一、统一思想，凝聚共识，深刻把握引智工作面临的新形势新任务

引进外国人才和智力，是实施人才强省战略的重要内容，是对外开放的重要组成部分，在全省经济社会发展大局中发挥着不可替代的重要作用。我们要进一步认清引智工作面临的新形势、新任务，切实增强政治责任感和历史使命感。

（一）要科学把握引智工作面临的重要历史机遇。习近平总书记高度重视引智工作，站在实现“两个一百年”奋斗目标、实现中华民族伟大复兴中国梦的战略高度，强调要制定特殊政策，提高引进外国人才的开放度，发挥市场在资源配置中的决定性作用和用人单位的主体作用，“聚天下英才而用之”。并多次与外国专家代表座谈，全面阐述我国更加积极、更加开放的人才引进政策。去年底，中央印发《关于加强新形势下引进外国人才工作的意见》，为当前和今后一个时期引智工作指明了方向、提供了遵循。从我省来看，省政府出台的《关于组织实施“外专双百计划”的意见》，是继泰山学者、泰山产业领军人才工程之后，针对非华裔外国人才实施的又一重大引才工程，进一步拓宽了高层次外国专家引进渠道，必将有力提升引进高层次外国人才的政策竞争力。我们要切实把思想和行动统一到中央和省委、省政府的部署要求上来，抓住机遇，扎实工作，推动引智工作不断迈上新台阶。

（二）要积极应对前所未有的国内外人才竞争压力。当前，新一轮科技革命和产业革命正在孕育兴起，创新成为各国竞争战略的新支点，人才成为国际竞争的新焦点，引进外国人才和智力面临的压力前所未有。从世界范围看，近年来，一些国家比照我国“千人计划”，陆续出台相应人才政策，加大“人才套利”力度。比如，英国的“杰出人才签证”，德国的“蓝卡制度”，以色列的“卓越计划”，韩国的“智力回归计划”，泰国的“人才回流计划”和巴西的“博士扎根计划”，等等。美国也加紧修改移民法案，加大对科学、技术、工程和数学等领域人才的吸引留置力度。这些都对我国形成了极强的竞争。从国内情况看，我国经济增速回落，劳动力成本上升，人才发展开放度不够，导致高端创新类人才回流趋势有所放缓，有些甚至得而复失，引智工作形势紧迫、任重道远。国务院发展研究中心的一项研究显示，目前我国创新水平与发达国家相比大约落后30年，引进高层次、创新型人才成为越来越重要的任务。同时，各省市抢抓发展机遇，纷纷出台极具竞争力的政策和措施，对外国人才的吸引力明显增强，人才争夺呈现“白热化”，高层次人才引进的难度进一步加大。我们必须进一步提高引进人才政策开放度，加大高端紧缺人才引进力度，大力促进引才引智规模、质量、结构与经济社会发展相适应，努力在激烈的国内外人才竞争中抢占先机。

（三）要清醒认识我省经济社会发展对外国人才和智力的迫切需求。当前，我省正处于推进供给侧结构性改革，加快经济文化强省建设的关键时期，迫切需要依托人才优势，优化产业结构，转换发展动能，促进经济平稳较快发展。近年来，我省大力实施人才强省战略，人才队伍总量有了很大发展，质量有了很大提高，结构有了很大改善，但与经济社会发展对人才的需求相比，还有很大差距。特别是具有重大原始创新能力的一流科学家、科技领军人才还十分短缺，迫切需要广揽天下英才、面向全球借智借力。对此，省委、省政府高度重视，主要领导同志多次作出重要批示，明确提出引进外国人才和智力工作“必须有突破性进展”。我们必须紧紧围绕创新驱动发展战略，坚持质量第一原则，以更高的站位、更新的理念、更实的举措，持续加大“高精尖缺”人才引进力度，努力破解制约我省经济社会发展的“人才瓶颈”。

二、突出重点，精准发力，努力实现引智工作创新突破

今年是实施“十三五”规划承上启下的重要一年，是推进供给侧结构性改革的深化之年，做好引智工作意义重大。要突出重点、开拓创新、

精准发力，在实现“五个新突破”上下功夫、见成效。

（一）在推动完善更加开放的人才政策上实现新突破。能否在更大范围、更宽领域、更高层次参与国际人才合作与竞争，取决于人才政策对外开放的广度和深度。要全面学习贯彻中央《关于加强新形势下引进外国人才工作的意见》，尽快出台我省的实施意见，完善更加开放、包容的引智政策，实现外国人才“来得了、待得住、用得好、流得动”。一是聚焦人才需求创新政策。坚持人才需求导向，围绕我省深化供给侧结构性改革、经济转型升级和产业结构调整需求，以创新创业人才、科技领军人才、国外学术精英、企业高级管理和科技技能人才、企业家等五类人才为重点，出台专门的引智政策措施，最大程度满足我省对外国高端人才智力的需求。二是聚焦重大战略实施创新政策。立足全省重大发展战略，依托重大科研项目、重大工程、重点学科，制定我省“外专双百计划”“区域协调发展”和“万名国际化人才培训工程”的实施细则和配套措施。对掌握关键、核心技术的外国人才，实行“一事一议”支持政策，开辟特殊渠道引进特殊人才。三是大胆进行先行先试。借鉴北京中关村、上海自贸区引进外国人才的政策措施，依托各类引智试验区和引智成果示范推广基地，推进国际人才政策先行先试，从居留签证、子女入学、服务保障等方面，创新外国人才引进政策，打造可复制、可推广的成功经验。

（二）在外国人才引进方式上实现新突破。要充分发挥市场在外国人才资源配置中的决定性作用，建立健全外国人才资源供求机制、价格机制和竞争机制，探索实行符合国际惯例、更加高效的外国人才引进机制。一是拓宽引进外国人才渠道。支持用人单位采用市场化方式引进急需紧缺高端人才，鼓励人力资源中介组织引进、推荐人才，探索以飞地引才、雇主担保等方式引进外国人才。鼓励出国培训团组在境外招才引智，实施借训引才。建立引资与引智、引才与引技同步推进机制，强化招商引资政策与引进人才和技术项目政策的叠加共振。二是加大“柔性引才”力度。对急需紧缺的高端外国人才，坚持“不求所有、但求所用”，通过借用聘用、兼职兼薪、科研合作、学术交流、技术指导、技术入股、异地研发等办法，实现人才智力资源共享。三是大力发展国际人力资源服务业。与国际知名、权威信息机构合作，探索建立与国际接轨的全球人才招聘平台。积极引进培育高端人才猎头、外国专家组织等专业人力资源服务机构，更好地引进外国人才、团队和技术。

（三）在外国人才使用机制上实现新突破。要坚持以人为本、以用促引，更加注重人才的有效使用，通过让外国人才实现“名利双收”，引导他们充分贡献才智、发挥作用。一是支持外国人才参与我省重大科研项目。放宽参与条件，取消不必要的限制性规定，鼓励外国人才参与我省重大科研计划。以省重点实验室、工程技术研究中心为依托，推动与国外高校、科研单位及企业共建国际科技合作基地，深度开展科研合作，提升源头创新能力。支持外国人才引入国外先进科研管理理念和管理机制，赋予外国人才在项目经费使用、支配使用成果、组合研发团队等方面的自主权。二是完善外国人才创新创业利益回报机制。建立从事基础科研工作的外国人才激励机制，改革课题成果评价方式，注重创新性在成果评估中的决定作用。吸收借鉴人才全球定价模式，建立健全以股权激励等方式分享利益的长效激励机制，构建学术评价、市场评价、社会评价既相互区分又相互衔接的科学评价体系。三是完善外国人才表彰奖励制度。建立以政府奖励为导向、用人单位奖励为主体、社会力量奖励为补充的分层次多样化外国人才奖励体系。完善“齐鲁友谊奖”等外国人才表彰奖励制度，提升外国人才的荣誉感。四是鼓励外国人才积极建言献策。创新专家建言方式，积极吸收外国人才参与我省重大规划、科研项目、重大工程的咨询论证，支持他们参与制定我省地方标准。鼓励外国人才参与智库建设，聘请外国高端专家或团队来鲁讲学，举办好外国专家讲座。

（四）在引才用才的载体平台建设上实现新突破。俗话说，“栽下梧桐树，引来金凤凰”。要积极搭建各类平台载体，更好集聚外国人才。一是加快引智信息平台建设。探索运用大数据、“互联网＋引智”进行精准引才，整合外国专家、外国（港澳台）来华（入境）就业人员、留学人员等海外人才信息资源，建立海外人才数据库、项目库、成果库，绘制“海外高层次人才分布图”。完善山东国际人才网站功能，开发网上人才智力供需精准对接平台。二是广泛设立海外引才工作站。借鉴上海、广东等地经验，充分发挥友好省州、友好城市、中国国际人才交流协会驻外机构和我省驻外机构的桥梁纽带作用，建立引进海外人才工作站，给予基本工作经费支持，完善考评机制，实行动态管理，积极拓宽外国人才智力和技术的有效供给渠道。三是鼓励设立离岸创新创业基地。通过政策支持和资金补贴等方式，鼓励企业、高等院校、科研机构和社会组织，在国外建立研发基地、开放实验室、科技孵化器、技术转移中心和产业化基地，吸引外国人才到各类离岸基地创新创业，面向全球争取创新资源。

（五）在外国人才管理服务上实现新突破。目前，我省还没有“一门受理”“一站式服务”的外国人才服务机构，对外国人才特别是外籍高层次人才的精准服务还有待提高。要整合资源，打造品牌，有效提高外国人才公共管理服务能力，为外国人才来鲁创新创业营造优良环境。一是完善管理体制。以“外国专家工作证和外国人就业证两证整合”为契机，整合外国人才管理职责和公共资源，理顺部门职责关系，推动建立权责统一、运转高效、法治保障的外国人才工作管理体制。按照“鼓励高端、控制一般、限制低端”的基本思路，对不同层次、不同类别的外国人进行分类管理，达到高效便捷、规范有序、有效治理的目标。二是健全服务体系。创新外国人才公共服务方式，完善国际人才公共服务专区功能，设立服务窗口，建立“绿色通道”，在政策咨询、证件办理、项目申报等方面提供一站式服务，为来鲁外国人才提供更周到、更高效的服务。

三、强化措施，狠抓落实，确保圆满完成全年工作任务

一分部署，九分落实。要坚持全面从严治党和引智工作两手抓、双促进，完善工作机制，强化工作措施，狠抓各项任务落实。

（一）解放思想，改革创新。要以贯彻落实中央《意见》为契机，坚决克服因循守旧、故步自封的僵化思维，牢固树立和贯彻落实新发展理念，坚持解放思想、改革创新，不断增强引才引智工作的生机与活力。各地区各部门要积极探索实践，推进体制机制改革创新，充分发挥市场机制作用，促进外国人才资源高效配置。

（二）勇于担当，狠抓落实。要始终保持昂扬向上的精神状态、攻坚克难的顽强意识和锐意进取的干事激情，大力弘扬钉钉子的精神，完善抓落实的工作机制，加大落实的力度。特别是对一些重点任务、难点问题和薄弱环节，在抓具体、抓深入、抓成效上狠下功夫，知难而进、勇于担当、不辱使命。要因地制宜，分类指导，创造性地开展工作。强化督促检查，完善问责问效，确保中央和省委、省政府决策部署落地生根。

（三）密切配合，形成合力。引才引智工作是一项系统工程，涉及各个领域、各个方面，必须牢固树立“一盘棋”的思想，共同参与、密切配合。要加强统筹谋划，重点强化与组织、外事、公安、教育、科技、文化、侨务、宣传等部门的协同合作，有效发挥用人单位主体作用，充分调动社会各界参与引才引智的积极性，形成推动工作的整体合力。各市要增强协作意识，加强沟通交流，各司其职、上下联动，共同推进任务落实。

（四）健全机构，加强力量。中央《关于加强新形势下引进外国人才工作的意见》，对加强外国人才工作部门机构和队伍建设提出了明确要求。各级各部门要针对机构设置、人员配备等方面的薄弱环节，制定具体可行的建议方案，及时向党委（党组）作出专题汇报，争取领导的重视和支持。省外专局要加大引导协调力度，共同推进落实。要加强干部教育培训和实践锻炼，切实提高依法行政能力和管理服务水平，努力打造一支忠诚干净担当的干部队伍。

同志们，做好2017年的引智工作，任务艰巨，责任重大，使命光荣。我们要在省委、省政府的正确领导下，解放思想、主动作为、扎实工作，努力开创引智工作新局面，以优异的成绩迎接党的十九大和省第十一次党代会胜利召开！

在全省就业和农民工工作电视会议上的讲话

（韩金峰　2017年4月13日）

同志们：

这次会议的主要任务是，贯彻落实前不久召开的全国就业工作座谈会、失业保险工作座谈会和农民工工作电视电话会议等一系列会议精神，总结去年以来全省就业和农民工工作，分析研判当前形势，安排部署下步工作任务，在更高水平上实现就业局势的持续稳定。

刚才，济南、东营、德州、菏泽4市人社局分别做了典型发言，从不同角度介绍了就业和农民工工作的先进做法，讲得都很好，希望各地认真学习借鉴。下面，我再强调三个问题。

一、准确把握当前形势，进一步增强做好就业和农民工工作的责任感、紧迫感

2016年，面对复杂多变的经济形势，全省人力资源社会保障系统在省委、省政府的坚强领导下，大力实施就业优先战略和更加积极的就业政策，开拓创新，扎实工作，就业和农民工工作取得显著成效。全年实现城镇新增就业120.98万人，完成年度计划的110%；城镇登记失业率控制在3.46%，低于全国水平和控制目标，就业稳成为经济社会发展的一大亮点，对于稳定预期、提振信心发挥了重要作用。一是重点群体就业总体稳定。高校毕业生总体就业率达93.77%，同比提高1.76个百分点。分流安置去产能企业职工6.28万人，完成全年任务的95%，没有发生影响企业和社会稳定的群体性事件。大力开展就业精准扶贫，转移就业贫困人口20.1万人，带动脱贫35万人。特别是在全国首创“就业扶贫车间”新模式，建成“就业扶贫车间”2790个，吸纳贫困劳动力就业8.9万人，得到国务院扶贫办和人社部的充分肯定。二是大众创业成效明显。创业扶持体系日趋完善，创业大学达68所，实现了市级全覆盖，创业孵化基地和创业园区分别达到409个和161个。全年实现创业47.64万人，带动就业129.53万人，实有市场主体数位居全国第二。三是失业保险工作取得积极进展。在全国率先建立失业动态监测、预测预警和应急调控“三位一体”工作机制，有效防控失业风险。落实稳岗补贴12.7亿元，惠及企业1.77万户、职工459万人，失业保险“稳就业、促就业”的作用得到充分发挥。四是农民工3项3年行动计划深入推进。农民工就业质量和稳定性显著提升，从事现职平均时间提高到4.6年，人均月收入3491元，同比增长7.1%；劳动合同签订率和社会保险参保率进一步提高，同工同酬迈出重要步伐。扎实开展农民工工资支付情况专项检查和拖欠农民工工资问题专项整治，为6.89万农民工追发工资待遇4.97亿元，有力维护了农民工合法权益。我省的就业创业工作受到中央和省委、省政府的充分肯定，被国务院列为5个就业创业工作激励的省市之一，并在多个全国性会议上介绍了经验。

在充分肯定成绩的同时，我们也要看到，当前我省经济处于结构转型的关键时期，下行压力较大，不同地区、行业、企业的走势持续分化，就业形势依然严峻复杂。我们要时刻保持清醒头脑，切实增强风险意识，做好应对各种考验的准备。

一是从外部环境看，经济下行对就业的缓增效应正在显现。今年1—2月，我省固定资产投资增速比2016年回落0.8个百分点，投资增速放缓，反映出部分企业发展预期不稳，再加上劳动力成本上升、原材料价格波动，造成了企业用工需求的减少。另外，今年我省还将进一步化解钢铁、煤炭、水泥等重点行业产能，将在一定程度

上减少就业岗位，对就业增长产生负面影响。一季度，企业用工需求104.1万人，同比下降2.33%。其中，3月份企业用工需求35.5万人，同比下降30.32%。全省城镇新增就业31.97万人，就业转失业人员就业13.47万人，就业困难群体就业1.73万人，分别同比下降12.24%、9.71%和22.79%；城镇登记失业率3.43%，同比上升0.09个百分点。

*二是从劳动力供需看，总量矛盾和结构性矛盾的交织态势更加明显。*据测算，今年我省在城镇就业的劳动力约190万人，要保持城镇失业率不上升，新增就业不能低于110万人，就业总量压力仍然较大。同时，随着供给侧结构性改革的不断深入，劳动力市场冷热不均、供需错位的问题更加凸显。一方面，传统产业改造升级亟需更多研发人员和高技能工人；另一方面，中低素质的劳动者仍占多数，不能完全适应新技术、新产业的发展。劳动力市场调查显示，具有一定技能人员的求人倍率普遍在2以上，无技术等级或职称人员求人倍率仅为0.8，技术人才短缺，就业结构性矛盾仍然突出。

*三是从重点群体看，促进高校毕业生、去产能分流安置职工和就业困难人员就业的任务艰巨。*高校毕业生方面，今年应届毕业生数量超过60万人，再创历史新高，总量压力和结构性矛盾更加突出，传统就业观念和“缓就业”“慢就业”并存，高校毕业生就业面临严峻考验。但企业招聘岗位没有明显改善，生产岗位、销售岗位仍占多数，岗位、薪资与大学生期望存在一定落差。去产能职工分流安置方面，化解过剩产能、淘汰落后产能、“僵尸企业”退出与国有企业改革改制相互叠加，妥善安置分流职工的困难多、难度大。比如，仅2016年，全省去产能企业解除或终止劳动合同的职工就高达2.1万人，这些人员年龄偏大、技能单一、再就业难度较大。就业困难人员方面，大龄、残疾人、低技能人员的就业空间不断收窄，失业人员再就业和困难人员就业的人数都可能下滑。另外，就业扶贫工作也进入了攻坚期和决胜期，特别是扶贫任务重的鲁西、鲁南地区，贫困人口转移就业的难度很大，转移人口的返贫风险也需要引起高度关注。

*四是从农民工工作看，农民工就业质量有待进一步提高。*农民工的年龄结构趋向“老化”，2016年，我省40岁以上的农民工占55.5%，比2011年提高了10个百分点，大龄农民工找到合适工作的难度越来越大。农民工的职业技能水平仍然不高，人员素质难以适应市场要求，实现在城镇长期稳定就业的难度加大。另外，提高劳动合同签订率、扩大农民工参保覆盖面也有很多工作要做，工程建设领域挂靠承包、违法分包、层层转包的问题屡禁不绝，支付农民工工资的责任主体难以明确区分，治理拖欠农民工工资长效机制的作用也没有完全发挥。

*五是就业工作自身看，仍然存在政策落实和工作保障不到位的问题。*一方面，就业工作发展不平衡的老问题还没有根本解决。一些地方就业资金配套不够与结余过多的问题并存，个别地方还存在违规使用、违法乱纪的问题。就业与社保工作联动不够，就业服务的“标准化、信息化、一体化”建设力度有待加大。就业工作队伍特别是基层服务队伍建设需要进一步加强，服务的“最后一公里”问题还没有彻底解决。另一方面，新就业形态迅速发展提出的新挑战日益迫切。随着互联网、移动通信技术的快速发展，催生出多层次的新就业形态，就业时间、地点更加不确定，给我们落实就业创业政策、开展实名统计、兑现服务带来了很大挑战。迫切需要我们深入分析，准确把握，研究制定促进新业态就业的各项政策措施。

中央和省委、省政府高度重视就业和农民工工作，李克强总理把“保障就业”称为政府“最要紧的责任”，就业和农民工工作被各级党委、政府频频“置顶”。4月5日，国务院召开常务会议，再次研究就业工作，在促进经济增长和扩大就业的联动协同、拓展就业新空间、支持重点群体就业、强化职业培训和就业服务、实施留学人员回国创业创新启动计划等5个方面，推出了一系列高含金量的新政策、新措施，这为我们坚决打好稳定和扩大就业的硬仗指明了前进方向、提供了重要遵循。从山东看，我省经济发展总体向好的基本面没有变，特别是去年四季度以来，稳中向好的趋势在不断的巩固、扩大，“放管服”等重点领域和关键环节改革持续推进，新经济、新产业、新业态吸纳就业能力不断增强，大众创业、万众创新催生更多的就业增长点，新型城镇化、农业现代化积极推进，积极就业政策深入实施，这些都为做好就业和农民工工作奠定了坚实基础。各级人力资源社会保障部门要牢固树立“四个意识”，坚定不移地把就业作为最重要的政治责任，摆在各项工作的首位，既要坚定信心、决心，又要做好应对风险的准备，奋发有为，扎实工作，确保就业局势的持续稳定。

二、开拓创新，奋发有为，全力以赴做好就业和农民工各项工作

今年是实施“十三五”规划的重要一年，也是推进供给侧结构性改革的深化之年，做好就业和农民工工作意义重大。总的要求是：深入贯彻党的十八大和十八届三中、四中、五中、六中全会精神和习近平总书记系列重要讲话精神，全面落实省委、省政府决策部署，牢固树立和贯彻落实新发展理念，适应经济发展新常态，围绕“稳增量、提质量、优结构、促创业”，突出高校毕业生、去产能企业职工、农民工、就业困难人员等重点群体，大力实施就业优先战略、促进就业规划、农民工 3 项行动计划和更加积极的就业创业政策，着力补短板、兜底线、防风险，推动城乡各类劳动者实现更高质量就业，努力实现就业工作在更高水平上的转型发展。重点做好 6 方面工作：

（一）突出抓好重点群体就业创业。保持就业大局持续稳定，首先要抓住重点群体就业这个“牛鼻子”，实现重点群体就业稳中有进。一是大力促进高校毕业生就业创业。坚持把高校毕业生就业摆在就业工作首位，以就业促进、创业引领、基层成长为着力点，坚持分类施策，精准服务，确保今年高校毕业生就业水平不降低，把总量压力转变为人才机遇。研究制定引导和鼓励高校毕业生到基层工作的意见，引领更多高校毕业生到基层建功立业。深入实施高校毕业生就业创业促进计划，开展能力提升、创业引领、校园精准服务、就业帮扶、权益保护五大行动，促进高校毕业生就业创业。充分利用移动技术手段，实现即时供求信息的采集，打通高校、各市县就业主管部门、公共就业人才服务机构之间的通道，最大限度地实现人才对接的供给侧改革。二是做好去产能过程中的职工分流安置工作。在十九大召开的特殊年份，做好这项工作意义更深刻、责任更重大。各级人社部门要进一步增强政治意识、大局意识，多管齐下，兜住底线，确保不发生规模性失业和重大群体性事件。要压紧、压实企业主体责任，指导企业依法制定职工安置方案，确保分流安置工作依法合规、平稳有序。要研究好政府垫付、贴息贷款、就业资金支持等政策，着力弥补资金缺口，解决好去产能企业拖欠工资、欠缴社保、社保封闭运行等问题。完善和拓展多元化安置渠道，落实降低社保费率和失业保险稳岗补贴等政策，支持企业采取内部分流的方式安置职工，力争做到转岗不下岗、转业不失业。组织实施就业援助专项行动，加大重点地区、行业和群体的支持力度，防范和化解区域性、系统性的集中失业风险。三是统筹做好其他重点群体就业。大力推广“就业扶贫车间”模式，落实好相关补贴政策，确保完成就业精准扶贫任务。加强困难人员的就业援助，健全城乡统一就业援助制度，确保“零就业”家庭动态清零。扎实做好退役军人、残疾人等群体的就业工作。

（二）大力促进创业带动就业。大众创业、万众创新已经成为时代热潮，也是我们推进就业工作转型发展的重要抓手。要找准定位，抓住重点，实现创业政策、创业培训、创业服务的提质扩量，充分发挥创业带动就业的倍增效应。重点做到“三个提高”：一是提高创业平台支撑能力。整合创业服务平台，打造一批以创业孵化基地和创业园区为主体、以众创空间为补充的创业服务综合体，为劳动者提供平台和舞台。继续创建一批省级创业孵化示范基地、创业示范园区和省级示范创业大学，发挥好引领示范作用。二是提高创业融资能力。各地要主动协调发改、财政等部门，完善创业担保贷款政策，加大贴息投入，简化审批办法，进一步提升创业贷款的保障能力。充分运用中小企业担保贷款、扶贫贷款和创业投资引导基金，

开辟“互联网+”的信贷新路径，更好地满足创业者融资需求。三是提高创业服务水平。坚持“两手抓、两手硬”，既要抓好政府公共创业服务体系建设，也要引导市场化、专业化的社会机构参与创业服务，加快形成多元化的创业服务新格局。充分运用互联网、大数据、云计算等新技术，打造山东创业服务云平台，为创业者提供交流和资源共享空间。精心组织“领创齐鲁·追梦前行”创业服务系列活动，选树一批创业先进典型，努力营造鼓励创业、支持创业的良好氛围。

（三）强化失业保险促进就业作用。一是实施更加积极的援企稳岗政策。发挥失业保险政策的导向作用，引导生产经营困难的企业稳定就业岗位，对采取有效措施不裁员、少裁员的企业，要及时足额给予补贴。探索扩大稳岗补贴范围，鼓励企业吸纳去产能分流职工，对安置职工达到一定比例的企业，也要给予稳岗补贴。省厅将开展失业保险援企稳岗“护航”专项行动计划，各市要研究制定行动方案，切实将各项政策落实到位。二是扩大失业保险覆盖面。要抓住修订《山东省失业保险规定》的有利契机，将失业保险覆盖范围扩大至所有单位。特别是要加快制定灵活就业人员参加失业保险的政策，从制度上实现职业人群的全覆盖。要结合实施全民参保登记计划，利用“五项社会保险统一征收平台”，大力提高失业保险参保率，努力实现应保尽保。三是落实好降低失业保险费率的政策。按照国家要求，我省已率先将失业保险总费率由1.5%降至1%，各市要尽快将政策落到实处，切实降低企业成本。同时，还要进一步完善失业监测、预警、调控“三位一体”的工作机制，加强形势研判，及时发现和解决重大失业风险。

（四）切实做好农民工工作。要以有序推进农民工市民化为目标，以新生代农民工为重点，积极促进农民工就业创业，不断提高就业质量，努力促进农民工与社会的更好融合。一是全面完成农民工3年3项行动计划。今年是农民工3项行动计划的最后一年，省政府年底前将组织开展终期评估验收工作。近日，省里已专门下发文件，要求各市逐项对照目标要求，认真开展自查自纠，加大推进力度，确保如期完成各项目标任务。对3项行动计划开展较好、表现突出的先进集体和个人，可以考虑给予表彰。二是积极促进农民工就业创业。广泛拓展农民工就业创业渠道，加大对劳动密集型企业、中小微企业的支持力度，增强对农民工的就业吸纳能力。目前，“互联网”业务正在从城市向农村辐射延伸，有的地方已经实现网上销售与农产品市场的对接，我们要适应这一趋势，结合“新四化”和“互联网+”行动计划，引导农民工到以“互联网+”为代表的新产业、新形态就业创业。鼓励建设更多的农民工返乡创业园、“淘宝村”，进一步完善政策、创新服务、优化培训，引导更多农民工返乡创业。三是着力维护农民工合法权益。维护农民工权益的内容很多，首要的还是维护好农民工的劳动报酬权益。要继续开展农民工工资支付专项整治，坚决打击恶意欠薪违法犯罪行为，健全长效机制，切实做到“两下降、两确保”，就是农民工工资拖欠案件和涉及人数明显下降、因拖欠工资引发的群体事件数明显下降；确保拖欠农民工工资案件基本结案，确保群体性事件得到妥善处置。同时，还要进一步规范农民工劳动用工管理，扩大农民工参加社会保险覆盖面，畅通农民工维权渠道，为广大农民工谋求更多、更好的福利。

（五）着力推动职业培训转型升级。职业培训是化解就业结构性矛盾、提升就业质量的根本途径。今年，省里将出台《关于做好新形势下职业培训工作的意见》，各市要以贯彻落实《意见》为重点，进一步做好职业培训各项工作，在职业培训转型升级上下功夫、见实效。一是增强职业培训的有效性。职业培训要聚焦市场需求，市场需要什么人才就培养什么人才，岗位需要什么技能就培训什么技能。要围绕产业转型升级，结合劳动者就业意愿，开展职业技能培训，切实提高培训后的市场适配度。加强分析预测，不断拓展新产业、新经济和新就业形态培训内容。突出培训的持续性，建立终身职业技能培训制度，不断提高劳动者队伍的能力素质。二是增强职业培训的精准性。强化重点人群的职业培训，为贫困家庭子女、未升学初高中毕业生、农民工、失业人员和转岗职工、退役军人量身定做免费职业培训方案，使他们的劳动技能更好适应社会需求。根据青年群体的特点，探索“互联网 + 职业培训”新模式，灵活安排培训时间和课程，帮助劳动者更好平衡技能提升和日常工作。三是增强职业培训的激励性。企业是职业培训的主体。要健全政策激励机制，鼓励企业大规模开展职业技能提升培训，使企业在职工培训上愿意投入、舍得投入，使职工在能力提升后能够留得下、稳得住，实现共赢发展。创新技能人才培养模式，继续深化校企合作办学，推行企业新型学徒制，培育更多更好的齐鲁工匠，为制造业强省建设提供有力支撑。

（六）全面提升公共就业服务水平。公共就业服务关系着群众对就业工作的获得感、满意度。各地要按照惠民、便民、利民的总思路，持续推进标准化、信息化、专业化建设，为城乡各类群体提供更加优质高效的服务。一是推进标准化。探索建立全省统一的公共就业和人才服务标准体系，进一步规范服务行为，简化办事环节和手续，不断提高公共就业服务整体效能。同时，要围绕服务对象的不同需求，改造升级服务内容和方式，做到有的放矢、精准服务。二是推进信息化。制定公共就业服务信息化建设和应用实施方案，推动就业服务管理机制创新和模式创新，实现全程信息化，实现就业服务由“群众跑腿”向“数据跑路”的根本性转变。加快建设“山东半小时公共就业服务圈”，提升公共就业服务社区覆盖率，继续推动充分就业社区、智慧社区、创业型社区、服务标准化社区等“四型”社区建设。三是推进专业化。加强基层就业工作人员队伍建设，强化政治素质提升和业务能力培训，切实提高服务能力水平。要在业务下沉基层的同时，加大技术和人员向基层倾斜的力度，着力提升基层平台的服务承载能力，打通公共就业服务的“最后一公里”。继续推进政府购买基本公共服务机制，发挥市场作用，鼓励社会力量参与进来，让就业服务更加专业、更加高效。

三、加强组织领导，确保各项任务落到实处

做好今年的就业和农民工工作，是一项系统工程，也是一项必须圆满完成的政治任务。各级人社部门要强化责任担当，完善工作机制，以高度负责的态度和“钉钉子”精神，狠抓各项工作落实。

（一）做好统筹谋划。谋好篇、布好局，各项工作才能有条不紊、事半功倍。各地要以“十三五”促进就业规划的实施、就业创业新政策的出台为契机，进一步分析劳动力供求状况和变化趋势，合理确定就业工作的目标任务。要结合本地实际，把中央和省里的就业创业政策细化、实化，不打折扣，全面落地。要完善工作推进机制，进一步强化就业和农民工工作的组织领导体系，健全定期调度和工作评价机制，切实形成就业创业和农民工工作的整体合力。

（二）夯实数据基础。就业数据与经济数据同等重要，是宏观调控的重要依据，要确保准确无误。要适应宏观决策对就业统计的新要求，扎实做好就业统计工作，积极推进实名制管理，完善动态数据库，做到各类群体就业创业的全程可追溯、结果可生成、效果可评估。要健全统计数据质量责任制，加强对数据采集、审核、汇总、上报全流程的质量管理，确保数据质量。要加大重点地区、重点行业就业监测力度，盯紧重点领域的风险变化，准确把握就业形势，为科学决策提供有力支持。

（三）强化资金保障。资金是做好各项工作的重要支撑。要积极争取党委、政府的重视和部门的支持，强化资金配套，保证就业创业政策的“含金量”。要坚定不移消化结余，努力遏止结余增长势头，打消思想顾虑，把该花的钱花出去。要全面梳理政策落实、服务推进中的瓶颈问题，精简证明材料，提高经办效率，确保各项惠民政策逐一落实，让每一分钱用得其所、花出效益。要时刻绷紧“安全”这个弦，持之以恒抓好廉政风险防控，扎紧制度笼子，加大监管力度，最大限度地防范“跑冒滴漏”。近年来，有些地方出现了一些违规违纪违法问题，教训十分深刻。各地一定要引以为戒、警钟长鸣，把纪律和规矩挺在前面，筑牢廉洁自律的思想防线。

（四）加强政策宣传。要把宣传作为就业和农民工工作的重要抓手，建立与宣传工作的联

动机制。就业规划和各项就业创业政策的出台，都要同步制定宣传工作方案，同步开展政策宣传解读。要注重宣传实效，统筹用好传统媒体和新兴媒体，开展形式多样的宣传解读活动，把就业和农民工政策向基层和群众讲清楚、讲透彻。要加强舆情的收集和研判，引导媒体客观公正地报道热点问题，为就业和农民工工作营造良好的舆论氛围。

同志们，做好就业和农民工工作责任重大、任务艰巨、使命光荣。我们要在省委、省政府的坚强领导下，解放思想、主动作为，齐心协力、扎实工作，努力开创全省就业和农民工工作新局面，以优异成绩迎接党的十九大和省第十一次党代会胜利召开！

在全省职称管理工作会议上的讲话

（韩金峰　2017 年 4 月 19 日）

同志们：

这次会议的主要任务是，贯彻落实全国深化职称制度改革工作部署会议和全省人力资源社会保障工作会议精神，总结近年来我省职称管理工作取得的成绩，安排部署当前和今后一个时期职称制度改革任务，更好激发各类人才的创新创业活力，为经济文化强省建设提供有力人才支撑。

近年来，在省委、省政府的坚强领导下，全省各级人社部门把职称管理作为人才工作的先手棋，坚持以职业分类为基础，以科学评价为核心，以人才使用为目的，全面推进科学化、规范化、社会化的职称制度改革。在全国率先完成中小学教师职称制度改革，率先推进中职学校和技工院校教师职称制度改革试点，率先下放职称评审权，各项改革走在了全国前列，职称的“指挥棒”作用得到充分发挥，有效激发了人才队伍的创新创业活力，最大限度地做到了人尽其才、才尽其用。在 3 月份召开的全国深化职称制度改革工作部署会议上，我省作为 3 个省份之一，作了典型发言，受到尹蔚民部长的充分肯定和与会人员的广泛认可。一是完善评价标准。坚决破除职称工作唯学历、唯论文的倾向，突出品德、知识、能力、业绩的导向，加大成果创新、效益评估和专利发明的权重，先后修改完善了中小学、中职、技工院校、会计、社科、船舶工程等 6 个系列的评价标准。同时明确职称外语和计算机不再作为职称评审的必要条件，由各高评委或用人单位根据用人需求自主确定，破除了人才评价“一刀切”现象，努力为人才“松绑”。二是改进评价方式。在考试、考评结合和综合评价三种方式的基础上，探索中小学模糊评价、播音业绩展示、卫生实践操作、工程面试答辩、中专函评等多种评价方式，使职称评审更接行业专业的“地气”。同时，建立海外人才职称评审绿色通道，畅通博士后研究人员职称评审，提高了职称评价的针对性和科学性。三是积极下放职称评审权。一方面，在山东农业大学等 8 所高校试点基础上，全面下放高校教师职称评审权，下放省属科研机构职称评审权，由高校和省属科研机构自主评价，按岗聘用。在人才改革试验区探索开展“高精尖缺”人才高级职称直评工作，为我省积累可复制、可推广的经验。另一方面，有选择地把中小学、卫生、工程、会计的高级职称评审权下放到设区的市，授权 17 市组建中小学和卫生高评委，5 个市组建工程高评委，3 个市组建会计高评委，增强了地方的积极性和创造性，为全面设置正高级职称做好了准备。四是加强监管和服务，推行阳光评审。坚持“放管服”相结合，大力开展随机抽查监管，推广“互联网 + 职称监管”新模式，严格限制职称评审的自由裁量权，保证了职称评审的公平、公正、公开。建立职称评审的信息化平台，实现网上申报、审核、评审、查询验证的“一条龙”办理，为专业技术人才和用人单位提供了便捷高效的服务。

刚才，青岛、烟台、泰安、省教育厅、省卫计委分别做了交流发言。讲得都很好，希望大家认真学习借鉴。下步，我省还要制定出台关于深化职称制度改革的实施意见，对职称制度改革工作作出全面部署，各级、各有关部门要提前调研谋划，结合各自实际，切实抓好贯彻落实。下面，我讲三个问题。

一、充分认识深化职称制度改革的重要意义

职称是专业技术人才学术技术水平和专业能力的主要标志，是职业发展的重要阶梯。以习近平同志为核心的党中央高度重视职称制度改革，党的十八届三中全会、五中全会都对职称制度改革提出明确要求、作出重要部署；省委也将职称制度改革作为今年全面深化改革的重点任务，强力加以推进。我们要进一步统一思想，提高认识，准确理解和把握职称制度改革的重要意义，切实增强推进改革的责任感、使命感和紧迫感。

（一）深化职称制度改革是人才发展体制机制改革的重要组成部分。人才评价是人才发展的核心环节，是人才培养、引进、使用、激励的重要依据，职称制度是人才评价的重要标尺。目前，人才评价中重资历、轻业绩，重论文、轻贡献，重数量、轻质量的问题还没有彻底解决，职称制度体系不够健全，评价标准不够科学，评价机制不够完善，管理服务不够规范、配套。去年以来，中央和省委作出深化人才发展体制机制改革的重大决策部署，中央改革意见和省委《实施意见》中，都把职称制度改革作为人才发展体制机制改革的重要组成部分，明确提出，要坚持德才兼备，注重凭能力、实绩和贡献评价人才，克服唯学历、唯职称、唯论文等倾向；加快建立科学化、社会化、市场化的人才评价制度，提高评审科学化水平。我们必须认真贯彻落实中央和省委的决策部署，坚持问题导向，顺应人才呼声，适应时代要求，大力推进职称制度改革，尽快建立更加科学完善的人才评价体系，通过改革焕发职称制度新的生命力。

（二）深化职称制度改革是抢占人才竞争制高点的重要举措。人才资源是最宝贵的资源，人才优势是最根本的优势。当前，国际、国内的人才竞争日趋激烈，已经从单靠优惠政策，转到以制度、环境、服务等综合优势为主的“生态竞争”。深化职称制度改革，对人才贡献作出客观准确的评价，有利于形成正向激励，为人才发展营造起良好的生态环境，进而建立人才竞争的新优势。实践证明，职称评得好、评得科学、评得公平，人才的聪明才智发挥得就更加充分，干事创业的热情就更加高涨，从而形成人才聚集的“虹吸效应”。反之，职称评价导向不科学、不合理，就会挫伤人才创新创业的积极性，造成人才流失，也就不能更好引进人才、使用人才。我们必须大力深化职称制度改革，让职称成为做大、做强人才队伍的“发动机”和“助推器”，大力优化人才队伍的质量和结构，促进与经济社会发展相适应，把山东打造成广大人才施展才华、发挥作用的新高地，努力在激烈的国内外人才竞争中抢占先机。

（三）深化职称制度改革是全面深化“放管服”改革、转变政府职能的迫切需要。党的十八大以来，党中央、国务院把转变政府职能作为深化行政体制改革的核心，深入推进“放管服”改革，三管齐下、协同推进，极大地激发了市场活力和社会创造力。职称制度改革是深化行政审批制度改革，转变政府职能的重要举措，是释放改革红利、提高人才制度核心竞争力的重要环节。我们必须加快转变政府人才管理职能，全面深化职称制度改革，消除对用人主体和市场的过度干预，在更大范围、更宽领域、更高层次上简政放权、放管结合、优化服务，把该放的权力放掉，把该管的事务管好，为打造法治政府、创新政府、廉洁政府和服务型政府做出人社部门的不懈努力。

二、准确把握、着力突破职称制度改革的重点领域和关键环节

深化职称制度改革，要准确把握中央改革的总体要求和主要任务，吃准吃透中办、国办《关于深化职称制度改革的意见》精神，坚持正确的改革方向，突破改革的重点领域和关键环节，确保各项改革任务落到实处。

在工作布局上，要做到“三个始终坚持”：一是始终坚持正确的政治方向。改革要深入贯彻习近平总书记系列重要讲话精神和治国理政新理念新思想新战略，牢固树立“四个意识”，贯彻落实新发展理念，围绕中心，服务大局，面向全省经济社会发展主战场，为人才强省战略和创新驱动战略服务。要始终坚持党管人才原则，把职称制度改革作为人才发展体制机制改革的重要内容，稳步实施，统筹推进。二是始终坚持问题导向、目标导向和结果导向。改革首先是由问题倒逼产生的。这次职称制度改革，与以往相比，各项改革举措力度大、含金量高。改革不是推倒重来，也不搞大水漫灌，而是针对职称工作中存在的突出矛盾和问题，坚持解放思想、实事求是，切实做到对症下药、精准施策。要坚持目标导向，聚焦建立科学化、规范化、社会化的职称制度这一目标，保持锲而不舍钉钉子的韧劲，明确任务、明确进度、明确路径，一抓到底，抓出成效。要坚持结果导向，始终把激发人才发展活力作为衡量职称制度改革的根本标准，拓展人才职业发展空间，不断提升人才供给水平，更好服务人才强省建设和创新驱动战略。三是始终坚持科学评价、分类推进、创新机制的原则。遵循人才成长规律，把握职业特点，以职业分类为基础，创新完善人才评价方式、评价标准、评价机制，促进职称评价与人才培养使用相结合，逐步建立科学规范、符合社会主义市场经济发展和人才成长规律的职称制度，为客观、科学、公正地评价专业技术人才提供保障和支持。

要重点在以下5个方面下功夫、见成效：

（一）健全制度体系，进一步增强职称与经济社会发展需求的匹配度。在保持现有职称系列总体稳定的同时，进行个别调整，取消不适应发展需要的职称系列，对职业属性相近的职称系列进行整合，增设新兴领域的职称系列。要根据经济社会发展和专业领域特点设置各职称系列的专业类别，保持职称框架的动态稳定性和开放性。对现有未设置正高的系列，要按照“成熟一个、完善一个”的原则，会同有关部门设置正高级职称，拓展专业技术人才职业发展空间。同时，要促进职称制度与职业资格制度的有效衔接，取得职业资格聘任相应系列和层级的，可作为申报高一级职称的条件；初、中级实行全国统一考试的，不再进行相应的职称评审或认定，切实减少交叉评价、重复评价。

（二）完善标准条件，进一步提升职称评价的针对性。评价标准、方式“一刀切”，是专业技术人员长期反映比较突出的问题。这次改革将评价标准的重点，归结为品德、能力和业绩三个方面，树立了鲜明的评价导向。要探索更符合职业特点的评价标准，把品德放在首位，突出业绩贡献和自主创新能力，对申报人员品德、知识、能力和业绩进行综合评价，把拥有自主知识产权、发明专利和转化生产力的能力作为评审的重要依据。要遵循各类人才成长的不同规律，分系列修订完善评价标准和条件，充分体现专业特点，适应行业发展要求；对科技、工程、教师、卫生等重点领域专业技术人才，要结合工作岗位特点，科学评价工作绩效。同时，要分层分类合理设置论文条件。对科研人员的论文，要推广代表作评价，实现从“重数量”向“重质量”的转变。对研究属性不明显的应用型人才、基层人才，可以弱化论文要求，重点考察实践能力和业绩贡献，在推广新技术或解决技术难题过程中形成的技术总结、报告，都可作为参加职称评审的重要依据。

（三）创新评价机制，进一步提升职称评价的科学性。要着眼于解决评价方式单一、评价范围覆盖不全面、社会组织作用发挥不够等问题，大力推进评价机制改革。一是不断改进评价方式。要健全以同行专家评审为基础的业内评价机制，不断改进和创新人才评价方法和手段。根据不同类型专业技术人才的特点，可采用笔试、面试、考察、人机对话、论文盲评、教学测评等多种手段，定量与定性相结合，对参评人员专业水平、专业能力进行综合评价。申报高级职称的，要进行业务测试或面试答辩，有条件的地方还可以吸收异地评委或者实行异地评审，进一步增强评价的公信力。二是科学界定评价范围。要畅通非公领域人才评审通道，凡在我省工作、与用人单位签订正式合同的非公领域专业技术人才，可不受户籍、档案保管等条件的限制，与公立机构人才平等享有职称评审待遇。对基层专业技术人才，申报高级职称时单独分组、单独评审。对高校、科研院所等事业单位离岗创业的人才，经原单位同意，在保留人事关系期间与在岗人员同等享有职称评审的权利。对“高精尖缺”和海外引进的人才，要进一步畅通职称评审绿色通道，并鼓励符合规定的外籍和港澳台人才参加我省的职称评审。对技能人才，要打通与专业技术人才之间的壁垒，允许申报评审相应职称系列。还要注意的是，公务员和参公人员不得参加职称评审，这一条要继续严格执行，任何地方都不能乱开口子。三是探索职称社会化评审。支持符合条件的协会、学会、评价机构承担职称评价工作，逐步形成“个人自主申报、业内公正评价、单位择优使用、政府指导监督”的社会化人才评价新机制。

（四）做好结合文章，进一步改革完善人事管理制度。职称制度不是“空中楼台”、为评而评。它前面连着人才培养制度，后面接着人才使用制度，既检验人才培养成效，又能为选人用人提供依据。所以，要以职称制度改革为着力点，进一步深化人事管理制度改革，一方面，要坚持“以评促培”，督促人才知识更新、提高能力素质。发挥职称对提高人才培养质量的导向作用，做好职称评价与专业学位等制度的有效衔接，大力促进重点行业、重要领域专业技术人才的培养培育。将专业技术人才参加继续教育情况作为职称申报的重要条件，深入实施专业技术人才知识更新工程，不断提高专业技术人才的素质能力。另一方面，要坚持“以评促用”，根据评价结果合理使用人才。根据职业属性、单位性质和岗位特点，合理确定评价与聘用的衔接关系，以评促用、以用促评，进一步建立竞争择优、能上能下、优秀人才脱颖而出的用人机制。对于全面实行岗位管理、学术技术水平与岗位密切相关的事业单位，要实行评聘结合。对不实行岗位管理的单位，可采用评聘分开，统一评价、分别使用；但要进行适当的比例控制，防止降低标准、迁就照顾。

（五）改进管理服务，持续推进政府职能转变。服务是人才工作的本质，也一直是工作的短板。职称制度改革要按照“于法周延、于事方便”的原则，处理好“放管服”的关系，进一步转变职能，为用人单位和人才提供更好的服务。一是加大“放”的力度。坚持“赛马而不相马”，合理界定和下放职称评审权，逐步将高级评审权限下放到设区的市，并继续向人才密集、具备条件的用人单位下放职称评审权。积极推动具有专业优势的大型企业、大型医院，开展单位自主评聘，与人事管理、绩效分配等制度相衔接，逐步建立符合行业特点的职称评聘制度。二是提高“管”的效果。放权不是一放了之、放任自流。评审权越是下放，就越要正确处理好“放”和“管”的关系，有效避免一管就死、一放就乱。要全面加强事中事后监督管理，实现由微观管理向宏观管理转变、由重审批向重监管的根本性转变。明确各评审机构的评审界限，严格限制监管者的自由裁量权。对于不能正确行使评审权、不能确保评审质量的，要暂停自主评审直至收回评审权。建立职称评审公开制度、回避制度、公示制度和随机抽查、巡查制度，建立复查、投诉和追责机制。修订完善评委会组建管理办法，改进评审专家遴选机制，强化职业操守，加强动态管理，完善退出机制。三是提升“服”的水平。要建立包括评价平台、评审机构、信息系统在内的职称公共服务体系，最大程度地利民便民。加快人社部门与评审单位间的信息网络建设，实现信息资源的开放共享、互联互通。完善信息化管理的业务流程，实现信息发布、网上申报、网上审核、专家抽选、评委表决、统计分析、结果公示等一体化管理，进一步提高服务效率和水平。

三、加强组织领导，确保各项改革任务落到实处

一分部署，九分落实。职称这个“指挥棒”用的好不好，关键看落实。我们要充分认识职称制度改革的重要性、复杂性和敏感性，加强组织领导，强化工作措施，确保各项改革任务落到实处。

一要强化组织领导。各级人社部门要坚持党管人才原则，在党委领导和组织部门牵头抓总下，把职称制度改革作为政府人才工作的头等大事，切实履行好政策制定、制度建设、协调落实和监

督检查等各项职能。我省改革实施意见印发后，各级人社部门要迅速细化改革方案，健全工作机制，把各项任务落实、落细、落具体。要加强部门间协调，主动与行业主管部门沟通，为行业发展和人才队伍建设服务，推动形成改革合力。要强化系统意识，加强上下联动，坚持全省“一盘棋”，建立健全职称改革上下贯通，省市县同频共振的工作格局。

二要坚持统筹推进。职称制度改革启动后，我省还要制定一系列配套政策，各领域要做好结合文章，把改革任务细化、实化。继续深化工程、卫生、农业、会计、科学研究等领域的职称改革，5年内完成全部系列的改革任务。同时，对改革中的重要事项和复杂敏感问题要及时请示汇报，省厅和各市要加强情况交流，在统一部署下稳慎实施，杜绝自行其是，切实把好事办好。

三要严守纪律规矩。要坚持从严从实主基调，把严的标准、严的要求、严的纪律贯穿到职称改革的各个环节、各个方面。要严厉打击违纪违规评审、学术造假和腐败行为，对违纪违规者“零容忍”，实行一票否决，维护职称评审的清朗空间。对通过弄虚作假、暗箱操作等违纪违规行为取得的职称，一律予以撤销。要防止领导干部利用职务之便干预职称评审，树立人社干部的良好形象。

四要营造良好改革氛围。要深入细致地搞好政策解读，合理引导改革预期，使广大专业技术人才充分理解和支持改革，积极参与改革。要加大宣传力度，综合运用传统媒体和新媒体，大力宣传职称制度改革和专业技术人才队伍中的先进典型，形成正面舆论声势。要加强舆情研判，及时回应社会关切，防止把个别问题炒成热点问题，局部问题演变成全局性问题，为改革的顺利推进营造良好氛围。

同志们，深化职称制度改革涉及全省500万专业技术人才的切身利益，责任重大、任务艰巨。我们要在省委、省政府的坚强领导下，勇于担当、扎实工作，精心组织、稳慎实施，确保改革取得实效，以优异的成绩迎接党的十九大和省第十一次党代会的胜利召开！

在厅务会上的讲话提纲

（韩金峰　2017年4月28日）

同志们：

这次会议，既是一次党组中心组理论学习，也是一次厅务会。主要任务是传达学习有关会议和有关通报精神，深入分析当前形势，进一步统一思想、凝聚共识、明确任务，推进全面从严治党和人社事业向纵深发展。

刚才，我们传达学习了龚正省长在在省政府党组会议、一季度全省经济社会发展形势分析会议、省政府第五次廉政工作会议三个重要会议上的重要讲话精神，以及省纪委关于7起违反中央八项规定精神典型问题通报、关于5起全面从严治党主体责任不力受到问责典型问题的通报。龚正省长在省政府党组会议上的讲话，强调要把握好“两个第一、两个重大”，坚定不移把讲政治摆在第一位置，聚精会神抓好发展这个第一要务，持之以恒抓好自身建设这个重大保障，切实把握谋长远和抓当前这个重大关系，这既是对新形势下政府党组工作的全面部署，也是对全体党员干部的明确要求；在一季度全省经济社会发展形势分析会上的讲话，围绕“形势怎么看”和“下步怎么办”，要求把握好“四个积极变化”，坚定信心、增强定力，紧紧扭住推进供给侧结构性改革这条主线，聚焦聚力办好“三去一降一补”和“加快新旧动能转换”两件大事，聚焦经济工作中的难点、痛点、关键点等问题，扎扎实实做好当前工作；在省政府第五次廉政工作会议上的讲话，要求我们将管党治党政治责任和政府工作责任“两个责任”一起落实，完善制度和执行制度“两个制度”并举，党风政风和社风民风“两类风气”一起抓，严格教育管理监督和关心爱护干部“两项措施”并重，加强统筹、整体推进、同向发力，不断推动反腐倡廉工作取得新成效。这些重要精神，特别是做好做优平安、经济、党建“三张报表”，坚决守住民生改善、生态环保、稳定和谐、廉洁从政“四条底线”等内容，指向性、目标性、引领性都很强，集中体现了省委、省政府新形势下领导全省经济社会发展的新思路和新要求，是做好当前和今后一个时期全面从严治党和人社工作的根本方向和基本遵循。我们必须无缝对接、坚决贯彻、全面落实，围绕新精神、谋划新举措、实现新发展，真正做到“务实功、出实招、创实绩”。

下面，我讲四个方面的问题。

一、准确把握当前形势，进一步增强加快改革发展的责任感和紧迫感

一方面，要充分认识当前有利条件和积极因素，坚定发展的信心和决心。龚正省长在一季度形势分析会上指出，我省经济发展“开局有力，好于预期”，经济效益明显回升、发展活力明显增强、供给质量明显提高、动能转换明显加快，经济由降转稳、平稳发展的新平台正在形成，呈现“总体平稳、稳中有进、进中向好”态势。据统计，一季度全省地区生产总值增长7.7%，同比提高0.4个百分点，高于2016年全年0.1个百分点。全省经济平稳向好发展，为人力资源社会保障工作奠定了坚实物质基础，营造了良好发展环境。

从全省人力资源社会保障工作来看，我们按照全省人社工作会议确定的目标任务，着力促改革、补短板、兜底线、防风险，各项工作实现了良好开局。可以概括为“稳”“进”“好”三个特点。“稳”，主要表现在三个方面：一是就业稳。一季度，实现城镇新增就业31.97万人，完成年度计划的29.07%，城镇登记失业率控制在3.43%的较低水平。高校毕业生总体就业率6.06%，高于上年同期1.21个百分点。二是社会保险制度运行平稳。职工养老、职工医疗、失业、工伤、生育五项保险参保人数分别完成年度净增计划的26.80%、56.75%、11.12%、68.8%、37.46%。基金总收入964.3亿元，同比增长17%；总支出831.6亿元，同比增长14.5%；累计结余4489亿元，比去年底增长2.9%。三是劳动关系和谐稳定。劳动合同签订率和履约质量不断提高，调解仲裁和监察执法力度进一步加大，为6.89万农民工追发工资待遇4.97亿元。分流安置去产能企业职工7061人，完成年度计划的20.2%。“进”，主要表现在许多重要改革和重点工作取得了新进展，创造了新亮点。机关事业单位养老保险制度基本实现全覆盖，阶段性降低失业保险费率，建立全省统一的职工大病保险制度，完善居民大病保险制度，全面试行职工长期护理保险制度，建立工伤保险省级调剂金制度，实现跨省异地就医直接结算。启动基层卫生职称制度改革，实施“外专双百计划”，改进公务员考录，完善法人治理结构下的事业单位人事管理制度。制定企业劳动保障守法诚信等级评价制度，进一步健全了劳动关系治理体系。“好”，主要表现在我们的许多做法得到了人社部、省委省政府的充分肯定，为全国探索了路子。我厅先后在全国就业扶贫电视会议、全国引导和鼓励高校毕业生到基层工作电视电话会议、全国失业保险工作座谈会、全国深化职称制度改革工作部署会议、全国人力资源社会保障宣传工作会议、省政府第五次廉政工作会议等多个重要会议上作了典型发言，树立了解放思想、主动作为、勇于担当、真抓实干的良好形象。

另一方面，我们也要清醒地看到存在的突出矛盾和问题，明确工作的着力点和突破口。

一是就业形势仍然复杂严峻。就业增量稳中有降，全省城镇新增就业同比下降12.24%，其中灵活就业人数和个体私营企业就业人数同比分别下降7.92%和20.18%。具有一定技能的求人倍率依然保持2以上，无技术等级或职称求人倍率仅为0.8，供需结构性矛盾逐步加深。各类群体就业压力不减，高校应届毕业生数量超过60万人，化解过剩产能、淘汰落后产能、“僵尸企业”退出与国有企业改制相互叠加，妥善安置分流职工的

困难多、难度大。贫困人口转移就业的难度很大，转移人口的返贫风险需要引起高度关注。二是社会保障制度平稳运行压力较大。改革过程中新老矛盾互相交织，推进的难度和风险进一步加大，一些制约事业发展的体制机制等问题尚未彻底解决，医保付费方式改革等部分改革任务进展滞后。不同地区、不同制度、不同群体间待遇差距还比较大。受人口老龄化、阶段性降低费率、待遇调整的因素影响，部分地区基金当期收支缺口进一步加大，保发放压力持续增加。一季度，省本级和12个市企业职工基本养老保险基金当期收不抵支39.5亿元，4个市职工基本医疗保险基金当期收不抵支3.1亿元，3个市居民基本医疗保险基金当期收不抵支6.2亿元，16个市生育保险基金当期收不抵支4.1亿元。三是人才队伍的整体规模、素质能力、结构分布与经济社会发展需求还不相适应。“高精尖缺”人才严重短缺，人才与产业发展的匹配度有待提高，人才引进的市场化、社会化程度不足，产业发展急需的实用型技能人才普遍缺乏。技工教育还存在招生困难、生源质量不高、专业设置不合理、投入不足等问题。四是人事制度改革进入攻坚期。公务员队伍职业荣誉感有所下降，优秀人才留不住、吸引不来，特别是基层公务员队伍建设比较薄弱;不作为、不担当、不尽责的现象在一定范围内存在。事业单位人事管理配套政策不健全，对部分违反政策规定的事业单位缺乏有效监管手段。军转干部安置的渠道越来越窄，难度越来越大，部分企业军转干部解困维稳任务艰巨。人事考试的风险比较突出，无论是公务员考录、事业单位公开招聘，还是职业技能人员技能鉴定，都存在较大风险，极易引发社会矛盾。五是收入分配结构需进一步优化。机关事业单位工作人员平均工资水平相对偏低，并且存在部分地区政策落实不到位的问题。一线企业职工收入偏低的现象依然突出，企业职工工资决定机制、正常增长机制和支付保障机制还不够完善，不同行业、不同地区、不同群体之间的工资收入差距较大，分配秩序还不够规范。六是构建和谐劳动关系的任务更加繁重。部分企业特别是小微企业劳动合同签订率不高，新的就业形态、就业方式带来的劳动关系矛盾开始显现，欠薪欠保、违法裁员等侵害劳动者权益的现象增多，部分地区劳动争议和群体性事件上升的风险逐步增大。七是人社系统廉政建设任重道远。近一个时期，有几个市和县基层人社部门工作人员、技工院校的负责人因违纪违法，被纪律检查部门通报或被检察机关决定逮捕，这表明在“不敢腐”的目标初步实现的大背景下，仍有极个别人胆大妄为、我行我素。

我们必须准确把握人力资源和社会保障工作面临的形势，牢固树立忧患意识和底线思维，既要充分利用各种积极因素和有利条件，做好应对复杂局面的思想准备和工作准备，又要沉着应对各种困难和挑战，坚定信心、奋发有为，把省委、省政府决策部署贯彻好、落实好。

二、进一步理清工作思路，突出抓好当前各项重点任务

今年的工作任务已经非常明确，希望大家坚持问题导向、目标导向、结果导向，切实把握谋长远和抓当前这一重大关系，按照省委、省政府的新部署、新要求，全力以赴抓好贯彻落实，努力为实现我省创新发展、持续发展、领先发展做出新贡献。

在宏观把握上，要坚持“突出重点，整体推进，真抓实干，提高效率，预防风险，引导舆论”24字工作总思路。“突出重点”，就是要紧紧围绕我省“走在前列”“由大到强战略性转变”总目标，集中力量办大事。最重要的是把稳就业作为全系统第一位的工作，实施更加积极的就业创业政策，精准发力、综合施策，积极推进“大众创业、万众创新”，千方百计确保就业局势稳定。同时，要大力推进社会保险、职称制度等各项重要改革事项。“整体推进”，就是要树立整体思维和全局观念，实现统筹发展、长远发展。同时，深刻认识和把握各领域工作的关联性和互动性，更加注重各项工作、各项改革的相互促进、良性互动，充分发挥整体效果。比如，谋划就业政策，就要统筹考虑社保、人才、劳动关系等方面的配套措施，织密政策间的耦合网。“真抓实干”，就是要大力弘扬求真务实、埋头苦干的良好风尚，对

各项工作都要列出时间表和责任状，要把各项工作抓细、抓实，出实策、鼓实劲、办实事，不能做表面文章，真正把省委、省政府和厅党组各项决策部署落到实处。尤其是对社会矛盾不能不研究、不解决，出了问题临时抱佛脚。“提高效率”，就是要以“三化建设”为抓手，大力推进“放管服”改革，着力培育“规范服务”“互联网＋人社服务”和“整体服务”新优势，进一步提高我们的工作效率和公共服务的效能。“预防风险”，就是牢固树立风险意识、红线意识和底线思维，既要防范和化解规模性失业、社会保障、人事考试和劳动关系等四个方面风险；也要完善决策风险评估机制和监督防控机制，对风险点逐项排查，全面加强专项资金、社保基金、招投标、行政审批、监察执法等重点领域、关键环节的监督管理，强化依法行政、依法办事，有效防范和化解工作中的风险。“引导舆论”，就是要引导群众形成合理预期，妥善处理好理想和现实、需要和可能、当前和长远的关系，立足我省经济社会发展实际制定政策、推进改革，营造保障和改善民生的良好氛围。同时，要加强舆论引导和政策解读，适应信息化时代多种新媒体对我们提出的挑战，利用新媒体为人社工作发挥正能量。对新媒体涉及人社工作的热点炒作和蓄意攻击要妥善处置。

当前，要抓紧抓实抓好以下10项重点工作。

第一，全力做好新旧动能转换相关工作。近期，省委、省政府作出了一项重大决策，把山东新旧动能转换作为当前的一号工程，通过建立泛济青烟新旧动能转换综合试验区，创新综合各方面政策，推进山东产业升级、经济转型。我厅作为省政府的重要组成部门，要高度重视新旧动能转换中人社工作的作用，牵头的工作要牵好头，协同有关部门做好调研、政策研究等工作；配合的工作要积极作为，结合我厅职能，解放思想、创新思维，积极配合做好相关工作。

第二，制定出台新一轮就业创业政策并抓好政策落实。今年以来，国务院相继制定印发了《“十三五”促进就业规划》和《关于做好当前和今后一段时期就业创业工作的意见》，要结合我省实际，聚焦新旧动能转换，加快出台我省“十三五”促进就业规划和新一轮促进就业创业政策。要推动各项就业创业政策落实落地，开展就业目标责任考核，落实就业创业资金管理办法，加大政策宣传、督促检查、绩效评估的力度，使好政策真正惠及各类就业群体。同时，今年还是农民工3项3年行动计划的收官之年，要指导各地对照目标任务，认真查缺补漏，开展集中攻坚，组织好终期评估验收工作，确保有始有终、见到实效。

第三，稳妥做好去产能和济钢产能调整职工安置工作。省政府要求，“去产能工作要紧抓在手”，做到职工安置、财税支撑、金融支持、维稳防控、社会保障等五措并举，确保有序推进。今年，钢铁、煤炭企业去产能需分流安置职工3.48万人。济钢产能调整需要分流安置职工约2万人，其中解除劳动合同的约1.5万人。要严格按照有关规定，积极妥善安置职工，维护职工和企业双方的合法权益，服务供给侧结构性改革。对去产能任务重、失业风险大的地区和行业，开展专项行动计划，防止规模性、系统性失业风险。

第四，尽快出台《关于引导和鼓励高校毕业生到基层就业的意见》和《关于深化职称制度改革的意见》。这两项改革省委、省政府高度重视、社会广泛关注，要加快工作进度，力争尽快提交省政府研究，由省委全面深化改革领导小组审定通过后印发实施。同时，要配合省委组织部，加快推进公务员职务与职级并行试点工作。

第五，积极做好社保制度改革和待遇调整工作。加快出台机关事业单位养老保险改革配套政策，力争早日按新制度运行。出台贯彻《职业年金基金管理暂行办法》的实施意见，加快信息系统建设，规范经办流程，扎实做好职业年金投资运营相关准备工作。适当调整社保待遇，是坚守民生改善这条底线的重要举措。要按照国家确定的5.5%左右的水平，研究制定我省工作方案，圆满完成养老金调整工作。同时，要统筹调整失业保险、工伤保险待遇水平。

第六，推进人才发展体制机制改革。龚正省长强调，人才工作对于我省改革发展、加快新旧动能转换、推动经济转型升级至关重要，要创造有利于人才发展的最优政策，牢牢把握好创新第一理念、科技第一生产力、创新驱动第一动力、人才第一资源“四个第一”，全力营造人才发挥作用的最优环境，真正让人才引得进、留得下、充分施展才华。我们要认真学习领会，落实到人才工作的方方面面。省政府常务会议已经审议通过了《关于加强基层专业技术人才队伍建设的实施意见》等3个文件，要尽快印发，并做好相关政策解读和宣传工作。另外，要加快制定《关于加快推进人才国际化的意见》和《关于促进青年人才创新创业的意见》，把人才发展体制机制改革的各项任务落实到位。

第七，扎实做好公务员考录工作和事业单位公开招聘。今年，我省面向社会招考公务员8379名，并在强化基层导向、实施公务员分类考试、建立定向招录残疾人公务员长效机制等方面实现新突破。要按照精准科学选人用人的要求，集中精力抓好面试、考察、体检各项工作，加强对人选综合素质的考察，在保证“公平性”的基础上，着力解决录用人员岗位适应性差、性别比例失衡等问题，切实提高录用人员的“适用性”。要坚持依法依规、探索创新，组织实施好省属事业单位公开招聘工作，在公开、公平、公正的基础上，进一步提高公开招聘工作的科学化水平；要加强监督指导，进一步增强招聘工作的责任意识、安全意识，确保公开招聘工作安全有序进行。

第八，确保自主择业军转干部总体稳定。稳定和谐是我们必须坚决守住的“四条底线”之一。目前，个别地方自主择业军转干部不断上访，在身份、待遇等方面提出诉求，引起了省委领导的重视。对于这些诉求，要坚持问题导向，积极化解矛盾，深入研究解决。比如，落户中的职业称谓问题，要协调公安部门加以解决；协助就业问题，要加大培训和工作推荐力度。属于国家层面的政策，要积极向人社部反映，同时做好耐心细致的政策解释工作，确保总体稳定。同时，要做好无军籍军队退休人员的维稳工作。

第九，全面做好企业工资调控工作。目前，根据经济社会发展状况，我们制定了关于调整最低工资标准和企业工资指导线的初步方案。要尽快提请省政府研究审议，报人社部审核后发布施行。同时，要按照省委改革办的要求，开展国有企业负责人薪酬制度改革专项督察工作，督促解决部分金融企业改革滞后的问题，确保改革落地生效。

第十，推进“两学一做”学习教育常态化制度化。昨天，省委召开座谈会，深入学习贯彻习近平总书记重要指示精神和中央部署要求，对推进“两学一做”学习教育常态化制度化工作作出了全面安排。要抓紧起草我厅“两学一做”学习教育常态化制度化的具体措施，坚持把加强思想政治建设作为首要任务，在真学实做、知行合一上形成常态、抓出长效；把从严从实作为基本要求，在以上率下、精准推进上形成常态、抓出长效；把抓好党建作为最大政绩，在融入中心、服务大局上形成常态、抓出长效，为人社事业在更高水平上转型发展提供坚强组织保证。

三、进一步提振精神，以饱满的热情、昂扬的斗志苦干实干

习总书记强调：“良好的精神状态，是做好一切工作的重要前提”。当前，人社事业改革发展任务繁重、责任重大。我们必须按照“走在全国前列”的目标要求，激发干劲、顽强拼搏，积极进取、奋发有为。

（一）进一步解放思想、勇于创新。推动人社事业走在前列，首先要在解放思想、勇于创新上走在前列。当前我们的一些工作，距离全面走在前列的目标还有不小差距。要坚决克服自满思想和畏难情绪，针对当前存在的突出问题和薄弱环节，认真学习借鉴先进省市经验，打开眼界、拓宽思路、大胆创新，以思想的大解放，观念的大更新，实现事业的大发展，推动人社工作真正走在全国前列。

（二）进一步改进工作作风。作风建设是永恒的课题。对照作风建设的新形势、新任务，我们的工作作风还存在一些不容忽视的问题。比如，有的自身要求不够严格，以上率下、以身作则做得不够好，有的存在拈轻怕重、拖沓推诿等现象，有的缺乏攻坚克难的志气、敢闯敢干的锐气、大胆负责的勇气，等等。要进一步加强作风建设，

真正使好的作风成为一种常态要求、成为一种自觉行动。一是求真务实、真抓实干。牢记“实干兴邦，空谈误国”，善于研究和把握规律，把全部心思用到干事创业上，拿出踏石留印、抓铁有痕、滴水穿石的劲头，察实情、下实功、求实效，扎扎实实做好各项工作。二是立说立行、雷厉风行。坚持“马上就办”，快速跟进省委、省政府的决策部署和厅党组的安排，推动各项工作快落实、快见效。能当天办完的事情要坚决当天办完、限时办结。三是积极进取、勇于担当。要有敢于拼搏、敢于争先的闯劲和自强不息、永不满足的韧劲，尽心尽力、忠诚履责，坚决杜绝“敷衍应付虚作为、等待观望慢作为、患得患失不作为”。党组将坚持正确的用人导向，为担当者担当，为负责者负责，给干事创业者提供更高的平台和更好的舞台，让冲锋陷阵者、无私忘我者安心、安身、安业。

（三）坚决克服“庸懒散”。目前，“庸懒散”问题在我厅还不同程度的存在。比如，有的同志自由散漫、迟到早退、外出不按规定请销假，有的上班时间做与工作无关的事情，甚至打电话聊天、上网炒股购物，有的对服务对象态度不热情、对群众合理诉求处置不积极，有的对工作部署不落实、任务不按要求完成，等等。这些问题的存在，说明“庸懒散”整治任重道远，要持之以恒、常抓不懈。会后，每个处室、单位都要组织全体人员，开展新一轮专项整治，认真整改存在的问题。要加大监督检查力度，严格责任追究，发现一起、严肃处理一起。对存在问题不整改和整改不到位的处室、单位，要约谈主要负责人。

（四）努力维护良好形象。良好的形象是一笔宝贵的财富，需要大家共同维护。目前，一些损害我们整体形象的事情还时有发生。比如，有的全局意识不强，对省委、省政府部署的任务拖拖拉拉；有的协作意识不强，对内对外协调配合不畅；有的自我要求不高，上班时间穿着随意，群众反响不好，等等。这些情况，必须进行彻底整改。一是努力维护部门形象。对省委、省政府和人社部安排的工作，要提高质量和效率，树立顾全大局的形象；对其他部门，要加强沟通协调，树立团结共事的形象；对下级部门，要加强指导、积极帮助，树立勤政廉政的形象；对办事群众，要热情接待、主动服务，树立热情周到的形象。二是努力维护处室形象。各处室、单位要增强集体荣誉感，努力做到思想上齐心、行动上齐步、工作上齐力。处室、单位间要加强协作配合，形成工作合力。各级处室主要负责同志，要率先垂范，做好表率，切实营造和谐融洽的处室氛围。三是努力维护个人形象。要时刻对自己高标准、严要求，时时处处自励自警自省，做到既成得了大事、又管得住小节，通过良好的个人形象，进一步维护处室单位形象和部门形象。

四、保持政治定力，继续把全面从严治党推向深入

管党治党没有“休止符”、永远在路上。要全面落实主体责任，进一步严肃党内生活，强化党内监督，加强纪律建设，推动全面从严治党再上新台阶。

（一）做到对党绝对忠诚。作为党员领导干部，我们的第一身份是共产党员。要牢固树立“四个意识”特别是核心意识、看齐意识，始终在思想上、政治上、行动上同以习近平同志为核心的党中央保持高度一致。要对党忠诚老实，当老实人、说老实话、办老实事，言行一致、表里如一。始终围绕中心、服务大局，自觉把工作纳入省委、省政府的工作大局中去思考、去谋划、去推动，令行禁止、政令畅通。

（二）模范遵守政治纪律和政治规矩。习近平总书记强调，谁都不能拿政治纪律和政治规矩当儿戏。在这方面，大家务必保持清醒的思想认识和高度的行动自觉，让遵规守纪成为浸在骨子里、融在血液中的自觉修养。始终把党的利益放在最高位置，坚持正确政治方向，站稳正确的政治立场，不断提升政治觉悟和政治能力。加强组织纪律性，严格按照党内规则和程序办事，认真执行请示报告制度，及时、如实地向组织报告重大问题、重要事项。

（三）坚决执行中央八项规定精神。贯彻落实中央八项规定精神是长期任务，需要反复抓、经常抓。通过前段时间的巡视“回头看”，仍然存在整改不够深入、长效机制有待健全等问题。

要紧盯关键少数、关键环节、关键节点，驰而不息纠正“四风”，特别是对东躲西藏潜于地下、花样翻新改头换面等隐形变异的问题，从严查处、决不留情。着力构建长效机制，从近年来反复出现、具有共性的突出问题入手，总结经验、完善制度，用制度管权管人管事。继续精简会议、文件，尽量少发文、少开会，把更多精力用在推进工作、抓好落实上。

（四）切实做到廉洁自律。龚正省长指出，廉洁是从政者的本色，勤政是公务员的本分。大家要时刻牢记、用心领悟、积极践行。要算好“七笔账”，牢记“君子爱财，取之有道”“莫伸手，伸手必被捉”“要想人不知，除非己莫为”这“三句话”，真正做到不为物欲所惑，不受贪欲所害，不被人情所扰。严格执行《准则》和《条例》，守住从政为官的“底线”，不越制度法规的“红线”，筑牢党内监督的“防线”。着力防范人社领域廉政风险，抓好“吃空饷”、事业单位公开招聘、就业资金和社保基金等领域的专项整治。有效运用监督执纪“四种形态”，抓早抓小、源头防治、严肃执纪，着力构建“不敢腐、不能腐、不想腐”的长效机制。

同志们，做好今年的人力资源社会保障工作，任务艰巨、责任重大、使命光荣。我们要在省委、省政府的坚强领导下，解放思想、主动作为，团结一心、扎实工作，全力开创人社事业改革发展新局面，以优异的成绩迎接党的十九大和省第十一次党代会的胜利召开！

在全省人社系统学习贯彻刘家义书记讲话精神视频会议上的讲话

（韩金峰　2017 年 5 月 31 日）

同志们：

这次会议的主要任务是，传达学习省委书记、省人大常委会主任刘家义同志到省人社厅调研时的讲话，安排部署贯彻落实任务，进一步解放思想、改革创新、勇于担当，推动我省人社工作全面走在全国前列，更好服务全省经济社会发展大局。家义书记充分肯定了全省人社工作取得的成效，深刻阐释了人社事业在经济社会发展中的重要作用，对下步工作提出了很高的要求和殷切的期望。家义书记的讲话，立意高远、要求明确、语重心长，充分体现了省委、省政府对人社工作的坚强领导，对人社事业的高度重视，对人社干部的关心厚爱，是我们做好当前和今后一个时期各项工作的重要遵循和行动指南。全省人社系统，要把学习贯彻家义书记的讲话精神作为当前的重要任务，切实把思想和行动统一到省委、省政府的决策部署上来，统一到家义书记的指示要求上来，以更加坚定的决心、更加有力的举措、更加务实的作风，奋力开创全省人社工作新局面。下面，我就全面贯彻落实家义书记的讲话精神，讲三点意见。

一、提高政治站位，切实增强贯彻中央和省委、省政府决策部署的责任感和紧迫感

旗帜鲜明讲政治，是党员干部的首要素质和立身之本，是我们做好各项工作的重要前提和根本保证。家义书记的讲话，通篇贯穿着讲政治的思想。我们在任何情况下，都要旗帜鲜明讲政治，充分认识学习贯彻家义书记讲话精神的重要政治意义和现实意义，以高度的政治责任感和强烈的使命担当，全面贯彻落实中央和省委、省政府的各项决策部署。

（一）贯彻落实家义书记讲话精神，是同以习近平同志为核心的党中央保持高度一致的重要体现。家义书记强调，全省人社系统要深入学习贯彻习近平总书记系列重要讲话精神，牢固树立

政治意识、大局意识、核心意识、看齐意识，向党中央看齐，向习近平总书记看齐，向党的理论和路线方针政策看齐，向党中央的决策部署看齐，坚决维护核心、捍卫核心，拥护核心、紧跟核心。这是对全系统党员干部的根本要求、第一位的要求。我们必须深入学习贯彻习近平总书记系列重要讲话精神，特别是关于人力资源和社会保障工作的系列重要讲话精神，牢固树立“四个意识”，坚决维护习近平总书记的核心地位，真正做到在思想上充分信赖核心、政治上坚决维护核心、组织上自觉服从核心、感情上深刻认同核心、行动上坚定紧跟核心，时刻与党中央对表、对标，切实把讲政治的要求转化为实际行动，体现在履职尽责、干事创业的方方面面。

（二）贯彻落实家义书记讲话精神，是加快推进我省新旧动能转换的迫切需要。加快推进新旧动能转换，是省委、省政府确定的重大工程，是促进经济转型升级、提高经济发展质量和效益的治本之策。家义书记指出，推进新旧动能转换，很重要的要靠人才保障、制度保障。人社部门作为宏观调控的重要参与者、社会管理和市场监管的重要执行者、公共服务的重要提供者、社会公平正义的重要维护者，在新旧动能转换重大工程中肩负着重要责任，承担着光荣而艰巨的工作任务。我们必须按照家义书记的指示要求，紧紧围绕省委、省政府中心工作，立足部门职能，突出人社特色，扎实做好人才、就业创业、社会保障等领域的工作，当好推进新旧动能转换的积极推动者和实践者，为加快推进新旧动能转换提供人才支撑和民生保障。

（三）贯彻落实家义书记讲话精神，是推动人社事业在更高水平上转型发展的重要契机。家义书记强调，人力资源社会保障工作事关全局，事关社会稳定，事关人民福祉，事关经济社会发展，要坚持以人民为中心的思想，适应人社工作的新形势、新变化，进一步改进工作方式和工作作风，以人社事业的优异成绩迎接党的十九大胜利召开。我们必须牢记家义书记的期望和嘱托，深刻认识人社事业在经济社会发展中的重要作用，牢固树立问题导向、目标导向和结果导向，按照“突出重点，整体推进，真抓实干，提高效率，预防风险，引导舆论”的思路，进一步解放思想、创新机制，勇于担当、狠抓落实，推动全省人社工作不断迈上新台阶，为我省实现创新发展、持续发展、领先发展作出积极贡献。

二、以改革的思维、创新的举措，圆满完成家义书记提出的各项重点工作任务

家义书记围绕就业、人才、社会保障、退役士兵权益保障和军转干部安置、信息化以及全面从严治党等6个方面，对全省人社工作作出重要部署。我们要准确把握家义书记的指示要求，突出重点，强化措施，全力突破，务求实效。

（一）创新人才培养引进使用机制，为新旧动能转换提供坚实人才支撑。家义书记要求，要把人才工作作为重中之重，在全社会树立人才意识，做到尊重人才、人尽其能，不拘一格、慧眼识才；要营造人才成长良好环境，吸引多层次人才来鲁创新创业；要强化人才跟踪服务，创新人才培养、引进和使用机制，确保人才引得来、留得住、用得好。全省人社系统要坚定不移地把人才工作作为重中之重和首要任务，紧紧围绕新技术、新产业、新业态、新模式“四新”，产业智慧化、智慧产业化、跨界融合化、品牌高端化“四化”，以深化人才发展体制机制改革为核心，努力打造人才的政策新优势、制度新优势和服务新优势，以更大的力度引进人才、留住人才、用好用活人才，为各项改革发展提供最根本的人才保障，为新旧动能转换提供人才支撑。

一是持续深化人才发展体制机制改革。围绕当前我省人才工作中的重点和难点问题开展专题调研，深入了解人才引进、培养、发挥作用、流失等情况，提出改革意见。在调研过程中，我们要深入分析“高精尖缺”人才为什么引不来？引来了为什么留不住？留下来为什么发挥作用不好？有的高层次人才流失，原因固然是多方面的，但我们要全面掌握情况，有针对性地制定政策、提供服务。要深化事业单位人事制度改革，支持和鼓励事业单位专业技术人员创新创业，激发事业单位内生动力和人才活力。研究制定深化职称制度改革和分类推进人才评价机制改革的实施意

见，畅通专业技术人才的职业发展通道。二是加大引才引智工作力度。围绕省委、省政府确定的新旧动能转换重大工程、重点领域，进一步放大“海内外高端人才交流会”“山东—名校人才直通车”等引才效应，集聚更多能够突破关键技术、带动产业转型升级的高端人才。实施“海归创新创业在山东”人才发展计划，依托重大科研创新项目和重点科研基地，鼓励和吸引优秀留学回国人员来鲁工作。大力实施“外专双百计划”，引进一批高层次外国专家及团队。三是健全完善人才培养机制。研究制定支持青年人才创新创业的政策措施，激发青年人才的创新创业活力。加快推进人才国际化，打造一支具有国际竞争力的高素质人才队伍。深入实施专业技术人才知识更新工程，积极打造高级研修项目品牌。加大公派出国留学力度，选派重点领域优秀中青年专业技术人才到国（境）外学习培训。四是加强高技能人才队伍建设。开展“百校千企”技能人才培养工程，实施技工教育特色名校、齐鲁技能大师特色工作站“双特”建设项目，深化企业新型学徒制、产学研未来工匠联盟等试点项目，打造更多技艺精湛的“齐鲁工匠”。引导建筑业等行业协会与行业工会开展集体协商，研究确定行业技能人才的最低工资标准，建立工资水平市场对标机制，不断提高技能人才薪酬待遇水平。五是营造人才成长的良好环境。在国家级经济开发区、高新技术开发区、创新创业产业园区（基地）和省级人才改革试验区，对引进的高层次人才探索实行“档案身份封存、以岗定薪、按薪参保”。建立高层次人才保姆式服务机制，提供“人盯人”“一对一”服务。要对不同层次、不同类型的人才，采取有针对性“保姆式”“店小二式”服务，不要把自己看作党政官员，我们在人才面前要甘当“店小二”。要完善引进高层次高技能人才服务“绿色通道”政策措施，研究制定齐鲁杰出人才奖评选奖励办法。加强对人才政策和典型人才事迹宣传，为人才发展营造良好的社会氛围。

在这里我着重强调一下人才服务问题。作为承担政府人才综合工作的部门，有两大职能，一是管理，一是服务。为人才服务是我们义不容辞、必须下大力气做好的重要责任。大家知道，一粒优良的种子，有了合适的温度、湿度、墒情，好种子就可以出好芽；有了好苗子，还要有阳光、水分、空气、肥料等，才能最后取得好收成。人才好比一粒良种，人才成长是需要多方面因素的，作为政府有关部门特别是我们人社部门，要切实履行好为人才服务的责任。要不断完善人才政策，把各项人才政策落到实处，在全社会营造尊重人才、爱护人才、包容人才的氛围，解决好各类人才的困难，使他们能更好地发挥作用。要主动服务，不能在办公室等服务对象来提要求。同时，要下大气力动员和激励用人单位尊重人才、爱护人才，我们人社部门要和用人单位协同发力，发挥整体合力。要切忌一种现象，招才引才时热情有余、条件都答应，人才来了就高高挂起、不再关心。

（二）健全完善工作机制，推动就业创业工作在更高水平上转型升级。家义书记强调，就业是民生之本，要在发扬我省就业工作经验的基础上，借鉴其他省市的好经验、好做法，从就业工作体制机制着手，大力推进改革创新，改善就业结构，提高就业质量。我们要按照家义书记的指示要求，把就业工作作为保障和改善民生的头等大事，进一步创新政策措施，完善工作机制，在更高水平上实现就业局势持续稳定。研究制定《关于助推新旧动能转换，做好当前和今后一个时期就业创业工作的意见》和“十三五”促进就业规划，各地也要提前调研，做好《意见》和规划的“本地化”工作。一是强化就业政策协同机制。加强就业政策与财税、产业、投资等宏观经济政策以及人才、教育、培训、社保等社会政策的统筹协调，形成有利于促进就业的宏观政策体系。二是优化创业带动机制。落实创业扶持政策，创新创业投融资模式，突出创业孵化基地、创业园区、创业大学、大企业和特色小镇等各类载体的作用，搭建创业服务云平台，更好助推大众创业。三是完善重点群体就业统筹机制。引导高校毕业生多渠道就业创业，稳妥做好去产能中的职工分流安置工作，拓宽农村劳动力转移就业渠道，鼓励支持农民工返乡创业，积极做好就业扶贫工作，加强退役士兵的技能培训，防范化解集中失业风险，切实兜牢民生底线。四是健全就业创业服务机制。完善基层公共就业创业服务体系，提高公共就业服务能力。注重发挥市场的决定性作用，大力发展人力资源服务业，提高人力资源市场供求匹配能力。

（三）突出重点巩固提高，进一步编密织牢社会保障安全网。家义书记强调，要创造条件、突出重点，努力做好养老、医疗、失业、工伤、生育等社会保障工作。我们要以增强公平性、适用流动性、保障可持续性为重点，推动社保工作，实现由制度全覆盖向人员全覆盖的转型。要按照国家改革总体部署，做好实施企业职工基本养老保险基金中央调剂制度的衔接准备工作。加快制定机关事业单位养老保险改革配套政策，出台贯彻《职业年金基金管理暂行办法》的实施意见，扎实做好职业年金投资运营相关准备工作。完善居民大病保险制度，全面实施职工大病保险制度，深入开展长期护理保险制度试点，深化医保支付方式改革，扎实做好生育保险与医疗保险合并实施试点工作。加强社保基金精算分析，做好企业养老保险结余基金委托投资运营后续工作。优化社保经办服务，加强社保基金的监督，切实收好、管好、用好各项社会保险基金。加快推进机关事业单位和企业退休职工养老金调整工作，确保6月底前出台政策，7月底前调整到位。同时，统筹做好失业保险、工伤保险待遇调整工作。

（四）加大工作创新力度，确保按时完成退役士兵权益保障和军转安置任务。要从讲政治的高度全面做好相关工作，细化政策措施，狠抓工作落实。一方面，加快推进退役士兵权益保障相关工作。加大政策宣传力度，在印发《意见》政策解读的基础上就退役士兵安置政策中劳动关系、社会保障和就业服务方面涉及的问题，梳理制定具体实施细则，全面解释政策，提高各方面的理解认知程度和执行力度。要加强调度指导，密切掌握各地动态，确保6月底前完成各项工作任务。另一方面，圆满完成军转安置任务。进一步创新安置机制，挖掘安置潜力，扩大“人岗相适”试点范围，畅通军转干部进入政法队伍的渠道。维护安置计划的严肃性，对拒绝接收军转干部或未按时完成军转安置任务的部门和单位，进行通报批评、行政问责；对完不成军转安置任务的地区，实行“双拥”评选一票否决。加大维稳工作力度，深入做好企业军转干部解困维稳和自主择业军转干部管理服务工作，确保总体稳定。

（五）树立现代信息思维，进一步提升信息化水平。适应人社工作新形势、新变化，改进工作方式，大力推进“标准化、信息化、一体化”建设，充分挖掘运用信息资源，加强宏观综合分析，为省委、省政府提供及时有效的决策参考。

一是完善信息系统。广泛借助外力，聚焦“省级集中”的技术方案和实施路径，对信息化建设方案作进一步论证，避免多层级运转和二次门槛，提高信息化运用的质量和效率。完善人社大数据分析主体，扩展综合分析功能。认真学习先进经验，特别是“省级集中”和“全国集中”的经验做法，为推进人社信息化建设提供参考和借鉴。二是构建就业形势综合监测预警机制。健全就业统计指标体系，建立就业数据与经济社会发展数据校核比对机制，提高就业形势监测和分析能力，加强就业形势的分析研判，更好地反映经济和就业状况。三是建立企业社会保险费征缴的监控运行分析机制。运用数据模型，在全省各类企业、个体工商户以及灵活就业人员中，定期监控社会保险的缴费人数、缴费基数、缴费比例、缴费金额等数据信息。充分运行社保缴费数据，区分不同地区、不同行业、不同系统，开展综合分析，把握社会保险缴费、企业经营发展、社会经济运行之间的关联性规律，对可能出现的问题及不良信号提前预警，为党委政府决策提供数据支持和预测参考。

（六）模范守纪律讲规矩，严格落实全面从严治党主体责任。近一个时期，有几个市和县基层人社部门工作人员、技工院校的负责人因违纪违法，被纪律检查部门通报或被检察机关决定逮捕，这表明在“不敢腐”的目标初步实现的大背景下，仍有极个别人胆大妄为、我行我素。家义书记强调，人社部门各级党员干部要模范遵守党的纪律，做到清正廉洁，确保资金安全、人员安全。我们一定要牢固树立“抓好党建就是最大政绩”的思想，坚决把纪律和规矩挺在前面，层层压紧、压实主体责任，持续纠治“四风”，把全面从严治党不断推向深入。各级领导班子成员要认真落实“一岗双责”，做到全面从严治党与业务工作同研究、同部署、同检查、同落实。要综合运用“四种形态”，严肃查处各类违纪和失职失责行为。聚焦社保基金、就业资金、人事考试、项目招标、物资采购等重点事项、重点岗位，深入开展廉政风险防控管理和监督检查，及时发现和纠正违规违纪问题。各级要全力支持派驻纪检机构履行监督责任，严肃查办案件，严格执纪问责，自觉接受监督。

三、振奋精神，狠抓落实，确保各项任务落实落地

能否把家义书记的讲话不折不扣落到实处，是对全系统党员干部的现实检验和重大考验。我们必须始终保持昂扬向上、奋发有为的精神状态，以踏石留印、抓铁有痕的韧劲，狠抓各项工作落实。

一是强化领导，凝聚合力。各级人社部门的主要负责同志，要肩负起领导责任，全面学习领会家义书记讲话精神，结合本地区本单位的实际，研究贯彻落实意见；既要提出要求、更要狠抓落实，对各项重点工作都要亲自部署、亲自过问、亲自协调、亲自督办。分管负责同志要靠上抓、具体抓，调配使用好人员力量，充分发挥各方面的积极性主动性，快马加鞭向前推进。全系统干部职工都要自我加压，主动协调配合，结成一条心、拧成一股绳，形成强大工作合力。

二是善于创新，勇于担当。家义书记在讲话中多次强调改革创新的问题，提出了很多新理念、新要求。学习好、贯彻好家义书记的讲话精神，首先要在解放思想、改革创新、担当尽责上狠下功夫。要加强理论学习，认真学习新知识新技能，不断提升自身的专业素养和履职能力。坚决克服自满思想和畏难情绪，敢于打破原有的条条框框，打开眼界、大胆实践，努力推出一批新经验、新典型、新亮点。坚持干字当头，扑下身子、一抓到底，坚决杜绝“敷衍应付虚作为、等待观望慢作为、患得患失不作为”。大家回忆一下，我们近几年取得的在全国有影响的工作成绩，无论是就业创业、机关事业单位养老保险制度改革、居民养老保险和医疗保险整合、居民和职工大病保险，还是公务员考录、事业单位公开招聘、职称制度改革等等，都是解放思想、敢于担当、努力工作的结果。各级要牢固树立正确的用人导向，真正为担当者担当、为负责者负责，让冲锋陷阵者、无私忘我者安心、安身、安业。

三是完善方案，细化措施。5月24日，省厅召开会议，针对家义书记的指示要求，初步研究分解了贯彻落实任务。今天，我们又进行了安排部署。但是，这些思路和措施是初步的、方向性的，还需要做大量的细化、具体化的工作。会后，各级人社部门、各处室单位要立即行动起来，深入开展调查研究，以更高站位、更宽视野，研究制定更有针对性、更加可行的工作举措。要推行“五个一”工作机制，即一项重点任务，确定一个分管领导、一个牵头单位、一个配套班子、一个推进方案，确保工作落实有标准、有抓手。建立工作台账，科学确定各项任务的重点、步骤、时限，制定好进度表、路线图，一件一件抓落实、一项一项求突破，不达目标绝不收兵。

四是加强督查，严肃问责。要建立健全科学的督查机制，通过定期自查、阶段检查、集中督查、随机抽查等方式，及时进行情况调度，以“硬督查”促进“硬落实”。强化督查结果运用，把在贯彻落实工作中的现实表现，作为考察干部、选拔干部、任用干部的重要参考。对勤政廉政、积极作为的，要表扬奖励、大胆使用，对懒政怠政、贻误工作的，要严肃问责。

这里，我再强调一下调研问题。审视一下我们这些年的调研成果，成绩不小，对全面掌握情况、完善政策措施起到了很好的作用。但是，大多是就事论事，真正把人社工作摆进经济社会发展大局中研究地不够、考虑地不深。比如，我上面已经讲过的人才问题、就业问题、社会保险与行业企业发展关联性规律问题。再比如，企业人工成本问题，我们省到底人工成本在企业成本中占多大比重，与国际上发达国家、发展中国家相比，与国内四大直辖市、经济发达省份相比，与我们经济指标相近的省份相比，我们到底处于什么状况，等等。家义书记强调，人社工作事关全局，

事关社会稳定，事关人民福祉，事关经济社会发展。我们要充分理解家义书记要求的深刻内涵，把人社工作摆在大局中来考虑、来谋划，为党委、政府当好参谋助手。

同志们，学习、贯彻、落实好家义书记的讲话精神，任务艰巨、责任重大、使命光荣。我们要在省委、省政府的坚强领导下，解放思想、主动作为、扎实工作，向省委、省政府交一份满意答卷，以优异成绩迎接党的十九大和省第十一次党代会的胜利召开！

在厅务会上的讲话提纲

（韩金峰　2017年6月19日）

同志们：

这次会议的主要任务是，传达学习省第十一次党代会精神，研究部署贯彻落实意见，进一步统一思想、提高认识，改革创新、勇于担当，推动我省人社工作全面走在前列，为经济文化强省建设做出更大贡献。

下面，就学习贯彻省第十一次党代会精神，我讲三点意见。

一、全面把握省第十一次党代会的精神实质，切实把思想和行动统一到党代会的要求和部署上来

中国共产党山东省第十一次代表大会，是我省在全面建成小康社会决胜阶段和由大到强战略性转变的关键时期，召开的一次十分重要的大会。大会审议通过了刘家义同志代表十届省委所作的工作报告，审议通过了省纪委工作报告，选举产生了新一届山东省委和省纪委。大会坚决维护习近平总书记的领袖权威，牢牢把握走在前列的目标定位，认真总结过去，科学规划未来，明确提出了今后五年山东工作的总体要求、目标任务和主要措施，对实现山东创新发展、持续发展、领先发展，不断开创经济文化强省建设新局面，在全面建成小康社会进程中走在前列，作出了全面部署。这次大会，是一次统一思想、民主团结、创新务实的大会，是一次凝聚人心、催人奋进、继往开来的大会，必将对我省今后五年的改革发展产生重要而深远的影响。深刻学习领会大会精神，要牢牢把握以下五个方面：

一是牢牢把握旗帜鲜明讲政治这一根本要求。家义同志的工作报告指出，党的十八届六中全会正式确立习近平同志为党中央的核心、全党的核心，这是关系党和人民根本利益的大事，是关系党中央权威、关系全党团结和集中统一的大事，是关系党和国家事业长远发展的大事。报告同时指出，实现奋斗目标，把宏伟蓝图变为美好现实，必须始终做到政治上坚定有力，牢固树立“四个意识”，坚决维护以习近平同志为核心的党中央权威，不折不扣地把党中央决策部署落到实处。我们要围绕学习贯彻好报告精神，把坚决维护习近平总书记的核心地位落实到行动上，切实增强“四个意识”，坚决维护核心、捍卫核心，拥护核心、紧跟核心，真正做到在思想上充分信赖核心、政治上坚决维护核心、组织上自觉服从核心、感情上深刻认同核心、行动上坚定紧跟核心，时刻与党中央对表、对标，切实把讲政治的要求转化为实际行动，体现在履职尽责、干事创业的方方面面。

二是牢牢把握走在前列这一目标定位。报告把“牢牢把握走在前列的目标定位”写入大会主题，通篇围绕“怎样才是走在前列、如何才能走在前列”这一重大课题展开部署，明确提出了今后五年山东工作的总体要求、目标任务和主要措施，对实现山东创新发展、持续发展、领先发展，不断开创经济文化强省建设新局面，在全面建成小康社会进程中走在前列，作出了全面部署。我们要切

实把走在前列作为长期坚持的目标定位和根本要求，进一步解放思想、锐意进取、真抓实干，做到发展思路按照走在前列来谋划，发展布局围绕走在前列来展开，发展举措聚焦走在前列来制定，发展成效依据走在前列来衡量，为开创经济文化强省建设新局面贡献力量。

三是牢牢把握加快新旧动能转换这一重大工程。报告拿出近四分之一篇幅，独立成章，对“加快新旧动能转换，促进经济转型升级提质增效”进行深入阐述，正式提出把加快新旧动能转换作为统领经济发展的重大工程。在这样一份惜字如金的政治报告中，如此浓墨重彩，充分显示了加快新旧动能转换的重大意义。今后五年，是我省经济转型升级的重要窗口期。实现腾笼换鸟、凤凰涅槃、浴火重生，必须牢牢抓住供给侧结构性改革这条主线，把加快新旧动能转换作为统领经济发展的重大工程，着力深化改革扩大开放，着力强化创新驱动，着力做强做优实体经济，着力发展现代农业，着力优化协调发展格局。聚焦聚力“以四新促四化”这个中心任务，培育壮大新动能、改造提升传统动能，推动经济保持中高速增长、产业迈向中高端水平。

四是牢牢把握以人民为中心这一发展思想。报告全面呼应全省群众的新要求、新期待、新关切，从切实保证人民当家作主，到不断增进民生福祉，从全方位提高人民群众安全感，到加快建设生态山东美丽山东，一系列民生新举措，进一步回答了“发展为了谁、发展依靠谁、发展成果由谁共享”这一发展的根本问题，充分体现了以人民为中心的发展思想，是改善民生最真切、最生动、最温暖的诠释。我们一定要将惠民政策举措贯彻到走在前列新实践中去，让人民群众在经济文化强省建设中更加富裕，拥有更多的获得感幸福感。

五是牢牢把握全面从严治党这一重要保障。报告强调，开创经济文化强省建设新局面，关键在党，关键在党要管党、从严治党。我们要切实加强党的领导，深入推进全面从严治党，保证党的组织履行职能、发挥核心作用，保证领导干部忠诚干净担当、发挥表率作用，保证广大党员以身作则、发挥先锋模范作用，汇聚形成干事创业的强大正能量。要健全正向激励机制，按照“三个区分开来”要求建立容错纠错机制，为敢于担当者担当，为敢于负责者负责，大力营造担当作为、干事创业的浓厚氛围。

二、全面贯彻落实省第十一次党代会精神，推动人社事业不断迈上新台阶

省第十一次党代会明确提出了今后五年全省经济社会发展的总体思路、奋斗目标、工作重点和重大举措，内容丰富，内涵深刻，赋予了人社部门许多新任务。我们要切实把省委作出的新部署、新要求、新任务贯彻好、落实好，努力做深入学习党代会精神的表率，做用党代会精神指导工作的表率，做为实现党代会目标提供坚强保证的表率。

（一）以更大力度保障和改善民生。报告指出，过去的五年，我省居民收入较快增长，社会保障体系进一步健全，城镇新增就业连年过百万人。报告强调，要坚持以人民为中心的发展思想，不断增进民生福祉。大力促进就业创业，建立更加公平更可持续的社会保障体系，规范收入分配秩序，构建和谐劳动关系。我们一定要全面落实党代会对民生工作的各项要求，进一步创新政策措施，完善工作机制，在更高水平上做好就业、社会保障、收入分配和劳动关系各项工作。

一是推动就业创业工作在更高水平上转型升级。要以改善就业结构、提高就业质量为目标，健全完善四个机制，确保完成就业创业各项目标任务。要强化就业政策协同机制，加强就业政策与财税、产业、投资等宏观经济政策以及人才、教育、培训、社保等社会政策的统筹协调，形成有利于促进就业的宏观政策体系。要优化创业带动机制，落实创业扶持政策，创新创业投融资模式，搭建创业服务云平台，更好助推大众创业。要完善重点群体就业统筹机制，防范化解集中失业风险，切实兜牢民生底线。要健全就业创业服务机制，完善基层公共就业创业服务体系，大力发展人力资源服务业，提高就业创业服务的能力和水平。要构建就业形势综合监测预警机制，健全就业统计指标体系，建立就业数据与经济社会发展数据校核比对机制，提高就业形势监测和分析能力，

加强就业形势的分析研判，更好地反映经济和就业状况。二是编密织牢社会保障安全网。做好实施企业职工基本养老保险基金中央调剂制度的衔接准备工作。加快制定机关事业单位养老保险改革配套政策，扎实做好职业年金投资运营相关准备工作。完善居民大病保险制度，全面实施职工大病保险制度，深入开展长期护理保险制度试点，深化医保支付方式改革，做好生育保险与医疗保险合并实施试点工作。加强社保基金精算分析，做好企业养老保险结余基金委托投资运营后续工作。优化社保经办服务，加强社保基金的监督，切实收好、管好、用好各项社会保险基金。加快推进机关事业单位和企业退休职工养老金调整工作，确保7月底前调整到位。统筹做好失业保险、工伤保险待遇调整工作。建立企业社会保险费征缴的监控运行分析机制，把握社会保险缴费、企业经营发展、社会经济运行之间的关联性规律，对可能出现的问题及不良信号提前预警，为党委政府决策提供数据支持和预测参考。尽快形成社保基金的征缴情况和基金支撑能力两个研究报告，报省委、省政府。三是优化工资收入分配结构。一方面，完善机关事业单位工资制度。组织实施地区附加津贴制度，研究完善公务员奖金制度，全面推行员额法官、检察官和司法辅助人员工资制度改革。建立符合不同行业特点的事业单位薪酬分配制度，逐步建立绩效工资动态增长机制。另一方面，深化企业工资收入分配制度改革，加强企业工资分配的宏观调控，推进国有企业负责人薪酬制度改革，加快国有企业工资决定机制改革，推动以农民工为重点的同工同酬。四是确保劳动关系和谐稳定。完善劳动关系协调机制，推进集体协商和集体合同制度建设，做好劳动关系突出矛盾的排查工作，及时发现、有效化解矛盾风险。着力提升劳动人事争议处理效能，加强仲裁院标准化建设，做好专业性劳动争议预防调解工作。加强劳动保障监察执法，全面建立劳动保障守信激励和失信惩戒机制，开展各类执法检查，努力营造诚实、自律、守信的劳动用工环境。

（二）全力以赴加强人才队伍建设。报告指出，要强化创新人才支撑，牢固树立人才第一资源理念，打好培养、吸引、留住、用好人才的组合拳，广聚天下英才，建设人才强省。我们要结合贯彻落实家义同志来我厅调研时的讲话精神，坚定不移地把人才工作作为重中之重，紧紧围绕以“四新”促“四化”，以深化人才发展体制机制改革为核心，努力打造人才的政策新优势、制度新优势和服务新优势，为全省经济社会发展提供坚实人才支撑。

一是深入推进人才发展体制机制改革。加快推进人才工作专题调研，尽快提出改革意见，有针对性地制定政策、提供服务。健全更加科学的人才评价机制、更加灵活的用才机制、以创新创业为导向的青年人才培养支持机制、体现人才知识价值的激励保障机制和有利于人才有效配置的流动机制，支持和鼓励专业技术人员创新创业，充分激发人才创新创业活力。二是加大高层次高技能人才选拔培养力度。对接产业转型升级、创新发展、提质增效，加强创新型领军人才的选拔培养，深入实施专业技术人才知识更新工程，培养选拔一批突破关键技术、引领学科发展、带动产业转型的领军人才。加强高技能人才队伍建设，打造更多技艺精湛的“齐鲁工匠”。三是大力引进海内外人才智力。创新人才引进政策，加快构建更加积极、更加开放、更加灵活的人才对外开放体制，健全完善国际化人才服务体系，鼓励和吸引优秀人才来鲁工作，加快集聚一批海内外“高精尖缺”人才。四是营造人才成长的良好环境。建立高层次人才保姆式服务机制，提供有针对性“保姆式”“店小二式”服务。完善引进高层次高技能人才服务“绿色通道”政策措施，研究制定齐鲁杰出人才奖评选奖励办法。加强对人才政策和典型人才事迹宣传，动员和激励用人单位尊重人才、爱护人才，使政府和用人单位协同发力，为人才发展营造良好氛围。

（三）推动全面从严治党向纵深发展。报告指出，要坚持思想建党、组织建党和制度治党紧密结合，严字当头、实字托底，推进管党治党真管真严、敢管敢严、长管长严。我们要牢固树立“抓好党建就是最大政绩”的思想，层层压紧、压实主体责任，把人社部门全面从严治党不断推向深入。

一是旗帜鲜明讲政治。处级以上特别是厅(局)党员领导干部,要发挥“关键少数”的示范带动作用,坚定站稳政治立场,严格遵守政治纪律,在讲政治这个根本性的大问题上,做到头脑特别清醒、眼睛特别明亮、态度特别鲜明、行动特别自觉,任何时候不能有丝毫含糊和动摇。二是扣紧、压实党建主体责任。及时传达学习中央和省委、省政府最新决策部署,深入研究全面从严治党、落实党的建设主体责任等重要问题。落实党建工作责任制,督促班子成员坚决克服重业务、轻党建倾向,进一步压实党建工作主体责任,不断增强党建工作的实效。三是严肃党内生活。完善“三会一课”、民主生活会和组织生活会等制度,引导班子成员用好批评与自我批评武器,着力解决党内生活不经常、不认真、不严肃等问题。如实向党组织报告个人有关事项,对党忠诚、老实。推进“两学一做”学习教育常态化制度化,用好日常教育的途径、方式,将开展学习教育与做好党建基础性工作融合起来,推动党的思想政治建设抓在日常、严在经常。四是加强作风建设。健全落实中央八项规定精神的常态化机制,锲而不舍、扭住不放,对顶风违纪行为,发现一起,查处一起。大兴调查研究之风,深入基层一线问计于民,问需于民,研究推出切实可行的政策措施,使各项政策更接地气,更具针对性、有效性。五是推进党风廉政建设。综合运用“四种形态”,严肃查处各类违纪和失职失责行为。聚焦社保基金、就业资金、人事考试、项目招标、物资采购等重点事项、重点岗位,深入开展廉政风险防控管理和监督检查,及时发现和纠正违规违纪问题。全力支持派驻纪检机构履行监督责任,严肃查办案件,严格执纪问责,自觉接受监督。

三、进一步加大工作力度,统筹推进省第十一次党代会精神和家义同志来厅调研讲话精神的落地落实

为贯彻落实好家义同志来我厅调研时的讲话精神,我们在系统梳理分解任务的基础上,召开全系统视频会议进行了安排部署;近期,又印发了《刘家义书记来厅调研讲话精神重点任务分工方案》,各项任务和工作分工已经明确。我们要把学习贯彻省十一次党代会精神和贯彻落实刘家义同志来我厅调研时的讲话精神紧密结合起来,牢固树立问题导向、目标导向和结果导向,按照“突出重点,整体推进,真抓实干,提高效率,预防风险,引导舆论”的思路,进一步解放思想、创新机制,勇于担当、狠抓落实,奋力开创全省人社工作新局面。

一要深入学习,深刻领会。这次集体学习还是初步的。各党委、各支部要专门安排时间学习讨论,机关党委要按照省委关于认真学习贯彻省第十一次党代会精神的通知要求,制定学习方案,通过深入学习、深刻理解省第十一次党代会的目标定位和总体要求,在工作中把握好方向,以会议精神指导我们的工作。

二要加强领导,落实责任。牵头处室、单位要主动发挥牵头协调作用,相关处室、单位要积极配合,确保工作落到实处。各处室、单位主要负责人是工作落实的第一责任人,既要当“指挥员”,又要当“战斗员”,要抓紧研究制定本处室、单位的具体实施方案和工作计划,进一步明确工作任务、责任分工、工作要求和完成时限,把每一项工作、每一个任务都落实到具体责任人,一件一件抓落实、一项一项求突破,不达目标绝不收兵。

三要改进作风,务实高效。坚持干字当头,扑下身子、一抓到底,坚决杜绝“敷衍应付虚作为、等待观望慢作为、患得患失不作为”。树立良好的精神状态,以“等不起”的紧迫感、“慢不得”的危机感、“坐不住”的使命感,坚持高标准、严要求,撸起袖子加油干。要树立责任意识,增强工作责任心,一步一个脚印,踏踏实实完成好每一项任务。

四要善于创新,勇于担当。刘家义同志在讲话中多次强调改革创新的问题,提出了很多新理念、新要求。要在解放思想、改革创新、担当尽责上狠下功夫。要加强理论学习,认真学习新知识新技能,不断提升自身的专业素养和履职能力。坚决克服自满思想和畏难情绪,敢于打破原有的条条框框,打开眼界、大胆实践,努力推出一批新经验、新典型、新亮点。

五要加强督查，严肃问责。强化督查结果运用，把在贯彻落实工作中的现实表现，作为考察干部、选拔干部、任用干部的重要参考。对勤政廉政、积极作为的，要表扬奖励、大胆使用，对懒政怠政、贻误工作的，要严肃问责。办公室要坚持“周调度、月总结”的督查机制，每周汇总进展情况，每月分析总结整体工作推进情况，严格督促问效。

同志们，省第十一次党代会为我们描绘了美好蓝图。我们一定要围绕中心、服务大局，改革创新、扎实工作，圆满完成各项工作任务，以优异成绩迎接党的十九大胜利召开。

在深学实做中增强自信与定力

——厅“两学一做”学习教育常态化制度化党课讲话

（韩金峰　2017 年 7 月 19 日）

同志们：

这次会议，既是一次工作部署会，也是一次主题党课，目的就是通过讲党课的形式，引导大家在深学、实做中增强自信和定力，进一步推进“两学一做”学习教育的常态化、制度化。中央对推进“两学一做”学习教育常态化、制度化高度重视。今年 2 月，中央政治局召开会议专题进行了研究；习近平总书记作出重要批示，提出了明确要求；刘云山、赵乐际同志专门主持召开座谈会，作出了具体部署；中央办公厅印发《关于推进“两学一做”学习教育常态化制度化的意见》，提出了“两学一做”学习教育常态化、制度化的目标任务、工作重点和保障措施。为深入贯彻中央的决策部署，4 月 27 日，省委召开推进“两学一做”学习教育常态化制度化工作座谈会，传达学习习近平总书记关于推进“两学一做”学习教育常态化制度化的重要指示精神，家义同志作了讲话，对全省推进“两学一做”学习教育常态化制度化作出全面部署。5 月 5 日，厅党组理论学习中心组专题学习了习近平总书记重要指示和省委座谈会精神，并研究了具体贯彻落实措施。根据中央和省委的统一部署，结合我厅实际，我们研究制定了实施方案，提出了我厅“两学一做”学习教育常态化、制度化的具体办法。大家一定要深入学习，认真抓好贯彻落实。下面，我结合学习思考，就推进“两学一做”学习教育常态化、制度化，谈三个方面问题，与大家共勉。

第一个问题，为什么要推进“两学一做”学习教育常态化、制度化

去年 4 月启动“两学一做”学习教育以来，我厅各级党组织和党员干部认真落实全面从严治党的一系列部署要求，坚持深学实学、学做结合，坚持融入日常、抓在经常，强化责任落实，从严从实推进，大胆探索创新，学习教育取得明显成效，探索形成了特色鲜明的学习教育体系和方法。去年 7 月 15 日和 10 月 28 日，省委督导组先后两次来我厅督导检查，给予了充分肯定和较高评价，我厅也被确定为省直机关“两学一做”学习教育示范单位。通过开展学习教育，全厅党的建设、干部队伍建设得到进一步加强，各支部组织生活得到进一步规范，广大党员干部的精气神得到进一步提振，一些制约发展的突出问题得到有效解决，为推动人社事业持续健康发展提供了坚强有力的政治保障。实践证明，开展“两学一做”学习教育，是推进思想建党、组织建党、制度治党的有力抓手，是推动党内教育从“关键少数”向广大党员拓展，从集中性教育向经常性教育延伸的成功实践，为深化全面从严治党提供了宝贵经验和重要启示。我们必须进一步提高政治站位，增强政治定力，坚决把思想行动统一到习近平总

书记重要指示和中央、省委部署要求上来，把“两学一做”作为全体党员干部的“必修课”和党内教育的好载体，持之以恒、久久为功地抓下去。

为什么要推进“两学一做”学习教育常态化制度化，我想，应该从以下三个方面来认识和把握：

（一）推进“两学一做”学习教育常态化制度化，是增强“四个意识”，旗帜鲜明讲政治的根本要求。推进“两学一做”学习教育常态化、制度化，既是每名党员干部必须践行的基本政治要求，也是党员干部履行的重大政治责任；既是对党员干部树立“四个意识”的现实检验，也是对各级党组织履行管党治党责任的重要考验。家义同志在省委座谈会上强调，要旗帜鲜明讲政治，把推进“两学一做”学习教育常态化制度化，作为一项重大政治任务抓在手上、抓紧抓实。家义同志来我厅调研时强调，要深入学习贯彻习近平总书记系列重要讲话精神，在推进“两学一做”学习教育常态化、制度化中，把习近平总书记重要讲话精神真正落到实处。我们必须认真贯彻中央和省委的部署要求，持续深入学习贯彻习近平总书记系列重要讲话精神，特别是关于人力资源社会保障工作的系列重要讲话精神，旗帜鲜明讲政治，牢固树立“四个意识”，增强推进“两学一做”学习教育常态化、制度化的政治自觉和思想自觉，确保全厅党员干部思想统一、步调一致，确保中央部署和省委要求得到不折不扣的贯彻落实。

（二）推进“两学一做”学习教育常态化制度化，是落实全面从严治党要求、破解我厅党建突出问题的有效手段。对照全面从严治党的各项要求，我厅机关党建工作在领导机制和工作机制、职能落实和作用发挥等方面，还存在不少薄弱环节，管党治党宽松软的问题还在一定程度上存在，全面从严治党的任务仍然十分艰巨。比如，是否我们所有的厅（局）领导全面从严治党的意识都强了？是否所有的处级干部的意识也强了？现在看，是不平衡的。有的处级干部压力传导不到位，思考问题、处理工作还存在按习惯性思维来做的现象。再如，有的党组织抓党建工作和业务工作“两张皮”问题仍然比较突出，党建工作的统领作用没有充分发挥出来，把抓党建作为最大政绩的理念还没有真正树立起来。再如，有的党组织不重视、不善于发挥管党治党的作用，对党员的教育管理监督不够严格规范，管思想与管人事相脱节、管党员与管干部相分离。再比如，有的基层党组织开展党内组织生活不够经常、不够规范，“三会一课”制度落实不到位、不严肃，影响了战斗力的发挥。这些问题严重制约了机关党建工作的开展，妨碍了全面从严治党任务的落实。有效解决这些矛盾和问题，必须深入推进“两学一做”学习教育常态化、制度化，以制度化成果巩固党内思想政治教育成果，以经常性举措加强党员干部监督管理，以党章党规党纪规范党员干部言行，全面建立“两学一做”学习教育的长效机制，把思想建党的引导力、组织建党的凝聚力和制度治党的约束力紧密结合起来，从根本上解决我厅党的建设突出问题，确保全面从严治党的各项要求落到实处。

（三）推进“两学一做”学习教育常态化制度化，是推进人社事业在更高水平上转型发展的重要保障。随着改革进入攻坚期和深水区，人社部门承担的改革任务越来越重，深化机关事业单位养老保险制度改革、推进医保支付方式改革、加快人才发展体制机制改革、推进事业单位人事制度改革、深化职工收入分配制度改革等等，都是难啃的“硬骨头”。同时，我们还面临着就业的结构性矛盾不断加深、社保金保发放压力持续加大、一线企业职工收入偏低等一系列民生问题，工作压力和挑战前所未有。特别是在全省上下大力实施新旧动能转换重大工程的关键时期，家义同志指出，推进新旧动能转换，很重要的是靠人才保障、制度保障。可以说，在实施新旧动能转换重大工程中，人社部门肩负着重要责任和任务。解决人社事业改革发展难题、加快推进新旧动能转换，必须扎实推进“两学一做”学习教育常态化、制度化，推动学习教育与人社工作深度融合，充分激发每个党组织、每名党员干事创业、开拓创新的精气神，以饱满的精神、强烈的责任感，推动人社事业创新发展、持续发展、领先发展。

第二个问题，怎样推进“两学一做”学习教育常态化、制度化

推进“两学一做”学习教育常态化制度化，必须坚决贯彻习近平总书记重要指示精神，深入落实中央、省委部署要求，坚持高标准、严要求，拿出硬措施、实招数，重点建立完善5个方面长效机制，推动学习教育融入日常、抓在经常、形成常态。

（一）把思想政治教育作为基础，建立完善日常学习的长效机制。思想上松一寸，行动上就会散一尺。习近平总书记多次强调，理想信念是共产党人精神之“钙”，思想上的滑坡是最严重的病变。现在，一些党员领导干部蜕化变质、腐化堕落，究其根源还是理想信念出了问题，要么淡化弱化，内心被“尘土”和“雾霾”蒙蔽，对中国特色社会主义道路丧失了信心；要么忘记了初心，甚至缺钙丢魂无敬畏，滥权违纪不知止。比如说周本顺，在党的群众路线教育实践活动民主生活会上、在习近平总书记面前，可以说是剖析深刻，辣味十足，当时确实也红了脸、出了汗，但私下呢？说一套，做一套，不信马列信鬼神。他在住所内摆设了佛龛，经常烧香拜佛，家中一只乌龟死了，还专门手抄经文，连乌龟一起埋掉。又比如，李春城也信风水、信“大师”，在一个重大投资项目出现不利事件后，他安排道士做法驱邪，甚至为追求官运，改变了成都多个著名建筑设计。他的世界观、人生观、价值观这个“总开关”出了问题，风水与算命先生是无法拯救他的。所以说，党员干部如果丧失了理想信念，只能走向虚伪甚至堕落，可能连普通人都不如。

崇高的信仰、坚定的信念不会自发产生。习近平总书记指出：“要练就‘金刚不坏之身’，必须用科学理论武装头脑，不断培植我们的精神家园。”“两学一做”的常态化、制度化，基础在于“学”的常态化、制度化。我们要把“学党章党规、学系列讲话”始终摆在突出位置，持之以恒地用党章党规立根固本、规范言行；持之以恒地用习近平总书记系列重要讲话精神武装头脑、指导实践，依靠学习走向未来。一要突出学习重点。要加强政治理论学习，加强党性和道德修养，坚定理想信念，牢固树立“四个意识”，解决好世界观、人生观、价值观这个“总开关”问题，炼就“金刚不坏之身”，坚定不移地与党中央保持高度一致，坚决执行省委省政府的决策部署，夯实思想堤坝，筑牢灵魂根基。要认真学习习近平总书记治国理政新理念新思想新战略，学习总书记在民生和人社方面的重要讲话、重要论述，把握实质、融会贯通、深入思考，进一步提高做好人社工作的能力水平。二要创新学习方式。要充分用好中心组、民主生活会和组织生活会、“三会一课”等平台载体，科学制定学习计划，实现定期与随机、集中与分散、自主与规范的有机结合。要总结推广“两学一做”学习教育以来的好经验、好做法，利用“人社大讲堂”、警示教育等形式，利用人社通App、微博微信等载体，做到“线上”“线下”相结合，增强学习的吸引力、针对性和时效性。上个月，驻厅纪检组组长梁永军同志，结合发生在身边的典型案例，为全厅党员干部作了一场警示教育，引起了强烈反响、收到了良好效果。希望大家认真学习永军同志的报告，守好防线，不碰底线，远离红线，做一名清正廉洁的“恪守者”。三要注重向基层学习。到基层去、到群众中去，是主动问政于民、问需于民、问计于民的重要方式，基层是人社干部永远的课堂。早在1934年，毛泽东同志在《关心群众生活，注意工作方法》一文中就指出：“解决群众的穿衣问题，吃饭问题，住房问题，柴米油盐问题，疾病卫生问题，婚姻问题。总之，一切群众的实际问题，都是我们应当注意的问题”。人社工作全部涉及到人，大部分涉及民生。制定政策，谋划工作，要多听基层意见，让政策和工作更接“地气”。全厅党员干部特别是厅（局）级领导，要经常深入基层，与群众交朋友、查实情、接地气，要善于“解剖麻雀”、发现典型，努力掌握鲜活的第一手资料。今年，每位厅（局）领导都要围绕重点工作任务，带领分管处室搞出一篇有份量、高质量的调研报告。

（二）把“做合格党员”作为落脚点，建立完善践行“四个合格”长效机制。抓学习教育常态化、制度化，最终要落实到做合格党员上。我们讲，今天合格不等于以后合格，一时合格不等

于永远合格，做合格党员没有完成时，永远在路上，必须铭记于心、深入践行。前几天，人民日报以《“樵夫”的魔力》为题，对全国优秀县委书记廖俊波的先进事迹进行了长篇深入报道，为我们树立了一面“合格党员”的镜子。廖俊波同志生前是福建省南平市委常委、副市长，武夷新区党工委书记，曾任政和县县委书记，2015 年 6 月被授予“全国优秀县委书记”称号。在廖俊波同志任过职的政和县，一位群众在家门口贴了这样一幅对联，上联：当官能为民着想，下联：凝聚民心国家强，横批：俊波您好。在出殡那天，几十万群众饱含热泪、涌上街头，自发为廖俊波同志送行。廖俊波给自己的微信昵称取名“樵夫”，这个看似相貌普通的“砍柴人”，用一个又一个实际行动，生动诠释了合格党员的标准。我们要深入学习廖俊波同志先进事迹，以实际行动对标先进、见贤思齐，努力做到“四个合格”。一要政治合格。要旗帜鲜明讲政治，坚决维护习近平总书记的核心地位和领袖权威，牢固树立“四个意识”，进一步增强思想认同、情感认同、实践认同，更加自觉地向党中央看齐，向习近平总书记看齐，向党的理论和路线方针政策看齐，向党的决策部署看齐，更加自觉地在思想上政治上行动上同以习近平总书记为核心的党中央保持高度一致。要自觉服从服务于省委、省政府工作大局，把就业、社会保障、人事人才等各项工作放在全省工作大局中去思考、去定位、去推动，为加快新旧动能转换作出人社部门应有的贡献。二要执行纪律合格。我们党有六大纪律：政治纪律、组织纪律、廉洁纪律、群众纪律、工作纪律和生活纪律，共同构成了党员干部的生命线，能不能严守这些纪律，是对党员干部党性的重要考验。现实中，我们身边有些党员干部在这方面栽了跟头，违反了纪律、规矩，甚至走向了违法犯罪的深渊。去年，山东劳职学院原院长张友山，因违反政治纪律、廉洁纪律被处以留党察看两年和行政撤职处分，降为副处；该学院规划财务处、总务处 3 人因违反廉洁纪律，被开除党籍或留党察看。厅居民医保处姚圣宽受贿 20 万，仅仅相当于他一年半的工资收入，但已经被收缴；此外，还被罚金 20 万，算经济账，就是“赔了夫人又折兵”；并且因为被判刑，被单位“双开”。今年 3 月，山东工业技师学院又有 5 人因涉嫌受贿被检察机关立案调查，现已取保候审并正在提起公诉。枣庄市市中区人社局劳动保险事业分处原副主任陈俊全，在 2005 年至 2015 年间，利用职务之便，在收取企业职工、个体工商户养老保险金过程中，采取收不入账，利用私自加盖钢印、审核章的空白养老保险手册，虚假填写职工养老保险手册缴费记录等方式，侵吞、骗取 937 人养老保险金共计 3654 万余元。今年春节前最后一个工作日，陈俊全被判了 13 年。前一段时间，检察机关还将涉嫌受贿、贪污、渎职犯罪的威海市和乳山市人社局分管就业培训的 4 位科级干部采取了强制措施。全厅党员干部一定要深刻汲取这些血淋淋的教训，把执行纪律合格作为修身做人的基本遵循、作为为官用权的警示箴言、作为干事创业的行为准则，做政治上的“明白人”、经济上的“清白人”，维护好人社干部的良好形象。三要品德合格。习近平总书记在《之江新语》一书中谈道：“一名党员无论在什么岗位，无论从事什么工作，都是为党的执政服务，为人民服务，必须讲奉献、讲觉悟、讲大局、讲境界，正确对待个人的名利权位和个人的进退留转，自觉服从组织安排。”这实际回答了党员的品德合格问题。省委推进“两学一做”学习教育常态化制度化实施方案中提出，做到品德合格，重点是大力弘扬忠诚老实、光明坦荡、公道正派、实事求是、艰苦奋斗、清正廉洁等共产党人价值观，带头践行社会主义核心价值观。我们要对照总书记提出的方向，按照省委明确的具体标准，坚守政治品德，注重社会公德，培育个人品德，弘扬家庭美德，做社会主义道德的示范者、诚信风尚的引领者，做一个讲党性、重品行的好干部。四要履责合格。前不久，新一届省委领导机构产生后，召开了第一次常委会，讨论通过了《中共山东省委实施〈中国共产党问责条例〉的办法》和《省委省政府关于激励干部担当作为干事创业的意见》。这两个文件，从一正一反，双向、同时用力，引导、激励、督促党员干部勇于担当、干事创业。当前，人社部门改革发展的任务异常繁重，省十一次党代会在民生领域提出了许多新思路、新部署；刘家义同志、李群同志接连调研我厅，面对面地给我们指方向、提要求、压担子。在这种新形势下，我们强调“担当作为”和“履责合格”，更为迫切、更为重要，也更有现实意义。全厅党员干部特别是党员领导干部，一定要牢记党的根本宗旨，强化“守土有责”的责任意识，敬畏责任，忠诚履职，勇于担当，踏踏实实做实事，兢兢业业干工作。要凡事想到前面、干在前面，不能坐等工作安排，不能“差不多就行”，必须全力以赴，奋发有为，干出新业绩、干出精气神儿，用实际行动回报省委、省政府的信任和重托。履职应是“法无授权不可为，法定职责必须为”，我们不能把职责当成让服务对象来找我们、求我们的“权柄”。要坚决破除把廉洁自律与干事创业对立起来的错误认识，认真区分工作失误与违纪违法的界限，在全厅营造奋发有为、担当实干的浓厚氛围。同时，也请同志们放心，厅党组将旗帜鲜明地为担当者担当，为负责者负责，为干事创业者撑腰鼓劲、呐喊助威，为想干事、能干事、干成事的干部提供舞台。

同时，为有效引导党员干部争做“合格党员”，我们要广泛开展主题实践活动，搭建好活动的平台和载体。下半年，重点开展好两项活动：一是在全省人社系统开展“学身边榜样，做人社先锋”活动，自下而上层层选树、大力宣传“山东人社先锋”，用身边榜样教育激励身边人奋勇争先。近期，要组织开展好向杨慧玲同志学习活动。杨慧玲同志是枣庄市人力资源服务中心失业保险科科长，工作32年来，她长期在窗口一线为下岗失业人员服务，勤勤恳恳、任劳任怨、无私奉献，用实际行动践行着为民尽责、为民服务的庄严承诺，在平凡岗位上做出了不平凡的业绩，受到人民群众的广泛赞誉。5月24日，在为下岗失业人员宣讲政策时，她突发急性脑溢血，倒在了讲台上。她的先进事迹在社会引起了强烈反响，我们要用好这一真实生动的教材，用身边事教育引领身边人。二是在厅属各级党组织和全体党员中开展“争创‘五好’党支部，争做‘四讲四有’模范党员”活动（简称“双争”活动）。要细化创建标准，探索实行百分制测评，评选和表彰一批“五好党支部”和“四讲四有”模范党员。这两项活动是推进“两学一做”常态化、制度化的重要载体。各级党组织要严密组织，对标争创，引导党员干部创先争优，营造起积极向上的良好氛围。

（三）把突出问题导向作为重要原则，建立完善查找解决问题长效机制。强化问题意识、问题导向，是党的十八大以来全面从严治党的重要经验，也是推进“两学一做”学习教育走向深入的最好牵引。“两学一做”学习教育以来，我厅党员干部对照党章党规、对照系列讲话，坚持把自己摆进去，及时查找和解决了不少问题，作风有了一个较大转变，风清气正、团结和谐，干事创业、共谋发展的氛围日趋浓厚，力量和智慧得到进一步凝聚。应当说，全厅党员干部队伍建设的主流是好的，这一点必须予以充分肯定。但我们也清醒地看到，中央列举的部分党员存在的理想信念模糊动摇、党的意识淡化、宗旨观念淡薄、精神不振、道德行为不端等问题，在一些党员干部的身上，还不同程度的存在。主要表现在：一是理想信念不够坚定。理想信念问题，在一些人看起来是空的，是“高大上”的问题，这本身就是理想信念模糊动摇、党性修养不足的表现。有的感到共产主义太遥远，甚至认为是虚无缥缈的幻想，过好自己的小日子才是硬道理；有的“一叶障目、不见森林”，对一些错误思潮、观点甚至奇谈怪论缺乏辨别能力，对我们党带领全国各族人民战胜前进道路上的一切困难和风险还不够自信。二是守纪律、讲规矩上不够严格。有的纪律和规矩意识不强，重要事项不请示、不报告；有的缺乏全局意识，执行省委、省政府和厅党组决策部署不坚决，遇到问题推诿扯皮，甚至上交矛盾；有的目无组织纪律，热衷于搞小团体主义，在私人场合传播小道消息、发表不负责任的言论。三是权力观有所偏差。有的认为目前的是自己多年奋斗的结果，是自己的能力、水平理应得到的，个人主义思想较重；有的自我感觉良好，但身边同事和办事群众的反响不好，对来厅办事的群众态度冷漠，损坏了部门形象。四是精神状态萎靡不振。针对人社事业发展面临的难题，有的同志存在自满思想和畏难情绪，遇到问题就打退堂鼓，缺乏争先创优的意识和奋发有为的干劲。少数干部盲目攀比，甚至追求享乐主义，不愿再奋斗和付出，干一点工作就觉得自己有功，在功利面前忘记了奉献，把个人升迁看得过重，晋升慢一些就牢骚满腹。五是工作作风虚夸浮漂。对照作风建设的新形势、新任务，有的自我要求不够严格，以上率下、以身作则做得不够好；有的存在拈轻怕重、拖沓推诿等现象，工作中专拣省劲的干，对那些不显山不露水、费力费时、短期内不容易见到成效却能长期发挥作用的基础性工作不屑一顾；有的作风漂浮，习惯于听汇报、要材料，不愿意深入基层开展调查研究，对基层的真实情况不掌握、群众需求不清楚，致使一些政策不能及时落地。六是“庸懒散”问题还不同程度的存在。比如，有的同志迟到早退、自由散漫、外出不按规定请销假；有的上班时间做与工作无关的事情，甚至打电话聊天、看无关视频、上网炒股购物；有的对工作部署不落实、任务不按要求完成，等等。

这些问题的存在，充分说明“两学一做”学习教育必须持之以恒、常抓不懈。要开展经常性的对照查摆、经常性的思想见面、经常性的修补短板，真正把学习教育常态化、制度化。一方面，各级党组织要严格党的组织生活，开好民主生活会和组织生活会，用好批评和自我批评这个有力武器，努力营造讲真话、能交心、敢批评的良好氛围。另一方面，党员干部要经常进行“党性体检”，真正把自己摆进去，时时警醒、对照检查，在经常性查找解决问题中，不断地增强党性、提升素质。刚才列举的问题，每名党员干部都要认真想一想，主动认领、对号入座，紧盯不放、抓好整改。

（四）把“关键少数”作为重要引领，建立完善以上率下、层层示范长效机制。古人讲，“教者，效也，上为之，下效之”。老百姓也有句俗话，叫做“村看村、户看户，群众看的是干部”。群众看党员，党员看干部，领导干部以身作则、率先垂范，大家就会跟着学、照着做。因此，“两学一做”学习教育中，习近平总书记就指出，“县处级以上党员领导干部要在学习教育中作出表率，紧密联系领导工作实际，学得更多一些、更深一些，要求更严一些、更高一些，努力提高思想政治素养和理论水平。”开展“两学一做”学习教育以来，我厅也树立了“以处级以上领导干部带动党员”的鲜明导向。推动学习教育常态化、制度化，还是要发挥处以上领导干部的示范带头作用，为广大党员干部当好表率、立好标杆。

一方面，领导干部要在“学”上有更高标准。凡是对普通党员的学习要求，领导干部要首先做到，还要更进一步、学深一层。学党章党规，对于全体党员应学习掌握的内容，领导干部都应熟知尽知。要全面、系统、深入学习习近平总书记的系列讲话，坚持读原著、学原文、悟原理，带着信念学、带着感情学、带着使命学、带着问题学，尤其要把领会系列讲话蕴含的治国理政新理念新思想新战略作为学习的重中之重，指导和推动人社事业发展。

另一方面，领导干部要在“做”上有更实举措。重点做到五个“带头”：一是带头讲政治。要旗帜鲜明、毫不动摇地讲政治，把握政治方向，站稳政治立场，把讲政治贯穿于日常工作和生活，贯穿于组织领导的各个环节，切实做到不该说的坚决不说，不该做的坚决不做，为普通党员树立榜样。二是带头讲奉献。习近平总书记在中办视察时曾提出，奉献有大奉献和小奉献之分，而大奉献就是心中始终装着事业，从不计较个人得失的奉献。当一名领导干部，需要的是“大奉献”，厅党组提倡的也是这种“大奉献”。要大力弘扬发扬无私奉献的精神，为了事业勤勤恳恳、任劳任怨，在领导岗位上就要踏踏实实，不左顾右盼、不瞻前顾后，带头做到“耐得住寂寞、顶得住干扰”，心无旁骛地做好工作。三是带头讲标准。工作标准的高低决定着工作成效的大小。领导干部做不到严要求、高标准，就不可能继续成长进步。特别要看到，当前人社工作正处在新的发展起点上，加快新旧动能转换，迫切需要我们提供人才支撑，营造稳定的民生环境。领导干部要始终坚持高点定位，自我加压，负重前行，把全部心思凝聚到干事创业上，在推动人社事业改革发展中当先锋、做表率。四是带头讲实效。人社工作涉及面广，省委、省政府交办事项多、批示指示多。我们要提高工作效率，对工作谋划早行快行、执行命令立说立行、领导交办速办速行，力争办一件成一件，做到掷地有声、扎实有效。五是带头讲廉洁。习近平总书记多次强调，当官就不要想发财，想发财就不要去当官，这是针对中国传统里“千里做官只为财”的有力回击。党员领导干部要牢记“权力姓公”的基本属性，任何时候都不能公私不分、以私废公，甚至放纵权力、徇私枉法，进一步提高廉洁自律、拒腐防变的意识和能力。要带头谨慎用权、廉洁用权，打造一支政治品格过硬、业务能力过硬、工作作风过硬、纪律意识过硬、心理素质过硬的人社干部队伍。

（五）把夯实基础作为重要保障，建立完善党支部发挥主体作用长效机制。党的工作在基层，基层的工作在支部，党支部是党的组织体系的“神经末梢”，是党的全部工作和战斗力的基础。我们厅党组织数量多，目前有 7 个党委、14 个党总支、141 个党支部。推进“两学一做”学习教育常态化、制度化，最基础的工作在基层党组织，教育管理好党员，最重要的依托也在基层党组织。要牢固树立党的一切工作到支部的导向，把思想政治工作落到支部，把从严教育管理党员落到支部，把群众工作落到支部，切实把党支部打造成教育党员的学校、团结群众的核心、攻坚克难的堡垒。一是严格落实支部建设主体责任。年初，各支部书记分别与分管厅（局）领导、全体党员签订了全面从严治党责任书。支部书记要全面履行第一责任人的职责，把支部建设牢牢抓在手上，力争打造“支部班子好、党员管理好、组织生活好、制度落实好、作用发挥好”的“五好党支部”。二是严格组织生活。每个支部都要严格组织生活，坚持做到“五个一”，即每月召开一次支委会，每季度召开一次党员会议，每半年召开一次组织生活会，每年开展一次民主评议党员活动，支部书记每年至少讲一次党课，突出政治学习和党性教育，增强组织生活的针对性、实效性。三是严格落实各项党建制度。邓小平同志曾说过，制度好可以使坏人无法任意横行，制度不好可以使好人无法充分做好事，甚至会走向反面。领导制度、组织制度问题更带有根本性、全局性、稳定性和长期性。习近平总书记指出，从严治党靠教育，也靠制度，二者一柔一刚，要同向发力、同时发力。各级党组织要严格落实党建基本制度、基本规范和工作规则，健全完善 5+N 制度体系，5 即“三会一课”、组织生活、谈心谈话、民主评议党员、主题党日制度，N 即由各支部结合实际，制定具有支部特色的学习教育制度，实现全面从严治党常态化制度化。四是规范工作运行。要把“两学一做”学习教育作为组织生活的基本内容固定下来、坚持下去，确保学习教育抓到支部、落到实处。厅（局）领导同志所在的党支部，要坚持标准更高、要求更严，在加强政治学习、提高党性修养、落实组织制度、纯粹党内关系、爱岗敬业担当作为、联系群众服务基层和严格廉洁自律等方面走在前列，为全厅党组织和广大党员干部做出榜样。

第三个问题，如何保障“两学一做”学习教育常态化制度化扎实推进

我们常讲“一分部署，九分落实”。推进“两学一做”学习教育常态化制度化是今年机关党建的重要抓手，也是事关长远的重要任务，关键是抓好落实。各级党组织和广大党员干部要提高政治站位，切实加强领导，精心组织实施，以钉钉子的精神抓常抓细抓长，确保落到实处、取得实效。

一是层层压实责任。习近平总书记说过，人无压力轻飘飘，井无压力不喷油。压力与动力是可以相互转化的，千困难万困难，真抓实干就不难。推进“两学一做”学习教育常态化、制度化，必须把责任压实，把压力传导，只有这样才能更好推动工作落实。厅党组要切实履行好主体责任，把推进两学一做学习教育常态化制度化，纳入党组管党治党的责任清单，专门研究部署，定期分析评估，认真指导帮助。班子成员要履行好“一岗双责”，既带头真学实做、当好表率，又抓好分管范围党员的学习教育、凝聚合力。各支部书记要履行好第一责任人职责，管好党员、带好队伍，认真组织学习、切实抓好践行。机关党委要做好统筹协调，细化实施方案，强化系统指导，同时依托窗口单位作风建设工作机制，促进各项工作高效顺畅开展。

二是加强督促检查。督促检查工作，是推动党的决策落实的重要手段，是促进党的决策完善

的重要途径。可以说，没有督查就没有落实。前段时间，中共中央印发了《关于加强新形势下党的督促检查工作的意见》，这在党的督促检查工作历史上具有里程碑意义，充分体现了抓好督促检查工作的重要性。推进“两学一做”学习教育常态化制度化，必须用好督促检查这一有力武器。要把推进“两学一做”学习教育常态化制度化情况，纳入基层党组织书记抓党建述职评议考核，并将其作为重要内容，考核结果作为评价基层党组织和党组织书记履行管党治党责任的重要参考，作为下步评选“五好党支部”的重要依据。机关党委要落实好督查制度，及时督促检查各支部学习教育开展情况和效果，既要督任务、督进度、督成效，又要查认识、查责任、查作风，还要有针对性提出整改意见。对责任落实不到位、工作不力的党支部，由分管厅（局）领导约谈党支部书记，确保中央和省委的决策部署在我厅不折不扣落到实处。

三是营造浓厚氛围。在实践中贯彻执行党的路线、方针和政策，有两个条件必不可少：一是使广大人民群众确信党的路线、方针和政策的正确性；二是调动起广大人民群众贯彻党的路线、方针和政策的积极性。这两项工作，需要通过宣传、教育和引导。我们推进“两学一做”学习教育常态化、制度化，也要高度重视发挥宣传工作的作用。要充分运用微信公众号、门户网站、杂志等各类媒体加强宣传引导，大力宣传中央、省委和厅党组的部署要求，宣传各级党组织以及系统上下窗口单位的学习动态、经验做法和学习成果。要依托开展“双争”活动和“学身边榜样，做人社先锋”活动，积极挖掘、广泛宣传模范党员和先进党支部的典型事迹，为推进学习教育常态化制度化、推动全面从严治党向纵深发展营造浓厚氛围。

同志们，推进“两学一做”学习教育常态化、制度化是落实全面从严治党责任的重大政治任务。各级党组织和全体党员干部要进一步坚定信心、振奋精神、真抓实干，全面落实好省第十一次党代会精神，全面落实家义同志来我厅调研时的讲话精神，全面推进学习教育的常态化、制度化，以优异成绩迎接党的十九大胜利召开！

在2017年半年工作总结汇报会上的讲话

（韩金峰　2017年7月27日）

同志们：

今天，我们召开这次会议，主要是总结上半年工作，分析形势，明确任务，动员全厅上下凝心聚力、奋力拼搏，扎实做好下半年工作，以优异成绩迎接党的十九大胜利召开。这次会上，省外专局、公务员局、社保局、就业人才中心和部分处室单位先后作了发言，没有发言的处室单位也书面提供了上半年总结，讲得和总结得很好，我都赞成。下面，我讲三个问题。

一、肯定成绩，正视问题，进一步增强做好各项工作的紧迫感和责任感

今年以来，在省委、省政府的坚强领导下，我们深入贯彻习近平总书记系列重要讲话精神和治国理政新理念新思想新战略，按照省第十一次党代会的决策部署和家义同志、李群同志来我厅调研时提出的工作要求，主动适应经济发展新常态，全力服务新旧动能转换重大工程，解放思想、改革创新，主动作为、勇于担当，各方面工作取得了新进展新成效，有力地促进了人社事业在更高水平上转型发展。

（一）就业形势保持总体稳定。我们把稳就业作为重要的政治任务和改善民生的头等大事来抓，千方百计扩大就业规模，调整就业结构，稳定就业岗位，优化创业环境，确保了就业形势的

基本稳定。上半年，实现城镇新增就业69.04万人，完成年度计划的62.76%，城镇登记失业率控制在3.43%，就业形势持续平稳，为新旧动能转换重大工程提供了有力保障。一是抓政策完善。紧紧围绕"新旧动能转换下，就业工作抓什么？怎样抓？"这一命题，深入开展调查研究，研究起草《关于助推新旧动能转换，做好当前和今后一段时期就业创业工作的意见》和《山东省"十三五"促进就业规划》，即将正式出台。聚焦政策落实中的难点，开展就业工作督导、就业目标责任考核和政策宣传，强化跟踪问效，让广大求职者、创业者更好享受到政策红利。二是抓重点群体就业。实施高校毕业生就业创业促进计划，落实"三支一扶"计划，积极引导和鼓励毕业生到基层工作，高校毕业生就业率继续保持较高水平，6月底达88.46%。深入实施农民工3项3年行动计划，农民工就业质量明显提高。扎实做好钢铁、煤炭等行业职工的分流安置和再就业工作，已顺利分流安置8841人，保障了"去产能"的深入开展。济钢产能调整涉及在岗职工20024人，其中19834人列入分流安置范围，7月10日，安置方案在职工代表大会上高票通过，目前正在稳妥有序实施。实施就业精准扶贫，做强"就业扶贫车间"品牌，农村贫困人口转移就业3.9万人。三是抓创业带动就业。大力破解创业资金瓶颈制约，发放一次性创业补贴1.3万笔、8617.6万元；发放创业担保贷款2.5万笔、38.6亿元，有效激发了创新创业活力。在国内首创创业大学培训模式，实现了全省17市的全覆盖，累计培训创业者10万多人次。四是抓就业创业服务。广泛开展就业创业培训，发放职业培训补贴9043万元，培训劳动者29.2万人，培训后实现就业16.6万人。建立统一的公共就业服务标准体系，实施"公益招聘联盟推进计划"，开展"山东—名校人才直通车"活动，举办人才引进活动4895场。

（二）社会保障体系运行平稳。以增强公平性、适用流动性、保障可持续性为重点，进一步织密编牢了社会保障安全网。一是社会保障制度改革全面深化。继续推进机关事业单位养老保险制度改革，完善配套政策，基本实现了制度全覆盖。在全国率先建立全省统一的职工大病保险制度，稳步推进职工长期护理保险试点，规范职工基本医保关系转移接续政策。建立工伤保险省级调剂金制度，推进工伤保险"同舟计划"，建筑业从业人员实现全部参保。在全国率先出台阶段性降低失业保险费率的政策，单位和个人费率分别降至0.7%和0.3%，减轻企业负担17.5亿元。二是参保人数持续增长。6月底，全省职工养老、职工医疗、失业、工伤、生育保险参保人数分别达2608.7万人、1977.2万人、1237.6万人、1534.5万人、1153.9万人，分别完成年度净增计划的66.5%、172.6%、66.4%、258.4%、135.9%。居民养老、医疗保险参保人数分别达4520.6万人、7244.8万人。三是待遇水平稳步提升。调整退休人员基本养老金，总体调整水平5.77%，略高于国家调整标准，惠及600万退休人员。调整1—4级工伤职工伤残津贴、生活护理费和工亡职工供养亲属抚恤金标准，提高工伤职工的生活保障水平。调整基本医保药品目录，将18种抗肿瘤分子靶向药和特效药纳入大病保险报销范围，减轻患者负担。加大医保精准扶贫力度，医保报销适当向贫困人口倾斜。居民大病保险制度运行良好，累计补偿457.8万人次、91.39亿元。四是基金运行总体平稳。强化基金管理，开展精算分析，加大监督稽核力度，促进基金的应收尽收。上半年，社保基金总收入1955.1亿元、总支出1719.9亿元，同比分别增长15.1%和13.1%，当期结余235.3亿元，累计结余4591.8亿元，比2016年底增长5.3%。2015年起投资运营的1000亿元企业养老保险结余基金，累计实现收益50多亿元，增强了基金的抗风险能力。五是管理服务水平稳步提高。启动跨省异地就医直接结算，省本级及17市全部接入国家异地就医结算系统，开通定点医疗机构133家。加大社会保障卡推广力度，发放量达7019万张。举办社保卡知识竞赛，50多万人参与，营造了良好的社会氛围。

（三）人才队伍建设全面加强。按照家义同志来我厅调研时的讲话要求，坚定不移地把人才工作作为重中之重，围绕以"四新"促"四化"，深化人才发展体制机制改革，努力打造人才发展新优势。一是加大人才政策创新力度。聚焦人才引进、评价、使用、流动等环节，制定实施多项人才新政，在鼓励社会力量引进高层次人才、加强基层专业技术人才队伍建设、改革完善博士后制度、完善省有突出贡献中青年专家的选拔管理等方面，出台了一系列含金量高、操作性强的创新性政策。研究起草深化职称制度改革的意见，分类推进职称制度改革，进一步向各市下放职称评审权限，改革基层卫生职称制度，职称评价的“指挥棒”作用得到更好发挥。二是加强“两高”人才队伍建设。围绕产业链、科技链打造人才链，不断提升人才供给质量，培养选拔了一大批高层次、高技能人才。新增享受国务院政府特殊津贴的专家124名、推荐国家百千万人才工程人选18名；实施高级研修项目，培训专业技术人才1100多人。新建5个国家级高技能人才培训基地、5个技能大师工作室，新增高技能人才10万人、全国技术能手59人；2名选手在国家集训队脱颖而出，成功进军第44届世界技能大赛。三是扩大人才开放水平。研究起草《新形势下引进外国人才工作的意见》，出台海外引才工作站管理办法，建立省级引智工作联席会议机制，举办引进外国人才工作高级研修班，取得了良好效果。全面实施外国人来华工作许可，启动“外专双百计划”，6名专家入选第七批国家“千人计划”外专项目，1名专家荣获2017年度中国政府“友谊奖”。

（四）人事制度改革继续深化。坚持以激发事业发展活力为方向，不断深化机关、事业单位人事制度改革。一是加强公务员队伍建设。考录政策向乡镇倾斜，健全公安、审计机关分类考录制度，建立面向残疾人招录公务员长效机制，加强公务员考试诚信建设，进一步提高了公务员考录的科学化、规范化水平。今年，计划考录公务员9474名，笔试、面试已顺利结束，正在进行组织考察。推进职务与职级并行制度试点，试点方案经省委常委会审议通过后，已报国家主管部门审批。开展聘任制公务员试点，青岛市新聘5人，全省达17人，数量居全国前列。二是深化事业单位人事制度改革。继续向事业单位放权，鼓励高校和科研院所自主选人，自主安排、执行用人计划，自主招聘各类人才。开展事业单位公开招聘，其中14个市104个县（市、区）同步与省属单位考试。推进岗位设置和聘用工作，核准岗位设置方案的事业单位共5.7万个、已完成岗位聘用的5.6万个，分别占应实施总数的97%和94%。三是军转安置和涉军维稳工作进展顺利。坚持“阳光安置”，扩大“人岗相适”试点范围，拓宽军转干部进入政法队伍渠道，大力提高自主择业军转干部服务质量，全面做好军改第二年的军转安置工作。落实企业军转干部解困维稳政策，确保总体稳定。特别是，我们从讲政治的高度，迅速贯彻落实省委退役士兵安置“十一条”，精心做好退役士兵权益保障和涉军维稳各项工作，得到了省委督察组的充分肯定。

（五）工资收入分配结构更加合理。优化机关事业单位工资收入结构，全面实施法官、检察官工资制度改革，在潍坊启动公立医院薪酬制度改革试点，激发事业发展活力。开展机关事业单位“吃空饷”专项治理，建立预防和治理“吃空饷”问题长效机制。深化国有企业负责人薪酬制度改革，开展专项督察活动，省管企业负责人开始按新标准领取薪酬，并向社会公开，国有企业收入分配秩序进一步规范。加强企业工资宏观调控，连续19年发布企业工资指导线，连续8年调整最低工资标准，不同地区分别达1810元、1640元、1470元。

（六）劳动关系保持和谐稳定。大力推进和谐劳动关系建设，制定企业守法诚信等级评价制度，推进调解仲裁地方立法，健全多元矛盾纠纷化解机制，完善劳动关系综合治理体系。开展保障农民工工支付专项检查、拖欠农民工工资问题专项整治，共检查用人单位26798家，为6.9万名农民工追发工资5亿元。加强劳动关系仲裁和监察，上半年仲裁机构受理争议25153件，审结23758件，涉案金额8.1亿元，“一裁终局”率达26.6%，同比提高4.2个百分点；劳动监察机构检查用人单位3.8万户，追发劳动者工资待遇4.54亿元，补缴社会保险1.39亿元。

同时，我们坚定不移地把抓好党建作为最大政绩，深入推进“两学一做”学习教育常态化制度化，坚持用党章党规规范行为，用习近平总书记系列重要讲话精神武装头脑、指导实践，全厅党员干部党的意识和党员意识有新的提高，凝心聚力、干事创业、争创一流的氛围更加浓厚。我们大力实施"标准化、信息化、一体化"建设，统筹推进法制建设、信息宣传、规划财务、人事考试、窗口和后勤服务等综合性、基础性工作，提升了人社公共服务水平，增强了人社事业发展的后劲。这些成绩来之不易，应该予以充分肯定。

在看到成绩的时候，我们也要清醒地看到，当前人社领域改革任务重、工作头绪多，一些新老矛盾相互交织，人社工作推进的难度和风险进一步加大，有的工作进度还不够快，有些政策还没有及时落地；有的处室单位工作作风还不够实，对党组研究确定的事项，还没有以"钉钉子"精神，全力抓好落实，甚至还挂在了"空挡"上。从各业务板块看，就业压力依然较大，"人岗不匹配"的结构性矛盾已成为就业领域的主要矛盾，招工难与就业难并存；社会保障待遇水平刚性增长，基金支付压力日益加重；"高精尖缺"人才匮乏，还不能完全满足新旧动能转换的强大需求；机关公务用车制度改革，以及即将试点的公务员职务与职级并行制度，引起事业单位工作人员一定程度上的攀比，影响了工作积极性；机关事业单位工资水平与经济发展水平不相适应，企业一线职工工资偏低、增长缓慢的问题没有得到根本扭转；部分企业特别是小微企业劳动合同签订率不高，劳动人事争议案件仍然多发。对于这些问题，我们必须高度重视，采取扎实有效措施，认真加以解决。

二、把握思路，突出重点，加快推进各项工作

关于今年的工作，年初召开的全省人力资源社会保障工作会议已经作出了全面部署。要按照会议的部署要求，突出重点、统筹兼顾，全面完成年初制定的各项目标任务。工作中，要把握一个思路、突出一条主线、做好10项重点工作。

（一）牢牢把握"24字工作思路"。在4月28日召开的厅务会上，我们提出了24字的今年工作思路，就是"突出重点，整体推进，真抓实干，提高效率，预防风险，引导舆论"。突出重点，就是把人才和就业工作作为重中之重来抓，为经济社会发展提供坚实的人才支撑，为经济社会发展营造稳定的就业环境。整体推进，就是树立整体思维和全局观念，深刻认识和把握各领域工作的关联性和互动性，全面推进各项工作，充分发挥整体效果。真抓实干，就是大力弘扬求真务实、埋头苦干的良好风尚，坚持干字当头，扑下身子、一抓到底，坚决把省委省政府决策部署落到实处。提高效率，就是以"等不起"的紧迫感、"慢不得"的危机感、"坐不住"的使命感，坚持高标准、严要求，全面提高工作效率，撸起袖子加油干。预防风险，就是防范和化解规模性失业、社会保障、人事考试、劳动关系和特殊群体稳定等方面的风险，全面加强对重点领域、关键环节的监督管理，确保资金安全、人员安全、社会稳定。引导舆论，就是加强政策解读和舆论引导，为人社事业改革发展营造良好社会氛围。要准确理解、牢牢把握这一工作思路，进一步解放思想、创新机制，勇于担当、扎实工作，推动人社事业发展不断迈上新台阶。

（二）突出"落实好刘家义同志调研时的讲话精神"这条工作主线。为贯彻落实好刘家义同志来厅调研时的讲话精神，我们及时梳理、分解任务，召开全系统视频会议，做出了全面安排部署。同时，制定印发《刘家义同志来厅调研讲话精神重点任务分工方案》，针对9个方面的10项工作任务，分别明确了分管领导、责任单位、工作目标、具体措施和完成时限。目前，各项落实工作取得了一定的阶段性成果，但是我们也清醒地看到，从总体上看，推进效率还不高、步伐还不快，距离省委领导和厅党组的要求还有很大的差距。贯彻落实好刘家义同志来我厅调研时的讲话精神，是我们对省委、省政府作出的一项庄严承诺，是一项必须高标准、高效率完成的政治任务，是对我厅干部素质和全厅形象的重要考验。养兵千日、用兵一时。各分管厅（局）领导和责任处室、单位，要将落实好刘家义同志来我厅调研时的讲话精神，作为今年的工作主线，与贯彻落实省第十一次党代会精神有机结合起来，进一步增强政治意识、责任意识和大局意识，真正把责任扛起来，快马加鞭向前推进。尤其要尽快完成几个调研报告，

特别是就业处牵头的就业结构与我社会发展和产业结构研究报告，社保局牵头的社保征缴与行业产业发展状况分析报告、社保基金支撑能力分析报告，劳动关系处牵头的企业成本分析报告，要加快工作进度，集中力量，集中精力，争取尽快出成果，尽快上报省委、省政府。厅办公室要加强督查，严格落实“周调度、月总结”的督查机制，每周调度各项任务进展情况，并进行公示。推进速度慢或者没有按时完成的处室、单位，要向厅党组提交书面说明。

（三）着力抓好10项重点工作。下半年，要重点做好以下10项重点：一是制定出台新一轮就业创业政策。提请省政府印发《关于助推新旧动能转换做好当前和今后一段时期就业创业工作的意见》和《山东省“十三五”促进就业规划》，指导各市研究制定实施意见，充分释放就业创业政策的整体效力。二是承办好全国“双创活动周”就业创业服务成果展示交流活动。要举全厅之力，密切协调配合，精心做好各项筹备工作，确保活动取得圆满成功。三是稳妥做好去产能和济钢产能调整职工安置工作。妥善安置下岗职工，维护职工和企业合法权益，特别是要扎实做好济钢产能调整职工安置工作，为供给侧结构性改革作出贡献；对去产能任务重、失业风险大的地区和行业，要开展专项行动，防止规模性、系统性失业风险。四是制定出台《关于深化职称制度改革的意见》。要按照部里反馈的意见，进一步修改完善，提交省人才工作领导小组和省委深改组研究后，尽快出台实施。五是积极做好社保制度改革和待遇调整工作。加快出台机关事业单位养老保险改革配套政策，制定贯彻《职业年金基金管理暂行办法》的实施意见。加强调度指导，月底前要将增加的养老金发放到位。统筹调整失业保险、工伤保险待遇水平。六是推进人才发展体制机制改革。尽快出台人才“引得进、留得住、用得好”的政策措施，加快制定促进青年人才创新创业的意见、推进人才国际化的意见、齐鲁杰出人才奖评选奖励办法、支持和鼓励事业单位专业技术人员创新创业的指导意见、加强新形势下引进外国人才工作的实施意见等文件，把人才发展体制机制改革引向深入。七是继续推进自行管理社会保险纳入地方统筹。要逐一约谈企业和所在市政府，明确要求，落实责任，加大协调督导力度，力争年底前完成任务。八是扎实做好退役士兵权益保障和涉军维稳工作。严格落实退役士兵劳动关系、社会保障和就业服务等方面政策，妥善处理退役士兵权益保障争议案件。切实做好企业军转干部、自主择业军转干部和无军籍退休人员的维稳工作，促进社会稳定。九是加快推进“三化建设”。要推进公共服务体系标准化，使公共服务更加科学、可控、合乎规律；推进公共服务手段信息化，更好发挥信息化对事业发展的驱动和引领作用；推进公共服务模式一体化，实现内部业务协同和外部协作配合，加快建成覆盖全省、统筹城乡、标准统一、管理科学、技术先进、高效安全的人社公共服务体系。十是推动全面从严治党向纵深发展。要落实党建工作责任制，层层压紧、压实主体责任。严肃党内生活，推进“两学一做”学习教育常态化制度化。聚焦社保基金、就业资金、人事考试、项目招标、物资采购等重点事项、重点岗位，深入开展廉政风险防控管理和监督检查，及时发现和纠正违规违纪问题，严肃查处违纪和失职失责行为。

三、作风上要再转变、再改进、再深入，为人社工作走在前列提供坚强保障

近年来，我厅按照中央和省委部署，扎实开展党的群众路线教育实践活动、“三严三实”专题教育和“两学一做”学习教育，全厅上下作风有了明显改善，服务态度得到极大改进，省领导、省直机关、基层和广大服务对象也给予了肯定和表扬。但是，我们要清醒地看到，作风建设永远在路上，与中央和省委作风建设的要求相比，与人社部门承担的任务相比，与人民群众的期盼相比，我们的作风还有不少差距。全厅上下要深入学习刘家义同志在重点工作推进情况视频会议上的讲话精神，牢固树立问题导向和长期作战的思想，下大力气解决思想作风、学风、工作作风、领导和生活作风等方面的突出问题，巩固和拓展作风建设的成果，为人社工作走在全国前列提供坚强保障。

（一）加强思想作风建设，始终从讲政治的高度想问题、办事情。思想建设是作风建设的灵魂和核心。思想作风上有了“病原体”，工作生活上出问题、栽跟头是迟早的事情。当前，我厅党员干部思想作风还不同程度地存在以下问题：一是有的同志理想信念不够坚定，党性修养缺失，“一叶障目、不见森林”，对一些错误思潮、观点甚至奇谈怪论缺乏辨别能力，甚至对个别污蔑党的形象、诋毁党领导的言行，没有进行针锋相对的斗争。二是有的同志守纪律、讲规矩上不够严格，自由主义严重，重要事项不请示、不报告，对省委、省政府决策部署和厅党组研究确定的事情，虽然公开场合不敢说三道四，但在私人场合发表了一些不负责任、没有依据的言论。三是有的同志做人、做事不实事求是，对组织不坦诚，对同志不真诚，个人事项报告不全面、不准确，甚至隐情不报，对组织不讲真话、实话，甚至不能正确认识自己，放大自己的优点和长处，看不到或者看不全自身的缺点和不足。

加强思想作风建设，首先要旗帜鲜明讲政治，正确把握政治方向，站稳政治立场，提高政治能力，善于从政治上把大局、看问题，把讲政治落实到党建和工作的各个方面。讲政治，并不表现在平时滔滔不绝的政治表态，而是关键时刻敢于挺身而出的勇气和担当，表现在坚决完成党组织交给的各项任务。要坚定不移地贯彻执行中央和省委、省政府决策部署，自觉把人社工作放在中央和省委、省政府工作大局中，去思考、去部署、去落实，更加扎实地把省委、省政府部署安排落到实处。要切实增强“四个意识”，特别是核心意识和看齐意识，坚决维护习近平同志的核心地位、领袖权威，向党中央看齐，向习近平同志看齐，向党的理论和路线方针政策看齐，向党中央决策部署看齐。要大胆使用批评与自我批评这个“武器”，对自己的缺点错误，要敢于正视、主动改正；对别人的缺点错误，要敢于指出、帮助改进；对同志的提醒批评，要闻过则喜、虚心接受，有效提高党员干部的自我纠错能力。

（二）加强学风建设，坚持不懈地提高素质能力水平。客观地讲，习总书记指出的“本领恐慌”问题，在我们许多同志身上是存在的。可以说，很多同志有从事人社工作的自豪感，有做好人社工作的真诚愿望，也有干劲，但缺乏干好工作的过硬本领。有的同志不重视政治理论学习，参加“两学一做”学习教育不积极，对马列主义经典著作阅读得较少，对“四个全面”战略布局掌握得不到位，容易在工作中迷失方向、落后于时代；有的不善于研究省委、省政府最新决策部署，对新旧动能转换重大工程的意义、内涵思考不多、研究不透，对全省大局和动向掌握不及时，甚至知识老化，思维僵化，习惯于用老经验解决新问题；有的静不下心、稳不住神、学不进去，满足于形式化学习，满足于一目十行、浅尝辄止、不求甚解；有的学用脱节，既存在理论不会转化的问题，也存在人社业务不精通，讲不清楚、说不明白的问题。

现代人才学中有一个“蓄电池理论”，认为人的一生只充一次电的时代已经过去，只有成为一块高效蓄电池，进行不间断的充电，才能持续地释放能量。实事求是地讲，大家在省直机关工作，具备了相应学历和能力。但面对新形势新任务，我们一定要树立终生学习的学风，每天都要学习新知识、掌握新本领，把自己打造成能够持续充放电的“蓄电池”。一要突出政治理论学习。毛泽东同志曾经说过：“马列主义的书要经常读。《共产党宣言》，我读了不下100遍，遇到问题就翻阅，有时只读一两段，有时全篇都读，每读一次，我都有新的启发”。我们要有这种钻研的劲头，念好马克思主义这部共产党人的“真经”，提高用马克思主义立场、观点、方法分析解决问题的水平。要认真学习习近平总书记治国理政新理念新思想新战略，特别是总书记在民生和人社领域的重要讲话、重要论述，把握实质、融会贯通、深入思考，进一步提高做好人社工作的能力和水平。二要注重向基层学习。基层是人社干部永远的课堂。到基层去、到群众中去，是主动问政于民、问需于民、问计于民的重要方式。我们讲理论，可能比基层同志高明一些，但解决实际问题，我们比不上基层同志。全厅党员干部特别是厅（局）级、处级领导干部，要经常深入基层，与群众交朋友、查实情、接地气，“解剖麻雀”、发现典型，掌握鲜活的第一手资料。

（三）加强工作作风建设，以主动作为、敢于担当的劲头“撸起袖子”抓落实。工作作风是衡量党员干部宗旨意识和工作能力的重要标准，也是省委、省政府近期关注解决的重点。家义同志在重点工作推进情况视频会议上的讲话中，提出了5个问题，其中3个问题都与工作作风有关，分别是：抓落实是否有浮在面上的问题？担当作为有没有不积极不主动的问题？动真碰硬、开拓创新是否存在力度不够的问题？家义同志提出的问题，在我厅部分党员干部身上，也有不同程度地表现。一是工作落实力度不够大。面对省委、省政府和党组决策部署，有的干部表态快、落实慢，说的多、干得少，用家义同志的话说，叫做“口号喊得震天响，胸脯拍得邦邦硬，就是见不到实际行动。”比如，我们根据家义同志来我厅调研讲话要求，梳理了10项具体任务，会开过了、方案制定了、责任处室也明确了，但责任处室是否全力以赴投入了？有什么工作措施和进展？现在还有一些处室没有拿出实质性举措。还有的处室对重要改革研究得不深不透，对上级精神和实际情况把握不准，出台工作措施不够及时、质量不高、缺乏特色，影响了好政策的及时落地。有的同志在抓落实中，缺少“钉钉子”精神，没有那种一环紧着一环拧、一锤接着一锤敲的干劲，一些工作差就差在了“最后一米”上。二是敢于担当的责任感不够强。比如，遇到矛盾是勇往直前、迎难而上解决问题呢？还是遇到问题绕着走，碰到可能得罪人、出问题、惹麻烦的工作，能推就推、能躲就躲了呢？再如，有没有把矛盾和责任推向领导，暗示行政相对人找领导，自己为好人的现象呢？我看，在有的同志身上表现得还比较明显。又比如，有的同志对工作不负责、不细致，习惯大而化之，粗枝大叶，漏洞百出，出了问题不敏感、不敏锐，化解问题不及时，处理不妥当。还有的对群众不冷不热，遇事不急不忙，工作效率低下，办事拖拖拉拉，门好进、脸好看，事儿还是不好办。说到底，就是缺乏担当，就是为官不为。三是创新意识不够强烈。一些干部工作上习惯四平八稳、按部就班，喜欢用老办法解决新问题，看似成熟稳健，实际是缺乏改革创新精神。有的同志思想松懈，不愿意动脑子，认为“差不多就行了”“表扬也不进步了，批评也不落后了”，工作上“脚踩西瓜皮，滑到哪算哪”。有的同志主观上也想创新，但一旦遇到矛盾和问题，总是千方百计地强调困难，得过且过。请同志们想一想，面对推进新旧动能转换重大工程，面对落实省十一次党代会精神和家义同志、李群同志调研时提出的工作要求，我们是不是都全身心投入，积极地出谋划策，勇于进取了？我想有些同志还是没有瞪起眼来、全力以赴。

希望每名党员干部都要牢记党的宗旨，强化“守土有责”的责任意识，敬畏责任，忠诚履职，进一步改进工作作风，踏踏实实做实事，兢兢业业干工作。一方面，要善于研究和把握人社事业的发展规律，凡事想到前面、干在前面，全力以赴，奋发有为，绝不能坐等工作安排，绝不能“差不多就行”。特别是面对就业、社会保障、人才、劳动关系等领域的难题，要有一种“明知山有虎、偏向虎山行”的勇气和斗志，迎难而上、攻坚克难，下大力气办成几件带动性强、影响力大的实事，打赢几场漂漂亮亮的攻坚战、歼灭战，以实实在在的改革成效，激活新动能、释放新红利。要精诚合作，相互尊重、相互支持，多做“公转”的事儿，少做或者不做“自转”的事儿，形成干事创业的强大合力。另一方面，要坚决破除把廉洁自律与干事创业对立起来的错误认识，认真区分工作失误与违纪违法的界限，努力营造奋发有为、担当实干的浓厚氛围。同时，请大家放心，厅党组将旗帜鲜明地褒奖、鼓励担当者，旗帜鲜明地支持、保护担当者，更加关注、培养、使用那些苦干实干的干部，让这些干部干事有舞台、工作有奔头，人生有出彩的机会。对那些不想干事、干不成事、甚至是搅事的人，党组将坚决进行组织处理。

（四）加强领导作风和生活作风建设，防范和解决好“四风”反弹回潮、隐形变异的问题。领导作风、日常生活作风也是作风建设的重要方面，主要表现在官僚主义、形式主义、享乐主义和奢靡之风等“四风”问题的反弹回潮上。家义同志指出，有的“四风”问题花样翻新、隐性变异，穿上了“隐身衣”，玩起了“障眼法”，躲进了“青纱帐”，打起了“游击战”。这在我厅有些干部身上，也有所显现。一是形式主义方面。有的领导干部对会议把关还不够严，有的时候开了一些流于形式的会议，看似提高了会议规格、扩大了参会范围，但依旧是在以会议落实会议。有些文件照抄照搬，东拼西凑，不调研、不研究，脱离实际，存在重形式、轻实效的问题。有的活动过于讲究规格，追求仪式感，不注重实际效果。二是官僚主义方面。有的领导干部对同志关心帮助不够，平时交任务、提要求多，教方法、帮助解决困难不够，有时还存在急躁情绪，批评同志不太注意方式方法。有的看成绩多，看问题少，只愿意听正面声音，不愿触及矛盾，看不到不足和落后面。有的窗口存在“官僚”习气、“衙门”作风，对待服务对象不热情，工作方法简单生硬，遇到群众反映的棘手问题不知如何处理。三是享乐主义方面。有的同志敬业精神不够高，自我要求有所放松，不愿做劳神费脑、吃苦受累、费心出力和存在风险的事情。有的贪图小便宜，看重小恩惠，有的搞权力交换，要求服务对象为自己或家人办事，个别人甚至违反政策规定乱办事。有的工作拈轻怕重，多做一点就觉得吃亏，缺乏事业心和责任感。四是奢靡之风方面。对厉行节约、反对浪费，存在时紧时松的现象，过紧日子思想不够牢固。比如，中午吃自助餐，一些同志将不喜欢吃的大量饭菜倒掉，造成了浪费，也损害了自我形象。又如，有的同志为图方便，有时下班不关空调、不关电脑，甚至忘记关灯，夜间在楼外看得非常清楚，影响了我厅形象。五是个人生活作风方面。有的同志朋友圈、生活圈比较复杂，虽然没有公款吃喝，但也参加了一些不该参加的私人聚会；有的摆不正位置，把个人利益放在了集体利益之上，把个人荣誉放在了组织之上。

讲到这里，我联想起风靡全球的哈佛大学《幸福课》，教授这门课的泰勒·本·沙哈尔教授认为，幸福取决于你有意识的思维方式，并总结出了12条有意识获得幸福的思维方式：一是不断问自己问题。每个问题都会开启自我探索的门，然后，值得你信仰的东西就会显现在你的现实生活中。二是相信自己。怎么做到？通过每一次解决问题、接受挑战，通过视觉想像告诉自己一定做得到。三是学会接受失败，否则你永远不会成长。四是接受你是不完美的。生活不是一条一直上升的直线，而是一条上升的曲线。五是允许自己有人的正常情感，包括积极和消极的情感。六是记录生活可以帮到你。七是积极思考遇到的一切问题，学会感激。感激能带给人类最单纯的快乐。八是简化生活。贵精不贵多。对自己不想要的东西学会说“no”。九是幸福的第一要素：亲密关系。这是人的天性需求，所以，要为幸福长久的亲密关系付出努力。十是充分休息和运动。十一是做事有三个层次：工作、事业、使命，要找到你在这个世界的使命。十二是只有自己幸福，才能让别人幸福。希望这些观点对大家有所启迪。总而言之，要继续严格实施中央八项规定精神、省委十条实施办法和厅党组改进作风10条规定，坚持领导带头，完善制度政策，彻底荡涤“四风”，切实做到思想不能疲、劲头不能松、措施不能软，在人民群众和服务对象心目中，树立人社部门的良好形象。

（五）加强党风廉政建设，切实做到自警自省自律。党的纪律是党员干部的生命线。能不能严守纪律和规矩，是对党员干部党性的重要考验。我们身边有的党员干部在这方面栽了跟头，违反了纪律、规矩，甚至走向了违法犯罪的深渊。前几天上党课时，我提到，山东劳职学院原院长张友山和学院规划财务处、总务处3人，因违反政治纪律、廉洁纪律受到了党纪、政纪处理，山东工业技师学院5人被检察机关立案调查。这些教训给了我们上了沉重的一课。希望大家深刻汲取教训，把严守纪律作为修身做人的基本遵循、作为为官用权的警示箴言、作为干事创业的行为准则，牢固树立党章、党规和党纪意识，自觉遵守廉洁从政要求，守好防线，不碰底线，远离红线，做一名清正廉洁的“恪守者”。特别是要压紧、压实主体责任，班子成员要履行好“一岗双责”，各处室单位主要负责人要履行好第一责任人职责，管好党员、带好队伍，真正把党风廉政主体责任扛在肩上。

同志们，做好下半年的工作，任务艰巨，责任重大。我们要在省委、省政府的坚强领导下，认真贯彻省第十一次党代会精神和家义同志、李群同志来我厅调研时的讲话要求，解放思想，主动作为，攻坚克难，全面完成全年工作任务，推进人力资源社会保障事业继续走在全国前列。

在首届全国创业就业服务展示交流活动总结会上的讲话

（韩金峰 2017 年 10 月 11 日）

同志们：

今天，我们专门召开总结大会，全面总结首届全国创业就业服务展示交流活动的成果和经验，通报表扬作出突出贡献的先进单位和先进个人，全面弘扬办会精神，进一步激励全系统上下以先进为榜样，勇于担当，乐于奉献，推动我省人社事业在更高水平上转型发展。刚才，鲁青同志宣读了通报表扬通知。在此，我代表活动执委会和厅党组，向受到表扬的先进单位和先进个人表示热烈的祝贺！

首届全国创业就业服务展示交流活动，既是全国就业创业领域的一次盛会，也是我厅承办的规格最高、规模最大、持续时间最长的全国性活动。举办一届有特色、重实效、高水平的展示交流盛会，是我们做出的庄严承诺。我们在省委、省政府和人社部的坚强领导下，举全系统之力，秉承开放、创新、节俭、文明的办会理念，创造和演绎了一场精彩纷呈、美轮美奂的创业就业服务大展示，以一届成功、精彩、难忘的展示交流活动，载入全国创业就业服务的史册，为山东赢得了荣耀。马凯副总理对活动充分肯定，他说：“整个活动就像一个百花园，充满了生机，令人目不暇接、备受鼓舞。”现在，我们可以自豪地说，山东人社系统没有辜负省委、省政府和人社部的重托，用展示交流活动的巨大成功交上了一份出色的答卷。

活动的成功举办充分展示了全国上下对创业就业服务工作的高度重视和极大关心。本次活动中，中共中央政治局委员、国务院副总理马凯同志亲临启动仪式现场，并宣布活动开幕，给我们以极大的鼓舞和鞭策。人力资源社会保障部部长尹蔚民同志、副部长张义珍同志，山东省委书记刘家义同志，6 个国家部委、12 个省分管副省长，以及来自全国 31 个省、自治区、直辖市、新疆生产建设兵团人力资源社会保障部门的负责同志莅临启动仪式，共襄民生大计，共推双创发展，充分体现了对创业就业工作的高度重视。山东省委常委、常务副省长李群同志专程视察活动现场，并给予充分的指导和帮助。为促进更高水平对话交流，活动组委会特邀浪潮集团执行总裁王柏华、海尔集团副总裁孙京岩、中国区域经济研究中心常务副主任沈体雁、优联资本董事长王孝华等一批全国知名企业家、双创领域专家、投资人、创业者，对话双创发展、分享成功经验。这些让我们认识到创业就业工作直接关系经济社会发展大局，也让我们感受到了社会各界对创业就业服务工作的关心和关注，坚定了我们做好这项工作的信心和决心。

活动的成功举办充分展示了全省乃至全国创业就业服务工作的最新发展成果。本次展示交流活动，以“展示最新成果、促进行业交流、引领行业发展、服务大众创业”为宗旨，聚焦创业就业服务，聚焦大众创业、万众创新，共同探讨打造就业增长的新引擎。活动中，来自全国各地的 316 个优秀创业就业服务项目云集在历山脚下，既集结了人社、发改、经信等公共服务侧的好项目，又汇聚了阿里巴巴、清华启迪等市场服务侧的新项目，集中展现了当代中国创业培训、创业服务、就业服务等方面的新理念、新技术、新模式，展示了创业服务培育的优秀创意创业项目，全方位呈现了十八大以来我国创业就业服务行业的崭新面貌和最新成果。这些项目，既包括来自全国各地的170个优秀项目，也包括来自山东省的146个优秀项目，得到了与会领导和观展群众的极高评价。

活动的成功举办充分展示了创业就业服务最前沿的理论探索。活动期间，马凯副总理主持召开就业创业工作座谈会，人社部召开就业服务工作座谈会、就业信息化建设工作推进会、创业服务工作座谈会，举办新旧动能转换企业峰会、创业服务公益大讲堂、青年创业大讲堂、初创企业成长大讲堂、创业成果发布会、齐鲁创业七日谈，济南市举办了中国（济南）创业服务技术论坛。活动中，各级领导、广大专家学者和创业者畅所欲言、各抒己见，交流思想、碰撞智慧，高潮迭起，异彩纷呈，给人以深刻的思想启迪，为大家奉献了一场又一场的思想盛宴。据统计，我们每天至少举办2场活动，近3000人参与专项交流活动，并与近30名业内专家、创业典型进行交流互动，成功搭建了创业就业管理部门与服务部门、普通大众与创业大咖、创业者与创业服务者之间深度交流、直接对话的宽广平台。

活动的成功举办充分展示了山东的良好形象。5天来，累计有10万多人次入场观展，11万多人次在线上观展。本次活动的成功举办，既向全国人民展示了山东创业就业工作的最新发展成果，又向全国人民展示了改革开放以来的巨大发展成就，极大地提高了山东的知名度和美誉度，彰显了一个充满活力的齐鲁大地正在蓬勃崛起。在筹备期间，全体工作人员表现出强烈的东道主意识，对各地来宾友好接待，真诚服务，充分体现了热情好客、包容大度的精神境界，树立了“好客山东”的良好形象，获得了各代表团和与会人员的广泛好评。特别是我们秀好主场，讲好山东故事，引导新闻媒体加大对山东创业就业的报道力度，在全部报道中，80%以上的宣传内容包涵山东或以山东为主，树立了山东的崭新形象，将为我省的招商引资、招才引智工作创造良好的外部环境。

本次活动的成功举办，离不开济南市、执委会各工作组的精心谋划和辛勤工作。济南市对办好本次活动高度重视，配强领导，配齐队伍，积极联系会展中心，精心确定领导视察路线，协调公安、交警、食药监部门提供支持保障，组织开展了一系列特色活动，为活动的成功举办做了大量卓有成效的工作。执委会8个工作组各司其职、各负其责。综合协调组加强活动整体谋划和沟通协调，成功组织举办活动启动仪式、新旧动能转换企业峰会、创业大讲堂、创业服务座谈会、创业成果发布会、齐鲁创业七日谈等会议活动，考虑细致，注重补位，很好地发挥了牵头作用。展示交流组勇挑重担，精心设计、反复修改方案，特别是最后布展阶段，通宵达旦，夜以继日，连续作战，高标准完成布展工作，确保了展示质量和效果。调研视察组精选视察点，优化视察路线，反复演练，为视察工作顺利进行提供了支撑。就业座谈会组、公共就业服务信息化会推进组按照人社部的要求，精心做好各项会务组织和服务工作，确保了会议取得了预期效果。宣传材料组积极做好活动宣传和材料起草工作，最大程度地扩大了活动的影响力；资金保障组积极协调财政，争取资金支持，确保了活动的经费保障；服务保障组细致做好参会人员住宿就餐安排、用车保障等接待服务工作，为活动开展提供后勤服务，保障了活动的顺利举办。这里，我代表活动执委会和厅党组，向参与这次活动组织筹备、付出辛勤劳动、作出突出贡献的济南市和执委会的全体工作人员，表示衷心的感谢！

本次活动的成功举办，全面锻炼了队伍，形成了“为系统增光的爱岗精神，不怕吃苦、勇于奉献的实干精神，严谨细致、精益求精的敬业精神，追求卓越、勇攀高峰的创新精神，团结协作、鼎力相助的团队精神”，也为我们积累了宝贵的经验。这些经验概括起来是：第一，必须坚持党的领导，旗帜鲜明讲政治。创业就业工作是党和国家事业的重要组成部分，办好首届全国创业就业服务展示交流活动，离不开党中央的坚强领导。在承办展示交流活动中，我们自觉坚定地与党中央保持高度一致，深刻领会习近平总书记关于创业就业工作的新理念新思想新战略，认真贯彻马凯副总理对办好首届全国创业就业服务展示交流活动的指示要求，全面落实省委、省政府和人社部的工作部署，从山东实际出发，既继承传统，又开拓创新，创造性开展各项筹备工作。在今后的工作中，我们也必须强化党的领导，旗帜鲜明讲政治，这是做好一切工作的根本保证。第二，必须明确责任，健全机制。我们把承办这次活动，作为全省就业创业工作的一件大事，摆在突出位置，举全厅、全系统之力做好筹备工作。厅里成立由鲁青同志牵头、处长任组长、相关工作人员组成的8个工作组，进一步细化任务，严格工作要求，充分调动了大家的积极性。同时，我们制定完善了工作调度、经费管理等一系列工作制度，健全工作机制，保证了筹备工作的顺利进行，确保了各项工作任务的有效落实。加强信息共享和工作协调，一方面加强对上、对外的协调沟通，另一方面加强各工作组之间的协调沟通，确保了步调一致、行动一致，防止出现工作真空和落实死角。特别是省厅与济南市局心往一处想、劲往一处使，全面加强协调合作，形成了强大的工作合力，为活动的成功举办奠定了坚实基础。实践证明，任何工作都不能单打独斗，必须加强领导，加强沟通，牢固树立一盘棋意识，相互补位，密切配合，协同推进。第三，必须勇于担当、甘于奉献。从7月份初步确定由我省承办本次活动，到9月中旬活动正式举办，只有短短2个月的时间。在如此短时间内，筹备这样一个全国性的活动，时限要求紧，质量要求高，组织难度非常大。执委会全体同志坚决执行省委、省政府和厅党组的工作部署，积极主动地按照分工做好各项工作，做到了人员、时间和精力“三个到位”。很多同志在不影响本职工作的同时，埋头苦干，任劳任怨，全面做好展示交流活动的筹备工作，表现出很强的大局意识和担当精神。在筹备工作后期，同志们充分发扬顽强拼搏、无私奉献的精神，紧跟工作进度，主动牺牲休息时间，“五加二，白加黑”，自觉加班加点，按时保质保量地完成了各项工作任务。有的处室全部放弃了年休假的机会，全身心地投入到活动筹备工作中；有的同志天天早出晚归，一周见不到孩子一面，有的同志为了不影响工作进展，连夜奋战到凌晨。可以说，没有这些同志的勤勤恳恳、兢兢业业，就没有我们这次活动的顺利举办。第四，必须注重发挥专业思维，善于借助外力。组织这样一次大规模的活动，单纯依靠我们人社部门的力量难以完成，必须借助专业人士和社会机构的力量，让专业的人干专业的事。本次活动，我们根据工作需要，合理搭配工作力量，引入专业团队，不断增强事业发展活力。一方面，我们安排参与海洽会等大型活动筹备工作的同志，参与本次活动的筹备，充分发挥他们的经验优势；另一方面，我们勇于创新，引导更多的社会力量支持、参与办会，通过政府购买服务的形式，引入有责任心、专业性强的第三方社会机构，发挥他们的专业、人才和资源优势，参与专题展示、开闭幕式设计、专项活动组织等各项工作，既避免了资源浪费，提高了工作效率，又保障了工作质量，出色地完成了各项工作任务。第五，必须坚持正确导向，在全社会形成良好的舆论氛围。我们牢牢把握正确的舆论导向，坚持突出重点、注重实效的原则，健全新闻报道机制，有效整合各方力量，加强舆论引导，整体推进新闻舆论宣传和社会动员，不断掀起宣传的热潮。特别是开幕式以后，我们组织协调全国50余家媒体100多名省内外记者，做了大量的精彩报道，新华社、人民日报、经济日报等10余家中央媒体和大众日报、山东电视台等省级主流媒体刊发稿件120余篇，累计转载450余条。特别是我们充分利用网站、微博、微信、手机客户端等新媒体手段，在中国新闻网、新华社手机客户端、人社部网站、山东政府网等新媒体平台上，主动发布信息300余条，点击量超过500多万人次，不仅为成功举办活动提供了强大的舆论支持，而且展示了山东创业就业开拓进取、勇于创新的良好形象。

总结成功经验、弘扬活动承办精神，重在实践、重在落实、重在推进今后的工作。我们要把承办展示交流活动焕发出的巨大热情和干劲，引导到干事创业上来，引导大家以更加高昂的斗志、更加饱满的热情、更加务实的作风，推动我省人社工作在更高水平上转型发展，继续走在全国前列。要深入学习和弘扬这次办会精神，研究和总结这次活动展示的人社事业发展的新理念、新技术、新手段，深化对创新、协调、绿色、开放、共享五大发展理念的认识，推动理念转变、手段创新和环境优化，不断开创人社工作的新局面。要紧紧围绕“走在前列”目标，各项工作都要瞄准国内先进水平，立足高起点、坚持高标准、瞄准高目标、干出高水平，努力争创一流工作业绩，树立国内人社工作发展的新坐标。要把稳就业作为第一位的工作，实施更加积极的就业创业政策，全力落实好《关于助推新旧动能转换做好当前和今后一段时期就业创业工作的意见》和《山东省“十三五”促进就业规划》，千方百计确保就业局势稳定。要全面加强创业就业服务，大力探索“智慧就业”，全面加强基层服务平台、创业大学、创业孵化基地（园区）、农民工综合服务中心等创业就业服务平台建设，继续擦亮创业大学、就业扶贫车间等服务品牌，推动我省就业创业服务工作再上新台阶。要认真学习借鉴兄弟省市人社服务的好做法，以“三化建设”为抓手，大力推进“放管服”改革，着力培育“规范服务”“互联网＋人社服务”和“整体服务”新优势，提高工作效率和公共服务效能。要强化务实的工作作风，列出每项工作的时间表、责任状，把各项工作抓细、抓实，进一步出实策、鼓实劲、办实事，真正把省委、省政府和厅党组的决策部署落到实处。

同志们，再过一周的时间，我们将迎来党的十九大。让我们在省委、省政府的正确领导下，进一步凝心聚力，主动作为，全面完成全年工作任务，努力推动人社事业持续走在全国前列，以优异的成绩迎接十九大的胜利召开。

在全省“互联网＋人社”推进工作座谈会上的讲话

（韩金峰　2017 年 10 月 14 日）

同志们：

这次全省“互联网＋人社”推进工作座谈会的主要任务是，贯彻落实全国“互联网＋人社”推进座谈会精神，总结工作，分析形势，安排部署今后一个时期的信息化建设工作任务，全面引领人社事业转型发展。

刚才，6 个市作了交流发言，各有特色，各有亮点，听后很受启发。晚上，我们还要参观人社信息化建设创新应用成果展。本次成果展的 128 个优秀应用案例，全景式、多角度展示了我省人社信息化的创新发展之路，展望了人社工作与互联网深度融合的美好前景。希望大家认真学习借鉴，进一步坚定信心、鼓足干劲，推进“互联网＋人社”向纵深发展。下面，我讲几点意见。

一、肯定成绩，查找差距，进一步增强加快人社信息化发展的责任感、紧迫感

近年来，各级人社部门高度重视人社信息化建设，认真贯彻省委、省政府的决策部署，不断夯实信息化建设基础，加大数据的开发应用，加快拓展社会保障卡功能，全面推进信息系统省集中建设，稳步推进信息共享和业务协同，人社系统信息化实现了从“人社信息化”向“信息化人社”的转变、从“信息化人社”向“互联网＋人社”的升级，信息化已经成为支撑人社事业转型发展的重要基石，成为促进改革创新的重要力量。发展成绩可以概括为：实现“两个率先”，打造“两个品牌”，夯实“三个基础”。

（一）实现两个“率先”。一是在全国率先开展“标准化、信息化、一体化”建设。出台《指导意见》和《实施方案》，明确了全省统一的社保公共服务标准、数据整理办法、电子档案管理办法和实施规范。坚持线上线下相融合，加快业务创新和服务方式变革，推动公共服务事项从“同城通办”“同市通办”向“同省通办”发展，为人民群众提供更加方便快捷、优质高效的公共服务。各市也制定了具体实施方案，明确了时间表和路线图，并逐项抓好任务目标、建设内容和实施计划的落实落地。二是率先建设省级社会保险集中平台，并将居民养老保险、机关事业单位养老保险整合到省平台，今年在莱芜、菏泽两市先行试点。应该说，信息化工作已经进入集中整合、协同共享、聚集融合的新阶段。其他领域，比如就业、劳动关系、人事人才、等的省集中也在快速铺开。同时，建设省集中一体化应用集成平台，实现各系统间和省市间的信息共享和业务协同办理；建设异地业务一体化平台，实现社会保险转移接续、待遇资格认证、异地就医联网结算等跨地区业务协作。

（二）打造两个品牌。一是打造社保卡“一卡通”品牌。深入实施社会保障卡工程，全省持卡人数达 7374 万，启动社会保障卡融合居民健康卡工作，开展就业创业证与社保卡“证卡合一”试点，推进跨省就医持卡结算，社保卡已成为人社部门服务群众的重要载体，也被其他部门开辟为公共服务的新渠道。二是打造 12333 服务品牌。全省 12333 电话年咨询量达 628 万次，形成了以网站、移动应用、电话、短信、自助一体机等全方位信息服务体系，服务渠道由城镇延伸至农村，由人社部门延伸至银行、医院等社会机构，打通了服务群众“最后一公里”，为人民群众提供更加贴近、更加贴心的服务。

（三）夯实三个基础。一是夯实信息化的平台和网络基础。“一网”“一库”“一卡”“一号”工程建设快速推进，搭建了安全、高效的信息网络平台。加快基层网络建设，基层网络延伸到 2000 多个乡镇（街道）和 3.6 万个村（社区），实时支撑人社业务办理。二是夯实信息资源的开发利用基础。加快建立统一的人社基础信息库，记录个人基本信息、就业信息、参保信息等，为信息资源开发利用奠定了坚实的基础。信息资源实现了省级汇集，并实时更新，为人社部门积累了宝贵的数据财富。积极探索大数据应用，开发了移动大数据就业动态监测、医保智能监控等一批有价值的分析主题，为政策制定、待遇调整、形势判断、绩效评估、监督监管提供了有效支持。三是夯实信息资源共享基础。建设省级信息资源共享平台，与公安、工商等签订了合作协议，拓宽数据的来源渠道和数量，实现了跨业务、跨层次、跨领域的业务协同和信息共享。

在看到成绩的同时，我们更应该清醒地看到差距和不足。前不久，在全国“互联网 + 人社”座谈会和就业信息化座谈会上，听了兄弟省市的信息化建设经验后，我在深受启发的同时，也看到了我们的差距和不足。一是思想还不够重视。一些市还没有认识到“互联网 + 人社”对人社事业发展的巨大促进和引领作用，对信息化工作不那么关心、不那么重视，甚至简单地将信息化工作视为一项可有可无的工作视为一种工具，“互联网 +”意识还比较淡薄。有些地方人社部门信息化力量比较薄弱，专业化素养不高。二是数据质量不高。数据库数据与统计报表数据有较大差异，历史数据中姓名、身份证号、行政区划等基础信息不全、不准。数据不够准确，既不利于开展宏观决策分析，也不利于向群众提供公共服务。三是数据开发应用不理想。大量信息沉睡在数据库中，没有从海量数据中找到事业的发展规律，也没有起到预测、预警作用，大数据能力没有得到充分发挥。四是数据共享还不够。省集中部署的业务系统和各市建设的社保系统数据库相对独立，没有充分实现共享联动，造成了数据的“条块”分割，信息孤岛仍然存在。五是地区间发展不平衡。有的市信息化建设和系统维护费用不足，数据中心核心设备运行时间较长，带病运行，抵御风险能力较弱。

当今时代是以信息技术为核心的互联网时代。互联网已经融入经济社会发展的方方面面，深刻改变着人们的生产和生活方式，对经济社会发展产生了巨大的促进和引领作用。我们必须将人社工作与互联网的创新理念、创新模式、先进技术深度融合，以更坚决的态度、更大的力度，在更大范围、更新层次上加快推进“互联网＋人社”发展。要注重从三个方面审视信息化建设：

一是从全局和战略的高度重新审视信息化。信息化关系到人社事业发展全局，它不仅仅是技术方法问题，更重要的是涉及到思想观念转变、管理体制创新、队伍结构调整等各个方面。信息化在人社工作领域的定位，不是仅作为外在的、辅助性、技术性工具，而是内在的、总体性、机制性构成。“互联网＋人社”不等于信息技术与人社业务工作的物理叠加，而是通过更加主动地发挥信息化的引领作用，对业务工作产生效率倍增的化学反应。这就要求我们站在全局和战略的高度，提高认识、统筹谋划、协调推进，采取更加积极有力的措施，不断推动“互联网＋人社”各项任务的落实、落地。

二是从全民的角度重新审视信息化。人社工作全部涉及到人，大部分涉及民生，与人民群众的切身利益密切相关。人社部门的服务水平如何，直接影响到人民群众的获得感、幸福感。特别是在互联网可以满足衣食住行各项服务需求的时代，人民群众对公共服务的期待日益提高，不仅需要在服务大厅获得周到服务，而且要随时、随地获得网上服务和移动服务；不仅要求获得多样化的服务，而且要求获得个性化的服务。因此，我们要转变信息化工作方式，在建设思想上，要从为人社部门建系统，转变为为广大群众建系统；在建设内容上，要从以支持内部经办为主，转变为经办管理服务并重，更加重视服务对象的切身体验；在建设方法上，要从内部设计论证，转变为广泛吸收各方意见，发动群众参与创造。

三是从创新的角度重新审视信息化。互联网的核心是创新。推进信息化，首先，要创新思想理念，树立创新变革的互联网思维，积极推动各项业务的跨界，促进系统内、部门间及与社会机构的融合，发挥互联网对人社业务工作的引领促进作用，推动业务形态的创新和发展。其次，要创新体制机制。省集中、一体化、一卡通等，既是信息化工作目标，更蕴含着人社工作体制机制的创新，内在要求是统一规范、完整准确、横向可流动、纵向能贯通。要按照互联网要求，打破以往分散割裂的管理体制和封闭运行的工作机制，重塑工作流程、工作标准、工作制度，从根本上改变人社系统传统的工作理念、工作方式和工作手段。各级人社部门要树立变革的决心和勇气，坚持整体思维，加强顶层设计；信息化工作机构要在这一变革中发挥主动作用，当好创新的促进派。第三，要创新信息化工作内容，更加注重数据的应用，实现从传统 IT（信息技术）向 DT（数据技术）的转变，在业务决策、实施、评估、完善中发挥更大效用。

二、突出重点，全力攻坚，加快推进“互联网＋人社”

省厅经过反复论证，制定印发《山东省“互联网＋人社”2020 信息化发展暨“十三五”规划》，明确了“十三五”时期全省“互联网＋人社”发展的总体思路、发展目标、重点任务和建设内容。各地要按照规划要求，以“三化”建设为统领，加快推进“互联网＋人社”发展，推动人社工作与互联网的深度融合，实现人社管理服务工作的新跨越。

（一）坚持强本固基，进一步夯实信息化的发展基础。基础不牢，地动山摇。推进“互联网＋人社”，必须从基础工作做起，从硬件、软件、系统、网络、数据库等方面入手，不断打牢发展基础。一是加快推进“三化”建设。标准化、信息化、一体化建设，是关系人社事业长远发展的重大工程。要把“三化”建设作为一项基础性工程，坚持线上线下相融合，加快业务创新和服务方式变革，推动公共服务事项从“同城通办”“同市通办”向“同省通办”发展。各业务板块在陆续出台标准的情况下，信息化要及时跟进，运用互联网思维，重塑和再造各业务流程，升级改造信息系统，将标准固化到信息系统中。二是加快完善信息化标准体系。要下大力气构建科学完善的信息化标准体系，规范网上服务行为，推动信息化走上规范化、标准化轨道。要从互联网应用和优化服务的角度，对现有的业务经办流程进行重塑和再造，让群众只进一次门、只填一次表即可办理相关业务。三是加快建设人社基础信息库。要统一基础数据入口，各业务间共享基础数据，实现“同人、同省、同库”，避免各系统重复采集数据。同时，加快人社系统网络建设，尽快建成纵向到底，横向到边的人社业务网，增强服务对象的幸福感、获得感。

（二）坚持应用优先，进一步推进信息化的开发应用。实施“互联网＋人社”，便民利民是目的。要重点从三方面加强信息化开发应用：一是加快推进公共服务信息化建设。要简化群众办事流程，搭建以微信、微博、“12333”服务热线、“山东人社服务”APP、门户网站办事大厅和自助服务一体机为载体的“六位一体”公共服务系统，努力实现人社业务的网上经办，做到“信息多跑路、群众少跑腿”。二是深度挖掘大数据。人社事业发展的根本出路在信息化，信息化的根本出路在大数据开发。家义书记到省厅调研时强调，要紧紧围绕人社工作需求，综合运用大数据等手段，创新工作思路，完善管理模式，提高效率、保证质量、确保安全。要充分利用互联网＋、云计算、大数据等新一代信息技术手段，挖掘大数据的使用价值，全面掌握不同地区、不同行业、不同人员的共性、个性需求，创新服务模式，提高智能化服务水平。要加强数据关联分析，构建集成多领域的大数据应用平台，支撑大数据在就业监测、社保基金监管、医保医疗服务行为监控、用卡轨迹分析、就业精准扶持、劳动保障监察、内控稽核等方面的应用。要利用大数据发现隐含的客观事实和发展规律，实现“用数据说话、用数据决策、用数据服务、用数据创新”，为社会公众提供更为个性化、更具针对性的服务。三是加快社保卡发行和应用。要加快发卡步伐，尽快实现“人手一卡”。拓展社保卡应用范围，全面实现社保卡的102项应用，推进社保卡代发养老金工作。

（三）坚持系统集中，进一步深化省集中建设。家义书记来我厅视察时明确提出，要加快信息系统省集中建设，这也是信息化发展的必由之路。为落实家义书记指示，省厅组织编制了人社信息系统省集中建设方案，围绕“一网、一库、一卡、一号”工程，构建大业务、大服务、大数据体系，整合人力资源社会保障信息资源和服务能力，最终实现全省大集中。今年9月，我们邀请中国工程院院士王恩东、部信息中心副主任宋京燕以及国家、省信息化专家对方案进行了论证，得到与会专家的一致认可。目前，省厅已经批复了莱芜、菏泽两市开展社保省集中建设试点。要坚持“数据向上集中，服务向下延伸”，树立全省人社“一盘棋”的大局观、全局观，从单向思维向集成思维转变，从单兵游击向集体作战转变，集中力量办大事，既为一域谋成绩、也要为整体添光彩，推动各地系统纵向集中和横向整合，推动信息化建设水平均衡发展。各地要积极创造条件，加快实施省集中，配合做好业务流程梳理、数据整理迁移和系统切换等工作，积极探索符合山东实际、具有山东特色的省集中建设模式。

（四）坚持共享互通，进一步加强信息化的资源整合和业务协同。推进“互联网＋人社”，数据互联互通是关键。要针对数据不准、信息孤岛、应用不够等问题，整合信息资源，建立我们自己的人社大数据，实现基础信息资源的共享共用、互联互通。一是加快各业务领域数据的共享融合。要规范数据采集和应用标准，拓展数据采集范围，提高数据质量，强化精准识别能力和信息汇聚能力，推进人员、单位、电子档案信息在各业务领域之间的充分共享。二是打破地域限制。加强异地业务系统建设，有效提升社会保险关系转移接续、异地就医结算、异地领取待遇、人事人才服务、资格认证等异地业务的经办效率，进一步方便群众就近办事，解决“垫资”“跑腿”等问题的出现。三是打破信息孤岛。大力推进信息资源的跨部门共享，推动人社部门与公安、工商等部门业务数据的互联互通、有序开放，实现数据共享、服务联动。大力推进与社会数据信息共享融合，探索引入社会机构、互联网公司的数据资源和第三方大数据挖掘分析能力，构建多领域、集成、融合的人社大数据平台。

（五）坚持安全为本，进一步确保信息系统的绝对安全。信息安全无小事，人社信息系统承载了众多的民生重托，如果一旦出现安全问题，人民群众参不了保，缴不了费，看不了病，领不到待遇，将会引发严重的社会问题。更重要的是，我们的数据库记载了全省几千万人的基本信息、就业信息、参保信息、金融信息，一旦丢失或泄露数据，后果将不堪设想。各地务必以高度的责任心，在抓好系统建设的同时，全力抓好信息安全工作。要加强对信息采集、使用、共享全过程的身份鉴别、授权管理、加密传输和数据资源备份等，加强对个人信息的隐私保护，确保数据安全。要充分利用大数据技术，建立全网信息安全感知能力，实现对网络安全的动态发现和跟踪分析，坚决防范网络安全风险和隐患。要重点监控电子证照、统一身份认证、网上缴费支付等重要系统和关键环节，防止问题的发生。建立信息安全保障工作长效机制，落实信息安全等级保护制度，定期开展信息安全工作检查。

三、加强领导，强化保障，确保各项目标任务的落地生根

“互联网＋人社”是一项系统工程，涉及范围广，工作任务重。各级人社部门要把“互联网＋人社”工作放在更加突出的位置，加强领导，强化支撑和保障，大力推动“互联网＋人社”行动计划的顺利实施。

一是强化组织领导。“互联网＋人社”是一把手工程。人社部门主要负责人要高度重视，把这一利在当前、功在长远的基础性工作和战略工程紧紧地抓在手上，争做“互联网＋人社”的组织者、推动者。要深入研究，总结借鉴信息化经验，积极探索发展规律，切实加强对信息化工作的指导。要举全系统之力，动员各方力量，整合各类资源，亲自协调解决工作中遇到的重大问题。各分管负责同志要靠前指挥、狠抓落实，抓好制定和落实工作方案等工作，并定期调度，强力推进。业务部门要按照“互联网＋人社”的思路，提出流程优化和项目实施的具体需求；信息中心要担负起组织、协调、推动的职责，牵头制定方案，统筹安排各项工作任务。

二是强化人才和资金支撑。培养、造就一支素质高、能力强、作风硬的信息化工作队伍，是推进“互联网＋人社”的基础和保障。各地要将信息化队伍建设作为重中之重，纳入人才工作的重要内容，统筹加强队伍建设。要优化人员结构，有重点地引进专业人才，稳步提高信息人才比重，创造吸引、留住和用好人才的环境，努力培育和造就一批信息化建设的中坚力量。要大力普及信息化知识，打造一支既熟练掌握人社知识和业务，又具备信息化思维和技能的高素质、复合型的信息化工作队伍。要加强信息化干部和业务干部的交流，选派一批优秀干部从事信息化工作，对于表现优秀的信息化干部，要予以交流重用。同时，要着力强化资金保障，加强与有关部门沟通协调，积极争取财政经费支持。要多渠道筹集资金，为实施“互联网＋人社”打下良好的物质基础。

三是强化廉政建设。随着信息化建设资金的大量投入，廉政风险也在逐步上升。要坚持警钟长鸣，全面加强政治思想教育，打牢广大信息化建设者的廉政思想基础。要强化组织管理和制度建设，将信息化建设和运行的各个环节，全部纳入规范管理轨道，形成以制度管人、以制度管事的良好氛围，以严格的制度保障信息化廉政安全。特别是要严格落实政府采购和招投标制度，大力打造阳光工程，确保信息化建设经得起历史和人民的检验。

最后，我强调一下人社领域扶贫的汇报和宣传工作。我们人社系统在扶贫工作中做了大量的工作，也取得了一定成效。但由于汇报不及时，宣传不到位，领导机关不了解人社系统扶贫工作的进展情况，不了解人社领域扶贫工作的先进经验、先进做法，广大人民群众也没有真正理解人社扶贫带来的新气象、新变化。要积极向当地党委、政府汇报人社领域扶贫工作的进展情况，汇报人社领域扶贫的鲜活案例，加强与各级扶贫部门的沟通交流，争取他们的理解和支持。要认真梳理人社扶贫工作措施，认真梳理工作成效，认真梳理给人民群众带来的变化，并大张旗鼓地加以宣传，让人民群众切实感受到党和政府的温暖。

同志们，下周，党的十九大即将胜利召开。让我们在省委省政府的正确领导下，进一步振奋精神、锐意进取、凝心聚力、攻坚克难，以改革的精神、创新的思维、长远的眼光、务实的作风，扎实推进“互联网 + 人社”建设，奋力开创我省人社信息化工作新局面，以更加优异的成绩迎接党的十九大胜利召开！

山东省人力资源和社会保障工作

就业创业、失业保险和农民工工作

2017年，山东省就业创业工作紧紧围绕新旧动能转换重大工程，研究制定更加积极的就业创业政策，着力在扩大就业规模、提高就业质量、稳定就业岗位和促进创业上下功夫，各项工作稳步推进，全省就业形势持续稳定，就业目标任务圆满完成。城镇新增就业128.28万人，完成年度计划的116.61%，同比增长6.03%；城镇登记失业率3.4%，同比下降0.06个百分点，低于全国平均水平0.5个百分点。全省失业保险参保人数1268.3万人，失业保险费征缴收入59.1亿元。创业载体建设创新突破，评估认定33家省级创业示范平台和6家省级示范创业大学。省级创业示范平台达到161家，省级示范创业大学达到11家，大众创业、万众创新氛围更加浓厚，动力更加强劲。

【就业创业】 **政策文件**。提请省政府印发《山东省“十三五”促进就业规划》（鲁政发〔2017〕26号），明确“十三五”期间全省就业工作的指导思想、基本原则、主要目标和工作任务。提请省政府印发《关于助推新旧动能转换做好当前和今后一段时期就业创业工作的意见》（鲁政发〔2017〕27号），从推动就业优先、支持创业创新、加强人力资源支撑、稳住就业“基本盘”、完善保障机制等方面提出一系列政策措施。

就业活动。省人力资源社会保障厅、省卫生和计划生育委员会、省计划生育协会联合在潍坊市寒亭区举行“人口流动 健康同行”——2017年全省流动人口关怀关爱活动启动仪式，现场向流动人口发放困难救助金和健康服务包，进行政策咨询、健康义诊、法律维权等咨询服务，开展基本公共卫生、农民工维权等宣传活动。组织开展就业目标责任考核。采取集中考核、社会抽样调查方式，对17市2016年度就业目标责任落实情况进行全面考核，考核结果经省政府同意后，以省就业和农民工工作联席会议办公室名义，向各市政府通报考核结果。召开全省就业和农民工工作电视会议，总结2016年全省就业、失业保险和农民工工作，研究分析形势，全面部署2017年就业、失业保险和农民工工作。召开全省就业和农民工工作联席会议2017年第一次会议，传达学习国务院就业工作部际联席会议和农民工工作领导小组第五次全体会议精神，研究审议2017年山东省就业和农民工工作联席会议工作要点，部署2017年工作。组织收听收看全国就业创业工作暨2017年普通高等学校毕业生就业创业工作电视电话会议，省人力资源社会保障厅、省教育厅、省征兵办公室主要负责同志，省就业和农民工工作联席会议其他成员单位负责同志，部分驻鲁普通高校主要负责同志在省分会场参加会议。中国就业促进会第三届会员代表大会在济南召开，人力资源社会保障部副部长吴道槐同志出席会议并讲话。人力资源社会保障部副部长张小建同志当选新一届会长，山东省人力资源和社会保障厅党组副书记、副厅长夏鲁青当选新一届副会长。来自全国省（区、市）、国家有关部委（单位）以及社会相关方面的会员代表、特邀嘉宾约参加会议。召开全省就业形势分析座谈会，总结交流上半年工作，研判分析当前形势，剖析存在问题，安排部署下半年工作任务。举办新闻发布会，解读省政府《关于助推新旧动能转换做好当前和今后一段时期就业创业工作的意见》。举办新闻发布会，解读省政府《山东省“十三五”促进就业规划》。提请省政府召开全省就业创业工作电视会议，深入学习贯彻党的十九大精神，落实全国就业创业工作座谈会精神，总结回顾党的十八大以来全省就业创业工作，研究分析形势，安排部署今后一个时期就业创业工作任务。在济南举办就业创业政策培训班，各市人力资源社会保障局分管领导、就业科（处）室负责人、公共就业服务机构负责人、高校毕业生就业机构负责人、各县（市、区）人力资源社会保障局就业创业工作负责人参加培训。

创业活动。组织收听收看国务院就业工作部际联席会议推动返乡创业工作电视电话会议，省就业和农民工工作联席会议召集人、省委组织部副部长、省人力资源社会保障厅党组书记、厅长韩金峰，省就业和农民工工作联席会议成员在省分会场参加会议。组织开展 2017 年度省级创业孵化示范基地、省级创业示范园区、省级留学人员创新创业示范园和省级示范创业大学的评估认定工作，经过组织报名、材料初审、集中答辩、实地评审和确认公示，认定创业孵化示范基地 12 家、创业示范园区 6 家、大学生创业孵化示范基地 10 家、大学生创业示范园区 1 家、省级留学人员创新创业示范园 4 家、省级示范创业大学 6 家。全省省级创业示范平台达到 161 家，省级示范创业大学达到 11 家。首届全国创业就业服务展示交流活动在济南举办，中共中央政治局委员、国务院副总理马凯出席并宣布活动启动；中央组织部副部长、人力资源和社会保障部部长、党组书记尹蔚民出席并致辞；中共山东省委书记、山东省人大常委会主任刘家义出席并致辞；人力资源社会保障部副部长张义珍出席并主持启动仪式。此次活动由人力资源社会保障部和山东省人民政府主办，山东省人力资源和社会保障厅与济南市人民政府承办。活动包括主题展示和专项交流，主题展示共展出全国 31 个省（区、市）、国家有关部委（单位）的参展项目 170 个，山东省参展项目 146 个；专项交流活动包括新旧动能转换企业峰会、创业大讲堂、创业成果发布会、创业服务座谈会、齐鲁创业七日谈等，活动取得圆满成功，达到预期目的，为大众创业、万众创新植入了不竭动力。

【失业保险】 **政策文件**。经省政府同意，会同省财政厅印发《关于阶段性降低失业保险费率有关问题的通知》，在全国率先贯彻落实降低失业保险费率政策，将失业保险费率由 1.5% 降至 1%，其中单位费率降至 0.7%、个人费率降至 0.3%。会同省财政厅印发《关于失业保险支持参保职工提升职业技能有关问题的通知》，对符合条件的参保企业职工取得职业资格证书或职业技能等级证书的，从失业保险基金给予技能提升补贴。会同省财政厅印发《关于进一步做好扩大失业保险基金支出范围试点工作的通知》，将山东省扩大失业保险基金支出范围试点政策延长执行到国家修订的《失业保险条例》正式施行之日。经省政府常务会议审议通过，印发《山东省人力资源和社会保障厅　山东省财政厅关于调整失业保险金标准的通知》，自 11 月 1 日起，失业保险金标准提高到每人每月 1080 元、1030 元、980 元，平均标准达到 1030 元，增幅 8.4%。

基金征缴管理。落实《社会保险法》《社会保险费征缴暂行条例》《失业保险条例》和《山东省失业保险规定》，全省失业保险参保人数 1268.3 万人，同比增加 45.4 万人；全省失业保险费征缴收入 59.3 亿元，失业保险金支出 25.9 亿元，职工基本医疗保险费 7.5 亿元，扩大试点支出 8.95 亿元，稳岗补贴支出 9.6 亿元。印发《山东省人力资源和社会保障厅　山东省财政厅关于拨付 2016 年度失业保险调剂金的通知》，下达失业保险省级调剂金合计 5 亿元。

待遇发放。按照国务院《失业保险条例》和《山东省失业保险规定》，全省全年累计为 37.3 万失业人员发放失业保险金等待遇，并为其缴纳基本医疗保险费。

失业保险活动。在烟台、济宁、济南举办失业保险政策和动态监测培训班，进一步提升基层工作人员政策熟悉度和业务水平。组织收听收看人力资源社会保障部推进落实技能提升补贴政策经验交流电视电话会议。会议交流贯彻落实技能提升补贴政策情况，对下一步做好失业保险支持参保职工提升职业技能工作提出要求，对调整失业保险金标准文件落实进行部署，对当前的就业重点工作进行部署。在莱芜、淄博、青岛分4期举办全省失业动态监测培训班，面向监测企业的人力资源负责同志和失业动态监测信息采集人员开展培训，提高失业动态监测质量。在济南市召开全省失业保险工作座谈会，总结2017年全省失业保险工作，交流经验，分析形势，谋划部署2018年工作任务。

【农民工工作】 **政策文件**。省人力资源社会保障厅印发《关于开展山东省农民工职业技能提升3年行动计划等3项行动计划自查自评工作的通知》，要求通过政策梳理、实地督查、第三方评估等形式进行自查自评，根据目标任务完成的进展情况，倒排时间表，采取切实可行的措施，确保年底前全面完成既定目标任务。

农民工活动。组织收听收看全国农民工工作暨家庭服务业工作电视电话，会议全面贯彻落实国务院农民工工作领导小组第五次全体会议和发展家庭服务业促进就业部际联席会议第九次全体会议工作部署，总结2016年农民工工作和家庭服务业工作，安排2017年农民工和家庭服务业工作。2017年省暨济南市农民工恳谈日活动在济南市燕山新居三箭集团建筑工地举行，省、市人力资源社会保障、住房城乡建设、总工会等单位有关负责同志围绕建筑领域农民工关注的就业、社会保障、技能提升、工资支付等问题，与农民工代表进行座谈交流。

【新旧动能转换工作】 根据省新旧动能转换部署安排，到济南、青岛、潍坊市进行调研，实地考察了浪潮集团、海尔集团、昌乐职业农民创业孵化基地、潍坊创业大学、潍坊公共实训基地等单位和部分企业，召开多个座谈会，与市县相关部门负责同志、企业负责人、创业服务机构负责人、就业创业人员代表等进行了座谈交流，围绕助推新旧动能转换、做好全省就业创业工作、加强人力资源支撑等内容进行深入探讨，掌握了大量第一手资料，为省委、省政府科学决策提供重要参考。省人力资源社会保障厅召开新旧动能转换重大工程推进工作领导小组第一次会议，会议传达学习省委省政府《山东省新旧动能转换重大工程近期工作方案》、省政府新旧动能转换重大工程启动工作电视会议精神，对省人力资源社会保障厅推进新旧动能转换相关工作作出部署安排。

【高校毕业生就业】 高校毕业生就业工作认真对照年初目标任务，着眼转型发展，围绕重点改革任务，开拓进取、扎实工作，实现了高校毕业生就业创业工作新发展、新突破。

高校毕业生就业局势稳定。山东省有普通高校毕业生的学校和研究生培养单位147所，高校毕业生数量达到60.68万人，其中，非师范类毕业生56.54万人，增量增幅均创历史新高。贯彻落实《关于助推新旧动能转换做好当前和今后一段时期就业创业工作的意见》《山东省“十三五”促进就业规划》和《关于进一步引导和鼓励高校毕业生到基层工作的实施意见》等文件精神，以“四新”促“四化”为重点，以更好发挥高校毕业生作用为核心，实施就业促进、创业引领、基层成长等计划，统筹推进高校毕业生就业创业各项工作，在经济下行压力加大、高校毕业生数量大幅度攀升的情况下，山东省高校毕业生就业形势保持了总体稳定、稳中有升的良好态势。截至年底，非师范类高校毕业生总体就业率达94.32%，同比增长0.44个百分点。国务院副总理马凯、人力资源社会保障部部长尹蔚民、人力资源社会保障部副部长吴道槐来山东调研时，对山东省高校毕业生就业创业工作给予了充分肯定。

高校毕业生面向基层就业。完善政策。在全国率先起草《关于进一步引导和鼓励高校毕业生到基层工作的实施意见》，并以省委办公厅、省政府办公厅名义印发实施，政策含金量高、突破力度大，为做好山东省引导鼓励高校毕业生到基层工作提供了政策保障和基本遵循。动员部署。会同省委组织部、省教育厅、团省委共同召开全省引导和鼓励高校毕业生到基层工作电视电话会议，贯彻落实省委办公厅、省政府办公厅《关于进一步引导和鼓励高校毕业生到基层工作的实施意见》（鲁办发〔2017〕37号），对引导鼓励高校毕业生到基层工作进行了安排部署。充分发挥中小微企业吸纳就业主渠道作用，高校毕业生到企业就业的比例达80%以上。完成高校毕业生“三支一扶”人员招募工作。自2017年起，乡镇事业单位招募的“三支一扶”大学生，服务满2年且考核合格的，将采取考核考察方式公开招聘为乡镇事业单位工作人员。按照新的招募政策，招募“三支一扶”人员1182名，累计招募“三支一扶”计划大学生2.4万名。

大学生创新创业。加强创业载体建设。新评估认定省级大学生创业孵化示范基地和创业示范园11家，总数累计认定达72家，为高校毕业生创新创业提供了必要的政策扶持和场所支持。重视创业师资培训。组织举办3期高校创业师资培训班，培训教师640名。组织大学生创新成果孵化和创业能力提升培训项目，组织19所高校赴美国参加培训。打造示范标杆。自2010年以来，已开展三届“山东大学生十大创业之星”评选活动，共评选出31名“山东大学生十大创业之星”和62名“山东优秀大学生创业者”，并积极开展校园巡回报告会等活动，分享创业经验，营造良好的创新创业氛围。推荐山东大学等4所高校入选全国创新创业典型经验高校50强，入选数量居全国前列。搭建各类活动载体。会同有关部门开展“泛海扬帆山东大学生创业行动”、山东省大学生科技节等活动，激发全省高校毕业生的创业热情。

立体化就业指导服务体系。升级改造山东高校毕业生就业信息网。软硬件改造的财政资金已经到位，各项工作正在加快推进。网站年度访问量近1亿次，用人单位会员总数9.1万家。初步建立就业质量评价体系。通过招投标，引入第三方探索建立高校就业质量评价体系，为全省就业工作进行科学评价提供依据。加强对困难大学生的就业帮扶。发放求职创业补贴3558.76万元，特困家庭毕业生总体就业率为94.60%，高于全省总体就业率0.28个百分点。大力促进高校毕业生离校未就业工作。全省登记2017届离校未就业高校毕业生74028人，跟踪实现已就业73714人，实现就业率为98.85%，同比增长0.91%；全省接收就业创业服务85818人，享受就业政策1214人。

就业环境稳定有序。会同省教育厅制定印发《关于加强高校毕业生就业安全防范工作的通知》（鲁人社字〔2017〕225号），积极开展全省毕业生就业安全警示宣传，加强对高校的就业安全指导、就业安全培训，督促高校建立应急预案。

【就业和人才服务】 山东省公共就业和人才服务工作真抓实干，锐意进取，各项工作取得积极成效，各项指标完成超出预期，推动全省就业和人才服务工作取得全面发展。全省就业形势保持总体稳定，就业稳成为全省经济社会运行总体稳定的重要标志。

【就业服务类】 **就业扶贫工作取得显著成效**。全省累计实现贫困人口转移就业30.2万人，通过转移就业实现贫困人口脱贫约62万人，占贫困人口总数（242万）的26%，初步完成通过转移就业实现贫困人口转移就业60万人目标任务。创新打造“就业扶贫车间”“互助扶贫公益岗位”“创业扶贫工坊”“劳务扶贫合作社”四大就业扶贫模式，建成厂房式、居家式、合作社式扶贫车间6126处，吸纳12.6万名以老年人和留守妇女为主体的贫困人口就业。99家企业入选全国就业扶贫基地，数量居全国首位。

打好就业扶贫政策组合拳。印发《关于进一步加大就业扶贫力度的通知》（鲁人社字〔2017〕52号），从规范提升就业扶贫车间、设立创业扶贫工坊、开发公益扶贫岗位、开展劳务协作扶贫和技能扶贫培训五个方面加大就业扶贫力度。印发《落实支持革命老区开发建设网络扶贫和黄河滩区脱贫迁建等3项工作实施方案的通知》（鲁人社字〔2017〕37号），有效推进革命老区开发建设、网络扶贫和黄河滩区脱贫迁建工作涉及人力资源社会保障部门任务的顺利实施。印发《关于大力推行互助扶贫公益岗位的通知》（鲁人社字〔2017〕152号），开发设置养老、托幼、照料、助残等农村互助扶贫公益岗位，托底安置难以转移就业的重度贫困人口。印发《关于贯彻落实全省脱贫攻坚推进会精神进一步推进人社领域精准扶贫工作的通知》（鲁人社字〔2017〕236号），制定“4+14”实招实策，全面提升人社扶贫工作精准实效。

高校毕业生就业服务。组织举办省级高校毕业生集中招聘活动40场，5万多家用人单位参会，有30万人次毕业生入场求职，首次通过大数据进行报名、发布、成交率排名。创新开展“高校毕业生名企直聘会”“大学生就业服务校地企三方恳谈活动”“大学生就业实训活动”“大学生职业生涯规划成果展演活动”高校就业创业“双新成果”评选等特色活动，受到多方认可。

春季高校毕业生就业集中招聘活动。举办山东省2017年春季高校毕业生就业集中招聘活动。进一步加强高校毕业生与用人单位的对接服务，促进2017届高校毕业生充分就业。

“就业服务进校园”系列活动。开展“就业服务进校园”系列活动，包括“就业政策惠齐鲁”“高校毕业生名企直聘会”“大学生就业服务校地企三方恳谈活动”等活动，充分发挥公共就业和人才服务机构的职能优势，增强高校毕业生就业服务的针对性和有效性。

开展就业创业双新成果评选。开展山东省高校就业创业“双新成果”评选工作，深化高校就业创业理论与时间改革，提升全省高校就业创业指导理论水平和工作能力。

启动“证卡合一”试点工作。联合省财政厅等5部门印发《关于组织实施就业创业证与社会保障卡“证卡合一”工作的通知》(鲁人社规〔2017〕11号)，正式启动“证卡合一”潍坊试点工作，推进实现《就业创业证》向“社会保障卡”过渡，实现“身份凭证、信息记录、自助查询、待遇领取、金融支付”五大功能，将18项就业创业服务项目全部纳入社会保障卡办理，省人力资源社会保障厅印发《关于对山东人力资源社会保障信息化创新应用展优秀参展单位给予表扬的通知》，潍坊创新推进“证卡合一”改革试点工作被评为一等奖。

创建“四型就业社区”。启动省级“四型就业社区”创建活动，印发《关于开展“四型就业社区”创建工作的通知》(鲁人社字〔2016〕332号)，有效解决服务群众“最后一公里”问题，不断提升劳动者就业创业质量，实现就业创业服务的“全覆盖”“全天候”“无缝隙”和“实用性”。

【创业服务类】**成功承办首届全国创业就业服务展示交流活动。**组织召开全省“双创活动周”创业就业服务展示交流活动电视会议，对整体工作进行专门部署。承办首届全国创业就业服务展示交流活动，累计9万人次入场参观，11万多人次在线观展，山东参展创业就业服务成果374个，数量居全国首位。

创业担保贷款成效显著。联合财政厅、人民银行济南分行印发《山东省创业担保贷款实施办法（试行）》，是山东省首次印发的针对创业担保贷款经办实施的管理办法，进一步增加政策可操作性，保持政策的稳定性，扩大创业担保贷款政策普惠效果。发放贷款83.3亿元，扶持5.9万人成功创业，带动就业26.9万人。其中省创业担保中心发放创业担保贷款216笔、5.2亿元。

【人才服务类】**举办“山东—名校人才直通车”系列活动。**先后赴中央财经大学、吉林大学、东北师范大学、清华大学、复旦大学、武汉大学、四川大学等“双一流”重点高校举办7场引才活动，共组织筛选453家省内重点企事业单位参加，提供岗位7081个，需求人数25166人。探索开展“主会场+专场”的引才模式，发挥品牌效应和平台作用，指导各市引才活动，统一发布供求信息，集中宣传活动效果，进一步规范全省中高层次人才引进工作。

流动人员人事档案管理服务规范年活动。制定印发《关于开展流动人员人事档案管理服务规范年活动的通知》（鲁人社字〔2017〕57号）》，部署在全省开展流动人员人事档案管理服务规范年活动，推进流动人员人事档案管理服务新规范、新标准的实施，逐步实现流动人员人事档案在省内无障碍传递，推进流动人员人事代理服务业务网上办理。

公共就业和人才服务政策进校园进企业宣讲月活动。在山东中医药大学举办“就业和人才服务政策宣讲进校园进企业宣讲月”启动仪式。宣讲活动先后走进山东大学、山东师范大学、山东财经大学等6所高校，现场服务师生2000余人次，就毕业生关心的签约改派、档案转递、落户等事宜进行宣讲，受到学校和广大毕业生的好评。

【职业培训类】 “山东省加强就业培训提高就业与创业能力五年规划（2014—2018）”实施。围绕重点群体开展针对性培训，65.7万人参加职业培训，其中就业技能培训48.6万人，岗位技能提升培训0.67万人，创业培训16.4万人。取得证书的53.6万人，实现就业的41.9万人。全省职业培训补贴支出37763.2万元。

创业齐鲁训练营活动。注重“高端引领、扶优扶强、创新发展”，采取“5+6”模式，优中选优组织464个初创企业经营者，进行不间断的高层次进修，发挥以点带面带动效应，畅通企业“由小到大”发展通道。

创业引领者专项活动暨创业培训讲师大赛。举办山东省创业引领者专项活动暨创业培训讲师大赛。经过17市分赛区的层层培训、层层选拔，山东省推荐选手吴萍萍、李长梅在全国比赛中分获个人综合能力比赛三等奖、优胜奖，山东省公共就业和人才服务中心获优秀组织奖。

【市场服务类】 春风行动助力脱贫攻坚。2017年春风行动的活动主题为“促进转移就业 助力脱贫攻坚”，举办各类招聘会1568场，发放春风卡等宣传资料16.59万份，提供公共就业创业服务119万人次，组织参加职业技能培训8.9万人，提供劳动维权和法律援助4.7万人次，实现县内就近就业32万人次，实现县外省内转移就业10.9万人次，实现跨省就业6万人次。

女性就业创业专场招聘活动。由省人力资源社会保障厅、省妇女联合会联合开展的“相约三月 共创未来”2017女性就业创业专场招聘活动在省人力资源市场举行。精心筛选95家用人单位参加本次活动，提供就业岗位4752个，招聘工种有销售、行政、内勤、人事、财会、电子商务、家政等20余个。2000多位女性入场求职，初步达成意向707人，其中女性671人。

民营企业招聘周。山东省民营企业招聘周活动在全省各地同步开展，此次活动以“促进供需精准对接，助力创新驱动发展”为主题，以2017届高校毕业生为服务重点，同时面向农村进城务工人员、建档立卡贫困人员等各类求职者，进一步推动民营经济发展与劳动者就业创业的良性互动。活动期间，10042家用人单位参加，提供各类就业岗位20余万个，签订职业技能培训意向22001人，维权及法律援助人次8548人，发放政策宣传资料37万余份。

跨区域劳务对接合作。开展就业鲁渝行之“百企万岗进重庆”活动，提供就业岗位2.1万个。赴新疆、黑龙江进行劳务对接。开展就业援藏专场招聘活动，提供就业岗位4183个。推动鲁冀两省签订《东北等困难地区劳务对接协作框架协议》。会同北京、天津两市在河北省唐山举办京津冀鲁联合招聘会。从全省征集适合台湾青年的就业岗位，组织企业赴东莞参加2017两岸青年就业创业研讨会，省台湾工作办公室专门致信省人力资源社会保障厅表示感谢。

山东省发展家庭服务业促进就业工作联席会议第七次全体会议。省发展家庭服务业促进就业工作联席会议第七次全体会议在济南召开。会议传达有关会议精神及2017年工作要点。会上认真总结交流2016年及2017年一季度工作，安排部署了下步工作任务。

【信息宣传类】 就业信息化建设。建立全省统一的就业人才报表制度。开发业务系统的统计功能。确立了以经办数据为主、采集数据为辅、共享数据为补充的数据来源渠道。实施全方位就业信息监测，开展数据整理，数据质量得到明显提升。

形势分析和信息宣传。围绕春节前后、企业用工形式、机器换人、高校毕业生就业、就业扶贫等，组织开展专题调研，每季度报送就业形势分析报告，为党委政府、有关部门和研究机构提供了重要参照。从政务信息报送情况看，省公共就业和人才服务中心综合信息处信息采用数量列全厅第一位。

【党建综合类】 成立中心党委和群团组织。召开省公共就业和人才服务中心全体党员大会，成立第一届党委会。召开工会、团委和妇委会成立大会，完善了中心的群团组织，为丰富群团生活提供了组织保障。

全省公共就业和人才服务工作座谈会。全省公共就业和人才服务工作座谈会在济南召开，会议交流各市2017年工作情况，分析工作面临的形势，提出下步工作计划安排。

“两学一做”教育制度化常态化。中心上下以饱满政治热情学习贯彻党的十九大精神，深入推进“两学一做”教育制度化常态化。党委书记、支部书记、党员干部逐级签订《全面从严治党责任书》，实现了全面从严治党责任的全覆盖，形成抓党建带全局的良好局面。

党建活动。开展理论学习中心组集中学习5次，6个支部每周五都定期开展主题党日活动。完成2017年度“省直文明单位”复查。开展参观全面从严治党成果展、健步走、重温入党誓词、讲党课等“五个一”系列党建活动。“八一”建军节，参观建军90周年成果专题展览。

流动党员管理服务。结合流动人才党员实际，不断完善“主题党日”、专题研讨、培训轮训等学习制度。强化组织建设，组织指导有条件的非公有制经济组织和社会组织及时组建党支部，督导各党支部按期换届，选优配强支部班子。

（就业促进与失业保险处（农民工工作处）、高校毕业生就业处、省公共就业和人才服务中心）

职工养老保险

2017年，中央把深化养老保险制度改革确定为五大关键性改革任务之一，职工养老保险工作围绕国家顶层设计新目标，坚持以党建为引领、以改革为动力、以民生为底线，勇于担当、狠抓落实，全省养老保险事业保持持续稳定发展态势，参保人数与基金收入同步增长，待遇水平与保障能力同步提高，制度体系和体制机制同步完善，解决新问题和化解老矛盾同时取得新成效，为促进经济社会发展、加快新旧动能转换发挥了兜底保障作用。

【机关事业单位养老保险制度改革】 着力完善政策体系，不断破解改革及推进重点的难题。明确全省统一的视同缴费指数办法、养老保险关系转移接续办法、新老待遇计发相关参数等政策，形成以省政府实施意见为主体，以具体实施办法为配套的政策体系，为改革深入推进打牢政策基础。着力抓好参保缴费，推进由制度全覆盖向人群全覆盖转变。坚持政策与经办、信息化工作统筹协调，省与市、县工作整体推进，加快实现新制度全覆盖。推进按新制度计发待遇，推动改革迈出实质性步伐。针对改革后退休人员一直发给临时待遇的问题，制定印发机关事业单位按新制度计发待遇工作方案和工作指引，明确时间表、路线图。在国家公布最后一批待遇参数后，于9月底前率先启动运行，实现当月退休的人员按新制度计发待遇，同时对2014年10月以来退休的人员重新核定待遇，新待遇普遍高于原待遇，释放改革红利，稳定退休人员预期。

【退休人员基本养老金调整平稳有序】 2017年是国家连续第13年提高企业退休人员养老金水平，也是继2016年之后再次统一安排、同步调整企业和机关事业单位退休待遇。综合考虑“不同群体的诉求、前后政策的衔接、省内省外的平衡”等各种因素，进行深入细致的研究测算和分析论证，并广泛征求各方意见，研究制定调待方案。经人力资源社会保障部、财政部审核通过，省委常委会审议通过，印发调整待遇文件。2017年调整水平较去年继续有所下降，同时对调整办法进行优化完善，增强政策激励性导向，更加符合实际情况和制度运行规律。调待惠及退休人员605万人，月人均养老金提高164元，同比增长5.77%，略高于全国平均水平。山东省工作平稳有序，社会反响良好。

【养老保险制度体系完善】 省人力资源社会保障厅印发《关于转发人社部规〔2016〕5号文件明确城镇企业职工基本养老保险关系转移接续有关问题的通知》（鲁人社规〔2017〕13号），对省内跨市流动就业人员转移接续、缴费信息历史遗留问题、重复领取基本养老金、退役军人养老保险关系转移接续、城镇企业成建制省内跨市转移养老保险关系等事项的处理进行明确。

省人力资源社会保障厅、省财政厅印发《关于转发人社部发〔2016〕132号文件进一步加强企业职工基本养老保险基金收支管理的通知》（鲁人社发〔2017〕19号），促进参保缴费、规范补缴行为、控制提前退休等进行明确。

省人力资源社会保障厅、省财政厅印发《关于转发人社部规〔2017〕1号文件明确机关事业单位基本养老保险关系和职业年金转移接续有关问题的通知》（鲁人社规〔2017〕12号），针对流动性阻碍问题，提高政策的合理性和可操作性，打通参保人员跨地域、跨险种流动的政策渠道，促进全省人力资源优化配置。

省人力资源社会保障厅、省民政厅、省财政厅印发《关于完善我省社会保障体系机制若干问题的意见》（鲁人社发〔2017〕49号），围绕十九大提出的社会保障新目标、新思路，提出健全完善制度体系、实现法定人员全覆盖、保持基金安全稳定运行等10个方面21条具体措施。该文件是十九大召开后全国首个以多部门名义印发、涉及多险种政策的文件，为在三年内尽快建立健全多层次可持续的社会保障体系奠定基础。

【非营利民办学校教师养老保险与公办学校教师同等待遇试点】 指导各地加快推进非营利性民办学校教师养老保险与公办学校教师同等待遇试点工作，全省17市全部制定实施办法，青岛、聊城明确财政补助办法，烟台、滨州等市部分学校纳入机关事业单位养老保险制度。

【企业养老保险省级调剂】 调剂规模达到12亿元，比2016年增长50%，帮助部分困难市弥补了基金缺口。

（职工养老保险处）

职工医疗保险处

2017年，扎实推进职工医疗、生育保险工作，完成各项目标任务。职工医疗、生育保险制度保持平稳运行。职工医保参保人数为2013.1万人，同比增加53.06万人；生育保险参保人数为1186.55万人，比去年底增加47.43万人。

【省直医保政策】 为进一步提高省直参保人员待遇水平，对省直医保政策进行调整，将住院和门诊费用最高支付限额分别提高到24万元、5000元；将床位费报销标准提高50元/日；对参保人员化验结果及临床表现高度怀疑恶性肿瘤并在临床上按照恶性肿瘤放化疗等手段进行治疗的患者，其放化疗费用按照门诊大病管理规定执行；对参保人员为亲属或其他人无偿提供组织器官供体者，其发生的手术、检查治疗等费用纳入支付范围；对参保人员到西藏、青海等海拔3500米以上地区工作或因公到这些地区出差期间患病发生的费用不设起付线。

【职工大病保险制度】 构筑社会保障托底机制，推动各市建立职工大病保险制度。制定职工大病保险实施方案，筹资标准为20元，起付标准为2万元，起付标准以上的部分给予60%的补偿，一个医疗年度内每人最高给予20万元的补偿。经谈判将18种特效药纳入职工大病保险报销范围，经招标确定6家承办商业保险机构，并签订承办协议。建立定期调度机制，督促各市签订承办合同、对接系统、拨付资金、做好“三定”、开展赔付。

【职工长期护理保险制度】 在总结试点市经验基础上，提请省政府办公厅印发《关于试行职工长期护理保险制度的意见》（鲁政办字〔2017〕63号），扩大职工长期护理保险制度实施范围。积极参与人力资源社会保障部长期护理保险试点工作，指导青岛、东营、潍坊、日照、聊城、济南6市按照《关于试行职工长期护理保险制度的意见》，进一步调整完善筹资政策、待遇标准和管理规范。6市长期护理保险制度覆盖1340万参保人员，确定935家定点护理服务机构，约5.9万名重度失能老人先后享受了护理保险待遇。建立月调度机制，督促相关市加快工作推进力度。除先行试点的6市外，其余11市均确定试点县（市、区），其中临沂、淄博、烟台、枣庄、泰安、德州、滨州7市已制定实施方案，将于2018年1月正式启动实施，其他市方案正在会签中。

【深化医保支付方式改革】 调查各市医保支付方式改革情况，摸底各市按病种付费具体病种，起草完善山东省深化医保支付方式改革的意见。指导各市在实行付费总额控制的基础上，积极推行按病种、按人头、总额预付等复合式支付方式，建立健全与定点医疗机构的谈判协商机制，控制不合理医疗费支出。济南、青岛等10市实施病种付费在100种以上，其中济宁市达到269种。东营市、淄博市探索实施按病种分值付费，济南、青岛、济宁等市积极探索将日间手术纳入医保支付范围。17市均制定差异化医保支付政策，基层卫生机构起付线明显低于二级及以上医疗机构，基层医疗机构住院费用的报销比例均高于二级及以上医疗机构10余个百分点。组织开展医保药品目录调整工作，顺利完成专家评审遴选等主要环节，同步评审确定拟纳入大病保险报销范围的特药谈判品种，已向厅长办公会和分管省长汇报，待人社部批复后实施。印发《关于职工基本医疗保险关系转移接续有关问题的通知》，进一步规范职工医保关系转移接续。

【生育保险】 积极扩大生育保险覆盖面，探索将机关事业单位纳入覆盖范围。指导各市加强基金监测和收支管理，根据基金结余情况合理调整生育保险费率，妥善解决基金收支不平衡问题。按照人力资源社会保障部安排，指导威海市制定试点工作方案，7月份启动生育保险与职工医保合并实施试点，建立工作督导机制，及时跟踪试点工作情况。

【深化医改工作】 贯彻全省卫生与健康大会精神，围绕新旧动能转换，配合有关部门，研究落实医养结合示范省建设、家庭医生签约服务、医联体建设、公立医疗机构药品议价采购、慢性病防治、扶持中医药发展等相关医保配套政策。及时协调有关处室、单位做好意见反馈、督察评估、座谈汇报等工作。

（职工医疗保险处）

工伤保险

2017年，山东省工伤保险工作以加强工伤保险体系建设为主线，以完善各项工伤保险制度为重点，以改善民生为着力点，深化改革、完善制度、创新机制、提升能力、夯实基础。在完善工伤保险制度、推进建筑项目参保、落实费率调整、提高待遇水平、推进省级统筹、开展业务培训、开展集中宣传等方面取得较突出的成绩，各项工作取得显著成效。

【工伤保险省级调剂金制度】 为完善山东省工伤保险制度，与省财政厅印发《山东省工伤保险省级调剂金管理办法》（鲁人社发〔2017〕3号），明确省级调剂金的性质、规模、上解、申请、调剂条件以及管理使用等政策，基本建立工伤保险省级调剂金制度。

为使省级调剂金制度落实到位，采取有力措施，摸清底数，与省财政厅联合印发通知，逐一下达各市上解数额，督促按时上解，10 月底就按时全面完成厅领导高度关注的这项重点任务。各市上解工伤保险省级调剂金 1.34 亿元。

【建筑业参加工伤保险】 针对山东省建筑业参保开展落后垫底、各市发展极不平衡的严峻形势，迎难而上，确保提前完成“同舟计划”。着手把建筑业参保摆在突出位置，早谋划、早着手，抓协调，建机制。会同省住建、安监、总工会等部门制定《2017 年推进建筑业参加工伤保险工作方案》（鲁人社字〔2017〕47 号），按月调度情况，印发 10 期通报，开展两轮督查，采取多种措施全力推进，变被动为主动，变落后为先进，仅仅用短短 3 个月的时间，即提前 7 个月完成“同舟计划”。到 5 月份，新建项目和在建项目按项目参保率均达到 100%，成为全国五个参保率双百的省市之一，受到部领导的充分肯定。在河北石家庄召开的全国工伤保险工作座谈会上，山东省做题为《健全机制强化措施确保全面完成“同舟计划”目标任务》的典型发言。新开工项目 8974 个，在建项目 4313 个，全部按项目参加工伤保险，保障包括农民工在内的所有建筑业工人工伤权益。工伤保险参保人数达到 1569 万人，提前完成“十三五”目标。

【省属驻济机关事业单位工作人员参加工伤保险制度政策】 加强省属驻济南机关事业单位的工伤管理，保障因工作遭受事故伤害或患职业病的工作人员的工伤权益，经省政府同意，会同省财政厅联合印发《关于印发省属驻济机关事业单位工作人员参加工伤保险有关问题的通知》（鲁人社规〔2017〕10 号），进一步完善省属驻济机关事业单位工作人员工伤保险政策，保持政策的连续性和稳定性。

【工伤保险辅助器具配置】 落实放管服改革的要求，会同省民政厅、省卫生计划生育委员会印发《关于做好〈工伤保险辅助器具配置管理办法〉贯彻落实工作的通知》（鲁人社字〔2017〕295 号），全面取消工伤保险辅助器具配置机构资格审查项目，完善辅助器具配置协议管理，进一步强化辅助器具配置工作的监管。

【工伤保险基金省级统筹】 会同财政厅印发《山东省工伤保险基金省级统筹工作方案》（鲁人社字〔2017〕299 号），成立专门领导小组。明确实现工伤保险基金省级统筹的时间表、路线图，确定到 2020 年全面实现“一调剂、五统一”的工伤保险基金省级统筹，即在全省范围内建立工伤保险省级调剂金制度，统一工伤保险参保范围和参保对象，统一工伤保险费率政策和缴费标准，统一工伤认定和劳动能力鉴定办法，统一工伤保险待遇支付标准，统一工伤保险经办流程和信息系统。

【工伤保险费率调整】 深入推进供给侧结构性改革，继续落实 2015 年工伤保险费率调整政策，进一步完善费率浮动办法，各市均形成较为完善的基准费率确定和费率浮动机制，实现了工伤保险费率总体降低。工伤保险平均费率为 0.72%，比 2015 年下降 0.2 个百分点，降幅为 21.5%，为企业减轻负担 10.4 亿元。

【调整工伤保险三项定期待遇】 基金规模进一步扩大，工伤保险三项定期待遇标准不断提高。工伤保险基金征缴收入达到 58.9 亿元，同比增长 17.5%，累计结余 100.7 亿元，基金支撑能力和保障水平进一步增强。会同省财政厅印发《关于 2017 年调整一级至四级工伤职工伤残津贴生活护理费和工亡职工供养亲属抚恤金标准的通知》（鲁人社发〔2017〕32 号），连续第 13 年调整工伤保险三项定期待遇。自 1 月 1 日起，符合条件一级至四级工伤职工伤残津贴每人每月分别按 195 元、185 元、175 元、165 元的标准增加。生活护理费和工亡职工供养亲属抚恤金月人均分别增加 158.6 元、59.6 元。

按照部统一部署，认真组织开展工伤保险待遇支付情况的调查，并配合部督查组到青岛、潍坊两市进行现场督查，整理形成书面汇报，为领导决策提供依据。

【规范工伤认定、劳动能力鉴定】 组织开展工伤认定、劳动能力鉴定案卷评查活动。对各市 2016 年度工伤认定、劳动能力鉴定档案案卷采取随机抽样、样本查看、分组评审的方式进行评查。

评查活动结束后，对评查情况进行通报，要求各市进行认真总结，有效地规范认定鉴定程序和案卷文书，提高认定鉴定质量。

劳动能力鉴定程序更加规范，劳动能力鉴定信息化网络平台已经搭建。申请工伤认定60960人，其中受理工伤认定申请60779件，认定（视同）工伤60084人，受理劳动能力鉴定申请33846人次。省人力资源社会保障厅受理省属驻济机关事业单位工伤认定申请123件，作出工伤认定决定126件，组织对55名工伤职工进行劳动能力鉴定。

【工伤预防】 积极贯彻落实人力资源社会保障部等四部委印发的《工伤预防费使用管理暂行办法》，研究制定山东省工伤预防费使用管理办法。

指导济南、青岛、济宁等7个试点市制定2017年工作方案，确定预防项目、工伤预防费额度、实施机构的确定、项目评估验收及时间安排等内容。定期调度试点情况，加强跟踪指导，及时研究解决试点中出现的问题，试点工作总体进展顺利。全省申请工伤人数、工伤总人数连续两年下降，工伤预防成效初步显现。全省申请工伤认定比上年减少2028人，同比下降3.2%。其中，受理工伤认定比上年减少1944人，同比下降3.1%；认定（视同）工伤60084人，比上年减少1990人，同比下降3.2%。

【工伤康复工作】 印发《关于确定山东中医药大学第二附属医院为省级工伤康复示范平台和有关问题的通知》（鲁人社字〔2017〕39号），确定山东中医药大学第二附属医院为省级工伤康复示范平台，积极发挥工伤康复示范平台的作用，进一步加强工伤康复服务体系建设。全省工伤保险康复工作稳步推进，康复人数有所增加。

【建立健全与司法沟通长效机制】 加强与省高级法院沟通，法律适用初步统一，开始建立与司法沟通长效机制。召开面对面座谈会，对工伤认定诸多热点难点问题形成初步共识。

在烟台市召开工伤认定疑难问题分析会，会议围绕上下班途中单方交通事故、突发疾病视同工伤等15个方面疑难问题进行深入地研讨，初步形成共识。下发通知，收集整理与法院判决一致的典型案例，及时报送，发挥典型案例的指导作用。

工伤认定质量进一步提升，行政相对人对结论更加认可，行政复议、行政诉讼数量明显下降。工伤认定行政复议293件，比2016年减少92件，同比下降23.9%。工伤认定行政诉讼989件，比2016年减少115件，同比下降10%。

【工伤保险集中宣传、调研活动】 在全省部署开展工伤保险集中宣传活动。印发《关于组织开展2017年全省工伤保险集中宣传活动的通知》（鲁人社函〔2017〕80号），确定6月20日为山东省“建筑业参加工伤保险集中宣传日”。全省各级工伤部门深入项目工地、建筑企业和农民工工棚，进行“上门宣传”，共举办宣传、咨询活动180多场，参与群众2万多人次，发放宣传材料10余万份。

积极选送优秀微视频参加全国工伤保险宣传评选，组织职工参与评选活动，济宁市《工伤预防，我们在行动》获得群众最喜爱的工伤保险微视频二等奖。

开展工伤认定工作的调查研究，形成书面调研报告，为领导决策提供依据，为进一步推动依法行政打下坚实基础。

【全省工伤保险工作座谈会】 全省工伤保险工作座谈会在济南召开，会议传达全国工伤保险工作座谈会精神，总结去年以来工作情况，深入分析当前工伤保险面临的形势，研讨重要政策，部署下半年重点工作任务。

【全省工伤保险政策培训班】 为进一步提高工伤保险工作人员业务水平和能力，在当年工作任务非常紧张、培训中断多年的情况下，精心组织准备培训内容、师资及保障，全省工伤保险政策培训班在威海举办，受到全省各级工伤保险干部职工的热烈欢迎。内容涵盖工伤保险政策、工伤认定行政诉讼案件的审理与分析、工伤认定、劳动能力鉴定、业务经办政策和实务等，并对下步全省工伤保险重点工作进行解读。首次邀请人力资源社会保障部工伤保险司领导、省高院行政庭负责同志授课，省人力资源社会保障厅相关处室单位负责同志全面介绍讲解相关工作。汇编《工伤保险法规政策选编》作为培训教材。全省 17 市行政、经办、鉴定工作人员及各县市区业务骨干 200 余人参加培训，取得良好学习效果。

【安全生产工作】 深入贯彻落实省委、省政府和省安委会的决策部署，牢固树立安全发展理念，依法履行安委会成员单位工作职责，坚持一岗双责、齐抓共管，进一步强化公务员安全生产知识培训，加强对农民工安全培训教育的指导，开展全省技工院校安全素质教育，积极发挥工伤保险对安全生产促进作用，全面做好安全生产相关工作。积极开展省安委会组织的包市督查、专项督查活动，圆满完成春节、全国“两会”、省第十一次党代会等重要时间节点、关键时期的安全生产工作任务。省人力资源社会保障厅被评为 2017 年度全省安全生产工作先进单位。

（工伤保险处、省劳动能力鉴定中心）

居民养老保险

2017 年，居民养老保险工作努力推进居民养老保险持续健康发展，积极推动被征地农民社会保障政策落实，稳妥处置原农保遗留问题，高度重视精准扶贫工作，认真做好民办教师等三项补助代发，各项工作成效明显。山东省居民养老保险政策宣传、落实被征地农民社会保障资金、老农保遗留问题处置工作受到人力资源社会保障部农村社会保险司书面表彰。

【居民基本养老保险】 **强化居民养老保险宣传**。与省人力资源社会保障信息中心联合在全省部署开展以“话说居民养老保险”为主题的统一咨询日活动，召开新闻发布会等各种媒体集中宣传居民养老保险工作。

积极推行居民养老保险费和医疗保险费统一征缴，着力挖掘参保资源提高参保率、续保率。东营、威海、淄博、日照等市已经全部实现居民养老保险费和医疗保险费统一征缴，其他市选取 2—3 个试点县（市、区）逐步推开。全省居民养老保险参保人数为 4530.6 万人，待遇领取人数为 1487.9 万人。

居民养老保险防风险能力。积极配合开展全省居民养老保险经办机构内部控制专项检查和养老保险重点指标专项核查工作。积极推广银行“代扣代收”“两头不见现金”，进一步化解经办风险。加强待遇资格认证工作，防范欺诈冒领养老保险待遇行为。

居民养老保险业务培训和工作调度。举办全省居民养老保险业务培训班，重点讲解居民养老保险费和医疗保险费统一征缴、银行代收居民养老保险费、加强资格认证防范欺诈冒领等经验做法。召开全省居民养老保险和被征地农民社会保障工作座谈会，传达全国相关会议精神，调度各市工作进展情况，研究安排工作重点。

【被征地农民养老保险】 以把 2011 年以来社会保障专项资金落实到居民养老保险个人账户为重点，积极推动被征地农民社会保障政策落实，全省被征地农民社会保障资金落实率达到 52.3%，呈现良好工作态势，工作格局发生明显变化。全省被征地农民社会保障工作由仅在个别市破题到形成三个格局：莱芜、东营、济宁、淄博、威海、聊城等市进展较快，资金落实率超过 80%；烟台、潍坊、临沂、泰安、日照等资金落实率均超过 45%；菏泽、德州、滨州等市虽然整体落实进度较慢，但在部分县（市、区）实现了点的突破。工作趋势发生明显变化，由“重点突破、整体推进”逐步转变为“整体推进、巩固提升”。淄博、东营、济宁市 2011—2016 年资金落实进度均在 90% 以上，工作侧重点已经转为“回头看”、建立常态化工作机制。

全省被征地农民社会保障工作现场会。各市汇报交流 2017 年上半年被征地农民社会保障工作进展情况及下步安排，现场观摩淄博市张店区、马尚镇被征地农民社会保障工作情况，推介淄博、东营、烟台等地被征地农民社会保障工作经验做法，安排部署被征地农民社会保障重点工作。

做好部农村社会保险司来山东省调研工作。 人力资源社会保障部农村社会保险司及河北、广东、青海、山西4省的征地社保牵头处室负责人到山东省调研被征地农民社会保障工作。调研组先后到淄博市、东营市、德州市的部分乡镇（街道）、村进行了实地调研。董英申副司长对山东省的被征地农民社会保障工作给予了充分肯定，要求学习推广山东省被征地农民社会保障工作经验。淄博市在全国被征地农民社会保障工作培训班上介绍了工作做法。部农村社会保险司组织内蒙古、河北的全国土地征收制度改革试点县（市）在禹城市召开了2017年度试点情况座谈会。

指导各市人社局严格落实"先保后征"原则。 及时将新征地应筹集的被征地社会保障补贴资金归集到位并落实到居民养老保险个人账户。

【其他工作】 **积极稳妥推进处置原农保遗留问题。** 印发《关于妥善解决原农村社会养老保险遗留问题的通知》（鲁人社办发〔2017〕50号），指导各地本着积极稳妥、确保稳定的原则，进一步落实主体责任，全面排查，分类别、分步骤处理，妥善解决原农保遗留问题。

居民养老保险精准扶贫工作扎实推进。 牵头起草并在全国率先印发省人社厅、财政厅、扶贫办《关于进一步做好社会保险精准扶贫工作的意见》（鲁人社发〔2017〕37号）。指导各地精准摸底、精准识别，为符合参加居民养老保险条件的建档立卡未标注脱贫的贫困人口、低保对象、特困人员等困难群众代缴部分或全部最低标准养老保险费。

原民办代课教师、乡村医生、电影放映员补助代发工作进展顺利。 指导各市按照《关于进一步做好农村原民办代课教师教龄补助代为发放工作的通知》（鲁人社字〔2016〕341号）要求，进一步明确代发工作职责，切实处理好经办服务和补助代发的关系，确保代发工作不出现纰漏。

推动"两学一做"学习教育常态化制度化。 巩固深化"主题党日"活动成果，制定《居民养老保险处党支部全面从严治党工作计划》，严格落实"三会一课"、谈心谈话、民主评议党员制度，定期组织集中学习、指导党员个人自学。对标先进、力争上游，把推动过硬党支部建设的要求落到实处，被评为"五好党支部"。开展好廉政教育月活动，认真履行"一岗双责"，持续抓好整改落实，有效防控廉政风险。

（居民养老保险处）

居民医疗保险

2017年，居民医保工作围绕工作要点，突出重点、精心组织、狠抓落实，实现党建工作与业务工作相互促进、共同提高。

【居民基本医疗保险】 山东省居民基本医保工作整体运行平稳有序，筹资水平稳步提高，参保人数稳定增长，待遇水平逐步提升。制定《关于做好2017年城乡居民基本医疗保险工作的通知》（鲁人社字〔2016〕344号），按照基本医保基金收支平衡的原则，积极探索建立个人缴费标准与居民收入相挂钩的动态调整机制，综合全省经济社会发展水平和居民经济承受能力，确定2017年各地居民医保个人缴费达到年人均不低于150元，各级财政按规定相应提高补助标准，平均最低标准为450元/人。在市域范围内统一参保缴费、药品目录、待遇政策、经办规程、信息系统和基金管理。各市印发居民基本医保基金市级统收统支文件，逐步形成市、县（市、区）两级政府分级负责、各尽其职、风险共担的收支管理模式和缺口分担机制，基金支撑能力进一步增强。居民基本医疗保险参保人数达到7282.6万人，其中成年人5422.2万人，中小学生儿童1715.3万人，大学生145.1万人。居民医保政策范围内住院费用报销比例达到70%左右，最高支付限额达到45万元以上。

【居民大病保险】 进一步完善居民大病保险制度，印发《关于完善居民大病保险政策有关问题的通知》（鲁人社字〔2016〕412号），居民大病保险筹资提高到每人每年62元，个人不缴费，由居民基本医保基金划拨。报销比例不低于50%，分段报销比例最高达到65%，最高支付限额达到30万元。将经省统一组织谈判的18种抗肿瘤分子靶向药和治疗其他疾病的特药纳入大病保险补偿范围。居民大病保险对184.62万人次补偿医疗费用34.21亿元，对解决群众医疗费用负担重的问题起到积极作用。

【医保精准扶贫】 深入贯彻落实国家医保精准扶贫攻坚部署，联合扶贫、财政、卫生和计划生育和民政部门制定印发《关于进一步加强贫困人口医疗保障工作的通知》（鲁人社发〔2017〕48号）、联合民政厅制定《关于贯彻民政部等六部委文件进一步加强医疗救助与城乡居民大病保险有效衔接的通知》（鲁民〔2017〕24号）等政策文件，各级人力资源社会保障部门积极做好医保精准扶贫工作，对符合条件的农村贫困人口参加居民基本医保个人缴费部分，由各级财政给予补贴。组织全省各地集中时间、集中人力，根据扶贫部门提供的贫困人口名单，逐一与全民参保信息进行全面比对，力争做到不漏一户，不落一人，确保农村贫困人口应保尽保。全面实施针对农村建档立卡贫困人口的大病保险倾斜政策，起付线减半、每段报销比例提高5个百分点，最高支付限额提高到50万，使用18种抗肿瘤分子靶向药和特效药取消起付线，大幅提高困难群众医疗保障水平。补偿贫困人口医疗费用36.34亿元，其中基本医保补偿32.20亿元，大病保险补偿4.14亿元，医保精准扶贫政策的保障作用充分显现，很大程度上解决了因病致贫、因病返贫问题。

（居民医疗保险处）

社会保险基金监督

2017年，社会保险基金监督工作紧紧围绕重点工作任务，积极谋划、主动作为，扎实推进各项具体工作。

【社会保险基金监管制度】 为推进社会保险基金社会监督，结合工作实际，修订印发《社会保险基金监督举报奖励办法》（鲁人社规〔2017〕16号），并在新闻媒体上进行推广宣传。

【社会保险基金监督检查】 *居民养老保险经办机构内部控制专项检查*。按照部专项检查通知安排，省人力资源社会保障厅组织对6个市开展省级抽查，共抽查18个县（市、区）经办机构、36个乡镇（街道）劳动保障事务所，发现问题督促整改。

养老保险重点指标核查。按照人力资源社会保障部通知要求，在全省部署开展基本养老保险重点指标专项核查工作，以重复领取、死亡冒领、提前退休和一次性补缴为核查重点，运用“网络＋监督”，应用社会保险基金监管系统，开展数据分析比对，组织疑点核查。

【自行管理社会保险纳入地方统筹管理】 开展自行管理社会保险企业第三方核查，进一步摸清企业自行管理社会保险各项资金底数；对企地执行政策、参保人群、基金收支、诉求分歧进行深入分析，一企一策研究提出措施意见；对相关企市开展实地督导调研；组织召开相关市人力资源社会保障局主要负责人纳入统筹工作推进会。纳入地方统筹工作取得了新进展，新矿集团、齐鲁石化、兖矿集团基本完成移交任务，与当地政府签订移交协议；莱钢集团初步完成移交意向，与当地政府签订移交框架协议。

【能力建设】 为全面提高全省基金监督人员业务水平，在烟台市举办基金监督检查证申领（换证）暨基金监督业务培训班，培训全省基金监督工作人员 234 名；同时对 2017 年以前的社会保险基金监管政策文件重新进行系统梳理汇总，形成政策手册汇编，发各市基金监督机构学习备查。

社会保险经办

2017 年，山东省社会保险经办机构按照“兜底线、织密网、建机制”的要求，以全面建成覆盖全民、城乡统筹、权责清晰、保障适度、可持续的多层次社会保障体系为主线，坚持稳中求进工作总基调，以落实社会保障改革任务为重点，统筹抓好全省业务指导和省本级经办，解放思想，勇于担当，积极作为，较好地完成了各项工作任务。

【社会保险经办重点工作】 贯彻落实指示精神。按照省人力资源社会保障厅关于贯彻落实中共山东省委书记、山东省人大常委会主任刘家义同志来省人力资源社会保障厅调研时讲话精神的安排，省社会保险事业局承担两项任务。建立社保征缴运行分析机制。充分挖掘运用社保大数据资源，按行业对社保征缴数据进行集中采集、补充和完善，获取相关经济数据，利用统计、数学方法对社保征缴与行业、产业发展规律进行研究，对行业、产业及经济社会发展进行预判，向省政府报送研究报告。另一项是基金支撑能力分析。从各市企业养老保险生产库数据中直接抽取精算数据，充分考虑宏观经济形势、人口老龄化等因素，运用精算技术，使用精算模型，就未来社保基金支撑能力情况形成研究报告，及时为省委、省政府提供决策参考，省委、省政府领导同志都作了重要批示，给予了肯定。

全民参保登记。从入户调查、动态更新、考核评价等方面全面统筹推进。成立全民参保计划领导小组，在全省范围开展专项督导，与省公安厅就入户调查、数据反馈及数据共享等问题多次接洽，山东省“自上而下”“四步走”工作模式得到上级部门的肯定和认可，多次在全国会议和培训班上做典型发言和经验介绍。全省全民参保登记入户率和数据入库率均达到 100%，与公安、工商、民政三部门实现信息数据共享，全民参保数据动态更新工作扎实推进，通过采取与地市建立数据接口的方式，试点先行，逐步推开，17 市全部实现省、市全民参保登记数据的动态更新。

机关事业单位养老保险制度改革。全省 17 市和省本级改革全面实施，全省纳入新制度参保的人数 356.1 万人，其中在职人员 247 万人，退休人员 109.1 万人。山东省成为全国最早整体启动实施改革的三个省（市）之一，也是改革覆盖到位人数最多的省份。7 月底前全省退休人员统筹内养老金按时足额调整发放到位，惠及全省 109.1 万名机关事业单位退休人员。为省直驻济 675 家机关事业单位的 3.9 万名退休人员调整增加养老金待遇 7223 万元，人均月增资 264 元。机关事业单位养老保险新老待遇对比计发工作顺利推进，483 家省直机关事业单位的 4455 名退休人员实现按新制度计发待遇，占退休人员总数的 62.4%。职业年金前期筹备工作取得阶段性成效，省级职业年金信息系统主要功能模块开发、与各年金机构和各市经办机构的接口开发均基本完成，对山东省职业年金受托人评选形式、评选方案、评分标准、资金分配办法等投资运营相关工作均形成初步思路。中央驻鲁机关事业单位养老保险制度改革经办启动准备工作统筹推进，部署开展信息采集工作，已完成52余家单位8000多名退休人员的信息申报审核。

跨省异地就医住院费用直接结算。按照人力资源社会保障部统一部署，积极有序推进跨省异地就医住院费用直接结算工作，取得明显成效。首批接入国家异地就医结算系统，提前完成全省全部统筹区联网接入，整体推进职工医保和居民医保异地就医直接结算，在全国率先实现跨省异地直接结算人群全覆盖，并在全国视频会议上做典型发言，介绍经验做法。研究制定异地就医直接结算工作实施细则等相关配套文件，开展全省异地就医工作培训，建立周调度和月通报工作制度，积极做好预付金及费用清算资金拨付工作。全省开通跨省定点医疗机构383家，基本涵盖各县（市、区），实现跨省异地住院直接结算1.38万人次，结算人次逐月大幅增多，开通数量和结算人次均排在全国前列。

军休干部医疗保险。根据省委省政府要求，为确保从2017年1月1日起驻济军休干部纳入医疗保险，前期与市民政、人社、财政等部门反复沟通协调，确保筹资及时到位、社保卡发放到位、宣传培训工作到位，同时实现省市两级医保结算系统同步启动实施。解决了军休干部多年来的上访诉求，确保了社会稳定。

成功创建“全国文明单位”。省社会保险事业局正式被评为“全国文明单位”，成为全国社会保险经办系统首家获此殊荣的省级社保经办机构。在文明创建工作中，省社会保险事业局从四个方面入手，全力以赴开展工作，加强组织领导，建立工作机制，强力组织推进文明单位创建工作；坚持党建先行，加强组织建设，以全面从严治党引领文明创建工作开展；突出文明理念，加强自身建设，大力提升全局文明单位形象；聚焦主责主业，定位走在前列，社保经办工作不断取得新突破。通过扎实开展全国文明单位创建工作，深入开展一系列创建活动，营造积极向上的良好氛围，有效推进了业务工作的开展，展现了热情服务的精神风貌和文明形象，取得明显成效。

【社会保险“收、支、管”三条线稳妥有序运行】 **征缴和稽核工作。**五项保险均已完成年度计划，全省职工基本养老、职工基本医疗、失业、工伤、生育保险参保人数分别达2660.9万人、2013.1万人、1268.3万人、1569.1万人、1186.6万人，同比增加84.6万人、53.1万人、45.5万人、58.3万人、47.4万人。居民养老、医疗保险参保人数分别达4530.6万人、7282.6万人。大力推进建筑行业工伤保险同舟计划，新开工项目和在建项目按项目参保率均达到100%。各险种按期完成年度征缴计划，全省职工基本养老、职工基本医疗、失业、工伤、生育保险基金征缴收入分别达到1998.0亿元、705.8亿元、59.1亿元、55.9亿元、40.7亿元，分别比去年底增加66.4亿元、74亿元、−15.8亿元（失业降低费率）、8.1亿元、6.2亿元。突出抓好征缴稽核和待遇支付稽核工作。实地稽核参保人员996.79万人次，查出少报漏报人数79.18万人次，少报漏报缴费基数53.18亿元，追回少缴社会保险费3.57亿元。核查协议医疗机构、药店2.71万家，核查享受待遇703.34万人次。2017年省直管企事业单位社会保险缴费基数稽核工作基本完成，2016年社会保险缴费稽核补缴工作圆满落实，被稽核单位已全部补缴到账。

及时准确兑现各项社会保险待遇。坚持“高效、便捷、及时、准确”原则，积极协调调度发放资金，圆满完成养老金调整工作，进一步优化待遇核定程序，缩短待遇审批时限，加强待遇领取资格认证，组织实施失业保险稳岗补贴申报，确保各项社会保险待遇按规定支付。2017年为全省638.8万离退休人员发放养老保险待遇2226.5亿元。建立全省居民基本养老保险业务运行情况分析报告制度，及时掌握工作情况，通过实行居民养老保险金发放报告制度和督查挪用个人账户发放养老金问题，进一步确保居民养老保险待遇按时足额发放。1487.9万居民按时领取养老待遇，发放养老金223.4亿元。深化医保支付方式改革，不断提高费用结算科学性，加强新增协议医药机构管理，完成省直职工大病特药落地工作，积极协助推进医保药品目录调整工作。

社会保险基金管理和风险防控。加强基金预算管理，强化预算进度管理，提高精算技术分析应用水平，积极配合做好养老保险基金专项审计工作，全省社保基金管理规范、准确、无差错。社会保险基金总收入4033.5亿元，同比增长5.4%；总支出3858.8亿元，同比增长13.1%；当期结余179.7亿元；基金累计结余4541.4亿元，同比增长4.1%。编制上报的六项基金财务报表连续十二年获得全国评比一等奖，年度精算报告被人力资源社会保障部社保中心评选为优秀等次。部署开展全省社会保险经办风险管理专项行动，调度进展情况，加强督导检查，年底各市已基本完成自查工作，专项行动快速有序开展。

【社会保险管理服务能力】 依托社保“三化”建设，努力构建便民快捷高效的社保服务体系。

以“全省通办”为目标，开展了三轮业务流程梳理，逐步建立起统一标准体系。通过全面梳理，搭建起标准化服务体系框架；通过重点梳理，逐步完成对暂不具备上网条件业务的流程改造；通过对照梳理，贯彻《全省社保公共服务标准》，力求实现“单点登录，全省通办”，基本建立起标准化经办管理体系。

以“互联网+社保服务”为牵引，社保经办实现四个升级。社会保险核心平台三版上线使用并运行顺畅，业务经办由“人工驱动”向“流程驱动”升级；省本级参保企业网上服务系统全面上线运行，省直管企业终端服务系统平稳运行，省本级参保机关事业单位网上服务系统顺畅运行，服务模式由“柜面服务”向“线上服务”升级；省本级社保电子档案系统在全国率先上线运行，档案管理由“纸质化”向“数字化”升级；把握全国首批社保大数据应用试点单位的机遇，以生存认证为先导，探索社会保险大数据工作，数据管理由“管数”向“用数”升级。

以综合柜员制为依托，整合服务窗口资源，开启一体化服务新模式。综合柜员制稳步推进，业务办理由“一个大厅办结”向“一个窗口办结”升级，按照“综合窗口全揽、特殊业务单设”的原则，制定推行分类综合柜员制的实施方案，开展综合柜员制业务培训，取得初步成效。在全国社会保险主要业务工作考核评比中，山东省社会保险事业局被评为城镇企业职工基本养老保险经办管理先进单位、基本医疗保险经办管理先进单位、城乡居民养老保险经办管理先进单位、工伤保险经办管理先进单位和全国社保宣传工作先进单位。在全省社会保障卡知识竞赛决赛中，省社保局取得二等奖第三名的好成绩。

（山东省社会保险事业局）

人力资源市场管理与人力资源流动配置

2017年，人力资源市场工作按照全省人力资源社会保障工作会议部署要求，求真务实，开拓创新，积极推进人力资源市场建设、人力资源服务业发展和人力资源流动配置等各项工作，取得较好成效。

【人力资源服务业发展】 **制定政策措施，引领推动产业发展。**会同省发展和改革委员会、省财政厅印发《山东省人力资源服务业转型升级实施方案》（鲁人社发〔2017〕56号）（以下简称《实施方案》）。《实施方案》客观分析了山东省人力资源服务业发展现状和存在的问题，对宏观发展趋势进行预判，提出下一阶段的发展目标、着力方面以及发展措施，为今后的产业发展奠定新的基础。

推进园区建设，扩大产业集聚效应。按照因地制宜、合理布局的原则，统筹协调省级人力资源服务产业园建设。新建济南市高新区、青岛、枣庄、德州4家省级人力资源服务产业园，全省已建成12家省级以上人力资源服务业产业园。人力资源服务业集聚发展能力进一步提升，有效促进了人力资源服务业的素质提高。

支持举办峰会论坛，拓展行业影响力。积极发挥现有产业园平台作用，烟台、淄博、威海、东营、潍坊等地依托产业园区组织峰会论坛，开展拓展活动。中国烟台人力资源服务产业园第三次成功举办“2017中国人力资本论坛（烟台站）”，吸引800家国内百强企业、上市公司和知名外企，1200位人力资源高管、业界权威、行业媒体、专业人士参会，为各类企业提供与人力资源领军机构互动交流的平台，更新了观念，开拓了视野。各项活动的成功举办有效提升了山东省人力资源服务领域发展意识和发展空间，进一步扩大了人力资源服务行业社会知晓度。

组织实施全省人力资源服务业发展资金重点扶持项目。印发《关于组织开展2017年度省级人力资源服务业发展资金重点扶持项目申报工作的通知》（鲁人社字〔2017〕268号），组织开展2017年度重点扶持项目申报、评审工作。全省申报人力资源服务业发展资金重点扶持项目134项，按照专家评审意见经厅长办公会研究，共确定76个项目为省级人力资源服务业发展扶持资金资助项目，资助经费1846万元。

【人力资源市场建设管理】 **深化《山东省人力资源市场条例》贯彻落实。**为加强人力资源服务业人才队伍建设，营造人力资源市场发展法制环境，分区域举办12期全省人力资源服务从业人员培训班，针对《山东省人力资源市场条例》解读、市场监管、人力资源服务业发展以及专业实务等方面对监管、从业人员共2000余人进行培训，人员整体素质得到提升。

推进诚信体系建设，营造良好市场环境。结合人力资源社会保障部工作安排，组织开展山东省人力资源服务机构诚信服务主题创建活动，择优推荐22家人力资源服务机构参评“全国人力资源诚信服务示范机构”，最终10家机构获批“全国人力资源诚信服务示范机构”，位居全国前列。组织开展全省人力资源诚信服务示范机构和全省人力资源服务业十强机构评选工作，新命名省级诚信服务示范机构20家，人力资源服务业十强机构10家。全省人力资源服务机构的诚信自律意识和社会影响力显著增强。

中国海洋人才市场（山东）延揽人才作用。支持中国海洋人才市场（山东）举办“2017年山东半岛蓝色经济区海洋高层次人才项目洽谈活动”。海洋人才市场组织蓝区23家海洋类重点企业、高校和科研院所赴上海、厦门重点海洋专业高校开展人才项目洽谈。活动期间，在上海海洋大学、厦门大学举办两场人才项目洽谈会，1000余名学生参会洽谈，其中硕博人才占比达90%以上。支持开展“山东半岛蓝色经济区百家海洋企业专家服务行公益活动”，为青岛、潍坊、烟台等地的10家海洋企业提供企业管理咨询、人力资源等精准服务，中国海洋人才市场（山东）影响力和公共服务水平不断提升。

【区域人才发展项目】 **2017年度“蓝黄”两区人才引进发展项目总结验收工作。**按照省财政专项资金管理要求，根据省人力资源社会保障厅统一安排部署，组织各相关市、省直单位，对批准资助并实施完成的88个2017年度“蓝黄”两区资助人才发展项目进行总结验收评估，对验收合格的项目拨付资助资金。

2016年度基层人才挂职研修期满考核工作。会同省教育厅、农业厅、文化厅、卫生和计划生育委员会，对2016年选派的160名基层人才为期1年的挂职研修情况进行全面考核，研修人员现均已返回派出单位。

2017年度基层人才挂职研修推荐选派工作。会同省教育厅、农业厅、文化厅、卫生和计划生育委员会印发《关于组织推荐2017年度基层人才挂职研修人选的通知》（鲁人社函〔2017〕155号），部署西部经济隆起带和省级扶贫开发重点区域的77个县（市、区）开展中青年业务骨干挂职研修人选推荐工作。同时按照《关于加快革命老区脱贫攻坚和开发建设的实施意见》（鲁办发〔2017〕15号）要求，为确保山东省扶贫脱贫任务落实到位，采取向扶贫脱贫任务较重区县倾斜和明确分配人选指标的方式进行工作部署，经宣传发动、个人申请、单位推荐等程序，全省共确定160名基层优秀人才赴省内高等院校、科研院所、文化单位、医疗机构进行为期1年的挂职研修工作。

【人力资源流动配置】 **做好各项重大改革人员管理相关工作。**重点配合全省盐业体制改革、省以下环保机构监测监察执法垂直管理制度改革、黄三角农高示范区工作机构组建、省以下地方审计机关人财物管理改革、企事业单位公车改革司勤人员安置、省医药卫生体制改革、省本级行政执法改革、全省性行业协会商会与行政机关脱钩等各项改革任务，稳妥做好相关工作。

（人力资源市场与人员调配处）

人才开发

2017年，人才开发工作紧紧围绕全省新旧动能转换重大工程，以推进人才发展体制机制改革为核心，大力推动人才政策创新，精心选拔培育高层次人才，为山东省经济社会发展提供有力人才支撑。

【人才发展体制机制改革和政策创新】 **深入开展人才专题调研。**认真贯彻落实中共山东省委书记、山东省人大常委会主任刘家义来省人力资源社会保障厅调研讲话精神，围绕人才“引不来、留不住、用不好”等问题，赴省内外调研，梳理制约山东省人才发展的体制机制性问题，借鉴省内外经验，研究提出关于健全完善引才留才用才机制的措施，形成《人才工作专题调研报告》，送呈省委、省政府领导审阅，得到充分肯定。

为新旧动能转换重大工程提供人才支撑。根据山东省实施新旧动能转换重大工程部署要求，省委组织部和省人力资源社会保障厅会同省直有关部门研究制定并以省委省政府名义印发《关于做好人才支撑新旧动能转换工作的意见》，打造山东人才创新政策的“升级版”，为推进人才与山东省经济社会协同发展提供有力的制度支撑。

鼓励社会力量引进人才。印发《山东省鼓励社会力量引进高层次人才奖励实施办法》。对推介高层次人才来山东省创新创业中起直接、关键作用的中介机构、社会组织和个人给予奖励，充分发挥社会力量引才作用，延揽更多人才来山东省创新创业。

加强基层专业技术人才队伍建设。印发《关于加强基层专业技术人才队伍建设的实施意见》，从评价使用、引进培养、激励保障和引导人才向基层流动等方面提出19条创新举措，对基层专业技术人才“定向评价，定向使用”，引导人才向基层流动。

服务非公有制经济发展。印发《山东省人力资源社会保障厅厅领导干部联系服务非公有制企业办法》，每位厅（局）领导联系服务一个高层次人才创办的企业，了解人才和企业诉求，搭建制度化人才服务平台。

【博士后制度改革】 **印发《关于改革完善博士后制度的实施意见》。**在管理制度改革、青年人才培养、博士后创新创业等6个方面提出20条措施，改革试点博士后科研流动站设站方式，探索下放博士后管理权限，更好地发挥博士后制度在引进、培养和使用高层次创新型青年人才、推动大众创业万众创新中的重要作用。

启动2017年度省博士后创新人才支持计划。计划遴选10名将进入省内博士后设站单位的应届或新近毕业的优秀博士，给予每人两年40万元的资助，进一步激发青年博士后创新积极性。

组织开展博士后科研工作站独立招收试点。经全省推荐，6家博士后科研工作站获批独立招收博士后人员，全省可独立招收博士后人员的博士后科研工作站达到10家。

组织实施省博士后创新项目专项资助计划。发挥省博士后创新项目专项资金激励引导作用，遴选174个博士后创新项目分层次给予重点资助。

推进博士后创新创业基地建设。委托山东社会科学院开展博士后创新创业基地政策调研，将建设国家级博士后创新创业基地列入《省部共建协议》，争取政策支持。全省共设立博士后站435个，博士后创新实践基地130个，累计招收博士后人员8200余人，在站3600余人。其中，2017年新招收博士后研究人员1090人。

【高层次人才队伍建设】 **创新中青年人才选拔培养办法**。修订《山东省有突出贡献的中青年专家选拔管理办法》，进一步改革创新省有突出贡献的中青年专家评价考核体系，由每年选拔一次改为两年选拔一次，提升专家质量、优化专家结构。启动2017年度选拔工作。目前共有省有突出贡献的中青年专家1297人。

建设高层次专家管理系统。依托山东省人事人才一体化管理信息系统平台开发建设高层次专家管理系统，提高了高层次专家管理服务工作的信息化和规范化水平。

高层次人才选拔推荐。精心组织国务院政府特殊津贴、百千万人才工程、泰山产业领军人才等工程的选拔推荐工作，新增享受国务院政府特殊津贴专家124名、百千万人才工程国家级人选14名，入选数量创历史新高，1人入选2017年国家“万人计划”哲学社会科学领军人才。新增泰山产业领军人才科技创业类（海外）18人、产业技能类10人。拥有享受国务院政府特殊津贴专家3260人，国家百千万人才工程人选176人，泰山产业领军人才科技创业类（海外）78人、产业技能类24人。

院士服务。中国海洋大学李华军、包振民，中国石油大学（华东）孙金声当选中国工程院院士，郝芳院士、刘中民院士分别调入中国石油大学（华东）、中科院青岛生物能源与过程所工作，谢克昌院士全职受聘青岛科技大学，在鲁两院院士达到49人，创历史新高。山东省坚持“不求所有、但求所用”的柔性引才方式，吸引包括“杂交水稻之父”袁隆平院士在内的大批高端人才来山东省创新创业，认定65位省外院士为聘任院士，并发放科研补贴和生活补贴938万元。

【公派出国和留学】 **留学人员回国创业载体建设**。印发《山东省省级留学人员创新创业示范园管理办法》，评审首批4家省级留学人员创新创业示范园，给予每家500万元补助。

留学人员来鲁创业启动支持计划。通过现场答辩，评审产生18家留学人员企业并给予10—20万元创业启动资金支持。

非教育系统省政府公派出国留学工作。加大公派出国留学力度，将非教育系统资助人数由每年30人增至每年300人，并提高资助金额。

赴海外引才活动。组建赴英国、爱尔兰、法国和美国、加拿大2个出访招聘团组，宣传推介山东省招才引智优惠政策，与多名海外高层次人才及团队达成引进合作意向，签订了多项人才合作协议。

【发挥政府人才工作综合管理职能】 **召开全省人社系统人才工作座谈会**。总结交流2016年人才工作经验，分析存在矛盾问题，对2017年人才工作重点作出部署。印发《2017年省人力资源社会保障厅人才工作要点》，进一步明确了2017年全省人力资源社会保障系统人才工作重点任务。

调整充实厅人才工作领导小组。进一步加强统筹领导，完善领导小组运行机制，充实领导小组办公室人员力量，调动全省人力资源社会保障系统人才工作积极性，推动重要任务和重大政策的落实。

全省人社系统人才工作座谈会暨人才创新政策培训班。学习贯彻党的十九大关于人才工作的新部署新要求，分析形势，谋划当前和今后一个时期全省人力资源社会保障系统人才工作的主要任务，并对全省人力资源社会保障系统以及重点高校科研院所和企业等120余位人才工作者开展了培训。

【高层次人才服务】 着眼支持人才创新创业完善服务绿色通道，努力营造人才最优服务环境，向198位引进的高层次高技能人才发放了服务绿卡，在居留和出入境、落户、医疗、保险、子女入学等方面提供“一对一”“保姆式”服务；探索省直部门（单位）绿色通道政策落地协调机制，明确高层次高技能人才在省内森林公园、公共体育场馆时享受免费入场服务，在火车站、轮渡码头、机场享受交通贵宾通道服务；落实鼓励社会力量引才奖励办法，奖励26位在山东省引进高层次人才工作中作出重要贡献的个人；起草完成《关于加快推进高层次人才服务体系建设的实施意见》等“1+4”文件，积极推动构建覆盖全省、上下贯通、职责明确、精准高效的高层次人才服务体系，打造省市县联动、全省一体化运行的高层次人才服务“升级版”。

【专家服务基层】 落实党委联系服务专家有关精神，按照“精准、精心、精细”目标，积极做好驻（在）鲁的49位两院院士等高层次人才服务工作，先后开展新春节日走访慰问、高标准全面体检、寒暑期休假疗养等专项服务活动，集中审理核拨148个单位的3708人次的政府岗位津贴，涉及金额2911.02万元，为高层次人才在山东工作生活营造良好服务环境。

统筹专家服务基层活动助力经济社会发展。围绕重点区域发展、新旧动能转换、东西部对口支援和精准扶贫，先后组织实施12次高端专家服务基层活动，在济宁、日照、聊城和青海承办人力资源社会保障部“万名专家服务基层行动计划”重点项目4个，组织走进“德州、烟台、潍坊、临沂、日喀则”等5次省级专家服务基层示范活动，支持淄博市周村区、临淄区和聊城市莘县举办专家进县（市、区）活动，邀请200余位海内外高层次专家赴基层开展服务。

【留学人员来鲁服务】 聚焦产业转型升级统筹引才活动，大力引进急需紧缺海外留学人才。针对省内需求，积极发挥渠道资源优势，搭建投资洽谈、经贸合作、技术交流的平台。支持烟台举办“业达智汇谷”创新创业大赛，共吸引来自美国、加拿大等15个国家和地区的162个项目（团队）参赛，涉及生物医药、新材料、智能制造、电子信息等新旧动能转换重点产业领域。支持威海举办“海外赤子为国服务行动计划——2017中国威海·国际英才创新创业大会”，签订合作协议43个，达成合作意向32个。开展高层次人才培训，为专家更好服务经济社会发展“充电续航”。承办“全国留学人员回国创业高级研修班”“山东省高层次创新创业人才示范班”“全省泰山产业领军人才培训班”，共有全国94名“千人计划”创业人才、国家重点资助的海归高层次创业人才，全省130多名“千人计划”专家、万人计划专家、泰山产业领军人才科技创业类（海外留学人员）、泰山产业领军人才产业技能类人才参加，增强了高层次留学人才对国情省情的了解，有力提升了创新创业能力。

【博士后工作】 山东省新招收博士后研究人员1111人，博士后研究人员完成科研工作任务出站625人，因集中清退长期滞站博士后研究人员等各种原因退站135人。截至年底，山东省累计招收博士后研究人员8453人，在站博士后研究人员3824人。有589人获得国家博士后基金资助以及博士后各项人才交流计划资助，资助总金额约4866万元。其中502人获得中国博士后基金第61批、第62批面上资助，47人获得中国博士后基金第十批特别资助，4人获得联合资助优秀博士后项目，7人入选博士后创新人才支持计划，3人入选香江学者计划，博士后国际交流计划引进项目资助11人，9人入选博士后国际交流计划派出项目，5人入选博士后国际交流计划学术交流项目，1人入选中德博士后交流项目。

组织开展2017年度山东省博士后创新项目专项资金资助工作。经各推荐单位按照指标推荐、同行专家匿名通讯评议和公示等程序，共确定资助项目174个，资助金额788万元。其中，22个项目获得一等资助，各资助金额10万元；56个项目获得二等资助，各资助金额5万元；96个项目获得三等资助，各资助金额3万元。

【新增两院院士名单】 李华军院士：1962年出生，博士，教授，中国海洋大学副校长，2017年当选为中国工程院土木、水利与建筑工程学部院士。我国著名海洋工程专家，长期致力于波浪与结构耦合作用、海岸与海洋工程安全与防灾研究。他带领团队发展透空海岸结构的分析设计理论与技术，推动近浅海资源开发实现安全、环保、经济新模式；攻克海洋平台设计与安装关键技术，创新海洋平台检测与减振及修复加固技术，保障海洋平台安全经济运行，取得显著的社会效益和经济效益。

包振民院士：1961年出生，博士，中国海洋大学生命学院教授、博士生导师，2017 年当选为中国工程院农业学部院士。我国著名贝类遗传学和育种学家，他与团队成员一起，完成多种扇贝的基因组图谱绘制，使我国成为国际扇贝基因组资源中心；创建国际上首个基于最佳线性无偏预测的贝类遗传评估系统；发明成套低成本全基因组基因分型新技术，突破水产生物高通量基因组分析的技术瓶颈；育成 5 个国家审定扇贝新品种，推动我国海水养殖良种化进程。

孙金声院士：1965 年出生，教授，中国石油大学（华东）博士生导师，2017 年当选为中国工程院能源与矿业工程学部院士。我国水基钻井液成膜理论的主要创立者和抗超高温钻井液技术的主要开拓者之一。他首次提出化学膜既防止井壁坍塌又保护油气储层水基钻井液成膜理论，针对复杂结构井井壁失稳等难题，发明化学固壁剂和键合型高效润滑剂。他在页岩气、煤层气及海洋大位移井钻井液技术方面也颇有建树，为安全高效开发我国深层超深层和复杂地层油气资源、保障国家能源安全作出突出贡献。

郝芳院士：1964 年出生，博士，长江学者奖励计划特聘教授，博士生导师，2015 年当选中国科学院院士，2017 年调入中国石油大学（华东），担任中国石油大学（华东）校长。郝芳院士长期从事油气成藏机理研究，在超压盆地油气成藏方面，证明了超压对不同生烃反应的差异抑制作用、建立了超压层序油气聚散模型、揭示了压力—应力耦合控制的油气幕式快速成藏机理及其有利场所和识别标志；在叠合盆地油气藏保存和改造方面，阐明了隆凹变迁过程中油气的差异散失机理和原地保存条件、揭示了高温条件下原油裂解和热化学硫酸盐还原反应的多阶段演化机理及其对油气组成和储层物性的影响；在页岩气富集机理方面，论证了页岩气地球化学异常的原因和机制、提出了复杂构造条件下页岩气的富集和贫化模式。这些成果得到学术界广泛采纳，在我国相关领域的油气勘探中发挥了重要作用。

刘中民院士：1964 年出生，博士，研究员，博士生导师，2015 年当选中国工程院化工、冶金与材料工程学部院士，现在中科院青岛生物能源与过程所工作。实现世界首次甲醇制烯烃技术产业化，作为甲醇制烯烃（DMTO）技术总负责人，领导研究团队开展 DMTO 相关技术研究，完成世界首次甲醇制烯烃工业性试验，并通过中国石油和化学工业联合会组织的专家鉴定，实现了我国在国际上率先拥有设计和建设百万吨级工业装置的技术能力。刘中民同志还主持研制成功了多项具有自主知识产权的新技术并实现产业化，包括固体酸催化中压丙烯水合制异丙醇技术（东营海科 3 万吨 / 年，浙江新化 5 万吨 / 年），正丁烯与醋酸直接加成生产醋酸仲丁酯技术（南京百润 5 万吨 / 年）和甲醇制二甲醚技术（河北中捷 10 万吨 / 年）；另外还完成了科技攻关、863、973 等多项国家科技任务。

谢克昌院士：1946 年出生，博士、教授、博士生导师，我国煤化工科技领域的开拓者之一，2003 年当选中国工程院院士，2017 年全职受聘青岛科技大学。谢克昌院士长期从事煤化工和煤的清洁高效利用的科研、开发、教学和战略规划研究，在煤的结构特征及其与反应性的关系和调变、依据煤气化规律优化脱硫净化技术、等离子体煤转化等方面取得重要成果，连续两次作为首席科学家承担能源领域“973”项目，提出气化煤气与热解煤气共制合成气多联产工艺并指导工程示范。

（人才开发处、省留学人员和专家服务中心）

职业能力建设

2017，职业能力建设工作围绕构建技能人才培养培训、评价使用、竞赛选拔、表彰奖励和宣传引导五大工作体系，坚持理清思路、抓住重点、建强载体、广泛宣传，各项工作稳步推进。特别是组织参加第 44 届世界技能大赛并取得历史性突破，职业能力建设处被省人力资源社会保障厅记集体二等功一次。

【技能人才队伍建设】 加强与上级的请示沟通，及时了解人力资源社会保障部职业能力建设司的工作动态和着力方向，结合山东省技能人才队伍建设实际，选准自身工作的着力点。

组织全面调研。分别到黑龙江、吉林、广东、浙江、江苏、上海等地开展调研，对标了解兄弟省份工作的先进经验。

召开专题会议。召开全省职业能力建设工作暨技工院校教育教学改革现场会，从发挥企业主体作用、推进一体化教学改革、加强世赛组织参与等方面，统一思想，明确奋斗目标，确保全省职建系统上下一致、步调统一。

【技能人才载体建设】 **高技能人才培养特色载体建设工程的实施意见**。联合省财政厅印发《关于山东省高技能人才培养特色载体建设工程的实施意见》，提出在“十三五”期间，全省建设 20 所技工教育特色名校，每校省级补助资金 800 万元；建设 100 所齐鲁技能大师特色工作站，每站省级补助资金 20 万元；“4+N”个技能大赛集训基地，省级补助资金分别补助 300 万元和 100 万元。

高技能人才培养特色载体建设。经过竞争性答辩、专家评审，确定 7 所技工教育特色名校、25 所齐鲁技能大师特色工作站，1 个世赛省级重点集训基地，3 个省级技能大赛集训基地。继续实施高技能人才振兴计划，新建 5 个国家级高技能人才培训基地和 5 个国家技能大师工作室，从中央和省级财政补助资金 2550 万元。新建省技师工作站 20 个，投入资金 200 万元。

【技师学院建设】 **技工院校教育教学改革现场会**。通过组织参观济宁市工业技师学院教学改革现场，进一步坚定各级推进一体化教学改革的信心和决心。

院校招生工作。整理汇总具有全日制技工教育招生资格技工院校目录，在省人力资源社会保障厅网站“山东省技工院校招生考试信息平台”专题公布，增强技工院校招生公信力。会同省发展和改革委员会指导各市编制下达全省技工院校招生计划，做好全年招生工作。在舜耕会展中心举办第二届山东省人力资源和社会保障厅技工院校教育成果展。

规范学生资助管理。针对学生资助这一技工教育工作重点和廉政风险点，召开省管技工院校学生资助管理工作会议，组织 22 所省管技工院校院（校）长签订《学生资助工作承诺书》，强化校长作为第一责任人的责任意识。对 20 所学生资助省管技工院校进行专项检查，以点对点的形式下发通报、督促整改，并抄送学校主管部门，促进学生资助政策的规范落实。

【竞赛引领】 **世界技能大赛**。工业控制、电气装置、瓷砖贴面、抹灰与隔墙系统、货运代理等 5 个项目被确认为世界技能大赛中国集训基地。第 44 届世界技能大赛中，山东工业技师学院学生袁强夺得工业控制项目金牌，山东省城市服务技师学院学生曲笛获得烹饪（西餐）项目优胜奖，为山东争得荣誉。中共山东省委书记、山东省人大常委会主任刘家义，中共山东省委副书记、山东省省长龚正同志和中共山东省委常委、常务副省长李群同志专门作出批示，对此次世界技能竞赛取得的成绩给予充分肯定，并提出新的工作要求。人力资源社会保障部向省政府发来感谢信，对山东省世赛取得的优异成绩表示祝贺和衷心感谢。中共山东省委副书记、山东省省长龚正同志在山东大厦接见世赛获奖选手及教练团队，省人力资源社会保障厅专题召开第44届世赛总结奖励电视电话会议。

省级职业技能竞赛。鼓励企业广泛开展岗位练兵、技术比武活动，打造提升山东省职业技能竞赛品牌。省有关部门单位共举办省级职业技能大赛47项，比去年增加15项。

【高端引领】 **创新政策机制**。在山东省委省政府《关于做好人才支撑新旧动能转换工作的意见》中写入“高技能人才素质提升计划”，为打通高技能人才职业发展通道、选派出国研修学习等提供有力的政策支持。会同省委组织部制定《关于进一步做好县乡事业单位公开招聘工作的若干意见》，取得高级工、预备技师职业资格的高级技校或技师学院全日制毕业生，可分别按照全日制高职（大专）、本科毕业生应聘符合条件的岗位。

培养选拔技能领军人才。新增技能人才85.7万人、高技能人才21.8万人。59人获全国技术能手称号，新增产业技能类泰山产业领军人才10名、齐鲁首席技师150名。

高技能人才服务保障。为完善多劳者多得、技高者多得的技能人才收入分配政策，发布全省50种技能岗位工资基准价位，引导企业进行市场对标，合理确定技能人才工资水平。组织24名全国技术能手和山东省技术能手等高技能人才赴省外休假考察，组织齐鲁首席技师培训2批117人。

【技能人才宣传】 **提高技能人才的关注度和社会认可度**。将职业教育活动周、世界青年技能日、世界技能大赛、全省职业技能大赛表彰总结等确定为宣传时间节点，借时用力，以弘扬工匠精神为重点，积极协调各方媒体，广泛宣传产业工人先进典型和高技能人才队伍建设工作。

打造亮点。组织中央电视台《中国大能手》（第三季）大型职业技能竞技节目启动仪式，利用央视平台广造声势，扩大技能人才和技工院校影响力，人力资源社会保障部副部长汤涛、副省长王随莲等领导同志出席。会同省经济和信息化委员会等6部门，联合举办以“匠心铸青春　技能兴齐鲁”为主题的世界青年技能日主题活动。邀请100名优秀高技能人才代表走红毯、接受媒体采访，揭晓首届山东省青年技能形象大使，为“山东技能大赛研究中心”揭牌。另外还组织召开京津冀鲁高技能人才联盟成立大会和中德高技能人才合作培养交流培训会。

全方位宣传。利用电视、网络、报纸等各类媒体开展宣传，山东新闻联播“开春话改革”栏目播出新闻《从“人口红利”到“人才红利”》，“加快新旧动能转换”栏目播出新闻《培育精益求精的工匠精神》《一个金蓝领的成长》，《大众日报》《齐鲁晚报》也多次对山东省高技能人才队伍建设情况进行解读报道。

【职业资格清理整顿】 在2016年开展全省职业资格清理督查基础上，2017年组织职业资格清理工作“回头看”活动，确保已取消职业资格落实到位、防止“死灰复然”。在落实清理整顿工作中，做到清理主体全动员，成立清理工作组，明确牵头处室，形成一级抓一级，分级负责、层层推进的工作局面；清理对象全覆盖，包括各市职能办、省直各部门（单位）、行业协会和各大企业，通过联合清理和逐级清理，确保不留死角；清理内容全落实，包括落实国家取消的职业资格、清理地方自行设置的职业资格、查处违规开展的职业资格许可和认定活动，清理效果不打折扣。

【职业技能鉴定工作改革】 把推动全省职业技能鉴定工作改革，作为落实“放管服”改革和职业资格改革任务的重要抓手，推动技术技能人才评价机制转型。先后到北京、上海、浙江、江苏、广东等先进省份及省内部分市，进行半年的调研，充分学习外省先进经验、摸清山东省底数。在此基础上，研究起草《山东省职业技能鉴定工作改革方案》（征求意见稿），并多次征求有关部门的意见。

【全省机关事业单位工勤人员技术等级考核】 开展机关事业单位工勤人员技术等级考核，适应全省机关事业单位人事制度改革，进一步拓展工勤人员职业发展空间。在组织考核前，对全省机关事业单位工勤人员总体情况进行充分调研、摸清底数，召开全省专题会安排部署各项工作。

组织全省机关事业单位工勤人员技术等级考核，组成由省人力资源社会保障厅部分处室参加的6个督导调研组到济南等6市进行现场督导巡视，并召集部分单位调研座谈，听取完善此项工作的建议，确保稳妥落地。

（职业能力建设处、省职业技能鉴定指导中心）

专业技术人员管理

2017年，山东省专业技术人员管理工作贯彻落实全省人力资源社会保障工作会议部署，突出重点、打造亮点、强化基础，积极推进专业技术人才管理工作转型发展，取得良好效果。

【重要活动】 **全国深化职称制度改革工作部署电视电话会议**。全国深化职称制度改革工作部署电视电话会议在北京召开。山东省作了关于职称改革经验的典型发言，为全国职称制度改革提供"山东方案"。

全省职称管理改革工作会议。组织召开全省职称管理改革工作会议，对深化职称制度改革工作进行动员部署，全省17市人力资源社会保障局职称工作分管同志、工作人员及各高评委办事机构负责同志参加会议。

全省专业技术人员管理骨干能力提升高级研修班。举办第一期全省专业技术人员管理骨干能力提升高级研修班，组织学习全国深化职称制度改革工作部署电视电话会议精神，邀请人力资源社会保障部等单位有关专家就深化职称制度改革、职称管理、继续教育等内容进行授课。

【职称制度改革】 **基层卫生职称制度改革**。会同省卫生和计划生育委员会联合印发《关于改革我省基层卫生专业技术职务资格评审制度的通知》《关于印发山东省基层卫生高级职称评审条件指导标准（试行）的通知》改革山东省基层卫生专业技术职务资格评审制度，将基层卫生正高级、副高级专业技术职务资格评审权限下放至设区的市。

正高级会计师职称评审试点。印发《关于印发山东省会计系列正高级会计师资格评价标准条件（试行）的通知》《关于印发〈山东省2017年度正高级会计师职称评审试点工作安排〉的通知》，开展正高级会计师职称评审试点工作，结束山东省会计行业无正高级会计师的历史。

规范中职学校教师职称管理。印发《关于印发山东省中等职业学校教师专业技术职务资格评价标准条件（试行）的通知》，规定中等职业学校教师专业技术职务资格评审的标准条件。会同省教育厅联合印发《关于做好中等职业学校教师职称过渡等有关工作的通知》，将中职学校教师现有教师职称统一规范为中职学校教师职称，为进一步规范中职学校职称管理打下坚实基础。

部署2017年全省职称评审工作。印发《关于做好2017年度职称评审工作的通知》，部署职称评审工作。有2.4万人通过评审取得高级专业技术职务资格。

向设区的市下放职称评审权限。向17市下放卫生、基层卫生、中小学高级职称评审权，同意淄博等8市组建工程技术高评委，临沂等5市组建会计高评委，济南等8市组建经济高评委，青岛、烟台组建中专教师高评委。

援藏援疆援青人员的职称评审政策。印发《关于做好我省援藏援疆援青专业技术人员职称评审有关工作的通知》，职称评审向援派人员倾斜，可在山东省或受援地参加评审，为参评人员提供优质服务，进一步畅通通道，引导和激励人才参与援派工作。

深化职称制度改革政策。贯彻《中共中央办公厅、国务院办公厅印发〈关于深化职称制度改革的意见〉的通知》精神，制定《关于深化职称制度改革的实施意见》。这是山东省30年来首次对职称制度进行全面系统性改革。

开展非公经济组织工程技术职称评审试点。在济南市开展非公经济组织工程技术职称评审绿色通道试点。规定在非公经济组织中，没有职称的工程技术人员只要符合相应的学历和工作年限要求，也可直接申报中级或高级职称，为促进非公领域职称改革探索经验。

【专业技术人员管理】 **“互联网+专业技术人员服务”取得新突破。**为方便广大专业技术人员申报职称和参加继续教育，重点开发上线“专业技术人员管理服务平台”，实现及时透明的政策公布、职称网上申报评审、职称证书网上查询，逐步建立全省“专业技术人才库”和“专家库”。

专业技术类职业资格清理整顿。严格按照国务院文件要求，认真组织开展职业资格清理工作，确保保留的职业资格与《国家职业资格目录》规定完全一致。

【专业技术人员培训】 **组织实施高级研修项目。**完成高级研修项目计划101项，共培训急需紧缺和骨干人才6859人。选派86名相关领域专业技术人才参加84期省外举办的国家级高级研修项目培训。

急需紧缺人才培养培训和岗位培训。各市及行业主管部门通过线上线下等多种方式共培训急需紧缺和岗位骨干专业技术人才180.8万人次，其中急需紧缺人才培养培训18.25万人次，岗位培训162.5万人次。山东农业大学、中国海洋大学、中国石油大学（华东）国家级继续教育基地围绕经济社会重点领域共培训急需紧缺和岗位骨干专业技术人才7203人。

专业技术人员继续教育公需科目学习。强化专技人才基础能力。将新旧动能转换、人才发展及创新创业能力提升、电子商务、信息网络安全等知识纳入继续教育公需科目范围，有213.9万人次参加公需科目学习，部分市还通过考试等方式强化学习效果，有效提升专业技术人员创新创业、服务新旧动能转换的能力。

国家级专业技术人员继续教育基地建设。中国石油大学（华东）被批准为第七批国家级专业技术人员继续教育基地，获得中央财政300万元，成为山东省第3所国家级继续教育基地。

专业技术人员继续教育课题研究。推进继续教育领域研究，分析梳理山东省继续教育现状、存在问题和对策。该课题的结题成果《专业技术人员继续教育调研报告》获得2017年度全省政府系统优秀调研成果三等奖。

（专业技术人员管理处）

引进国外人才智力

2017年，引进国外人才智力工作认真落实全省人社工作会议和引智工作会议的部署，聚焦重点，精准发力，圆满完成各项工作任务。

【引智重点活动】 全省引进外国人才和智力工作视频会议在济南召开。会后制定《2017年全省引进国外智力工作要点》。

第十五届中国国际人才交流大会。全省共201个部门679名代表参加大会，各市县除组织、人社、外专部门外，科研院所、高校、大企业等参会代表共计300余人。大会期间累计发放人才需求信息4000余份，达成合作意向120余项。大会期间邀请14家机构与全省引智系统代表进行座谈，重点围绕引智方式转变、供需对接方式和合作模式等进行交流。

全省引进外国人才工作高级研修班。这是有史以来，全省外专系统举办的最高规格培训，参会学员以厅级干部为主体。会前，中共山东省委副书记、省长龚正对引进外国人才工作专门作出批示，提出明确要求。人力资源社会保障部副部长、国家外国专家局局长张建国出席并授课，中共山东省委常委、常务副省长李群出席并作动员讲话。共160余人参训，取得良好成效。

智力援青、援疆、援藏培训班。培训人员520多人，帮助解决农业种养殖难题12项，推广先进种养殖方法和农业新品种26项。

全省引智业务培训班和引智试验区建设座谈会。对全省外专系统150多名工作人员进行系统培训，提升人员素质。

【引智政策创新】 根据国家文件精神，结合山东省实际，积极借鉴外地经验，在多次专题论证并征求30个责任部门意见建议的基础上，形成引智工作统领性文件《关于加强新形势下引进外国人才工作的实施意见》，并已经省委常委会议研究通过。针对海外离岸基地直接聘用外国人才无政策依据、无优惠措施的现状，制定印发《山东省离岸创新人才引进使用办法》，实现人才引进范围的全覆盖。为进一步规范海外工作站的管理和激励考核，制定《山东省海外引才工作站管理办法》《山东省海外招才引智专员聘用管理暂行办法》。为规范引智资金使用，与相关部门配合，共同修改完善《山东省引智专项经费管理办法》。

【引智体制机制创新】 **建立引进国外人才智力工作联席会议机制**。省政府批复同意以部门联席会议运行机制，建立山东省引进国外人才智力工作联席会议制度，研究、协调和处理引进国外智力和外国专家管理中的重大问题，实现引进外国人才工作资源的联动共享。

【国际人才交流】 **建立国际人才联络处**。山东省国际人才交流协会与芬兰中国发展与研究中心、英中培训有限公司、加拿大国际教育培训交流咨询中心签订战略合作协议，新建4个山东省国际人才海外联络处。建设山东省海外高层次人才服务专区。专区功能包括形象展示、综合办公、交流洽谈、成果展示和BFT培训。专区集中展示山东引智工作总体格局、人才政策和引智成果，同时引入公安、教育等部门不定期入住，解答政策、办理有关事项，实现引才线上线下结合、实体和网上服务互动。专区能够开展中小型的高端人才招聘活动，作为出国预培训和视频面试室。中共山东省委书记、山东省人大常委会主任刘家义，人力资源社会保障部副部长、国家外国专家局局长张建国等领导先后考察调研，给予较高评价。建设山东省国际人才网多语网站，集成“专家库、成果库、项目库”资源，为海外人才、人力资源机构以及省内用人单位提供免费的在线对接的平台，实现海外人才的大数据统筹。精心组织出国招聘活动。根据年初工作计划，科学安排，精密组织，先后组织了赴北欧三国、美加、英法爱尔兰出国招聘活动，期间与多家国外人才机构签订合作协议，组织15场“齐鲁之约”人才招聘活动，举办10余场人才项目推介会，参会外国专家、留学人员600多人。

【引智成果共享】 **加强各类人才智力载体建设力度**。引导各级引智试验区发挥先行先试功能，瞄准目标定位，主动培养特色引智项目，为全省乃至全国探索经验。开展试验区服务县域经济调研，引导试验区在推动县域经济新旧动能转换上下功夫。探索农业引智新模式，加快由传统农业向现代农业的转型升级，新建济宁邹城“鲁西南现代农业引智试验区”并举办揭牌仪式。深入实施引智成果推广工程。新建省级引智基地25家，强化引智基地退出机制，对省级基地进行年审，11家引智基地被淘汰。山东省有效期内国家级引智基地（单位）19家，省级引智基地149家。按照抓机制、抓载体、抓项目、抓成果的工作思路，突出地域特色，不断强化引智成果的推广转化力度，实施各类引智成果推广项目146项，资助省批引进农业新品种72个，推广新技术127项。获批国批示范项目3项，资助经费45万元；资助省批项目43项，资助经费1040万元。规范引智项目资金使用。提高引智资金使用效益，规范资金使用制度。研究确定2017年引智专项经费使用意见，并委托山东实信和正华会计师事务所对2016年引智项目进行绩效评价，确保引智资金使用效益。召开省级引智项目评审会，评审通过76项省级引智项目，资助经费1700万元。

【政策创新】 **提请省政府常务会议研究通过并发文实施“外专双百计划”**。省政府印发《关于组织实施“外专双百计划”意见的通知》（鲁政办字〔2017〕35号）。利用5年左右的时间，引进100名国际知名的高层次非华裔外国专家和100个高层次外国专家团队，每年资助约1亿元，个人和团队项目最高资助分别达140万元和460万元，资金总量及项目的扶持力度跃居全国前列。这是山东省针对非华裔外国人才而实施的又一重大省级引才工程。增创专家团队类引才计划，发挥1+1远大于2的效应。首批入选“外专双百计划”的专家和专家团队，专业涵盖机械电子、现代农业、生物医药、材料和能源工程等领域，与山东省实施的新旧动能转换重大工程高度契合，引才聚才效应凸现。

【人才引进】 **国家级引才工程取得新成绩**。济南大学和青岛科技大学入选“高等学校学科创新引智计划”（简称“111”计划），入选数量居全国第二。

实施国批、省批外国专家项目计划取得积极成效。获批国家级引智项目69项，资助经费1304万元。围绕重点领域和关键环节部署2018年国批项目申报工作，目前已申报经技类项目66项。资助省级引智项目86项，资助经费1690万元。

【管理服务】 **外国人来华工作许可制度**。稳步推进制度改革。作为国家试点省份之一，率先推进“两证整合”工作，试点期限办理许可数量居全国首位。推进“放管服”工作。通过简化申请材料、压缩审批时间、全流程在线办理、采取承诺制“容缺受理”等措施，为外国高端人才开辟“绿色通道”。落实放管服改革任务取得实效，将“外国人来华工作许可”审批权下放至各设区的市，减少了审批层级，提高了政务服务效率，各市制定的办理流程、办事指南和服务承诺第一时间向社会公布。进一步提高网办深度，实现省本级工作许可办理“只跑一趟”。同时，积极做好许可信息政务公开、与有关部门政务信息资源共享、提出完善网上办理系统意见建议等工作。全省外国人工作许可业务总量1.7万件，其中，办理外国人工作许可证1.4万件，办理数量居全国前列。完善外国人来华工作政策。研究制定《山东省外国人来华工作许可鼓励性加分细则》《山东省全面实施外国人来华工作许可制度有关问题的补充说明》。积极支持新旧动能转换人才支撑计划、推进人才国际化、泛济青烟新旧动能转换综合试验区和青岛国际院士港建设，落实国家创新相关改革举措推广清单，外国人工作许可政策实现适度的创新突破。

中国政府“友谊奖”组织推荐和省政府“齐鲁友谊奖”评审表彰工作。一名外国专家荣获2017年度中国政府“友谊奖”，并受邀赴京参加了颁奖仪式和国庆招待会。20名外国专家荣获2017年度省政府“齐鲁友谊奖”。围绕制定外国人才在鲁工作管理政策召开外国专家建言会。

【典型专家】 **艾德铭**：德国籍，1966年生，博士，生物学专家，青岛市疾病预防控制中心特聘专家，2014年获得上海“白玉兰”奖，2017年获得“齐鲁友谊奖”，并在外国专家座谈会上受到了习近平总书记的接见。该专家专注于传染病基础和应用研究，发明的化学配方专利填补了中国防治儿童重大传染疾病“手足口病”的空白，对我国传染病领域的学术研究和医药工业的发展具有重要意义。

（省外国专家局）

公务员管理

2017年，山东省公务员管理工作落实全面从严治党要求，以促进公务员想干事、敢干事为重点，加强思想政治建设和能力建设，推进分类管理，拓宽优秀人才来源渠道，改进考核工作，强化激励约束，健全制度机制，加快建设一支忠诚、干净、担当的高素质专业化公务员队伍，为在全面建成小康社会进程中走在前列、加快建设经济文化强省提供坚强组织保证和人才支撑。

【综合管理】 **公务员统计年报**。会同省委组织部在省干部学院召开全省干部（公务员）统计年报数据会审会议，组织实施数据会审，圆满完成2016年度全省公务员统计年报，并将统计数据上报中共中央组织部、人力资源社会保障部和国家公务员局。撰写2016年度全省公务员统计年报数据分析报告，为领导科学决策和推动公务员管理转型发展提供数据支撑。

全省公务员管理暨考录工作会议。在济南市南郊宾馆召开全省公务员管理暨考录工作会议传达贯彻全国公务员管理工作会议精神，总结2016年工作情况，对2017年全省公务员管理及考录工作任务进行安排部署。

公务员职业道德建设工程。制定印发《关于推进全省公务员职业道德建设工程的实施意见》，确定1+N的工作思路，提出构筑完善“行为规范、教育培训、实践养成、考核激励、宣传倡导”五大体系，突出抓好18项重点任务。按照成熟一个推出一个的原则，把18项重点任务细化为18个左右的具体操作办法。同时加大督导检查力度，及时通报各地进展情况，进一步推动职业道德建设向纵深开展。

基层公务员队伍建设课题研究。会同省人力资源社会保障科学研究院，以近10年考录到乡镇的公务员为研究主体，深入到市县乡镇，采取问卷调查法、实地访谈法和文献资料法等调查研究模式，深入分析研究基层公务员队伍状况及存在的突出问题，得出一些基本判断，为深入研究和加强乡镇队伍建设、制定印发相关政策提供充分依据。撰写完成的调研报告荣获2017年度全省政府系统优秀调研成果一等奖。

【职位管理】 **省直机关公开遴选公务员工作**。8788人参加笔试，669人参加面试，377人进入差额考察范围，为62个省直部门遴选优秀基层公务员211人，遴选人数创历史新高。今年首次单独设置选调生职位，用于遴选符合条件的基层选调生，选调生计划占到遴选计划的29.3%。灵活掌握开考比例，不搞一刀切，对部分专业性强、学历要求高的特殊职位放宽比例至3 ∶ 1，确保能够将省直机关紧缺、急需的优秀专业人才选拔上来。扩大用人单位自主权，更加突出人岗相适的遴选特色，集中面试前，遴选机关根据需要可以对专业性较强的职位设置业务水平测试，按30%计入面试成绩，进一步提高选人用人的精准度。

公务员职务与职级并行制度试点工作。按照中央职务与职级并行制度试点的有关规定，配合省委组织部积极开展试点工作，在充分调研座谈、分析测算的基础上，起草完成《山东省公务员职务与职级并行制度试点工作实施方案》，并分别提请省委常委会和省政府常务会审议通过，经中央公务员主管部门审批后印发实施。按照“制定实施方案和职级设置方案”“组织职级套改”“开展职级晋升”和“总结试点工作”四个步骤，在做好省直机关试点工作的同时，加强对青岛、潍坊两市试点工作的指导、协调，确保试点工作的平稳顺利实施。

聘任制公务员试点工作。按照国家公务员局要求，对山东省聘任制公务员试点情况进行总结汇报。国家公务员局召集北京、上海、江苏、广东等11省（市）的公务员主管部门召开聘任制公务员管理座谈会，山东省作典型发言。济南、青岛两市共组织5次招聘，累计聘任17人，在聘13人，聘任人数居全国前列。中央办公厅、国务院办公厅印发《聘任制公务员管理规定（试行）》后，会同省委组织部研究起草贯彻落实意见。

省政府人事任免事项。办理由省长向省人大常委会提请决定任免省政府组成人员的议案6件，办理省政府人事任免文件219件，任免工作人员431名。

公务员登记。按照公务员登记的有关规定，共为53个单位1712人办理公务员和参照管理工作人员登记手续。

【考试录用】 **面向社会招录公务员**。面向社会招录公务员8370人（含参照公务员法管理工作人员，下同）。全省报名人数36.37万人，报名人数与录用计划的比例为43 ∶ 1。30.19万名考生参加全省统一举行的公务员考试，全省同步组织实施公务员面试工作，共有约2.1万名考生参加面试。全省公安机关人民警察招录的面试工作由省公安厅、省林业厅单独组织实施。经过笔试、面试、体测、体检和考察，面向社会招录8194人。

全省公安机关面向公安院校应届毕业生招录人民警察。根据《2017年度公安机关面向公安院校公安专业毕业生考试录用公务员工作实施方案》，坚持规范便利原则，首次由国家统一组织地方公安机关面向公安院校应届毕业生招录人民警察的笔试工作。举行公务员笔试，探索运用计算进行行政职业能力测验科目考试的考试模式。全省公安机关（含森林公安机关）面向公安院校应届毕业生招录人民警察1098名。在山东警察学院组织公安院校应届毕业生进行现场职位选报工作。举行公务员面试，1301名考生参加面试。经过笔试、面试、体测、体检和考察，共录用1071人。

深化本土优秀人才招考试点改革。针对乡镇机关招人难、留人难的问题，进一步加大本土人才招录选拔力度，对距离城区较远、空缺人员较多、人员流失严重的乡镇，试点采取组织推荐、加试“三农”、扶贫等知识的办法，面向在当地工作满三年且具有当地户籍，政治素质好、作风扎实、业绩突出的人员招录乡镇公务员，为部分乡镇机关补充本土优秀人才199人。

面向残疾人招录公务员长效机制。积极吸纳残疾人进入党政机关就业，在2016年省残疾人工作委员会主要成员单位招录残疾人公务员试点工作的基础上，进一步完善定向招录残疾人公务员政策，科学合理设置职位资格条件，适当降低开考比例，积极创造无障碍考试环境，指导市以下机关首次开展定向招录残疾人公务员工作，定向招录残疾人公务员8人，山东省定向招录残疾人公务员工作步入常态化轨道。

审计机关审计人员省级统一招录。推行全省审计机关招录审计人员统一确定招录政策、设置资格条件、发布招考简章、公示拟录用人员名单、办理审核录用手续。省级统一招录审计机关审计人员72人。

公务员特殊招录。紧紧围绕部门实际需要，面向国内重点高校毕业生中具有较高外语水平的人员，采取单独加试外语笔译和口译的办法，为外事部门招录高级翻译专业人才8人；单独面向武警部队反恐分队退役士兵，采取加试警务技能测试的办法，为反恐领域招录狙击、排爆、突击等特殊技能人才11人；针对当前互联网复杂严峻的斗争形势，单独采取行业推荐、实战模拟等办法，为网络安全领域招录网络攻防特殊专业人才3人。根据中央统一部署，山东省5个援藏市单独面向西藏招录5名精通藏汉双语的人才。

公务员诚信考录建设。严肃查处违纪违规行为，在公务员报名环节，首次启用正面免冠彩色证件照头像认证，查获山东省首起恶意注册报名信息案件，给予涉案人取消本次报考资格和记入公务员考试录用诚信档案库的处理；在笔试阅卷环节，增加雷同答卷甄别，对14组、28人的两两雷同答卷问题给予严肃处理，取消相关人员的笔试成绩，对进入面试范围的取消面试资格。

公务员考录业务培训。在报名阶段首次启用省12333电话咨询中心热线，专门组织12333工作人员进行业务培训，明确咨询问题答复口径，对考录政策进行全面解读。在资格审核阶段，专门组织省直有关部门工作人员开展报名资格审查业务培训，详细解读资格审查的具体标准和要求，培训报名软件的使用方法，确保报名和资格审查工作的平稳有序。在面试阶段，在德州、东营组织举办2期面试考官培训班，培训面试考官518人，为提高面试工作质量提供有力的智力支持。首次组织开展高层次面试考官培训，举办全省公务员录用面试主考官能力提升研讨班，培训面试主考官190余人，重点培养一批业务精湛、能力突出的面试测评专家，为提高全省公务员录用面试科学化水平提供重要的人才储备。

新录用公务员的服务保障工作。省人力资源社会保障厅、省公务员局会同省委组织部、省公安厅联合印发《关于规范驻济党政事业单位新招录招聘人员户口迁移工作的通知》，按照政府机关"放管服"的有关要求，本着规范管理、简化程序的原则，制定新录用公务员的落户政策，建立规范便捷的新录用人员户口迁移工作机制。

中央驻鲁直属机构公务员面试。受国家公务员局委托，对12家中央驻鲁直属机构公务员面试工作进行指导、监督和检查。期间共选派考官228人次，选派监督员14人次，对各考区面试工作进行了全程监督，面试结束后及时出具监督报告。

【考核与奖惩】 **评比达标表彰工作。**从严从紧开展评比达标表彰活动。认真执行评比达标表彰管理工作的各项规定，严格审核各部门报送的评比达标表彰计划。开展各类评比达标表彰活动34项，其中省级项目7项。围绕中心工作统筹设置表彰项目。按照省委省政府的决策部署，把有限表彰资源重点用在中心工作、关键环节上，对长期不开展的、对推动经济社会发展效果不明显的表彰项目及时予以撤并。经中央批准，设立"山东省优抚安置奖"，由省委省政府对弘扬优良传统、退役不退志、事迹突出的复员退伍军人、军队离退休干部、烈军属进行表彰；设立"齐鲁杰出人才奖"表彰项目，每3年在全省范围内评选2名杰出人才，由省委省政府给予物质奖励。评比达标表彰工作程序进一步规范。召开省评比达标表彰工作协调小组会议，及时调整协调小组组成人员，总结2016年工作情况，审议2017年评比达标表彰项目。根据《国家功勋荣誉表彰条例》有关规定，及时部署市、县级党委和政府表彰奖励项目申报工作。

公务员平时考核。会同省委组织部召开公务员平时考核推进会，要求各级根据不同类别、不同行业公务员的特点，探索建立分级分类、各有侧重、各具特色的考核模式。会同省委组织部印发《关于推进全省公务员平时考核工作扩大省级联系点的通知》，确定在淄博市、泰安市、莱芜市全面推行公务员平时考核，力争2018年底实现全省各级机关平时考核全覆盖的工作目标；确定济南市历下区等17个县（市、区）、平阴县玫瑰镇等17个乡镇（街道）、省政府办公厅等10个省直部门为全省公务员平时考核工作联系点，通过联系点先导示范作用，推动全省公务员平时考核工作深入开展。积极贯彻围绕"调动干部队伍干事创业积极性"做文章，赴重庆、河南等省进行深入调研，探索设立公务员平时考核奖。在充分调研省内外平时考核信息化建设情况基础上，研究制定了省直部门公务员平时考核信息化建设方案，会同省委组织部干部信息处研发省直部门公务员平时考核信息系统。

公务员年度考核。会同省委组织部联合印发《关于做好2017年全省公务员年度考核工作的通知》，制定公务员年度考核提高优秀等次比例条件，规范公务员年度考核程序，按照考核前"优秀等次比例提前申报"，考核结束后"考核结果备案"的要求，严把公务员年度考核优秀等次比例。借助人事管理信息系统，实现年度考核备案网上报送业务。研究规范公务员考核工作意见，规范考核工作程序，加大考核结果使用力度，配合做好公务员分类改革和职务职级并行工作。

表彰奖励工作。进一步加强政府及时表彰奖励工作。更加突出时效性、准确性，充分发挥行政奖励的示范和导向作用，引导社会各类群体向先进集体及个人学习。对近年来为山东省平安建设作出突出贡献的省公安消防总队提请省政府记一等功；对在奥运会、残奥会以及世界技能大赛中获得优异成绩，为我国获得荣誉的选手和教练员提请省政府给予记功奖励；对十九大安保维稳工作中做出突出成绩的市、县党委政府以及先进集体和个人提请省委省政府给予表扬和记功奖励。对济南市全国文明城市创建工作作出突出贡献的个人报请省委省政府记一等功。除此之外，还会同相关厅局对在依法履行职责、执行政治任务、处置突发性事件中做出突出成绩的人员，由部门（单位）给予记功奖励。指导省直有关部门及时办理各类表彰奖励事项，认真做好表彰对象推荐材料的审核工作，确保表彰对象的先进性和典型性。会同 13 个部门向国家推荐先进集体 173 个、先进个人 234 名；会同 15 个部门表彰全省先进集体 1141 个、先进个人 1505 名。

省部级以上荣誉称号人员的服务管理。配合国家公务员局做好国家功勋荣誉、劳模管理服务和困难劳模帮扶等工作的专题调研，承办人力资源社会保障部第二期省部级以上荣誉称号获得者休假疗养活动任务。组织先进模范代表外出休假疗养，取得良好反响。

【培训教育】 **省政府办公厅转发《山东省“十三五”行政机关公务员培训规划》**。山东省人民政府办公厅印发《山东省人民政府办公厅关于转发省人力资源社会保障厅省公务员局山东省“十三五”行政机关公务员培训规划的通知》（以下简称《规划》）。《规划》提出“十三五”时期的新目标新任务，明确深入开展理想信念教育、扎实推进职业道德教育培训、坚持抓好公务员四类培训、大力实施“双基”公务员培训、组织实施公务员专业素养和科学人文提升培训等重点工作，并对加强组织领导、健全培训制度、创新培训方式方法、加强培训基础建设、提升培训管理者队伍素质、强化培训激励约束机制、保证培训经费投入、严格培训监督管理提出具体要求。

修订印发《山东省省直机关培训费管理办法》。山东省财政厅、中共山东省委组织部、山东省人力资源和社会保障厅、山东省公务员局印发《关于印发〈山东省省直机关培训费管理办法〉的通知》（以下简称《办法》）。修订后的《办法》将科、处级公务员培训费综合定额标准由每人每天 400 元，提高到每人每天 450 元、550 元，师资费在综合定额标准外单独核算，为聘请知名专家授课、提高培训质量提供政策依据。

制定印发《山东省行政机关公务员脱贫攻坚培训实施方案》。山东省人力资源和社会保障厅、山东省扶贫开发领导小组办公室、山东省公务员局印发《关于印发山东省行政机关公务员脱贫攻坚培训实施方案的通知》（以下简称《实施方案》）。《实施方案》明确行政机关公务员脱贫攻坚培训目标任务，并提出实施重点培训、开展专题培训、加大网络培训力度、创新培训方式、加强培训基础建设等推进措施。重点对 20 个扶贫任务较重的县（市、区）和 20 个扶贫乡镇较多的县（市、区）举办 6 期全省基层公务员脱贫攻坚能力提升示范培训班，培训乡镇长 100 人次、基层公务员 320 人次。

开展四类培训。公务员初任培训参训率实现 100%。以省、市公务员管理部门为主导，对全省新录用公务员进行统一培训，试用期内确保全员参训；规范公安、司法、监狱等部门自行组织初任培训的管理考核。加大公务员任职培训力度。实行部门计划备案制度，强化专门业务培训和在职培训。

公务员履职能力提升培训。山东省人力资源和社会保障厅、山东省公务员局印发《关于印发 2017 年行政机关公务员履职能力提升培训项目计划的通知》（鲁人社字〔2017〕53 号）。围绕脱贫攻坚、依法行政、职业道德建设等专题，加大“双基”公务员培训力度，举办各类师范培训班 14 期，培训公务员 938 人次；开展 4 期名师送教下基层活动，培训基层公务员近 800 人次。

服务业千人培训工程任务。山东省人力资源和社会保障厅、山东省发展和改革委员会、山东省公务员局印发《关于印发第三期服务业千人培训工程 2017 年培训项目计划的通知》（鲁人社字〔2017〕43 号）。完成法律、文化、旅游、科技、供给侧改革、商务服务、新旧动能转换等服务业重点领域示范培训班 20 期，培训山东省服务业高级管理和专业技术人才 1031 名。

对口培训。根据国家公务员局东西部对口培训计划和山东省对口援助计划，为吉林省、重庆市、云南省、青海省举办对口培训 4 期，为宁夏回族自治区安排送教上门培训活动 1 期，共培训公务员 365 人。

县市区负责人国际化能力提升培训。组织 19 名县（市、区）长赴德国进行现代服务业发展能力专题培训；组织 14 名县（市、区）长赴韩国京畿道开展社会管理创新专题培训。为韩国京畿道举办智慧城市建设专题研修培训班，培训公务员 15 名。

公务员特色实践教育（政德教育）基地和省公务员局培训教育基地（济宁）。山东公务员特色实践教育（政德教育）基地、山东省公务员局培训教育基地（济宁）在济宁行政学院挂牌。旨在发挥基地示范性作用，为县以下基层公务员提供方便、优质的培训。

（省公务员局）

事业单位人事管理

2017 年，事业单位人事制度改革和事业单位人事管理工作，牢牢把握“一条主线、两个转变”，即以贯彻落实《事业单位人事管理条例》为主线，实现思想观念由管理向服务转变，工作方式由被动配套向主动引领转变，事业单位人事制度改革进一步深化，事业单位人事管理更加规范。

【事业单位人事制度改革】 **创新人才发展体制机制**。坚持问题导向，重点解决高层次人才引进和基层招人难的问题，先后印发《关于进一步做好县乡事业单位公开招聘工作的若干意见》（鲁人社规〔2017〕21 号）、《山东省事业单位特设岗位设置使用办法（试行）》（鲁人社发〔2017〕54 号）、《山东省事业单位高层次急需紧缺人才特聘办法》（鲁人社规〔2017〕22 号），为事业单位引进高层次急需紧缺人才开辟特殊通道，为县乡基层事业单位引进人才拓宽渠道、放宽条件、简化程序，营造良好发展环境，为改善人才结构提供政策保障。

人员控制总量事业单位人事管理。为促进公益事业发展，做好人员控制总量备案管理的事业单位人事管理工作，按照省委、省政府深化事业单位改革的要求，印发《山东省实行人员控制总量备案管理的事业单位人事管理办法（试行）》（鲁人社发〔2017〕53 号）。

生产经营类事业单位转制。根据省政府的总体部署，研究提出山东省特种设备检验研究院转企改制、盐业体制改革的人员分流安置意见，在政策允许的范围内，妥善分流安置相关人员，确保转制工作顺利实施。根据审核认定省属特困转制单位有关规定，加强与省财政厅的沟通协调，梳理完善省属特困转制单位审核认定程序、资金拨付办法等，启动认定工作，确保省属特困单位转企改制工作平稳有序推进。

推进行业事业单位改革。紧跟民生发展实际，协调相关行业部门发挥职能作用，重点支持教育、农业、卫生人才队伍建设。参与开展全省基层农业技术推广人才队伍建设调研，研究起草加强农业基层专业技术人才队伍建设的意见。结合学前教育教师队伍存在的问题，对全省公办幼儿园教师队伍情况进行书面调查，摸清幼儿园教师队伍年龄、学历、职称、岗位等结构情况，研究提出调整幼儿园岗位结构比例的意见和建议。

【事业单位岗位管理制度】 **岗位设置方案核准和人员聘用**。印发《关于启动事业单位人事管理相关业务网上报批工作的通知》，启动省属事业单位岗位管理业务网上报批工作。截至年底，已核准岗位设置方案的约 5.7 万个，占应实施岗位设置管理总数的 97%，已完成岗位聘用工作的约 5.6 万个，占应实施岗位设置管理总数的 94%。

专业技术二级岗位设置管理。印发《关于做好 2017 年山东省事业单位专业技术二级岗位人选推荐工作的通知》，采取函评、会评双向互盲评审，邀请全国顶级专家和山东业内专家利用专家评审系统简便快捷的完成首次评审，评审通过166名，直接认定15名。

【事业单位公开招聘制度】 **省属事业单位公开招聘**。为进一步抢抓机遇，延揽优秀人才，2017年公开招聘考试提前近2个月，为就业率提升做出了贡献。2017年省属事业单位共招聘工作人员3234人，其中，专技人员3093人，管理人员141人，其中，博士1178人，硕士1529人，本科及以下527人。召开2018年全省事业单位公开招聘工作会议，印发《关于2018年省属事业单位公开招聘工作人员有关问题的通知》（鲁人社发〔2017〕46号），部署2018年全省事业单位公开招聘工作，省属事业单位累计发布初级岗位328个，计划招聘439人。

【事业单位考核奖惩制度】 **乡镇农业技术人员评选奖励**。根据《关于印发〈山东省优秀乡镇农业技术人员评选奖励办法〉的通知》精神，联合省财政厅，会同省农业厅、省水利厅、省林业厅、省海洋渔业厅、省农机局、省畜牧兽医局等6部门，开展第九届优秀乡镇农技人员评选表彰工作，共组织评选表彰优秀乡镇农技人员966名。

事业单位工作人员年度考核。印发《山东省事业单位工作人员考核办法》，明确考核的档次标准、结果运用，强化考核的激励约束作用，是山东省首部事业单位工作人员考核综合性文件。

事业单位人事管理监督机制。受人力资源社会保障部事业单位人事管理司委托，研究起草《事业单位人事管理监督规定》，为加强事中、事后监管进行有益探索。

（事业单位人事管理处）

军队转业干部安置

2017年是我国深化国防和军队改革、军队裁减员额30万的第二年，山东省共接收军转干部5993人，其中计划分配3094人、自主择业2899人。面对繁重的安置任务，全省各级各部门全面落实中央决策部署和省委、省政府工作要求，积极改革创新，主动破解难题，圆满完成各项军转安置任务。

【高度重视军转安置工作】 省委、省政府高度重视军转安置工作，中共山东省委书记、山东省人大常委会主任记刘家义在“八一”座谈会上明确要求，“全省各级党委、政府要增强政治责任感和使命担当，坚持把做好军转安置工作作为一项特殊政治任务，确保中央安排多少人，我们接收多少人，安置好多少人，不打折扣、不讲条件”。中共山东省委副书记、山东省省长龚正，中共山东省委常委、常务副省长李群、省委组织部部长杨东奇等省领导同志也多次作出指示、批示。山东省先后组织召开省军队转业干部安置和军人家属就业安置工作领导小组会议、全省军转安置工作电视会议等，专门研究部署军转干部安置工作任务。各级各部门不断强化“四个意识”，把军转安置工作列入“一把手工程”，主要领导亲自抓，分管领导靠上抓，有力地推动了军转安置工作。各级组织、人力资源社会保障部门牢固树立政治意识和大局意识，积极履职尽责，主动担当作为，加强军地协调，全面贯彻落实省委、省政府的部署安排，保证了各项军转安置政策的有效落实。

【创新完善安置办法】 安置渠道进一步拓宽，深入挖掘“三个方面”的安置潜力，努力拓宽安置渠道，为军转干部创造更多的选择空间。充分挖掘党政群机关安置潜力。按照省领导“各地安置到公务员和参公岗位的比例较2016年总体再提高”的工作要求，各地充分发挥党政机关安置军转干部的主渠道作用，公务员和参公岗位比例均达到预期目标；积极扩大“人岗相适”范围，一批具有计算机、财会、司法等专业特长的军转干部，通过“人岗相适”安排到专业对口的工作岗位。充分挖掘垂直管理系统安置潜力。进一步调整中央驻济单位军转干部安置办法，由原来的双向选择，调整为双向选择与单向选择相结合、指令性分配保底的办法，解决原来中央驻济单位安置计划不能全部落实的问题。充分挖掘政法系统安置潜力。各级政法部门调整和充实人员优先从军转干部中选用；军事法官、检察官按照有关规定直接转任地方法官、检察官；对上级下达的政法专项编制，留出一定比例专门用于接收军转干部，提高政法部门接收军转干部的比例。

【团职军转干部安置】　为最大限度地安排好团职干部的工作和职务，主要采取“三个倾斜”的办法。下达安置计划时给予倾斜。加大团职军转干部安置计划，让军转干部有较大选择余地；将团职军转干部安置计划重点向规格高、规模大、接收能力强的单位倾斜。增加行政编制时给予倾斜。党政机关接收团职军转干部，按照公务员岗位安置计划的实际接收人数相应增加编制；事业单位接收团职军转干部，按照实际接收人数相应增加编制。在职务安排上给予倾斜。对符合条件、需要安排领导职务的团职干部，单独计算职数；安排担任非领导职务的，单独计算非领导职数，实行单列、专用。对功臣模范以及长期在艰苦边远地区和特殊岗位工作的军转干部，继续采取考核加分等措施，在去向和岗位上给予照顾安置。

【服务保障】　牢固树立“安置就是服务”的理念，主动加强与部队的沟通协调，积极主动地为军转干部提供优质服务。加强安置政策宣传。深入开展“送政策进军营”活动，全省各级军转部门深入部队宣传安置政策，介绍地方情况，面对面解答军转干部的疑难问题，受到军转干部的欢迎。探索开展军转干部进高校培训。印发《关于探索开展军转干部进高等学校专项培训的实施意见》，对专业不对口的军转干部，根据有关规定开展进高校为期1年的带薪、全脱产、融入式专业培训。印发《关于确定首批省级军转干部承训高校的通知》，确定山东大学、山东师范大学、山东政法学院等9所高校为山东省首批承训高校。深入开展谈心谈话活动。“八一”期间，全省各级各部门对本单位所属军转干部普遍进行谈心谈话活动，及时了解军转干部思想，关心军转干部生活，让军转干部切实体会到组织的关心和关爱。

【部分市自主择业工作座谈会】　为贯彻落实好《关于加强自主择业军队转业干部管理服务工作的通知》（国转联〔2016〕6号）精神，切实做好深化国防和军队改革期间的自主择业军转干部管理服务工作，在烟台市召开全省部分市、县（市、区）自主择业管理服务工作座谈会。

【全省自主择业军转干部管理服务信息平台】　为高标准完成自主择业管理服务信息平台建设工作，采取定期调度进展情况和实地督查的办法，督导全省平台建设工作，组成2个督查调研组赴部分市进行实地督查调研，保质保量完成全省任务。山东省信息平台工作被国转办分别在当年4月份和9月份文件通报（国转办〔2017〕13号）中先后表扬。

【“齐鲁创业训练营”活动】　选拔推荐45名自主择业军转干部创业典型先后分两期参加山东省“齐鲁创业训练营”活动，有力推动自主择业军转干部就业创业。

【自主择业军转干部退役金发放管理检查】　制定实施方案，印发《关于开展全省自主择业军队转业干部退役金发放管理情况检查工作的通知》（鲁人社函〔2017〕61号），对全省退役金检查工作进行全面部署。在自查的基础上，会同厅财务集中核算中心组成联合督导检查组，分赴各市进行实地检查，对发现的问题指导各市及时进行整改。

【贯彻落实国转联〔2016〕6号文件】　为贯彻落实国转办文件精神，切实做好山东省自主择业军队转业干部管理服务工作，会同省委组织部、省财政厅、省军区政治部联合拟定印发《关于贯彻落实国转联〔2016〕6号文件做好自主择业军队转业干部管理服务工作的通知》，从做好自主择业军转干部接收服务、日常管理服务、就业创业、服务经费的使用管理等六个方面进一步明确自主择业军转干部管理服务工作的工作流程、政策措施、工作要求，为今后一个时期更好地为自主择业军转干部服务工作奠定政策基础。

【第九次自主择业军转干部退役金调整】 根据国转办部署，落实第九次退役金调整工作。及时与有关部门沟通，印发文件，同时指导各市及时准确完成数据调整，认真审核把关，确保全省退役金调整工作圆满顺利。

【自主择业军队转业干部登记】 印发《关于做好2017年度自主择业军队转业干部登记工作的通知》（鲁人社函〔2017〕233号）文件，对2017年度自主择业军队转业干部年度登记工作进行安排部署，结合信息平台建设完善年度登记工作，确保退役金发放安全。

【2017年自主择业军队转业干部退役金核定工作】 印发《关于做好2017年自主择业军队转业干部退役金核定工作的通知》（鲁人社字〔2017〕306号）文件，对自主择业军队转业干部退役金核定工作进行安排部署。在济南组织召开全省自主择业军转干部退役金核定工作业务培训，向各市负责自主择业军转干部待遇保障的工作人员讲解退役金待遇政策规定，组织核定2017年度自主择业军转干部月退役金，部署全省2018年退役金发放工作。

（省军官专业安置办公室、省自主择业军队转业干部管理服务中心）

工资福利

2017年，工资福利工作紧紧围绕中心工作，一手抓改革发展，一手抓秩序规范，统筹兼顾，突出重点，综合施策，协调推进各项工作。

【完善公务员工资制度体系】 **推进法官、检察官工资制度改革。**配合全省司法体制改革进程，全面推进法院、检察院工资制度改革工作。会同省财政厅、省高级法院、省检察院召开法官、检察官工资制度改革工作电视电话会议，部署改革工作。通过会议部署、完善政策、加强督导、核定绩效考核奖金总量等措施，确保新的工资制度落实到位。

【深化事业单位收入分配制度改革】 **研究探索高层次人才收入分配激励机制。**按照省委省政府的要求，研究起草《山东省事业单位高层次人才收入分配激励机制的意见（试行）》，支持和鼓励高层次人才实行协议工资制、年薪制、项目工资制等灵活多样的分配形式，支持和鼓励高层次人才科技成果转化、兼职兼薪和离岗创业，激发人才创新创造活力，为引得进、留得住、用得好人才创造条件。

公立医院薪酬制度改革试点。根据国家有关部委意见和会议要求，报经省领导同意后，确定潍坊市为全国公立医院薪酬制度改革工作试点城市。会同省财政厅、卫生和计划生育委员会召开公立医院薪酬制度改革试点工作座谈会部署试点工作。指导潍坊市研究制定《潍坊市公立医院薪酬制度改革试点工作实施方案》，在7家市级医院进行试点，从实行薪酬总额控制管理、实行主要负责人年薪制、实行协议工资和项目工资、建立科学考核评价制度、着力搞活内部分配等方面推动公立医院薪酬改革，进一步调动医务人员积极性。

完善部分事业单位调整基本工资配套政策。研究提出调整野外地质勘探队工作人员和测绘地理信息系统测绘队工作人员基本工资、交通水上作业事业单位和水产事业单位船员、潜水员工资标准、运动员体育津贴、省属副厅级事业单位部分管理人员岗位工资等政策的贯彻落实意见。

省属事业单位绩效工资管理。从合理确定绩效工资总量和水平、加强绩效工资水平调控、扩大事业单位分配自主权、建立以增加知识价值为导向的绩效工资分配激励机制、规范绩效工资资金管理等方面完善政策体系，进一步深化省属事业单位绩效工资制度改革。研究制定和实施省属体育事业单位运动员平时训练奖的发放办法。

【开展机关事业单位“吃空饷”问题治理】 完善制度体系。经省政府同意，印发《关于转发人社部规〔2016〕6号文件在全省建立机关事业单位防治“吃空饷”问题长效机制的通知》（鲁人社发〔2017〕12号），就健全工作机制和责任体系、强化日常监管等作出规定和部署安排。

结合省直实际，印发《关于印发〈山东省省直机关事业单位预防和治理“吃空饷”问题实施办法〉的通知》（鲁人社办发〔2017〕64号）。同时督促和指导各市地研究制定本地具体实施办法，基本形成属地管理、分级负责、系统完备、管用有效的制度体系。

巩固集中治理成果。部署开展“吃空饷”集中治理“回头看”，力求存量问题查处到位、违纪人员惩戒到位、违规资金追缴到位。

【落实政法委机关工作津贴等特殊岗位津贴补贴】 研究提出国家关于建立政法委机关工作津贴、调整人民警察法定工作日之外加班补贴和值勤岗位津贴等文件的贯彻落实办法并组织实施；按国家要求调整地震、林业调查规划、测绘地理信息等事业单位职工野外工作津贴；贯彻落实人社部规〔2016〕4号文件，研究制定山东省传染病疫情防治人员临时性工作补助实施办法；经省政府同意，提高省政府参事和文史研究馆馆员补助标准；调整离休干部特需经费标准。

（工资福利处）

劳动关系

2017年，山东省劳动关系工作贯彻新的发展理念，适应经济发展新常态，服务供给侧结构性改革，稳慎调控企业职工工资，努力构建和谐劳动关系。

【维护劳动关系和谐稳定】 加大和谐劳动关系创建力度。认真贯彻国家协调劳动关系三方组织的构建和谐劳动关系综合试验区经验交流会精神，在济宁市召开全省和谐劳动关系构建现场会，总结交流和谐劳动关系综合试验区试点、劳动关系和谐城市及企业、工业园区创建经验。省协调劳动关系“三方四家”联合评选命名100家劳动关系和谐企业、11个劳动关系和谐工业园区。

职工分流安置。全省钢铁、煤炭去产能涉及企业21家，其中钢铁企业8家、煤炭企业13家，分流安置职工22148人。分流安置职工21334人，占任务数的92.1%。济钢产能调整列入安置范围的人员19834人，共有19781名职工选择安置渠道，安置率99.7%。

退役士兵权益保障和维稳。配合有关部门代省委、省政府起草《关于做好军队退役人员有关工作的意见》等三个文件，印发《关于做好全省退役士兵安置和权益保障工作的意见》政策解读及实施细则，印发《关于进一步做好退役士兵安置和权益保障政策落实工作的通知》，建立退役士兵权益保障政策落实日报告制度。为3.8万名退役士兵落实就业岗位，协调企业为2373人办理内部退养，解决8.6万人养老保险和6.7万人医疗保险接续、参保问题。开展三次落实退役士兵安置和权益保障政策情况督查，保证“关键节点”涉军群体的稳定。

推进集体协商和集体合同制度建设。组织开展集体合同制度攻坚计划活动，大力推进劳动合同制度实施，劳动合同签订率达到92.8%。区域性行业性集体合同签订数量7525份，涉及企业12.7万户，涉及职工368万人；企业集体合同签订数量116438份，涉及企业12万户，涉及职工943.6万人。

【企业收入分配制度改革】 **积极推进省管企业负责人薪酬制度改革**。协调有关部门进一步明确省委委托部门管理企业负责人的薪酬管理方式、契约化管理负责人市场化退出方向、省管文化企业违法违纪负责人薪酬扣减等具体政策。二季度组织开展国企负责人薪酬制度改革专项督察，重点解决部分企业分配秩序不规范、个别省管企业不愿纳入改革范围、省直部门推进力度不够、地方金融企业抱团观望等问题。国企负责人薪酬制度改革方案和配套政策基本健全，新的薪酬管理机制运行稳定，负责人薪酬水平得到有效控制，收入分配秩序得到有效规范。

调整提高最低工资标准。省政府印发《关于公布全省最低工资标准的通知》发布新调整的最低工资标准。6月1日起，山东省月最低工资标准按地区分别调整为1810元、1640元、1470元；小时最低工资标准为18.1元、16.4元、14.7元。

发布企业工资指导线。省政府印发《关于发布2017年企业工资指导线的通知》，发布2017年企业工资指导线，以2016年全省企业在岗职工平均工资估算数57714元为基数，确定2017年企业工资增长上线12%、基准线7.5%、下线3%。同时要求各类企业应当在政府发布工资指导线30日内，通过集体协商，制定贯彻工资指导线实施方案。

第九次企业薪酬调查。本次调查5543户企业、118万名职工的薪酬信息，同时在6个市启动制造业人工成本监测试点，近300户企业按季度上报监测数据。根据中共山东省委书记、山东省人大常委会主任刘家义要求，在对调查数据进行审核分析的基础上，撰写《山东省企业人工成本调研报告》，发布50个技能岗位工资基准价位和18个行业企业人工成本信息。

重点群体增收实施意见。贯彻国务院文件要求，联合省发展和改革委员会、省财政厅等部门起草提请省政府印发山东省激发重点群体活力带动城乡居民增收的实施方案，以技能人才、新型职业农民、科技人员、小微创业者等七大群体为重点，制定差别化收入分配激励政策，促进全省城乡居民增收。

【劳动关系协调基础工作】 **关注新业态劳动关系发展**。开展快递业、扶贫车间等劳动关系问题的调研，针对我省快递业等新业态和扶贫车间劳动合同、劳动安全与保护、社会保险等方面撰写调研报告。

劳动关系协调队伍建设。先后组织企业薪酬调查和制造业人工成本监测、劳动关系协调员、劳动关系协调实际操作、省属事改企单位劳动用工管理四期培训班，培训人员500多人，进一步提升全省劳动关系工作人员业务水平和专业素质。

（劳动关系处）

劳动人事争议调解仲裁管理

2017年，劳动人事争议调解仲裁工作围绕进一步加强劳动人事争议处理效能建设工作主线，着力完善制度、创新机制、提升能力、夯实基础，不断提高调解仲裁规范化、标准化、专业化、信息化水平，取得积极成效。

【调解仲裁地方立法】 《山东省劳动人事争议调解仲裁条例》（以下简称《条例》）列入山东省2017年地方立法计划一类项目。《条例》（草案）经省政府第99次常务会议研究通过，并提交省十二届人大常委会第三十次会议进行第一次审议。经过省人大法工委进行立法调研、组织网上立法听证、征求社会各界意见，对《条例》（草案）作了进一步修改完善。《条例》经省十二届人大常委会第三十一次会议审议通过，并于10月1日正式施行。《条例》的施行，利用各种新闻媒体开展多渠道、全方位、广受众的宣传活动，为《条例》的顺利实施营造良好社会氛围，取得良好社会效果。作为全国第二部调解仲裁地方性法规,《条例》的颁布实施，进一步夯实山东省调解仲裁工作的法制基础，为破解工作难题，实现更高水平的发展提供坚强的法制保障。

【法规制度体系建设】 围绕贯彻实施“两规则两意见一条例”（《劳动人事争议仲裁办案规则》《劳动人事争议仲裁组织规则》《关于进一步加强劳动人事争议调解仲裁完善多元处理机制的意见》《关于加强劳动人事争议仲裁与诉讼衔接机制建设的意见》《山东省劳动人事争议调解仲裁条例》），制定《山东省劳动人事争议调解工作办法》《山东省劳动人事争议仲裁工作人员办案补助暂行规定》《山东省劳动人事争议仲裁内部监督暂行规定》，研究起草仲裁简易办案规则、证据规则、重大集体争议联动调解和仲裁快速处理意见等配套文件，初步构建起以“两规则两意见一条例”为核心，以配套政策为支撑的法规制度体系。

【劳动人事争议处理指导】 各级调解仲裁机构处理争议 9.2 万件，同比增长 6.7%，当期受理争议涉及劳动者 9.4 万人，涉案金额 18.3 亿元，在案件数量不断攀升，处理难度持续加大，“案多人少”矛盾突出的态势下，仲裁当期结案率达 97.5%，调解成功率达 71.9%，终局裁决率达 30.6%，同比均有不同幅度提高，依法高效维护争议双方当事人合法权益。

【加强裁审衔接】 为深入贯彻落实人力资源社会保障部、最高人民法院《关于加强劳动人事争议仲裁与诉讼衔接机制建设的意见》，进一步加强劳动人事争议仲裁与诉讼衔接机制建设，山东省人力资源和社会保障厅、山东省高级人民法院联合印发《关于加强劳动人事争议仲裁与诉讼衔接机制建设的实施意见》（以下简称《实施意见》）。《实施意见》从加强裁审衔接机制建设的总体要求、统一裁审受理范围和法律适用标准、规范裁审程序衔接、完善裁审衔接工作机制、加强组织领导五个方面，对进一步加强裁审衔接机制建设提出明确要求。山东省相关经验做法在全国裁审衔接电视电话会议上作典型发言。省人力资源社会保障厅、省高级人民法院联合组织召开加强劳动人事争议仲裁与诉讼衔接工作机制建设座谈会，对山东省建设裁审衔接新机制新规则进行动员部署。

【典型案例指导制度】 在全省开展工作调研，在全省范围内遴选整理 34 个案例编印《劳动人事争议仲裁案例选编》（第 7 辑），为各级仲裁机构统一法律适用、依法精准办案提供参照。组织召开全省劳动人事争议典型案例研讨暨庭审观摩会，遴选出十大典型案例，积极与法院进行沟通，统一联合发布。

【调解仲裁地方标准】 为提升调解仲裁工作标准化水平，提高为民服务能力，在全国率先探索开展调解仲裁地方标准制定工作，《山东省质量技术监督局关于印发 2017 年度“山东标准”建设行动计划的通知》将山东省调解仲裁系列地方标准（包括劳动人事争议协商调解服务指南、劳动人事争议仲裁院建设与管理规范、劳动人事争议仲裁服务规范三个单项标准）列入 2017 年度“山东标准”建设行动计划。调解仲裁系列地方标准的制定，对于践行现代科学管理理念与国家治理创新，发挥标准化对调解仲裁的技术支撑作用，进一步提高劳动人事争议处理效能具有重要意义。

【多元化解矛盾纠纷工作机制】 积极贯彻落实八部委《关于进一步加强劳动人事争议调解仲裁完善多元处理机制的意见》，启动乡镇（街道）劳动保障服务所（中心）调解组织建设综合示范工作，济南市文东街道、青岛市八大关街道和淄博市稷下街道三家单位被评为全国乡镇（街道）基层平台综合示范单位，并同步开展山东省乡镇（街道）调解组织建设综合示范推荐工作，发挥示范带动作用。会同省工商业联合会组织开展第二批争议预防调解示范单位检查验收工作，济南港华燃气有限公司等 30 家企事业单位、商会协会被评为示范合格单位。会同省社会治安综合治理委员会办公室开展 2017 年度综治（平安建设）考核，完善专业性调解工作评价指标体系，积极推动在基层综治中心设置劳动争议调解窗口，力促专业性调解各项工作要求落地落实。

【调解仲裁基础建设】 加强调解仲裁队伍建设，省人力资源社会保障厅、省财政厅印发《山东省劳动人事争议仲裁工作人员办案补助暂行办法》，建立仲裁工作人员办案补助，破解多年来困扰调解仲裁工作的难题，稳定人员队伍。加强调解仲裁专业化培训，在龙口组织举办全省乡镇（街道）劳动人事争议调解员培训班，对全省300余名调解员进行专业培训，在威海组织举办全省劳动人事争议仲裁员培训班，对全省400名仲裁员进行专业培训。加快推进调解仲裁信息化建设，在深入调研学习江浙等省先进经验的基础上，对全省劳动人事争议仲裁办案系统进行升级改造。加强调解仲裁统计分析，按时完成调解仲裁统计报表和统计分析报送工作，较好地发挥调解仲裁统计的趋势预测和决策参考作用。

【调解仲裁调研和宣传】 开展专业性劳动人事争议调解组织职能作用发挥情况和新旧动能转换过程中发生的劳动争议情况及对策建议调研，汇总形成调研报告。充分发挥山东省劳动人事争议调解仲裁二级网页的作用，筛选修改发布调解仲裁工作动态、工作经验、案例分析、开庭及送达公告等信息共101篇。

【打造优质维权窗口】 创新办案机制，优化办案程序，简化办案流程，处理央属、省属事业单位人事争议案件38件，依法维护双方当事人合法权益。针对立案争议着力开展调解工作，多起争议通过调解方式得到柔性化解，受到当事人好评。仲裁窗口工作人员接待来电来访及法律法规政策咨询650余人次。落实仲裁建议制度，针对某中央驻鲁单位、某省属高校连续多次发生终止人事关系及履行聘用合同争议案件，审结案件后适时发出仲裁建议书，建议上述单位严格按照《事业单位人事管理条例》规范人员编制、聘用合同及工资发放管理，避免同类争议再次发生，达到既妥善化解矛盾纠纷又规范单位管理的目的。省仲裁院荣获“全国巾帼建功先进集体”荣誉称号。

结合“两学一做”学习教育活动，不断加强作风建设，改进窗口服务质量，打造群众满意的优质维权服务窗口。积极应对新旧动能转换工程推进过程中因企业关、停、并、转、迁等和事业单位人事制度改革中引发的劳动人事关系矛盾纠纷，针对来电来访劳动者和用人单位，主动开展法律释明、政策解答和案前调解工作，引导劳动者理性维权、用人单位依法规范用工，防控群体性争议风险，柔性化解矛盾，达到“案结事了人和”的效果。积极落实“三会一课”制度，结合“主题党日”活动，全面学习贯彻党的十九大精神，牢固树立“四个意识”，切实将思想和行动统一到党的决策部署上来。

（调解仲裁管理处、省劳动人事争议仲裁院）

劳动保障监察

2017年，劳动保障监察工作认真贯彻落实全省人社工作会议精神，坚持问题导向、底线思维和监管创新，主动监察执法和自身建设等各项工作，圆满完成各项任务。

【保障农民工工资支付】 贯彻党中央、国务院和省委、省政府的决策部署，着力解决拖欠农民工工资问题。继续抓好《国务院办公厅关于全面治理拖欠农民工工资问题的意见》和《山东省人民政府办公厅关于贯彻国办发〔2016〕1号文件全面治理拖欠农民工工资问题的实施意见》的贯彻落实工作。

农民工工支付专项检查。检查用人单位20267家，发现存在欠薪问题的用人单位2608户，共为5.88万名农民工追发工资待遇45516.4万元，移送司法机关涉嫌犯罪案件26起，向社会公布欠薪严重违法单位107户，有力打击和震慑欠薪违法行为。

农民工工资专项整治。认真贯彻省政府领导"扎实办好，务求实效"的批示要求，通过专项整治，调查处理一批欠薪案件，向公安机关移送一批涉嫌犯罪案件，依法维护农民工的劳动报酬权益。

拖欠农民工工资问题开展专项督查。对国务院办公厅督查室转办山东省的5起拖欠农民工工资案件线索，联合省住房城乡建设厅组成两个督查组，对有关市进行督导检查。

解决一批欠薪陈案。解决2017年春节前欠薪陈案57起，解决欠薪金额830.3万元，涉及农民工772人，向公安机关移送案件6起。

农民工工资问题工作机制建设。将治理拖欠农民工工资问题纳入省就业和农民工联席会议统一管理，组织召开省就业和农民工工作联席会议12个成员单位会议。组织学习中共山东省委书记、山东省人大常委会主任刘家义，中共山东省委常委、常务副省长李群的批示精神，讨论省就业和农民工工作联席会议关于治理拖欠农民工工资问题的工作规则及部门职责分工，对进一步做好农民工工资治欠保支工作做出安排部署。制定《山东省人力资源和社会保障厅等12部门关于印发治欠保支三年行动计划（2017—2019）的通知》。根据解决企业拖欠工资问题部际联席会议制定的《治欠保支三年行动计划（2017—2019）》，联合省直12部门制定山东省治欠保支三年行动计划。对推行劳动用工实名制管理、落实按月足额支付工资规定以及落实保证金制度等10个方面制定明确的目标要求和完成时限。

省委农民工工资暗访督察责任清单。按照省委改革办要求，针对农民工工资暗访督察发现的问题，会同省人力资源社会保障厅有关处室逐项列出整改措施、责任部门、责任人，并上报省委改革办。

2018年春节前保障农民工工资支付情况专项检查。联合省治理拖欠农民工工资问题联席会议十二个成员单位印发《山东省人力资源和社会保障厅等12部门关于开展农民工工资支付情况专项检查的通知》，全面开展专项检查工作。会同省有关12部门召开2018年春节前保障农民工工资支付工作视频会，传达国家保障农民工工资支付工作视频会议精神和省委、省政府领导批示精神，对春节前治欠保支工作进行再动员、再部署。落实省委办公厅、省政府办公厅《关于清理解决拖欠农民工工资问题的通知》要求，印发《山东省人力资源和社会保障厅关于切实做好2018年春节前治欠保支工作的紧急通知》，对治理拖欠农民工工资工作实行周调度制度，为领导决策提供参考。

【专项执法检查】 **开展清理整顿人力资源市场秩序专项行动**。查处各类违法案件415件，责令改正115件，责令退赔劳动者中介服务费、押金等费用39.23万元，取缔非法职业活动225件，吊销（撤销、注销）许可证2件。组织开展劳动用工和社会保险法律法规情况专项检查。组织开展以治理拖欠农民工工资违法行为为重点的专项检查。检查各类用人单位2.2万户，涉及劳动者163.9万人，为2.2万农民工追回工资及赔偿金8130万元。加强高温天气下劳动监察工作。为维护高温天气下劳动者劳动保障合法权益，印发《关于做好高温天气下劳动监察执法工作维护劳动者合法权益的通知》，组织开展夏季高温期间保障劳动者合法权益的执法检查工作。

【劳动保障监察制度建设】 **推进双随机、一公开工作机制**。督促各市制定并上报推广"双随机、一公开"工作机制的实施方案，明确抽查事项清单，明确抽查依据、抽查内容等，并向社会公布。各级劳动保障监察机构对监管对象实施随机抽查，提升监管效能。制定山东省企业守法诚信等级评价制度。研究制定《山东省人力资源和社会保障厅关于印发山东省企业劳动保障守法诚信等级评价实施办法的通知》，7月1日开始实施。为保证这项工作的有效落地，重点在评价委托、评价对象认定、评价程序、分类监管办法和评价结果运用五方面进行完善细化，增强诚信评价的现实可操作性。落实重大劳动保障违法行为社会公布制度。认真贯彻落实人力资源社会保障部《重大劳动保障违法行为社会公布办法》要求，印发《关于进一步做好〈重大劳动保障违法行为社会公布办法〉实施工作的通知》和《关于翻印下发人力资源社会保障部关于印发〈拖欠农民工工资“黑名单”管理暂行办法〉的通知的通知》。向社会公布重大劳动保障违法行为43起。积极推进劳动保障监察举报投诉案件省级联运平台建设。联合厅信息中心、监察总队，赴江苏省考察调研劳动保障监察举报投诉案件省级联运平台建设情况。印发《山东省劳动保障监察举报投诉联动平台建设工作方案》，联动平台进入试运用阶段。

【劳动保障监察执法能力建设】 研究起草加强劳动保障监察执法能力建设的实施意见。不断加强劳动保障监察干部队伍建设，以改进作风、提高能力为重点，举办全省劳动保障监察员任职资格和能力素质提高培训班，共培训专职监察员400多人。

（劳动监察处、省劳动保障监察总队）

新闻宣传与调研

2017年，新闻宣传与政策研究工作紧紧围绕人力资源社会保障重点工作、重大政策、重要活动，聚焦改革发展、服务领导决策，坚持党建和业务工作两手抓、两手硬，有力促进了政研各项工作任务全面落实。

【发挥参谋助手作用】 以服务领导决策为导向，掌握人力资源社会保障领域的新动向、新政策、新论述，提出更多有价值的意见建议，为领导决策当好参谋助手。深入贯彻落实中共山东省委书记、山东省人大常委会主任刘家义指示要求，赴多省市开展密集调研，形成人才工作专题调研报告，为省委制定人才体制机制改革政策奠定坚实基础。制定2017年全省人力资源社会保障工作要点，明确37项全省人力资源社会保障工作主要任务。制定省人力资源社会保障厅2017年度调研计划，明确12项重点调研课题和牵头领导，积极参与省人力资源社会保障厅领导带队的多项调研，协调推进各项调研计划的落实。3篇调研报告获省政府优秀调研报告。扎实做好专家咨询工作，邀请多名专家开展咨询活动，有效发挥专家咨询在科学决策中的作用。

【重点工作】 重点起草全省人力资源社会保障工作会议、中共山东省委书记、山东省人大常委会主任刘家义，中共山东省委常委、常务副省长李群来省人力资源社会保障厅调研的汇报、“双创周”、学习贯彻党的十九大宣讲报告等重要领导讲话60余篇；起草省政府经济形势分析会、专题党课、人力资源社会保障系统半年总结会、务虚会、重大活动致辞、新闻发布会发布词、领导署名文章等各类重要综合文稿120余件。

【政务信息】 深入落实省人力资源社会保障厅党组关于信息工作的一系列指示精神，召开全厅信息工作座谈会，落实信息考核办法，加强信息约稿，坚持每月通报一次报送和采用情况，进一步调动处室单位报送信息的积极性、主动性。举办全省人力资源社会保障系统信息工作培训班，邀请省委办公厅、省政府办公厅信息调研室领导为系统100多名信息工作联络员进行培训，切实提高信息撰写和报送能力。省人力资源社会保障厅在省委办公厅和省政府办公厅采用信息排名均居省直部门单位第5位。

【宣传工作】 聚焦跟进人力资源社会保障领域重要改革、重要工作和重要活动，突出宣传重点，做好宣传策划，提升宣传效果，进一步提高人力资源社会保障政策知晓度，提升人力资源社会保障工作的社会影响力。在中央和省级主流媒体推出一批重头报道，有力提升我省人力资源社会保障部门的知名度和影响力。加大新闻发布力度，以省政府新闻办名义召开7场新闻发布会，超额完成全年新闻发布任务，位居省直部门前列。组建“新媒体工作室”，建立融微博、微信、山东人社服务客户端、厅门户网站和舆论引导监控

“五位一体”的新媒体工作架构，实现由“单兵作战”向多平台融合交互、协同整体推进的自媒体一体化转变。“山东人社”官微粉丝数已达5万余人，累计阅读量超过300万，多条微信实现10万+的关注量，在全国人力资源社会保障部门中名列前茅。在全国人社宣传工作会议上，我省作为唯一的新媒体宣传代表，作了大会典型发言。扎实做好舆情监测引导工作，加强分析研判，及时回应群众关切，消除负面影响，化解舆情风险，为我省人力资源社会保障舆情生态稳中向好作出积极贡献。

【改革综合协调】 充分发挥改革综合协调作用。认真完成省人力资源社会保障厅改革办和社会事业体制改革专项小组办公室各项工作任务，加大协调力度，保证全面深化改革各项工作平稳顺利推进。按照省委改革办的要求，深入总结2016年社会事业改革专项小组和省人力资源社会保障厅改革经验，制定印发社会事业改革专项小组2017年改革要点，组织起草年度改革台账，分解改革任务。加大改革督察力度，制定下发督察计划，对社会事业组的5项改革开展督查；聚焦省人力资源社会保障厅牵头的国有企业负责人薪酬制度改革，组织有关厅局到有关市、省直有关部门和企业开展实地督查，有效促进改革任务的落实落地；按照省委改革办的部署要求，协调对居民医疗保险制度落实情况开展暗访，取得良好成效。开展改革典型经验的总结宣传工作，总结提炼了职称制度改革和就业扶贫车间等两项改革经验，成功入选省委改革办2017年地方改革案例，占到省直部门入选总数的三分之二，并被推荐到中央改革办刊发。

（政策研究处）

法治建设

2017年，法治工作全面推进依法行政，加快建设法治政府，“法治人社”建设取得新进展新突破。

【完善政策法规体系】 以立法为重点，制度体系进一步健全。地方立法实现新突破。配合立法机关完成劳动人事争议调解仲裁条例的立法调研、修改和审议各项工作，7月28日，《山东省劳动人事争议调解仲裁条例》获得通过，于10月1日正式施行。作为全国第二部调解仲裁地方立法，《条例》系统总结了山东省调解仲裁实践中行之有效的做法并将之固定下来，在发挥政府及有关部门的职能作用、完善争议协商调解工作机制、优化仲裁办案程序、强化调解仲裁队伍建设和基础保障等方面作了创新性规定。其他立法项目如《山东省实施〈女职工劳动保护规定〉办法》（修订）《山东省企业工资支付条例》等稳步推进。修订《规范性文件制定管理办法》，严格落实规范性文件“三统一”、合法性审查和公平竞争审查。新制定规范性文件22件，延期21件，废止和失效26件，实现规范性文件的动态管理。根据省政府的统一部署，对7部人力资源社会保障领域政府规章和333件省政府印发的文件提出清理建议。

【依法全面履行政府职能】 以“放管服”为抓手，政府职能进一步转变。牵头做好职业资格清理工作。组织职业资格许可和认定“回头看”活动，国务院决定取消的434项职业资格许可和认定事项全部落实到位。人力资源社会保障部部长尹蔚民、副部长汤涛对山东省职业资格改革工作取得的成绩作出重要批示，人力资源社会保障部在官方网站推广山东省放管服改革经验做法。印发放管服实施意见，将具体任务分解为5大类32项，明确牵头处室和责任单位，推动各项改革任务顺利推进。将“外国人来华工作许可”下放至设区的市人力资源社会保障局，取消高等学校副教授评审权审批，取消1项、下放2项行政权力。公布省人力资源社会保障厅“零跑腿”事项15项，“只跑一次”事项65项，公布省、市、县、乡、村五级人力资源社会保障领域政务服务证明材料199类。印发申请人书面承诺制工作办法、行政许可授权首席代表资格条件和权限管理办法。积极推进“标准化、信息化、一体化”建设。印发《全省社会保险公共服务标准》，编制《全省公共就业和劳动关系服务标准》，按照“流程驱动”理念优化业务办理流程，拓展网上办理服务事项范围，实现就业与社保数据的共享互通，形成事项名称、申报材料、办理模式全省统一的网上服务标准体系，为打破区域限制、实现“同城通办”奠定坚实基础。

【行政决策科学化、民主化、法治化】 严格执行《山东省人力资源社会保障重大改革事项综合评估办法》，保证全省人力资源社会保障领域重大改革政策统一、协调、平衡。在制定《山东省实行人员控制总量管理的事业单位人事制度改革指导意见》过程中，邀请相关部门专家召开风险评估会，对该《意见》的合法性、合理性、可行性和风险的可控性等方面进行评估，确保重大决策程序合乎规范、内容合法有效。认真落实《厅法律顾问工作规则》，聘请律师事务所参与省人力资源社会保障厅重大行政决策合法性审核、行政诉讼案件办理、合同协议审查等工作。法律顾问协助办理行政诉讼案件11件，审查民事合同26份，较好发挥“外脑”作用。

【行政权力的监督和制约】 以制度为抓手，全面加强对行政权力的监督和制约。印发《山东省人力资源社会保障行政执法信息公示实施办法》，全面落实《重大行政执法决定法制审核办法》和《行政执法全过程记录规定》，严格规范行政执法。继续开展工伤认定和劳动能力鉴定案卷年度评查活动，通过市局交叉互评、案卷点评等形式，统一执法标准，规范行政执法行为。修订《行政复议应诉管理办法》，依法及时办理被行政复议和行政应诉案件，办理被行政复议案件7件，办理行政应诉案件39件。

【普法宣传】 面向人力资源社会保障系统开展全方位、常态化法治教育，全面提高政府工作人员法治思维和依法行政能力。举办全省人力资源社会保障系统“法治人社”建设培训班，培训执法人员150余人，全面增强人力资源社会保障系统行政执法人员依法行政能力。组织人员参加全国人力资源社会保障法律法规知识网络竞赛答题，答题人数居全国第五，为全系统法制、劳动关系、劳动监察等2000余人普及宣传人力资源社会保障法律法规政策。面向社会开展“就业之路·法律同行”普法宣传月活动，会同青岛市和威海市人力资源和社会保障局，为1100余名大学生讲授人力资源和社会保障政策。部署技工院校普法活动和“12·4”宪法宣传日普法活动，普及人力资源社会保障法律知识。

（法规处）

规划统计

2017年，规划财务工作围绕中心任务，担当作为，开拓创新，在账务集中核算正式启动后，及时适应职能调整，更加注重综合协调，进一步健全制度、理顺机制、提高效率，圆满完成各项任务。

【规划计划】 印发全省总体规划中涉及人力资源社会保障的目标任务分工方案，做好2017年规划目标任务落实年度监测工作；举办全省人社“十三五”规划纲要解读培训班，全面推动规划实施；组织落实“一圈一带”区域规划，定期调度重点项目进展情况，发挥系统合力支持区域发展。印发2017年度全省人社事业发展计划，按季通报执行情况，组织开展2018年计划编制工作。做好2017年、2018年机关事业单位用编进人计划管理工作、机关事业单位接收安置退役士兵计划编制工作。着眼业务协同和数据共享，研究制定工作方案，进一步加强人事管理信息化建设。

【统计工作】 按照统一管理、分工负责的统计管理机制，完成2017年全省人力资源社会保障统计报表汇审上报工作，组织济南等3市完成全国社区直报调查，充分挖掘运用全省人才资源统计调查数据，完成9项人才发展课题研究。不断改进统计服务方式和手段，按月（季）整理统计数据，汇编统计资料，全面、快捷地为各级决策提供数据支持。积极推进统计信息化建设，基本完成全省人力资源社会保障综合统计管理信息系统的框架建设。

【预算编制和执行】 科学编制部门三年滚动预算和年度预算，省人力资源社会保障厅2017年预算总额26.14亿元，较上年增长10.31%，经费保障支撑能力进一步增强。统筹做好当年预算执行和存量资金消化盘活工作，建立预算执行定期调度和通报制度，落实重点项目绩效管理，切实保障资金使用效益。按时完成年度社会保险基金预决算编报汇审工作，按要求向省人大报告预算执行及编制情况。完成厅财务管理平台项目立项和首批采购工作，构建财务业务全流程电子化新模式。

【审计工作】 开展对部分单位的资产清查审计、基建项目审计和主要负责人离任审计，组织实施“小金库”、政府采购和招投标专项治理及严肃财经纪律规范预算编制执行情况自查自纠工作，全力配合审计署、省审计厅、省财政厅监督局等单位完成对省人力资源社会保障厅的6项专题审计，对发现的问题认真落实整改，通过内外检查的有机结合不断规范财务管理。

【财务集中核算】 省人力资源社会保障厅机关和6家直属单位账务核算业务正式移交核算中心，进一步规范经费收支流程，提高财务工作质量和效率。

【基层平台人员培训】 分四批对1389名街道（乡镇）人力资源社会保障所业务骨干进行培训。及时根据“三化”建设要求调整培训内容，以新的社会保险标准为重点，对15个市882名县级经办人员进行培训。

【对口支援】 制定年度对口援助工作计划，重点围绕就业援助和智力援助，组织做好援藏、援青、援疆等工作。在人力资源社会保障部组织召开的全国人社系统对口支援座谈会上，人力资源社会保障部领导对山东省对口支援工作给予高度评价。

【部省合作】 组织起草部省新旧动能转换合作备忘录，重点在人才、就业、社保和信息化建设等四个领域，争取人力资源社会保障部支持，助推山东加快实施新旧动能转换重大工程。参与拟定《山东新旧动能转换综合实验区建设总体方案（征求意见稿）》，向省发展和改革委员会提报10项新旧动能转换重大项目。

【社会信用体系建设】 印发全省人力资源社会保障领域社会信用体系建设《实施意见》《主要任务分工意见》和《建设任务分工表》。召开协调推进会，明确细化工作任务，指导开展社会保险、劳动用工等领域信用体系制度建设。积极通过省公共信用信息平台提报人力资源社会保障数据、宣传人力资源社会保障信用工作。

【经济社会发展综合考核】 对2016年度17市经济社会发展综合考核人力资源社会保障指标完成情况进行综合评价，改进目标值测算方法，研究确定2017年度考核指标及差异性目标值，促进人力资源社会保障重点任务落到实处。

【重点建设项目】 完成山东省公共实训基地项目立项，申报列入年度国家公共实训基地项目，争取中央预算内投资3750万元；山东省医药行业公共实训基地项目，列入2017年度职业教育产教融合投资计划，获得中央补助1500万元；积极争取山东工业技师学院现代制造技术（海洋装备）专业技能实训基地项目申报2018年职业教育产教融合中央预算内投资计划。

【支部党建】 推进“两学一做”学习教育常态化制度化，落实“两会一课”制度，突出抓好党风廉政建设，认真完成从严治党责任书签署、民主评议党员等各项党建工作任务，进一步规范党费收缴工作，不断创新深化支部党建活动，始终坚持把党建工作与业务工作同部署、同推进、同落实。

（规划财务处）

人事考试

2017 年，山东省人事考试工作紧紧围绕人力资源社会保障事业改革转型发展大局，立足为新旧动能转换提供优质人才选拔和评价服务，以确保考试安全为第一要务，按照考务管理精细化、考场建设标准化、考试队伍专业化、命题工作科学化、考试服务信息化“五化”建设总体要求，圆满完成各项人事考试任务。组织完成国家和省级人事考试 41 项，报考人数 144.7 万，同比下降 13.2%，报考科次 286.5 万科，同比减少 10%。切实落实考务工作精细化管理，按时间节点梳理操作流程，强化考务培训和风险防控，确保试卷安全；严肃考风考纪，强化考场安全管控，严格执行入场“安检”，重点考试推行“净考”模式，省市两级巡视人员实行包点、包场巡视，筛查重点人群，进行重点监管。营造诚信考试的舆论氛围，加大雷同试卷检测及处理力度，严肃查处各种违纪违规行为，发生各类考试违纪违规行为 2800 余人次，同比下降 46.9%。加快推进省级标准化考点建设，已在 17 市建设 2350 个省级人事考试标准化考场，积极推进政府采购工作，购置考试基础设备，继续推进考试基地功能布局，加快考试信息化建设，不断提高人事考试专业化、科学化水平。

【人事考试培训】 **全省人事考试干部队伍综合素质能力提升专题培训班**。在上海复旦大学举办全省人事考试干部队伍综合素质能力提升专题培训班。培训班上召开上半年全省人事考试工作会议，传达全国人事考试中心主任及反作弊技术培训班精神，对上半年人事考试工作进行总结分析，对下半年考试工作任务做出部署安排；针对法治思维、网络舆论引导、应急处理与危机公关、保密管理、人文素养、党建教育等方面内容进行专题培训。

全省人事考试命题管理培训班。在烟台举办全省人事考试命题管理培训班。对命题理论、命题技术和方法以及安全保密等方面进行培训。

全省人事考试考务工作暨试卷管理培训班。在威海举办全省人事考试考务工作暨试卷管理培训班。强调人事考试考务操作的流程和注意事项，部署全省省级人事考试标准化考点建设工作，分析人事考试典型案例，讲解和研讨试卷管理工作规则及专业技术人员资格考试考务指导手册。

【公务员考录及省属事业单位公开招聘笔试】 **省属事业单位初级专业技术岗位和管理岗位公开招聘工作人员笔试**。3 月 19 日，2017 年省属事业单位公开招聘工作人员笔试举行，报考人数 3.68 万人，除济南、济宁、聊城 3 市不参加同步考试外，全省 14 个市，共 104 个县（市、区）同步考试，全省累计报名考生总量达到 45.3 万人，比去年增长了 1.5%。

全省考试录用公务员笔试。4 月 23—24 日，全省考试录用公务员笔试举行，报名人数共计 36.4 万人，同比增长 5.2%。全省共设 356 个考点，12197 个考场。

中央机关及其直属机构公务员考录笔试。12 月 9—10 日，中央机关及其直属机构 2018 年度考试录用公务员笔试在济南、青岛、淄博、烟台、济宁、泰安 6 个考点城市组织实施，报考人数 97072 人，共设 115 个考点，3242 个考场。考试期间，人力资源社会保障部派出巡视组来山东考区巡视检查考务实施工作。

【命题工作】 **完成全年命题工作任务**。针对全省公务员、事业单位、军队转业、三支一扶、遴选等 9 项政策性考试，共命制笔试试题 16 套，面试试题 19 套。进一步优化命审题工作流程，加大常态化命审题工作力度，全年常态化审题次数

40余次，征集各类试题5000道以上。加强命题队伍建设，充实专家队伍，补充后备人才。进一步发挥专家优势，定期组织专家进行经验交流和总结，形成“以老带新”的命题队伍培养机制，不断提高山东省命题工作能力。

【考务工作】 **严格考务管理，确保考试安全**。考务操作流程做到节点精确化，制定全省统一的考务操作指导手册，按时间节点逐一梳理考点考务操作流程，明确每个节点的任务、操作要求和注意事项；试卷运转做到安全规范化，对各市试卷跨区押运车辆采取GPS定位，实时监控掌握试卷运转轨迹。对试卷清点、交接、押运、分发、验封、回收等环节进行规范和细化，确保试卷安全；考务培训尤其考前“三会”做到业务制度化，严格落实考前“三会”制度，重点加强对考点考务负责人、监考和巡考人员三类考务人员的安全管理、警示教育和业务培训；风险防控及专项预案做到工作常态化，以确保考试安全为总目标，印发人事考试安全专项治理工作方案。层层落实，严格把关，人事考试工作精细化水平进一步提高。

【基础建设工作】 **标准化考点建设**。加快推进省级标准化考点建设，印发《山东省省级人事考试标准化考点建设方案》和《山东省省级人事考试标准化考点建设规范（试行）》，拨付建设资金1175万，在全省17市建设2350个省级人事考试标准化考场。

基础装备建设。基础装备投入力度不断加大。积极推进政府采购工作，购置执法记录仪、对讲机、行车记录仪、保密箱等考试基础设备，有效提高人事考试工作基础保障水平。

信息化建设。加强考试信息化建设，新架设百兆考试数据专线，为省级节点配备专用设备，增强部、省、市三级虚拟专网连接稳定性，确保机考项目顺利开展。

【考风考纪管理】 **考场安全管控**。强化考场安全管控，严格落实考生入场安检措施，用专业设备对考生进行入场“安检”。在部分考试中统一配发文具，推行“净考”模式。成立反作弊技术小组，配齐配强反作弊设备，加大考场违纪查处力度。

巡视监督。加大巡视检查和对重点人群的监控力度。省市两级巡视人员实行包点、包场巡视，充分发挥对考试现场的监督指导作用。将历年违纪、雷同人员与报名数据进行比对，筛查重点人群，进行重点监管。

雷同监测处理。加大雷同试卷监测及处理力度，严肃查处各种违纪违规行为。在省公务员和事业单位考试中，首次采用技术手段对全部考生答题信息进行雷同试卷监测，共查处试卷雷同人员187人，按规定对被甄别为雷同的答卷作出相应处理，有力打击了考试违纪违规行为。

考风考纪宣传。营造诚信考试的舆论氛围。充分利用网站、微信、考点广播等宣传考试纪律规定，树立正确舆论导向，警示、引导应试人员诚信参考。

【党建工作】 **学习型党组织建设**。以学习贯彻党的十九大精神和习近平新时代中国特色社会主义思想为重点，研究制定理论学习和“主题党日”活动计划，严格落实“三会一课”制度，教育引导全体党员牢固树立“四个意识”。

廉政教育与警示教育。开展总支书记讲党课、纪检委员廉政教育专题讲座，组织观看廉政教育片等活动，梳理廉政风险清单，研究制定防范措施。在全省人事考试系统广泛开展人事考试工作人员警示教育活动，制定并组织学习案例选编、制度选编，制作警示教育视频，健全完善警示教育工作长效机制。

全面从严治党。班子成员切实承担起党建工作主体责任，自觉遵守党的各项纪律，始终做到按规矩办事，坚决抵制“四风”侵蚀，坚持以身作则、以上率下，为全体干部职工做出表率。层层压实，签订《全面从严治党责任书》，各支部分别制定全面从严治党工作计划，增强落实全面从严治党各项要求的责任感、紧迫感。

（省人事考试中心）

人力资源社会保障科学研究

2017年，山东省人力资源社会保障科学研究工作坚持“为中心工作服务、为领导决策服务、为职能部门服务”理念，在各处室单位的大力支持和帮助下，全力推进科学研究、杂志宣传和史志编辑工作，圆满完成各项工作任务。获得全国人社系统先进集体、省直机关三八红旗集体、省人社厅先进单位等荣誉称号。

【科研工作】 **联合开展课题研究**。承担省委组织部、省公务员局“乡镇公务员队伍建设”课题项目，赴烟台、潍坊、济宁、菏泽4市7县（市、区）21个乡镇实地调研，组织召开座谈会21场，发放调查问卷1920份，访谈各类人员近200人，起草完成调研报告初稿。完成省公务员局《关于推进全省公务员职业道德建设工程的实施意见》（以下简称《实施意见》）起草工作，查阅资料撰写文献综述，赴青岛、福建、江苏、上海实地调研，完成文件初稿。《实施意见》7月正式印发。承担全省人才发展课题“山东省基层公务员队伍建设”和“山东省技能人才激励机制研究”，通过结题评审。

省部级科研项目合作。提升科研工作水平层次。完成中国劳动和社会保障科学研究院重点项目“山东省技能人才激励机制研究”和中国人事科学研究院科研合作项目“山东省乡镇公务员队伍建设困惑与对策研究”。中国人事科学研究院课题评审专家高度评价课题报告，建议将报告精华浓缩，报到部里和省里供领导决策参考。

优秀科研成果评选。建立常态评选机制。组织开展第三届（2016年度）优秀科研成果评选活动，共收到各类成果349项。经过初审、复审和专家评审，确定一等奖15项、二等奖35项、三等奖50项。人才与人事研究论文征集活动。根据部人科院论文征集活动要求，在全省范围内开展相关主题征文活动，共收到论文一百余篇，择优筛选31篇上报，有8篇获奖。获奖数量居全国前列，人科院科研人员撰写的论文荣获三等奖，连续6次荣获优秀组织奖。

高级研修班。举办“新形势下人力资源社会保障理论研究与实践”高级研修班。邀请中国人事科学研究院、中国劳动和社会保障科学研究院、省府研究室、省社会院的专家学者授课，组织全省50余名人力资源社会保障科研工作人员参加培训。

学术交流。参加2017年全国人事人才科研工作交流会暨“人力资源与经济协同发展”研讨会。全程参与中国劳动和社会保障科学研究院“人力资源服务业创新发展”和“家庭服务业从业人员职业能力提升”、中国人事科学研究院“公务员法修订”等课题在山东的调研活动。参加亚洲公共行政网络2017年年会、中国人力资本论坛（烟台站）、中国劳动和社会保障科学研究院“智库建设”项目会议、山东省高等教育人才研究会2017年年会暨学术研讨会等学术交流活动。加强与江苏省行政管理科学研究所、山东省行政管理科学研究所等单位的交流。

【宣传工作】 **开展杂志宣传**。广泛深入宣传党的十九大精神。在杂志开辟“学习十九大”专栏，传达十九大报告中关于人力资源社会保障工作的论述，全面报道省人力资源社会保障厅部署学习贯彻十九大精神重要会议，营造浓厚学习氛围。做好重要会议活动的宣传报道。在全国创业就业服务展示交流活动期间，在省部领导来省人力资源社会保障厅调研期间，认真做好摄影摄像和宣传报道工作。深入报道全省人社工作会议，全面展示山东省人力资源社会保障系统取得的新成绩。做好政策宣传解读。与省人力资源社会保障厅职工养老保险处、省社会保险事业局合作，对机关事业单位养老保险政策进行宣传解读；与省公务员局合作，对《关于推进全省公务员职业道德建设工程的实施意见》进行宣传解读。积极开展工作经验宣传交流。在各期开设专栏，对“就业扶贫”“高校毕业生就业创业”“互联网＋人社”等亮点工作进行集中报道，对济南、潍坊、枣庄、淄博市临淄区等地人力资源社会保障工作进行专题报道。着力提升办刊质量。严把杂志审稿、编辑、校对、出版各个流程关口，文章内容和杂志印刷质量全面提升。

新媒体平台。实现宣传报道视频化，专题报道视频化。在党的十九大胜利召开之际，通过微信报道全省人力资源社会保障系统学习十九大精神情况，拍摄专题片《入党的日子》，展现山东人力资源社会保障系统党员干部不忘初心，喜迎十九大。采访第44届世界技能大赛冠军袁强和优秀奖曲笛，拍摄制作专题片《世界冠军是怎样炼成的》。时事新闻视频化。“人社新闻联播”常态化播出。记者深入临沂农民工公寓采访报道，制作的视频新闻《农民工心向党　挥毫献礼十九大》在临沂市和兰山区电视台播出。新闻访谈视频化。采访有关市人力资源社会保障局局长，制作视频访谈节目《民生访谈》之《局长面对面》。采访山东大学创业大学生，拍摄制作《托起高校毕业生就业创业梦想》。经验推广视频化。记者走进全省人力资源社会保障系统优质服务窗口，推出系列视频访谈节目《民生访谈》之《走进优质服务窗口》。拍摄制作反映济南天桥区堤口街道民生工作的视频《活力堤口　温暖民生》。

推进融合发展。实现业务工作一体化，主体工作一体化。通过微信平台刊登科研论文和调研报告，在微信平台开辟“山东人社记忆”“流金岁月”等栏目，刊登离退休干部回忆文章，推动宣传和科研、史志编纂工作一体化发展。为配合厅史馆建设，推出“山东人社记忆”系列纪录片第一部《百岁革命老人叶成志》，在腾讯视频点击量超过10万次。传统媒体与新媒体一体化。杂志和微信在栏目互通，形式互补，内容互融，权威性、可读性、时效性不断增强。

全省人社宣传工作会议。与省人力资源社会保障厅政研处联合召开全省人社宣传工作会议，分析形势，交流经验，表扬先进。创新办会形式，成功举办了一次新媒体宣传会议。

【史志年鉴编纂】 **完成供稿任务**。完成向人力资源社会保障部《中国人力资源和社会保障年鉴（2017）》山东部分、省史志办《山东年鉴（2017）》相关部分供稿工作。

年鉴编辑工作。完成《山东人力资源和社会保障年鉴（2017）》编辑工作。《山东人力资源社会保障年鉴（2016）》在省政府组织的2016年度山东省优秀史志成果评选活动中获得优秀年鉴。

做好史书编辑。扎实做好《山东省志·地方史志志（1981—2018）》《改革开放实录（山东卷）》《山东省对口支援新疆志》《山东省对口支援西藏志》人力资源社会保障部分的编纂工作。编修《山东省人事厅史》《山东省劳动和社会保障厅史》《山东省知青办史》。

【厅史馆和厅图书馆建设】 **厅史馆建设工作**。拍摄访谈视频，打造“山东人社记忆”。在离退休干部处的大力支持下，对离退休老同志进行采访拍摄，共采访离退休老同志近百位。广泛收集史料。与离退休老干部和省行政管理科学研究所联系对接，收集各类文字、图片和实物资料。

推进完善厅图书馆建设。不断购进图书，大力加强电子化建设。与厅信息中心合作，设计厅图书馆管理系统，将嵌入厅新版内网系统上线运行。

【能力提升】 今年是省人力资源社会保障科学研究院“能力提升年”，通过“请进来　走出去”，不断加强培训力度。赴德国参加由省人科院承办的“德国职业教育评价体系研究与建设”的学习培训，人科院4名工作人员参加了为期21天的学习培训。组织有关人员参加全国期刊主编培训班、新闻采编人员资格培训、中国人事科学研究院和部中国劳动和社会保障科学研究院业务培训班等培训，并邀请职业教育专家、济南广播电视台新闻中心副总监、大众报业集团高级记者等资深专家现场授课。积极参加省人力资源社会保障厅里组织的优秀处级干部培训班、优秀中青年干部培训班、党务干部培训班。

【党建群团】 以党建为引领，充分发挥党

支部战斗堡垒作用和党员先锋模范作用，为完成各项工作提供了有力保障，支部建设做法被人力资源社会保障厅机关党委推荐作为“建设过硬党支部”优秀案例上报省直机关工委，支部书记王莹同志作为省第十一次党代会代表出席大会。推进“两学一做”学习教育常态化制度化，坚持周五“主题党日”学习制度，组织党员学习贯彻习近平新时代中国特色社会主义思想和党的十九大精神。严格落实党内生活制度，把全面从严治党要求落实到组织生活中。加强党风廉政建设和作风建设。健全完善工作制度，促进工作规范化。开展丰富多彩的文明创建活动。积极参加厅里组织的征文、诗歌朗诵会、运动会等活动，获得优异成绩。与省人力资源社会保障信息中心12333联合举办青年文明号宣传活动。

（省人力资源社会保障科学研究院）

信息化建设

2017年，山东省人力资源社会保障信息工作积极贯彻实施“互联网＋人社”行动计划，编制《山东省“互联网＋人社”2020信息化发展暨“十三五”规划》，在全省人力资源社会保障系统推进公共服务“标准化、信息化、一体化”建设，充分利用现代信息技术手段创新公共服务方式，开辟网上、移动、自助等新型服务渠道，探索实行“互联网＋人社服务”模式，加强在人力资源社会保障各领域中应用。在全国“互联网＋人社”推进座谈会、全国就业信息化建设工作推进会暨就业服务工作座谈会、全省推进政务信息系统整合共享工作电视会议上，分别作了典型发言。成功举办全省人力资源社会保障信息化创新应用展，全景式、多角度地展示山东省人力资源社会保障信息化的创新发展之路，以及人力资源社会保障工作与互联网深度融合的美好前景。国家、部、省领导来省人力资源社会保障厅调研时对山东省人力资源社会保障信息化工作给予较高评价。

【“三化”建设】 **推进“三化”建设。**按照山东省人力资源和社会保障厅公共服务“标准化、信息化、一体化”建设总体部署要求，积极协调财政资金，申请获政务信息化建设资金，为“三化”建设提供坚实的资金保障。坚持全省一盘棋，顺利完成省本级和17市实施方案的审核备案工作。召开全省“互联网＋人社”推进座谈会，举办全省人社信息化创新应用展。制定印发《山东省社会保险“标准化、信息化、一体化”建设实施规范》，在菏泽、莱芜两市开展社会保险“三化”建设省集中试点。基于全省统一的社会保险公共服务标准，省本级和威海、东营、滨州等6个市完成社会保险信息系统智能化升级，济南、泰安、聊城等市的社会保险信息系统智能化升级工作也在快速推进。

公共服务信息化建设。为适应国家基本公共服务的新要求和引领人力资源社会保障事业改革，初步搭建起以门户网站办事大厅、短信、“12333”服务热线、“山东人社服务”APP和自助服务一体机为载体的综合网上公共服务系统，60多项业务实现网上经办，群众可以随时随地办理业务、查询政策、了解进度等，实现“信息多跑路、群众少跑腿”。实现省人力资源社会保障厅官方门户网站对内统一接入、统一管理，对外统一标识、统一服务，推动实体政务大厅向网上服务大厅延伸，有效提升了服务质量和效率；拓展移动服务便民新功能，面向社会发布基于安卓、苹果两大主流操作系统移动APP服务，提供人力资源社会保障新闻类、政策类、12333咨询以及个人社保、就业招聘等办事类服务内容，为公众提供随时随地、方便快捷的“全天候、零距离”人社信息服务；强化服务监督，实现网办事项、现场办理事项全程电子监察功能，促进对外服务的公开透明，有效提升省人力资源社会保障厅政务服务质量。

12333 电话咨询服务。加强统筹规划，推进全省电话咨询服务体系建设，印发《山东省人力资源和社会保障厅关于加快推进全省 12333 电话咨询服务事业发展的实施意见》，对 12333 电话咨询服务事业发展提出实施意见和工作要求。12333 来电总量达到 800.3 余万，同比增长 27.4%，较好地搭建人力资源社会保障部门和社会群众沟通的桥梁。承办“12333 全国统一咨询日”全国主会场活动，开展进社区、朗读比赛、拍摄微视频等“青年文明号开放周”系列宣传活动。举办全省 12333 电话咨询服务培训班，提升 12333 工作人员服务能力。制定 12333 与省级 12345 整合方案，实现并行接听，12333 电话咨询服务热线与 12345 省级政务热线并存，均可受理群众诉求。被人力资源社会保障部办公厅评为“全国 12333 电话咨询服务示范单位”。

【省集中建设】 省集中业务系统建设。按照中共山东省委书记、山东省人大常委会主任刘家义到省人力资源社会保障厅调研时对省级集中工作提出的要求，制定人力资源社会保障信息系统省级集中建设方案。在公共就业领域，积极推动公共就业人才服务信息系统建设，优化创业担保贷款系统功能，实现与省级电子档案系统的对接，保障技能提升补贴发放工作开展；完成精准扶贫模块开发，累积录入 67 万余名贫困人员就业相关信息。在社会保险领域，积极推进省级集中社会保险信息系统建设，对省集中机关养老保险系统、劳动能力鉴定系统进行标准化升级，归并至省集中社保系统，初步形成支持 5 市机关养老业务、3 市劳动能力鉴定业务的省集中智能一体化社保系统；省集中居民养老保险系统支撑 9 个市 81 个县（市、区）业务经办，管理 2351 万参保人员信息，每月为 672 万待遇领取人员发放养老金 7.16 亿元。在劳动关系领域，完成劳动保障监察举报投诉案件联动平台功能开发，实现与省级短信平台、全省 12333 电话咨询服务系统的对接。在人事人才领域，省集中人事人才一体化管理系统实现海外人才项目管理、职称申报、高层次专家管理子系统等应用上线，并在烟台、泰安启动试点工作。同时，通过省集中一体化集成平台，实现各系统间和省市间的业务协同办理，实现就业失业登记、社会保险登记、劳动用工备案信息共享和业务协同的一体化应用。

省集中数据库建设。全省人力资源库入库人员基本信息 1.1 亿条，单位基本信息 170 万条，个体工商信息 507 万条；持卡人员数据库实现与部级持卡库对接，完成已发卡人员 1.04 亿条基本信息、6663 万条卡信息入库；全省社会保险数据库集中 17 市业务数据，完成部分市业务数据整合。

【社会保障一卡通】 大力发行社会保障卡，全省持卡人数达到 7572 万，覆盖城镇职工和城乡居民。加快推进社保卡应用，全面启动使用社保卡发放养老金，方便退休人员就近领取养老金；与省卫生和计划生育委员会签署合作协议，推动社保卡融合居民健康卡；在定点医院实现持社保卡进行挂号、就诊、诊间结算、取药“就医一卡通”；试点实施就业创业证与社保卡“证卡合一”，让持卡人获得一站式的就业、社保服务；开展社保卡跨地区应用，支持参保人跨省异地就医直接结算，社保卡在身份识别、缴费、待遇领取、医保结算、信息查询等方面得到广泛应用。推广即时补换卡模式，缩短制卡周期。做好第三代社保卡试点技术验证。加强社保卡宣传，举办全省社会保障卡知识竞赛，广泛宣传社保卡应用知识，提升社保卡应用水平，更好地发挥社保卡的便民、利民、惠民作用。

【重点业务系统建设】 异地业务平台建设应用。推进业务系统线上线下服务的一体化，加快异地业务平台建设，开展社会保险转移接续、待遇资格认证、异地就医联网结算等跨地区业务协作，形成系统上下的整体服务新优势。省级社保关系转移和异地退管系统支撑办理省内和跨省转移业务 18.6 万笔，实现参保缴费等转移信息的及时准确交换，配合业务经办部门完成 2.3 万人领取社保待遇资格认证。作为全国首批启动基本医疗保险全国联网和跨省异地就医直接结算的省份，省本级及17市全部接入国家异地就医结算系统，是全国4个全部统筹区接入部级系统的省份之一，开通跨省异地就医结算定点医疗机构383家，实现跨省异地住院直接结算1.38万笔；省内异地联网医院已达432家，支撑全省异地就医即时结算105万笔、248.5亿元，有效解决了参保人员垫付资金、往返报销的问题。

机关事业单位职业年金管理系统建设。在充分调研职业年金业务经办流程和业务需求的基础上，完成职业年金系统计划管理、合同管理、缴费管理、账户管理、待遇支付等8个功能模块的功能开发测试和系统部署，基本完成与受托机构系统和市级社保业务系统的对接测试工作，能够满足市级与省级职业年金数据信息互相传递的需要，为职业年金经办启动实施做好信息化支撑工作。

医保监管信息系统建设。加强医保监管系统推广应用，系统已覆盖全省16市和省本级。事前事中监管系统在潍坊、济宁等市20余家定点医院等实现上线运行，共接入800多个科室，2000多个医生工作站，规范医疗保险就医诊疗行为。

全民参保登记信息系统建设。加强全民参保登记信息系统建设，集中全省9840万人员基础信息、2.55亿条参保信息，完成全省501.9万未参保人员的入户调查工作，实现全省17市社保数据的动态更新。

【数据共享利用】 信息资源共享。加强系统内外的一体化发展，建设省级信息资源共享管理系统，建立内外双向数据交换机制，积极开展跨部门、跨地区、跨层级数据共享交换，与工商、卫生和计划生育部门正式签订信息资源共享合作协议，打通部门间数据共享渠道，发挥信息共享支撑多部门协同服务的作用，解决“奇葩证明”“循环证明”“来回跑腿”等问题，为多部门协同服务提供有力的信息共享支撑。

数据分析利用。利用全民参保计划采集的信息、高校毕业生信息和建档立卡贫困人员信息，结合通信和国土部门的用户位置信息、空间地理信息，完成就业动态监测平台二期建设，开展劳动力转移就业分析、人口迁徙分析、区域人员分析、大学生就业分析、社会保险分析和精准扶贫应用，实现了就业流向和状态的动态化、全景式展示，为提供更加超前、更加精准的就业创业服务创造条件。

联网监测工作。按照人力资源社会保障部要求，加强各市联网监测数据上报的督导检查，按时完成全省社会保险、劳动监察联网监测数据汇总和上报，月均报送数据量约2.2亿条；完成全省就业监测数据汇总和上报，月均报送数据量约0.39亿条。配合做好科学发展观考核、业务工作审计等相关数据支持，提升联网监测数据利用水平。

【信息化基础设施建设】 通过自建私有云和省级政务云统筹部署，推进人力资源社会保障行业云建设。加强省级数据中心统一运行平台建设，通过运用云计算、虚拟化等技术，对硬件设备资源进行有效整合利用，提高数据中心对各项业务系统的处理能力。数据中心机房被工业和信息化部评为全国首批国家级绿色数据中心。部、省、市三级视频会议系统稳定运行，召开各类多媒体会议百余次。推进五级业务专网扩容扩面，继续推进网络向乡镇、村等基层延伸，全省基层网络带宽总体提高4倍。加强信息安全保障，开展等级保护，开展全省人力资源社会保障系统互联网电子邮件安全专项整治，保障十九大期间网络和系统安全。人力资源社会保障部批复省人力资源社会保障厅为网络安全态势感知指挥平台建设试点。升级电子认证体系国产密码算法，拓展电子认证平台应用，人力资源社会保障部批复省人力资源社会保障厅为电子签章认证平台建设试点，6市完成RA系统建设，累计发放各类数字证书41200张。2017年省人力资源社会保障厅继续被评为信息安全管理工作先进单位。

（省人力资源社会保障信息中心）

各市人力资源和社会保障工作

济南市

2017年，济南市人力资源和社会保障部门紧紧围绕“打造四个中心、建设现代泉城”中心任务，以建设“温暖人社”为主题，积极作为、扎实工作，为保障改善民生、服务经济发展、促进社会和谐稳定发挥积极作用。

【就业再就业】 **创业政策落实**。扩大创业担保贷款覆盖面，累计发放创业担保贷款3.7亿元，政策红利得到充分释放。实施“创业泉城”行动计划，向475家小微企业发放创业补贴1152.4万元，向4826家个体工商户发放创业补贴1339.4万元。加强创业载体建设，建成省、市、区三级创业孵化基地113家，孵化面积350万平米。创新服务模式，济南市大学生创业孵化中心与山东大学合作，在全省率先实行远程视频创业教学。成功举办首届全国创业就业服务主题展。

重点人群就业。坚持把高校毕业生就业摆在首位，跨部门跨区域联合举办专场招聘会，围绕济南重点建设项目举办专题招聘会，进一步拓宽高校毕业生就业渠道。“三支一扶”计划重点向乡镇等基层扶贫领域倾斜。市级大学生就业见习基地已达200余家，60%以上的毕业生被见习单位正式留用。济南生源高校毕业生就业率达94%。完善就业援助政策，连续10年提高补贴标准，援助就业困难人员2.37万人，发放补贴资金1.41亿元，城镇零就业家庭实现动态清零。协调安置企业去产能分流职工5353人。大力开展“就业援助月”“春风行动”等主题招聘和“就业招聘进乡村”“招聘夜市”“赶招聘大集”等特色活动，提供就业岗位38.66万个。新增农村劳动力转移就业5.1万人。城镇新增就业18.9万人，城镇登记失业率为2.08%，低于控制目标1.92个百分点，就业局势保持总体稳定。

就业精准扶贫。打造“就业扶贫车间”80个，吸纳建档立卡贫困人口494人。技能培训964人，实现贫困人口转移就业7144人。济南与重庆市、湖南省湘西州签订劳务扶贫协作框架协议。赴湖南省湘西州开展劳务协作专场招聘会8场，提供就业岗位8000多个，112名湘西务工人员来济南就业。选派讲师赴湖南省湘西州、重庆市武隆区开展精准扶贫培训教学，济南技师学院招收湘西州贫困家庭“两后生”68名。

就业技能培训。推进就业培训五年规划，培训补贴标准提高约30%，城乡劳动者就业创业培训1.99万人，培训后就业率达85%以上。拓宽补贴申领发放渠道，试点开展个人申领职业培训补贴直补模式，将驾驶员、物流师等5个专业定为试点专业。

农民工服务。依托五级农民工服务网络和网上服务（维权）平台，加强政府职能部门的协调联动，着力解决农民工在技能培训、子女教育、劳动权益等方面的现实问题，全年帮助农民工追讨工资1850余万元。深入开展春季送岗位、夏季送清凉、冬季送温暖，四季送健康等“情系农民工”系列主题活动，让农民工更好地融入城市。

【社会保障】 职工养老、医疗、失业、工伤、生育保险参保人数分别达265.5万、228.7万、147.2万、187.5万和152.7万，居民养老和医疗保险参保人数分别达229.3万和408万，基本实现社会保险制度全覆盖。各项社保基金总收入435.5亿元，同比增加64.5亿元。

提升社保待遇。连续13年提高企业退休人员养老待遇，月人均基本养老金达到2921元，同步提高机关事业单位退休人员养老待遇。工伤职工一次性工亡补助金标准达到67.2万元。生育保险人均费用支出过万元，全省最高。失业保险金标准提高至每人每月1080元。居民养老保险基础养老金实现"七连涨"，每人每月达到110元。居民基本医疗保险财政补贴标准每人每年达到450元。为16万名被征地农民落实保障资金7.8亿元。大力实施社保精准扶贫，为贫困人员代缴居民养老保险费500余万元，报销基本医保、大病保险1.4亿元，为贫困失能老人按月发放300元护理补贴。

深化社保改革。有序推进机关事业单位养老保险制度改革，认真落实养老保险关系转移接续新政，做到应保尽保、应发尽发。全面实施职工和居民大病医疗保险制度，为17.9万人次减轻医疗负担4.7亿元。完善职工长期医疗护理保险制度，适当放宽定点医护机构的准入标准，鼓励管理规范、社会信誉好的托养机构、家政公司与定点医护机构组成家护服务联合体，做好护理保险制度与基本医保制度的衔接，提高待遇标准。推进居民基本医疗保险市级统筹，实现居民医保缴费标准、待遇政策、定点管理、经办规程、信息系统、基金管理"六统一"。完善居民基本医疗保险政策，调整个人缴费标准，扩大门诊规定病种范围，提高普通门诊统筹待遇，实行居民医保参保人异地安置备案报销政策。

提高经办服务水平。开通社保移动服务平台，"企业养老网上智能服务平台"上线运行，实现全国异地就医联网结算，社保基金网银主动缴费功能在市内六区范围推广，社保卡多功能应用加快推进。

基金安全监督。注重网上日常督查和专项督查，建立跨省、跨市、跨县区协查机制。组织开展劳务派遣机构社会保险费征缴、城乡居民养老保险经办机构内部控制等专项监督检查，有效防止"跑冒滴漏"，确保基金安全。

【人才队伍】 完善人才政策体系。围绕济南市人才新政"30条"，研究制定人才来济就业生活补贴等实施细则，逐步建立全方位、多层次的人才政策体系。深化职称制度改革，制定《关于深化职称制度改革促进专业技术人员创新创业的实施意见》，充分发挥职称制度在专业技术人才选拔、培养和使用中的导向作用；印发《济南市专业技术人员继续教育规定》，建立继续教育考核和激励机制，开通"济南市专业技术人员继续教育公共服务平台；推进"放管服"改革，有序下放职称评审权限；进一步放宽非公经济组织职称申报条件；完善基层专业技术人才职称评审倾斜政策，增设基层卫生高级专业技术职务资格。

人才引进培养。紧紧围绕"四个中心"建设人才需要，引进泉城"5150"引才倍增计划创新创业人才32人、泉城重点产业紧缺人才2425人、外国专家项目37个、外国专家174人、海外留学归国人员2700余人；新增"国家百千万人才工程"人才1人、国务院特殊津贴专家12人、中高级专业技术人才5800人，专业技术人才总量达到43万。实施出国（境）培训项目26个，培训230人次。

技能人才队伍建设。成功举办第五届"英才杯"职业技能大赛，涌现一批技术能手。新增高技能人才2.3万人，新增齐鲁首席技师5名、泉城首席技师59名、市突出贡献技师100名，创建国家级高技能人才培训基地1所。

公共人才服务。强化留学人员创业载体建设，济南留学人员国际企业孵化园新增留学人员企业16家，注册资金超过3亿元。创新博士后工作，国家博士后科研工作站增至22家，省级博士后实践创新基地达到8家，新设立市级博士后创新实践工作站10家。着力实施院士专家服务基层行动计划，新增院士专家基层服务工作站29家。推行"互联网＋人才"管理服务模式，研发高层次人才分类认定系统、泉城"5150"人才申报系统、泉城产业领军人才申报系统、人才落户管理系统等，中国济南人才网、人才泉城微官网上线运行。

人力资源服务。济南市高新（国际）人力资源服务产业园被批准为省级人力资源服务产业园并获得奖补资金300万元。山东铭源人力资源管理有限公司、上海外服（山东）人力资源服务有限公司等5家人力资源服务机构荣获全省人力资源服务十强企业称号，占年度全省十强企业的

50%。开展行业诚信建设活动，山东铭源人力资源管理有限公司、山东华杰人力资源管理有限公司被人力资源社会保障部评选为全国人力资源服务诚信示范单位，济南新天地人力资源有限公司、济南仁和人力资源服务有限公司等4家人力资源机构被省人力资源社会保障厅评为全省人力资源服务诚信示范单位。

【人事管理】 创新进人机制。不断完善“阳光考录”办法，各级机关新招录公务员535人。创新事业单位选人机制，面向重点高校引进优秀毕业生200名。市属、县区属事业单位联动公开招聘人员347人。指导济南市卫生和计划生育委员会下属22个直属事业单位公开招聘工作人员476人。首次组织市属12所中小学面向6所教育部直属师范类高校引进优秀毕业生53人。

培训考核。着力提升培训质量，课程内容紧扣理论和实际需求，师资选择侧重政府型专家学者与高校知名专家，培训形式注重案例、桌面推演，开展各类培训17期，培训人员1650余人。不断完善公务员平时考核，推广应用手机APP版和电脑平台版公务员平时考核信息系统，实现平时考核全覆盖、全时控。事业单位岗位设置管理工作全面入轨并有序推进，对全市203个事业单位进行岗位审核。

工资制度改革。按照体现岗位绩效和分级分类管理的原则，全面推进事业单位绩效工资改革，完成法院、检察院工资制度改革。建立机关事业单位防治“吃空饷”长效机制，研究制定《济南市市直机关事业单位预防和治理“吃空饷”问题实施办法》，强化人员日常管理、工资发放管理、强化监督管理和责任追究。

考试安全。实行考试项目化管理，共组织34项22万人次各类人事考试，做到零失误。综合运用无线视频监控、人脸识别等技术，强化与公安、无线电管理等部门联动，严厉打击考试作弊行为，处理违纪违规考生389人。

军转和退役士兵安置。妥善安置计划分配和自主择业军转干部1118人，安置公务员和参公岗位比例达到80%。退役士兵事业单位安置计划提高至40%。军地双方联合开展自主择业军转干部就业创业培训模式被列为全省试点。

【劳动关系】 劳动用工备案。强化备案系统与社会保险系统的数据共享和业务联动，督促用人单位与职工依法签订劳动合同，劳动用工备案4.4万家、134万人，劳动合同签订率达99%以上，在城镇实现稳定就业的农民工劳动合同签订率达99%。

企业收入分配宏观调控。最低工资标准调整为每月市内五区1810元、其他县（区）1640元；最低小时工资标准平均增幅达5.83%。发布全市上年度社会平均工资，全市法人单位在岗职工平均工资增幅为9.25%。公布2017年企业工资指导线，全市法人单位在岗职工平均工资基准线增长7.5%，上下线分别增长12%和3%。深入推进市属国有企业负责人薪酬改革，实现金融企业与其他国有企业的同步推进。

劳动保障监察。突出重点用人单位的日常监管，认真开展日常巡视检查，重点加强对农民工工资支付、人力资源市场秩序、落实防暑降温规定、劳动用工、社会保险缴纳的专项检查，共检查用人单位8600家24.8万人，补签劳动合同7000余份，清欠社会保险费700余万元，受理案件到期结案率达98%。

劳动人事调解仲裁。着力提高劳动人事调解仲裁工作效能，积极落实裁审衔接联席会议制度，试点要素式办案模式，开发使用调解仲裁智能化管理系统，在全市仲裁机构大力推广设立法律援助工作站。全市仲裁机构共立案受理5277件，当期结案率97.20%，为劳动者挽回经济损失1.2亿元。

【公共服务】 行政服务标准化。全面系统地梳理和修订标准体系和体系内标准，新编制标准16项，调整完善59项，撤销9项，编印《济南市人社基本公共服务标准汇编（修订版）》。以98.5分的全省历年最高分通过国家人力资源和社会保障行政服务标准化试点验收。

基层平台建设。改造提升基层平台服务功能，开展基层平台规范化和标准化考核，对乡镇（街道）人力资源社会保障服务中心逐一进行检查验收。持续推动人力资源社会保障业务向基层下沉，通过规范台账、发布公告和强化监督考核等方式，推动49项约束性项目和7大类32项业务向基层下沉，把基层能办好的服务事项下放到位。开展基层平台工作人员服务规范提升培训。

“互联网＋人社”服务模式。着力加快人力资源社会保障新媒体建设，建立网站群、济南人社在线、“济南人社”微信公众号、“智慧就业”平台、农民工网上服务平台、“掌上社保”、自助终端等“七位一体”的服务平台，推动人力资源社会保障业务线上办理。

窗口单位作风建设。开展窗口单位提质提效专项行动，采取暗访摸底、现场督导、问题整改，进一步提升人力资源社会保障服务窗口服务效能和服务质量。开展基层平台开放日活动，邀请市民代表亲身体验基层平台规范化和标准化建设服务情况，增进与群众的良好沟通。在全市人力资源社会保障系统开展“假如我是他”服务实践，采取学做结合、换位思考、问题查改、实践检验等多种形式，加快推进人力资源社会保障服务理念创新、路径创新、方法创新，着力提速提质提效。

业务能力建设。举办8期“人社业务大讲堂”和2期年轻干部培训班，采取“请进来”和“走出去”相结合的方式，邀请业务骨干和国内各领域专家进行授课，依托省外知名院校开展知识培训和参观见学，共培训人力资源社会保障干部职工670人次。

（济南市人力资源和社会保障局）

青岛市

2017年，青岛市人力资源和社会保障系统坚持民生为本、人才优先，聚焦助推新旧动能转换、推进供给侧结构性改革，深化改革创新，强化管理服务，各项工作取得新进展。

【就业创业】 城镇新增就业73万人，同比增长13.4%，城镇登记失业率3.12%，控制在年度目标4%以内；政策性扶持创业2.1万人，创业带动就业6.6万人。

就业创业政策。制定《关于助推新旧动能转换做好当前和今后一个时期就业创业工作的实施意见》，在全国率先印发就业创业政策风险防控办法，建立就业创业政策风险防控长效管理机制。将新兴业态纳入创业政策扶持范围，将创业人员担保贷款贴息期限由2年延长至3年，将创业担保贷款额度提高到最高300万元。以市政府办公厅1号文件印发失业预测预警和调控应急工作实施方案，实现全时段、全覆盖失业预警动态监控，确保就业局势稳定。

就业创业公共服务。建立企业用工定点监测制度。上线运行家庭服务业云平台。组织40个项目参加全国创业就业服务展示交流活动。推进创业孵化载体建设，积极争创全国创业孵化示范基地，认定省级创业孵化基地（园区）11家、首批市级创业孵化示范基地（园区）7家，全市创业孵化基地达到96家，在孵企业达到4556家。

职业技能培训。开展就业技能培训补贴先垫后补，印发失业保险支持参保职工提升职业技能新政，提升劳动者技能素质和职业转换能力。加强职业培训机构建设和职业培训资金管理。深入推进技工教育集团化办学，产教融合水平进一步提升。完成国务院取消七批职业资格清理工作，推进初、中级职业技能鉴定下放。实施技能帮扶万人工程，培训劳动者1.2万人。

重点群体就业。实施开发基层公共管理岗位吸纳高校毕业生政策，鼓励引导高校毕业生面向基层就业。举办第四届职业生涯大赛，实施大学生创业培育海鸥行动，接收高校毕业生7.7万人。开展就业援助月活动，帮扶就业困难人员实现就业2.2万人，就业率达91%。推进就业与社会保障精准扶贫，农村贫困人口100%享受就业培训帮扶和养老医疗兜底保障。

【社会保障】 征缴各项社会保险费577.9亿元，各项社会保险待遇均按时足额发放，社会保障制度总体运行平稳。

社会保险制度改革。全面推进机关事业单位养老保险制度改革，顺利完成非营利性民办学校教师养老保险与公办学校教师同等待遇试点任务。在全国率先实施补充医疗保险制度，为7323名重特大疾病和罕见病患者提供特药特材保障2.8万人次，为5万名大病患者提供大额保障12.4万人次，累计支出3.4亿元，减轻参保人医疗费用负担。在全国率先将重度失智老人纳入长期护理保险范围，减轻家庭照护压力和经济负担。推进建筑业参加工伤保险“同舟计划”，全市新开工项目、在建项目参保率均达到100%。

社会保险待遇。企业退休人员养老金水平实现“十三连涨”，机关和事业单位退休人员养老金实现同步调整，惠及91.5万人，将失业保险金提高到每人每月1080元。健全鼓励顺产激励机制，生育保险分娩医疗费人均定额结算标准提高400元，进一步提高居民医保、工伤保险待遇水平。继续落实单位养老保险缴费比例降至18%的政策，将失业保险缴费比例再降0.5个百分点、工伤保险平均缴费比例再降0.3个百分点，为参保单位减负38亿元。

社会保险经办。实施全民参保计划，参保人数达到860多万人。顺利实现异地跨省就医直接结算，全市76家定点医院实现异地结算1988人次。制定《“互联网+社保”三年行动计划》和《“标准化+社保”三年行动计划》，全面开通社保卡102项应用，推广社保掌上预约系统，提升便民服务实效。

社会保险基金监管。创建社保基金运行监控制度，实现社保基金全程监控、实时管理。强化社会保险内部监控与外部稽查，开展风险防控专项行动。完善社保基金监督系统，健全涉嫌社保欺诈案件移送机制，确保社保基金安全运行。

【人才体制机制改革】 引进各类人才13.1万人，同比增长8.5%，其中引进博士和正高职称人才1706人，同比增长16.5%；硕士、副高职称和高技能人才1.4万人，同比增长15.2%。新增驻青院士5人、聘任院士3人、泰山系列人才工程专家66人，人才总量达到180万人。

人才政策创新。突出“高精尖”导向，制定顶尖人才认定和奖励资助实施细则、外籍雇员聘用管理工作意见等引才新政。稳步推进职称制度改革，进一步打破户籍、身份等限制，拓宽职称评审范围，合理界定下放评审权限，放宽基层专业技术人员专业限制，增设基层卫生高级职称，优化引才育才环境。

重大引才专项行动。面向全球开展海洋高层次人才引进活动，举办第10届海外高层次人才座谈会暨海外院士青岛行活动，吸引22个国家的108名院士来青考察，集中签约33名院士。创新举办“百所高校千名博士青岛行”活动、第17届“蓝洽会”，近千名博士来青，签约21个千人计划项目、540个人才项目。成功举办2017国际城市管理青岛年会、全球智库创新（青岛）年会，吸引38名高端智库专家。连续第六次入选“魅力中国—外籍人才眼中最具吸引力的十大城市”。

高层次和高技能人才培养。创新实施博士后培养留青计划，提高建站资助及安家补贴标准。健全院士专家经费管理制度、优秀专家工作站及优秀成果奖励经费管理制度，在全省率先推出专技人员继续教育导师制。制定高技能人才评审工作规程，高标准创建高技能人才培养平台，国家级技能领军人才数量居全国同类城市前列。

人才公共服务。建立人才服务清单制度，完善高层次人才服务绿色通道，发放高层次人才“服务绿卡”50余张。在全国率先完成外国人来华工作许可“两证合一”试点。建成国际人力资源服务产业园，推进院士专家创新创业园、博士创业园、留学人员创业园等高层次创新创业平台建设。深入推进积分落户制度，进一步简化手续，2685人获得落户资格。

【人事制度】 人事管理制度改革。稳步推进公务员职务与职级并行试点。扩大聘任制公务员试点，完成第四批5个职位招聘。全面完成海洋国家实验室、蓝谷管理局、邮轮港管理局等功能区职员管理改革试点工作。突出知识价值导向，创新事业单位收入分配激励机制。

考录招聘。顺利完成面向本土优秀人才招考基层公务员、定向招考残疾人公务员等考录试点任务。制定事业单位公开招聘工作规程，推进公开招聘工作科学化、规范化，开展多元化招聘，圆满完成公务员考录、事业单位工作人员公开招聘工作。

机关事业单位管理服务。全面推行公务员平时考核，启动面向基层和机关基础岗位的“双基”公务员培训。开展“为民服务示范岗”“职业道德标兵”创建选树活动，推进公务员职业道德建设工程。规范完善专业技术三级岗位评聘制度，深入推进人事管理示范点创建活动，提升人事管理服务水平。

军转工作。在全国率先开展待安置军转干部实训，分层级开展安置军转干部集中培训，提升军转干部适应能力。建成启用自主择业军转干部创业培训基地，加大军转创业扶持力度。强化矛盾隐患排查化解，企业军转干部总体保持稳定。

【劳动关系】 受理劳动人事争议案件 1.12 万件，立案查处劳动保障监察案件 4695 件，按期结案率均超过 99%。

完善政策体系。按照青岛市委、市政府《关于构建和谐劳动关系的意见》部署，印发完善多层次劳动关系三方机制、源头预防等一系列文件，在市直企业中推行劳动关系观察员制度，加强劳动关系协调工作的源头参与，完善劳动关系重大矛盾预警预报预防机制，建立起“分区域、分行业、多层次”劳动关系协调机制。

收入分配宏观调控。统筹推进市直企业、区（市）国有企业负责人薪酬制度改革工作，完善激励约束机制。提高最低工资标准，六区、四市月最低工资标准分别调整为 1810 元、1640 元，小时最低工资标准分别调整为 18.1 元、16.4 元。发布 2017 年企业工资指导线，基准线为平均工资增长 9%，上线为平均工资增长 13%，下线为平均工资增长 4%，引导企业合理确定工资增长幅度。

劳动维权。妥善做好改革、改制、重组、破产关闭企业劳动关系调整和职工分流安置工作，顺利完成退役士兵人力资源社会保障领域权益保障任务。加强劳动人事争议专业性预防调解，创新劳动保障监管方式，以全面治理农民工工资等违法问题为重点，开展用人单位遵守劳动用工和社会保险法律法规情况等专项检查，清欠社会保险费 6000 万元，为 1.2 万名劳动者追发工资待遇等 7184.5 万元。

【公共服务能力】 印发《深化改革创新助推新旧动能转换重大工程实施工作方案》。围绕服务供给侧结构性改革，创新提出 17 个方面措施，完善人力资源社会保障领域改造旧动能、服务新动能体制机制，助推全市新旧动能转换重大工程实施。

“放管服”改革。推广行政执法随机抽查制度，完善设立普通技工学校审批、人力资源服务许可等事项行政审批流程。实行“零跑腿”和“只跑一次”服务事项清单制度，简化优化公共服务流程，取消证明材料 12 项、年检 3 项，发布公共服务事项清单 110 项，编制公共服务指南 88 项，群众办事创业更加便捷。

公共服务“三化”建设。聚焦“标准化、信息化、一体化”，加快推进人力资源社会保障“三化”建设，推行网上政务服务深度办理，启动大数据平台建设，推广“智慧人社”手机 App，率先开展“人脸识别”认证试点，开展基层平台精准服务年活动。

（青岛市人力资源和社会保障局）

淄博市

2017年，淄博市各级人力资源社会保障部门紧紧围绕全市“一个定位、三个着力”工作思路和“十个新突破”工作重点，坚持“民生为本、人才优先”工作主线，对标先进、勇于担当、改革创新，圆满完成各项工作任务。城镇新增就业10.51万人，城镇登记失业率2.9%，接收应届高校毕业生3.49万人，总体就业率达92.19%，就业稳成为经济社会运行总体稳定的重要标志。狠抓扩面征缴，扎实推进“全民参保登记计划”，参加各类社会保险人数达1010.18万人次，首次突破1000万人次。市人力资源社会保障局打造一批亮点工作，多项工作走在全省、全国前列，受到省委、省政府的表彰，电子社保工作在全国会议上介绍经验，先后15次在省级会议上介绍相关工作经验，被确定为全省劳动能力鉴定信息化引领试点城市，全省被征地农民保障工作现场会在淄博市召开；“人社全域大数据建设”入选2017年度淄博市首批10项自主改革创新经验。

【就业工作】 **创业就业政策**。制定《淄博市“十三五”就业促进规划》《关于做好就业创业工作助推新旧动能转换的意见》《关于进一步引导和鼓励高校毕业生到基层工作的实施意见》等政策措施，健全多元化的就业政策体系。

创业带动就业。新增省级创业示范平台1家、市级3家，总数分别达到9家、16家，累计入驻企业3633家，带动就业2.41万人。市创业孵化中心建成并投入使用，入驻企业123家。新增省级“四型就业社区”13家、市级40家。发放创业担保贷款4.27亿元，扶持创业2800余人，带动（吸纳）就业9600余人。举办有330多家企业参加的淄博市第二届创客大赛，成立“淄博市创业导师联盟”，组织47个创业项目参加全国创业就业交流活动，8个项目获奖，数量居全省首位。

创业和就业培训。贯彻新一轮“加强就业培训提高就业与创业能力五年规划”，全面启用职业培训实时管理系统，对32家定点培训机构开班过程实现全程监督。举办首届创业培训讲师大赛，选出5名优秀选手组成代表队参加山东省创业培训讲师大赛省级决赛并取得优异成绩。组织城乡劳动者参加技能培训、创业培训3.09万人，2.66万人实现就业。

重点群体就业。接收应届高校毕业生3.49万人，总体就业率达92.19%。生源离校未就业毕业生实名登记共4547人，实名登记率100%，就业服务率100%。帮扶4627名就业困难人员实现就业，城乡零就业家庭全部实现动态消零。按照淄博市的部署，与滨州市、重庆石柱县、西藏日喀则地区建立就业扶贫合作关系，先后制定《关于进一步加大就业扶贫力度的通知》等4个文件，完成贫困人口就业安置600人。

淄博市第二届创客大赛。8月，淄博市第二届创客大赛正式启动。“创业前行、乐业淄博”为主题，给中小企业和创客提供交流展示、产融对接、项目孵化的平台。大赛历时1个月，共有337个项目报名参赛。大赛的成功举办传递创业创新的正能量，培育和弘扬创业创新文化，进一步营造支持创业、鼓励创新的良好氛围和环境，掀起新一轮创业创新高潮。

春风行动招聘会。在市人力资源市场启动淄博市2017年春风行动招聘会，各区县人力资源市场、人才市场同步进行，共有860余家企业进场招聘，提供岗位3.17万余个，涉及销售、机械制造、快递物流、物业管理、酒店餐饮、商超零售、水电工等一百余个行业岗位，进场求职人数达2.7万人次。期间共举办各类招聘会92场，为7.29万人提供职业指导、培训报名、创业指导等公共就业创业服务，组织4588人参加职业技能培训，提供劳动维权和法律援助1337人次，帮助9116人次劳动者实现县内就地就近就业，发放各类宣传资料8.7万份，为进城务工人员和高校毕业生等各类人群提供供需对接平台。

【社会保障工作】 **城乡基本养老保险。**企业养老保险参保人数107.46万人，比上年同期增长3.38%。连续第13年调增企业退休人员养老金，涉及31.3万人，为企业离退休人员按时足额支付离退休费，社会化发放率继续保持100%。办理养老保险关系转移接续跨省（市）转出手续5212人，转入5324人。进一步完善特殊工种退休审核制度，审批职工退休21728人，其中正常退休16606人，特殊工种退休4544人，因病非因工致残退休578人。企业年金备案企业累计155家，参加职工34137人。机关事业单位退休人员养老待遇按新制度计发，全面完成机关事业单位退休人员养老待遇调整工作。机关事业单位养老保险参保人数11.36万人。城乡居民养老保险参保人数为150.31万人，认真落实被征地农民参加养老保险制度，被征地农民参保人数达62.7万人。

医疗保险。医疗保险参保人数达430.38万人，其中职工132.27万人，城乡居民医疗保险参保人数298.11万人。实施职工大病保险制度，制定职工长期护理保险制度。积极配合医药卫生体制改革支持分级诊疗，加强定点医药机构管理。全面实施基本医疗保险病种分值结算办法，总额预算管理下的基本医疗保险复合型付费方式改革取得良好效果。为农村建档立卡贫困人口支付医疗费1.07亿元。

失业保险。失业保险参保人数81.61万人，同比增长1.5%。失业保险金标准由每人每月1000元提高到1080元。选择120家企业开展失业月度动态监测，及时有效应对失业风险。失业保险费率由1.5%降低到1%，减轻企业和个人负担1.5亿元。为失业人员按时足额发放失业保险金2.99亿元，为1115家企业发放稳岗补贴5687.9万元，起到稳岗和减轻失业压力的良好作用。

工伤生育保险。工伤保险参保人数100.9万人。调增1至4级工伤职工伤残津贴、生活护理费和供养亲属抚恤金标准，调整后月人均伤残津贴达到2933元，生活护理费达到1996元，供养亲属抚恤金达到1178元。推进建筑业农民工参加工伤保险“同舟计划”实施，在建和新建项目参保率达到100%，被列为全省劳动能力鉴定信息化引领试点城市。生育保险缴费比例由0.7%调整为1%，确保生育保险待遇按时足额发放，生育保险参保人数65.46万人。

社保基金监督和经办服务。开展城乡居民养老保险经办机构内部控制专项检查、养老保险重点指标专项核查等多项检查，配合审计部门做好养老保险审计，进一步扎牢基金安全网。扎实推进全国首批社会保险标准化建设“先行城市”创建和国家社会保险服务标准化试点任务，提升经办水平。

企业退休人员基本养老金调整。淄博市连续第十三年调整企业退休人员基本养老金，调整范围是：2016年12月底前已按规定办理退休（退职）手续并按月领取基本养老金的人员。调整办法为：普遍调整和倾斜照顾调整两部分。仅用十个工作日时间完成31.3万名企业退休人员的养老金调整工作，7月开始发放到位。

【人才队伍建设】 深入实施人才强市战略，统筹国内国际两个市场，人才对经济社会发展的引领、支撑作用不断增强。

人才政策。认真贯彻市委《关于深化人才体制机制改革进一步加强人才队伍建设的意见》等政策文件，配套制定《关于加强基层专业技术人才队伍建设的实施意见》《淄博市有突出贡献的中青年专家选拔管理办法》《淄博市高技能人才“十年培训计划”（2017—2026）》等文件12个，构建更加科学、规范、高效的人才政策体系。

专业技术人才队伍建设。实施专业技术人员“知识更新工程”，培训人员10.5万人次。实施高端人才培训工程，在国内高校举办专题培训班8期，培训高层次人才650人。全面推开中职学校和技工学校教师职称制度改革，新增专业技术人员1.14万人。加强高层次人才选拔推荐工作，新增享受国务院特殊津贴的专家3名、“百千万人才工程”国家级人选1人，选拔第七批市有突出贡献的中青年专家39人。为企业引进的博士及“双50强”企业引进的硕士发放补贴396.5万元。

技能人才队伍建设。职业技能鉴定发证3.02万人，新增高技能人才9226人。10人入选齐鲁首席技师，3人入选省泰山产业领军人才工程，新增市首席技师30名，市突出贡献技师30名，新增市级技师工作站5家，技工院校招收新生9110人，培训“金蓝领”500人。在全省率先开展规模性赴国外培训高技能人才工作，依托中德职业培训学校、德国莱茵科斯特有限公司，组织5批次150余人赴德国进行职业技能培训。

国内外人才智力引进。实施“331引智工程”，全年引进外国专家420余人次，实施各级引智项目102项，发放引智资金1062万元。3个引智项目入选省“外专双百计划”，在全省列第二位。1名外国专家获“齐鲁友谊奖”，12名外国专家获“淄博友谊奖”，评选市级高端外国专家6名，选派41名优秀人才出国（出境）培训，与外国专家组织签署5个合作协议。评选市级重点引智项目10个，印发《淄博市海外引才工作站管理办法》，建立首个海外引才工作站。3个项目入选2017年黄河三角洲地区引进发展急需人才项目。

第五届“淄博友谊奖”。11月举行第五届“淄博友谊奖”颁奖仪式，12名外国专家获奖，截至年底，共有58名外国专家获此殊荣。

【人事制度改革】 **公务员管理**。顺利完成全市公务员招考工作，全市招考、遴选公务员295名，培训公务员1.9万人次。依法提交人大、政府干部任免事项185人次。印发《淄博市公务员平时考核实施意见（试行）》，公务员平时考核全面推开。严格落实中央和省关于评比达标表彰活动的有关政策规定，部署开展公务员职业道德建设。完成2016年度机关科及科以下人员年度考核工作，市直机关4236人中有756人被评为考核优秀等次，优秀等次比例17.85%。

事业单位人事管理。公开招聘事业单位人员2699名，紧缺人才205名。对中等职业学校和技工学校教师岗位等级及数量进行重新核准，核准批复岗位设置方案247个，为3938人办理岗位变动备案等手续。完成市属事业单位新聘人员1064人、续聘人员2645人的备案手续。加强人事、技能考试管理，顺利完成21.1万人次的考试任务。

军官转业安置。妥善接收安置军转干部和随调家属196名，严格落实解困政策，做好企业军转干部解困维稳工作。为1371名市属企业军转干部报销查体费，申请并拨付生活补助、社会保险费，发放春节、八一慰问金。组织2016年度军队转业干部参加培训。

【工资收入分配制度改革】 **机关事业单位工资管理**。配合司法体制改革，完成法官、检察官工资制度改革，为人民警察和政法机关工作人员落实特岗津贴。推行事业单位绩效工资制，对282个事业单位进行工资总量核定。做好机关事业单位防治“吃空饷”问题长效机制建立工作，审批日常工资业务2.47万人次，审批退休人员提高退休待遇389人，审批退休人员增发退休费426人，审批提前退休手续13人，为3个单位审批工资标准。为5850名退休人员进行健康查体，并建立健康档案。

企业工资管理。国有企业负责人薪酬制度改革工作稳步推进，及时按规定兑现薪酬。完成265家企业薪酬调查年度数据及48家制造业企业人工成本季度数据上报工作，企业月最低工资标准分区县提高到1810元、1640元、1470元，发布企业工资指导线，促进企业职工收入水平稳步提高。

【劳动关系协调和权益维护】 **劳动关系协调**。大力推进和谐劳动关系建设，全年办理各类劳动用工备案12.3万人次，四部门联合印发关于《淄博市创建劳动关系和谐企业、工业园区实施方案》的通知，建立化解过剩产能职工分流安置工作月报制度并按时汇总上报，妥善处理化解过剩产能中的职工分流安置工作。完成125家劳务派遣单位的年度核验工作，加强审批监管和业务指导。

劳动人事争议调解仲裁。积极推进案件分类处理，立案受理争议案件5475件，按期结案率100%，调撤结案率75%。研究制定《劳动人事争议要素式办案规则》，逐步推动办案方式改革。举办3期调解员培训班，培训320余人次。调解仲裁工作被作为淄博人力资源社会保障工作的亮点。

劳动保障监察。全面推开网上申报、书面送审和现场年检相结合的审查方式，提升信息化水平。开展保障企业职工工资和农民工工资支付等4个专项检查，检查用人单位7667户，追发劳动者工资待遇、补缴社保费等5897.9万元，维护劳动者合法权益。

【法制建设】 积极参加依法行政宣传日、国家宪法日普法宣传一条街等集中宣传，组织工伤保险等专项宣传活动，现场设立政策咨询宣传台，发放宣传材料，解答咨询。12333人力资源社会保障咨询电话人工接入量全年达6.6万余人次，市人力资源和社会保障网访问点击量累计9150万余人次，有效地宣传普及各项法律法规知识。对现行有效的160件规范性文件进行清理，对新制定的4件规范性文件按照“三统一”的规定进行办理，规范性文件合法性审查和报备率均达到100%。制定包含51项事项的公共服务事项清单，制定《“双随机、一公开”工作实施细则》，对“双随机、一公开”工作提出总的要求和具体的实施意见，制定执法检查人员名录库、包含1800余家单位的抽查对象名录库、包含109项抽查事项的随机抽查事项清单，严格按照要求开展工作。清理各类无谓证明和繁琐手续，强化事中事后监管，制定零跑腿和只跑一次清单，优化流程，提升工作效能，按时完成市政府安排部署的各项工作任务。

【基础工作和信息化建设】 组织312名基层平台工作人员参加省、市培训，提升服务能力。推进人力资源社会保障公共服务“标准化、信息化、一体化”建设，新的人力资源社会保障管理信息系统上线运行。开展人力资源社会保障“大数据”建设工作，单位、个人信息入库率完成80%以上。社保卡累计持卡423.7万张，覆盖参保人群98%以上。“人社系统电子认证”在“全国人社信息化创新应用展”中作为成功应用案例进行展示。6个主题项目参加“山东人力资源社会保障信息化创新应用展”。积极推进社保卡代替就诊卡工作，所有市级定点医院实现诊间结算。举办社保卡知识竞赛，人力资源社会保障系统和各合作银行创新竞赛形式，采取“线上线下”“知识竞赛＋文艺演出”相结合的模式开展一系列活动，广泛宣传有关业务政策，提高社会公众对社保卡发行、社保卡应用的认识。

（淄博市人力资源和社会保障局）

枣庄市

2017年，枣庄市人力资源和社会保障系统坚持“民生为本，人才优先”工作主线，着力促改革、补短板、兜底线、防风险，人力资源社会保障事业在更高水平上加快转型发展，为自然生态宜居宜业新枣庄建设做出贡献。

【就业创业】 城镇新增就业4.53万人，农村劳动力转移就业5.32万人，城镇登记失业率2.39%，低于3.5%的控制目标。

就业创业政策。印发《枣庄市人民政府关于助推新旧动能转换做好就业创业工作的意见》，围绕聚焦新旧动能转换积极扩大就业、营造富有活力的创新创业生态、优化人力资源供给、做好重点群体就业工作、加强就业失业形势研判和风险防范等五个方面提出十七项政策措施。印发《枣庄市创业带动就业扶持资金管理暂行办法》、制定新一轮鼓励创业政策。

创业工作。加强创业园区建设和管理，印发《关于加强已认定创业示范园区管理与服务的通知》，对已认定的创业示范园区在加强管理与服务方面提出具体措施。鲁南网商谷创业园创业孵化基地被认定为省级创业孵化示范基地，台儿庄软件与服务外包产业园被认定为省级大学生创业孵化示范基地，枣庄创业大学被认定为省级示范创业大学，新评定市级创业示范园区6家，争取省级创业扶持资金近2000万元。现有省级创业示范平台9家，市级27家。参加首届全国“创业就业服务优秀项目展示交流活动”，被授予“突出贡献奖”。赴北京组织“创业枣庄·圆梦枣庄”为主题的首次创业训练营。发放创业担保贷款2.05亿元，直接扶持创业1021人，带动就业8095人。

精准扶贫。以强化就业扶贫“四个一批”模式，创建“就业扶贫车间”就地就近吸纳一批、开发公益性岗位托底安置一批，开展“就业伙伴结对帮扶”行动转移一批，强化政策对接助推创业一批为切入点，积极为有劳动能力、有就业意愿的贫困人口通过转移就业脱贫致富，新增贫困劳动力就业2710人，占存量贫困劳动力的98.11%。联合威海市人力资源和社会保障局共同举办以“促进供需对接，助力就业脱贫”为主题的“枣庄市—威海市就业扶贫协作招聘周”活动。峄城区红成玩具厂等11处扶贫车间被国务院扶贫办、人力资源社会保障部认定为国家级就业扶贫示范基地，兑现就业扶贫车间奖补资金48.3万元。发挥社会保障兜底作用，为4.5万名建档立卡贫困人员发放基础养老金5400万元，为3.5万人次贫困人口报销住院医疗费用1.3亿元。

高校毕业生就业。实施高校毕业生“就业促进计划”“三支一扶计划”“创业引领计划”，完成大学生创业引领1200人。公布认定2017年度56家市级高校毕业生就业见习基地，招募244名见习大学生，落实见习补贴189万余元。离校未就业高校毕业生就业登记服务率达98.8%。开展以“送政策进校园进企业，就业和人才服务在您身边”为主题的“公共就业与人才服务政策宣讲月活动”，在高校及部分重点企业举办宣讲（宣传）专题活动7场，为高校毕业生送去就业创业政策和服务。

就业公共服务。深入实施“加强就业培训提高就业与创业能力五年规划（2014—2018）”，落实“红黄牌”制度，严格执行职业培训补贴政策，就业技能培训被省人力资源社会保障厅评为优秀等次。培训各类人员2.1万人，其中就业技能培训1.6万人，创业培训4097人，支付职业培训补贴930.8万元。联合枣庄市扶贫办、总工会、妇女联合会、残疾人联合会等部门先后开展就业援助月活动和“春风行动”，组织各类招聘会74场次，帮助1.58万名劳动者实现就业。联合枣庄市民政局举办2场退役军人公益性岗位招聘会，共征集岗位206个，有113名退役人员现场选择就业岗位。推进“千企万人就业服务计划”，开展职业介绍、技能培训、就业援助、创业服务和就业创业政策“一体化”服务，对接企业1061家，新增就业1.33万人。高新区光明社区、市中区孔庄社区等26家社区被评为全省首批“四型就业社区”。

失业保险。将所有企事业单位失业保险费率统一由1.5%降至1%，减轻企业负担。调整失业待遇标准，失业保险金由950元调整至1030元。开展扩大失业保险基金支出范围试点工作，扩大失业保险基金支出补贴及贴息总支出1393.82万元。积极落实稳岗补贴，支持企业稳定就业岗位，为262家符合条件的企业发放援企稳岗补贴2072.91万元，开展失业保险支持参保职工提升职业技能工作，对取得职业资格证书的参保职工落实技能提升补贴。

【社会保障体系建设】狠抓征缴、稽核、清欠管理，各项社会保险费总收入首次突破100亿元。城镇职工养老保险、医疗保险、工伤保险、生育保险、失业保险参保人数分别达到67.63万人、35万人，48.06万人，36.51万人，43.47万人，城乡居民养老和医疗保险参保人数达到191.69万人、310.2万人。积极推进全民参保登记计划实施，入户调查36.39万人，入户、入库率达到100%，实现新增参保人员24万人。各项社会保险待遇及时足额执行到位。实现企业职工养老保险、城乡居民医疗保险统收统支的市级统筹，社保基金抗风险能力进一步增强。

社会保险体制改革。深化机关事业单位养老保险制度改革，制定编制外人员参保、养老保险关系和职业年金转移接续等一系列改革配套政策，按新制度计发养老保险待遇清算工作基本完成。积极引导效益好的企业实施企业年金，准予枣庄市公交公司建立企业年金制度。多层次的养老保险体系更有保障，更可持续。深化医保支付方式改革，积极开展按病种付费，鼓励医疗机构在限额标准内“打包收费”，确定125个病种纳入按病种付费范围，单病种结算1363人次，总费用1322万元，医疗费用得到有效控制。开展医疗保险服务质量年活动，建立住院身份识别系统，促进医保管理服务精细化。

社会保险待遇。企业退休人员基本养老金实现“十三连涨”，同步调整提高机关事业单位退休人员养老金，平均增幅达5.5%。建立职工大病保险制度，完善居民大病保险制度，将部分抗肿瘤药和治疗其他疾病的特效药品纳入报销范围。大病保险年度最高支付限额为20万元。对一级至四级工伤职工伤残津贴、生活护理费和工亡职工供养亲属抚恤金标准进行调整。继续推进建筑业参加工伤保险。135个在建项目、141个新开工项目全部参保，涉及职工4万余人，参保金额720余万元，参保率100%。批准23家困难暂缓缴纳企业基本养老保险欠费滞纳金，惠及1.41万名企业职工。做好破产企业养老保险欠费的核销工作，报请省政府核销8家企业破产前单位缴纳划入社会保险统筹部分的养老保险欠费2957万元，惠及职工1201人。

社保服务。进一步做好跨省异地就医全国联网结算工作，5月，跨省异地就医结算系统已与省和国家异地就医结算系统实现成功对接，共有11家定点医疗机构开通跨省异地就医直接结算，累计联网结算总额1572.2万元。社保卡持有量达300万张，发行普及率占户籍总人口的76%。积极推进社区平台建设。新增八一社区、鲁化社区为省AAA级社区，AAA级社区达7个，社区管理率达99.94%。在市直7家定点医院试行就医全程“一卡通用”，7月1日起，对基本医疗保险个人账户实行封闭管理，基本医疗保险个人账户金划入社会保障卡社保账户，参保人不能提现，只能用于个人的医疗服务定向消费。开通社保卡网上注销功能，实现应急制卡、挂失补换卡的一站办理、立等可取。依托信息化手段，实现参保缴费的线上查询、养老金领取资格的“刷脸认证”、社会保险费的网上缴纳。

基金监管。印发《社会保险欺诈案件管理办法》，规范社会保险基金案件查处工作。开展定点医院医疗保险基金支付情况专项检查、居民养老保险经办机构内部控制专项检查。运用“信息网络＋监督”形式，开展涉及城镇企业职工和城乡居民基本养老保险重点指标专项检查工作，以养老保险重复领取、死亡冒领、提前退休和一次性补缴为核查重点，对确认的违规领取的基金，坚决予以追回，共追回各类基金231.19万元。

【人才队伍建设】 **人才工作机制**。整合人才职能，成立人才开发科，负责人才综合管理工作。开展枣庄籍高层次人才信息统计，与北京智汇邦、德国吉森大学培训中心、环球英才促进会、千人智库引才服务中心、全国学习型企业联盟、寰球人才中心等建立多层次合作，形成政府人才综合管理服务工作合力。

高层次人才项目。配合市委组织部建立鲁南千人专家产业技术研究院，新引进12名千人计划专家。马兆成博士成功入选“山东省来鲁创业启动支持计划”和“枣庄英才集聚工程”，周华、陈辰、李识甲等多名海外留学博士分别注册公司。新增中级以上专业技术职务人员2057人，做好6.4万余人专业技术人员的继续教育工作。

高技能人才培养。新增中级以上专业技术职务人员1802人，新增高技能人才4200人，5人获评“齐鲁首席技师”。山东威达重工股份有限公司成功获批省“齐鲁技能大师特色工作站”。授予224人“枣庄市技术能手”称号。举办2017年枣庄市职业技能大赛，77名选手参加4个项目的决赛。大力发展职业教育，组织技工院校参加央视《中国大能手》节目，滕州高级技工学校同中国大能手院校联盟签约数控应用专业培训。充分发挥技工教育服务“三农”作用，依托枣庄新型职业农民学院，组织开展新型职业农民培训12期、975人次。积极探索校企合作共同培养技能人才的办学模式，引导各技工院校搭建校企合作平台，实现教学所教、学生所学、企业所用的有机统一，技工院校应届毕业生当年就业率达90%以上。

国外智力引进。为126名外籍人才办理工作证件。组织参加第十五届国际人才交流会，获批国批重点专家项目1项，省批高端专家项目1项，省批示范推广项目 3 项。威智医药工业有限公司谢卡尔·布鲁德团队入选省政府“外专双百计划”，涛沟河湿地旅游发展有限公司获批省级引智示范基地。加拿大籍专家卫欣荣获省政府齐鲁友谊奖。

人力资源服务业。举办人力资源市场建设工作会议暨业务培训班，表彰全市人力资源品牌服务机构 2 家、诚信服务机构 3 家、新获商标项目 3 个、引进高端人才项目 1 个，标准化建设项目 1 个，并兑现奖励政策。枣庄人力资源服务产业园获批省级人力资源服务产业园区，枣庄龙腾人力资源有限公司被评为全省人力资源诚信服务示范机构。举办全省第 36 期人力资源服务从业人员培训班，大大提高参训人员业务水平。

【机关事业单位人事管理】 **公务员管理**。严把公务员“进口关”，推进依法考录、公平考录、科学考录，各级机关考录公务员 164 人，公务员考录工作实现连续 17 年零差错。开展从本土优秀人才中考录公务员试点，首次开展市级机关公开遴选工作。发挥行政表彰奖励的激励促进作用，推荐省级以上先进集体 42 个，先进个人 67 名。扎实开展公务员培训工作，全年组织公务员初任培训等 3 期培训班，培训学员 272 名。完成法官、检察官和司法辅助人员工资制度改革工作。建立“吃空饷”防治长效机制，开展“吃空饷”问题治理“回头看”活动与专项督查工作。

事业单位人事制度改革。公开招聘事业单位工作人员 1448 人。规范自主招聘事业单位公开招聘备案程序，加强对自主招聘事业单位公开招聘工作的监督和指导。承接好省下放的高级职称评审工作，366 名中小学教师（含幼儿园）晋升中小学高级教师职务。做好从事生产经营活动事业单位转制为企业人员的社会保险和工资待遇调整等相关工作。

军转干部安置。做好军队转业干部安置工作，计划安置的 45 名军转干部全部安置到国家机关和事业单位。首次开展军转干部进高校送学活动，提升军转干部适应实际工作能力。

人事考试。选聘 473 人次社会监督员，实施考场监考与视频监考“双监考”模式，引入新设备打击高科技作弊行为，顺利实施 36495 人参加的 29 项各类人事考试。加大对重点人员、重点专业及重点考场的监控，严防被监控人员作弊，国家、省重点监控的经济、执业药师两项考试考生成绩“零”雷同。查处各类违纪考生 116 名，对考试违纪人员按照相关规定进行处理，对工作不力的 8 名监考人员责成考点学校进行严肃处理，增强考试的严肃性。

【和谐劳动关系创建】 **劳动关系**。进一步规范劳动合同用工管理工作，已开通网上劳动用工备案企业 2597 户，备案人数达 25 万余人。采取有效措施，对化解产能过剩、企业破产关闭过程中的劳动关系处理进行规范，切实维护职工的合法权益。切实做好退役士兵权益保障工作。

收入分配秩序。调整最低工资标准，发布 2017 年工资指导线，推进工资集体协商和集体合同制度建设，指导企业职工工资合理增长。开展企业薪酬调查，测算并发布 217 个职位（工种）的工资指导价位，指导企业合理确定工资水平和引导劳动者有序流动。成立深化国有企业负责人薪酬制度改革工作领导小组，制定系列配套文件，推动国有企业负责人薪酬制度改革，企业工资宏观调控体系逐步完善。

劳动人事争议调解仲裁。受理案件 1115 件，当期结案率 97.8%，各类调解组织调解案件 604 件，调解和仲裁涉案金额共 5705.5 万元。不断推动各类调解组织建设。基本形成“纵到底，横到边”的调解网络。

劳动保障监察执法。推行人力资源社会保障诚信等级认定及违法行为社会公布制度，引导企业建立科学人力资源社会保障管理模式，履行守法诚信义务。主动检查各类用人单位 2890 余户次，立案查处违法案件 101 件，督促补签劳动合同 800 余份，促缴各项社会保险费 3600 余万元，追回拖欠工资及劳务费 1530 余万元，取缔非法职业中介机构 7 户。

【基层基础建设】 **公共服务能力**。深入推进人力资源社会保障公共服务“标准化，信息化，一体化”建设，将人力资源社会保障公共服务信息化纳入智慧城市市级政务云平台建设，制定社会保险公共服务标准，积极推动软硬件设备更新。

以"互联网+"为引领，搭建起以微信、"12333"服务热线、手机APP、门户网站办事大厅和自助服务一体机"五位一体"的网上公共服务系统，

党风廉政建设。扎实推进"两学一做"学习教育常态化制度化，切实履行全面从严治党主体责任，严格落实中央八项规定精神，逐级分解落实党建和党风廉政建设工作目标责任，创建党建工作品牌11个，编印《党内法规党务知识汇编》。围绕大局观念、团结观念、责任观念、规矩观念、服务观念、创新观念"六个观念"开展专题讨论，党建工作更加坚实有力。在浙江大学举办促进就业创业与保障民生专题培训班。坚持周五集中学习制度，开展"思想作风整顿建设"和"业务大练兵"活动，积极打造"业务精、作风正、形象好"的人力资源社会保障干部队伍。杨慧玲同志被评为全国人社系统先进工作者和全省"人社先锋"等荣誉称号。

（枣庄市人力资源和社会保障局）

东营市

2017年，东营市人力资源社会保障系统围绕"保障民生、服务发展"这一根本任务，坚持稳中求进工作总基调，着力促改革、补短板、兜底线、防风险，全面发力，重点突破，各项业务协同发展，基本公共服务体系不断健全，主要任务目标全部完成，为促进全市经济社会发展做出积极贡献。

【就业创业】 城镇新增就业41468人，完成工作目标的125.66%，其中失业人员实现再就业33740人，完成工作目标的321.33%；开发公益性岗位802个，就业困难人员实现就业2433人，完成全年工作目标的152.06%；接收高校毕业生1.5万名，总体就业率达到90%；举办各类培训班439期，培训人员1.65万人，其中技能培训8955人，创业培训7508人，取证率达90%以上，完成年度任务目标的109.03%。

重点群体就业。扎实开展农民工"三项行动计划"，共培训农民工4.09万人次，劳动合同签订率达98.3%，发放农民创业担保贷款4559笔4.5亿元；积极组织各类专项招聘活动，举办"春风行动"、民营企业招聘周、高校毕业生就业服务周等专场招聘活动142场次，提供就业岗位3.66万个，接待求职者5.3万人次，达成初步就业意向1.55万人。城镇登记失业率为2.5%，低于3.5%的控制目标。

创业带动就业。进一步扩大创业担保贷款政策覆盖范围，将有商业银行贷款记录的创业者纳入创业担保贷款及贴息政策扶持范围。进一步规范政策执行程序，强化信贷风险防控，各经办机构新增发放创业担保贷款4.83亿元，累计发放8.98亿元，财政贴息6454万元，直接扶持8300人创业，带动就业1.3万余人。落实创业补贴政策，为2523人次公益性岗位人员落实两项补贴2847.32万元，为2087名灵活就业困难人员发放社会保险补贴1086.06万元，降低创业者的创业成本和创业风险。帮扶51户城乡双零就业贫困家庭的55名成员就业，确保"双零就业家庭"动态消零。积极推进创业导师队伍建设，吴萍萍获得全省创业培训讲师大赛第一名，并参加国家创业讲师大赛，取得前十名的优异成绩。组织50家企业在浙江大学参加首期"创业东营精英训练营"，进一步提升创业者创业能力。深入实施大学生创业引领计划，开展大学生创业培训5期，50个班，共计2500余人，引导1400余名大学自主成功创业，"三支一扶"计划共招募29名大学生。积极做好市级创业示范平台创建和省级创业示范平台申报工作，认定东营电商小镇创业孵化基地等6家创业孵化基地为市级创业孵化示范基地，市级创业示范平台到达

30家，直接服务中小微企业5800家，带动就业5万人，东营市创新创业大学被省人力资源社会保障厅评为“省级示范创业大学”，奖补资金已核拨到位。推进家政服务业发展，举办首次家庭服务业管理人员专题培训班，在家政服务机构推行意外伤害保险服务，规模较大的30家家庭服务机构的7337名从业人员全部纳入补贴范围。

精准扶贫。强化就业困难群体帮扶，完成对237名省定贫困人口的就业脱贫任务，对25名市定贫困人口进行就业帮扶，已有13人实现就业。强化就业扶贫公益性岗位规范化管理，制定进一步做好就业扶贫公益性岗位开发管理工作的通知。开展电商扶贫、光伏发电扶贫等产业扶贫新模式，累计发放创业扶贫担保贷款37笔。对2017年精准扶贫人员参加居民医疗保险6695人的个人缴费部分进行补助，共计157.76万元。扩大贫困人口慢性病病种范围，对贫困人口慢性病病种增加22种。组织企业赴重庆市酉阳县开展东西扶贫协作专项招聘活动，提供就业岗位1500余个，达成就业意向308人。

【社会保险】 加大参保征缴力度，强化社会保险审计稽核，各险种参保人数和基金征缴额保持同步增长，企业养老保险、机关养老保险、职工医疗保险、工伤保险、生育保险、失业保险参保人数分别为44.70万人、6.51万人、71.32万人、63.14万人、48.07万人、29.24万人，征缴基金25.44亿元、11.77亿元、25.35亿元、2.80亿元、1.69亿元、1.31亿元，居民基本养老和基本医疗保险参保率均保持在99%以上，社保基金总体结余达到156.96亿元，可持续发展能力进一步增强。稳步提高社保待遇水平，企业退休人员养老金实现“十三连增”，达到每人每月2230元；城乡居民基础养老金每人每月145元，其中东营区、河口区、垦利区、广饶县175元；城乡居民医保人均财政补助由430元提高到470元；开展职工大额医药费二次补助政策，共补助1961人次，补助金额1235.2万元。修订完善《东营市工伤认定工作规程》，与东营市公安局、卫生局、安全生产监督管理局联合印发《关于进一步加强工伤认定调查工作的通知》，配套制定《东营市工伤调查工作规程》，共作出工伤认定案件2002起，受理劳动能力鉴定申请1135人次，为4436名工伤职工及其供养亲属支付各项工伤保险待遇1.98亿元；为3.54万人次发放失业保险待遇5450万元；推动被征地农民养老保险工作，落实个人账户资金11.59亿元，完成已批复社保资金的90.36%。

全民参保计划。针对未参保人员情况，专门制定扩面征缴计划，大力推进实施劳动保障“一体执法”，着力解决漏保断保断缴问题，深入推进实施全民参保计划。共有1147家企业新增参保登记，企业养老保险新增参保0.78万人，职工医疗保险新增参保0.9万人，工伤保险新增参保1.43万人。协调胜利油田及相关县区，将油田非直系亲属按照户籍所在地进行划分，逐步纳入城乡居民社会保险体系，推动解决油田居民未参保问题。

职工大病保险制度。根据全省统一部署，建立职工大病保险制度，确定中国人寿保险股份有限公司东营分公司承办职工大病业务，确定首批13家特药定点机构和57名责任医师，将省定18种和市定部分目录外药品纳入大病保险报销范围，一个医疗年度内，每人最高给予20万元的补偿，进一步完善医疗保障政策体系。

工伤预防试点。结合建筑业参加工伤保险专项扩面行动，开展工伤预防宣传和教育培训，提升工伤保险保障水平，确保新开工项目参保率达到100%，有效减少工伤事故的发生。组织“大河之光”工伤保险专题晚会，提升工伤政策的社会知晓度。

跨省异地联网结算。根据国家、省部署，实现参保人员在省外联网定点医疗机构就医和省外人员在本地联网定点医疗机构就医直接结算。9家定点医疗机构顺利接入跨省异地就医平台，进行跨省就医直接结算57人次，统筹支付122.2万元，实现跨省就医直接结算业务各县区全覆盖。

【人事人才】 面向社会公开考录公务员171人，公开招聘事业单位工作人员1839人。进一步规范精神文明奖发放办法，完成2016年度精神文明奖发放工作。推行员额法官、检察官和辅助人员工资制度改革，完成员额法官、检察官工资套改任务。采取网上报名、在线模拟测试、现场集中考试等方式，组织实施专业技术人员继续教育公需科目培训，共报名参考4.29万人。顺利承接省下放教育、卫生技术、经济、工程系列高级职称评审职能，建立中小学教师、卫生技术、工程技术等系列职称评审专家库；专门制定关于加强职称申报评审诚信制度建设的意见，建立诚信承诺、学历学位查询认证、学术检索审验、失信责任追究等9项制度。加强高技能人才队伍建设，选拔东营市首席技师10名、有突出贡献的技师30名，推荐13人参选齐鲁首席技师，推荐1人申报2017年泰山产业领军人才科技创业类人才；共组织开展市级职业技能竞赛27项，涉及110个工种、项目；组织开展职业技能鉴定9931人，新增高技能人才2402人，完成全年目标的120%。加强外国专家管理服务工作，1人通过国家“千人计划”外专项目初审，1人入围省政府“齐鲁友谊奖”。完成各类人事（职称）考试52项，共计7.35万人。认真落实国家和省精神，完善军转干部安置办法，完成65名军转干部的安置工作。

招才引智。响应省市关于推进招商引资和招才引智并举的发展战略，动员发动人力资源社会保障系统大力推进招才引智工作，制定关于引进外国人才智力工作的意见、高校毕业生百千万和金蓝领聚才计划、大学生实习实训计划、海外引智工作站管理办法等系列人才政策措施，人才工作逐步形成相对完备的政策体系。实施事业单位“双百引才计划”，共聘用高层次人才44人，先后组织参加中国国际人才交流大会、“中国海外学子创业周”、赴欧洲引进海外高层次人才、海外留学人才石油化工产业新旧动能转换招才引智对接会等人才引进活动，共引进国内外高层次人才305人次，新增留学回国人员49人，达成合作意向67个。筹备组织“高校英才进东营”活动，组建9个组，到全国52所重点高校联络对接，洽谈人才技术项目。积极争取省政策资金支持，新获批省级引进国外智力成果示范推广基地2处、省级引智项目资助计划4项，获省级引智项目资助经费90万元，获批黄蓝经济区人才资助资金160万元。

【劳动关系】 发布2017年度人力资源市场工资指导价位和行业人工成本信息，全日制用工最低月工资标准由1710元上调到1810元。落实国有企业负责人薪酬改革工作。推行劳动监察“双随机一公开”工作机制，检查各类用人单位1745户次、补签劳动合同1395余人，为2623名劳动者追发工资待遇2477.03万元。

【公共服务能力】 推进人力资源社会保障公共服务“标准化、信息化、一体化”建设，对东营市社保中心机构、人员、岗位进行全面调整，并按照省社保公共服务标准，进一步优化业务流程，完善信息系统，实现社保大厅服务的柜员化经办，加快推进就业、劳动关系等一体化建设。按照市政府“实施便民服务一卡通工程”民生实事的有关要求，完成二代社会保障卡金融消费功能测试，做好社保卡替代医院就诊卡的相关准备工作。推进社保卡“一卡通”建设，新发卡9.9万张，累计发卡159.9万张，基本完成社保卡102项应用，扩大社保卡适用范围。

流动人员人事档案管理服务。新增办理人事代理手续12376份，接收大中专毕业生档案13330份，建立灵活就业档案1365份；为择业期内的高校毕业生办理就业手续1130份，办理转正定级手续328份；为代理人员申报退休手续1520份；出具商调函、调档函850余份，出具各类介绍信、证明信900余份，累计为代理人员提供档案查询服务6000余次。

机关建设。落实“两学一做”学习教育常态化机制，党员干部队伍素质能力和作风水平明显提升。依法履行行政职能，作出行政许可决定22项，梳理全局公共服务事项42项，明确了办理依据、服务对象、收费标准、办理时限等要素，编制了服务指南并在局网站公布，进一步提高了便民服务水平。

（东营市人力资源和社会保障局）

烟台市

2017年，烟台市人力资源和社会保障系统服务新旧动能转换工程，改革创新，积极作为，勇于担当，全面完成年度各项目标任务，人力资源社会保障工作取得一系列新进展、新成效。

【就业工作】 新增城镇就业14.5万人，完成年计划的109%，其中失业职工再就业2.8万人，困难群体就业0.5万人。城镇登记失业率控制在3.26%以内，低于年度控制指标。

完善政策。提报烟台市政府印发新形势下做好就业创业工作支持新旧动能转换的意见，调整优化创业载体培育、创业补贴等扶持政策；制定就业创业扶持资金等管理办法，加强政策精准施行和资金规范使用，支出扶持资金1.25亿元，发放创业贷款和补贴3.7亿元，政策效能持续释放。推进失业预警防控，为1414户企业发放稳岗补贴9993.2万元，惠及职工34.9万人。

大众创业。建成40家市级创客空间、鲁东大学等5处大学生农村创业专区，形成莱山区黄海街道等5处众创空间聚集示范区，烟台创业大学成为省级示范创业大学，服务创业带动就业的引领示范作用进一步显现。

重点群体。把高校毕业生摆在就业工作首位，制定促进高校毕业生到基层工作的实施意见，深入实施就业促进和创业引领计划，组织开展大学生就业服务月等专项活动，选拔“三支一扶”等基层服务人员173名，引领1500余人自主创业，总体就业率91.5%。健全困难群体就业援助机制，强化“手拉手”结对帮扶，为7052名就业困难人员发放社会保险补贴和岗位补贴3717万元。精准实施就业扶贫化，帮扶115名有就业愿望的贫困人口实现就业，各项就业扶贫政策全面落实。深入推进农民工三年三项行动计划，促进农民工稳定就业、融入城市。

公共就业服务效能。人力资源和人才市场举办各类专场招聘会400多场次，服务企业2万户（次）、劳动者50余万人。加强重点企业用工跟踪服务，引进急需的外来劳动力6万人。完善以市场需求为导向的政府购买培训成果机制，启动使用失业保险基金发放技能提升补贴工作，加强培训机构和资金管理，调整增设培训工种23个，高质量培训劳动者4.7万人。

【社会保障】 **社会保险制度改革**。深化机关事业单位养老保险制度改革，按新制度计发养老金、省属驻烟台机关事业单位参保等重点任务进展顺利。完成市直机关纳入职工医保工作，市直和5个县（市、区）机关事业单位建立起补充医疗保险制度。全面启动实施职工大病保险制度，最高支付限额20万元，已为2660人次报销医药费1526万元。在蓬莱市启动职工长期护理保险制度试点。通过居民基础养老金与缴费年限挂钩制度、提高参保居民个人账户利率等措施，引导居民长期连续参保。

社会保险覆盖范围。全民参保登记入户调查全面完成。建立贫困人口居民养老保险和医疗保险参保长效机制，7650人参加养老保险、7.6万人参加医疗保险，基本医疗保险和大病保险报销到位。落实建筑业按项目参加工伤保险政策，623个新开工项目参保率100%。养老、医疗、失业、工伤、生育保险参保人数分别达533万人、622万人、111万人、120万人、113万人，超额完成扩面任务。

社会保险待遇水平。统筹提高养老待遇标准，机关事业单位、企业退休人员月人均增发养老待遇221元、154元。将18种治疗癌症的靶向药和特效药纳入居民大病保险报销范围。失业金由每人每月1000元提高至1080元。居民医疗保险财政补助标准提高到每人每年450元。调整提高一级至四级工伤职工伤残津贴、生活护理费和供养亲属抚恤金标准。

基金管理。根据基金收支情况，落实降低失业保险费率政策，实行工伤浮动费率管理，调整提高生育保险费率。上解运营企业养老保险基金43.7亿元，为县（市、区）调剂统筹基金39.1亿元。督促落实被征地农民个人账户资金1.35亿元。圆满完成全省养老保险基金专项审计等4个迎审任务，开展居民养老保险经办内控、医疗保险异地就医等5次专项检查，严厉打击医保基金诈骗、冒领待遇等欺诈行为，挽回基金损失867.13万元。征收各项社保基金310亿元，支出349亿元，基金收支管理和保值增值水平不断提高，有力支撑社保体系健康可持续发展。

经办服务。企业职工退休、工伤认定和劳动能力鉴定等实行网络申报服务。推行医保支付方式改革，实行精神类疾病实施按床日付费、141个病种按病种付费。33个定点医疗机构实现跨省异地就医住院费用即时结算，参保人员满意度不断提升。

【人才队伍建设】 引进各类人才3.5万人，其中博士、硕士3500人；引进海外留学人才426人；引进高层次外国人才710人（次）。创办留学人员企业及高技术企业25家。吸引60名千人计划专家、博士后来烟台就业创业和开展技术服务。精心抓好领军人才选拔推荐，培养引进泰山产业领军人才5人（科技创业类3人、技能类2人）；新增省有突出贡献的中青年专家2人，评选烟台市有突出贡献专家33人；1名外国专家获评“齐鲁友谊奖”，入选省外专“双百计划”项目3个，实施国家、省级引智项目10个；新增齐鲁首席技师16人，评选烟台市首席技师33人。

人才政策。制定实施落实创新驱动战略人才引进博士后资助、技能人才培养选拔、技能竞赛管理等文件，采取发放高层次人才购房补贴、引才奖补、提高博士后站建站资助标准等积极举措，年内落实引才育才政策扶持资金4031万元，系统性增强人才政策吸引力。

高技能人才。培训专业技术人员6万余人，承办国家、省高级研修项目3个。新增高技能人才7732人，完成金蓝领培训1453人。举办职业技能竞赛89项，参赛选手5000余人。世界技能大赛中国集训基地（烟台城乡建设学校）培养2名选手分获瓷砖贴面项目金牌、抹灰与隔墙系统优胜奖，取得历史最好成绩。

人才载体。烟台高层次人才创业园4个分园均投入使用，已入驻创业项目61个；烟台留学人员创业园成为首批省级留学人员创新创业示范园，先后举办的高层次人才创业、第二届“业达智汇谷”创新创业等比赛，吸引200余个项目（团队）参赛。推动技工院校内涵发展，新设工业机器人应用维护等7个专业，烟台技师学院成为国家高技能人才培养基地，新增齐鲁技能大师特色工作站2处，形成覆盖更广、层次更高、承载力更强的人才创新创业载体群。

人才评价。完成基层卫生和中职院校职称改革，承接高级经济师等8个系列高级评审，将中小学教师中级职称评审权限下放至县（市、区），完成评审7000余人。深入开展职业资格清理整顿，取消职业资格194项，现组织实施的66项中，无自行设置的水平评价类、准入类等职业技能鉴定和评审。严谨细致抓好人事考试、技能鉴定考试等考务规范工作，举办人事考试16项，组织职业技能鉴定考试354场次，共参考18.1万人，全部实现安全高效运行。

人力资源服务业。落实国家人力资源服务业发展行动计划，加强品牌培育、环境营造和载体建设，继续举办中国人力资本论坛等活动。人力资源服务机构突破300家，实现产值28亿元，中国烟台人力资源服务产业园集聚企业40家，营业收入超过15亿元，新引进上海外服、腾讯学院、日本库涅等国内外名企入驻。德衡人力公司在新三板上市，4家企业参评“全国人力资源诚信服务示范机构”，数量居全国地级市首位。

【人事管理】 **公务员队伍建设**。科学规范做好公务员考录工作，新录用公务员575人。畅通基层公务员上行通道，市直机关首次遴选录用26人。深入实施公务员素质提升工程，精准举办先进制造业强市、农业现代化建设等各类培训近20班次，培训公务员1300余人。

事业单位管理。调整优化事业单位公开招聘办法和流程，积极落实高等院校、公立医院、科研院所等单位用人自主权，公开招聘事业单位工作人员4500余人。严格抓好事业单位人员聘用、岗位设置、考核奖惩等各项工作，完成60个事业单位的岗位设置调整、4215名专业技术人员换聘补聘工作，保障事业单位正常运行。

收入分配制度改革。完成法官、检察官和司法辅助人员工资制度改革。落实县以下机关职务职级并行制度，600多名符合条件人员晋升职级。积极推进市直机关事业单位精神文明奖、年终一次性奖金、带薪年休假等待遇落实。深入开展基础教育领域收入分配改革，全面落实中小学教师工资待遇，完善班主任绩效考核制度。建立防治“吃空饷”长效机制，完成省督查组专项督查。

军转干部安置。完成757名军转干部安置任务，安置随调、随军家属29人，安置标准和质量进一步提高。率先推行“军转教育培训+”工程，依托鲁东大学等4所培训基地，建立政府购买社会化培训服务的军转培训新模式。积极做好自主择业军转干部管理服务工作，先后帮助160名干部实现就业。

【劳动关系】 **劳动合同管理**。持续抓好和谐劳动关系示范区建设工作。规范企业用工管理，加强用工备案审查，备案企业3.3万户、职工97万人。

工资收入分配。深化国有企业负责人薪酬制度改革，配合省督察组完成国企负责人薪酬改革专项督察。稳步提高低收入群体的工资收入水平，最低工资标准分类提高到1810元、1640元；开展企业薪酬调查，发布烟台市企业工资指导线和工资指导价位。

劳动监察。加强劳动监察执法效能，制定企业守法诚信等级评价实施细则，引导企业依法经营。先后组织开展农民工工资支付、清理整顿人力资源市场秩序、社会保险等专项检查，共监察用人单位2.6万户次，为劳动者补发补缴工资、社会保险等待遇近9400余万元。

劳动人事争议调解仲裁。制定规范仲裁立案、兼职仲裁员管理等政策，实行承办仲裁员负责制，实现线上办案全覆盖。高效办结劳动人事争议案件6275件，调解成功率69%。烟台市劳动人事争议仲裁院被评为全国“维护妇女儿童权益先进集体”。

【三化建设】 以“三化”建设引领人力资源社会保障公共服务体系建设，积极推进放管服改革，加强依法行政和窗口服务，建立“互联网+人社”服务机制。梳理确定公共服务项目76项，首批向社会公布“零跑腿”事项3个，“最多跑一次”事项49个。编制社会保险、就业公共服务标准，承接起草的《公共就业服务中心设施设备要求》和《失业登记管理服务规范》两项国家标准向社会发布实施。承接外国人就业许可，向县（市、区）下放6个行政许可，依法办结许可702件。推进省级人事人才系统建设试点，初步建成高层次人才基础数据库。开展社会保险、公共就业、劳动关系等人力资源社会保障信息互通互认工作，推进信息共享平台建设。完成烟台市人力资源和社会保障局门户网站改版、官方微信平台升级，关注人数达到80余万，可提供社保缴费查询等32个网络服务事项。强化社保卡功能应用，持卡560万人。组织社保卡知识竞赛烟台赛区预决赛，获得全省社保卡知识竞赛一等奖。及时为职工群众答疑解惑，回复群众信访1510件、网上民声3673件，市长公开电话、“12333”电话和网络咨询回复率100%，高质量办结人大代表建议、政协提案51件，有效回应社会对人力资源社会保障工作的关切。

（烟台市人力资源和社会保障局）

潍坊市

2017年，潍坊市人力资源和社会保障部门扎实开展“作风建设年”活动，围绕推进“四个城市”建设，着力转作风、提效能、促发展，突出担当干事，持续转变作风，人力资源社会保障事业呈现出健康协调发展的良好局面。潍坊市人力资源和社会保障局被授予全国人社系统先进集体荣誉称号。

【就业工作】 面对持续加大的经济下行压力，把稳定就业作为刚性目标，积极实施就业优先战略，全力推进创业带动就业工作，城乡就业稳定增长，就业局势持续总体稳定。城镇新增就业11.2万人，完成年度计划的112%，新增参与创业活动10.8万人，完成年度计划的108%，城镇登记失业率控制在2.91%的较低水平，低于控制目标0.89个百分点。

就业政策落实。科学编制《潍坊市创建创业型示范城市实施方案》，召开创建创业型示范城市动员大会，积极推进“185”创业行动，通过完善政策、搭建平台、提升服务，全面激发社会创业活力，着力打造“潍坊创业、创业潍坊”城市品牌。在全省率先开展“证卡合一”试点，实现就业服务与社保经办“一卡通办”，通过社保卡为12.1万人提供就业服务，发放失业金、生育补助金、创业贷款贴息1.3亿多元，潍坊试点经验在全省推广。

高校毕业生就业。大学生创业工作取得新突破，全面推进高校毕业生就业促进计划，创新“多会合一”就业一体化服务模式，大学生总体就业率达到94.7%，就业总体稳定。

创业载体建设。按照政府主导、社会参与的原则，积极鼓励支持企业、高校等社会力量参与创业载体建设，新增省级创业示范平台3家，创业平台总量达到172家，其中省级示范平台17家、市级68家。完善创业培训体系，创业大学分校建设实现县（市、区）全覆盖，形成“总部＋分校＋辅导站＋教学点”的教学网络体系，推动创业大学集团化规模化发展，累计带动职业培训8.7万人，其中创业培训2.1万人。在国务院第四次大督查中，潍坊创业大学作为全省唯一代表接受国务院督导组的现场督查，山东省创业大学的创新做法受到国务院的通报表扬。

创业就业培训。提升创业师资水平，分层次、分群体、分阶段梯次培养。举办2017潍坊创业大学培训师资评审及业务水平提升培训、首届创业引领者专项活动暨创业培训讲师大赛，组织创业讲师参加省级创业培训讲师大赛决赛。进一步完善省级示范创业大学建设要求，规范创业培训课程体系，全面提升现有创业培训师资水平，打造一支过硬的创业培训师资队伍。继续举办大学生双训制创业培训班，为大学生提供“创业特训＋实训＋孵化”服务。依托创业大学高校教学点，在潍坊学院等6所院校开展“创业先锋特训营”“互联网＋”大学生创新创业大赛、“创新创业工作室”等特色活动，共培训在校大学生8600多人。深度研发“潍坊创业大学APP”。创新调整培训模式。利用移动互联和大数据，为学员提供政策宣传、师资介绍、课程通知、线上指导、学员互动、项目推广、成果对接、商业路演等全场景的一体化创业服务。积极调整课程设置，做到“请进来、送下去、听得懂、能操作、可推广”。

公共就业服务。积极推动农村创业工作，实施“培训下乡”“田间课堂”等特色培训项目，结合特色产业建立农村电商、农村创业合作社等新型农村创业特色平台92处，“农村创业套餐服务返乡创业”的做法被省政府省长专报信息专题刊发。举办招聘洽谈会567场，累计提供就业岗位21.4万个次。成功举办“中国大学生精准就业服务暨返乡创业大会”“潍坊市大学生创新创业大赛”“2017大学生双创服务发展论坛”和“新型农民创业大赛”等系列活动，表彰奖励一批创业典型，进一步营造全民创业的良好氛围。在首届全国创业就业服务展示交流活动中，23个项目全部获得“优秀项目奖”。

【社会保险】 **养老保险**。推进机关事业单位养老保险制度改革，将编外人员纳入新制度范围，有效解决改革遗留问题。企业和机关事业单位退休人员基本养老金同步提高，平均增幅达到6.1%，惠及48万余名退休人员。落实被征地农民社会保障补贴资金20.6亿元，完成任务目标。

失业保险。深入落实援企稳岗政策，稳步推进扩大失业金支出范围试点，进一步降低养老保险和失业保险缴费费率，为1.4万家企业减征养老保险费3.4亿元，减征失业保险费5200万元，切实减轻企业负担，切实发挥失业保险促进就业、预防失业、提高就业质量的作用。

医疗保险。建立职工大病保险制度，将18种抗肿瘤特效药品纳入报销范围，有效减轻大病患者负担。异地就医直接结算工作走在全省前列，29家医院接入国家异地结算系统，报销异地医疗费用4435万元。在国务院第四次大督查中，异地就医直接结算工作得到督查组的充分肯定。

工伤保险。建筑业参加工伤保险实现全覆盖，参保建设项目937个，其中新建项目550个，在建项目387个，新建、在建项目参保率均为100%，提前完成“同舟计划”三年目标任务。扎实推进补充工伤保险全省试点工作，初步建立以工伤保险为主体、商业保险为补充的多层次工伤保险体系。

社会保险经办。深入推进“三化”建设，开发“业务内控、缴费稽核、分析监控、电子病历”四个业务系统，开通“人脸识别认证、网上证明查询打印、受理地办结”三项便民服务，建立“参保实名制、责任终身制、社会征信制”三项管理制度，形成具有潍坊特色的智能化经办服务体系，初步建立“一体化”经办业务链条。830万人实现实名参保，开通社保卡应用122项，累计发放社保卡776万张。

社保基金安全。做好待遇领取资格认证。坚持“无声有情”理念做好认证工作，对新退休人员进行指纹建档认证，对异地居住退休人员利用部级退管系统进行认证，对退休人员利用民政网络系统每季度比对亡故情况进行认证，对离退休人员遗属进行亲属签订担保协议认证。居民养老保险在加强认证的基础上，狠抓冒领追缴，确保基金完整。做好医保监管工作。持续开展协议医疗机构交叉检查，上半年以普通门诊管理、住院管理、药品耗材使用为重点进行检查。积极推动医疗服务监控系统和医疗费用智能审核系统建设，努力实现医保监管智能化。做好内控管理。将“数据分析、精准定向、量化细化、融合警示教育”的特色贯穿于内控检查，对内控检查中发现的违规问题进行分解，明确责任科室、整改要求和时限。

【人才队伍建设】 **高层次人才队伍建设**。坚持需求导向，积极探索市场化引智工作新模式，成功举办“旅欧博士潍坊行”“比利时皇家院士高级专家潍坊行”“外国院士高级专家潍坊行”和“2017硅谷创业者潍坊行”等活动，新增4人入选国务院特殊津贴专家，有3名外国专家、1个专家团队入选省“外专双百计划”，盛瑞传动的王书翰入选“国家百千万人才工程”，被授予“国家有突出贡献的中青年专家”荣誉称号，实现国家级人才工程零突破。新增国务院特殊津贴专家4名、泰山产业领军人才3名、齐鲁友谊奖专家1名，有3名外国专家和1个专家团队入选省“外专双百计划”。引进高层次人才3211人，引进高端外国专家530人次，组织执行引智项目335个，引进国外新技术、新品种257项。其中，为天润重工引进的凿岩机项目填补国内空白。

技能人才队伍建设。深化技工院校教学改革，推进新型学徒制试点，大规模开展职业技能竞赛活动，不断提升技能人才培养能力。新增齐鲁首席技师9名，培养高技能人才1.7万余人，其中技师、高级技师1071人，组织职业技能鉴定8.3万人。潍坊市选手袁强勇夺第44届世界技能大赛金牌，实现世界技能大赛山东省金牌零的突破。

【人事制度改革】 **公务员管理**。稳慎推进公务员职务与职级并行试点工作，进一步拓展职级晋升通道。依法科学公平考录公务员684名、招聘市直事业单位人员326名，干部队伍结构进一步优化。严格规范公务员奖惩，市直部门公务员平时考核实现全覆盖，县市区平时考核工作有序推进。

事业单位人事制度改革。加强事业单位岗位设置和聘用管理，认真做好事业单位岗位设置和聘用工作，聘用合同制度实现全覆盖，核准岗位设置方案事业单位达到总量的99.1%。

军转安置。认真落实军转安置计划，全力做好十九大安保维稳工作，创新完善自主择业军转干部管理服务，接收军转干部538名，其中计划安置291名，自主择业247名，企业军转干部保持总体稳定，实现“零到省零进京”目标。

【工资收入分配制度改革】 **机关事业单位工作**。作为全省唯一的国家公立医院薪酬制度改革试点城市，以打造可复制、可持续、可推广的“潍坊模板”为目标，制定《潍坊市公立医院薪酬制度改革试点实施方案》，在市直7家公立医院稳步推进试点工作，初步建立符合医疗行业特点、体现知识价值导向的薪酬制度。

企业工资宏观调控。深入开展企业薪酬调查，制定发布2017年度企业工资指导线和人力资源市场工资指导价位730个，最低工资标准调整为1810元和1640元，职工工资正常增长、协商共决和支付保障机制更加健全。稳步推进国有企业负责人薪酬制度改革，发布国企基本年薪预发标准，启动潍坊银行负责人薪酬制度改革。

【劳动关系调解和权益维护】 **劳动合同管理**。贯彻落实省市关于做好退役士兵安置和权益保障工作部署，全面落实退役士兵劳动关系、社会保障、就业创业政策，切实维护退役士兵的权益。和谐劳动关系创建工作扎实推进，6家企业被评为省级劳动关系和谐企业。加强劳动合同管理，积极推行劳动用工网上备案，依法规范劳务派遣经营行为，劳动用工备案职工达到117.8万人，劳动用工动态监管机制更加健全。

劳动人事争议调解仲裁。稳步推进劳动人事仲裁信息化、标准化建设，处理劳动人事争议案件5024件，结案率达到98.5%。做好安保维稳工作，深入开展“万人下基层”化解信访积案和矛盾纠纷活动、排查安全隐患防范四类风险专项行动，全力做好党的十九大、全国及省、市“两会”期间的安保维稳工作，确保劳动关系和谐与社会稳定。受理来信来访4538件，处理政务服务热线承办单960余件，处结率为100%。

劳动保障监察。加强劳动保障监察执法能力建设，修订完善《人力资源社会保障诚信等级评价实施办法》，建立重大劳动保障违法行为社会公布制度，发挥智能监察系统作用，依法查处劳动违法案件6907起，责令支付工资报酬8482.4万元，补缴社会保险费683.5万元，有力维护了劳动者合法权益。

（潍坊市人力资源和社会保障局）

济宁市

2017年，济宁市人力资源和社会保障系统紧紧围绕“民生为本、人才优先”工作主线，从严从实推动工作开展，人力资源社会保障事业实现较快发展、取得较好成绩，在保障民生、服务发展、维护稳定等方面发挥积极作用。

【就业工作】 实现城镇新增就业7.45万人，完成年度计划的104.8%；城镇失业人员再就业4.49万人，完成年度计划的104.5%；就业困难人员再就业5473人，完成年度计划的109.5%。发放创业担保贷款9.32亿元，同比增加1.53亿元，完成年度计划的103.6%，扶持创业1.3万人、带动就业6.5万人。

就业创业政策。制定《济宁市创业带动就业扶持资金管理办法》，增加创业大学奖补、一次性创业场所租赁补贴、扶贫车间一次性奖补等补贴项目，加大对就业创业的资金扶持力度。发放各种就业创业补贴26772万元，同比增长21.5%。社保补贴7796万元、占比29%，培训补贴5478万元、占比20.5%，创业担保贷款贴息5111万元、占比19.1%。为571家企业发放稳岗补贴7118万元，稳定就业岗位17.2万个。

就业政策宣传。发布政策短信近100万条，制订统一的政策宣传栏、上墙展板、移动展架，分布到5341个乡镇（村、居）、60家定点培训机构、112个创业担保贷款合作银行网点，就业创业政策宣传实现全覆盖。

就业培训。启动实施创业雏鹰计划，开展职业技能培训6.01万人，同比增加5400人，完成年度计划的120.34%；开展创业培训1.67万人，完成年度计划的139.41%。

重点群体就业。启动实施高校毕业生就业创业促进计划，印发引导和鼓励高校毕业生到基层工作的意见，农民工职业技能提升、权益保障、公共服务3项三年行动计划圆满收官，重点群体就业得到有效保障，高校毕业生就业率稳定在85%以上，就业困难人员就业5184人、完成任务的103.7%。

大众创业。推进“双创”平台建设，2家创业孵化基地（园区）被评为省级创业示范平台，任城区、邹城市被评为全省创业型城市，邹城市钢山街道鑫琦社区被评为国家级充分就业社区，新增省级“四型社区”20个。启动实施创业雏鹰计划，开展就业创业培训7.7万人，扶持创业1.3万人、带动就业6.5万人，就业和创业人数实现双增长。

就业精准扶贫。举办精准扶贫专场招聘会112场，提供就业岗位6725个，通过市场推荐扶贫对象就业2310人。建设“就业扶贫车间”143个，其中5家获评全国就业扶贫基地，累计吸纳贫困劳动力转移就业1422人。

【社会保障工作】 新增参保人员6.4万人次、完成全年任务的104%；社会保险综合覆盖率达到96.37%，完成省对市经济社会发展综合考核任务；征缴社保基金217亿元、完成104%。

社会保险制度。修订完善居民基本医疗保险办法，建立居民医保漏缴补缴和基金市级统筹制度，印发《关于建立完善职工和居民省级统筹大病保险制度有关问题的通知》，职工和居民医保一个年度内最高支付限额达到65万元。印发《济宁市职工长期护理保险实施办法》，参加职工医保人员在医疗机构、养老机构、居家护理费用报销比例最高达到90%。

社会保险待遇。企业退休人员养老金标准人均月增加175元，居民医保财政补助标准由每人每年420元提高到450元，职工和居民大病保险制度全面建立，最高报销额由45万元提高至65万元。降低失业保险费率，为参保单位和个人减轻负担1.4亿元；失业保险待遇由每人每月950元提高到1030元。社会保险基金共支付各项待遇220亿元、增长8.9%。

社会保险基金管理。开展城乡居民养老经办机构内部控制专项检查和社会保险基金收支情况专项检查，对县（市、区）企业社保缴费基数进行稽核检查，共辅助稽核县（市、区）1366家企业、13.05万人，稽核工资总额较上年增加98181万元。开展养老保险重点指标专项核查，共核查重复领取死亡冒领等疑点32729条，属实3153条，追回养老保险基金279.79万元。实施社会保险基金绩效安全第三方监督评估，发现和整改基金管理问题85个。全面推行医保智能监控系统，严厉打击异地就医骗保行为，挽回基金损失293万元。

社保经办服务。加强各业务版块协同共享，将与企业密切相关的就业登记、劳动用工备案和参保登记等业务进行整合，实行“一口受理、内部推送、限时办结”，推进窗口服务规范化建设，在社保大厅全面推行“综合柜员制”服务模式；开展济宁人社通APP灵活就业人员参保缴费试点，初步构建起“柜台＋网络＋自助＋移动＋热线”的五位一体服务体系。异地安置退休人员住院医疗费用实现全国联网结算。

医保扶贫攻坚。15.5万名扶贫对象医保个人缴费全部由政府代缴，组织慢性病集中鉴定55次，1.1万人享受到门诊慢性病医保待遇，住院和门诊医疗费用报销比例分别达到 81.2%、84.7%。

【人才队伍建设】 人才政策体系。贯彻落实鲁西科学发展高地人才支持计划，制定印发《关于加强企业高层次人才队伍建设助推产业转型升级的若干意见》《济宁市鼓励社会力量参与人才引进工作实施意见》《济宁市引进高层次高技能人才服务绿色通道实施办法》以及《济宁市创业领军人才集聚计划实施办法》《济宁市重点产业紧缺人才引进计划实施办法》《济宁市高技能人才开发计划实施办法》，人才政策体系进一步完善。

人才智力引进。编制发布《济宁市 2017 年度“高精尖缺”引才目录》和《高层次人才（团队）需求目录》，推进创业领军人才集聚、重点产业紧缺人才引进、高技能人才开发三个计划，组织实施“孔孟之乡—山东济宁”校园人才招聘和“转型升级”“创新创业”“强农富农”“文教助推”四大引智工程，成功举办国家“千人计划”专家助推济宁产业园区创新发展现场对接交流活动，引进海内外高层次人才 2586 人，新增省级以上人才工程人选 44 人，执行外国专家项目 113 项、引进外国专家 235 人次。

人才平台建设。鲁西南现代农业引智试验区落户邹城，为 17 家设站单位发放补助资金 290 万元，新增市级博士后工作站 4 家，组织开展 15 场“院士专家企业行”系列服务活动，鲁西南特色林果业精准扶贫项目成功入选国家级专家服务基层项目。技能人才培养平台建设取得重大突破，济宁工业技师学院成功创建为国家高技能人才培训基地、获奖补资金 500 万元，曲阜孔府家酒业有限公司、汶上如意技术纺织有限公司被评为首批齐鲁技能大师特色工作站，全省职业能力建设工作暨技工院校教育教学改革现场会在济宁市召开。25 名清华大学博士到企事业单位开展社会实践和科研攻关，解决各类技术难题 23 个、创造经济效益 4660 万元。

高技能人才。启动企业新型学徒制试点，举办第二届“运河之星”职业技能大赛，山推高级技工学校学生林伟德获得 2017 年全国职业院校技能大赛一等奖。新增高技能人才 9261 人，其中技师、高级技师 1515 人。

【劳动关系】 劳动关系和谐城市建设。开展第三批劳动关系和谐企业评定，公布命名 77 家 4A 级、105 家 3A 级劳动关系和谐企业，全省创建和谐劳动关系工作现场会在济宁市召开。

企业收入分配保障机制。推动企业工资集体协商，职工工资收入稳定增长，深化国有企业负责人薪酬制度改革，公布 2016 年度市管企业负责人基本年薪基数和 2017 年度基本年薪预发标准，企业分配秩序更加合理有序。

监察执法。严格落实“一书两金一卡”“工资预储金”制度，全面治理拖欠农民工工资问题，查处各类劳动违法案件 440 件，为 7800 名劳动者追发工资待遇 6795 万元，督促缴纳社会保险费 4055 万元，移送公安机关拒不支付劳动报酬犯罪案件 16 件。

矛盾调处。开展阳光仲裁、和谐仲裁、便民仲裁服务品牌创建，推进专业性劳动人事争议调解工作，受理劳动人事争议案件 1927 件，当期结案率 95.4%，按期结案率 100%。

【人事管理】 公务员管理。招录公务员 738 名、遴选 61 名，山东省公务员特色实践教育基地（政德教育）、山东省公务员局培训教育基地落户济宁，完成 185 名转业军官的安置和培训任务。

事业单位人事管理。招聘事业工作人员 4356 名，修订完善《关于进一步深化事业单位人事制度改革的意见》，严格落实《济宁市事业单位工作人员竞聘上岗试行办法》，在基层卫生计生服务机构首次增设基层卫生高级专业技术岗位，事业单位岗位设置和人员聘用行为更加科学规范。

机关事业单位工资收入分配制度改革。实施法官、检察官和司法辅助人员工资制度改革，完成 946 名员额制法官、检察官基本工资套改审批。会同财政部门制定印发《济宁市事业单位绩效工资监督检查办法》，建立起事业单位绩效工资监督检查制度。

人事考试。推进人事考试综合指挥平台建设，开展人事考试安全专项治理活动，新建省级标准化考场 150 个，组织各类考试 20 次，参加考生 8.8 万名，各项考试任务安全顺利完成。

【机关建设】 机关党建。开展“建过硬支

部、做合格党员、当干事先锋”主题活动，推进基层党组织规范化建设活动，开展送党课到基层、微党课轮讲等“开放式组织生活”活动。

“放管服”改革。推进简政放权，将“企业实行不定时工作制和综合计算工时工作制审批”下放至县（市、区）办理，修订完善事中事后监管制度，调整规范下放行政权力事项备案程序；开展证明材料清理工作，取消证明盖章类材料6项。梳理公布第一批“零跑腿”和“只跑一次”政务事项清单，10项业务实现“零跑腿”办理、30项“只跑一次”办理。

干部队伍建设。深入学习贯彻十九大精神，分四个业务版块组织开展专题研讨。推行干部教育常态化，组织开展“干部大讲堂”“讲规矩守纪律”德廉知识测试、“书香机关”建设等系列活动，赴曲阜开展政德教育活动。

基层窗口建设。会同编制、财政部门制定《关于进一步加强乡镇（街道）人力资源社会保障基本公共服务能力建设的若干意见》，从机构设置、人员配备、经费保障、管理考核等方面破解制约基层平台健康运行的瓶颈，分层次培训乡镇人力资源社会保障所工作人员和村级协理员1.8万人次。

（济宁市人力资源和社会保障局）

泰安市

2017年，泰安市人力资源和社会保障系统坚持“优质、高效、安全、满意”的目标定位，深入开展“服务能力提升年”“纪律作风建设年”“医保服务规范年”“人才工作创新年”“招商引资攻坚年”五项活动，倾力巩固和提升“真情人社”“阳光人社”“和谐人社”“幸福人社”服务品牌，各项工作扎实推进，成效明显。泰安市人力资源和社会保障局继续保持全国文明单位荣誉称号。

【就业创业】 新增城镇就业5.55万人，安置就业困难人员3846人，期末城镇登记失业率2.35%。

创业带动就业。做好市级创业孵化基地、创业示范园区、农民工返乡创业园评估认定工作。楼德商贸物流园、星火科技园2家创业园区被评为“山东省创业示范园区”。认定市级创业孵化基地、示范园区6家，农民工返乡创业园2家，协调财政拨付794万元。认定市级创业型街道（乡镇）12个、创业型社区30个，协调财政拨付96万元。搭建创业交流平台，举办泰安市创业培训师资提升培训班暨“山东省创业引领者专项活动暨创业培训讲师大赛”泰安赛区分赛，评选推荐5名优秀讲师参加省创业引领者专项活动暨创业培训讲师大赛。举办“泰安市第五届创业大赛”和6期“泰山创客训练营”，培训各类创业者360人。扩大创业担保贷款发放规模，为1473名各类创业人员发放贷款2.6亿元。

就业公共服务。继续开展“就业直通车”下基层活动，为各类人群提供创业就业精细化服务，提升创业就业服务能力。发挥人力资源市场功能，多渠道推介就业。组织开展以“促进转移就业·助力脱贫攻坚”为主题的“春风行动”和“就业援助月”活动，组织民营企业招聘周、“三八”妇女就业专场招聘会、政协委员招聘会、校园招聘会等各类专场招聘会，组织用工洽谈会275场，提供用工岗位10.7万个，9.46万人进场求职，为8万人推荐就业。

大学生就业创业。组织泰安市大学生创业企业参加全省“泛海扬帆山东大学生创业行动”首届创客节暨“泛海扬帆”山东大学生创业示范基地揭牌仪式。组织开展山东农业大学等驻泰安市高校“春季高校毕业生”供需见面会、山东科技大学秋冬季毕业生供需见面会、“济南都市圈”

（7+2）齐鲁工业大学招聘会，组织参加省人力资源社会保障厅举办的北京、上海、长春等地“山东一名校人才直通车”活动，630余家企业参加，提供就业岗位26100个，初步达成就业意向7800个。开展“三支一扶”大学生专题培训，培训60人。继续组织开展2017年高校毕业生“三支一扶”计划招募工作，招募高校毕业生58名。健全毕业生就业信息收集发布机制，整理收集毕业生就业信息2万余条。认定市级就业见习基地170家，提供就业见习岗位2000余个，组织1815名毕业生参加就业见习。

“三强企业”就业服务。组织132家重点企业参加山东科技大学2017年春季毕业生供需见面会，与泰安市委组织部、市科技局、经济技术合作局联合举办第四届国内科技合作对接交流会暨人才需求发布对接会，与12家高校、科研院所签订高层次人才合作框架协议，现场发布高层次人才需求198条，高校毕业生需求2000余条。组织开展“三强”企业高校行活动，组织13家“三强”企业赴吉林大学、哈尔滨工业大学等8所高校招聘，达成就业意向237人，其中博士2人，研究生191人，本科44人。与哈尔滨理工大学签订《高层次人才合作框架协议》。

困难群体就业。组织开展“就业援助月”活动，帮扶高校毕业生、农村转移劳动力、城镇困难人员、退役军人和“零就业”家庭人员等就业困难群体就业，活动期间，各级公共就业服务机构走访就业困难人员和零就业家庭502户，帮助572名就业困难人员享受政策，112家企业招用就业困难人员并享受扶持政策。开展就业鲁渝行——“百企万岗进重庆”和就业援藏专场招聘等专题活动，实施特色就业援助。创新就业服务方式，打造就业扶贫泰安模式，引导贫困人员就地就近就业，开展“畅通就业渠道，惠及贫困人口”为主题的就业直通车活动，对已认定正常使用的63家“就业扶贫车间”进行统一编号和统一标识，核实“就业扶贫车间”贫困人口就业450人，发放一次性奖补资金45万元。24个“就业扶贫车间”被认定为省级示范“就业扶贫车间”，4个“就业扶贫示范基地”入选全国就业扶贫基地。帮助有劳动能力贫困人口实现转移就业2676人，接受技能培训186人，成功创业30人。依托人力资源社会保障部“农村贫困劳动力就业信息平台”和省公共就业人才服务系统“精准扶贫”模块，完成农村贫困劳动力信息的核实和补充工作。

【社会保险】 稳步推进全民参保登记计划实施工作，被确定为全民参保动态管理试点城市。征缴各项社会保险费168.86亿元，同比增长7.8%。参加城镇职工养老保险135.27万人，收缴保险费80.11亿元；参加居民基本养老保险279.7万人，收缴保险费21.24亿元；参加职工基本医疗保险105.45万人，收缴保险费32.55亿元；参加居民基本医疗保险425万人，收缴保险费26.57亿元；参加失业保险61.95万人，收缴保险费2.37亿元；参加工伤保险89.43万人，收缴保险费4.09亿元；参加生育保险78.97万人，收缴保险费1.93亿元。发放各项社会保险待遇164.19亿元，同比增长11.8%，发放率保持100%。发放机关企事业单位离退休人员养老金88.51亿元；为88.54万名居民发放养老金13.07亿元；支付职工医疗保险基金29.47亿元、居民医疗保险基金23.88亿元、失业保险金1.44亿元、工伤保险基金3.9亿元、生育保险基金3.92亿元。

养老保险。积极推进机关事业单位养老保险制度改革，开展按新制度计发养老保险待遇试运行工作，集中开展原统筹试点期间个人缴费返还工作。做好社会保险缴费申报，加大稽核稽查力度，做到申报实、把关严、监管到位。调整提高养老保险待遇，确保养老金按时足额发放，机关事业单位养老保险制度改革后，第二次同步调整企业和机关事业单位退休人员待遇，涉及企业退休人员19.58万人，人均增加养老金150元，涉及机关事业退休人员5.60万人，人均增加养老金218元。采取集中认证和日常认证相结合做好养老金领取资格认证工作，与公安、民政、卫生和计划生育委员会等部门配合，建立居民养老保险金领取资格定期协查机制，防范瞒报、冒领养老金现象。积极稳妥推进被征地农民社会保障工作，分解落实滞留资金7.02亿元，为28.8万人建立个人账户。

失业保险。认真落实阶段性降低失业保险费

率政策，失业保险费率由1.5%降至1%，其中单位费率由1%降至0.7%，个人费率由0.5%降至0.3%。单位缴纳部分减少5800余万元，个人缴纳部分减少3900余万元，共减少9700余万元。积极落实困难企业援助政策，加大稳岗补贴力度，为1203家企业拨付稳岗补贴7240万元。调整失业保险金标准，自11月失业保险金统一提高至每人每月1030元。继续实施扩大失业保险基金支出范围试点工作，安排扩大支出试点资金6113.37万元用于预防失业和促进就业。

医疗保险。调整封定职工医保个人账户划入基数，优化基金结构，充实统筹基金。与居民大病保险政策相衔接，及时调整居民基本医保纳入统筹限额。健全完善居民大病保险政策，全面实施职工大病保险制度。印发《泰安市居民基本医疗保险办法》，实现居民医保基金市级统收统支。在泰山区试点，将参加基本医保的职工和退休人员纳入职工长期护理保险保障范围。开展“医保服务规范年”活动，加强对定点医疗机构和药店的管理服务，通过实地稽查稽核，暂停整改定点医疗机构7家、药店69家，取消定点医疗机构、药店各1家，查处322名医保医师违规行为384人次。积极推行跨省异地就医直接结算，15家定点医疗机构顺利接入跨省异地就医结算平台，外省参保患者到泰安市就医联网结算109人次，泰安市参保人员在省外联网结算834人次。重新核对系统内贫困人口参保信息，严格落实对贫困人口的医保优惠待遇，协调相关部门实施结算系统改造，为贫困人口医疗保险、医疗救助、医疗特惠险一站式结算创造条件。

工伤保险。印发《关于进一步做好工伤保险工作有关问题的通知》，进一步规范工伤认定的重点环节、基本程序，细化申报材料内容要求，建立县（市、区）重大工伤案件备案制度和市县两级审核制度，加大对县（市、区）工伤认定工作的指导和监管。规范工伤经办，实行工伤医疗费用联网结算，加强医疗费用审核把关，将工伤基金支出稽查稽核同医保控费稽查稽核一并进行，加大对工伤基金支出的监督力度。深入推进建筑业按项目参加工伤保险工作，在建项目新开工项目参保率均达到100%。顺利将新矿集团、肥矿集团工伤保险纳入全市统筹管理。

生育保险。根据生育保险基金收支和累计结余情况，按照“以支定收、收支平衡”原则，从7月1日起，将生育保险费率恢复到用人单位职工工资总额的1%，对享受生育津贴的产假天数进行明确，女职工正常生育的津贴天数改为98天，难产的增加15天，多胞胎生育的每多生一个婴儿增加15天，晚育（只针对一胎）的增加60天。

劳动能力鉴定。落实“两随机、两公开”工作机制，实行业务流程分工和岗位责任制，严格规范劳动能力鉴定受理申请、专家管理、现场组织、规范文书和结论送达“五个”环节。组织2批8名专家参加全省巡回鉴定。将5家医院纳入劳动能力鉴定定点医疗机构，对场地设施、人员配备、现场流程等严格规范。简化鉴定申报手续，将原来6种表格合并到一张，将工伤职工基本信息提前录入专家评审表，在鉴定现场设立专家复审组，现场审核确定鉴定意见。鉴定结论内容涵盖工伤职工基本信息、伤情、治疗方式、查体情况、伤残等级及依据的国家标准，做到“过程公开、结论公开”，采取EMS邮寄方式送达。受理各类鉴定申请2255人次，其中工伤鉴定1276人次，病退鉴定979人次，鉴定结论维持率位居全省前列。

社保基金监管。完善第三方中介机构选聘评估机制，通过公开招标选取3家会计师事务所作为各项社会保险基金监督检查和内部审计指定机构，建立第三方中介机构参与社会保险审计检查选聘机制。深入开展居民养老保险经办机构内控制度专项检查，检查7个县（市、区）经办机构，延伸抽查14个乡镇（街道）人力资源社会保障所以及部分行政村（居）民委员会协办员。配合审计部门做好养老保险基金审计，运用“信息网络+监督”的方式，对重复领取、死亡冒领、提前退休和一次性补缴四项指标疑（重）点信息进行核查。举办社会保险基金运行分析会。

【人才队伍】 人才引进。引进外国专家（海外人才）242人次，办理外国人来华工作许可证104项，新建泰安市引进国外智力成果示范推广基地11家，2个外国专家团队入选2017年山东省

"外专双百计划"团队项目，2家单位获批省级引智示范基地，2个示范项目入选省引智示范推广项目，3个外国专家项目入选省引进外国专家项目。18名在泰安市工作的外国专家获"泰山友谊奖"，1名外国专家获"齐鲁友谊奖"。将"外国专家泰安行"活动正式纳入泰山国际登山节内容。举办第二届"外国专家泰安行"活动，组织100名外国专家和400余家企事业单位现场洽谈，在活动中第一次实行新媒体直播宣传方式、第一次在大型涉外活动中采用现场同声传译、第一次举办招才引智成果展，活动落地项目18个，23名外国专家与企业签署合作协议。

专业技术人才队伍建设。落实《泰安市高层次人才服务绿色通道实施办法》，设立高层次人才服务专窗，建立起一整套高层次人才服务的制度体系。举办"泰安市人才工作者（深圳）培训班暨招才引智对接会"，与深圳市公共服务人才学院签订共建人才工作者培训基地协议，组织"三强"企业与深圳知名猎头公司签订引才协议。落实事业单位岗位设置管理政策规定，对因机构改革发生职能转变的31个事业单位的岗位设置方案按照岗位结构比例标准予以核准。组织开展中等职业学校和技工学校岗位设置调整工作，完成12个学校的岗位设置调整核准，提高中、高级教师岗位比例。组织开展2016年度中小学教师高级、中级职称评审工作，高级教师评审通过391人，一级教师评审通过597人。组织2016年度中等职业学校讲师中级评审，评审通过130人。首次使用山东省人事人才信息管理系统，全面推行网上职称评审。经过个人申报、单位审核、主管部门推荐，向省24个高评委推荐高级评审材料250份。组织开展各系列中级职称评审工作，受理申报材料759份，评审通过727人。高级工程师评审权限首次下放到市，受理各系列高级工程师职称申报材料264份，145人取得高级工程师资格。受理卫生副高级申报材料285份，157人通过评审。利用网络培训平台开展专业技术人员公共科目培训，在线报名学习7.7万人。组织开展专业技术人员专业知识培训，年备案项目108项，培训专业技术人员2.1万人。

高技能人才队伍建设。新增高技能人才1.62万人，新增齐鲁首席技师11人（其中行业推荐4人）、泰安市首席技师20人、泰山英才领军人才（产业技能类）1人，推荐7人参加山东省有突出贡献技师评选。新增齐鲁技能大师工作室1个、泰安市技师工作站10家。制定《关于创新高技能人才队伍建设助推产业转型升级的意见》，在19个方面实现突破和创新，财政在职业能力建设方面预算翻番。突出抓好"金蓝领"培训项目和新技师培训项目，首次通过官方网站公布培训计划和教学内容供企业职工自主选择，设培训基地14处，培训学员832人。首次开展泰安市技师工作站公开答辩评审，设立泰安市技师工作站10个。首次将泰山英才领军人才（产业技能类）和泰安市首席技师评选工作委托外市评审。举办2017年度"泰安农行杯"技能人才职业技能大赛，1200人报名参赛，各工种前三名奖励提高至2000元、1000元、600元。技工院校完成招生7526人，在校生2.465万人，毕业生当年就业率继续保持96%以上。组织开展民办职业培训学校设立和年检工作，上半年批准正式设立民办职业培训学校2家，对64所市属学校进行实地检查，不合格的学校予以限期整改或撤销。根据"放管服"总体要求，做好民办职业培训学校的审批管理权下放工作。认真做好职业资格清理整顿工作，国务院公布取消的7个批次、434项职业资格全部停止认证和鉴定。组织新职业报名鉴定6013人，开展日常鉴定216批次4.76万人，其中高技能人才1.45万人。

人事代理。人事代理服务水平进一步提升，代理人员总数30706人，当年新增1036人；代理单位753家，当年新增17家。为43人办理退休手续，出具各类证明材料10000余份，为225人确认评审并申报职称，为事改企单位调整工资3600余人次。理顺代理人员代收代缴社保费流程，探索缴费新方式，为663名代理人员代缴社会保险费486.9万元。推进"流动人员人事档案规范年"活动，摸清档案管理现状，制定流动人员人事档案库房升级改造及档案整理工作方案。制定公共服务事项服务指南，印刷业务工作登记簿，规范流动人员人事档案管理及转接流程。依据《山东省流动人员人事档案管理服务规范化操作手册》，明确流动人员人事档案基本公共服务内容，规范完善档案接收、转递、管理程序和要求。加强流动人才党员管理，流动党员总数1265人，接转党组织关系106人次。做好党费收缴工作，收取304人党费2739元。探索党员管理新模式，将1056名流动人才党员信息全部录入“灯塔——党建在线”系统和党员统计系统并比对。完成省委组织部督查考核工作，并按督察意见组织14名工作人员，每人负责90名党员，包干到人，登记造册。

【人事管理】 公务员管理。坚持公平公正、公开透明，为各级党政机关（参照公务员法管理单位）考录公务员（参照公务员法管理单位工作人员）302人。开展从本地优秀人才中考录基层公务员试点工作，在省财政困难县（岱岳区、宁阳县、东平县）每个县（区）招录5人，共招录15人。做好面向大学生村官、“三支一扶”计划和“大学生志愿服务西部计划”等服务基层项目人员的招录工作，面向服务基层项目人员定向考录计划18人。举办县（市、区）直部门科级公务员任职培训班1期，培训60人；市直部门科级公务员任职培训班1期，培训60人；新录用政法系统公务员初任培训班1期，培训66人；新考录的公务员初任培训班1期，培训195人；乡镇（街道）科级公务员任职培训班1期，培训60人。规范公务员日常管理，坚持分档核定优秀等次比例，审核批复2016年度市直行政机关公务员年度考核3896人，其中优秀等次747人、称职等次3063人、不确定等次73人、不进行考核10人、不称职等次3人。严格落实奖励审批制度，审批记三等功奖励105人、嘉奖642人。推荐拟受省以上奖励表彰候选集体39个、候选个人148名。组织选派2名享受省部级以上先进工作者和劳动模范待遇的基层一线先进模范进行休假疗养活动。依法审核登记公务员420人、参照公务员法管理单位工作人员28人。畅通“出口”，为1人办理辞职备案手续。

事业单位人事管理。坚持“公平公正，公开透明”，严格按照网上报名、笔试、资格审查、面试、考察、体检、公示、聘用8个工作步骤，为市直事业单位招聘259人，其中综合类98人、教育类161人。创新招聘方式，为泰安市外事侨务办公室、中心医院分院（职业病防治院）、市文化艺术中心（市文化馆）招聘急需、短缺人才。指导、监督各县（市、区）、泰安高新区开展事业单位公开招聘工作，首次开展人员总量控制单位公开招聘工作，提高公开招聘科学性，为市属高等院校招聘教师39人，为市直公立医院招聘90人。加强事业单位工作人员绩效考核，规范考核等次比例和结果使用，考核部门单位280个，批复事业单位工作人员和机关工勤人员14253人，有2452人被确定为优秀等次，其中691人记功。坚持“凡提必审、凡转必审、凡进必审”，对市直干部5100多卷人事档案不断分类和入档；帮助市直各部门、单位查阅干部人事档案700余次，转递干部档案及审核调动人员档案300余次。做好事业单位工作人员辞职辞退人员备案，为事业单位42人办理辞职备案手续。

军队转业干部安置。坚持公开透明，接收转业干部210名（其中计划安置119名，自主择业91名）、随调配偶7人。举办2016年度军转干部教育培训班，培训军转干部49名。加强企业军转干部解困稳定工作，认真做好67名公益性岗位企业军转干部生活补助核发工作，为市直企业军转干部发放冬季生活补助、春节困难补助、“八一”困难补助、健康查体费等多项补助483万元。

人事考试。完成各类人事考试报名34项，报名人数2.54万人；上报省考试中心报名、审核数据32项；组织实施人事考试16项，参考人员7.71万人，累计动用考点60余个，考场2831个，试卷保密封闭58人次56天。规范考试流程，细化规章制度，加大责任追究，重点完善主考、巡视、监考、保密、试卷押运、联络、协调等考务工作岗位人员行为规范、岗位职责和操作流程。加强考点、考场的一线监管，加强入场环节安全检查，加大巡视人员驻考场巡视力度。设立人事考试通报制度，开展人事考试环境综合治理专项行动，加强与泰安市经济和信息化委员会、市公安局、市城市管理局三部门协调配合，通过“两微一站”新媒体发布考试公告，公布考试最新动态。

【工资收入分配】 机关事业单位工资管理。稳步推进员额法官检察官工资制度改革，为638名员额法官、检察官套改工资，基本工资人均增资额785元，工改保留津贴人均734元。会同市直机关工委、市财政局，开展精神文明奖规范发放有关工作。组织开展机关事业单位防治“吃空饷”工作，清理纠正长期病事假等情形的“吃空饷”人员49人，累计追缴资金48.15万元上缴国库。稳慎推进县以下机关公务员职务与职级并行制度，审批467人。做好津贴、经费标准调整工作，调整中小学班主任津贴、离休干部特需经费标准和野外工作津贴。审批市直机关事业单位日常工资业务41514人次，其中机关3528人次，事业单位37986人次。

企业工资宏观管理。及时调整公布最低工资标准。6月1日起，按地区分档调整最低工资标准。泰山区、新泰市、肥城市月最低工资标准由1550元调整为1640元、小时最低工资标准由15.5元调整为16.4元；岱岳区、宁阳县、东平县月最低工资标准由1390元调整为1470元、小时最低工资标准由13.9元调整为14.7元。平均增幅为5.8%。发布企业工资指导线。企业工资指导线以2016年企业在岗职工平均工资50188元为基数，工资增长基准线为7.5%，上线（预警线）为12%，下线为3%。做好企业薪酬调查工作，调查各类企业342户，涉及职工13.3万人，公布260个职位（工种）工资指导价位。落实农民工工资支付保障制度。审核30户建设单位农民工工资保障金返回申请，返还农民工工资保证金5716.8万元。

【劳动关系】 劳动合同管理。扎实开展劳动用工和劳动合同备案工作，深入推进劳动合同制度的实施，劳动合同签订率明显提高。共有各类企业26289户，涉及职工67.9万人，签订劳动合同65.7万份，企业劳动合同签订率达96.8%。实行新立户企业通报制度，市直审核办理113户企业立户手续，督促企业为职工签订劳动合同2577人份。推行劳动合同示范文本，在小微企业中广泛推行规范的劳动合同文本。规范用人单位解除和终止劳动合同备案手续，市直审核办理企业解除终止劳动合同备案手续2.8万人次，依法纠正用人单位违规解除劳动合同3700人次。加强劳务派遣用工管理，严把劳务派遣企业“入口关”，为6家新开办劳务派遣业务的企业发放劳务派遣行政许可证，对71家已取得劳务派遣经营许可证的单位进行年检。

劳动人事争议调解仲裁。制定印发《泰安市劳动人事争议兼职仲裁员管理办法》，建立兼职仲裁员管理制度。开展劳动争议预防调解示范工作，深化专业性劳动争议调解工作机制。加强基层调解组织建设，完善争议预防调解工作机制。继续推进标准化劳动人事争议仲裁院建设活动，规范仲裁文书制作格式，提升仲裁文书制作水平。各级劳动人事争议调解仲裁机构处理各类劳动人事争议案件1211件（含上期未结31件），其中立案受理案件641件，按期结案率100%，当期结案661件（含上期未结31件），涉及劳动者726人，结案案件涉案金额1713.97万元。案外调解处理174件，各类基层调解组织受理劳动人事争议案件23件。

劳动监察。进一步抓好农民工工资治欠保支工作，对农民工工资支付情况进行实地督查。全面落实施工总承包企业负总责制度，加快推行农民工实名制管理、按月足额支付工资、委托银行代发、专用账户管理等制度，在工程建设领域全面实行工资保证金制度，开展农民工工资专项检查行动，检查用人单位467家，涉及职工8.7万人，其中建筑企业179家，涉及农民工4.2万人，为2876名农民工追回拖欠工资3972万元。开展清理整顿人力资源市场秩序专项行动，检查职介机构87家，勒令限期整改14家，清理无照无证“黑职介”6家，为求职者追回求职费用16万元。制定《泰安市企业劳动保障守法诚信等级评价实施办法》，发挥诚信评价强有力的激励和引导作用。开展2016年度用人单位劳动保障年检，检查市直各类用人单位599户，涉及职工6.1万人，其中实地年检100户，新增参保职工3128人，补签劳动合同3769份，补发拖欠工资698万元，补缴社会保险费1269万元。加大劳动监察执法力度，检查用人单位5718家，涉及职工51.6万人。受理举报投诉872起，非立案处理502起，立案370起，结案 367 起，当期结案率 100%。

【基层基础】 推进“三化”建设，完成人事人才一体化系统建设试点一期建设。加强社保卡应用，被人力资源社会保障部确定为全国第三代社会保障卡试点城市。提升社保卡服务水平，社保卡实现即时补卡换卡。组织社保卡知识竞赛，推选参加省复赛获二等奖。完成各类咨询服务事项共计 3.7 万件，所有咨询服务事项准确率、办结率、回复率、满意率均为 100%，泰安市人力资源和社会保障局被泰安市政府办公室表彰为“泰安市便民服务电话办理工作先进单位”。建立学习长效机制，举办“双周课堂”20 期、基层平台工作人员培训班 1 期。评选表彰人力资源社会保障系统“十佳创新工作”。建立内部容错机制和外部容缺机制，对窗口业务办理有关材料“容缺后补”。完善“三书定责”廉政工作机制、“两随机两公开”工作机制、平时考核机制和大额财务支出评审机制，防范人力资源社会保障领域安全风险。

（泰安市人力资源和社会保障局）

威海市

2017 年，威海市人力资源和社会保障系统以“三化”建设为抓手，聚焦新旧动能转换和放管服改革，努力在改革发展中保障和改善民生，统筹城乡的就业创业工作成效显著，市域一体的社会保障体系日益完善，高层次和高技能人才队伍持续壮大，人事管理更加科学规范，工资制度改革扎实推进，劳动关系保持总体稳定，圆满完成各项目标任务。

【就业工作】 城镇新增就业 3.76 万人，失业人员实现再就业 1.74 万人，就业困难人员实现再就业 5478 人，各类用人单位接收毕业生 1.1 万人，城镇登记失业率 1.65%，保持全省较低水平。

就业政策落实。为 623 家单位吸纳的 1460 名就业困难人员发放社保补贴和岗位补贴 3660.6 万元，为 11 家企业吸纳的 81 名农村新成长劳动力发放一次性就业岗位补贴 15.7 万元，为 8959 名灵活就业人员发放社会保险补贴 3915.3 万元。

公共就业服务。组织举办“春风行动”“就业援助月”等就业服务专项活动，开展线上 + 线下人力资源招聘活动 364 场，劳动者和企业达成就业意向 3.5 万个次。实行就业援助四项制度，组织走访有转移就业意向的农村劳动者家庭 561 户，帮扶 338 名农村劳动力转移就业；走访就业困难人员家庭 237 户，登记认定的 175 名就业困难人员全部实现稳定就业。推进“半小时公共就业服务圈”建设，推荐环翠区海源社区入选第四批国家级充分就业社区、29 家社区入选首批省级四型就业社区、7 家社区入选省级充分就业社区，评估认定市级充分就业星级社区 17 家。

高校毕业生就业。实施高校毕业生就业创业促进计划，充分利用高校毕业生离校未就业实名登记服务系统，对回生源地未就业毕业生逐个联系登记，提供精准就业创业服务。组织开展 2017 年高校毕业生系列招聘活动，专门搭建高校毕业生就业集中招聘网络平台，活动期间举办 50 场专场招聘会，参与单位超过 500 家，提供就业岗位 1.2 万个，达成就业意向 8000 多个。加大“三支一扶”计划实施力度，征集“三支一扶”计划 258 人，占全省招募数量的 17.3%，招募 238 名大学生上岗，同比增长 204%。联合威海市财政局联合印发《关于进一步做好就业见习工作的通知》，调整就业见习基地管理权限，重新认定 40 家就业见习基地。印发《关于做好高校毕业生就业服务工作的通知》，将就业手续办理权限下放到区市毕业生就业主管部门，取消毕业生转正定级手续，提高服务毕业生和企业办事效率。鼓励小微企业吸纳高校毕业生就业，为15家小微企业吸纳的32名毕业生发放社会保险补贴33.9万元。实施“万名大学生聚威创业计划”，为5家市直单位引进的7名博士、17名硕士发放博士硕士住房补助18.6万元。各类用人单位接收毕业生1.1万人，离校未就业高校毕业生登记就业率达到95%。

职业技能培训。在定点培训机构启用职业技能培训远程视频监控系统，加强实时动态监管，开展“就业创业培训五年规划”培训1.5万人，发放培训补贴1545.1万元。举办“2017年威海市—云阳县电子商务乡村旅游培训班”，依托覆盖各区市的10个培训基地和15个中心镇培训点，免费开展“就业创业培训下基层”专题培训班535期，培训农村居民2.1万人次，转移劳动力1.03万人，助推农村居民市民化进程。

服务企业用工。拓展“现场+网站+微信+自助+手机+媒体”六位一体用工信息发布渠道，实现“一点登陆，全市查询”，为7635家（次）用人单位发布岗位需求21.8万个（次）。加强省内外劳务合作，组织56家企业分赴枣庄及河北邯郸、重庆云阳开展劳务对接活动11场，达成用工意向3416个，缓解企业用工需求。积极引导企业改善用工环境，增强招工留工吸引力，110家重点企业平均返工率达89%。

【创业工作】 **促进大众创业**。实施“创业威海”行动计划，落实各项扶持政策，着力打造“最暖创业城市”。落实《关于印发普惠金融发展专项资金管理办法》《山东省创业担保贷款实施办法（试行）》，发放创业担保贷款740笔1.2亿元、各类创业补贴1211笔914.4万元（其中，发放小微企业一次性创业补贴187笔368万元），直接扶持创业1951人，吸纳带动就业5853人，创业氛围日渐浓厚。

创业孵化平台建设。鼓励引导各级政府、企业、高校、社会力量，对标上海、宁波、无锡等地做法，优化创业孵化平台功能，新建创业孵化基地（园区）10处，总数达52处，总面积60万平方米，入驻企业2600多家。印发《关于开展创建市级众创空间工作的通知》，鼓励各类社会组织、个人投资建设或管理运营众创空间，启动市级众创空间备案工作，将创业平台建设情况列入区市目标绩效考核。积极开展2017年度市级创业孵化示范基地和市级众创空间评估认定工作，新增市级创业孵化示范基地2家，总数达25家；首次评选认定市级众创空间11家。

创业服务。实施大学生创业引领计划，共组织2140名大学生开展创业培训，引领1241名大学生自主创业。联合威海团市委、市发展和改革委员会、市财政局等9部门举办第二届威海市创业大赛，设立综合类和驻威高校大学生专项赛，吸引556个创业项目报名参赛，评选出优秀项目42个，为创业者提供项目展示和资源对接平台。组织参加“领创齐鲁追梦前行”创业服务系列主题活动，推荐7个项目获首届“全国创业就业服务展示交流活动”优秀项目奖。

【社会保险】 **企业职工基本养老保险**。企业职工基本养老保险参保109.2万人，基金收入68.4亿元，发放养老金82.9亿元。连续第13次调增企业退休人员基本养老金，月人均提高8.34%，惠及33.4万名企业职工。

机关事业单位养老保险。机关事业单位养老保险参保11.1万人，基金收入16.1亿元，发放养老金21.3亿元。连续第2年与企业同步调整退休人员养老金，惠及3.7万人。

居民基本养老保险。深入实施“全民参保登记计划”，扩大城乡居民养老保险覆盖范围，基本实现适龄参保人口应保尽保，实现参保缴费人数和基金收入稳步增长。参保居民90.1万人，适龄人口参保率达99%；年基金收入15.2亿元。居民基础养老金标准提高至每人每月120元，高于省定标准20元，为38.2万居民按时足额发放养老金8.3亿元。落实社保扶贫相关政策，做好重度残疾人等困难群体的参保缴费工作和民办教师等群体人员待遇发放工作，为2496名重度残疾人等代缴养老保险费46万元；为符合条件的1868名重度残疾人提前落实养老金待遇；为2.2万名民办教师、乡村医生和电影放映员代发补助资金4782万元。

被征地农民养老保险。被征地农民养老保障工作取得重大进展，逐步将多年累积的征地保障资金落实到被征地农民个人账户中，为56万被征地农民落实账户资金11.9亿元，实现新征收土地“即征即保”，征地保障工作初步迈入制度化、规范化的轨道。

职工基本医疗保险。职工医疗保险参保92.1万人，基金收入29.5亿元，为16万名参保职工支付医疗待遇30.6亿元。

居民基本医疗保险。居民基本医疗保险参保159万人，参保率达到99%，政府补助标准提高到每人每年480元，高于省定标准30元，基金收入10.8亿元，为25.3万名居民支付医疗待遇10.8亿元。

大病保险。启动实施职工大病保险制度，实现大病保险政策职工、居民全覆盖。积极落实基本医保政策，完善大病保险政策，将参保人员使用18种特殊药品的医疗费用纳入保障范围，起付线2万元，对建档立卡的贫困人口不设起付线，为参保职工和居民分别报销60%、40%，年最高补偿20万元。大病保险累计为1.8万名参保人员报销医疗费1.2亿元，有效解决患重大疾病人员因病致困、因病返贫的问题。

医疗费用结算。优化完善“总额预付与病种付费相结合”的住院医疗费用结算办法，对定点医疗机构总额预付指标和定额结算病种费用实行总量控制和动态监测。将精神分裂症、双相情感障碍等6种重症精神类疾病纳入基本医保定额结算病种范围，参保职工全免费、参保居民报销80%；基本医保定额结算病种数达到137个，为10.3万人次报销医疗费7.02亿元，大幅降低群众的就医经济负担。将干燥综合症、骨关节炎、儿童和青少年注意缺陷多动障碍纳入基本医保门诊慢性病病种范围，目前居民医保和职工医保门诊慢性病病种分别达到77种、76种。全面启动跨省异地就医直接结算工作，34家医院接入结算平台，数量占比全省最高，实现直接结算531人次，报销医疗费717.5万元，有效减轻垫资压力和线下报销事务性负担。深化医保支付方式改革，对紧密型医联体实行打包付费方式，切实减轻参保患者就医负担。

工伤保险。工伤保险参保72万人，基金收入3.8亿元，为6342名工伤职工和1063名供养亲属发放工伤保险待遇3.04亿元。深入推进建筑业参加工伤保险工作，全面落实建筑业“同舟计划”方案，提高建筑业工伤保险参保率。会同市卫生和计划生育委员会、总工会、企业联合会联合印发《关于调整威海市劳动能力鉴定委员会成员的通知》，重新调整市劳动能力鉴定委员会组成人员。连续第13次为1—4级工伤职工调增伤残津贴、生活护理费和工亡职工供养亲属抚恤金，为6342名工伤职工和1063名供养亲属发放工伤保险待遇3.04亿元。进一步加强和规范工伤康复管理，积极推行早期介入政策，组织286名工伤职工参加工伤康复筛选，为116名工伤职工进行工伤康复。认定工伤案件4890起、工伤鉴定3043人、病退鉴定986人，满意率均达100%。

失业保险。失业保险参保57.7万人，基金收入3.43亿元，失业保险金发放标准提高到1080元，为2.5万名失业人员发放失业保险金及缴纳医疗保险费4.1亿元。做好失业保险稳岗补贴发放和扩大支出试点工作，为符合条件的824户化解产能严重落后、节能减排、兼并重组等五类企业和其他类企业发放稳岗补贴共计2801万元。在连续执行失业保险缴费费率下调50%政策基础上，进一步将企业缴纳失业保险费率由1%降为0.7%，为企业减负4.3亿元。

生育保险。作为全省唯一、全国12个试点城市之一，7月1日正式启动生育保险和职工基本医疗保险合并实施国家试点工作，以威海市政府名义印发《威海市生育保险和职工基本医疗保险合并实施试点方案》，制定配套政策，统一参保登记、基金征缴管理、医疗服务管理、经办和信息服务，建立两险一体化管理制度体系和运行机制，降低生育待遇享受门槛，有效提升管理效能，增强基金支付能力。

社会保险基金监督。开展城乡居民养老保险经办机构内部控制专项检查、养老保险重点指标专项核查，切实维护城乡居民养老保险基金的规范安全。开展大病保险承办商业保险机构选定工作，确定中国人寿保险股份有限公司威海分公司为2017—2019年度职工和居民大病保险业务承办商业保险机构。积极应用社会保险基金监管系统，开展网络监督工作，严肃查处各类违法违规行为。积极推进对2015年医疗保险基金审计和企业职工退休审核审批发现问题进行整改，配合审计部门、省人力资源社会保障厅采集相关电子数据，协调处理乳山破产企业滞纳金问题。开展基金监管工作人员基金监管系统应用培训，组织参加人力资源社会保障部、省人力资源社会保障厅的业务培训班，切实提高基金监督人员的业务工作水平。

【人才队伍建设】 **举办国际英才创新创业大会**。围绕服务新旧动能转换重大工程，不断完善“国际英才创新创业大会”招才引智长效机制。建设启用“英创会”网络宣传平台，开辟创新创业环境展示、网上项目对接、活动公告、参会报名等版块，方便参会人才了解活动详情；组织开展人才技术项目需求征集活动，征集高层次人才需求237个、技术项目需求172个、创业项目需求20个，形成《威海市高层次人才技术项目需求信息手册》，通过国际人才交流大会、国家“千人计划”窗口、海内外引才工作站和“人才威海”公众号、“英创会”官方网站等向全球进行发布宣传；组成人才交流代表团，分赴乌克兰、俄罗斯、韩国、日本等国举办20场人才创新创业环境推介和项目大赛等活动，进一步提升“英创会”的影响力和知名度。在此基础上，将“英创会”引才活动贯穿全年，按照集中与分散办会相结合的方式，分批举办“海外博士（日本）威海行”“千人计划专家走进威海”“中德人才技术交流对接”“乌克兰专家威海行”“国际医疗健康产业发展合作洽谈会”等18场分会场活动；9月，集中举办包括国家“千人计划”专家下基层、海外赤子为国服务行动计划、创业导师走进留创园等12项活动在内的主会场活动。通过“英创会”，吸引来自20多个国家18名院士在内的180多名海内外高端人才、20个国内外引才组织与企业签约合作项目177个，极大拓展威海在海内外的影响力。

人才管理和服务。加强与国际引才组织合作，强化引才工作站管理，新增海外引才工作站1家，总数达到8家。承办“全国留学人员回国创业高级研修班”“全国灰霾天气防控和干预高级研修班”“全省引进高层次高技能人才服务窗口能力建设培训班”“国家‘千人计划’专家联谊会工程与材料专委会2017年会”等活动，促进与会专家和企业对接。落实“威海英才计划”及其配套文件，开展2017年度“重点产业紧缺人才引进计划”“企业博士聚集计划”的评价认定工作，12人入选“重点产业紧缺人才引进计划”，8入选“企业博士聚集计划”。成功推荐三角轮胎“轮胎性能测试评价及预测分析技术研究”等6个项目入选2017年度山东半岛蓝色经济区人才发展项目，获扶持资金60万元。服务留学人员创业，认定留学人员创业企业15家，发放一次性创业资助290万元；推荐威海索尔生物科技有限公司入选人力资源社会保障部“2017年度最具成长潜力的留学人员创业企业”、4家优秀留学人员企业入选山东省“留学人员来鲁创业启动支持计划”、4名回国创业留学人员获省“泰山产业领军人才工程科技创业类（海外）”称号；推荐市果树茶叶工作站“现代苹果产业转型升级发展高级研修项目”和山东农友软件有限公司“经济新常态与军民融合深度发展”获批省高级研修班。完善高层次人才服务绿色通道服务，印发配套文件，为引进人才提供交通出行和森林公园、体育场馆免费开放等多项服务。联合组织部门举办威海双招双引高级研修班，提升人才工作者队伍素质。

专业技术人才队伍建设。深化职称制度改革，面向区市、相关行业主管部门设立相应评审机构承办职称评审、确认工作，梳理完善职称评审工作政策体系，提升评审科学化、规范化水平，组织申报职称评审2576人。深入开展专业技术人员知识更新工程，推动开展继续教育培训项目备案管理，开展专业技术人员知识更新培训6.5万人次。深化人才发展体制机制改革，参与研究制定《关于深化人才发展体制机制改革的实施意见》。协调人力资源社会保障部国家“千人计划”专家下基层、中国博士后科技服务团等活动落户威海市，23名国家“千人计划”专家、16名知名高校博士后为重点产业领域集中破解一批技术和发展难题。落实联系服务专家制度，组织泰山产业领军人才、省市突贡专家等市级以上专家开展休假疗养和健康查体工作。推进“一区一园一策”工程，启动首家博士创新创业孵化基地建设。加强博士后工作站建设和博士后引进，完善博士后工作激励和管理机制，指导34家设站单位规范建立博士后人员相关配套制度；迪沙药业集团有限公司的抗高血压良药“坎地沙坦酯片”——迪之雅项目荣获“国家科技进步二等奖”，山东力久特种电机股份有限公司、威海华东数控股份有限公司分别获省博士后创新项目三等资助，威高集团有限公司、山东万图高分子材料股份有限公司等8个设站单位分别获市级博士后资金资助。

高技能人才队伍建设。印发《关于报送2016年度民办职业培训学校年度报告的通知》，进一步加强职业培训机构管理，优化职业培训机构发展环境，提升办学水平。推进企业设立技师工作站，新建市技师工作站1家，评选市示范技师工作站4家，威海市技术学院和威海市芸祥绣品有限公司获评齐鲁技能大师特色工作站。新增高技能人才8871人，高技能人才总量达9.6万人。积极开展职业技能鉴定2.8万人，推荐7人获齐鲁首席技师称号、3人获全国技术能手称号、1人获全国交通行业技术能手称号，选拔市技术能手19人，技能人才队伍日益壮大。

引进国外智力。组织实施市级引智重点项目38个，获批国家和省级引智项目6个，争取各级引智经费355万元。顺利完成外国人来华工作许可试点任务，办理外国人来华工作证件近1900件。推荐3名外国专家和1个外国专家团队入选山东省“外专双百计划”。推荐威海维特佳特种材料涂层有限公司西班牙专家罗蒙获得“齐鲁友谊奖”，并参加山东省外国专家建言会；授予30名俄罗斯、乌克兰院士专家为威海市“外国专家智库”特聘专家。加强引智成果示范推广基地建设，威海神山葡萄科技有限公司的“鲜食葡萄优新品种及栽培技术基地”获批省级引智成果示范推广基地，引智基地（单位）总数达到57个。

人力资源服务业。充分发挥市人力资源服务业协会在行业协作、行业自律方面作用，新成立人力资源服务机构27家，总数达到165家；新增市级诚信服务示范机构7家，市级人力资源服务产业园获批省级产业园。举办2017人力资源高峰论坛和省、市级从业人员培训，累计培训近千人次，推动行业服务提档升级。

【人事管理】 **公务员管理。**加强公务员考录工作，实行面试考官跨市交流、全程录音录像、人大代表和政协委员全程监督，招考录用公务员（含参照管理人员）313人。扎实抓好平时考核工作，认真执行上级规定，严格控制和规范评比达标表彰活动，共推荐省直部门与省人力资源社会保障厅联合表彰先进集体17个、先进个人24名；推荐省部级以上表彰的先进集体10个、先进个人4名。高标准完成2017年度公务员统计工作。联合威海市委组织部印发《关于进一步规范干部信息联络员队伍管理工作的通知》和《关于进一步规范管档人员队伍管理工作的通知》，深入推进档案工作的制度化、规范化建设和档案数字化准备工作，提高管档工作水平。

事业单位人事管理。严格按规程要求规范招聘程序、审核招聘计划，不断扩大用人单位用人自主权，探索分类面试考试方法，面试考官全部实现跨市交流，面试考场全程录音录像，考生全程封闭体检，首次设立残疾人和西藏籍定向岗位，共确定5名残疾人士为拟聘用人员，聘用事业单位工作人员2187人。科学核准岗位，为各区市及市属500多个事业单位调整核准岗位。加强对事业单位竞聘方案审核把关，规范完善事业单位竞聘上岗工作程序，为50多个市属事业单位审核竞聘工作方案，为2000多人办理岗位聘用备案核准。根据高校职称改革有关要求，指导威海职业学院完成职称改革后首次竞聘上岗工作。深入推进事业单位改革，会同市机构编制委员会办公室、市卫生和计划生育委员会等部门制定《威海市公立医院法人治理结构建设工作实施方案》，会同威海市科技局等部门制定《威海市科研院所法人治理结构建设工作实施方案》，会同市机构编制委员会办公室等部门印发《威海市属实行法人治理结构事业单位外部监事管理办法（试行）》，会同市卫生和计划生育委员会印发《关于在全市基层卫生计生服务机构增设基层卫生高级专业技术岗位的通知》，做好事业单位改革工作。

军转干部安置。加强军转安置、自主择业军转干部管理服务、企业军转干部解困和稳定工作，接收安置军转干部337名，其中选择计划安置141人、选择自主择业安置196人。加强军队转业干部教育培训，会同市委组织部对2016年安置的转业干部进行为期半个月的封闭培训，培训合格率100%。加强与自主择业军转干部群体的沟通联系，扎实做好政策解释宣传和待遇落实工作，为1000名自主择业军转干部按时兑现各种待遇。创新建立与企业军转干部代表每月定期沟通机制，企业军转干部解困政策100%兑现到人，上访量同比下降20%，总体保持稳定。

机关事业单位工资制度改革。会同市文明办、市直机关工委、市财政局规范市直机关事业单位精神文明奖发放办法。扎实开展法官、检察官和司法辅助人员工资制度改革，完成入额法官、检察官工资套改，建立员额法官、检察官和司法辅助人员绩效考核奖金制度。组织开展机关事业单位“吃空饷”问题回头看，建立健全防治“吃空饷”问题长效机制。全面落实县以下机关公务员职务与职级并行制度，为292名县以下机关公务员晋升职级并兑现职级待遇。深入推进事业单位绩效工资制度，建立中小学校长职级绩效工资调整机制，调整中小学班主任津贴、内地民族班办班学校绩效工资。

人事考试。投入资金90余万元，积极推进以安全指挥平台、标准化考点建设为核心的“智慧化人事考试”工作。通过自筹资金、合作共建等方式，完成3个考点100多个标准化考场建设任务。研发具有远程视频巡查功能的人事考试安全指挥平台，并实际应用到具体考试组织实施中。联合威海市经济和信息化委员会、教育、公安等6部门建立人事考试工作联席会议制度，累计协调使用考点39个、考场1300多个。共组织实施报名及资格审查30多项、3.8万人次，顺利完成14项、4万多人次的考试任务，连续9年实现“零事故，零差错，零投诉”。

【劳动关系协调和权益维护】 **劳动关系管理**。联合市总工会、市企业联合会/企业家协会、市工商业联合会印发《关于做好2017年和谐劳动关系创建工作的通知》，对创建工作标准和工作流程进行梳理和完善，扎实推进和谐劳动关系创建工作，推荐4家企业获评省劳动关系和谐企业，临港经济技术开发区获评省劳动关系和谐工业园区；评选市级劳动关系和谐单位195家。自6月1日起，将企业月最低工资标准提高到1810元、小时最低工资标准提高到18.1元。确定企业工资指导线，发布301个职位（工种）的人力资源市场工资指导价位，督促指导企业依据效益合理增加职工工资。做好企业工资收入分配“三项制度”备案工作，备案率达90%以上。开展企业薪酬调查工作，完成703家样本企业的薪酬调查任务。稳妥推进国有企业负责人薪酬制度改革工作，印发《关于公布2016年度市管企业负责人基本年薪基数的通知》，及时审核兑现市管企业负责人2016年度薪酬。

劳动保障监察。不断完善劳动保障监察机制，建立用人单位劳动保障守法诚信等级评价制度，创新实施网上书面审查+“双随机、一公开”相结合的工作机制，简化程序，加强事中事后监管。以打击海洋渔业“黑职介”为重点，加强部门联合执法检查和互联网信息监管，持续开展清理整顿人力资源市场秩序、农民工工资支付情况等专项整治行动，主动检查用人单位7788户次，书面审查用人单位5123户，受理举报投诉案件1669起，预警处置突发性群体案件26起，清退抵押金10.9万元，追讨工资待遇、征缴社会保险费3696.54万元，依法申请法院强制执行案件9起，移交公安机关涉嫌拒不支付劳动报酬犯罪案件6起，涉及金额108.5万元。进一步发挥劳动保障监察“两网化”调处劳动纠纷的作用，对63名专职监察员和323名兼职监察员、协管员进行全面培训，网上年审用人单位5762户，采集和录入用人单位信息2.9万户，涉及劳动者62.2万人，协调解决一般性劳资纠纷1261起，及时上报群体性突发事件7起，维护劳动者合法权益。

劳动人事争议处理。开展基层调解网络建设，建立小微企业调解委员会，健全大中型企业劳调会，加强与基层调解中心等专业性调解组织密切协作，充分发挥区域行业性调解组织作用，完善劳动争议协商解决机制，推进专业化调解规范化建设，基层调解组织调解纠纷1052起，调成率达62%以上，挽回损失2592.74万元。健全人民调解、仲裁调解、司法调解“三调联动”工作机制，加大人民调解力度，35%的争议实现案前化解。加强调裁审衔接，构建协商、调解、仲裁“一站式”服务体系，简化办案流程，推行庭前证据交换，提高一裁终局率，立案受理劳动人事争议案件2059起，当期审结2061起（含上年度未结案件2起），仲裁结案率达99%，调撤率达65%，为企业和职工挽回经济损失8256.85万元。

【信访咨询】 接待群众来信来访1113件，涉及群众1560余人次，其中办理群众来信81件，接待群众来访740起，到市信访部门协助接访7次。

行风热线。参加“行风热线”节目6次，解答和处理群众反映问题67件，回复和处理网上行风热线群众反映的各类问题220件。

12333咨询。接听群众来电7.2万个，办理市长公开电话转办件1008件，均较去年增加30%；办理市长信箱信件591件，局长信箱信件419件，政府网“有问有答”留言174件；回复局网站、政务微博留言480条。

【“标准化、信息化、一体化”建设】 按照省人力资源社会保障厅关于推进公共服务“标准化、信息化、一体化”建设要求，不断完善一体化信息便民服务机制，打造“柜台+网络+自助+手机”线上线下相结合的“5A”服务模式。探索在县级以上经办机构推行“综合柜员制”，进一步完善同城“通收通办”机制，变“多头受理”为“一口受理”，变“群众来回跑”为“部门协同办”，方便群众就近、快速办理业务。推行社保业务快速办结制度，将面向社会提供的131个服务项目全部纳入快速办结范围，其中即时办结112项，即时办结率85%以上，办事效率大幅提升。优化线上服务体系，积极推广手机APP，下载用户超过17万人；按照市政府要求，配合相关部门将人力资源社会保障自助服务终端升级为全市智慧民生“一端通”平台，整合聚集公安、民政、气象等部门的民生服务事项，已上线运行。办理社保业务1173.1万笔，其中，线上渠道办理量超过87%，服务效率显著提升，让职工群众不托关系不找人也能好办事、快办事、办成事，不添堵。威海市在全省人社信息化创新应用展中获评一等奖，先后有上海、天津、吉林、深圳等80个省市人力资源社会保障部门900多人次前来学习复制改革经验。

【法治人社建设】 **制度建设**。贯彻落实《威海市法治政府建设实施纲要（2016—2020）》，制定印发重大行政执法案件法制审核、行政执法信息公示、行政执法全过程记录、公平竞争审查等文件，“法治人社”建设制度体系进一步健全。

行政执法监督。召开全市人力资源社会保障系统行政应诉和法治建设工作会议，总结2016年行政应诉工作情况，分析人力资源社会保障系统应诉案件特点，部署工作开展。加大合法性审核力度，审核重大行政处罚决定6件、规范性文件及涉法性文件8件、合同60多份，集中梳理规范性文件80件。发挥政府法律顾问作用，扎实做好行政复议和行政应诉工作，牵头办理行政复议、应诉案件19件。完成执法人员执法证件年度审验和新申领工作，开展行政处罚、行政许可、工伤认定、劳动能力鉴定等行政执法案卷抽样自查工作，组织参加省市典型案例分析研讨、行政应诉庭审观摩等执法培训18次，全系统依法行政能力进一步提升。

普法宣传。开展“人社系统干部职工联系服务企业”“百家企业大走访”活动，由市人力资源社会保障局领导带队组成25个调研小组，分赴101家规模以上企业走访调研、了解企业需求，宣传各项扶持企业发展的政策法规，有针对性地帮助解决困难和问题。梳理涉企服务政策事项47个，编印《人社服务事项》小册子，以“春节慰问信”的方式邮寄到1.6万家企业手中，畅通联系服务企业通道。举办威海市“工行杯”社保卡电视知识竞赛，并选拔1支竞赛队、1个文艺节目参加“全省社保卡知识竞赛”决赛活动，获二等奖。集中开展“普法宣传月”“扶贫攻坚专项法治宣传”等活动，首次实现省、市、县三级联动普法，先后走进山大（威海）、哈工大（威海）、山东交通学院（威海）等10余所高校（技校）举办公益讲座18场，宣传讲解与就业创业、劳动维权方面的政策和法律知识，并为在校大学生提供创业指导、创业培训、项目推介等服务，受益师生达7000人；利用“扶贫日”，到文登区张家产镇岚村等6个贫困村，开展扶贫政策宣传“直通车下乡”活动，向群众发放扶贫宣传手册2000多本，解答疑难问题70多个。组建新媒体工作室，5月份正式运营，主要承担“威海人社发布”“人才威海”两个微信公众号和威海电视台《直通人社》电视专栏的信息采编与发布工作，第一时间宣传人力资源社会保障政策法规、工作动态、惠民措施及便民服务事项等，“威海人社发布”微信公众号关注人数已超过11万人，在全市政务微信WCI(传播指数）排名中位列市级部门单位第1名，宣传成效和社会影响力得到明显提升。

【行政审批】 全面推行网上审批深度办理，8个行政许可事项全部实现“零跑腿”网上办理；承接省下放“辖区内外国人来华工作许可”事项，办结境外工作许可通知89件，境内工作许可202件，注销44件，延期565件；将“人力资源服务许可”“经营劳务派遣许可”事项下放至环翠区人力资源和社会保障局；深入推进人力资源服务业发展，审批人力资源服务许可22件、经营劳务派遣许可（备案）29件，注销5家机构的《劳务派遣经营许可证》；审批设立民办职业培训机构6家、终止民办职业培训机构2家；加强对集体合同的审查备案工作，审理备案集体合同、工资集体协商专项合同、安全卫生专项合同、女职工专项合同70家；完成58家企业特殊工时工作审查，新批准台港澳就业2人次。

（威海市人力资源和社会保障局）

日照市

2017年，日照市人力资源和社会保障系统围绕中心、服务大局，改革创新、开拓进取，圆满完成年初确定的目标任务，各项工作取得长足进展。

【就业服务】 **就业目标任务**。城镇新增就业4.14万人，同比增加6.73%，完成省计划的143.86%。城镇登记失业率2.16%，低于控制目标1.34个百分点。城镇失业人员实现再就业8506人，同比增加10.61%，完成全年计划的154.65%；就业困难人员再就业1949人，同比减少12.17%，完成全年计划的177.18%，发放创业担保贷款4.2亿元，带动创业就业1.63万人；拨付就业创业补贴1.35亿元，惠及4.01万人。实施职业技能培训1.58万人，其中创业培训3818人。

就业政策扶持。不断完善就业创业政策，以市政府名义印发《关于进一步做好当前和今后一个时期就业创业工作的意见》，与市财政局联合印发《就业补助资金管理实施办法》《创业带动就业扶持资金管理实施办法》等政策文件，加大政策宣传、督促检查、绩效评估力度，推动政策落地见效。拨付各类就业创业补贴1.35亿元。明确资金审批拨付流程及责任事项，按照业务、财务两条主线，理顺资金审核拨付流程，确保各项资金规范安全使用。

创业带动就业。大力促进创业带动就业，进一步完善公共就业创业服务体系，优化创业环境，积极开展省级创业型城市、街道（乡镇），市级创业型乡镇（街道）、社区创建活动。统筹推进市、区县、镇街创业服务平台建设。持续加大创业担保贷款放贷力度，促进创业带动就业。全面加强职业技能培训，把解决就业结构性矛盾摆在突出位置，改革就业培训机制，加大培训投入，推动劳动者终身职业培训体系建设。继续开展“创业训练营”活动，探索开展网络创业培训，强化培训师资队伍建设和实训基地建设，全面提升劳动者就业创业能力。开展首届“十大返乡创业农民工”评选活动，举办首届“创业示范平台”发展高峰论坛，营造良好创业氛围。新建乡镇创业孵化基地8处，评选认定9家市级创业及创业示范平台，2家单位获评省级创业示范平台。

公共就业服务。为861家企业发放稳岗补贴2719万元，稳定岗位12.45万人。举办招聘会49场，提供就业岗位5.07万个。创新开发互助养老公益扶贫岗位，推行贫困人口结对帮扶，同步解决“脱贫”和“解困”两个难题。建档立卡贫困人口全部参加居民保险；设立扶贫车间79处，转移就业1.08万人。实施就业再就业培训1.58万人次，同比减少45.34%，完成全年计划的112.73%。其中就业技能培训1.2万人，同比减少49.75%，完成全年计划的113.94%；创业培训3818人，同比减少24.63%，完成全年计划的109.09%。

高校毕业生就业。接收日照生源高校毕业生1.09万人，高校毕业生总体就业率97.15%，高于全省平均水平2.8个百分点。实名登记离校未就业高校毕业生2582人，就业服务率为99.34%，高于去年0.1个百分点；培训有创业意愿的大学生2158人，完成年度目标任务的107.9%；引导扶持1505名大学生实现自主创业，完成年度目标任务的125.42%。开展首届“大学生十大创业之星”评选活动。印发《关于进一步引导和鼓励高校毕业生到基层工作的实施意见》，进一步完善引导和鼓励高校毕业生到基层工作的具体政策和措施。

【社会保障】 完成全民参保登记任务，社会保险覆盖面持续扩大。城镇职工养老、医疗、失业、工伤、生育保险参保分别达到50.69万人、40.61万人、27.72万人、37.49万人、30.65万人；居民养老、医疗保险分别参保138.91万人、230.18万人。各项社会保险基金征缴收入87.68亿元，支出90.68亿元。居民医疗保险净增10.49万人。

企业职工养老保险。企业养老保险参保职工人数4.39万人，同比净增5893人，完成全年净增计划的107.15%，其中被征地农民参加企业养老保险3.87万人。基金征缴收入32.69亿元，完成全年计划的106.01%，发放离退休金35.5亿万元，期末基金累计结余101.9亿万元。

机关事业单位养老保险。机关事业单位养老保险参保职工人数6.8万人，同比增加2121人。基金征缴收入14.03亿元，完成全年计划的118.34%，发放离退休金14.59亿元，期末基金累计结余4.37亿元。同步调整提高企业、机关事业单位退休人员待遇，月人均增加143元，高于全省平均水平2.25个百分点。

城乡居民养老保险。居民基本养老保险参保人数138.9万人，同比减少1642人。其中60周岁以上领取人数达44.36万人，基础养老金按时足额发放率100%。基金征缴收入7.9亿元，发放养老保险金5.7亿元，期末基金累计结余18.7亿元。积极推进居民基本养老、医疗保险费合作金融机构联网统一征缴工作，开展欺诈冒领居民养老保险金专项清查活动。

医疗保险。基本医疗保险参保人数270.78万人。城镇职工基本医疗保险参保人数40.61万人，同比增加1.85万人，完成全年净增计划的157.46%，基金征缴收入16.66亿元，完成全年计划的112.9%，支出14.61亿元，期末基金累计结余17.45亿元。居民基本医疗保险参保230.18万人，完成全年计划的100.66%，基金征缴收入13.01亿元，支出14.19亿元，期末基金累计结余6.16亿元。实现跨省异地就医结算。将18种抗癌新药纳入大病保险支付范围。完善长期护理保险制度，保障失能人员长期护理需求。

失业保险。参加失业保险人数27.72万人，同比增加6318人，完成全年净增计划的103.51%。基金征缴收入1.13亿元，完成全年计划的116.49%，支出1.53亿元，发放失业保险金4773万元，期末基金累计结余4.64亿元。11月起调整失业保险金标准，由每人每月950元提高到1030元，增幅8.42%。100家企业参加失业动态监测，覆盖就业总人数8.16万个，约占城镇企业职工人数的20%。

工伤保险。参加工伤保险人数37.49万人，同比净增6100人，完成全年净增计划的141.86%。基金征缴收入1.43亿元，完成全年计划的131.55%，支出6844万元，期末基金累计结余3.62亿元。工伤保险“同舟计划”目标全面实现，建筑业按项目参保率达100%。调整一至四级工伤职工伤残待遇。

生育保险。参加生育保险职工人数30.65万人，同比净增6950人，完成全年净增计划的104.4%。基金征缴收入8219万元，完成全年计划的155.99%，支出1.45亿元，期末基金累计结余3266万元。

【人才队伍建设】 **高层次人才队伍建设**。落实“突破园区、聚力招引”部署，全方位开展人才招引，新招引高层次创业人才（团队）33个、创新团队68个、创新人才582人，其中国家千人计划专家16人、万人计划专家3人、长江学者8人、享受国务院特殊津贴专家28人、泰山学者及泰山产业领军人才14人。印发《日照市市级人才公寓管理办法（试行）》，推进实施“人才安居工程”，市级人才公寓一期105套已投入使用，各区县建成人才公寓400套。做好引进人才的待遇兑现工作，对经认定的创新创业团队和人才发放扶持资金6205万元。享受国务院特殊津贴专家和省有突出贡献的中青年专家分别达26人、13人。113人进入人才创新发展院管理。

专业技术人才队伍建设。专业技术人才总量为20.19万人，高级职称1.34万人、中级职称5.87万人、初级职称及以下12.97万人。开展继续教育公需科目培训，培训专业技术人员4万余人。认定专业技术人才知识更新工程重点培训项目5个。深化职称制度改革，科学调整标准条件和申报比例，缓解评聘矛盾，优化专业技术人员队伍结构，共评审选拔各类专业技术人员2120人。

高技能人才队伍建设。新增高技能人才5042人，培训“金蓝领”2052人。新增“齐鲁首席技师”6名、“山东省技术能手”5名、“日照市技术能手”50名。12家单位被确定为省、市技师工作站。实施高技能人才技能提升政策，对技师、高级技师分别给予2500元、3000元奖励。技能选手邓欣获“2017年中国国际技能大赛”车身修理赛项冠军，实现山东省参赛金牌零的突破。日照技师学院获评国家级高技能人才培训基地、世界技能大赛省级集训基地。举办第三届“技能之星”职业技能大赛，4万余名职工参加活动。首次举办“技能之星”摄影展。职业技能鉴定3万人次、发放证书2.7万人次。组织职业技能鉴定3.04万人次，发放职业资格证书2.74万人次。

国内外人才智力引进。新获批国家、省引智项目14项，新增省级引进国外智力示范成果推广基地2处。德国专家孔纳德博士荣获中国政府“友谊奖”，是山东省2017年唯一获得该奖项的专家。德国专家克拉森教授荣获省政府“齐鲁友谊奖”。古巴专家卡洛斯博士入选省“外专双百计划”。为27个国家和地区的外籍人才办理来华许可410人次。组织参加中国国际人才交流大会、日照之约·硅谷高端人才交流合作推介会、名校系列招聘等活动26次，达成合作（就业）意向774人（项）。

【人事制度改革】 **公务员管理**。按照公开、公平、公正的原则，招录公务员275名。拓宽基层公务员考录渠道，学历层次为“大专及以上”的职位全部允许高级技工学校高级班毕业生报考。2016年市直年度考核共为2800余名行政机关公务员（含参照管理的事业单位工作人员）进行备案，其中优秀等次467人。组织向国家、省有关部门评选推荐先进15次，共推荐先进集体33个、先进个人43名。积极选派公务员参加省和国家组织的各类培训，先后13次选派42人参加省和国家组织的各类培训，其中赴德国、赴韩国培训各1人。举办2017年市直机关新录用公务员初任培训班，确保初任培训率达到100%。

事业单位人事管理。市直事业单位综合类初级专业技术及管理岗位面向社会公开招聘83个岗位，涉及32个部门、51个事业单位，网上报名5769人，审核通过4777人，网上缴费4071人，进入面试人员225人，拟录用人员77人。积极开展高层次人才引进活动，会同市教育局、市卫生和计划生育委员会、市水利局等13个部门（单位）赴西南大学、重庆大学等重点高校组织开展校园招聘活动，共引进博士研究生10人，硕士研究生163人。积极推进卫生和教育公开招聘工作。组织日照市人民医院等六家公立医院公开招聘专业技术岗位435个。会同市委组织部组织开展面向重点院校优秀毕业生引进人才“专项计划”，拟聘用人员21人。

军转安置。组织开展军转干部专业培训，搭建自主择业军转干部信息管理平台，阳光安置计划分配军转干部77名。建立自主择业军转干部管理信息平台，实现五级联网。及时落实各项补贴，累计申请并发放地方补贴353万元。

人事考试。组织实施人事考试13批次、3.24万人次，考务工作保持零事故、零差错。

【收入分配制度改革】 *机关事业单位工资管理*。在省级以上园区全面推开园区职员制和薪酬制改革，逐步建立更加灵活有效的激励约束机制。按照统一部署，积极做好机关事业单位体制改革及机构调整中的人员划转和分流安置工作。员额法官、检察官工资制度改革任务全面完成。事业单位绩效工资制度改革稳步推进。建立机关事业单位防治“吃空饷”问题长效机制，开展“吃空饷”回头看活动，追缴违法资金29.15万元。

企业工资管理。积极推进国有企业负责人薪酬制度改革，认定2016年度市属国有企业负责人基本年薪基数、2017年度基本年薪预发标准。调整最低工资标准和企业工资指导线，月最低工资标准由1550元调整为1640元，增长5.8%。以市政府名义印发2017年企业工资指导线，规定基准线为7.5%，上线为12%，下线为3%。发布2016年度人力资源市场部分职位（工种）工资价位和企业人工成本信息。

【劳动关系协调和权益维护】 *劳动关系协调*。会同市总工会、经济和信息化委员会、工商联印发《关于开展创建劳动关系和谐企业、工业园区活动的通知》，联合召开深入开展创建劳动关系和谐企业和谐工业园区活动动员会议，确保创建活动扎实推进，推荐三家企业为省级劳动关系和谐企业。完善协调劳动关系三方机制，调整市协调劳动关系三方会议组成人员。企业职工与企业签订劳动合同11.2万次，规模以上企业劳动合同签订率99%，审查备案集体合同153份，涉及职工7.65万人。

劳动人事争议调解仲裁。处理劳动人事争议案件2801件，同比增加44.1%；受理案件涉及劳动者2965人，同比增加38.2%；当期审结案件数2801件，其中以调解方式结案1988件，裁决方式结案813件，案件调解率71.0%，按期结案率100%。审结案件的涉案金额约5934万元。处理劳动人事争议案件413件，同比增加9.8%；案件涉及劳动者501人，同比增加13.1%；当期审结案件413件，其中以调解方式结案275起，裁决方式结案138起，调解结案率66.6%，按期结案率100%。审结案件涉案金额约1015万元。

劳动保障监察执法。各级劳动保障监察机构主动检查用人单位4504户次，涉及职工22.86万人次；年度书面审查用人单位1767户，涉及劳动者16.16万人；督促用人单位与872名劳动者补签劳动合同；责令用人单位为1.69万名劳动者补发工资等待遇4907万元，为2939名劳动者补缴各项社会保险费1422.38万元；接待受理及各渠道转办劳动者反映事项2580余件次，已经立案查处劳动者投诉、举报等案件达1673件；参与处理涉及劳动者权益的重大群体性事件11起，涉及劳动者710人。

【信息化建设】 *社保卡持卡人数达到190.1万张*。挂失补办社保卡4631张，因参保关系变动注销社保卡7387张。举行“农行杯”山东省社会保障卡知识竞赛日照赛区选拔赛，并选拔代表参加全省社会保障卡知识竞赛。启动人力资源社会保障公共服务“标准化、信息化、一体化”建设，对833项社保业务流程进行优化再造。

【自身建设】 在全系统开展“能力提升和作风建设年”活动，深入企事业单位、区县、乡镇走访调研，向服务对象征求问题建议100余项，并逐条建立台账进行整改。敢于揭短亮丑，首次聘请社会监督员参与人力资源社会保障工作监督。启动“放管服”改革试点，推出30项改革服务举措，下放权限，提高效能。开展走上去、走出去、走下去“三走”活动，解放思想，对标创标。制定系列工作规则和制度，增加门诊特病集中鉴定次数，压缩门诊特病即时病种、社保卡、退休核准办理时限，提高工伤认定、劳动能力鉴定办理时效，简化参保患者转院流程，解决生育并发症医疗费用报销问题。制定人力资源社会保障“十三五”规划纲要和“七五”普法规划，以规划引领事业发展。落实行政机关负责人出庭应诉制度，新制定规范性文件5件。新闻宣传、机关党建、12333和服务窗口建设、基层基础建设、信访维稳、督查内控等工作也取得良好成绩。

（日照市人力资源和社会保障局）

莱芜市

2017 年，莱芜市人力资源和社会保障系统以服务发展、保障民生为工作主线，着力促改革、补短板、兜底线、防风险，推动人力资源社会保障事业在更高水平上加快转型发展。

【就业工作】 实现新增城镇就业 1.67 万人，农村劳动力转移就业 2.38 万人；城镇登记失业率 2.6%；开展职业技能培训 1.21 万人；扶持自主创业 5600 人。

就业创业政策落实。制定印发《莱芜市创业带动就业扶持资金管理暂行办法》，进一步明确规范扶持创业的政策项目和资金使用流程。认真落实援企稳岗政策，对采取有效措施不裁员、少裁员，稳定就业岗位的企业给予稳岗补贴，为 182 家企业落实稳岗补贴 2462.12 万元。制定技能提升补贴政策和家政服务业从业人员意外伤害保险补贴政策。有针对性的向政策享受群体精准宣传，提高政策知晓、普惠度。积极开展“春风行动”、高校毕业生就业服务月等专场招聘活动，累计提供就业岗位 5.6 万个。

重点群体就业。高校毕业生登记就业服务率达到 97.6%。开展高校毕业生就业专场招聘会 15 场次，提供 3400 余个就业岗位。招募 2017 年度“三支一扶”人员 26 名，制定政策对服务期满考核合格的“三支一扶”人员在基层进行政策性安置，进一步激发高校毕业生服务基层积极性。积极开发公益性岗位对退役人员、就业困难人员进行专项安置，安置退役士兵 783 名，安置就业困难人员 271 名。

就业精准扶贫。制定印发《莱芜市人力资源和社会保障精准扶贫 2017 年工作要点》《关于进一步加大就业扶贫力度的通知》《莱芜市扶贫车间奖补资金管理暂行办法》等文件，组织召开人力资源社会保障系统精准扶贫工作推进会，对贫困人口重新进行建档立卡。综合实施转移就业扶贫、助推创业扶贫、精准培训扶贫、人才支撑扶贫、全民参保扶贫五大扶贫系列行动，依托扶贫点吸纳贫困人员就业 650 人；培训农村贫困人员 793 人。

创业服务载体建设。新认定 2 家市级创业孵化示范基地并给予资金奖补。莱芜创业大学被评估为省级示范创业大学。积极参加全国创业就业服务展示交流活动，有 16 个项目获奖，市人力资源社会保障局获得突出贡献奖。钢城区、凤城街道办、雪野旅游区入选全省创业型城市（县区）和创业型街道（乡镇）公示名单。牵头组织开展“大众创业万众创新奖”评选活动，评选出 16 个获奖项目。

公共就业服务。先后组织举办“就业援助月”“春风行动”“女性就业专场招聘会”、民营企业招聘会、高校毕业生就业服务月等专场招聘会，累计提供就业岗位 5.6 万个。

军转干部安置。按照考试、考核相结合的办法，24 名军转干部进行公开选岗，安置到公务员或者参照公务员管理岗位的比例首次达到 100%。建成新的自主择业军转干部管理服务平台，对自主择业军转干部基本退役金、年定期增资和生活补贴标准进行调整，人均增资 377.5 元，自主择业军转干部管理服务工作规范有序。

【社会保障工作】 **城乡居民养老保险**。以全民参保登记为契机，鼓励未参保人员参保，城乡居民养老保险参保人数达到 50.23 万人，参保率达到 99.4%。居民养老保险基础养老金标准达到每人每月 105 元，高于全省平均水平，待遇领取人数达到 16.64 万人。在被征地农民养老保险方面，被征地农民社会保障资金已落实到社保专户 5.38 亿元，占资金总额的 98.2%；已落实到个人账户 2.9 亿元，落实 17.1 万人次。

企业职工养老保险。全面推进全民参保登记，城镇职工养老参保人数分别达27.43万人，基金征缴18.3亿元。按时完成12.59万名企业退休人员养老金“十三连调”，月人均增加养老金140元。对本地居住离退休人员通过与殡仪馆死亡人员、医保重病、高龄人员信息比对、换发银行卡、存折等方式开展领取资格认证，对异地居住人员通过网上异地认证系统进行认证，认证10.87万人。积极做好跨省、市基本养老保险关系转移接续工作，转移接续2487人次，其中转入1017人，转出1470人。

机关事业单位养老保险。机关事业养老保险参保人数达2.94万人，基金征缴额达到5.5亿元。调整机关事业单位退休人员养老金，机关事业退休人员与退休前职务挂钩，月人均增加养老金255元。积极推进机关事业养老保险制度改革，对改革前机关养老保险个人缴费部分进行全面清算，为下一步清退工作奠定基础。积极推动非营利性民办学校教师养老保险与公办学校教师同等待遇试点工作，符合政策的23名聘用骨干教师已实现正常缴费。

城镇基本医疗保险。城镇职工医疗保险参保人数达27.73万人，基金征缴额6.66亿元。居民医疗保险参保人数达92.65万人。进一步深化医疗保险支付方式改革，以总额控制为主，按病种付费、按床日付费、按项目定额付费相结合的医疗保险支付方式有序推进。进一步提高居民医疗保险住院报销比例和慢性病门诊补助比例。将贫困人口全部纳入居民养老、医疗保险体系，做到一人不漏、应保尽保。联合财政等五部门印发关于社保精准扶贫的意见，规定建档立卡贫困人口参加居民医保的个人缴费全部由财政负担，大病保险起付线减半，各分段报销比例相应提高5个百分点，封顶线提高到50万元。在做好省内异地就医人员联网结算服务的同时，实现全国异地联网结算，联网医院达8499家。

工伤保险。工伤保险参保人数达26.85万人，基金征缴额达0.72亿元。提高一至四级工伤人员伤残津贴、生活护理费和供养亲属抚恤金标准。严格执行政策和相关程序，认真做好退休审批和工伤认定、劳动能力鉴定工作，依法审批退休5203人，认定工伤644起，为381人进行劳动能力鉴定。积极推进建筑施工企业参加工伤保险工作，新开工项目和在建项目参保率达到100%。

生育保险。生育保险参保人数达19.23万人，基金征缴额达0.35亿元。严格落实《关于完善生育保险政策有关问题的通知》，及时督促单位参保缴费，按时足额兑付职工生育保险待遇。

失业保险。企业职工参加失业保险人数19.22万人，征缴企业失业保险金5320万元。认真贯彻落实《关于做好新形势下失业保险支持企业稳定岗位工作的通知》，对采取有效措施不裁员、少裁员，稳定就业岗位的企业，由失业保险基金给予稳岗补贴，为182家企业落实稳岗补贴2462.12万元。

社会保险经办和基金监督。加强社会保险费稽核征缴，加强内控管理，切实收好、管好、用好各项基金。进一步整合经办资源，“莱芜人社APP”成功上线，实现政策推送，信息查询等功能，点击率快速攀升。社会保障卡发行系统、12333电话咨询服务等信息系统不断完善，超额完成社保卡发卡任务，莱芜市人民医院“社保卡就医一卡通”试点取得圆满成功。

【人才队伍建设】 **高层次人才队伍建设**。深入实施5158人才聚集工程，重点引进一批“千人计划”专家、泰山学者等高层次人才，促进与企业的深入合作，有效支持企业发展。积极开展重点企业人才需求征集等活动，有针对性的开展“长春站”名校直通车活动，与济南联合赴西北、东北、北京地区6所国家重点高校进行人才引进活动，引进各类急需人才374名。

专业技术人才队伍建设。做好享受国务院颁发政府特殊津贴人员推荐选拔工作，享受国务院颁发政府特殊津贴人员达到16人。深入推进专业技术人员继续教育培训，对2万余名专业技术人员进行公需科目培训。积极开展专家服务基层、高层次研修等活动，专家服务发展的作用进一步发挥。

高技能人才队伍建设。积极实施技师培训项目，对902名企业技能人才进行技师培训。做好省、市首席技师、有突出贡献技师推荐和评选工作。新增齐鲁技能大师特色工作站1处，新增齐鲁首席技师3人，新增莱芜市首席技师、有突出贡献技师17人。成功举办第十届职业技能大赛，52家企业640余名选手参加29个工种的决赛，促进优秀技能人才脱颖而出。严格职业资格证书审核、验印、登记等制度，核发职业资格证书8155本。

国内外人才智力引进。强化引智政策宣传，主动服务企业，有效推动用人单位借助海外智力发展，促成威马泵业、泰钢集团、农科院等多家单位和美国、韩国等外国高端专家进行实质性合作。积极申报实施省重点引智项目和外国专家项目，获批各类省级引智示范项目4个，获得省级资助60万元。新增“齐鲁友谊奖”专家1人。

【人事制度改革】 **公务员管理**。完成76名公务员（参照管理人员）考录工作。认真抓好公务员教育培训工作，认真执行各项教育培训计划。按照省人力资源社会保障厅要求，开展公务员平时考核试点工作。抽调80名学员参加莱芜市委党校两期科级干部任职进修班，会同市委组织部完成6个班次的学员调训任务，会同莱芜市服务业办成功申报2017年度“服务业千人培训工程”人才专题培训项目，取得明显效果。积极抓好干部任免、交流轮岗、政府表彰等工作。

事业单位人事管理。完成618名事业单位工作人员的招聘录用工作。坚持以岗位设置为基础，以强化单位自主聘任为核心，以挖掘专业技术人员和工勤技能人员的创造潜能、提高经济和社会效益为目的，按照民主、公开、公平、竞争、择优和分类管理的原则，积极推进竞聘上岗制度，充分调动广大事业单位工作人员的积极性、主动性、创造性。34个单位组织125个专业技术岗位和工勤技能岗位的竞聘上岗。积极做好专业技术人员公需科目培训工作，采取网上学习、网上考试、统一发证的形式，有力推进工作的开展，有近两万专业技术人员进行学习。

【工资收入分配】 **机关事业单位工资管理**。进一步完善机关事业单位工资制度，认真抓好县以下机关公务员职务与职级并行实施、特岗津贴审批发放、员额法官检察官工资套改、事业单位绩效工资制度改革等工作，提高有关人员待遇，激发干事创业积极性。

企业工资管理。调整最低工资标准，月最低工资标准由每人1550元调整为1640元，小时最低工资标准由每人15.5元调整为16.4元。以2016年企业在岗职工年平均工资51206元为基数，确定2017年企业工资指导线，其中增长基准线7.5%，增长上线12%，增长下线3%。制定2016年国有企业负责人基本年薪基数，为以后制定国有企业负责人基本年薪基数打下基础。

【劳动关系协调和权益维护】 **劳动关系协调**。积极开展劳动关系和谐企业星级管理评选活动，评出23家劳动关系和谐星级企业。扎实做好化解过剩产能过程中职工安置及权益维护工作。劳务派遣行政许可、特殊工时制、劳动合同备案等工作扎实推进，有关劳动法律法规得到有效落实。

劳动人事争议调解仲裁。重点推进基层劳动人事争议调解组织标准化建设，20个镇（街道）、243个村（社区）、463家企业建立基层劳动争议调解组织。有7家企业被评选为省级劳动人事争议预防调解示范合格单位。基层调解组织化解处理的案件占全市案件总量的61%以上。在羊里镇建立第一家“劳动人事争议流动仲裁庭”，实现仲裁职能下沉。大力推进“一裁终局”，创新实施“阳光仲裁”，加强仲裁员队伍建设，办案效率进一步提高。累计受理劳动人事争议案件415件，立案处理272件，当期结案率98%。

劳动保障监察执法。开展农民工工资、清理整顿人力资源市场、用人单位遵守劳动保障法规等专项检查，督促企业对存在的用工问题进行严格整改。及时受理处置日常各类劳动保障投诉举报案件，受理101件，涉及劳动者3万余人次，累计追讨工资7274万元，补签劳动合同1659份，督促用人单位为4994名劳动者补缴社会保险728万元，案期内结案率100%。集中做好农民工工资保障工作，对农民工工资争议纠纷开通农民工劳动争议仲裁“绿色通道”，累计为1503名农民工兑付工资共计1743.6万元，较好维护农民工合法权益。

【基层公共服务平台建设】 加强市、区、乡镇、村四级公共服务体系功能进一步完善，信息网络延伸到基层，有力促进工作重心下移和服务延伸。信息一体化建设加快推进，对门户网站进一步优化开发和利用，人力资源就业信息查询、社会保障网上服务大厅、社会保险网上申报缴费等服务有效运行。社保“三化建设”进入快车道，业务流程梳理已经完成，正在组织系统开发，将尽快上线运行，实现社保业务流程标准化，经办服务信息化，各大业务板块一体化。

（莱芜市人力资源和社会保障局）

德州市

2017年，德州市人力资源和社会保障系统紧紧围绕新旧动能转换重大工程，全力做好促发展、惠民生、建和谐各项工作，推出一些新事、大事，解决一些要事、难事，被人力资源社会保障部授予“全国人力资源社会保障系统先进集体”，人力资源社会保障事业呈现出整体工作提档升级、重点工作创新突破、亮点业务显著增多的良好发展态势。

【就业工作】 城镇新增就业6.51万人，完成计划的106.85%；城镇失业人员再就业1.99万人，完成105.87%；就业困难人员再就业2676人，完成107.04%。城镇登记失业率为2.51%，低于3.5%的控制目标。就业局势保持稳定，有力地保障就业这个最大的民生。

创业带动就业。制定《德州市就业补助资金管理使用实施细则（暂行）》《德州市创业带动就业扶持资金管理暂行办法》，进一步完善就业创业政策体系。委托第三方机构对10家市级创业孵化示范基地（示范园区）的管理运行情况进行复核，有效破解基地（园区）运营发展的问题，规范奖补资金使用，促进管理服务水平的提升。开展省级创业型城市、创业型街道（乡镇）创建工作，创建1个创业型城市、12个创业型街道（乡镇）。参加首届全国创业就业服务展示交流活动，德州市“公岗扶贫+”互助模式获得最佳人气奖和优秀项目奖，德州黑陶文化产品、建志剪纸、大孟家农民画等展示项目均获得优秀项目奖，德州市获优秀组织奖。

就业创业培训。继续组织实施“培训项目五年规划”，重点针对高校毕业生、农民工、家庭服务业从业人员和即将刑满释放人员开展特色培训，提高各类群体的就业创业能力。举办山东省创业培训讲师大赛德州市分赛，对25名一线创业培训讲师进行能力提高培训，选拔出5名优秀创业培训讲师和5件优秀课程设计作品参加省决赛。组织“培训项目”绩效考评，对2016年项目实施情况进行全面评估，撤销不合格定点培训机构2家。组织具有领导潜力和可持续发展的23名初创企业经营者分三期参加省“创业齐鲁训练营”培训活动，接受高层次研修学习和考察交流。开展“就业培训进乡村”系列活动，组织351名贫困人员开展职业技能培训。

高校毕业生就业。制定《关于进一步引导和鼓励高校毕业生到基层工作的实施意见》，多渠道开发基层工作岗位，完善高校毕业生到基层工作的各项政策；印发《关于公布德州市高校毕业生就业见习基地的通知》，重新确定295家单位为高校毕业生就业见习基地；制定《德州市创业大学建设管理暂行办法》，进一步规范创业培训资源开发，提高创业培训质量。制定《大学生创业孵化基地和大学生创业园管理暂行办法》，提高创建标准，规范基地园区管理，进一步推进大学生创业孵化基地和创业园区建设发展。新增4家市级大学生创业载体，引领大学生自主创业1097

人，带动就业7600余人。开展2017年春季毕业生供需见面会，提供就业岗位9000余个，现场达成就业意向11000项次。组织参加济南市都市圈高校毕业生招聘会，参会企业16家，提供就业岗位400余个。举办2017年秋冬季高校毕业生就业集中招聘活动，提供就业岗位12000个，近7000名省内外高校应往届毕业生参加应聘。积极参加全国大中城市联合招聘活动，先后在华宇工学院、德州职业技术学院举办山东省高校毕业生联合招聘德州专场。"三支一扶"工作顺利推进，经过笔试、面试、体检、考核，73名"三支一扶"大学生奔赴基层。

【人社扶贫】 探索出"公岗扶贫+公益互助"新模式。选取部分有一定劳动能力的贫困人口作为公岗安置对象，以免费技能培训为支撑，以周边的孤老病残幼贫困家庭为服务对象，以提供家庭保洁、病患照料、助残服务等为主要服务内容，1个有劳动能力的贫困人员最多可服务7个贫困家庭。开发公益性岗位728个，在岗贫困人口达到706人，已帮扶贫困家庭2000多户，惠及贫困人口4500多人。制定《德州市公益性互助扶贫岗位管理考核办法》《关于进一步推进公益岗位互助扶贫工作的实施意见》等政策文件，规范工作开展。以德州市扶贫办名义印发《关于加强公益岗位开发助推脱贫攻坚的实施意见》，大力推广公岗扶贫模式，这一模式，国务院扶贫办领导到德州调研时给予充分肯定，"公岗扶贫"已成为扶贫工作的一张名片。

【社会保障】 企业养老保险。参保50.53万人，净增参保1.74万人，征缴基金38.57亿元，同比增收4.13亿元。企业退休人员养老金实现"十三连涨"，月人均增加养老金139元，调整后月人均养老金2281元，13.93万人受益。印发《关于公布企业职工社会保险缴费及计发待遇基数的通知》，2016年度全省职工平均工资为62539元，在岗职工平均工资为63562元；2016年度职工平均工资为54127元，在岗职工平均工资为54390元。

机关事业单位养老保险。参保14.22万人，征缴基金22.02亿元。为6.21万名离退休人员发放养老金29.56亿元。圆满完成机关事业单位退休职工调待工作，为6.2万名机关事业单位退休人员月人均增加养老金201元，调整后月人均养老金4287元。

城乡居民社会养老保险。参保302.69万人，征缴社保费17.73亿元，为93.81万名60岁以上参保居民支付养老金11.7亿元。

城镇职工医疗保险。参保70.02万人，征缴基金19.18亿元，同比增收2.74亿元；为9.9万人支付医保待遇17亿元。1月起，积极部署职工大病保险实施相关工作，联合德州市发展和改革委员会、民政局、财政局、卫生和计划生育委员会等部门转发省职工大病保险实施方案，明确职工大病保险工作相关要求，按要求及时启动实施职工大病保险制度。

城乡居民医疗保险。参保446.05万人，个人筹资标准为170元，各级政府补助标准提高至450元，人均筹资水平达到620元，个人缴费共计7.58亿元，为263.17万人支付医保待遇25.58亿元。居民大病保险享受人数36865人，支付待遇3.29亿元，其中靶向药物支付1521人次，医疗总费用1493.35万元，大病保险支付386.88万元。

失业保险。参保37.5万人，征缴基金1.4亿元，领取失业保险金人员2765人，累计发放失业保险金9671万元。7月起，将失业保险金标准由900元/月调整为980元/月，有效保障失业人员的基本生活。阶段性降低失业保险费率，由1.5%降至1%，其中单位费率由1%降至0.7%，个人费率由0.5%降至0.3%，进一步减轻企业缴费负担。促进稳岗补贴政策落实，为225家企业拨付稳岗补贴资金1089.15万元，惠及企业职工近6万人，稳定就业岗位。

工伤保险。参保60.3万人，征缴基金2.01亿元，为3419人支付工伤保险费1.18亿元。受理工伤认定申请2231件，全部出具认定结论，其中认定工伤2211人，不予认定工伤20人。组织劳动能力鉴定1400件。调整一至四级工伤职工伤残津贴、生活护理费和因工死亡供养亲属抚恤金标准。一至四级工伤职工伤残津贴，每人每月分别按195元、185元、175元、165元的标准增加；生活护理费以2016年度职工月平均工资为基数，按照生活完全不能自理、生活大部分不能自理或者生活部分不能自理3个不同等级支付，其标准分别为上年度职工月平均工资的50%、40%、30%；供养亲属抚恤金部分配偶每人每月增加69元，其他供养亲属每人每月增加51元，孤寡老人或者孤儿在上述标准的基础上每人每月再增加20元。

生育保险。生育保险参保40.8万人，新增参保6970人，征缴基金6983万元。为2.09万人支付生育保险待遇1.28亿元。

【人才队伍建设】 **招才引智**。强化重点活动引领，参与举办第二届“智汇德州”人才创新创业周，人力资源社会保障部门所负责项目达成合作协议意向54项，引进人才1052人。举办“百企校园行”等系列招才引智活动，先后19次组织260余家重点企业赴京津、东北等高校集聚地区开展人才招聘，举办33场特色化人才对接会，达成合作意向2240余人，引进重点高校毕业生是2016年的2.2倍。开展“两证整合”，外国人来华工作许可制度全面实施，办证数量较2016年翻两番，发放首张5年期A类外国人来华工作许可证。

人才服务。建成人才服务“一网一库一平台”，人才服务事项全部实行线上办理，已入库高层次人才1.5万人，其中省级以上人才226人，认证会员企业388家，发放各类人才补贴4000多万元，为513名重点高校大学生发放生活补贴786万元。

人才培养。获批省级人力资源服务业资金重点支持项目6个，获得资金支持368万元，入选数量、资金量均列全省第一。平台载体建设加快发展，市人力资源服务产业园获批省级产业园，在纽约建立国际人才智力海外工作站，新增国家、省级引智项目和基地7个、省级技师工作站2家。在省人力资源社会保障厅的领导下，牵头组建京津冀鲁高技能人才联盟，联盟成员达到94家，搭建起区域技能合作新平台；新增技能人才3.3万人，其中高技能人才4526人（技师、高级技师396人），开展继续教育7.5万人次；入选泰山产业领军人才1人、省“外专双百计划”1人，新增国务院特殊津贴专家2人、市有突出贡献中青年专家30人、优秀中青年专家30人、齐鲁首席技师8人、市首席技师20人，7名专家获评“德州友谊奖”。

【劳动关系协调】 **劳动关系协调**。劳动合同签订率达到95%，将月最低工资标准由1390元提高到1470元，小时最低工资标准由13.9元调整为14.7元。发布德州市企业工资指导线，以2016年企业在岗职工平均工资52163元为基数，确定企业工资指导线：基准线为职工平均工资增长7.5%；上线为增长12%；下线为增长3%。发布各类工资指导价位166个。

劳动人事争议调解仲裁。已建立规模以上企业劳动争议调解委员会1136个，组建率超过90%，乡镇（街道）劳动争议调解组织138个，组建率为100%，形成覆盖城乡、深入基层、功能多元的基层劳动争议预防调解组织体系。受理劳动争议案件1524件，当期结案1440件，当期结案率94.5%。

劳动保障监察执法。开展劳动保障年检、专项检查和案件专查等执法活动，检查用人单位5822家，涉及职工12.3万人，补缴社会保险费4287万元，补发工资3938万元，补签劳动合同6600多份。

信访维稳。积极妥善处理民生在线、承诺热线等各类民生诉求、咨询，处理来信来访、“12345”市民热线等1284件，按期回复率98%，合理诉求满意率达到98%。直接受理答复群众电话咨询、求助1729余件，受理德州市政府承诺热线128件、省人力资源社会保障厅阳光政务热线5件、齐鲁民声3件、政民互动平台859件，全部做到件件有落实，事事有回音。

【人事制度改革】 **人员考录**。圆满完成公务员考试录用工作。面向社会公开招考公务员计划538人，报考考生1.78万名，经过笔试、面试、体能素质测评、合并类职位高分先选、考察体检等环节，实际录用478人（另有10人因怀孕暂缓录用，合计488人）。事业单位面向社会公开招聘2574人（市直300人、县市区2274人），其中综合类641人、教育类1641人、卫生类292人。为全面解决中小学大班额问题，统一报考条件、报名时间及笔试，组织县市区招聘后备教师 1822 人。加强事业单位人才引进，面向重点高校招聘毕业生 76 人。拓展基层事业单位人才发展职业空间，从县（市、区）选聘 19 人到市直事业单位工作。

军转干部安置。妥善安置军转干部 108 人，其中自主择业军转干部 63 人；计划安置军转干部 45 人，38 人安置在行政机关，7 人安置在参公单位。随调家属 4 人。同时，严格落实责任制，完善解困维稳长效机制，扎实做好稳控工作，畅通沟通渠道，提高服务质量，企业军转干部解困稳定工作进一步加强。

工资收入分配。开展市直机关事业单位工作人员的工资晋级晋档工作，确保市直机关事业单位工作人员的工资晋级晋档及时准确落实到位。全面推行员额法官、检察官和司法辅助人员工资制度改革，涉及法院、检察院员额法官检察官 745 人（法院 445 人，检察院 300 人），司法辅助人员 1115 人。

职业技能鉴定。向社会公布并停止 7 批共 434 项职业资格鉴定行为。新职业统考 2599 人，涉及 10 个职业（工种）；高级班全年统考 4215 人，涉及 7 个职业（工种）。

人事考试。完成事业单位公开招聘、公务员考录、计算机技术与软件水平、卫生纸考机考、职称计算机、退役士兵公益岗位安置、军转安置、一级建造师、造价工程师、注册安全工程师、三支一扶、经济（中、初级）、一级消防工程师及执业药师等 15 类 115866 科次考务组织工作；顺利完成卫生、统计、经济、审计、职称计算机、一级建造师、一级消防工程师、执业药师、造价工程师等 34 类 63009 人次的人事考试报名审核工作；办理各类专业、职（执）业资格及计算机外语等证书 6600 余本。

【“三化”建设】 成立“三化”建设推进工作领导小组及办公室，建立健全跟踪督导、信息反馈、情况通报等工作制度，并将“三化”建设列入县市区年度综合考核内容，加大对各专项工作、具体环节的督查督导力度。制定《德州市人力资源社会保障公共服务“标准化、信息化、一体化”建设实施方案》，明确“三化”建设的工作目标、主要任务、进度安排和保障措施，并认真落实，“三化”建设取得阶段性成果。

【自身建设】 **作风建设**。通过定期与不定期相结合、自学与辅导相结合，开展形式多样的日常性学习教育，集中开展“两学一做”学习教育活动；将习近平新时代中国特色社会主义思想作为学习主题，把学习党的十九大精神作为首要政治任务，制定详细的学习计划，德州市人力资源社会保障局党组、各科室、单位、各党支部进行全面深入的学习，使党员干部真正学深学透，领会精神实质，把握内在要求，政治修养不断提高。

廉政建设。坚持一岗双责，全面落实主体责任。制定《德州市人社局落实党风廉政建设主体责任实施方案》，明确分工，制定措施，落实责任；局党组制定共性责任清单，党组成员根据分工各自制定个性责任清单，设置台帐，倒排工期，完成一项，销号一项。牢固树立“四个意识”，带头践行“三严三实”，严守政治纪律和政治规矩，认真履行全面从严治党主体责任，成立党风廉政建设工作领导小组，形成一级抓一级、一级对一级负责、层层抓落实的良好局面。德州市人力资源社会保障局党组每半年召开一次专题会议，研究党风廉政建设工作，做到党风廉政建设与业务工作同研究、同部署、同检查、同落实；严格落实“三重一大”制度，做到“凡是资金使用全部党组集体讨论决策，凡是重大问题全部党组集体讨论议定”。切实落实中央八项规定精神，坚定不移反对“四风”。

（德州市人力资源和社会保障局）

临沂市

2017年，临沂市人力资源和社会保障系统主动适应经济发展新常态，全力服务新旧动能转换重大工程，坚持“民生为本、人才优先”工作主线，扎实工作，主动作为，就业创业、社会保险、人事人才、收入分配、劳动关系和自身建设等各项工作都取得新成绩。

【就业创业】 深入实施就业优先战略和落实更加积极的就业政策，以推动实现更高质量和更充分的就业为目标，以推进城乡就业创业服务均等化为抓手，以统筹城乡重点群体就业为重点，着力建立健全面向城乡劳动者的公共就业服务体系，就业质量实现持续提升，各项指标均超额完成，就业局势保持持续稳定。实现城镇新增就业12.6万人，完成年度计划的150.3%；其中失业人员再就业4.1万人、就业困难人员就业7543人，分别完成省年度计划的129.2%、183.9%，实有城镇登记失业人员2.7万人，城镇登记失业率为2.3%，低于3.5%的控制目标；新增农村劳动力转移就业12万人；就业质量不断提升，参加养老保险的新就业人员达到10.2万人，完成省年度计划的157%。扎实开展就业政策落实年活动，政策促就业效用持续释放。全年共支出就业资金1.83亿元，其中，支出就业专项资金9367.4万元，支出扩大失业保险基金支出范围试点资金1921万元，支出创业带动就业扶持资金7012.5万元。

创业带动就业。认真抓好《山东省人民政府关于助推新旧动能转换做好当前和今后一段时期就业创业工作的意见》的贯彻落实，制定印发《临沂市人民政府关于助推新旧动能转换进一步做好就业创业工作的实施意见》，提出27条含金量高、操作性强的政策措施，形成新一轮就业创业扶持政策体系。创业示范平台提质增效，覆盖县区的临沂创业大学培训体系日益完善，新增省级创业孵化示范基地（园区）2处，省级创业孵化园区达到8处，市级以上创业孵化示范平台达到28家，临沂创业大学被评为省级创业示范大学。加大专业化创业培训力度。依托覆盖全市的临沂创业大学培训体系，统筹发挥定点创业培训机构优势，加强创业培训绩效评估，针对高校毕业生、返乡农民工等不同创业群体需求以及创业活动不同阶段特点的创业培训项目，有针对性的开发培训项目，加强创业意识培训和创业实训，全面引入创业实训教学，积极组织开展农村电商等特色培训，建成集“项目贯穿＋导师指导＋技能培养＋实训实践”于一体的立体化、智慧型创业培训体系，组织开展创业培训或创业实训1万余人。加大创业担保贷款扶持力度，积极开展创业担保贷款快易贷活动，发挥创业担保贷款助推创业作用，当年新发放创业担保贷款3.62亿元，直接扶持2730人成功创业，带动就业9600余人。组织举办“领创沂蒙·追梦前行”创业服务系列主题活动，围绕政策宣讲、服务品牌创建和创业服务专项行动三个方面，深入开展“金点子、好文章、靓镜头”创业系列征集评选活动、创业服务讲商城、进校园活动、创业导师遴选和创业项目征集活动等系列专题活动，营造浓厚的创业创新氛围。强化创业导师队伍建设，组织参加省级创业咨询师培训班40余人。组织举办临沂市创业培训师讲师培训班和优秀讲师大赛、优秀课程作品设计大赛。组织43家小微企业参加全省创业齐鲁训练营活动，提升企业运营能力水平。全面展示就业创业服务成果。组织参加全国首届就业创业服务展示交流活动为契机，拍摄《临沂创业工作宣传片》，择优推荐参展企业25家，全面立体展示最新创新创业成果。其中推荐的AGV自动运输车、六棵树生态农业等六个项目获优秀项目奖，获评优秀组织奖。

高校毕业生就业。认真落实促进高校毕业生就业创业工作的政策措施，全面实施高校毕业生就业见习、创业引领、基层成长、困难帮扶、精准服务五项行动。6269名离校未就业高校毕业生进行实名登记，实名制登记率达到99.98%，就业服务率为100%，高校毕业生总体就业率达到99.98%以上。实施就业见习行动。以建立事前定计划、事中抓跟踪、事后强效果的工作机制为抓手，依托111家见习基地，加大高校毕业生就业见习政策落实力度，对见习基地实行动态管理，定期发布优质见习岗位，通过专场招聘、门户网站、微信平台等多种渠道，促进见习企业和高校毕业生供需对接。组织高校毕业生参加就业见习2241人，期满后留用率达到85%以上。实施精准供需对接行动。以推动离校未就业高校毕业生实名登记和享受就业创业服务全覆盖为目标，充实高校毕业生实名制信息数据库，完善信息网络，实现市、县区、镇街三级对毕业生信息的互通共享，依托临沂大学生就业服务微信平台，对所有登记的离校未就业毕业生积极提供政策咨询、就业创业指导、就业推荐等动态跟踪服务，离校未就业高校毕业生实名制登记率和就业服务率分别达到99.98%和100%。依托"山东—名校人才直通车"活动平台，组织临沂市8家企事业单位（首次带事业单位编制）参加招聘会，共收到博士研究生简历106份。大力开展公共就业服务进校园、高校毕业生就业服务月（周）等高校毕业生专场招聘洽谈活动，先后组织发动900余家次企业深入临沂大学、青岛理工大学临沂校区、山东医专等院校，提供各类岗位12000余个，达成就业意向5000余人，实现毕业生求职和企业招聘的"双赢"。实施大学生创业引领行动。发挥临沂商城引领创业、吸纳就业强的优势，着力推进覆盖全市的创业大学教育培训体系和创业孵化体系建设，拓展深化创业孵化基地（园区）创业孵化功能，全面提供政策咨询、项目开发、风险评估、创业培训、开业指导、融资服务、税费减免、跟踪服务等一站式服务，最大力度地帮助他们成功创业。新创建省级创业孵化示范平台2家，省级创业示范平台达到8家，市级以上创业孵化示范基地（园区）达到28家，共有2050名创业者在基地（园区）成功创业，其中大学生创业562人，累计带动就业6000余人。组织开展大学生创业培训2094人，成功引领大学生自主创业1214人，拨付省级大学生创业引领资金195万元。实施高校毕业生基层成长行动。进一步加强基层人才队伍建设，大力实施"三支一扶"招募计划、大学生"村官"、拓宽社区就业服务项目，认真落实服务期间各项待遇和期满优惠政策等措施，去年通过"三支一扶"新招募38名大学生到基层就业。实施高校毕业生困难帮扶行动。建立健全回生源地困难家庭高校毕业生就业信息台账，实行定期回访，动态掌握困难家庭高校毕业生的就业失业变动情况，着力落实困难家庭高校毕业生就业扶持政策，确保困难高校毕业生同等享受就业创业扶持政策。

就业困难群体就业。以推进就业援助工作精细化、长效化为目标，完善就业困难人员登记认定、动态管理、分类帮扶、跟踪服务等制度规定，将组织专题援助活动、开发公益性岗位安置和社保补贴政策落实有机结合，加强人社、工会、妇联、残联、民政等部门协作配合，对登记失业的"4050"人员、零就业家庭、残疾人等重点就业困难群体，定期组织开展摸底调查，建立帮扶台账，制定个性化帮扶方案，实行精准帮扶。组织举办"就业援助月"等专项活动20余场次，活动期间，共帮助1538名就业困难人员实现就业。实施"千名公益性岗位"开发计划，规范公益性岗位开发管理，完善期满退出机制，充分发挥公益性岗位的托底安置作用。开发各类公益性岗位安置各类就业困难人员2351人。

农民工综合服务。注重强机制、搭平台、聚合力，形成促进农村劳动力转移就业长效机制。发挥市、县两级就业和农民工工作联席会议制度优势，协调落实方案制定、组织实施、阶段总结、协调推进等工作，形成目标明确、各负其责、齐抓共管的农民工工作格局。精准搭建供需对接服务平台，推广使用"临沂就业e点通"智能APP软件，连续13年组织开展以"搭建供需平台、促进农村劳动力转移就业"为主题的"春风行动""就业援助月”等多种形式的送岗进村、送岗入户等招聘服务活动140余场次，促进农村劳动力转移就业工作从大规模有组织劳务输出向自主就地就近转移就业转变。注重建市场、重提升、创品牌，建立覆盖城乡的农民工综合服务体系。创新零工市场服务模式，将零工市场服务与党建示范引领融合推进，河东区零工市场探索建立“工友之家党支部”，通过打造“农民工服务队”和“党员志愿服务队”，定期组织党员开展志愿服务，帮助工友解决实际困难。零工市场接待农民工36.6万余人次，累计服务农民工214.9万余人次，实现短期灵活就业220万余人次。注重出政策、办培训、抓服务，促进农民工返乡创业就业。按照统筹城乡发展、建立城乡就业一体化新格局的要求，不断健全完善农民工就业创业和培训政策体系，加强职业培训资源整合，面向城乡劳动者，依托166家定点培训机构，组织实施新一轮加强就业培训提升就业创业能力5年规划、农民工职业技能提升、权益维护、公共服务3年行动计划。2015年以来，人力资源社会保障、科技、教育、农业、商务等部门组织农民工职业技能提升培训93.8万人。加大创业担保贷款政策扶持，每年为返乡创业的农民工提供贷款达2亿元，举办“农民工恳谈日”50余期，累计成功扶持4.5万名返乡农民工实现返乡创业，带动就业10万余人。注重保权益、抓保障、强执法，有效维护农民工合法权益。坚持将日常巡查、专项检查、投诉举报相结合，全面推行劳动合同制度、用工备案制度和“一书两金一卡”制度，加强劳动关系协调管理，企业农民工劳动合同签订率达到95%以上；加强制度机制建设，建立“双随机、一公开”工作机制，印发《临沂市治欠保支三年行动（2017—2019）》，开展企业守法诚信评价和失信惩戒，强化行政执法与司法联动，抓实“两网化”管理，做好法律宣传和执法服务，着力解决拖欠农民工工资等突出违法问题。

职业技能培训。实施好新一轮加强就业创业培训5年规划，全面实行“企业订单、劳动者选单、培训机构列单、政府买单”的“四单式”培训模式，进一步完善培训机构招投标准入和定点培训机构淘汰退出机制，强化对培训机构专业设置、教学管理、学员信息管理、考核发证等环节的规范管理，严格执行职业培训补贴和职业技能鉴定补贴政策，强化培训实名制管理，规范补贴资金发放等工作流程。组织职业技能培训6.5万人、创业培训1.3万人，分别完成省年度计划的108.5%和126.8%；组织职业技能鉴定4.9万人，发放职业资格证书4.6万人；深入实施农民工三项行动计划，共组织开展农民工职业技能提升培训93.8万人，完成计划目标任务的195.4%。加强培训资金分配、审核和支出内控机制建设，加强培训资金监管，坚决杜绝骗取、套取、冒领培训补贴资金现象，确保培训补贴资金的安全使用。

公共就业服务体系。将政府公共人力资源市场服务与社会人力资源服务机构有效融合，加强与临沂在线人力资源服务公司的合作，在信息发布、活动组织、信息采集、精准服务等方面，健全服务机制，优化服务流程，丰富服务内容，持续提高便民服务效能，先后联合组织鲁南春季大型招聘会等专场招聘活动10余场次，为城乡劳动者求职和企业招工搭建精准对接平台。推进基层公共就业服务平台规范提升工程，按照“六到位”要求，建立镇街人力资源社会保障所171个，在村居社区配备劳动保障协理员8737人。全面推进人力资源和社会保障业务下沉工作，聚焦“智慧就业型、充分就业型、标准服务型、创业创新型”四型社区创建，当年成功创建省级“四型就业社区”26家。建立完善集日常学习、业务培训、测验考核于一体的常态化业务培训学习机制，编印《人力资源社会保障法律法规汇编》4000余册，充实完善《临沂市人力资源社会保障法律法规知识测试题库》，组织开展全员业务培训，举办人力资源社会保障系统基层平台工作人员能力提升培训班，以就业创业、社会保险、劳动关系、信息系统使用等内容为重点，有效提升基层就业人员综合业务能力。

【社会保险】 紧紧围绕“人人享有社会保障”目标，深入实施全民参保登记计划，依法推进社保扩面征缴，覆盖人数和基金规模实现同步增长，征缴各项社会保险费220.38亿元，支出各项社会保险待遇235.46亿元，累计基金结余达到316.96亿元，社会保险基金支撑能力进一步增强。

健全社会保险政策。市政府制定《临沂市居民基本医疗保险办法》，自7月起实施。联合物价、卫生和计划生育部门开展公立医院基本医保单病种限价工作，对116个单病种医疗诊治行为实行医保限价，切实减轻群众负担、保障基金安全。

企业职工养老保险。企业参加基本养老保险达到90.03万人，净增参保49524人，征缴养老保险费629165万元，完成年度征缴计划的101.48%。支付养老金667204万元，累计基金结余1184318万元。办理企业职工退休核准手续17652人，其中市直2343人，县区15309人；纳入统筹的离退休、退职人员269885人，社区化管理率达到99.62%。

机关事业养老保险。机关事业养老保险参保人数达到22.75万人，征缴养老保险金426885万元，完成年度征缴计划的104.89%，支付养老金476043万元，累计基金结余36395万元，离退休人员85485人。

失业保险。失业保险参保人数为62.43万人，净增参保人数为23191人，征缴失业保险金28780万元，完成年度征缴计划的125.13%。期末享受失业保险待遇的9926人，失业保险基金支出为27540万元，其中支付失业保险金13812万元，累计基金结余110897万元。

城镇职工基本医疗保险。城镇职工基本医疗保险参保人数达到112.25万人，其中农民工为2.6万人。城镇职工基本医疗保险金收入为387118万元，完成年度征缴计划的110.86%，支出373323万元，累计基金结余336124万元。

居民医疗保险。居民医疗保险参保人数达到897.7万人。居民医疗保险金收入为499048万元，支出541945万元，累计基金结余245428万元。

工伤保险。工伤保险参保人数达到102.41万人，其中农民工参保人数为26.41万人，净增参保人数为16106人，征缴保险金31146万元，完成年度征缴计划的127.49%，支出17405万元，累计基金结余62870万元。

生育保险。生育保险参保人数为60.02万人，净增参保人数为24400人，征缴保险金17726万元，完成年度征缴计划的105.7%，支出30290万元，累计基金结余3296万元。

城乡居民养老保险。城乡居民养老保险参保人数达到536.84万人，征缴保险金183900万元，支出234469万元，累计基金结余1190273万元，期末领取养老金人数为1745435万人。

社会保险待遇调整。根据省人力资源社会保障厅、省财政厅关于2017年调整退休人员基本养老金的通知要求，连续13年为符合条件的25.8万名企业退休人员调整基本养老金，月人均增加143元，月人均养老金达到2413元；为符合条件的8.04万名机关事业单位退休人员调整基本养老金，月人均增加213元，月人均养老金达到4596元。继续调整失业保险金发放标准，自11月起，失业保险金发放标准由每人每月950元提高到1030元，惠及10248名正在享受失业保险待遇的失业人员。

经办管理服务。加强基金监督管理，严格内部审计，加强征缴稽核，确保基金安全完整。创新社会保险基金监管软件联网应用，做好线上线下数据分析，处理预警信息2.5万条，停发3人养老保险待遇，95人失业保险金，6人工伤供养亲属待遇，挽回社保基金损失81.9万元。扎实开展养老保险重点指标专项核查工作，追回各类重复、死亡冒领养老金463万元。组织开展社会保险经办风险管理专项行动，规范业务办理，加强风险防控，重点开展两次定点医药机构专项检查活动，共检查各类定点零售药店1900家、医疗机构358家，下发整改通知书228份，根据《服务协议》暂停定点资格66家，中止拨付或拒付医保基金1622万元。全面推进“网上社保”和信息化建设，开发设计采用人脸识别技术、使用智能手机进行自助认证的“临沂智慧人社”手机APP便民服务软件，实行养老待遇领取资格认证，方便群众，提高效率。成功举办第十五届社会保障杯门球赛，丰富离退休人员文化生活。

【人才队伍建设】 紧紧围绕实施新旧动能转换，推进供给侧结构性改革，不断创新人才工作机制，统筹推进各类人才队伍建设，人才总量持续扩大，人才结构更趋合理，人才支撑作用不断增强。

引进国外人才智力。通过多种渠道和途径，聘请外国专家246人次，帮助解决蔬菜栽培、病虫害防治、机械铸造等农业、工业、卫生等领域技术难题472项。坚持以“大项目带动”为工作重心，注重项目申报的针对性和专业性，成功申报国家外国专家局重点项目1项，省“外专双百计划”个人和团队项目各1项，省高端外国专家项目3项，省“区域协调发展”项目1项，省外国专家系列专题讲座项目1项，省引智成果示范推广项目4项，获得国家和省级引智经费资助365万元。加强引智基地建设，促进引智成果转化推广，“引进现代生态农业与观光旅游精细化管理”等4个项目获批省级引智成果示范推广项目。有国家级引智示范基地和单位各1处，省级引智示范基地19处，市级引智示范基地31处。加强出国（境）培训项目审核，严格执行国家有关出国（境）培训规定，为24人办理因公出国（境）培训审核手续，有3个项目列入2017年省因公出国（境）培训项目计划。山东中瑞电子股份有限公司白俄罗斯籍外国专家卡沃尔·盖那基·安东诺维奇先生荣获2017年“齐鲁友谊奖”。有2名外国专家获批千人计划专家，1名外国专家荣获中国政府“友谊奖”，28名外国专家荣获“齐鲁友谊奖”，70名外国专家荣获“沂蒙友谊奖”。

专业技术人才队伍。高层次专业技术人才培养实现新突破。新增国家百千万人才工程人选2名，推荐4名“省有突出贡献的中青年专家”候选人，评选“市有突出贡献的中青年专家”10名。拥有百千万人才工程国家级人选4人，享受国务院颁发政府特殊津贴专家59人，省有突出贡献的中青年专家27人，市有突出贡献的中青年专家119人。坚持把加强博士后科研工作站建设作为集聚高层次人才、推进产学研结合重要载体，扎实做好设站评估和管理服务工作。设立博士后科研工作站33家，省博士后创新实践基地9家，累计招收博士后67人，在站41人。深入推进职称制度改革，新组建高级会计师评审委员会，并在全省率先探索将部分系列中、初级评审权下放到人才智力密集的企、事业单位，基本形成设置合理、评价科学、管理规范、运转协调、服务全面的职称制度和管理服务体系。经省人力资源社会保障厅授权和批准，设立13个高级评审委员会、31个中级评审委员会。组织评审通过高中初级职称8713人。有专业技术人才611394人，其中高级39452人、占6.5%；中级177463人占29%；初级394479人、占64.5%。深入实施专业技术人才知识更新工程，坚持将专业技术人才知识更新工程作为人才培育的重要手段，运用“互联网+继续教育”的模式，组织16.5万名专业技术人员参加继续教育培训；获批省级高级研修项目2项，评选市级高级研修项目12项，延伸专业技术人才知识更新工程的范围和领域，打造具有临沂特色专业技术人才知识更新体系，切实提升专业技术人员水平。

技能人才队伍。坚持把经济发展需求作为技能人才培养的方向，主动适应企业用工需要和产业转型升级的新要求，建立完善以企业为主体、技工院校为基础，学校教育与企业培养紧密联系、政府推动与社会支持相结合的开放式的技能人才培养体系。市政府制定《沂蒙首席技师选拔管理办法》，沂蒙首席技师每年选拔一次，每次人数不超过50名，管理期限为4年，形成科学化、制度化的高技能人才发展评价机制。深入实施技能人才振兴计划，新增高技能人才1.3万人，高技能人才达到10.5万人，技能人才总量达到69.26万人。有中华技能大奖获得者2人，全国技术能手8人；齐鲁首席技师64人，省有突出贡献的技师28人，省技术能手22人；沂蒙首席技师222人，市有突出贡献的技师120人，市技术能手665人。技工院校办学规模和教学质量持续提升。深化校企合作，支持重点技工院校与大型骨干企业联合，合作培养高技能人才。有技工院校9所，其中技师学院4所、高级技工学校1所，国家级高技能人才培训基地1所，国家中等职业教育改革发展示范校1所，在校生达到36480人，毕业人数12329人，一次性就业率达到99%。职业培训机构270多家，其中定点职业培训机构166家，年培训能力在10万人次左右。实施“金蓝领”培训工程。采取政府投入引导、企业和职工共同负担的筹资方式，通过院校与企业结合、理论与实训相结合的培养模式，自2005年实施以来，累计培养和选拔1.2万名紧缺的中青年技师，有效缓解一线青年技工短缺的问题。全力打造“劳动之星”职业技能竞赛品牌，连续举办十届“劳动之星”职业技能竞赛，形成以“培训促竞赛、以竞赛带培训、以培训促就业”的良性机制。推进高技能人才培养特色载体建设提质升级，初步建立国家、省、市和企业四位一体的技师工作站人才培养载体。临工邱峰工作室被授予国家级技能大师工作室，国家级高技能人才培训基地1所，国家中等职业教育改革发展示范校1所，省技师工作站3家，齐鲁技能大师特色工作站2家，市级技师工作站55家，企业技师工作站100余处。指导企业积极探索适合企业实际的高技能人才补贴奖励办法，畅通职业上升通道，激发学技术、练技能的主动性。

【人事制度改革】 **公务员管理**。深入开展带头创先争优争做人民满意公务员和职业道德培训活动，健全完善年度考核、平时考核、非领导职务设置、表彰奖励和教育培训制度。坚持凡进必考制度，组织考录公务员1191名。采取全市统一、分期组织培训的办法，对2016年新录用的751名公务员（含参照管理人员）进行初任培训。联合市发展和改革委员会选派50名有关人员到湖南大学开展临沂市全域旅游人才能力提升专题研修培训班；举办行政机关公务员管理业务培训班、“双基”公务员素质能力提升培训班，进一步加强公务员理想信念和职业道德教育。表彰奖励工作规范有序，共表彰奖励先进集体613个、先进个人821名。

事业单位人事管理。全面贯彻落实《事业单位人事管理条例》，健全事业单位岗位设置、竞聘上岗、公开招聘、考核奖惩等工作，不断提高人事管理科学化水平。稳步推进公开招聘工作，发布招聘简章44个、招聘计划5387个，共招聘教师2601人、卫生人员1381人、综合类人员688人。采取网上发布公开招聘简章与主动到部分高校开展招聘相结合的模式引进高层次人才，为市直公立医院引进卫生急需紧缺人才90名（含博士21名、硕士69名）；到华南师范大学等9家师范类高校为市教育局所属6所中小学引进优秀毕业生33名。

工资福利与离退休工作。联合市财政局、市精神文明建设委员会办公室印发《关于规范市直机关事业单位精神文明奖发放办法的通知》，规范机关事业单位精神文明奖发放工作。继续推进落实县以下机关建立公务员职务与职级并行制度，法官、检察官工资制度改革工作稳步推进。巩固机关事业单位“吃空饷”专项治理成果，制定机关事业单位防治“吃空饷”问题长效机制实施办法。

军转干部安置。认真贯彻落实军转安置政策，圆满完成215名军转干部（其中计划安置123人，自主择业92人）、10名随调家属安置任务，达到本人、家庭、单位和部队“四满意”。对符合条件的2016年度计划安置的63名军转干部组织统一教育培训。全力做好困难企业军转干部维稳解困工作。

人事考试。狠抓安全保障措施，推进标准化考点建设，提高反作弊能力，严肃考风考纪。顺利完成33项考试123732人次的报名工作，17项考试124866人次的考务组织工作，做到公开公正、科学考录，社会反响良好。

【劳动关系】 坚持依法行政，量化行政处罚自由裁量权，寓服务于执法之中，既依法维护广大劳动者的合法权益，也为用人单位创造良好的生产经营环境，构建和谐稳定的劳动关系，实现职工权益和企业发展“双赢”。

劳动关系宏观调控。认真贯彻落实《劳动合同法》，以建筑业、餐饮服务业以及小微型企业为重点，全面推行劳动合同制度、用工备案制度和三方机制建设，各类企业劳动合同签订率和履行质量明显提高，各类企业普遍实行劳动合同管理制度。加强劳务派遣许可管理，对120户劳务派遣单位进行监督检查，为39户企业办理劳务派遣行政许可手续。加强企业工资管理，进一步完善职工工资正常增长机制，发布2017年企业工资指导线和269个岗位的工资指导价位，为企业合理确定职工工资水平提供依据。提高职工最低工资标准，自6月起，三区最低工资由1550元/月调整为1640元/月，九县最低工资由1390元/月调整为1470元/月。积极做好国有企业负责人薪酬制度改革。

劳动人事争议调解仲裁。以贯彻落实《山东省劳动人事争议调解仲裁条例》为契机，以提高争议处理效能为主线，以省级标准化仲裁院创建和加强基层调解组织建设为突破口，妥善处理各类劳动人事争议，仲裁工作效能明显提升。加强基层调解组织建设，提高基层预防化解争议能力。建立基层劳动人事争议调解组织5576个，调解员18250人，其中事业单位劳动人事争议调解组织1627个，调解员3351人。6家企业被评为省级预防调解示范单位。受理劳动人事争议案件3503起，涉及职工4346人，按期结案率100%，处理集体劳动争议案件32起，涉及职工630人。其中市本级受理劳动争议案件690起，涉及职工849人。

劳动保障监察执法。加强“两网化”管理，强化基层执法力量，加强制度机制、队伍能力和窗口服务建设，注重法律、法规宣传，监察执法效能进一步提升。建立“双随机、一公开”工作机制，印发《临沂市治欠保支三年行动（2017—2019）》，制定《企业劳动保障守法诚信等级评价实施办法》。通过日常巡查、专项检查、投诉举报专查等执法方式，着力解决拖欠农民工工资等突出违法问题，注重执法能力和制度机制建设，加强源头预防、动态监管和失信惩戒，积极化解劳动关系风险，保障劳动者合法权益。执法检查用人单位2.67万户，涉及职工135.6万人，查处各类违法案件2677起，责令补签劳动合同4.99万份，督促缴纳社会保险费886.1万元，为1.25万名劳动者追发工资等待遇3113.7万元，其中涉及农民工1.02万人，解决欠薪2114.5万元。按照《重大劳动保障违法行为社会公布办法》和《拖欠农民工工资“黑名单”管理暂行办法》，做好对失信企业部门联合惩戒，向社会公布5起重大违法案件；做好涉嫌拒不支付劳动报酬案件的惩处，移送公安机关立案25件。

信访维稳。严格履行一岗双责，坚持领导干部定期接访制度和主动约访制度，积极稳妥地处置好群众来信来访。按照“属地管理、分级负责”和“谁主管、谁负责”的原则，制定有针对性的工作预案，确保早发现、早化解、早处理。处理群众来信来访1098件，满意率达到90%以上。

【信息化建设】 加快推进“互联网＋人社”建设，以信息化推进管理服务精细化。大力开展网上服务、移动服务、自助服务，打造线上线下一体化服务大厅。采取“一梳理，二座谈，三确定”的工作模式，积极推进社会保险公共服务“标准化、信息化、一体化”建设。在全市统筹、实时结算的基础上，与省、国家异地就医结算系统进行对接，实现全国范围的异地就医费用直接结算。大力推进社会保障卡的发行、管理、应用。社保卡累计制卡人数达到712万人，实现在身份识别、缴费、待遇领取、医保结算、信息查询等方面的广泛应用。

【人社精准扶贫】 各级人力资源社会保障部门带着感情和责任，坚决贯彻落实市委、市政府脱贫攻坚决策部署，综合实施就业帮扶、技能培训、创业扶持、人才支撑、社会保障等人社精准扶贫五项行动，累计打造就业扶贫车间762家，分别创建国家级和省级就业扶贫示范基地110家、16家，打造创业扶贫工坊501家，累计帮扶1万余名贫困人口通过就业创业实现稳定脱贫。建立“组织领导—督导调度—情况通报”工作机制，将人社精准扶贫纳入就业目标责任考核，组织实施人社精准扶贫专项评估，形成分工具体、责任明确、合力推进的常态化工作推进机制。持续加强政策细化，制定印发《关于进一步做好就业精准扶贫工作的通知》《关于加快推进公益扶贫岗位开发的通知》《关于集中开展全市人社精准扶贫攻坚行动的通知》《关于开展就业精准扶贫跟踪问效活动的通知》等配套政策，为推进工作提供政策支撑。着力夯实精准识别基础，加强与扶贫部门的衔接，对还未脱贫的15.1万贫困人口，对照扶贫办建档立卡数据，依托国家人力资源社会保障部农村贫困劳动力就业信息平台、省公共就业人才服务信息系统、沂蒙脱贫攻坚指挥平台等3个信息系统，先后组织开展3次大规模的调查摸底、数据核实工作，并及时录入相关系统，逐一建立就业、创业、培训等三类实名制信息数据台账，并实行动态跟踪维护，为实施精准就业帮扶奠定基础。坚持以推动人社扶贫政策全面落实、资金全面落地、项目全面实施为目标，持续巩固提升就业扶贫车间，推广使用扶贫车间标识，做实做亮扶贫车间品牌，扶贫车间实现省定贫困村全覆盖。新打造就业扶贫车间237家，累计打造就业扶贫车间762家，吸纳贫困人口就业4310人；创建国家级就业扶贫示范基地16家、省级就业扶贫示范基地110家；推进实施“公益性岗位互助行动”，新开发农村公益扶贫岗位304个，累计开发农村公益扶贫岗位安置特困人员1680人；深化技能扶贫行动，组织贫困人口参加就业创业培训328人；大力开展创业服务，打造创业扶贫工坊501家，带动贫困人口就业创业1590人；实施人才支撑扶贫行动，通过“三支一扶”新招募38名高校毕业生充实到基层扶贫一线；组织参加全省乡镇长、基层公务员脱贫攻坚能力提升示范培训班68人。实施全民参保扶贫行动，全面落实对贫困人口的社会保险倾斜政策，将44.2万名贫困人口纳入基本养老保障和医疗保障范围，已认定慢性患者55235人、特殊疾病患者7122人。为9.3万人次贫困人口落实基本医保报销4407.36万元，有1.9万人次贫困人口在享受到居民基本医保报销的同时，享受到居民大病保险报销待遇，落实慢性病门诊和特殊疾病门诊费用报销686.79万元。全面落实济南—临沂《就业与人才扶贫协作框架协议》，先后围绕就业扶贫车间、人员招聘、技能扶贫等方面开展对接座谈3次，联合举办就业精准扶贫招聘会2次，来自济南与临沂的40余家企业提供就业岗位3000余个。沂水县人力资源和社会保障局加强与济南市历下区人力资源和社会保障局的沟通对接，依托济南市优质的创业培训资源，联合组织举办贫困人口创业培训班。济南市市中区人力资源和社会保障局投资25万元在费县薛庄镇聚鑫村援建就业扶贫车间1处，建成后可安置60余名贫困人口就业。加强对黑龙江、新疆、西藏和青海省海晏县、重庆市城口县的对口帮扶，先后组织33名海晏籍离校未就业高校毕业生来临沂市参加创业培训班、30余家企业赴重庆市城口县参加鲁渝就业帮扶—“百企万岗”进重庆城口招聘活动，共帮扶802名贫困人员实现异地转移就业，其中安置到临沂就业734人，安置到驻帮扶省份临沂市企业设立的分厂就业68人，对口帮扶和扶贫协作取得阶段性成效。紧紧围绕落实新一轮就业创业政策、深入实施人社精准扶贫、扎实推进民生工程等一系列重点工作，深入开展课题调研，加强宣传考核通报，突出典型示范引领。以开展“就业扶贫日”活动为契机，集中组织开展人社精准扶贫政策宣传月等系列主题宣传活动，开发临沂就业e点通，利用微信、短信等向贫困人口定时推送就业岗位，广泛开展送政策、送服务、送岗位、送信息活动，通过实地走访、信息推送、发动企业、现场宣传等形式，对重点特困劳动力实施“一对一”就业援助，实现就业帮扶全覆盖，做到政策宣传和工作成效“6个知道”，即县区领导知道，乡、镇领导知道，贫困村“第一书记”知道，包户帮扶干部知道，村支书知道，被帮扶的贫困群众知道，真正将政策送到群众的“心坎上”。

【依法行政】 按照法治政府建设的要求，制定推行行政执法公示、执法全过程记录和重大执法决定法制审核三项制度，健全依法行政责任制，实行一体执法，建立法律顾问制度，组织编印《人力资源社会保障法律法规汇编》，不断提高依法行政能力。深入推进“放管服”改革，根据深化行政审批制度改革的要求，健全完善行政许可事项目录清单、行政权力清单、部门责任清单和公共服务事项清单，进一步厘清责任界限，方便群众办事，提高办事效率。行政许可事项8项：民办职业培训机构设立审批，人力资源服务许可，经营劳务派遣许可，台湾、香港、澳门人员在内地就业许可，设立职业技能鉴定所（站）审批，企业实行不定时工作制和综合计算工时工作制审批（审查），普通技工学校设立审批，外国人来华工作许可。劳务派遣经营许可审批39家，企业实行不定时工作制和综合计算工时工作制审批（审查）33家，办理外国人来华工作许可证件289件。行政权力清单，共包括6大类93项（其中，行政许可8项，行政处罚58项，行政强制2项，行政监督2项，行政奖励1项，行政确认15项，其他权力7项）。部门责任清单，涉及主要职责11项。公共服务事项61项。

【机关党建】 按照党要管党、全面从严治党的要求，紧紧围绕“服务中心、建设队伍”，以创建党建工作示范点为契机，深入推进“两学一做”学习教育常态化制度化，以党的政治建设为统领，全面加强党的思想建设、组织建设、作风建设、纪律建设和制度建设，深入推进党风廉政建设。临沂市人力资源和社会保障局被市直机关工委授予“党建工作示范点”称号。局党组坚持把管党治党作为最根本的政治责任，不断强化主责主业意识，牢固树立“把抓好党建作为最大的政绩”理念，坚持务实抓党建、从严抓党建。加强班子自身建设，健全党组议事规则和决策程序，带头遵守廉洁从政各项规定，严要求、做表率，推动各级党组织书记认真履行第一责任人职责，把党建工作作为主业来抓。强化“一岗双责”责任落实，形成“一级抓一级、层层抓落实”的全面从严治党责任体系。健全党内定期谈心谈话制度、述职述廉制度、基层党支部述责评议考核制度。通过抓班子、带队伍，抓制度、促规范，实现党建工作与业务工作同频共振、融合发展。深入开展基层党建工作示范点创建活动，推进支部标准化建设。充分发挥党支部教育管理党员主体作用，加强党员思想教育，强化党员队伍管理，切实发挥先锋模范作用。建立《落实党风廉政建设主体责任履责清单》，明确和细化局党组主体责任、主要负责人的“第一责任人”责任以及班子成员的“一岗双责”责任“三个清单”，每位领导干部建立履责工作台账，对落实党风廉政建设主体责任情况进行详细记录，实行痕迹化、台账式管理，以履责清单推动责任落实。严格落实中央八项规定精神和省、市委实施办法，扎实开展纪律作风集中整顿活动，持之以恒纠正“四风”。制定印发《关于进一步明确有关工作纪律的通知》，规范工作程序，强化纪律意识。持续加强窗口单位作风建设，实行领导干部带班巡查制度，设立举报电话，健全一次告知、首问负责、限时办结和责任追究制度，压缩办事环节30%以上，机关服务作风明显转变，促进政务清廉。

（临沂市人力资源和社会保障局）

聊城市

2017年，聊城市人力资源和社会保障部门坚持心系群众、服务大局，抓党建、强基础，转作风、惠民生，引人才、促发展，各项工作迈出新步伐、取得新成效，为促进经济社会科学发展做出积极贡献。聊城市人力资源和社会保障局连续7年保持省级文明单位荣誉，被市文明委评为全市群众满意的十佳文明单位，进一步打响聊城人社品牌。

【就业创业】 城镇新增就业6.19万人，完成年度任务的123.9%；新就业人员3.26万人，完成年度任务的149.6%；城镇登记失业率控制在3.04%，优于省市控制指标0.76个百分点，就业局势保持稳中向好。

健全就业创业体制机制。市委、市政府印发《关于助推新旧动能转换做好就业创业工作的实施意见》《关于印发〈聊城市“十三五”促进就业规划〉的通知》《关于支持返乡下乡人员创业创新促进农村一二三产业融合发展的实施意见》《关于进一步引导和鼓励高校毕业生到基层工作的实施意见》，就业创业政策体系更加健全。先后开展就业形势、农民工返乡创业、农民工职业技能培训、家庭服务业促进就业等多项调研。

创业带动就业。临清烟店轴承创业园获评2017年省级创业示范园区，九州生物产业园孵化基地通过省级复核，聊城创业大学成功通过省级示范创业大学复核。创新推行“互联网+”创业服务新模式，建成创业服务网络平台。创新举办创业孵化平台服务能力大赛，21个创业孵化基地、创业园区报名参赛。举办聊城市第四届创业大赛，386个项目报名参赛，参赛数量超过前三届创业大赛总和。在团中央影视中心举办“青年之声路演驿站”（聊城专场），7个项目参加，吸引20家投资机构和投资人参加，获得2200万元投资意向。组织参加首届全国创业就业服务展示交流活动，聊城市被活动组委会评为“优秀组织奖”，6个参展项目获得“优秀项目奖”。抓好创业担保贷款工作，协调经办银行推出“创业家庭贷”“建棚贴息贷”等创新性金融产品，发放创业担保贷款51056万元，扶持带动就业1.6万人。

高校毕业生就业。接收整理毕业生档案1.38万份；审核省外院校毕业生信息1800人次，就业协议鉴证1200人次，办理改派手续683人次；为2961名中专毕业生办理派遣手续；实名登记就业服务率85%以上。新增市级就业见习基地12家，征集见习岗位2700多个，为26家见习单位710名见习毕业生落实见习补贴191.4万元。完成“三支一扶”招募工作，招募大学生69名。开展大学生农村创业特色示范平台评估认定工作，新增特色平台2家。落实大学生创业引领计划，引领大学生自主创业1217人。

重点群体就业。抓好就业社保精准扶贫工作，抓好困难群体就业工作，加大公益性岗位开发力度，安置各类公益性岗位1302人。抓好就业精准扶贫工作，开发农村扶贫专项公益性岗位991个，安置567人；认定省级示范就业扶贫车间23处，安置贫困人员325人。深入推进和潍坊市扶贫协作，印发《关于加快推进潍坊—聊城两市扶贫就业协作的通知》，在春风行动招聘现场设立扶贫协作招聘区。城镇失业人员再就业1.52万人，困难人员再就业0.34万人，分别完成年度任务的121.5%、134.9%。

公共就业服务。组织开展就业援助月、春风行动、民营企业招聘周等系列就业服务活动，举办各种类型招聘会150多场。18个社区被认定为首批省级“四型就业社区”。继续推行“创业大学+教学点”的培训模式，建立完善以市场需求为导向的培训机制，实行政府补贴与培训成本、培训质量和就业效果挂钩，制定《聊城市就业技能培训补贴标准目录》，涉及11大类、83个职业类别、193个工种。开展就业技能培训2.92万人、创业技能培训0.77万人，分别完成年度任务的115.1%、151.7%。

【社会保障体系建设】 各项社会保险扩面征缴工作均完成省下达的任务目标，基金征缴总额达到139.08亿元，按时足额拨付各项社保待遇133.48亿元，基金收支总额突破270亿元，实现跨越发展。

城镇企业职工养老保险。参保职工45.48万人，完成省下达任务的100.8%；征缴基金38.06亿元，完成省下达任务的106.49%。连续第十三次调整企业退休人员养老金工作，为13.52万名企业退休人员调整养老金，月人均增资165元。企业离退休人员14.2万人，按时足额拨付离退休费42.38亿元，基金累计结余31.7亿元。

机关事业单位养老保险。完成省直驻聊单位参保工作，参保总人数14.46万人，完成省下达任务的101.6%。征缴基金28.03亿元，完成省下达任务的131.25%。机关事业单位离退休人员5.7万人，按时完成待遇调整发放工作，按时足额拨付待遇28.04亿元。

城乡居民社会养老保险。参保居民达301.86万人，征缴基金18.36亿元。按时足额为92.05万名60周岁以上符合条件的老年居民发放养老金11.53亿元。继续抓好被征地农民养老保障工作，累计落实个人账户资金13.99亿元，惠及失地农民30.36万人。

退休管理服务。14.1万名企业退休人员全部纳入社区管理，全部完成待遇领取资格认证工作。开展等级评价工作，省级社会化管理服务规范社区AAA级单位达到6个，市级AA级单位达到43个。举办第五届企业退休人员摄影展，累计组织健康知识讲座、书法摄影围棋比赛、联欢晚会、慰问演出等系列活动近120多场次，丰富退休人员业余生活。开展退休人员网上协助认证，上传居住外地退休人员信息4135份，接收外地协助认证信息4206份，认证率均保持着100%。

医疗保险。基本医疗保险参保人员达559.2万人，其中参保职工62.5万人，完成省下达任务的101.4%；参保居民496.68万人，完成省下达任务的100.1%。职工医保征缴基金20.33亿元，完成征缴任务的114.94%；基金支出16.8亿元。提高居民医保政府补助标准，由每人每年420元提高到450元；居民医保基金收入30.25亿元，基金支出31.02亿元。健全居民大病保险制度，印发《聊城市职工大病保险实施方案》，将19种特效药品纳入报销范围，共补偿9.13万人次、2.07亿元，减轻职工群众看病就医负担。全面推开职工长期护理保险制度，印发《聊城市人民政府办公室关于开展职工长期护理保险制度的意见（试行）》。加强医疗费用管理，调整医疗保险政策，密集印发《聊城市城镇职工基本医疗保险结算管理办法》《关于调整城镇职工基本医疗保险有关政策的通知》《关于进一步调整完善基本医疗保险有关政策的通知》《关于进一步改进门诊慢性病管理服务工作的通知》等文件，提高在职职工住院医保报销比例和大额救助金标准，实现退休人员享受医疗保险待遇与单位在职职工缴费脱钩、慢性病异地购药实现联网结算，医保参保等待期时限由6个月缩短到3个月，慢性病年审改为3年一评估，市内转诊转院取消“门槛费”，切实方便参保群众看病就医。

失业保险工作。参保人员35.86万人，征缴基金1.3亿元，分别完成省下达任务的103.5%、129.7%；基金累计结余5.96亿元。将失业保险金标准从每人每月900元提高到980元，累计领取失业保险金人数8778人，落实失业保险金6066.71万元，为领取失业保险金期间的失业人员缴纳医疗保险费1717万元，发放生育补助金2.3万元，丧葬抚恤金35.9万元。落实失业保险支持企业稳定岗位补贴政策，为122家企业单位享受稳岗补贴747.74万元，惠及职工3.8万人。

工伤保险。工伤保险参保职工51.2万人，完成省下达任务的102.1%。征缴基金2.19亿元，完成省下达任务的128.6%。为5231名工伤职工拨付工伤保险待遇1.68亿元，基金累计结余4亿元。抓好省级工伤预防城市试点，编制形式多样、内容丰富、切实有效的工伤预防实施方案，深入大型企业、重点行业、工业园区举办工伤预防培训班30多期，印制工伤预防环保宣传袋、宣传明白纸、宣传手册等资料近10万份，依托各类媒体广泛宣传工伤预防知识，工伤案件从2016年的2611件下降至2017年的2333件，降幅达10.65%。

生育保险。参保人数25.06万人，完成任务的104.2%；基金征缴5613万元，完成全年任务的109%。拨付生育保险待遇9521万元。

其他工作。召开全民参保登记工作调度督导会议，完成入户调查工作任务；参加全国全民参保登记工作推进会，现场展示全民参保登记工作成果。积极创建全国社会保险标准化建设“先行城市”，与山东省标准化研究院签订《聊城市社会保险标准化建设项目技术服务合同》，在社保经办机构统一推行标准化标识，加强社保经办流程再造，开展标准化业务经办培训。加快社会保障卡发行工作，举行城镇职工社会保障卡发行仪式，发放首批职工社会保障卡20万张。加强社会保险基金监管，开展城乡居民养老保险经办机构内部控制、养老保险基金专项审计整改工作，对社保基金集中监管系统进行巡检测评。

【人才队伍建设】 **创新体制机制**。聊城市委、市政府制定印发《关于进一步加强高层次高技能人才引进工作的实施意见》，明确提出分类精准引进人才、优化人才发展环境、加强人才生活保障、加大平台建设力度、强力推动政策落实5个方面的22条实施意见，政府设立1亿元的聊城市人才创新发展基金，设立“引进高层次高技能人才绿色通道服务窗口”。

高层次人才队伍建设。举办“创新驱动·智汇水城——2017院士专家聊城行”活动，邀请2名院士、8名“国家千人计划”专家等40名院士专家来聊服务，签订合作协议7项、达成合作意向35项，破解技术难题50余个；市政府聘请来聊40名院士专家为“聊城市人民政府特聘专家”。经济开发区、旅游度假区、东阿和莘县举办千人计划专家走进开发区、智汇度假区和院士专家东阿行、莘县行等活动，共邀请80余名“千人计划”专家来聊服务。指导博士后科研工作站和省创新实践基地引进博士后7名。

引进国外智力。联合国家外国专家局经济技术专家司、省人力资源社会保障厅举办“中国·聊城海外高层次人才交流会”，来自27个国家的104名外国专家，与聊城市160余家企事业单位进行深入对接，达成初步合作意向180余项，签订框架合作意向书72项，为69家企事业单位解决技术难题80余项。积极参加第十五届中国国际人才交流大会，与5家海外组织签订国际人才海外工作站合作意向书。探索开展小团组、常态化引智活动，邀请2名以色列蔬菜专家开展技术指导。在聊城日报、市人力资源社会保障局门户网站开辟专栏宣传专家典型事迹。抓好外国专家管理服务工作，印发《关于开通外国专家就医“绿色通道”的通知》和《关于在聊城就业的外国人参加社会保险的实施意见》两个文件。

高技能人才培养。技工院校招收新生6080人，毕业6108人，就业率达97.8%。抓好“金蓝领”培训工作，培训学员1380人。举办2017年度职业技能竞赛，涉及26个职业（工种）或项目，带动技能练兵上万人。按照放管服改革要求，开展职业资格自查梳理工作，完成2016年度机关事业单位工勤人员技术等级考试工作。开展职业技能鉴定2.89万人，新增高技能人才7140人。

人才管理服务。新增齐鲁首席技师2名、“外专双百计划”专家1名，评选表彰聊城市有突出贡献的中青年专家20名、聊城市首席技师14名。组织参加援藏就业和“山东—名校人才直通车”等系列活动，举办各类人才招聘会50场，服务企事业单位2200余家、3.2万人次。成立聊城市人力资源服务业产业园，进驻人力资源服务机构6家。召开中青年专家座谈会，开展第三届专家培训休假考察活动。

职称评审。制定印发《关于做好2017年度我市职称评审工作的通知》，规范评审程序，加强监督检查，加大公开力度，接收审核26个系列3173份申报材料，其中正高级材料121份，副高级材料1501份，中级材料1551份。

【人事制度改革】 **人事考试**。组织人事考试28项，服务考生5.37万人，办理、审核、发放各类证书及成绩单0.48万本（份）。推进省级人事考试标准化考点建设，对东昌路小学、聊城职业技术学院现有的100个标准化考场进行升级改造。

公务员管理。圆满完成公务员考录工作，录用公务员296名。在湖南大学联合举办现代服务业高级人才研修班，培训55人。举办公务员初任培训、任职培训班，培训学员324。完成市直30家事业及参公单位整建制转为行政机关人员过渡登记工作。

事业单位人事管理工作。圆满完成事业单位公开招聘工作，新聘工作人员3215人。建立动态化的岗位管理工作机制，及时做好岗位聘用备案工作，办理完成市直120个部门（单位）人员的岗位续聘、竞聘备案手续。核准东昌府区基层卫生计生服务机构基层卫生高级岗位18个。启动事业单位人事管理相关业务网上报批工作，已录入132个单位、3436人岗位聘用情况等信息。

涉军安置维稳。严格落实安置计划，妥善安置军转干部130人、随调家属5人。抓好自主择业军转干部管理服务，落实困难企业军转干部解困维稳政策，按时为企业军转干部发放生活补贴。

【工资收入分配制度改革】 **机关事业单位工资管理**。完成机关事业单位在职和离退休人员的工资与离退费年报汇总上报工作。审批市直机关事业单位年度考核职称（合格）以上人员正常晋升级别工资或薪级工资2万余人。按照国家、省安排部署，在市直及阳谷县员额法官检察官工资套改先期完成的基础上，完成员额法官检察官的工资套改工作。建立机关事业单位防治“吃空饷”问题长效机制，对2014年以来的“吃空饷”问题治理情况进行督导检查。完成2017年度退休人员增资审核任务，为273名国有企业职教幼教人员调整养老金，落实获得省部级以上劳模和独生子女父母等部分退休人员的一次性补贴待遇。

企业工资收入分配管理。调整最低工资标准，自6月1日起，执行最低工作标准为月最低工资1470元、小时最低工资14.7元。公布2017年度企业工资指导线、社平工资标准。会同市国资委审核市管有关国有企业主要负责人、副职2015年度、2016年度薪酬系数。

【劳动关系协调和权益维护】 **全面落实维稳政策**。全力抓好十九大安保维稳工作、军队退役人员安置和权益保障工作，开发安置市直退役士兵专项公益性岗位687人，核算需补缴社会保险费退役士兵1680余人次，25家欠缴社保费困难企业签订欠费管理三方协议。严格落实困难企业军转干部解困维稳政策，及时申请发放生活补贴，做好重要节点稳控工作，企业军转干部保持总体稳定。配合有关部门，抓好山东山环活塞环社保政策落实、硫酸厂破产等重点工作，在政策范围内最大限度维护单位和职工权益。

劳动人事争议调解仲裁。建立基层调解组织2032个，调解员队伍达到7307人，实现大中型企业、基层人力资源社会保障服务平台调解组织全覆盖，事业单位调解组织组建率达到50%。把专业性劳动争议调解工作纳入政府综治工作（平安建设）考评内容。加强仲裁法律文书的释法说理，与法院联合建立仲裁案件跟踪制度，召开庭审观摩现场会。受理劳动人事争议1070件，涉及劳动者1233人，涉案金额2321.03万元，按期结案率100%。

劳动保障监察执法。大力开展农民工工资支付、劳动保障年检等执法活动，检查用人单位5793户次，涉及劳动者39.93万人次，催缴社会保险费3656.7万元，责令用人单位为9277名劳动者补发工资3234.5万元。加强部门联动，涉嫌犯罪移送公安部门案件4件，被判刑人员1名，申请法院强制执行案件22件。参与建立苏鲁豫皖四省劳动监察联动协作机制，并与四省九市签署劳动监察联动协作协议书。开展“双随机、一公开”检查，抽查用人单位143户。组建市县两级农民工维权中心，一站式处理农民工维权问题。召开2次市政府新闻发布会，在全省首家公布6起拖欠劳动报酬典型案件，及时公开组建农民工维权中心情况和24小时维权服务热线。

【标准化、信息化、一体化建设】 全面开展人力资源社会保障“标准化、信息化、一体化”三化建设，按期完成社会保险业务标准化建设，共梳理社会保险业务流程300余项，通过固化业务流程、简化办事程序，切实提升服务效能。加快推进参保人员数据整理，完成职工社会保障卡首批发行工作。投资2288万元，启动建设“智慧人社”系统，目前正在开展硬件配置和软件本地化工作。投资450多万元，启动人力资源社会保障综合服务大厅改造项目。投资50万元，规范建设“12333”人力资源社会保障咨询热线平台，通过服务外包招标组建10名话务员队伍，“12333”热线服务质量、热线接通率和解答率不断提升。

【法制建设】 开展规范性文件清理工作，公布废止失效文件33件。做好行政应诉和行政复议工作，受理行政诉讼案件10件，上年度转结1件，全部胜诉；行政复议案件2件，上年度转结4件，维持6件。行政复议案件2件，上年度转结4件，维持6件。举办法治人社培训班，开展“法律进高校”普法宣传月活动。组织参加国家宪法日集中宣传活动。

（聊城市人力资源和社会保障局）

滨州市

2017年，滨州市人力资源和社会保障系统紧紧围绕“民生为本、人才优先”的工作主线，牢牢把握稳中求进的工作总基调和“争一流、上水平”的工作定位，各项工作取得突破性进展。先后获得全国社会保障卡综合应用示范基地、全国清理整顿人力资源市场秩序专项行动先进单位、全省12333电话咨询服务建设示范单位、全省人社系统宣传工作先进单位、全省优质服务窗口、全省网络安全保护工作先进集体等荣誉称号。在首届全国创业就业服务展示交流活动中，荣获山东省突出贡献奖。

【就业工作】 *就业政策扶持*。始终把促进就业作为民生之本，坚持“双创”引领，全力推动就业创业政策落地，持续释放政策红利，在经济增长趋缓和下行压力加大的情况下，保持就业局势的基本稳定，实现城镇新增就业4.38万人，城镇登记失业率控制在2.12%，低于省市控制目标。强化服务推动，就业服务专项活动常态化开展，通过网络招聘、现场招聘和重点推荐等多种方式，运用微博、微信、手机APP等网络信息服务新模式，为求职人员提供精准就业服务。先后开展春风行动、民营企业招聘周、才聚滨州大型综合人才招聘会、高校毕业生就业服务专场招聘会等招聘活动，为582家用工单位发布招聘岗位信息3.2万余条。再次降低失业保险费率，由1.5%降至1%。落实扩大失业保险基金援企稳岗政策，共为339家企业发放稳岗补贴1608.93万元。

创业带动就业。强化技能培训，提升劳动者就业创业能力，开展就业技能培训、创业培训8627人。滨州市创业大学新增创业孵化项目70家，新增创业大学教学点10家。积极开展创业载体创建活动，新增省级创业示范平台2个，省级创业型乡（镇）4个、社区20个，市级创业型乡（镇）6个、社区17个，沾化富国社区被认定为第四批国家级充分就业社区。大力实施大学生创业引领计划，市财政拨付资金100万元专项用于扶持2017年市级大学生创业引领，建成市级以上大学生创业载体31家，就业见习基地101家。继续开展创业担保贷款“快易贷”行动，办理贷款2701笔，发放贷款3.81亿元。

重点群体就业。强化就业援助，突出解决重点群体就业问题。加大就业资金投入，就业资金累计支出4812.49万元。积极开发公益性岗位，为165家单位、78家企业1437名就业困难人员，落实社保补贴和岗位补贴1970.39万元，为贫困村的308名贫困人员落实公益性岗位补贴104.61万元。切实做好困难高校毕业生就业援助工作，对离校未就业困难高校毕业生实行“一对一”帮扶，至少提供2到3次就业机会。认真落实“农民工3项行动计划”、农村富余劳动力就地就近就业创业各项政策，确保有培训意愿的农民至少接受一次职业培训。全面实现城镇零就业家庭就业动态消零。

就业和社会保障扶贫。制定人力资源社会保障扶贫工作要点，并建立台账，实施定期调度制度。积极开展就业扶贫工作，4家企业入选全国就业扶贫基地，通过转移就业、就近就地就业、公益性岗位等形式，安置502名贫困人口就业。开展健康扶贫工作，将8.52万建档立卡贫困人口录入医保管理系统，在基本医疗保险、大病保险、医疗救助基础上，配合做好补充医疗保险。

【社会保障】 社会保险领域改革。继续深化基本医疗保险制度改革。不断完善居民大病保险制度，启动实施职工大病保险制度，在全省最早印发相关配套文件、制定理赔流程、签署合作协议、办理大病理赔。启动医保支付方式改革，在二级以上公立医院102个病种组、460余个病种亚目试行按病种定额付费，参保居民公立医院次均住院费用平均下降6.23%，个人负担平均减轻5.15%。10家医院纳入跨省异地就医联网平台，跨省及省内异地就医联网结算分别为545人次、1.49万人次，支付医保基金（不含居民大病）分别为792万元、1.68亿元。继续深化养老保险制度改革，积极推进企业职工养老保险、居民医疗保险市级统筹，全面落实养老保险关系转移接续政策，城乡居民、城镇职工养老保险之间实现顺利接续。实现退休人员养老金第“13连涨”，涉及17万人，人均增加养老金156元。深化工伤保险制度改革，规范实施“同舟计划”，基本实现工伤保险职业人群全覆盖。

社会保障水平。稳步提高参保人员社会保障水平，对2016年12月31日前已办理退休手续并按月领取养老金的退休、退职人员，涉及建国前老工人、企事业单位退休军转干部等各类企事业退休人员基本养老金待遇实行同步调整，涉及退休人员17万人，调整后人均增加养老金156元，实现自2005年以来退休人员养老金的“第13连涨”。规范发放城乡居民基础养老金，滨州经济开发区和北海新区发放标准分别为每月125元和135元，其余县（区）100元/每月，各县（区）已全部执行新的基础养老金标准。调整工伤职工定期待遇标准，一至四级工伤职工伤残津贴分别增长195元、185元、175元、165元，供养亲属抚恤金分别增长 69 元、51 元。稳步推进大病保险工作，居民大病保险参保人数 312.38 万人，总保费 1.94 亿元；职工大病保险参保人数 44.14 万人，保费 882.75 万元。

社会保险扩面。顺利完成全民参保登记入户调查工作，先后梳理参保单位信息 1.6 万条、人员信息 376 万条，完成 18.8 万未参保人员的信息核查和入户参保登记工作，入户调查率 100%，动员新参保 7.73 万人。结合公共服务"三化"建设，完善系统平台服务功能，大力推行网上申报征缴，推行银行柜台、自助柜员机、自助服务终端、手机 APP 缴费等便民缴费模式，网上和自助缴费达到 75% 以上。参加企业养老保险、机关事业单位养老保险、居民养老保险、职工基本医疗保险、居民基本医疗保险、失业保险、工伤保险、生育保险人数分别达到 49.28 万、9.35 万、191.03 万、58.69 万、317.78 万、40.41 万、48.11 万、30.1 万，参保人数持续增加，各项社会保险逐渐由制度全覆盖走向人员全覆盖。

【人才队伍建设】 **人才政策扶持**。健全完善政策扶持机制，畅通人才成长渠道。深入实施人才强市战略，印发一系列人才工作政策文件，在服务管理、引进培养、激励评价等方面打破常规，最大限度激发人才创新创造活力。全面实施"渤海英才·海纳工程"，对全职引进具有国际先进、国内领先水平，能够引领产业发展的高层次创新创业团队，实行"特事特办、一人一策"，通过项目资助、项目贴息等方式给予资金支持，为打造五大千亿级产业集群提供人才智力支撑。

人才引进对接。健全完善引进对接机制，壮大"高精尖缺"人才队伍。紧密结合新旧动能转换，积极搭建引才平台，连续举办"渤海英才·博士故乡行""海纳工程·出彩滨州"等一系列大型高层次引才推介活动。围绕机械制造、新材料、生物医药等重点行业和关键领域，大力组织实施"外专双百计划"等引智项目，获省级以上资助金额 195 万元。获批"黄蓝"两区人才项目 15 个，资金 150 万元。1 名外国专家入选国家"外专千人计划"，实现该项目零的突破，是全省仅有的 6 个专家之一。继续加大泰山产业领军人才工程申报力度，申报产业技能类人选 3 人；紧密结合重点产业发展战略申报引智项目，获批国批 1 项，省高端 4 项、省示范推广 3 项、出国（境）培训 1 项、外国专家讲座 1 项，省级以上资助金额 195 万元。

人才培育评价。健全完善培育评价机制，激发人才创新创造活力。建立"渤海英才·N 十佳"评选制度，完成"十佳专业技术带头人""十佳首席技师""十佳创业明星"评选工作。积极开展青年学术技术带头人培养工程，面向工农业生产、经济建设一线重点选拔培养 477 人。做好博士后工作站和创新实践基地的培育、推荐申报工作，让更多的博士进站发挥作用，帮助企业和单位搭建产学研结合平台。进一步加强高技能人才队伍建设，新增高技能人才 4237 人，其中技师 205 人，高级技师 272 人，齐鲁首席技师 6 人。

人才管理服务。强化外国专家管理服务力度，通过"外国人来华工作许可"试点及行政许可下放工作的开展，解决职能交叉分散、管理多头、政出多门、沟通不畅等诸多问题。办理各类外国专家证件 155 件次。强化外国专家表彰力度，向省外专局推荐省政府齐鲁友谊奖 2 人次，国家友谊奖 1 人次。严把政策，严格程序，为 12 人办理出国（境）培训审核手续。在市县两级人力资源部门设立引进高层次高技能人才服务"绿色通道"服务窗口，编制《滨州市引进高层次高技能人才服务绿色通道服务手册》，为引进高层次高技能人才提供全方位、全过程服务，并为首批 8 名高层次专家办理服务绿卡。加大高层次人才服务力度，做好高层次人才信息核查工作，共核查申报各类称号高层次人才 248 人。加强留学回国人员创业扶持，推荐申报留学回国人员来鲁创业启动支持计划 4 项。

【人事制度改革】 **公务员管理**。积极稳妥完成公务员考录工作，共录用公务员 439 人。深入推进县以下机关公务员职务与职级并行制度平稳运行，保证基层公务员"双通道"的晋升机制顺畅。完成 1.3 万名公务员（参照管理人员）及 7.4 万名事业单位工作人员 2016 年度考核备案工作。完成 2016 年度公务员统计工作，获得 100 分满分的好成绩。

事业单位人事管理。坚持统一规范、分类指导、分级管理的原则，平稳有序地开展事业单位公开招聘工作。发布招聘计划1487个，其中市直261个，聘用189人。根据国家和省委、省政府关于事业单位人事制度改革和医疗卫生体制改革、科技体制改革的部署要求，参与起草、制定市公立医院和科研院所法人治理结构建设实施方案，积极组织推荐符合条件的人员参与实行法人治理结构事业单位外部监事人才库、市属公立医院和科研院所外部理事人才库的建设工作，全力推动公立医院和科研院所法人治理结构建设工作的深入实施。开展2016年度事业单位工作人员和机关、参照管理事业单位工勤人员的年度考核工作。结合聘用制度和岗位管理制度的要求，规范考核等次比例和结果使用，及时做好市直各单位的工作人员年度考核备案工作。

军转干部安置。按照上级部署，圆满完成军转干部安置任务，安置企业军转干部77人、自主择业军转干部27人，保持企业军转干部连续15年零上访记录。建立企业军转干部工作台账，进一步做好摸排工作，及时掌握企业军转干部思想动态。对县（区）、市直有关部门实行日报告制度，发现问题及时处置。建立值班制度，开通企业军转干部服务热线，及时为他们解疑释惑，提供良好服务。

【三化建设】 **标准化**。以标准化为基础，实现社保经办服务同城同质同效。严格按照公共服务事项目录，统一规范办理程序，制定完善办理指南，将196项服务事项设计为771个业务流程，固化在业务经办服务信息系统中，工作人员以“分类柜员制”模式对外提供服务，做到“流程驱动、限时办结”。十项主要业务平均经办时间由1.9天降到0.33天。

信息化。以信息化为支撑，实现流程驱动、全市通办。依托“智慧社保”服务平台，公共服务事项全部实现网上办理，借助电子档案、电子签章系统，打破行政区划限制，各项业务在全市范围内通收通办。办理社会保险服务事项1228.68万件，网上经办业务比例达71.26%。加快社保卡发行应用，累计发行社保卡372万张，持卡普及率达95.6%，实现社保卡身份凭证、就医一卡通、缴费和领取待遇、跨地区用卡等功能应用。

一体化。以一体化为目标，打通服务群众最后一公里。打破内外网限制，构建起柜台、网站、手机APP、微信、自助服务终端、12333等“外在多元、内在统一”的一体化服务格局。在线下，建设150个基层人力资源社会保障所、191个社保卡服务网点，部署应用576台自助服务终端，实现社保服务市区“20分钟步行圈”、乡村镇镇通。在线上，依托门户网站，建立单位和个人网上服务系统，为1.5万余家参保单位和近400万参保个人提供服务。推行掌上服务，上线“滨州智慧人社”APP和“滨州人社发布”微信公众号，微信公众号被评为“滨州市最具社会责任感十佳微信公众号”。3月30日，“12333全国统一咨询日”全国主会场设在滨城区南杨大集，人力资源社会保障部、省人力资源社会保障厅和市政府有关领导同志共同参加系列宣传活动。

【风险防范】 **人事考试风险防范**。开展人事考试工作规范化建设，进一步严肃考风考纪，率先使用“人脸识别考场终端设备”，一级建造师、执业药师等考试零雷同率列全省第一。依规审核各县（区）事业单位招聘工作人员简章，发布招聘计划1487个，报名4.2万人次；发布公务员考录计划368个，报名1.6万人，参加面试1104人。完成国家、省、市26项、16653人的考试报名和资格审查工作，查处违纪考生41人，发放各类人事考试证书5526本。

劳动关系风险防范。先后开展农民工工资支付情况专项检查、小型企业劳动用工情况专项检查、清理整顿人力资源市场秩序专项行动，检查用人单位5572家次，涉及职工人数48.52万人，补发劳动者工资和社会保险费1533.56万元，依法取缔无证经营职业中介36家。市劳动保障监察支队被人力资源社会保障部、国家工商总局联合表彰为“全国清理整顿人力资源市场秩序专项行动先进单位”。劳动人事争议调解仲裁机构受理案件6984件，劳动保障监察机构收到劳动者投诉举报案件2460起，按期结案率均为100%。稳步推进劳动用工备案工作，备案企业1000余家，备案职工突破20万人，形成更加详细的企业劳动用工数据，进一步营造公平和谐的社会环境。

作风建设风险防范。始终坚持把党的建设、规范党内政治生活、健全完善规章制度放在首要位置。把监督制约贯穿到党风廉政建设的全过程和各方面，深入推进中央八项规定精神落实，不断增强党员干部讲规矩守纪律的自觉性和坚定性。“两学一做”学习教育进入常态化制度化，党风廉政建设工作经常抓、抓经常，系统上下服务意识和工作作风明显转变，群众满意度不断提高。

【工资收入分配】 **机关事业单位工资管理**。顺利完成员额制法官检察官工资套改，完成市中级人民法院65名员额法官、市人民检察院51名员额检察官工资套改工作，员额制法官、员额制检察官分别实现人均月增资3300元、3062元；为市中级人民法院77名、市检察院60名司法辅助和司法行政人员分别追加绩效考核奖金，实现人均月增资1118元、1736元。启动事业单位绩效工资分配制度改革，进一步完善收入分配激励机制。扎实开展防治“吃空饷”专项督查活动，对沾化区、惠民县、无棣县和市卫生和计划生育委员会等12个市直单位开展实地检查。按照事业单位岗位竞聘的要求，为166名岗位等级变动、223名晋升职称、4名考工晋级、58名岗位变动、167名试用期满转正定级人员兑现工资待遇；按照干部管理权限，为市直机关167名晋升科级职务的公务员兑现待遇；为2016年度市直单位遴选的50名事业干部和53名公务员办理调动工资手续。

企业工资管理。再次提高全市最低工资标准，调整后滨城区、博兴县、邹平县最低工资标准由1550元调整为1640元，沾化区、惠民县、阳信县、无棣县由1390元调整为1450元。及时拟定并代市政府起草执行全省企业工资指导线文件，并通过报刊网络，结合企业劳动用工备案、企业薪酬调查等各项工作，积极宣传引导，努力使广大劳动者能够共享企业发展成果。稳步推进国有企业负责人薪酬制度改革，开展薪酬兑现情况专项督查，对发现的问题责令整改。

【法治人社建设】 **制定公共服务事项目录**。确定公共服务事项78项，其中主动服务12项，依申请服务66项。梳理各类申请材料。按照依法依规、便民利民原则，35个科室（单位）对照自身行政权力事项、公共服务事项办事流程进行全面梳理，涉及115项行政权力、78项公共服务的证明材料，确定证明材料127项，涉政务服务事项中介服务2项。公布首批“零跑腿”事项1项，“只跑一次”事项8项。推行行政执法“三项制度”。推进行政执法公示制度，主动公示行政执法信息；实行执法全过程记录制度，实现行政执法全程留痕、可追溯；实行重大行政决定法制审核制度，未经法制审核或审核未通过的，不得作出相应行政决定。制定《行政负责人出庭应诉制度》，推动行政机关负责人出庭应诉制度化。全面梳理职业技能鉴定事项，计算机操作员、公共营养师等20个工种不再组织鉴定。对权力清单做出调整，承接下放其他权力事项2项，取消行政裁决1项、行政确认1项，最终确定行政权力事项115项。

（滨州市人力资源和社会保障局）

菏泽市

2017年，菏泽市人力资源社会保障部门坚持民生为本、人才优先的工作主线，适应经济发展新常态，服务供给侧结构性改革，深入实施就业优先战略，加快建立更加公平可持续的社会保障制度，全面深化人事制度和工资收入分配制度改革，大力构建更加和谐稳定的劳动关系，着力提升基本公共服务能力和水平，圆满完成市委、市政府和省人力资源社会保障厅下达的各项工作任务，在更高水平上推进人力资源社会保障事业创新发展。

【就业创业】 将促进就业作为重要的政治任务和改善民生的头等大事，大力实施就业优先战略，抓政策、抓重点、抓创业、抓服务，就业创业局势稳中向好，实现城镇新增就业7.3万人，就业困难人员就业3584人，技能培训3.2万人、创业培训2万人，城镇登记失业率控制在3.8%以内。

重点群体就业。发挥人力资源社会保障部门政策和服务优势，全力促进高校毕业生就业创业，新增创业高校毕业生856人；农民工3年3项行动计划取得扎实成效；实施“春风行动”“就业援助月”等专项活动，提供公共就业创业服务7.3万人。着力促进以创业带动就业，建成五大类15个市级创业示范园区和49个创业示范平台，5个被评为省级创业示范平台；新增发放创业（扶贫）担保贷款5亿元，扶持带动就业2.2万人。

就业创业服务。推动就业创业服务提质升级，构建“半小时公共就业创业服务圈”，41个社区被认定为省级“四型就业社区”，占全省“四型就业社区”数量的九分之一。积极开展创业型城市（县）、创业型社区（乡镇）创建工作。各县区成立由政府领导挂帅、人力资源社会保障部门牵头、相关部门共同参与、分工负责、协调配合的创建工作领导小组，形成政府促进创业的工作推动机制。制定鼓励支持创建工作的具体措施，研究制定工作方案和各阶段工作安排，督促有关部门制定完善促进创业的各项专项政策措施。采取多种形式和渠道，充分利用新闻媒体，在公共场所醒目位置设立宣传栏，大力宣传创建开展情况。按月调度县区创建创业型城市的情况，适时以简报的形式通报县区进度，创建创业型城市情况、信息和成果。积极开展“四型社区”创建工作。在“四型社区”创建工作中，贯彻“劳动者自主就业、市场调节就业、政府促进就业和鼓励创业”的就业方针，把促进创业及带动就业工作摆在更加突出的位置，以建设“创业齐鲁·乐业山东”为统领，以鼓励支持城乡劳动者自主创业和返乡创业为重点，坚持政府促进、市场引导，政策扶持、社会支持、自主创业的原则，坚持创建引领、载体支撑、服务助推、培训提升的工作思路，加强领导，深入开展创业型街道（乡镇）社区创建活动。

返乡创业。充分挖掘常年在外就业创业160万人这一重大潜力、重大资源、重大优势，倾情呼唤“城归”回乡创业、共同发展。印发一系列支持返乡创业的文件，在全国率先成立菏泽市返乡创业管理服务中心，负责返乡创业综合管理协调工作，各县区成立相应工作机构。新建市级返乡创业服务站12个，累计建成34个，各县区设立的服务站达到73个，基本实现返乡创业服务工作在全国主要城市和重点区域的全覆盖，返乡创业人员达到10.6万人，创办实体4.1万家，带动就业30万人。召开以“荣归故里、创业圆梦”为主题的菏泽市返乡创业大会，大会现场签约22个项目，总投资额达到62.6亿元，引起社会各界的高度关注。

职业技能培训。加强定点培训机构建设。为提高培训质量，委托第三方招标代理机构进行招投标，根据培训需求和办学规模，组织认定定点培训机构。设定点培训机构80所，创业大学一所。在培训模式推广上，围绕产业结构调整、升级改造，全面推广“企业订单、劳动者选单、培训机构列单、政府买单”的四单式培训；在定点培训机构管理上，按照“条件公开、自愿申请、竞争择优、社会公示”的原则，实行动态管理，确保定点培训机构高效运转。开展特色培训。根据企业需求和劳动者愿望，因地适宜，开展符合当地特色的职业技能培训。如曹县木材加工工业相对发达，为解决木材加工从业人员素质偏低、技能型人才缺乏等问题，有针对性地开展打造“鲁班工艺”精细木工品牌培训；郓城县作为水浒故事的发源地，努力发展旅游经济，大力开展“水浒旅游培训”。集合师资、实训优势，聘请企业行业技术骨干与能工巧匠，建立“双师结构，专兼结合”的教学团队，聘请大学教授为客座讲师，搞好校企联合，初步形成具有县域特色的培训品牌。加强创业导师队伍建设。聘请国家级创业培训师对创业培训31名一线讲师进行为期3天的创业讲师能力提高培训，并择优选出5名讲师参加省级创业讲师大赛，其中两人分别获得全省创业培训讲师大赛课程设计作品比赛一等奖和个人综合能力比赛二等奖。创业咨询师、创业培训师充分发挥各自作用，对有创业意愿的群体免费进行创业指导、推荐创业项目，推动创业工作的开展。

就业扶贫。认真落实全省人社系统精准扶贫工作会议精神，加强就业社保扶贫工作组织领导。对有培训愿望的就业困难人员免费培训一次，有就业愿望的推荐一次就业岗位，有创业愿望的提供一次小额创业贷款。做好就业扶贫基础工作。对劳动年龄内建档立卡贫困人口就业创业培训意愿情况进行调查摸底，形成到村到人的就业扶贫数据库，并通过省就业和人才数据报送系统，对就业扶贫工作进行跟进。及时做好“农村贫困劳动力就业信息平台”信息核实工作，实现贫困劳动力转移就业6946人，技能培训2519人。建设“扶贫车间”促进家门口就业。立足企业“招工难”和贫困群众“就业难”，发挥职能优势，鼓励有条件的企业，利用村小学旧址、村级活动场所旧址或闲置民宅，在村里设置就业扶贫车间，并帮助做好人员培训，使贫困群众就地就近就业，把“双难”变成“双赢”，基本实现贫困群众家门口就业，为脱贫攻坚奠定基础。通过东西帮扶做好扶贫对接工作。

劳动关系。全面推进劳动合同制度的实施，落实集体合同攻坚计划，组织开展以农民工权益保障为主体的“春暖行动”，劳动合同和集体合同签订率分别达到99%和95%。加大劳动监察执法力度，化解拖欠农民工工资案件334起，为8553位农民工讨回工资8436万元。加强劳动人事争议调解仲裁，共受理劳动人事争议400件，通过调解和仲裁为职工挽回经济损失近2000万元。

农民工工资治欠保支。从市人力资源社会保障局、市住房和城乡建设局、市公安局等12个部门各抽调一名分管负责人和一名联络员组成治理拖欠农民工工资工作专班，各县区均建立由政府负责人牵头，相关部门参与的治理拖欠农民工工资协调机制，相互协调配合，形成齐抓共管的工作局面。市政府督查室、市人力资源社会保障局牵头，市住房和城乡建设局、市财政局等11个专班成员单位分包县区的方式对各县区治理拖欠农民工工资工作进行专项督查，每周至少赴县区督查一次。工作专班成立后，人力资源社会保障部门共向公安机关移送涉嫌拒不支付劳动报酬罪案件11件，司法局法律援助中心为郓城县被拖欠93万余元的189名农民工提供法律援助，因拖欠农民工工资被行政处理、处罚的用人单位被集中录入到发改、工商、人行征信系统，施行联合惩戒。解决拖欠农民工工资案件224件，为4790名农民工讨薪6496.2万元。未发生一起50人以上的因欠薪引发的群体性事件和突发性事件。

【社会保障】 扎实做好全民参保登记工作，加快推进社会保障改革，完善社会保障制度，以增强公平性、适用流动性、保障可持续性为重点，推动社保工作，实现由制度全覆盖向人员全覆盖的转型。

社保经办机构整合。为全面提升社会保障工作管理服务水平，建立运转高效、管理科学的社会保险体制和机制，撤销2个副县级及4个科级经办机构，成立菏泽市社会保险事业管理服务中心，属市政府直属正县级公益一类事业单位，由市人力资源社会保障局代管。菏泽市社会保险事业管理服务中心将原社会医疗保险事业处、社会劳动保险事业处、机关事业单位养老保险处、城乡居民养老保险处、工伤保险处、失业保险处重复交叉的职能进行整合，按照工作职能设置相关科室，确定编制，调整人员，梳理业务经办流程，按照社会保险核心平台三版信息系统要求，实行“五险合一、一票征缴、一体管理、一站式服务”，所有社会保险业务全部在信息系统中办理，提高工作效率。

社会保险待遇。坚持“高效、便捷、及时、准确”原则，积极协调调度发放资金，为12.7万名企业退休人员、8.1万名机关事业单位退休人员增加待遇，企业退休人员人均月增资150元，机关事业单位退休人员人均月增资241元。做好居民基本养老保险业务运行情况分析报告工作，及时掌握各县区工作情况，严肃督查挪用个人账户发放养老金问题，进一步确保居民养老保险待遇按时足额发放。145万居民按时领取养老待遇，发放养老金16.5亿元。持续深化医保支付方式改革，

不断提高费用结算科学性，积极推行按病种、按项目、按服务单元、按人头等结算办法，采取有效措施遏制医疗费用过快增长，减轻参保患者的自费负担。确定实施按病种结算病种数量达到105种。不断扩大合规医疗费用的报销范围，丰富医保待遇支付内容，建立居民基本医疗保险、居民大病保险和大额医疗费用补助三个医疗保障层次。积极推动职工长期护理保险制度的实施。全面推动落实“同舟计划”，按建筑业新开工项目工伤保险参保率达到100%。失业保险金发放标准由每人每月900元调整为980元。优化待遇核定程序，缩短待遇审批时限，便捷待遇领取资格认证，扎实做好各项社会保险政策落实，确保各项社会保险待遇按规定支付，发放各项社会保险待遇支出合计145亿元。

机关事业单位养老保险制度改革。按新制度计发养老待遇启动以来，对新系统待遇计算功能不断进行测试、验证和深入研究，不断发现问题并向上级反馈改进；积极与省人力资源社会保障厅和兄弟地市沟通、交流、探讨养老制度改革有关问题，同时对系统不具备的功能，主动研究设计计算表格，提高工作效率，按新制度计发养老待遇相关工作扎实有序开展。

被征地农民社会保障。在2016年底实现破零起步的基础上，加大被征地农民社会保障政策落实工作力度，优化工作措施，强化督导考核，因地制宜、因地施策，积极稳妥推进工作开展。被征地农民社会保障资金落实到个人账户6亿元，落实到个人账户资金占社保专户资金比例为49%，被征地农民参保人数达到10.8万人。

异地就医联网即时结算。建设完善跨省异地就医结算系统，实现跨省异地就医住院医疗费用直接结算。作为就医地，开通13家跨省异地就医联网定点医院，外省异地安置及转外治疗人员就医医疗费用出院可以即时结算；作为参保地，建立异地安置人员的备案信息库并动态维护，上传异地安置人员备案信息602条，方便参保人员在安置地就医时进行直接结算。居民和职工转省外就医，可持社保卡登记备案后，住院医疗费用出院能够直接结算，真正做到便民惠民。上传异地转外就医备案732人次，完成转外就医人员医疗费用出院直接结算317人次。

“三化”建设。加强社会保险“三化”建设，结合菏泽市社会保险工作现状，对省人力资源社会保障厅制定的255项社会保险标准化服务事项进行逐一梳理，对综合服务窗口进行科学合理设置，不断提高社会保险经办标准化服务水平，力求便民、高效、安全、快捷。升级改造社会保险基金财务综合管理系统，实现社保基金财务业务一体化，社会保险业务数据与财务数据的相互自动转换，建立社保基金运行分析系统，对社保基金收、支、余情况进行分析、预警和监测。积极稳妥地推进社保卡应用工作。

社会保险扶贫工作。居民基本养老保险方面，为符合参加居民养老保险条件、未标注脱贫的贫困人口代缴养老保险费880万元。居民基本医疗保险方面，做好扶贫政策落实与政策衔接，提供“一站式”即时结算服务。对符合农村贫困人口条件的参保居民，降低大病医疗费用个人自负比例。加强基本医保、大病保险、大额医疗费用救助、商业补充保险、医疗救助、农村贫困人口大病专项救治等医保扶贫政策的有效衔接，实现部门之间信息共享，充分利用基本医保信息系统，为参保居民提供“一站式”即时结算服务，切实减轻贫困参保居民的医疗费用负担。

【人才队伍建设】 深入领会习近平总书记对“战略人才”“人才强国”“人才是第一资源”等人才工作要求，以人事代理、人事档案管理、人才引进培养、公共人才服务建设为重点，着力抓好工作落实。

人才引进培养。引进培养硕士以上学位和专业技术人才2410人，新增高技能人才3860人，开展职业技能鉴定35660人次。举办3个省级专业技术人员继续教育高级研修班，选派14名高级专业技术人员参加国家级高级研修班，申报的研究课题首次获得山东省博士后创新项目专项资金资助一等奖。获得2个齐鲁技能大师特色工作站建设项目、1个国家级大师工作室建设项目，确定1家山东省技师工作站设站单位。不断强化“金蓝领”培训，培训技师210人，高级技师120人，1人被省政府纳入泰山产业领军人才工程，5人获得齐鲁首席技师称号，3人获山东省技术能手称号。

海外招才引智。举办中国菏泽（巴西）海外招才引智恳谈会，挂牌成立菏泽市首个海外招才引智工作站。通过积极申报、组织实施“千人计划”外专项目、“外专双百计划”、省级高端外国专家项目和“区域协调发展专项”等各类引进外国专家项目，引进外国专家25人次来菏进行技术指导和交流，积极发挥重大引智工程的高端引领作用，大力引进经济社会发展所需的“高精尖缺”人才。3名外国专家入选省政府“外专双百计划”，1名外国专家受国家外国专家局邀请，赴人民大会堂参加2018年春节座谈会。全面承接“辖区内外国人来华工作许可”行政审批事项，简化外国人来华工作许可审批流程，共为来自新加坡、韩国、土耳其、美国、保加利亚、法国、澳大利亚等国家63人次的外国人办理来华工作许可。

人才服务。组织开展流动人员人事档案管理服务规范年活动，提升流动人员人事档案规范化管理水平。加强人事代理工作。完善人才服务档案室建设，对流动人员人事档案和事业单位在编人员人事档案实行分开管理，由专人负责。人才服务机构人事代理21384人，新增流动人员人事档案保管14875份，组织流动人员开展继续教育450人，为131名大中专毕业生成功办理就业手续。组织开展高层次人才专场招聘活动。组织市直及县区23个单位参加“山东大学2017届毕业生就业双选会”。组织20多家企事业单位参加“山东—名校人才直通车”长春站、北京站、武汉站、成都站活动，分别在吉林大学、清华大学、武汉大学、四川大学组织招聘101个岗位共计802人。组织6家企业参加首届晋冀鲁豫四省十四市区域人才交流大会邯郸行活动，招聘34个岗位共计163人。不断加强清华大学研究生社会实践菏泽基地建设，成功举行为期6周的暑期社会实践活动，完成科研项目13项，解决技术困难17项，开办“博士讲堂”16期，形成“博士讲堂”品牌。

【人事制度改革】 在全省人事制度改革攻坚期，充分认识自身存在的问题，着力推进实施公务员分类管理改革，扎实做好事业单位人事管理和军转安置工作，推动人事管理工作。

公务员管理。加强基层一线机关公务员考录力度，招考计划向乡镇倾斜，乡镇机关公务员招考门槛适当降低，22名熟悉乡村、了解基层的本土优秀人才被录用乡镇机关公务员。加强公务员培训工作。举办市直机关公务员培训班两期，培训市直机关基础岗位公务员102名，举办新录用公务员初任培训班4期，54名基层公务员参加全省基层公务员脱贫攻坚能力提升示范培训，26名乡镇长参加全省乡镇长脱贫攻坚能力提升示范培训，80名县乡基层公务员参加菏泽市公务员脱贫攻坚能力提升培训班培训。根据公务员管理工作需要，自主研发菏泽市公务员管理信息系统，逐步实现公务员新增、退出、登记、交流、职务任免、年度考核、奖惩、培训等公务员管理业务的网上实时备案和动态管理，基本实现公务员管理工作精准化和信息化。

事业单位人事管理。在全市范围内普遍建立事业单位岗位设置管理制度，为370个事业单位进行岗位设置或岗位调整，实现事业单位工作人员由身份管理向岗位管理的转变，激发事业单位及其工作人员的活力。职称评审实行晋升数额审批制度，较好地实现岗位管理和专业技术职务评审制度的配套衔接。严格落实公开招聘政策，严把报名、笔试、面试、体检、考察、公示等关口，为市直事业单位招聘251人。全面实行岗位聘用制，签订聘用合同，并及时完成岗位聘用情况备案。首次开展事业单位专业技术三级、五级岗位设置和人员聘用工作。

职称制度。按照国家和省的要求，推进中职学校、技工院校教师职称制度改革。完善职称评价体系，加强职称评审方式方法改革，建立科学有效、以人为本的更加人性化的职称评价制度。从促进地方经济发展，满足社会层面需求，调动各类人才积极性，充分兼顾单位、个人合理利益诉求的角度，对现有职称制度评审办法方式和机制模式进行修改完善。加快推进职称评审改革步伐，加大高级职称考评结合力度，扩大考评结合范围，阳光操作，公正评审，减少人为因素，最大程度上把那些业务能力强、创新意识强、社会公认度比较高的专业技术人才选拔出来。制定基层专业技术人才队伍建设实施办法，完善基层专业技术人员职称评审办法。深化职称制度改革，完善职称评价体系，首次完成2016年度中小学教师高级和卫生技术高级职称评审工作。收入分配有序推进，圆满完成939名法官、检察官和司法辅助人员工资制度改革相关工作；完成中小学校长职级制改革增加绩效工资总量工作，市直中小学校长年人均增加绩效工资22343元。

军转干部安置。军转干部安置顺利实施，阳光安置军转干部68人，接受自主择业军转干部67人，随调家属13人；采集自主择业军转干部基本信息，初步建成自主择业军转干部信息工作平台。举办军转干部培训班，对转业的军转干部进行岗前培训，帮助军转干部尽快转变角色，适应地方工作。企业军转干部解困维稳工作得到加强。

人事考试。建立局领导包考点、巡视人员包考场工作机制，加强考务工作精细化管理，组织实施公务员考录、事业单位公开招聘、计算机应用能力、执业资格考试、“三支一扶”和军转干部安置等人事考试12项。严厉打击高科技作弊团伙，首次实现经济中初级专业技术资格考试作答试卷“零雷同”，营造诚信考试的良好环境。

【机关党建】 不断增强广大党员干部“政治意识”“大局意识”“核心意识”“看齐意识”，坚持围绕中心，服务大局，扎实做好机关党建工作。

党风廉政建设。对照党章规定的八项义务，认真做好强化教育、落实责任、建章立制、监督检查，深入推进党风廉政建设和反腐败工作。加强对权力运行的监督制约，强化对重点岗位的廉政风险防控。深入推进廉政文化建设，建立机关廉政文化墙，把工作理念、服务宗旨、廉政格言等张挂上墙，营造浓厚的廉政文化氛围。强化监督检查，紧抓公车私用、婚丧嫁娶大操大办等重点事项，紧盯元旦、春节、中秋、国庆等重要节点，集中开展专项检查。认真落实廉政谈话、个人有关事项报告、述职述廉等规定，有力促进廉政工作的深入开展。

“两学一做”学习教育。以局党组理论中心组学习、“三会一课”等制度为主要抓手，全面学习贯彻党的十九大精神和习近平新时代中国特色社会主义思想，及时跟进学习习近平总书记最新讲话和指示，中央、省市委最新决策部署和新出台的制度法规等，尤其是跟进学习与保障和改善民生、事关人力资源社会保障事业发展相关的内容。坚持以上率下、层层示范，党员领导干部自觉向党中央对表、对标，带头旗帜鲜明讲政治，带头强化党性修养，带头严格自律，带头担当负责，学在前、做在前。

文明创建。充分发挥工会、共青团、妇联作用，有针对性地开展各种文明创建活动，组织党员干部参观廉政基地和廉政文化书画展，参加体育局举办的运动会，深入开展社会公德、职业道德、家庭美德、个人品德为主要内容的“四德工程”主题活动，全面贯彻落实《公民道德实施纲要》，不断提高干部职工的品德素质。在全系统开展“学身边典型·做人社先锋”活动，不断挖掘党员干部中的先进典型，形成争做典型、争做模范的良好氛围。

扶贫攻坚工作。在全局精选6名科级干部担任驻村“第一书记”，局党组成员分别担任6个驻村工作队队长。成立局扶贫工作领导小组，制定工作方案，定期走访了解帮扶对象情况，施行差异化帮扶，确保扶贫政策、措施精准落实到村到户到人。

（菏泽市人力资源和社会保障局）

政 策 法 规

一、就业创业

山东省人民政府
关于助推新旧动能转换做好当前和今后一段时期就业创业工作的意见

（2017 年 9 月 11 日　鲁政发〔2017〕27 号）

各市人民政府，各县（市、区）人民政府，省政府各部门、各直属机构，各大企业，各高等院校：

就业是最大的民生，是经济发展最基本的支撑。为深入贯彻落实《国务院关于做好当前和今后一段时期就业创业工作的意见》（国发〔2017〕28 号），在新旧动能转换中实现就业转型，以就业转型助推新旧动能转换，现就进一步做好就业创业工作提出以下意见。

一、推动就业优先，聚焦新旧动能转换扩大就业

（一）促进新旧动能转换与扩大就业联动。大力实施新旧动能转换重大工程，聚焦新技术、新产业、新业态、新模式，推动产业智慧化、智慧产业化、跨界融合化、品牌高端化，积极培育新的就业增长点。深入实施就业优先战略行动，把稳定和扩大就业作为动能转换和区间调控的下限，加大宏观政策调整实施力度，促进经济企稳向好，确保就业稳定。加强经济社会政策与就业政策衔接，在制定财税、金融、产业、贸易、投资等重大经济政策和人口、教育、社会保障、住房、城市规划建设等重大社会政策时，要综合评价对就业岗位、就业环境、失业风险等带来的影响，促进新旧动能转换与扩大就业联动。（省发展改革委、省经济和信息化委、省教育厅、省财政厅、省人力资源社会保障厅、省住房城乡建设厅、省商务厅、省卫生计生委、人民银行济南分行等负责）

（二）推动产业结构优化与就业转型协同。完善多元化产业体系，既注重发展资本、技术和知识密集的先进制造业、战略性新兴产业，又要支持劳动密集型产业发展，降低实体经济成本，推进传统产业绿色改造，创造更多就业机会。推广政府和社会资本合作（PPP）模式，做大做强金融服务、专业咨询、信息技术、现代物流、节能环保、电子商务、旅游业等现代服务业，优化提升家庭服务、商贸服务等传统服务业，加快发展健康服务、旅游会展、乡村体验、健身服务、教育培训、法律服务等满足个性化、多样化消费需求的新兴服务业，持续提升服务业吸纳就业比重。发展家庭服务业带动就业，对吸纳就业困难人员的，给予岗位补贴和社会保险补贴。建设一批家庭服务业职业培训基地，每年认定 5 家省级示范基地。加大对发展潜力大、吸纳农业转移人口多的县城和重点镇用地计划指标倾斜，大力发展县域经济和农产品电子商务、休闲农业、创意农业、乡村旅游、旅游特色小镇等新业态，加快推进农村一二三产业融合发展，拓宽农村就业创业空间。（省发展改革委、省经济和信息化委、省民政厅、省司法厅、省财政厅、省人力资源社会保障厅、

省国土资源厅、省农业厅、省商务厅、省文化厅、省卫生计生委、省旅游发展委、省工商局等负责）

（三）提高重大项目对就业拉动能力。探索建立重大项目特别是新旧动能转换重大项目就业信息共享机制，实现招商引资、项目立项、土地征收、项目实施与就业联动。对项目实施可能对就业产生的影响，特别是项目实施或建成后可能造成现有就业岗位流失、所涉及领域就业吸纳能力下降或被征地农民增加等情况的，在项目立项、日常管理、后续保障中予以统筹考虑。围绕重大项目就业岗位和技能培训需求，主动提供人力资源服务。（省发展改革委、省经济和信息化委、省人力资源社会保障厅、省国土资源厅、省商务厅等负责）

（四）发挥小微企业就业主渠道作用。落实小微企业降税减负和清理规范涉企收费政策。落实就业补贴、创业带动就业补贴政策，支持小微企业扩大就业容量。加快小微企业商标注册便利化改革，推进小微企业名录平台应用，提高小微企业政策获得感。支持小微企业创业创新示范基地建设，打造专业化、集成化新型载体。推广使用“创新券”，加大科研基础设施、大型科研仪器向小微企业开放力度，为小微企业产品研发、试制提供支持。鼓励高校、科研院所及企业向小微企业转移科技成果，有条件的地区可推动开放共享一批基础性专利或购买一批技术资源，支持小微企业协同创新。优化融资环境，加大信贷投放，支持小微企业加快发展，增强吸纳就业能力。（省中小企业局、省发展改革委、省教育厅、省科技厅、省财政厅、省人力资源社会保障厅、省地税局、省工商局、省国税局、人民银行济南分行等负责）

二、支持创业创新，打造富有活力的创业生态

（五）优化创业环境。持续推进简政放权、放管结合、优化服务改革，放宽新兴经济领域政策限制。深化商事制度改革，推进工商注册便利化。全面实施企业“五证合一、一照一码”、个体工商户“两证整合”，部署推动“多证合一”，取消不必要的行业门槛限制，消除隐性壁垒，切实解决“准入不准营”的问题。进一步减少审批事项，规范改进审批行为。探索动态包容审慎监管制度，推进市场监管领域综合行政执法改革，实现信息互换、监管互认、执法互助，着力解决重复检查、多头执法等问题。加快实现四项收费清单省、市、县三级全覆盖。（省发展改革委、省编办、省工商局、省物价局等负责）

（六）支持通过新兴业态就业创业。推动平台经济、众包经济、分享经济等创新发展，构建适应新产业新业态发展规律、满足新动能集聚需要的政策和制度环境。将鼓励创业创新发展的优惠政策面向新兴业态企业开放，对符合条件的新兴业态企业落实相关财政、信贷等优惠政策。推动政府部门带头购买新兴业态企业产品和服务。完善适应新就业形态特点的用工和社会保险等制度，指导新兴业态企业和与之建立劳动关系的从业者签订劳动合同，依法参加职工社会保险。符合条件的新兴业态企业吸纳高校毕业生、就业困难人员就业的，按规定给予岗位补贴、社会保险补贴和一次性创业岗位开发补贴。其他从业者可按灵活就业人员身份参加养老、医疗保险和缴纳住房公积金。属于就业困难人员、离校 1 年内未就业高校毕业生的，可按照规定享受灵活就业社会保险补贴政策。加强平台企业劳动关系调整，推动平台、行业组织与劳动者开展集体协商，签订和履行集体合同。加快建设“互联网＋人社”，为新就业形态从业者参加社会保险及社会保险关系转移接续提供便利。（省发展改革委、省经济和信息化委、省人力资源社会保障厅、省财政厅、省住房城乡建设厅、省商务厅、省工商局、省总工会、人民银行济南分行等负责）

（七）加大创业扶持力度。全面落实高校毕业生、登记失业人员、退役士兵和残疾人等群体就业创业税收优惠政策。加大一次性创业补贴发放力度，有条件的市可将一次性创业补贴政策放宽到符合条件的新注册个体工商户，补贴标准不低于 2000 元。对高层次高技能人才、返乡农民工、就业困难人员、毕业 5 年内高校毕业生（含技师学院高级工班、预备技师班和特殊教育学院职业教育类毕业生）租用经营场地创业，有条件的市可给予创业场所租赁补贴。对在高附加值产业创业的劳动者，创业扶持政策要给予倾斜。定期组织举办创业大赛，在全省评选一批符合新旧动能

转换方向的优秀创业项目、创业团队，给予最高20万元奖励。（省人力资源社会保障厅、省财政厅、省地税局、省工商局、省国税局等负责）

（八）打造多元化创业载体。按照“政府搭台、社会主导、市场化运作”的原则，鼓励支持通过盘活老旧商业设施、仓储设施、闲置厂房楼宇、过剩商业地产等方式建设创业载体，推动建设一批返乡创业园、乡村旅游创客基地，被认定为创业孵化示范基地、创业示范园区的，按规定给予奖补。2018年前被认定为省级创业孵化示范基地、创业示范园区的，给予最高500万元的一次性奖补。发挥创业孵化基地、创业园区资源集聚和辐射引领作用，建立全省创业载体发展联盟，开展创业载体建设运营经验交流和前瞻性研究，推动全省创业载体提档升级。健全完善创业孵化机制，集成创业政策，创新孵化手段，对确有需要的创业企业，可适当延长孵化周期。各地可根据创业孵化基地入驻实体数量和孵化效果，给予一定奖补。鼓励创业孵化基地、创业园区引入专业化服务机构，提升管理运营水平。加强科技企业孵化器和众创空间建设，对孵化高新技术企业成效显著的给予奖补，培育一批品牌科技企业孵化器和众创空间。加强大学科技园建设，推动高等院校科技成果转移转化。支持各市结合本地实际，打造一批不同主题的特色小镇（街区），向创业者提供免费工位或场所。推广海尔集团、浪潮集团经验做法，鼓励大企业由传统的管控型组织向新型创业平台转型，利用自身资源优势，实施创客化、平台化改造，带动企业内部员工和社会创业者共同创业。运用互联网、大数据、云技术，打造山东创业服务云平台，为创业者提供良好的交流和资源共享空间。（省人力资源社会保障厅、省发展改革委、省经济和信息化委、省科技厅、省财政厅、省住房城乡建设厅等负责）

（九）拓宽融资渠道。大力发展创业担保贷款，符合条件的创业人员，可申请最高不超过10万元的创业担保贷款，期限最长不超过3年；符合条件的小微企业，可申请最高不超过300万元的创业担保贷款，期限最长不超过2年，按照规定给予贴息。在网络平台实名注册、稳定经营且信誉良好的网络创业人员，可按规定享受创业担保贷款及贴息政策。有条件的市可适当放宽创业担保贷款借款人条件，提高贷款利率上限。鼓励金融机构和担保机构依托信用信息，科学评估创业者的还款能力，完善风险防控措施，降低反担保要求或取消反担保，健全代偿机制，加大对创业企业的融资支持。深化银企对接合作，探索实行投贷联动、股债结合，建立信息交换共享机制，发挥山东省融资服务网络平台作用，引导金融机构与创业投资、股权投资机构以及政府产业投资引导基金建立市场化长期合作关系，灵活高效满足创业融资需求。（人民银行济南分行、省发展改革委、省财政厅、省人力资源社会保障厅、山东银监局等负责）

三、优化人力资源供给，支撑新旧动能转换

（十）释放高校毕业生人才红利。实施高校毕业生就业创业促进计划，健全涵盖校内外各阶段、就业创业全过程的服务体系，促进供需对接和精准帮扶。教育引导高校毕业生树立正确的就业观念，促进其围绕新旧动能转换更好地参与到就业活动中，敢于通过创业实现就业。实施高校毕业生基层成长计划，落实学费补偿、助学贷款代偿、资金补贴等政策，引导鼓励高校毕业生到城乡基层、中小微企业就业，满足基层人才需求。鼓励高校毕业生到社会组织就业，对吸纳高校毕业生就业的社会组织，符合条件的可同等享受企业吸纳就业扶持政策。鼓励高校毕业生到科研项目单位参与研究，科研项目单位要按规定将社会保险补助纳入劳务费列支，劳务费不设比例限制。探索开展事业单位简化招聘程序公开招聘优秀高校毕业生。脱贫任务较重的县（市、区）基层机关事业单位公开招录招聘高校毕业生，可适当放宽职位岗位专业限制、单独划定笔试分数线、降低学历要求或开考比例。加大高校毕业生基层服务项目招募力度，合理安排时间，优化录用、聘用流程。根据基层发展需要和财力状况，结合“放管服”改革和综合行政执法体制改革，积极推进编制资源下沉，加强基层机关事业单位编制配备，为适度扩大招聘高校毕业生创造条件。落实完善“三支一扶”大学生服务期满就业政策，引导其留在基层建功立业。支持高校毕业生到国际组织

实习任职，培育具有国际视野的青年人才。加大就业见习力度，围绕新旧动能转换重大项目设立一批就业见习基地，有针对性地安排高校毕业生参加见习。允许就业见习补贴用于见习单位为见习人员办理人身意外伤害保险以及对见习人员的指导管理费用支出。加大对困难高校毕业生的帮扶力度，将求职创业补贴补助范围扩展到贫困残疾人家庭、建档立卡贫困家庭高校毕业生和特困人员中的高校毕业生。支持企业招用困难高校毕业生，符合条件的给予岗位补贴、社会保险补贴。促进留学回国人员就业创业，实施留学人员来鲁创业启动支持计划，鼓励留学人员以知识产权等无形资产入股方式创办企业。依托重大科研创新项目、重点科研基地和留学人员创业园等平台载体，鼓励和吸引优秀留学回国人员来鲁工作。（省人力资源社会保障厅、省编办、省经济和信息化委、省教育厅、省科技厅、省公安厅、省民政厅、省财政厅、省总工会、团省委、省残联、人民银行济南分行等负责）

（十一）提高教育培训质量。坚持面向市场、服务发展、促进就业的人力资源开发导向，着力化解就业结构性矛盾。深化高校创新创业教育改革，加快推进高校学科专业结构调整优化。发挥职业教育和职业培训作用，推进职业教育和职业培训精准对接新旧动能转换需求、精准契合受教育者需求，加快发展现代职业教育，着力提高学生的就业能力和创造能力。实施现代职业教育质量提升计划、产教融合发展工程、高技能人才振兴计划和大国工匠培训支持计划，统筹普通高中和中等职业教育协调发展，提高中等职业教育招生比例，推进职业教育与普通教育分类管理，引导各级各类职业院校科学定位、办出特色。实施高技能人才培养特色载体建设工程，建设一批定位明确、各有侧重、相互支撑的特色人才培养载体。大力发展技工教育，建设一批国内一流的技师学院。加快培育大批具有专业技能和工匠精神的高素质劳动者和技术技能人才，确保企业职工教育经费足额提取并合理使用。健全技能人才多元化评价机制，落实技能人才职业技能等级认定政策并做好与职业资格制度的衔接，建立职业资格、职业技能等级与相应职称比照认定制度，用人单位聘用的高级工、技师、高级技师可比照相应层级工程技术人员享受同等待遇。适应新旧动能转换要求，定期发布重点产业职业培训需求、职业资格和职业技能等级评定指导目录，对指导目录内的职业培训和技能鉴定，完善补贴标准，简化审核流程。推广使用职业培训包，将职业标准、教学内容、教学方式、教材、师资、实训、考核等内容规范化、标准化，实现职业培训由以结果管理为主向结果管理和过程管理并重转变，提升职业培训质量。充分运用职业培训补贴，支持优质培训机构开发数字培训课程，支持平台开展网上创业培训，支持培训机构引进国外优质资源或开展联合办学。根据去产能企业失业人员、建档立卡贫困人口特点，采取整建制购买培训项目、直接补贴培训机构等方式开展集中培训。依法参加失业保险 36 个月以上、取得职业资格证书或职业技能等级证书的企业职工，可申请最高 2000 元的技能提升补贴，所需资金从失业保险基金中列支。建立创业大学培训效能评估机制，支持创业大学完善内部管理运营机制，增强创业大学自我生存能力和发展潜力。研发推广统一的创业培训教程，提升创业培训质量。加强创业导师队伍建设，引导创业者和创业导师签订指导协议，通过股权转让等形式，鼓励创业导师发挥“传帮带”作用，提高创业成功率。（省教育厅、省人力资源社会保障厅、省发展改革委、省财政厅等负责）

（十二）提高人力资源供求匹配度。充分发挥市场的决定性作用，推进建设统一规范、竞争有序的人力资源市场体系，促进劳动力在地区、行业、企业之间自由流动。建立与新旧动能转换需求相适应的人力资源供求调查预测和信息发布制度，促进人力资源开发利用和合理配置。大力发展人力资源服务业，实施人力资源服务业发展推进计划，加强人力资源服务产业园建设，培育具有示范引领作用的龙头企业和行业领军人才。简化劳动者求职手续，建立入职定点体检和体检结果互认机制。发挥公共就业创业服务的基础性作用，加快推进公共就业创业服务“标准化、信息化、一体化”建设，完善服务功能，细化服务标准和流程，为不同群体、企业提供个性化、专业化、精细化的就业创业服务。强化基层公共就业创业服务从业人员职业化建设，建立定期培训、持证上岗制度。充分运用就业创业服务补贴政策，支持公共就业创业服务机构和高校开展就业创业服务，支持人力资源服务机构、劳务经纪人等市场主体为劳动者提供职业指导、创业指导、信息咨询、有组织劳务输出等服务。加快公共就业创业服务信息化建设，积极探索“智慧就业”，推动服务向移动端、自助终端等延伸，扩大服务对象自助服务范围，实现就业创业服务和管理全程信息化。（省人力资源社会保障厅、省发展改革委、省财政厅、省卫生计生委等负责）

四、做好重点群体、重点区域就业工作，稳住就业“基本盘”

（十三）健全城乡劳动者平等就业制度。落实城乡统一的就业失业登记制度，对有劳动能力、有就业失业登记需求且符合我省就业失业登记条件的城乡劳动者，应在常住地进行就业失业登记。对在城镇常住并处于无业状态的农村转移劳动者，在城镇常住地进行失业登记；对在农村常住并处于无地无业状态的劳动者，在农村常住地进行失业登记。公共就业服务机构要为其提供相应的就业服务和政策扶持。对就业失业登记的常住人员在常住地连续居住6个月以上且在当地参加社会保险6个月以上的，保障其与当地户籍人口享有同等的就业创业扶持政策。促进农民工等各类人员返乡创业，大力发展农民合作社、种养大户、家庭农场、建筑业小微作业企业、“扶贫车间”等生产经营主体，依法办理工商登记注册的可按规定享受小微企业扶持政策，对吸纳贫困家庭劳动力就业并稳定就业1年以上的，各地可酌情给予一定奖补。适应农村劳动者就业创业特点，统筹整合培训资源，创新培训内容和方式，推进职业培训全覆盖，引导农村转移劳动者到以“互联网+”为代表的新产业、新业态就业创业。密切关注女性平等就业情况，促进妇女、残疾人等公平就业。（省人力资源社会保障厅、省发展改革委、省财政厅、省农业厅、省旅游发展委、省工商局、团省委、省妇联、省残联、人民银行济南分行等负责）

（十四）完善就业援助长效机制。全面落实各项扶持政策，促进结构调整、转型升级中的失业人员再就业。合理确定就业困难人员范围，强化分类帮扶和实名制动态管理，确保零就业家庭、低保家庭中符合条件的至少一人稳定就业。加大对贫困人口特别是黄河滩区脱贫迁建、易地扶贫搬迁贫困人口转移就业的支持力度，确保他们搬得出、稳得住、能逐步致富。鼓励金融机构按照商业化可持续发展原则，运用扶贫再贷款优先支持带动建档立卡贫困户就业发展的企业及家庭农场、专业大户、农民合作社等经济主体。加强社会保障与就业联动，对因灵活就业、自谋职业或者自主创业使家庭人均收入达到或者高于当地低保标准的，采取渐退方式逐步退出低保，就业后3个月内的劳动所得不计入家庭收入。按规定由用人单位统一扣缴和个人自缴的最低档基本社会保险费、住房公积金不计入家庭收入核算。（省人力资源社会保障厅、省发展改革委、省扶贫办、省民政厅、省财政厅、省旅游发展委、省残联、人民银行济南分行等负责）

（十五）稳妥做好新旧动能转换过程中的职工分流安置工作。开展失业保险稳岗补贴护航行动，鼓励引导去产能企业尽最大努力挖掘内部安置潜力，从源头上减少失业。促进化解钢铁煤炭行业过剩产能企业分流职工转岗就业创业，鼓励引导国有企业安置部分分流职工，对单位新增岗位吸纳去产能分流人员的，按规定落实企业吸纳就业扶持政策。对自主创业的分流人员，优先安排入驻各类创业孵化基地，落实创业扶持政策。对确实难以安置的就业困难人员，新增及腾退的公益性岗位要优先安置。要将符合条件的去产能企业下岗职工纳入现行就业创业政策扶持范围，主动提供各项就业创业服务。积极稳妥、依法依规处理劳动关系，对本轮化解钢铁煤炭行业过剩产能企业职工因解除劳动合同依法取得的一次性补偿收入，符合相关税收法律法规规定条件的，可享受相关个人所得税政策。稳妥做好国有企业“瘦身健体”、提质增效、剥离企业办社会职能过程中的职工安置工作。（省人力资源社会保障厅、省发展改革委、省经济和信息化委、省财政厅、

省国资委、省地税局、省总工会、省国税局等负责）

（十六）促进退役军人就业创业。认真做好军队转业干部安置工作，鼓励自主择业军队转业干部就业创业，积极开展就业服务、职业培训、创业孵化等服务活动，按规定落实相关扶持政策。加大退役士兵安置工作力度，对符合政府安排工作条件的，要采取刚性措施，确保岗位落实、妥善安置。对自主就业的，要强化教育培训，落实优惠政策，提高就业创业成功率。（省人力资源社会保障厅、省民政厅、省编办、省国资委等负责）

（十七）缓解困难地区就业压力。建立区域就业协同推进机制，强化产业、资源、人才协作，促进资源枯竭型城市转型发展，实施替代产业培育行动计划，扶持劳动密集型产业、服务业和小微企业发展。补齐基础设施短板，加大对商贸流通、交通物流、信息网络等建设和改造项目的倾斜力度，完善公共服务设施。对地处偏远、资源枯竭、不适宜居住的独立工矿区，有组织地开展跨地区劳务对接。对新旧动能转换过程中，去产能任务重、待岗职工多、失业风险大的困难地区，组织开展就业援助行动。（省发展改革委、省经济和信息化委、省教育厅、省科技厅、省财政厅、省人力资源社会保障厅、省交通运输厅、省商务厅、省总工会、团省委、省妇联等负责）

五、完善保障机制，切实抓好组织实施

（十八）强化政府责任。各级、各部门要切实履行政府促进就业责任，各级政府主要负责同志为本地区就业工作第一责任人。要进一步完善就业工作目标责任制，将就业创业工作纳入党政领导班子工作实绩考核。健全就业工作协调配合机制，形成部门合力。鼓励各地积极探索以就业转型支撑经济转型模式，发挥就业对新旧动能转换的支撑作用。加强就业创业政策宣传，创新宣传方式，让就业创业政策家喻户晓。强化督查问责和政策落实绩效评估，健全激励机制和容错纠错机制，对抓落实有力有效的，加大政策和资金倾斜力度，适时予以表彰；对大胆探索、担当尽责、不谋私利，但在依法依规履行职责过程中由于难以预见因素出现失误或错误的，依据有关规定容错免责；对不履行或者不正确履行职责的，依纪依法严肃问责。（省委组织部、省人力资源社会保障厅、省发展改革委、省监察厅、省财政厅等负责）

（十九）加强资金保障。按照省与市县事权和支出责任划分的原则，适应就业创业工作需要，合理安排就业创业资金支出，强化资金预算执行和监督，开展资金使用绩效评价，提高资金使用效益。通过政府和社会资本合作（PPP）等多种形式，有序有效引导并带动社会资本扩大就业创业服务供给，带动全社会参与支持就业创业工作。加强就业创业资金监管，研究制定资金管理使用风险防控办法，确保资金安全运行。（省财政厅、省人力资源社会保障厅等负责）

（二十）加强就业统计监测和形势研判。完善统计监测制度，为新旧动能接续转换提供趋势性数据分析。积极探索利用大数据技术开展就业监测，扩大就业数据信息来源，逐步实现统计、经济和信息化、人力资源社会保障、教育、民政、公安、财政、工商、税务等部门数据的互联共享，为加强形势研判、落实完善政策、实施精准服务提供有力支撑。加强部门与研究机构、市场分析机构的密切协作，建立完善就业数据与宏观经济、行业经营等数据以及社会机构相关数据交叉比对机制，提高就业形势监测和分析能力。（省统计局、省经济和信息化委、省教育厅、省公安厅、省民政厅、省财政厅、省人力资源社会保障厅、省地税局、省工商局、省国税局、国家统计局山东调查总队等负责）

（二十一）防范化解失业风险。增强风险意识和底线思维，落实失业动态监测、预测预警和预防调控工作机制，根据就业失业重点指标、人力资源市场供求、宏观经济运行等变化，及早发现异常情况和潜在风险。对出现严重规模性失业风险的地区，适时发布预警信息和启动应急预案，通过提高稳岗补贴标准、开展以工代赈、组织跨地区劳务对接、合理降低企业人工成本、阶段性延长领取失业保险金期限、开展生活帮扶等措施，化解失业风险。（省人力资源社会保障厅、省发展改革委、省民政厅、省财政厅、省商务厅、省工商局、人民银行济南分行等负责）

山东省人民政府
关于印发山东省“十三五”促进就业规划的通知

（2017 年 9 月 11 日　鲁政发〔2017〕26 号）

各市人民政府，各县（市、区）人民政府，省政府各部门、各直属机构，各大企业，各高等院校：

现将《山东省“十三五”促进就业规划》印发给你们，请认真贯彻实施。

山东省“十三五”促进就业规划

“十二五”以来，全省上下牢固树立以人民为中心的发展思想，始终将促进就业放在经济社会发展的优先位置，坚持稳中求进、进中提质，坚持改革创新、转型发展，全面完成《山东省促进就业规划（2011—2015 年）》确定的主要目标任务，就业工作走在全国前列。“十三五”时期是我省加快新旧动能转换、建设经济文化强省，实现创新发展、持续发展、领先发展的关键五年，做好就业工作机遇与挑战并存。一方面，我省发展仍处于实现由大到强战略性转变的关键时期，产业升级提速、城乡区域一体、陆海统筹联动、生产力水平的多层次性，特别是实施新旧动能转换重大工程，将为我省经济提供更大的发展空间，创造更多的就业机会。另一方面，作为人口大省，就业总量压力不减，劳动者素质结构与经济社会发展不相适应，结构性矛盾突出，部分地区、行业、群体失业风险有所上升，新就业形态的迅速发展对完善就业政策提出了新要求。就业是最大的民生，是经济发展最基本的支撑。面对新形势、新挑战，必须深刻认识做好就业工作的重大意义，坚持供需两端发力，统筹发挥市场和政府作用，坚守底线，突出重点，完善制度，引导预期，努力开创就业工作新局面。

本规划依据《国务院关于印发“十三五”促进就业规划的通知》（国发〔2017〕10 号）、《山东省国民经济和社会发展第十三个五年规划纲要》（鲁政发〔2016〕5 号）编制，是“十三五”时期指导全省促进就业工作的战略性、综合性、基础性规划。

一、总体要求

（一）指导思想。全面贯彻党的十八大和十八届三中、四中、五中、六中全会精神，深入贯彻习近平总书记系列重要讲话和视察山东重要讲话、重要指示批示精神，落实省第十一次党代会部署要求，统筹推进“五位一体”总体布局和协调推进“四个全面”战略布局，牢固树立和贯彻落实创新、协调、绿色、开放、共享的发展理念，坚持劳动者自主就业、市场调节就业、政府促进就业和鼓励创业，深入实施就业优先战略和人才优先发展战略，着力创新就业工作体制机制，着力破解结构性就业矛盾，着力稳定就业局势，着力推动比较充分和更高质量就业，努力在经济转型中实现就业转型，以就业转型支撑经济转型，为我省新旧动能转换、在全面建成小康社会进程中走在前列提供支撑和保障。

（二）基本原则。

——坚持就业优先。把稳定和扩大就业作为区间调控的下限，保持政策连续性稳定性，促进产业结构、区域发展与就业协同，加快培育经济发展新动能，保持经济中高速增长，增强对就业拉动能力，实现就业与经济社会发展良性互动、深度融合。

——实施“双创”引领。深化简政放权、放管结合、优化服务改革，提高创业创新服务效率，构建有利于大众创业、万众创新的政策体系、制度保障和服务支撑，消除劳动者创业创新障碍，提升劳动者创业创新能力，释放全社会创业创新活力，打造就业增长新引擎。

——注重统筹兼顾。既要充分发挥市场在促进就业中的决定性作用，又要提高基本公共就业创业服务能力，更好发挥政府作用。既要充分考虑地区发展差异，统筹兼顾不同群体利益关系，完善公平普惠的政策制度，又要坚持突出重点，完善落实支持政策，改善公共服务供给，加强重点群体就业保障，帮助困难群体就业创业。

——加快转型发展。适应新旧动能转换要求，推进就业供给侧改革，加强人力资源开发，完善人力资源市场机制，积极扶持就业新形态，不断拓展就业新空间，推动就业发展动力转换、就业增长方式转型、就业体制机制创新，实现就业增长与经济增长趋势相一致、就业结构与产业转型升级要求相适应、就业质量与各类群体的就业创业意愿相契合。

——突出问题导向。适应经济新常态、就业新形态，推进就业创业工作适应性变革。注重防范失业风险，努力促进就业公平，持续提升就业质量，不断增强劳动者获得感。

（三）**主要目标**。到 2020 年，实现以下目标：

——就业更加充分。就业规模稳步扩大，就业局势保持稳定。“十三五”时期城镇新增就业 550 万人以上，全省城镇登记失业率控制在 4.5% 以内，高校毕业生总体就业率保持在 85% 以上，帮助 50 万左右建档立卡农村贫困人口通过转移就业实现脱贫。服务业从业人员比重不断提高，新产业、新业态就业人员总量大幅增长，就业结构持续优化。

——创业更加活跃。有利于创业创新的政策、制度和公共服务体系基本形成，创业环境显著改善，创业创新生态持续优化，创业活动更加活跃，市场主体数量持续增加，各类劳动者创业创富通道更加畅通，创业创新成为全社会共同的价值追求。

——劳动者素质结构与经济社会发展更加适应。到“十三五”末，劳动年龄人口平均受教育年限达到 12 年，主要劳动年龄人口受高等教育比例达到 22% 左右，劳动者素质普遍提高，就业创业能力、服务新旧动能转换的支撑能力显著增强。高技能人才总量达到 300 万人，就业结构性矛盾得到较大缓解。

——公共就业服务体系更加完善。就业服务机构和人才交流服务机构整合加强，覆盖城乡的标准化、信息化、一体化公共就业服务体系不断完善，公共就业服务供给方式更加精准、供给能力明显增强，服务水平、群众满意度显著提升。

——劳动关系更加和谐。就业环境更加公平，劳动用工管理更加规范，工资收入合理增长，劳动关系和谐稳定，就业质量明显改善，劳动者幸福感、获得感持续增强。

专栏 1 “十三五”时期主要指标

指标	2015 年基数	2020 年目标	属性
1. 城镇新增就业人数（万人）	〔593.9〕	〔500〕	预期性
2. 城镇登记失业率（%）	3.35	< 4.5	预期性
3. 高校毕业生总体就业率（%）	92	>85	预期性
4. 引领大学生自主创业人数（万人）	〔7.4〕	〔10〕	预期性
5. 劳动年龄人口平均受教育年限（年）	10.5	12	约束性
6. 高技能人才总量（万人）	220	300	预期性
7. 企业劳动合同签订率（%）	92	94	预期性
8. 劳动人事争议仲裁结案率（%）	96.2	>90	预期性
9. 劳动保障监察举报投诉结案率（%）	—	>95	预期性

注：〔 〕表示五年累计数。

二、协同联动，促进就业优先

把促进充分就业作为经济社会发展的优先目标，摆在发展全局的优先位置，深入实施就业优先战略，不断增强经济发展创造就业岗位能力，努力在新旧动能接续转换中拓展就业空间、促进就业增长，实现经济增长与扩大就业融合互动。

（四）实施积极就业政策。强化宏观调控，把稳定和扩大就业作为经济运行合理区间的下限，健全经济发展与扩大就业联动机制，加快培育壮大经济发展新动能，改造提升传统动能，促进经济中高速增长，增强对就业拉动能力。实施更加积极的就业政策，加强就业政策与财税、金融、产业、投资、贸易等宏观经济政策以及人才、教育、培训、社会保障等社会政策的统筹协调，形成有利于促进就业的宏观政策体系。推进省以下财政事权与支出责任划分改革，合理安排就业补助资金、创业带动就业扶持资金，提高资金使用效益，保障就业创业政策落实。继续实施支持就业创业的税收优惠政策，促进符合条件的重点群体就业创业。加强政策宣传，强化督查问责和政策落实情况评估，着力解决政策落实“最后一公里”问题。

（五）拓展就业增长空间。发展新产业新业态，创造就业岗位。以供给侧结构性改革为主线，实施新旧动能转换重大工程，聚焦新技术、新产业、新业态、新模式，大力发展新一代信息技术、生物、高端装备、新材料、现代海洋、绿色低碳、数字创意等战略性新兴产业，推动产业智慧化、智慧产业化、跨界融合化、品牌高端化，拓展产业发展新空间，创造就业新领域。推进新产品、新服务应用示范，加快产业化进程，持续释放吸纳就业潜力。通过放宽市场准入、创新监管手段、引导多方治理等优化环境，完善消费者权益保护等相关政策，推动分享经济、平台经济、众包经济、信息经济、生物经济、旅游经济、绿色经济、创意经济、智能制造经济等新兴经济业态发展，催生更多微经济主体，开发更多新型就业模式。适应新业态的就业和用工特点，调整完善就业、劳动用工和社会保险等法规政策。完善各类灵活就业人员参加社会保险的办法和管理措施。

支持劳动密集型产业、小微企业发展，扩大就业规模。优化提升传统服务业，做大做强现代服务业，积极发展家庭服务业，提高服务业从业人员比重。加快发展轻工业等劳动密集型制造业，稳定和扩大第二产业从业人员规模。鼓励发展家庭手工业，创造更多居家灵活就业机会。扩大市场准入范围，落实降税减负等扶持政策，促进小微企业集约集聚发展，带动更多就业，发挥就业主渠道作用。

建设现代农业，培育职业农民。实施农业提质增效转型升级行动，加快种植业和养殖业全过程集约化发展，促进粮经饲统筹、农林牧渔结合、种养加一体、一二三产业融合发展。积极发展农业生产性服务业、农产品深加工和储运，推动发展“互联网＋现代农业”，大力发展农产品电子商务、休闲农业、创意农业、乡村旅游、旅游特色小镇等新业态，实施新型职业农民培育工程，积极培育专业大户、家庭农场、农民合作社、农业产业化龙头企业等新型经营主体，扩大职业农民就业规模。

专栏2　支持发展分享经济下的新型就业模式

1. 营造有利于分享经济加快发展的政策环境。加快完善风险控制、信用体系、社会保障等政策法规，保障各方合法权益，促进社会资源通过共享实现高效充分利用，促进分享经济加快发展。

2. 完善支持劳动者参与分享经济就业创业的政策措施。支持符合条件、经工商登记注册的分享经济创业人员，按规定享受现行就业创业扶持政策。完善劳动用工、工资支付等相关制度措施，引导和支持更多劳动者参与分享经济下的就业创业活动。加强劳动人事争议调解仲裁和劳动保障监察，切实保护劳动者合法权益。

（六）推动就业协同发展。坚持区域协同、城乡一体，加强政策协调、资源共享、工作协作，增强就业工作整体性。发挥区域比较优势，引导东部符合条件的劳动密集型企业特别是高附加值的劳动密集型企业向中西部转移，创造更多就地就近就业机会。支持资源枯竭城市抢抓新一轮老工业基地振兴战略机遇，培育发展劳动密集型接续产业。加大财政、投资、金融、土地等政策支持，促进产业衰退地区发展接续产业，增强吸纳就业能力。实施重点地区促进就业专项行动，对去产能任务重、待岗职工多、失业风险大的地区，开展就业援助，缓解就业压力，确保不发生系统性、区域性、行业性失业风险。推动困难行业、传统产业转型发展，稳定现有用工需求。开展失业保险护航行动，支持企业稳定岗位。做好援藏援疆援青等对口就业支援工作，开展与重庆市劳务协作。

三、优化环境，推动大众创业

深入推进简政放权、放管结合、优化服务改革，持续优化创业环境，构建完善创业生态，激发全社会支持创业、参与创业的积极性，不断增强创业带动就业能力。

（七）优化创业环境。加快政府管理理念和方式创新，严格限制政府直接配置资源、干预微观经济权限，为市场发挥作用提供更大空间，塑造公平公正、开放成熟的发展环境。推进行政审批标准化、规范化，积极开展在线审批、并联审批。实行统一的市场监管，着力清除市场壁垒。深化商事制度改革，推进工商注册便利化。降低制度性交易成本、税费负担、财务成本、电力价格、物流成本。建立涉企收费目录清单管理制度，全面清理规范强制垄断性经营服务收费，落实完善创业负担举报反馈机制。引导社会资金支持大众创业，支持风险投资、创业投资、天使投资发展，进一步降低商业保险资金进入创业投资门槛，拓展创业投融资渠道。推动科研院所、重点实验室、工程技术研究中心、专业测试机构等平台资源向社会开放。宣传创业典型，弘扬创业精神，培育创业文化，营造崇尚创业、褒奖成功、宽容失败的良好创业氛围和社会环境。

（八）释放创业活力。充分调动各类人员创业积极性，释放全社会创业活力。加快落实高校、科研院所等专业技术人员创业创新政策，完善科技人员创业股权激励政策，鼓励科技、教育、文化等专业人才转变观念，发挥知识和技术优势，成为创业的引领者。深入实施高校毕业生就业创业促进计划，积极推动高校完善有利于创业创新的学分积累和转换制度，实施调整学业进程、保留学籍休学创业的弹性学制，支持大学生自主创业。鼓励支持台湾青年来鲁创业。组织实施留学人员来鲁创业启动支持计划，加大对海外留学回国人员创业创新支持力度。进一步放宽外国人才申请签证、工作许可、居留许可证条件，简化办事程序，完善子女入学、医疗、住房等配套政策，吸引更多高端急需紧缺人才来鲁创业。支持农民工等人员返乡创业，结合新型城镇化开展支持农民工等人员返乡创业试点。

专栏3　创业创新人才引进计划

1. 设立引进外国人才创业创新实验基地。支持设立引进外国人才创业创新实验基地，提供政策支持和优化服务，吸引国外创业创新人才聚集。

2. 加强青年创业导师队伍建设。组建优秀青年创业导师队伍，为来鲁创业青年提供政策解读、创业项目推荐、信息咨询等服务。

3. 搭建孵化增值服务平台。整合创业创新服务资源，搭建孵化增值服务平台，不断提升服务的针对性和有效性。

专栏 4　结合新型城镇化开展支持农民工等人员返乡创业试点

1. 分类实施试点。按照分类实施、有序推进的原则，以县为主体因地制宜开展培育产业集群、发展农村电商、促进转型脱困、带动扶贫增收等返乡创业试点工作。 2. 完善返乡创业政策。落实相关税费优惠政策，支持试点地区加快出台降低门槛、财政支持、金融服务等创新性政策措施，营造良好的创业环境。支持部分试点地区开展“两权”（农村承包土地的经营权、农民住房财产权）抵押贷款试点。用足用好开发性金融贷款，扶持返乡创业，组织开展鼓励农民工等人员返乡创业三年行动计划，大力推进返乡农民工等人员创业培训工作。 3. 优化返乡创业环境。推动公共创业服务普惠共享，为创业者提供立体化、多维度创业服务：支持部分试点地区建设公共实训基地，提高培训能力；加强交通、物流、电信等基础设施；优化发展环境。支持试点地区发展农产品加工、乡村旅游、休闲农业等相关产业。

（九）发展创业载体。统筹规划、合理布局，建设“双创”示范基地，汇聚各方力量合作搭建全要素、全创新链资源集聚的“双创”服务平台，实现科技研发、专业知识、工匠技能合作共享，树立区域、高校、企业“双创”发展样板。推广新型孵化模式，加快发展众创空间，建设一批创业孵化基地和创业园区，提供项目开发、开业指导、融资、财务咨询、跟踪扶持等服务，支持劳动者成功创业。鼓励支持通过盘活老旧商业设施、仓储设施、闲置厂房楼宇、过剩商业地产等方式，建设创业孵化基地，为创业者提供低成本创业场所。开展省级创业孵化示范基地、创业示范园区评估认定。推进留学人员创业园区建设，开展省级示范留学人员创业园创建活动。支持大企业创业，探索建立有利于大型企业在人力资源管理方面进行创客化、平台化改造的政策体系，鼓励企业由传统的管控型组织向新型创业平台转型，带动企业内部员工和社会创业者共同创业。建设小微企业创业创新基地，形成线上与线下、孵化与投资相结合的开放式综合服务载体，为小微企业创业兴业提供服务。推动乡村旅游创客示范基地建设。

专栏 5　创业平台建设计划

1. 省级创业示范平台建设。2016—2018 年，全省每年评估认定 20 处省级创业孵化示范基地、创业示范园区，10 处省级大学生创业孵化示范基地、创业示范园区。 2. “小微企业创业创新基地示范城市”创建。力争 2 个左右城市入围国家示范城市。 3. 建设乡村旅游创客示范基地。到 2020 年，创建 5—8 处乡村旅游创客示范基地。 4. 建设科技企业孵化器和众创空间。到 2020 年，建设 100 个左右品牌科技企业孵化器和众创空间。

（十）助推创业成功。构建面向人人的创业服务平台，深入推进创业型城市（县、区）和创业型街道（乡镇）创建活动，广泛开展创业大赛、公共创业服务系列活动，举办中国泰山创业峰会，构建良好创业生态。建立健全课堂教学、自主学习、结合实践、指导帮扶、文化引领融为一体的创业创新教育培训体系。实施创业培训计划，支持创业大学建设，举办创业齐鲁训练营，培育创业意识，提高劳动者创业能力。加大对初创企业政策扶持，帮助解决创业过程中遇到的困难和问题，提高创业成功率。完善创业担保贷款政策，合理调整担保基金规模，加大贷款贴息支持。鼓励金融机构和担保机构依托信用信息，科学评估借款人还款能力，优化贷款审批流程，提供更加优质便捷的贷款服务。探索建立志愿者服务机制，组建高素质创业导师队伍。

专栏 6 创业培训计划

1. 健全培训制度。建立培训对象甄选制度，完善创业意愿识别和能力短板诊断机制。建立健全培训绩效考评制度，对创业培训工作成效实施第三方评估。

2. 创新培训模式。开发针对不同创业群体、不同阶段创业活动的创业培训项目。积极探索创业培训与技能培训、区域产业相结合的培训模式，开展开放式在线培训。加强远程公益创业培训。研究探索通过“创业券”“创新券”等方式提供创业培训服务。深入实施高校毕业生就业创业促进计划和技能就业专项行动，鼓励高等院校、职业院校学生在校期间开展创业竞赛、技能竞赛、创业实训等“试创业”实践活动和电子商务培训活动，并按规定将其纳入创业培训政策支持范围。举办“创业训练营”，每年分批次培训 500 名创业创新人才，扶持一批具有发展潜力的小微创业企业。

3. 加强课程研发。以创业活动不同阶段、不同业态的知识技能需求为导向，构建多层次、模块化的创业培训课程体系。鼓励以政府和社会资本合作（PPP）模式组织开发新领域、新业态的创业培训课程并实施创业培训。加强创业培训师资队伍建设，吸纳社会专业人士加入创业培调专家队伍。

4. 推进创业大学建设。2016—2018 年，全省评估认定 20 家左右省级示范创业大学。推动创业大学在县（市、区）、高等院校、职业院校（含技工院校，下同）、各地创业孵化基地（园区）和创业培训机构等设立分校（创业学院）或教学点，为更多创业者提供高质量培训和服务。

5. 规范机构发展。建立健全政府购买服务机制，鼓励和引导各类优质教育培训资源投入创业培训。

四、突出重点，促进充分就业

坚持突出重点、分类施策，促进高校毕业生等重点群体充分就业，兜牢民生底线。

（十一）鼓励高校毕业生多渠道就业。继续把高校毕业生就业摆在就业工作的首位，结合产业转型升级，开发更多适合高校毕业生的就业岗位，健全涵盖校内外各阶段、就业创业全过程的服务体系，促进供需对接和精准帮扶。教育引导高校毕业生树立正确的就业观念，促进他们更好地参与到就业创业活动中。鼓励小微企业吸纳高校毕业生，按规定给予一定期限的社会保险补贴。落实学费补偿、助学贷款代偿、资金补贴、税费减免等扶持政策，进一步引导和鼓励高校毕业生到城乡基层、欠发达地区、中小微企业就业。鼓励大学生参军入伍、到社会组织就业。统筹实施“三支一扶”计划、大学生志愿服务西部计划等基层服务项目，探索实行统一征集岗位、统一发布公告、统一组织考试、统一服务管理，促进项目间政策协调平衡。落实基层服务项目人员工作生活补贴标准，完善政策措施，促进服务期满人员就业。实施高校毕业生基层成长计划，健全基层服务保障机制，畅通流动渠道，拓展扎根基层高校毕业生职业发展通道。鼓励高校毕业生参加就业见习，加大困难高校毕业生就业帮扶力度。

（十二）做好化解过剩产能企业职工安置工作。坚持企业主体、地方组织、依法依规的原则，分类施策，精准发力，鼓励去产能企业拓宽分流安置渠道，加强转岗再就业帮扶，发挥职工代表大会、厂务公开等民主管理制度作用，做好去产能企业职工安置工作。落实稳岗补贴等扶持政策，引导钢铁、煤炭等行业困难企业以协商薪酬、灵活工时、培训转岗等方式稳定现有工作岗位。促进分流职工转岗就业创业，将符合条件的去产能企业下岗职工纳入现行就业创业政策扶持范围。

（十三）促进农村劳动力就地就近就业。健全城乡劳动者平等就业制度，深化户籍制度改革，大力发展特色县域经济，引导农村劳动力外出就业、就地就近就业。对人力资源服务机构、劳务经纪人等市场主体开展有组织劳务输出的，落实就业创业服务补贴。实施就业精准扶贫，准确掌握建档立卡贫困人口和非建档立卡的农村低保对象、贫困残疾人中有就业意愿和劳动能力的未就业人员以及已就业人员基本情况，因人因需提供技能培训和就业服务。坚持“产业化带动、标准化建设、规范化管理、高效化利用”，提升“扶贫车间”建设管理水平。引导金融机构创新金融服务体制机制，积极开展小额扶贫信贷、创业扶贫担保贷款、助学贷款、易地扶贫搬迁贷款等业务，促进改善贫困地区生产生活环境，支持贫困人口通过发展生产实现就业创业。大力开发公益扶贫岗位，优先安置贫困人口就业。加大对黄河滩区脱贫迁建和易地扶贫搬迁人口转移就业支持，确保他们搬得出、稳得住、能逐步致富。

（十四）强化就业困难人员就业援助。健全就业援助制度，完善就业援助政策，鼓励企业吸纳困难人员就业。对就业困难人员和“零就业”家庭成员开展实名制动态管理和分类帮扶，做到“零就业”家庭“出现一户、援助一户、消除一户、稳定一户”，确保“零就业”家庭动态清零。规范公益性岗位开发和管理，畅通进出通道，通过公益性岗位托底帮扶一批确实难以通过市场就业的大龄就业困难人员、“零就业”家庭人员。加强社会救助与就业联动，对实现就业的低保对象，在核算其家庭收入时，可扣减必要的就业成本，并通过“低保渐退”等措施，增强其就业意愿和就业稳定性。

（十五）统筹做好其他群体就业工作。做好军队转业干部和退役士兵的接收安置工作。高度重视青年群体就业工作，采取有针对性的措施帮助其就业创业。大力推进残疾人就业。促进少数民族群众就业。做好妇女就业工作。统筹做好退役运动员、戒毒康复人员、刑满释放人员等群体就业工作。消除针对特定群体的就业歧视，营造公平就业环境。

专栏7　重点群体就业促进计划

1. 实施高校毕业生就业创业促进计划。适应高校毕业生就业创业新需求，将就业创业有机融合，建立涵盖学校内外各阶段、求职就业各环节、就业创业全过程的服务体系。健全离校未就业毕业生实名数据库，为高校毕业生提供就业信息、职业指导和就业见习等就业服务。普及创业教育，加强职业培训。加强部门之间工作衔接、信息共享，推动高校毕业生就业创业。

2. 实施高校毕业生基层服务项目。统筹实施“三支一扶”计划、志愿服务西部计划等基层服务项目，选拔派遣高校毕业生到基层服务。规范项目管理，加强人员培养使用，强化日常考核监督，切实发挥项目示范引领作用。

3. 促进农村劳动力转移就业。坚持统筹城乡就业，多渠道开发就业岗位，落实扶持政策，加强职业培训和就业创业服务，优化就业创业环境，加强形势分析和就业监测，促进农村富余劳动力有序外出就业，就地就近就业和返乡创业。

4. 做好化解过剩产能职工安置工作。以钢铁、煤炭等行业为重点，实施再就业帮扶行动，对确要离开企业的劳动者，普遍开展转岗培训或技能提升培训，免费提供就业创业服务，落实职业培训补贴等扶持政策，促进其自主创业和转岗就业。对距法定退休年龄5年以内、再就业有困难的职工，经其本人自愿选择和企业同意，可实行内部退养，由企业发放生活费并缴纳基本养老和医疗保险费单位缴纳部分，个人按规定缴费。

5. 推进就业扶贫。通过打造农村“扶贫车间”就地就近就业模式，强化农村公益岗位托底安置，开展就业伙伴结对帮扶活动，解决贫困人口转移就业难的问题。通过提供创业扶贫担保贷款贴息，加大创业扶持力度，鼓励有能力有意愿的劳动年龄内的农村贫困人口自主创业，解决贫困人口增收致富问题。对劳动年龄内、具有劳动能力并有培训意愿的农村贫困人口实行免费培训项目清单制度，通过推行“短平快”式职业技能培训，解决贫困人口代际传递问题。

6. 实施就业援助。加大企业吸纳困难群体就业的扶持力度，规范公益性岗位开发管理，畅通进出通道。大力推进残疾人就业。完善就业援助制度，实施精细化的分类帮扶和实名制动态管理，缩短长期失业者失业周期。

五、强化支撑，发挥市场作用

坚持市场就业导向，深入贯彻落实《山东省人力资源市场条例》，健全体系，加强监管，发挥市场在人力资源配置中的决定性作用，促进人力资源优化配置。

（十六）健全人力资源市场体系。推动建设统一规范的人力资源市场，打破城乡、地区、行业分割和身份、性别歧视，维护劳动者平等就业权利。增强劳动力市场灵活性，促进劳动力在地区、行业、企业之间自由流动。推进人力资源市场信用体系和标准体系建设，提高人力资源市场管理信息化水平。健全人力资源市场法规体系，尊重劳动者和用人单位市场主体地位，依法保障其合法权益。依法规范实施人力资源市场行政许可，进一步简化优化审批流程，提高服务的便捷性和可及性。加强人力资源市场事中事后监管，实施随机抽查监管，建立年度报告公示制度，探索运用新兴信息技术提升监管效能。强化日常监督检查，开展清理整顿人力资源市场秩序专项行动，严厉查处相关违法违规行为。规范国有企业招聘。支持建设专业市场，治理“马路”招聘。充分发挥各类人力资源服务机构、行业协会和社会力量的监督作用，积极推进社会协同共治。

（十七）大力发展人力资源服务业。以产业引导、政策扶持和环境营造为重点，规范发展人事代理、人才推荐、人员培训、劳务派遣等人力资源服务。加强统筹规划和政策引导，依托重大项目和龙头企业，培育创新发展、符合市场需求的人力资源服务产业园，充分发挥园区集聚发展和辐射带动作用。推进人力资源服务业和互联网技术融合，开展“互联网＋人力资源服务”行动，支持人力资源服务机构推进管理创新、服务创新和产品创新，不断提高市场竞争力。加强人力资源服务业从业人员职业培训，加大人力资源服务业高层次人才培养和引进力度。实施人力资源服务业领军人才培养计划。加快人力资源市场供求信息监测和发布制度建设。实施重点企业人力资源支撑计划，鼓励引导各类人力资源服务机构为企业提供用工指导、员工招聘、技能培训、人才引进、社会保险事务代理服务。

专栏8　人力资源服务行动计划

1. 人力资源服务业发展推进计划。建设2—3家国家级标准的人力资源服务产业园，重点培育10家具有示范引领作用的龙头企业，支持行业组织建设，加强政府与行业组织合作。推进人力资源服务业和互联网技术融合，开展“互联网＋人力资源服务”行动。开展人力资源服务机构经营管理人员培训，加大人力资源服务业高层次人才培养和引进力度。实施人力资源服务业领军人才培养计划。

2. 公益招聘联盟推进计划。以省人力资源市场为载体，有效整合全省招聘信息，广泛与高等院校、职业院校和省内规模以上骨干企业建立长效招聘联盟机制，强化招聘服务的即时性、有效性和针对性，充分发挥公益招聘联盟的引领作用，逐步形成“覆盖全省、辐射周边”的公益招聘新格局。

3. 重点企业人力资源支撑计划。把主营业务收入超过30亿元或纳税额超过2000万元或出口额超过3000万美元的传统企业、主营业务收入超过10亿元的高新技术企业、在建拟建项目投资超过10亿元的企业、世界500强或中国500强投资企业等作为重点对象，提供人力资源服务。

六、优化结构，强化教育培训

实施人才强省战略，坚持需求导向，加强教育培训，持续提升劳动者素质，不断优化人力资源市场供给，切实缓解就业结构性矛盾。

（十八）提升人才培养质量。深入推进高校创业创新教育改革，加快高校学科专业结构调整优化，健全专业预警和动态调整机制，创新人才培养模式，深化课程体系、教育内容和教学方式改革。鼓励具备条件的本科院校向应用型转变，培养更多技术技能型人才。完善现代职业教育体系，实施职业教育质量提升计划，提高学生综合素养和职业能力，增强职业教育人才培养与经济社会发展适应性。深化职业教育课程改革，推进产教融合、校企合作，全面实施学历证书与职业资格证书“双证书”制度。深化办学体制改革，鼓励多元主体组建职业教育集团，开展校企联合招生、联合培养。大力发展技工教育，实施技工教育特色名校建设工程，支持技工院校扩大高级工以上培养层次的规模。

（十九）加强职业技能培训。推行终身职业技能培训制度，构建覆盖城乡全体劳动者、贯穿劳动者学习工作终身、适应劳动者和市场需求的职业培训制度，完善市场配置资源、劳动者自主选择、政府购买服务和依法监管的职业培训工作机制，全方位提升人力资本质量和劳动者就业创业能力。根据国家部署，进一步改革完善职业资格制度，规范职业资格管理，畅通劳动者职业技能发展通道。健全劳动者技能提升激励机制。加强培训管理，建立统一的实名制信息管理平台和培训机构准入与退出机制，对培训全过程实行动态管理，逐步统一同一地区、同一专业培训质量标准和补贴标准。开展多种形式的就业技能培训、岗位技能提升培训和创业培训。深入实施贫困家庭子女、未升学初高中毕业生、农民工、失业人员和转岗职工、退役军人和残疾人免费接受职业培训行动。大力推行企业新型学徒制、国家基本职业培训包、校企合作、“互联网+职业培训”等培训模式。探索采取整建制购买培训项目、直补培训机构等方式，提高培训效果。发挥企业在职业培训中的主体作用，确保企业职工教育经费足额提取并合理使用。鼓励引导行业组织、社会组织开展职业培训。加强公共实训基地建设。

（二十）培养良好职业素养。加强职业道德建设，引导劳动者遵守纪律、诚实守信，自觉履行劳动义务，依法理性维护自身权益。引导企业加强职业文化建设，弘扬良好职业行为习惯，推动劳动者形成“干一行、爱一行”的职业理念。强化职业发展和就业指导教育，在高等院校、职业院校普遍开设职业发展与就业指导课程，逐步向初高中延伸。将培育工匠精神融入到教育培训、企业文化建设等各领域各环节，大力培养劳动者精益求精的职业素质。完善激励机制，培树先进典型，营造尊重劳动、尊重工匠的良好社会氛围。

七、完善体系，提升服务水平

坚持普惠性、均等化、可持续方向，围绕标准化、信息化、一体化，深入实施满意服务、精准服务、品牌服务、标准服务、智慧服务“五大工程”，加强设施建设，强化服务能力，提升服务水平，为群众提供更加方便快捷、优质高效的公共就业创业服务。

（二十一）健全公共就业创业服务体系。继续推进机构职能整合，加强基层公共就业创业服务平台建设，健全覆盖城乡的公共就业创业服务体系。健全公共就业创业服务经费、工作人员保障机制，加大对基层公共就业创业服务的扶持力度。完善普惠性的公共就业创业服务制度，创新公共就业创业服务供给模式，完善公共就业创业服务功能。落实政府购买基本公共就业创业服务制度，充分运用就业创业服务补贴等政策，支持公共就业创业服务机构、高校开展招聘活动和创业服务，支持购买社会服务，为劳动者提供职业指导、创业指导、信息咨询等专业化服务。加强公共就业创业服务能力建设。健全完善公共就业创业服务绩效第三方评估机制，开展就业群众满意度调查，提高公共就业服务效率和水平。健全人才交流公共服务体系。开展公共就业创业服务示范城市建设。

（二十二）推进公共就业创业服务标准化。编制公共就业创业服务清单，全面公开服务事项，简化办事环节和手续。研究制定公共就业创业服务标准，规范服务范围、服务内容、服务流程，加快推进名称统一、标识统一、机构统一、柜台统一的窗口服务品牌建设。实施统一的就业失业登记经办流程和标准规范。加强公共就业创业服务从业人员职业化建设，建立定期培训、持证上岗制度。

（二十三）推进公共就业创业服务信息化。加快公共就业服务业务应用系统建设。继续推进省级集中的公共就业服务系统建设和应用工作，建设全省人力资源社会保障业务基本信息库，加强实名制信息数据采集，实现同人同省同库。加强“山东公共招聘网”建设，实现就业信息统一发布。打造“互联网+”公共就业创业服务平台，加快推进各项公共就业创业服务从线下向线上拓展，充分运用网站、移动应用、自助终端、12333电话咨询服务等渠道，打造线上线下一体的服务体系，推广网上受理、网上办理、网上反馈，实现就业创业服务和管理全程信息化。加强流动人员人事档案信息化建设。推动就业创业信息资源开发利用，构建大数据应用体系，支持资金审核监管、服务绩效考核和就业形势分析研判。依托政府数据共享交换平台，实现与相关政府部门的协同共享。加强社区就业创业服务智能化建设，实现全省社区就业创业无人值守自助服务。

（二十四）推进公共就业创业服务一体化。构建全省就业创业工作内部决策、执行、监督的一体化管理和统筹协调机制，建立就业创业以及公共就业服务部门与财政、公安、税务、工商、民政、银行、社会保险经办等部门机构间的协调配合机制，逐步实现政策制度一体化、业务流程一体化、线上线下服务一体化、部门协同一体化，全面提高公共就业创业服务能力和水平。完善就业失业登记与社会保险登记、劳动用工备案之间的业务协同和信息共享机制，在试点基础上全面推行《就业创业证》与社会保障卡“证卡合一”工作。

专栏 9 公共就业创业服务能力提升计划

1. 会共就业创业服务体系建设。健全规范公共就业创业服务机构，理顺各级公共就业创业服务机构职能，健全服务制度，提升公共就业创业服务水平。加强公共就业创业服务设施建设，实现省、市、县、街道（乡镇）、社区（村）5 级就业创业服务设施全覆盖。加快部门间数据共享，遵循公共就业服务信息系统业务指标体系要求，实现公共就业服务信息系统与社会保障信息系统及其他系统间的信息共享和业务协同，并努力实现与公安、民致、工商等政府部门和社会服务机构的信息共享。支持建设返乡创业示范基地。 2. 智慧就业工程。进一步加强“山东公共招聘网”建设，实现就业信息统一发布。利用移动应用程序（APP）和微信平台等现代信息技术平台，将就业创业网下实体服务与网上虚拟服务进行有机结合，打破服务时间、服务场所的局限性，开展主动精准推送业务，大力推广社区就业创业服务智能化。

八、凝聚合力，提升就业质量

坚持促进企业发展、维护职工权益，创新和完善构建和谐劳动关系体制机制，建立规范有序、公正合理、互利共赢、和谐稳定的劳动关系，促进稳定就业和更高质量就业。

（二十五）健全劳动关系协调机制。全面深入推行劳动合同制度，完善劳动用工备案制度，提高小微企业和农民工劳动合同签订率。完善劳动标准体系。指导企业制定科学合理的劳动定额标准。全面落实工作时间、节假日、带薪年休假等劳动标准，规范企业特殊工时制度。加强高温天气劳动保护和女职工、未成年工特殊保护。严格实施劳务派遣行政许可，规范劳务派遣行为。大力推行集体协商和集体合同制度。完善协调劳动关系三方机制，推动工业园区、街道（乡镇）和产业系统建立三方机制。健全最低工资调整机制，完善企业工资决定和正常增长机制、工资支付保障长效机制。建立劳动关系形势动态监测和分析研判机制。深入开展和谐劳动关系创建活动。

（二十六）完善劳动人事争议处理机制。深入贯彻《山东省劳动人事争议调解仲裁条例》，更好发挥法律法规对调解仲裁工作的规范、引领、保障和促进作用，推进劳动人事争议调解仲裁工作规范化、标准化、专业化和信息化。建立健全重大集体劳动人事争议应急调处机制和仲裁特别程序。完善劳动人事争议调解制度，健全人民调解、行政调解、仲裁调解、司法调解联动工作体系。创新仲裁办案方式，优化仲裁办案程序，建立健全案件分类处理制度，依法加大终局裁决、先行裁决、先予执行裁决力度。推动调解仲裁法律援助工作机制建设。建立健全劳动人事争议调解仲裁与诉讼衔接机制。

（二十七）加强劳动保障监察执法。加强劳动保障监察执法能力建设，健全劳动保障监察工作体系，加强队伍建设和执法保障。发挥劳动保障监察“网格化、网络化”的作用，建立省级劳动保障监察举报投诉联动处理机制。完善劳动保障监察执法程序，全面落实执法责任制，健全劳动保障监察执法长效机制。健全完善监察执法与刑事司法衔接机制，严厉打击拒不支付劳动报酬等违法犯罪行为。实施治理拖欠农民工工资行动计划。建立健全劳动保障守信激励和失信惩戒机制，建立企业劳动保障诚信等级评价和重大违法行为社会公布制度，健全用人单位劳动保障守法诚信档案。

专栏 10 全面治理拖欠农民工工资行动计划

1. 规范企业工资支付行为。全面落实企业对招用农民工的工资支付责任，督促各类企业严格依法将工资按月足额支付给农民工本人，严禁将工资发放给不具备用工主体资格的组织和个人。餐促各类企业依法与招用的农民工签订劳动合同并严格履行，建立职工名册并办理劳动用工备案。推动各类企业委托银行代发农民工工资，推广实名制工资支付银行卡，开通农民工社会保障卡的银行账户工资支付功能。

2. 健全工资支付监控和保障制度。完善企业工资支付监控机制，推行企业工资支付日常监管和延期支付报告制度，建立和完善欠薪预警系统。在工程建设领域全面实行农民工工资保证金制度，逐步将实施范围扩大到其他容易发生拖欠工资的行业，建立健全农民工工资（劳务费）专用账户管理制度。落实清偿欠薪责任，招用农民工的企业承担直接请偿拖欠农民工工资。

3. 推进企业工资支付诚信体系建设。将劳动用工，工资支付情况作为企业城信评价的依据，纳入全省社会信用体系建设，加强对企业失信行为的部门协同监管和联合惩戒，依托山东省征信服务平台加大对企业失信行为在全省金融领域的联合惩戒力度，对拖欠工资的失信企业，由有关部门在政府资金支持、政府采购、招投标、生产许可、履约担保、资质审核、融资货款、市场准入、评优评先等方面依法依规予以限制，逐步形成失信联合惩戒机制，完善目标责任制度，将打击恶意拖欠农民工工资成效纳入综治工作（平安建设）考核指标体系。

4. 依法处置拖欠工资案件。严厉查处拖欠工资行为，加强工资支付监察执法，完善劳动保障监察行政执法与刑事司法衔接机制。加强欠薪争议调解仲裁，及时处理欠薪争议案件。完善应急周转金制度，探索建立欠薪保障金制度。

九、健全机制，加强组织实施

完善工作协调联动机制，构建就业形势综合监测机制，健全督查评估机制，调动各方面积极性、主动性、创造性，确保规划重点任务、主要措施有效落实。

（二十八）完善就业工作协调联动机制。各级政府要切实履行促进就业责任，健全目标责任考核制度，不断完善促进就业创业的政策措施，加强规划实施的动员部署、统筹协调和宏观指导。制定规划目标任务分解方案，明确责任主体、实施时间表和路线图。完善动态落实机制，加强年度计划编制实施，提高规划管理水平和实施效率。健全完善就业工作协调配合机制，协调解决重大问题。各级、各有关部门要结合实际，围绕规划主要任务，进一步细化目标措施，抓好贯彻落实。

（二十九）构建就业形势综合监测机制。健全就业统计指标体系，完善统计口径和调查方法，更加全面反映就业创业情况。完善劳动力调查制度，扩大调查范围，增加调查内容。建立就业统计数据质量核查机制，加强与社会保险等其他数据校核比对。加强就业形势分析研判，健全就业形势综合会商评估工作机制。加强部门与研究机构、市场分析机构的密切协作，建立就业数据与宏观经济、行业经营等数据以及社会机构相关数据交叉比对机制，提高就业形势监测和分析能力。完善失业监测预警机制，及时掌握监测企业人员变动情况及趋势，适时发布预警信息。坚持底线思维，加强联防联控、相机抉择，建立突发事件应对机制，确保就业形势持续稳定。

（三十）健全规划实施督查评估机制。建立完善规划执行情况年度进展报告和检查巡视制度，省人力资源社会保障厅要会同有关部门对规划实施情况适时组织开展专项检查，对规划确定的重点任务进行定期督查通报，督促各方面加快推进落实，对抓落实有力有效的，加大激励支持力度，对工作不力的予以问责。组织规划实施中期和终期评估，重大情况及时上报省政府。加强宣传引导，积极营造有利于规划实施的舆论氛围。

山东省人民政府办公厅
关于支持返乡下乡人员创业创新促进农村一二三产业融合发展的实施意见

（2017 年 10 月 13 日 鲁政办发〔2017〕72 号）

各市人民政府，各县（市、区）人民政府，省政府各部门、各直属机构，各大企业，各高等院校：

为贯彻落实《国务院办公厅关于支持返乡下乡人员创业创新促进农村一二三产业融合发展的意见》（国办发〔2016〕84 号），鼓励和支持返乡下乡人员创业创新，推进农业供给侧结构性改革，促进农村一二三产业跨界融合，加快发展农业“新六产”，经省政府同意，现提出以下实施意见。

一、明确支持对象、发展领域和方向

（一）明确支持对象。支持对象包括掌握现代农业生产技能，具备一定经营管理能力，从事农业生产、经营或服务的返乡下乡人员。重点支持积累了一定资金、技术、管理经验、销售渠道的返乡农民工、中高等院校毕业生、退役士兵和有意愿、有能力下乡的城镇科技人员等。对国家结合新型城镇化支持农民工等人员返乡创业试点地区的返乡下乡人员给予优先支持。

（二）突出发展领域。重点发展规模种养业、特色农业、设施农业、林下经济等农业生产经营模式，烘干、贮藏、保鲜、净化、分等分级、包装等农产品初加工业，农机作业服务、农资配送、病虫害防治、农产品流通、农业信息咨询、农业废弃物处理等生产性服务业，休闲农业和乡村旅游、传统手工艺、文化创意、养生养老、中央厨房、农村物业管理等生活性服务业，以及其他新产业新业态新模式。

（三）多元化创业创新。鼓励返乡下乡人员发挥自身资本、技术、信息等优势，通过承包、租赁、入股、合作等多种形式，创办领办家庭农场林场、农民合作社、农业企业、农业社会化服务组织等新型农业经营主体。引导返乡下乡人员组建创业创新团队，有效对接其他经营主体，通过合作制、股份合作制、股份制等形式，合作组建现代企业、企业集团，培育形式多样的创业创新产业联盟或产业化联合体，共同拓展创业空间，增强市场竞争力。支持返乡下乡人员利用各类电商平台，开展网上创业，发展农产品电子商务等智慧农业。

（四）推进农村一二三产业融合。鼓励返乡下乡人员以农牧（农林、农渔）结合、循环发展为导向，发展优质高效特色农业；实行产加销一体化运作，延长农业产业链条；开发农业多种功能，推进农业与旅游、教育、文化、健康养老、研学、中医药养生等产业深度融合，提升农业价值链，推动产业链相加、价值链相乘、供应链相通“三链重构”，塑造终端型、体验型、循环型、智慧型等新产业新业态。引导返乡下乡人员创业创新向乡村旅游集群片区、特色小城镇和科技园区、产业园区等集中，培育产业集群和产业融合先导区。引导返乡下乡人员与新型农业经营主体或农户建立合理稳定的利益联结机制，让农民分享二三产业增值收益。

二、完善支持创业创新政策措施

（五）优化市场准入制度。落实注册资本认缴登记和“先照后证”改革，深化企业登记“五证合一、一照一码”“全程电子化登记”“双告知、双随机、一公开”、个体工商户“两证整合”、住所登记制度改革等商事制度改革。县级人民政府要设立“绿色通道”，为返乡下乡人员创业创新提供有针对性的创业辅导、政策咨询等服务，对进入创业园区的，提供集中办理证照等便利化

服务。对返乡下乡人员创业创新免收登记类、证照类等行政事业性收费。（省工商局等负责）

（六）创新金融扶持方式。鼓励银行业金融机构开发符合返乡下乡人员需求的信贷产品和服务模式，落实财政贴息、融资担保、扩大抵押物范围等综合措施，解决返乡下乡人员创业创新融资难问题。符合条件的返乡下乡创业人员，可申请最高10万元的创业担保贷款，期限最长不超过3年，利率可在贷款合同签订日贷款基础利率的基础上上浮1个百分点，财政部门第1年给予全额贴息，第2年贴息2/3，第3年贴息1/3；符合条件的小微企业，可申请最高不超过300万元的创业担保贷款，贷款期限最长不超过2年，财政部门按照贷款合同签订日贷款基础利率的50%给予贴息。对还款及时、信誉良好的小微企业，可根据其资金需求情况给予不超过两年的展期担保支持，财政部门不予贴息。稳妥有序推进农村承包土地的经营权抵押贷款试点，有效盘活农村资源、资产和资金。加大对农业保险产品的开发和推广力度，探索开展价格指数保险、收入保险、信贷保证保险、农产品质量安全保证保险、畜禽水产活体保险等创新试点，完善风险保障机制，有效降低创业风险。（省金融办、省财政厅、省人力资源社会保障厅、省农业厅、省海洋与渔业厅、省林业厅、省物价局、人民银行济南分行、山东银监局、山东保监局等负责）

（七）加大财政支持力度。切实落实好税收优惠政策和普遍性降费政策，培育壮大返乡下乡人员创办的新型农业经营主体。加快将现有财政政策措施向返乡下乡人员创业创新拓展，将符合条件的返乡下乡人员创业创新项目纳入农村一二三产业融合发展、农业生产全程社会化服务、农业产业化、农产品加工、农村信息化建设、新型职业农民培育等各类财政支农项目和产业基金扶持范围，采取以奖代补、先建后补、财政贴息、政府购买服务等方式予以大力支持。大学生、留学回国人员、科技人员、青年、妇女等人员创业的财政支持政策，要向返乡下乡人员创业创新延伸覆盖。对返乡下乡人员开展农业适度规模经营按规定纳入全省农业信贷担保体系支持范围。返乡下乡人员创业招用就业困难人员、毕业年度高校毕业生，按照规定给予社会保险补贴。（省财政厅、省经济和信息化委、省地税局、省教育厅、省科技厅、省人力资源社会保障厅、省农业厅、省海洋与渔业厅、省林业厅、省国税局、团省委、省妇联等负责）

（八）实施创业补贴政策。对返乡下乡人员创业创新且首次领取小微企业营业执照、正常经营并在创办企业缴纳职工社会保险费满12个月的，按规定给予不低于1.2万元的一次性创业补贴。对吸纳符合条件人员并与其签订1年及以上期限劳动合同、按月向招用人员支付不低于当地最低工资标准的工资报酬、足额缴纳职工社会保险费满4个月以上的小微企业，按照申请补贴时创造就业岗位数量给予每个岗位2000元的一次性创业岗位开发补贴；对小微企业新招用毕业年度高校毕业生、签订1年以上期限劳动合同并缴纳职工社会保险费的，根据其实际缴纳职工社会保险费，按规定给予最长1年的社会保险补贴。（省人力资源社会保障厅、省工商局等负责）

（九）落实用地用电政策。支持返乡下乡人员按照相关用地政策，开展设施农业建设和经营。城乡建设用地增减挂钩政策腾退出的建设用地指标，以及通过农村闲置宅基地整理新增的耕地和建设用地，重点支持返乡下乡人员创业创新。落实大众创业万众创新、现代农业、农产品加工、休闲农业和乡村旅游等用地政策。鼓励返乡下乡人员依法以土地流转、承包、入股、合作、租赁等形式使用农村集体土地发展农业产业。支持返乡下乡人员依托自有和闲置农房院落发展农家乐和民宿等乡村旅游活动，在符合农村宅基地管理规定和相关规划的前提下，允许返乡下乡人员和当地农民合作改建自住房。支持返乡下乡人员与农村集体经济组织共建农业物流仓储等设施。鼓励返乡下乡人员利用“四荒地”（荒山、荒沟、荒丘、荒滩）和厂矿废弃地、砖瓦窑废弃地、道路改线废弃地、闲置校舍、村庄空闲地等开展创业创新。以农林牧渔业产品初加工为主的工业项目，在确定土地出让底价时可按不低于所在地土地等别相对应全国工业用地出让最低标准的70%执行。落实农业生产用电政策，对返乡下乡人员发展农业、林木培育和种植、畜牧业、渔业生产、农业排灌及农产品初加工用电，均执行农业生产电价。（省国土资源厅、省发展改革委、省住房城乡建设厅、省农业厅、省海洋与渔业厅、省林业厅、省旅游发展委、省物价局、山东能源监管办、国网山东省电力公司等负责）

（十）完善社会保障政策。返乡下乡人员可在创业地按相关规定参加各项社会保险，有条件的地方要将其纳入住房公积金缴存范围，按规定将其子女纳入居民基本医疗保险参保范围。对返乡下乡人员初始创业失败后生活困难的，可按规定享受低保等社会救助。对因灵活就业、自谋职业或者自主创业使家庭人均收入达到或者高于当地低保标准的，可以采取渐退方式逐步退出低保，就业后3个月内的劳动所得不计入家庭收入。持有居住证的返乡下乡人员的子女可在创业地接受义务教育，依地方相关规定接受普惠性学前教育。（省人力资源社会保障厅、省教育厅、省财政厅、省民政厅、省住房城乡建设厅等负责）

三、搭建创业创新服务平台

（十一）加强返乡下乡人员创业培训。建立返乡下乡人员信息库，有针对性地确定培训项目，实施精准培训，提升其创业能力。从企业家、职业经理人、电商辅导员、科技特派员、返乡创业带头人当中选拔一批创业导师，充实创业指导专家服务团队，为返乡下乡创业人员提供创业辅导。实施农村青年创业致富“领头雁”计划、扶贫工作重点村创业致富带头人培训工程。加强巾帼创业导师队伍建设，开展农村妇女创业创新培训。采取线上学习与线下培训、自主学习与教师传授相结合的方式，开辟培训新渠道。鼓励各类培训资源参与返乡下乡人员培训，支持各类园区、星创天地、农民合作社、中高等院校、农业企业等建立创业创新实训基地。各级政府要统筹各类培训经费，组织返乡下乡人员参加创业创新培训。对返乡下乡创业创新人员中符合职业技能培训补贴范围，参加中、高级职业技能培训并取得职业资格证书、专项职业能力证书或创业培训合格证书的，按规定给予职业培训补贴。做大做强“金蓝领”培训项目，强化紧缺急需高技能人才培养。实施“创业齐鲁训练营”项目，每年选拔一批有持续发展和领军潜力的返乡下乡创业创新人员，参加高层次进修学习或交流考察。（省人力资源社会保障厅、省扶贫办、省教育厅、省科技厅、省农业厅、省海洋与渔业厅、省林业厅、团省委、省妇联等负责）

（十二）加强创业园区（基地）建设。探索“一区多园”发展模式，依托现有各类农民工创业园、农业产业园区、农业科技园区、农产品加工园区、休闲农业园区、工业园区、物流园区、文化产业园区、创意产业园区、科技孵化基地以及农业企业、农民合作社、农业规模种养基地，创建一批具有区域特色的返乡下乡人员创业创新园区（基地），建立开放式服务窗口。支持中高等院校、大型企业采取众创空间、创新工厂等模式，创建一批重点面向初创期“种子培育”的孵化园（基地），其中有条件的孵化园（基地）可对返乡下乡人员创业给予房租减免，鼓励和吸引更多返乡下乡人员入园创业。（省农业厅、省发展改革委、省经济和信息化委、省科技厅、省财政厅、省人力资源社会保障厅、省海洋与渔业厅、省林业厅、省商务厅、省文化厅等负责）

（十三）强化信息技术服务。鼓励各类电信运营商、电商等企业面向返乡下乡人员开发信息应用软件，开展农业生产技术培训，提供农资配送、农机作业等农业社会化服务，推介优质农产品，组织开展网络营销。支持返乡下乡人员投资入股参与信息进村入户工程建设和运营，可聘用其作为村级信息员或区域中心管理员。通过财政补贴、政府购买服务、落实税收优惠等政策，支持返乡下乡人员利用大数据、物联网、云计算、移动互联网等新一代信息技术开展创业创新。在省定贫困村建设一批村级综合信息服务站，支持返乡下乡人员担任信息员，向贫困村、贫困农民开展先进信息技术的宣传、推广、普及活动，实现信息化公共服务的高效运营和可持续发展，让信息化惠及更多贫困农民。（省农业厅、省发展改革委、省经济和信息化委、省财政厅、省海洋与渔业厅、省林业厅、省商务厅、省地税局、省国税局等负责）

四、切实加强组织领导

（十四）建立健全组织领导机制。各级、各有关部门要把返乡下乡人员创业创新有关工作作为经济社会发展的重点任务予以统筹安排。省农业厅要发挥牵头作用，加强工作指导，建立部门间协调机制，督促返乡下乡人员创业创新政策落实。各市、县（市、区）政府要建立协调机制，明确任务分工，落实好返乡下乡人员创业创新各项政策措施。（省农业厅、各市人民政府等负责）

（十五）提升公共服务能力。各地要为返乡下乡人员提供政策咨询、市场信息、人力资源、知识产权、检验检测等高效便捷综合服务，开展返乡下乡人员创业创新土地流转、项目选择、科技推广、法律法规咨询等方面的专业服务。加强返乡下乡人员创业创新动态监测和调查分析。（省农业厅、省发展改革委、省民政厅、省人力资源社会保障厅、省商务厅、省统计局等负责）

（十六）积极营造良好创业氛围。充分利用广播、电视、报刊等新闻媒体，宣传解读相关政策措施，弘扬创业创新精神，树立先进典型，推介优秀带头人，发挥示范带动作用。各地要广泛开展创业创新大赛、创业创新大讲堂等活动，营造良好社会氛围，调动社会各界力量支持返乡下乡人员创业创新，推进农村创业创新工作向纵深发展。（省农业厅、山东广播电视台等负责）

山东省人民政府办公厅
关于支持双创示范基地建设推进全省双创深入发展的实施意见

（2017 年 11 月 30 日　鲁政办发〔2017〕81 号）

各市人民政府，各县（市、区）人民政府，省政府各部门、各直属机构，各大企业，各高等院校：

为贯彻落实《国务院关于强化实施创新驱动发展战略进一步推进大众创业万众创新深入发展的意见》（国发〔2017〕37 号）和《国务院办公厅关于建设第二批大众创业万众创新示范基地的实施意见》（国办发〔2017〕54 号）精神，加快推动创新创业资源向双创示范基地集聚，带动全省大众创业万众创新向更大范围、更高层次、更深程度上发展，加快新旧动能转换，经省政府同意，现提出以下实施意见：

一、加强创新体系建设

1. 强化创新载体培育。积极争取国家重大创新项目和创新领域国家工程研究中心、重点实验室、技术创新中心、产业创新中心、制造业创新中心落户，新增一批国家企业技术中心。推广国家级和省级企业创新百强试点典型经验，推进实施企业创新百强工程。鼓励符合条件的企业申报省级工程实验室（研究中心）、重点实验室、企业技术中心等创新平台，承担省级技术创新项目。（省发展改革委、省经济和信息化委、省科技厅等部门按职责分工负责）

2. 加快科技成果转化应用。积极推动修订《山东省促进科技成果转化条例》，完善科技成果转化体系。支持互联网企业申请高新技术企业认定并享受相关政策。双创示范基地建设依托单位为高校和科研院所的，鼓励其建立专业化技术转移机构，允许提取不低于 10% 的成果转化收益用于机构绩效奖励，强化科技成果以许可方式对外扩散。通过引导组建学科性公司，推动高校技术成果对口转移。（省经济和信息化委、省科技厅、省财政厅、省人力资源社会保障厅、省教育厅、省法制办、省科协等部门、单位按职责分工负责）

3. 加强知识产权保护。结合全省综合执法体制改革，开展知识产权综合执法，建立知识产权维权援助网点和快速维权通道，加强关键环节、重点领域的知识产权保护。将知识产权违法行为情况纳入信用记录，构建失信联合惩戒机制。引导有条件的双创示范基地建设知识产权保护中心，扩大知识产权快速维权覆盖面。鼓励高校和科研院所示范基地依法建立健全职务发明管理制度，推进有条件的高校、科研院所探索职务发明知识产权归属和权益分享制度改革。发展专利保险、科技保险，为创新创业提供更加全面的风险保障。（省知识产权局、省科技厅、省教育厅、山东保监局等部门、单位按职责分工负责）

二、加大创业支持力度

4. 支持高校院所创业示范。实施高校毕业生就业创业促进计划，推动高校完善鼓励创业创新的学分积累和转换制度，实施调整学业进程、保留学籍休学创业的弹性学制，支持大学生自主创业。支持高校示范基地开展创新创业教育政策、标准、课程、教材及实践教学基地等研究，引领全省创新创业教育工作开展。到 2018 年年底，全省评估认定 30 家左右省级高校大学生创业示范平台。（省教育厅、省人力资源社会保障厅等部门按职责分工负责）

5. 支持农民工返乡创业。组织开展鼓励农民工等人员返乡创业三年行动计划。引导外出务工农民返乡创业，开发休闲农庄、乡村酒店、特色民宿、自驾露营、户外运动等乡村旅游度假产品，采取以奖代补、先建后补、政府贴息等方式扶持创业发展，鼓励双创示范基地内的新型农业经营主体承担农业财政项目。以县为主体因地制宜开展培育产业集群、发展农村电商、推进乡村旅游、促进转型脱困、带动扶贫增收等返乡创业试点工作。支持双创示范基地加强交通、物流、旅游、电信等基础设施建设，发展农产品加工、乡村旅游、休闲农业等相关产业，建设乡村旅游创客示范基地。到 2020 年年底，全省创建 5~8 处乡村旅游创客示范基地。（省农业厅、省人力资源社会保障厅、省交通运输厅、省旅游发展委、省通信管理局等部门、单位按职责分工负责）

6. 支持海内外人才来鲁创业。组织实施留学人员来鲁创业启动支持计划，支持海外留学回国人员开展创新创业活动。提升“中国山东海内外高端人才交流会”品牌影响力，建立海内外人才常态化引介平台。鼓励台湾青年来鲁创业，继续推进两岸青年创新创业基地建设，推动山东与台湾创新创业交流合作。引导双创示范基地设立引进外国人才创业创新实验基地，提供政策支持和优化服务，吸引国外创业创新人才聚集。（省人力资源社会保障厅、省台办、省公安厅等部门、单位按职责分工负责）

7. 推进创业示范平台建设。支持双创示范基地内符合条件的单位优先申报山东省创客之家。鼓励建设创业孵化示范基地、创业示范园区、文化产业示范园区，支持双创示范基地申报国家级创业孵化示范基地、创业示范园区、文化产业示范园区。建立山东省高等学校创新创业教育平台，加速优质教育资源在高校、企业、专家、教师、学生、投资人等之间共享。建设省青年双创示范基地服务云平台，整合双创示范基地、众创空间、创客空间、创业孵化基地等资源，打造覆盖全省的双创地图和“掌上双创生态圈”。（省科协、省人力资源社会保障厅、省教育厅、省文化厅、团省委等部门、单位按职责分工负责）

三、支持新兴业态加快发展

8. 引导分享经济健康发展。按照“管理创新、包容审慎”的原则，支持和引导各类市场主体积极探索分享经济新业态新模式。构建分享经济规范健康发展的制度环境，研究制定山东省网络直播、网约车、共享单车等领域监管办法。严格落实分享经济风险控制、信用体系、社会保障等政策法规，保障各方合法权益。加大政府部门对分享经济产品和服务的购买力度，扩大公共服务需求。鼓励企业、高校、科研机构分享人才智力、仪器设备、实验平台、科研成果等创新资源与生产能力。（省委网信办、省发展改革委、省财政厅、省法制办、省科技厅、省教育厅等部门、单位按职责分工负责）

9. 加快新兴业态协同发展。推动“互联网 +”商务、“互联网 +”制造等重点行动深入开展，大力发展数字经济，加快促进网络经济与实体经济跨界融合。推动区域示范基地电子商务产业园、跨境电商园区、电商创业园、孵化中心、创客工厂和电商楼宇等产业集聚发展平台建设。支持企业示范基地加快大数据、云计算、“互联网 +”等新技术研发及融合应用。鼓励高校示范基地与大数据、互联网示范企业深化合作，实行教产研相结合的专业人才培养模式。深化青岛跨境电子商

务试点。（省委网信办、省商务厅、省发展改革委、省经济和信息化委、省教育厅等部门、单位按职责分工负责）

10. 推进数据开放共享和应用示范。整合省政府各部门数据中心资源和平台设施，健全完善工作机制，推进大数据开放、共享、应用等工作，消除数据烟囱、信息孤岛。完善《山东省政务信息资源共享目录》，建立公共机构数据资源清单。加快大数据产业示范应用，支持济南、青岛创建国家级大数据综合试验区，认定培育5-8个省级大数据产业基地。实施15项大数据示范应用工程，推动大数据在质监、食品药品、医疗、教育等领域广泛应用。（省政府办公厅、省编办、省委网信办、省发展改革委、省经济和信息化委等部门、单位按职责分工负责）

四、完善人才激励政策

11. 加强高端人才引进。引导符合条件的双创示范基地建设院士工作站、千人计划专家工作站、省级专家服务基地，柔性引进关键领域高层次创新人才。建立电子商务、大数据、“互联网+”等领域专家智库和高层次人才资源库，加强高端人才支撑储备。进一步优化外国人才申请签证、工作许可、居留许可证办理程序，完善子女入学、医疗、住房等配套政策，吸引更多高端急需紧缺人才来鲁创新创业。（省人力资源社会保障厅、省科技厅、省公安厅、省教育厅、省住房城乡建设厅等部门按职责分工负责）

12. 深化人才制度改革。鼓励高校科研人员依法适度兼职兼薪和离岗创新创业，促进科研人员在高校和企业间合理流动。双创示范基地建设依托单位为科研单位的，推动法人治理结构改革，赋予其在用人、分配、科研等方面应有的自主权。鼓励双创示范基地开展创业竞赛、技能竞赛、创业实训等实践活动，研究探索通过“创业券”等方式提供创业培训服务。（省编办、省教育厅、省人力资源社会保障厅、省科技厅等部门按职责分工负责）

13. 完善社会保险制度。完善各类灵活就业人员参加社会保险的管理措施，制定相应的个人申报登记、个人缴费和资格审查办法。对首次创办小微企业或从事个体经营并正常经营1年以上的高校毕业生、就业困难人员，给予一次性创业补贴。（省人力资源社会保障厅、省财政厅等部门按职责分工负责）

五、强化金融财税支持

14. 加大金融支持力度。引导银行机构在风险可控、依法合规的前提下，优先满足双创示范基地内相关主体融资需求。推动银行机构与投资机构深化合作，探索在双创示范基地开展股权、债权相结合的融资模式。积极开展以知识产权、股权、应收账款、动产、订单、仓单、保单等为抵质押物的贷款业务，提升双创主体抵质押贷款能力。鼓励银行、保险机构主动对接双创示范基地建设需求，在双创示范基地优先设立分支机构，为双创示范基地重大项目提供长期资金支持。（省金融办、人民银行济南分行、山东银监局、山东保监局等单位按职责分工负责）

15. 强化财税扶持引导。加强“四新”创业孵化基地建设，对国家级创业创新基地给予100万元奖励。充分利用省新旧动能转换基金，支持双创示范基地建设。深入开展征信互换、“银税互动”工作，全面落实创新类税收优惠政策。落实科技型中小企业研发费用加计扣除政策。鼓励双创示范基地内符合条件的小微企业参加高新技术企业认定，对首次通过认定的小微企业，省财政给予10万元补助。对研发投入占销售收入比重达到5%的小微企业，且完成研发费用加计扣除备案的，按享受研发费用加计扣除费用总额的10%给予研发投入后补助。（省财政厅、省科技厅、省国税局、省地税局、省中小企业局等部门、单位按职责分工负责）

16. 拓宽投融资渠道。引导双创示范基地加快推进政府与社会资本PPP项目建设，加大项目推介力度，为创新创业项目建设提供资金支持。积极推进小额贷款保证保险，完善财政扶持机制，加强政银保合作，利用小额贷款保证保险为小微企业和创业者提供信用增级，实现“无抵押、无担保”融资。鼓励双创示范基地符合条件的创新创业公司发行创新创业公司债，进入沪深交易所、新三板、区域股权市场等上市挂牌融资。支持天使投资、风险投资、创业投资发展，带动更多社会资金投入大众创业，在风险可控、符合监管规定的前提下，积极推动商业保险资金发起或参与设立各类股权投资基金，拓展创新创业投融资渠道。（省发展改革委、省财政厅、省金融办、人民银行济南分行、山东证监局、山东保监局等部门、单位按职责分工负责）

六、加大生产要素供应

17. 降低企业用电成本。支持双创示范基地内的互联网平台、电商平台企业、大数据中心、电子计算机中心等用电大户，通过参与电力市场交易降低用电成本。研究制定对大数据中心项目的扶持政策，落实国家出台的相关支持政策，帮助企业降低用电成本。（省经济和信息化委、省财政厅、省物价局等部门、单位按职责分工负责）

18. 支持科研和生产经营用房建设。对双创示范基地在新建建设项目的规划选址、勘察设计、施工许可办理等方面，给予政策倾斜。积极推动区域示范基地建设装配式建筑示范城市、示范工程、产业基地。支持高校和科研院所示范基地、企业示范基地新建建筑按高星级绿色建筑、装配式建筑或被动式超低能耗绿色建筑建设，鼓励参与住房城乡建设领域科技创新、信息化发展工作。引导区域示范基地开展推动老旧商业设施、仓储设施、闲置楼宇、过剩商业地产转化为创业孵化基地工作试点。（省住房城乡建设厅负责）

七、建设一流创新创业环境

19. 深入推进“放管服”改革。进一步取消下放一批省级行政许可等权力事项，完善市场准入负面清单管理制度，对未纳入负面清单的行业、领域、业务等，各类市场主体皆可依法平等进入。鼓励区域示范基地设立专业化的行政审批机构，实行审批职责、审批事项、审批环节“三个全集中”。深化商事制度改革，全面实行“多证合一、一照一码”改革。研究制定山东省企业投资项目核准和备案管理办法。完善在线审批监管平台，加快部门并联审批，促进部门信息共享与业务协同，实现“让信息多跑路，让企业少跑腿”。（省编办、省发展改革委、省国土资源厅、省环保厅、省工商局、省法制办等部门、单位按职责分工负责）

20. 营造优良市场环境。建立涉企收费目录清单管理制度，全面清理规范各级涉企行政事业性收费、政府性基金和经营服务性收费。省级不再收取涉企业投资项目的审批中介服务、强制性检验检测、涉企培训考试等费用。全力推进部门领域内综合执法，加快县级跨部门、跨领域综合行政执法，实现信息互换、监管互认、执法互助。加快清除市场壁垒，降低制度性交易成本、税费负担、财务成本、电力价格、物流成本。（省编办、省发展改革委、省经济和信息化委、省财政厅、省法制办、省工商局、省物价局等部门、单位按职责分工负责）

21. 推进重点领域改革。推进社会诚信建设，研究制定山东省公共信用信息管理办法，建立信用联合奖惩机制，推动省公共信用信息平台和国家企业信用信息公示系统（山东）等平台深度融合。高标准建设省公共资源交易中心，打造全国一流的交易流程和信息化平台。建设完善省市公共资源电子交易、服务、监管系统。深化科技、教育、国企领域改革，推进科研院所和高校整合，促进知识、技术、信息、数据等新生产要素合理流动、有效集聚。（省编办、省发展改革委、省经济和信息化委、省科技厅、省教育厅、省国资委等部门按职责分工负责）

八、强化双创示范基地建设

22. 高标准建设国家双创示范基地。2017 年年底前，国家双创示范基地按照工作方案，落实完善相关政策举措，加快推进双创示范基地建设并取得阶段性成果。（省发展改革委、省经济和信息化委、省教育厅等部门和有关市政府、有关高校按职责分工负责）

23. 稳步开展省级双创示范基地建设。省级双创示范基地结合自身特点，研究制定工作方案，明确建设目标和重点。工作方案要向社会公布，接受社会监督。省直有关部门适时组织开展督促检查和第三方评估，依据评估情况进行动态调整。（省发展改革委、省教育厅、省国资委等部门和有关市政府、有关高校按职责分工负责）

24. 创新活动载体。筹办“山东省大众创业万众创新活动周”，围绕新旧动能转换、创新创业主题培训、双创高峰论坛等开展系列专题活动，打造宣传政策、启迪创意、展示成果的重要舞台。

鼓励各类示范基地突出自身特点和优势，创新载体模式，广泛开展创新创业大赛、公共创业服务系列活动，构建良好创新创业生态。（省发展改革委、省人力资源社会保障厅、省科技厅、省教育厅、团省委、省科协等部门、单位和各市政府按职责分工负责）

25. 发挥品牌示范效应。推进双创示范基地品牌建设，指导帮助双创示范基地有关企业加入工业和信息化部品牌培育试点，建立品牌培育管理体系。在双创示范基地开展质量标杆、品牌培育示范经验交流工作，发挥试点先行、示范引领作用。加大先进经验宣传推广，树立创业典型，弘扬创业精神，培育创业文化，营造褒奖成功、宽容失败的良好创新创业氛围和社会环境。（省委宣传部、省经济和信息化委、省质监局等部门、单位按职责分工负责）

各级、各部门要高度重视双创示范基地建设工作，切实加强组织领导，勇于担当、敢于创新，进一步完善贯彻落实措施，把双创示范基地建设作为重要抓手和载体，进一步激发全社会创新创业活力。省发展改革委要会同相关部门完善省推进双创示范基地建设联席会议制度，加强对双创示范基地建设工作的指导、监督，为高校、科研院所、企业提供政策支持、科技支撑、人才引进、公共服务等保障条件，形成工作合力，推动形成大众创业万众创新深入发展的新局面。

附件：山东省省级双创示范基地名单（略）

山东省人力资源和社会保障厅、山东省财政厅、山东省地方税务总局、山东省工商行政管理局、中国人民银行济南分行

关于组织实施就业创业证与社会保障卡“证卡合一”工作的通知

（2017 年 4 月 24 日　鲁人社规〔2017〕11 号）

各市人力资源社会保障局、财政局、地税局、工商局、人民银行（山东省）各市中心支行（分行营业管理部）：

为深化“放管服”改革，推进基本公共就业创业服务均等化，根据全省人力资源社会保障服务“标准化、信息化、一体化”建设部署和要求，经研究，确定在全省组织实施《就业创业证》与社会保障卡“证卡合一”（以下简称“证卡合一”）工作，将就业失业登记纸质载体（即《就业创业证》）向人力资源社会保障证照（即社会保障卡）更替过渡，全面实现社会保障卡在公共就业创业服务方面的跨业务、跨地区、跨部门应用。现就有关事项通知如下：

一、目的意义

推进“证卡合一”是全面贯彻落实国家和我省关于“十三五”时期加强就业创业工作及信息化建设的一系列决策部署，推进就业失业登记制度改革的重大举措，既是一项重要的基础工作，更是改进服务质量和提升服务效能的关键措施。实施“证卡合一”，有助于发挥社会保障卡在就业创业服务方面的身份凭证、信息记录、缴费和待遇领取等作用，加快实现就业创业服务工作全程信息化，全面提升服务能力和水平。

二、指导思想

坚持精准服务、标准服务、品牌服务、智慧服务、满意服务“五大工作理念”，以“互联网 +”、大数据思维，引领支持就业创业服务工作的理念创新、模式创新和技术创新，将就业创业工作的新目标、服务对象的新需求与信息技术的新发展深度融合，实现就业创业服务、政策实施、补贴兑现、待遇领取等各项工作全程信息化，达到“信息一点登记、业务协同办理、数据全域共享”，为进一步做好新形势下的就业创业工作提供基础保障。

三、基本原则

（一）整体谋划，分步推进。坚持需求导向，从满足就业创业工作需要和劳动者就业创业服务

需求出发，在全省统一框架步骤的基础上，试点先行，分步有序推进“证卡合一”工作。

（二）拓展功能，一卡通行。充分发挥社会保障卡的作用，立足工作实际和地区实际，逐步开通和拓展应用项目，逐步实现社会保障卡在办理就业创业各项业务、享受公共就业创业服务中的普遍应用。

（三）业务协同，信息共享。横向上，加快推进公共就业和人才服务机构内部的业务协同和信息共享，避免信息重复采集；纵向上，实现跨地区、跨部门业务协同以及数据及时交换，减少信息孤岛，提升服务水平。

（四）便民利民，服务高效。以“证卡合一”为切入点，进一步优化公共就业创业服务流程，简化办事环节，拓展服务渠道，创新服务方式，提高服务质量，让群众办事更便捷、更满意。

四、工作步骤

“证卡合一”工作实施分为三个步骤：

（一）组织试点。2017年上半年，在潍坊市组织实施“证卡合一”试点，开发应用社会保障卡在就业创业服务领域的身份凭证、信息记录、自助查询、待遇领取、金融支付等功能。

（二）积极推进。2017年下半年，在总结潍坊试点经验的基础上，逐步扩大试点范围，推动社会保障卡跨地区应用。

（三）全面实施。自2018年起，在全省范围实施“证卡合一”，使社会保障卡全面替代《就业创业证》，成为劳动者办理就业失业登记、接受就业服务和享受各项就业扶持政策的主要身份凭证，并借助社会保障卡便捷享受公共就业服务。

五、主要任务

（一）夯实数据基础。扎实做好就业失业人员信息基础数据库建设，确保就业失业登记信息真实准确，实现就业创业人员基本信息与参加社会保险人员基本信息的吻合一致、联动共享。积极推进人力资源社会保障各业务系统内部及系统间的数据整理工作，完善联网数据采集规则，保证信息的一致性和衔接性。

（二）完善信息网络。依托全省公共就业和人才服务信息系统与社会保险管理信息系统，开发建设“证卡合一”相关应用服务模块，支持各级公共就业人才服务机构和基层就业创业服务窗口通过业务系统顺利完成各项业务的办理。

（三）优化登记服务。依照《社会保障卡就业创业基本服务项目目录》（见附件），以方便群众办事、简化登记手续、降低行政成本为出发点，按照不重复填报登记申请文书内容和不重复提交登记材料的原则，优化登记管理服务方式，实行“一套材料”“一表登记”“一次办结”。

（四）健全机构平台。优化公共就业和人才服务机构服务场所和街道（乡镇）基层服务平台功能布局，配备“证卡合一”业务经办必要设施设备。扩展“证卡合一”应用范围，有效依托高校、创业大学、创业孵化基地园区、定点培训机构、公共实训基地等就业创业服务载体，全面推广使用社会保障卡。

（五）规范工作流程。按照“证卡合一”要求，规范申请就业失业登记流程，整合优化申请、受理、登记、发放等程序，缩短登记办理时限。要结合本地实际，制定简明易懂的登记办事指南，及时提供咨询服务，坚持公开办理、限时办理、透明办理，提高登记效率。

（六）推进部门互认。逐步实现人力资源社会保障部门与财政、税务、工商、人民银行等部门就业创业服务基础信息共享，申请材料和审核信息在部门间共享，实现数据交换、档案互认。在就业创业政策认定与兑现时，做到电子凭证与纸制凭证同等效力，避免“奇葩证明”“循环证明”等现象。

六、保障措施

（一）加强组织领导。各市要充分认识“证卡合一”工作的重要性，切实加强组织领导，试点市及其他市要在省统一框架下，及早谋划，制定实施方案，明确推进时间表和路线图，确保有计划按步骤实施。

（二）强化人员培训。各市要注重加强对业务经办人员培训，特别是基层工作人员的相关培训，不断提升信息系统应用能力和业务经办能力，为“证卡合一”工作顺利实施提供人员保障。

（三）加大宣传力度。各市要注重舆论引导，利用喜闻乐见的多种渠道与方式，加大对“证卡合一”意义、内容、流程等的宣传力度，提高各相关部门、人民群众、社会各界对“证卡合一”的理解与认识，共同营造良好的舆论氛围。

各市在推进“证卡合一”过程中，要加强相关部门间的协调配合、通力合作，在拓展服务手段、强化政策落实、加强业务监管、支撑宏观决策等方面不断探索新途径，创造新经验。在推进过程中出现的新情况、新问题，请及时与省人力资源社会保障厅联系。

本通知自 2017 年 5 月 1 日起施行，有效期至 2020 年 4 月 30 日。

附件：社会保障卡就业创业基本服务项目目录

社会保障卡就业创业基本服务项目目录

序号	分类	应用项目	用卡说明
1	电子凭证	就业创业登记	个人直接办理业务时，凭社会保障卡进行就业创业登记，并将就业创业登记信息写入社会保障卡。
2		失业登记	个人凭社会保障卡到公共就业服务机构进行失业登记，并将失业登记信息写入社会保障卡。
3		《就业创业证》（电子副本）	在需出具《就业创业证》办理业务时，个人可凭社会保障卡办理相关业务，并将相关信息写入社会保障卡。
4		求职登记	个人凭社会保障卡到公共就业和人才服务机构进行求职登记。
5		职业介绍	个人凭社会保障卡参加现场招聘活动，利用社会保障卡在招聘单位展台直接登记求职。
6		离校未就业高校毕业生登记	离校未就业高校毕业生凭社会保障卡及其他相关证明材料到公共就业和人才服务机构进行就业创业服务实名登记，凭卡接受各类服务。
7		申请接受就业创业服务	个人凭社会保障卡到公共就业服务机构申请接受就业创业服务。
8		享受就业创业扶持政策申请	个人凭社会保障卡及其他相关证明材料申请享受就业创业扶持政策，并将就业创业扶持政策享受信息写入社会保障卡。
9		就业援助申请	个人凭社会保障卡及其他相关证明材料申请就业援助，并将就业援助对象认定信息写入社会保障卡。
10		职业培训实名登记	个人凭社会保障卡到职业培训机构进行实名登记，凭卡接受培训和享受职业培训补贴。
11	信息记录	就业失业登记证信息记录	记录持卡人《就业创业证》中的信息。包括就业创业登记信息、失业登记信息、证件信息、就业援助对象认定信息、就业创业扶持政策享受信息等。
12	自助查询	岗位信息查询	个人持社会保障卡查询打印匹配的岗位信息。
13		职业培训信息查询	个人持社会保障卡查询打印本人可参加或已参加的培训信息。
14		就业失业登记信息查询	个人持社会保障卡查询本人就业失业登记信息。
15		就业援助信息查询	个人持社会保障卡查询本人就业援助对象认定信息。
16		就业创业扶持信息查询	个人持社会保障卡查询本人可享受或已享受的就业创业扶持政策信息。
17	缴费和待遇领取	就业创业扶持政策补贴资金领取	个人享受就业创业扶持政策的补贴资金发放到社会保障卡加载的银行账户中，个人凭社会保障卡经银行渠道领取。
18		失业保险待遇领取	个人利用社会保障卡领取失业保险金。

山东省人力资源和社会保障厅、山东省财政厅、中国人民银行济南分行
关于印发《山东省创业担保贷款实施办法（试行）》的通知

（2017 年 10 月 1 日　鲁人社规〔2017〕18 号）

各市人力资源社会保障局、财政局，中国人民银行（山东省）各市中心支行：

现将《山东省创业担保贷款实施办法（试行）》印发给你们，请结合实际，认真组织落实。

山东省创业担保贷款实施办法（试行）

第一章　总　则

第一条　为进一步规范和促进全省创业担保贷款工作，推动创业担保贷款扶持创业、带动就业，根据《财政部关于印发〈金融企业呆账核销管理办法（2013 年修订版）〉的通知》（财金〔2013〕146 号）、《财政部关于印发〈普惠金融发展专项资金管理办法〉的通知》（财金〔2016〕85 号）、《中国人民银行财政部人力资源社会保障部关于实施创业担保贷款支持创业就业工作的通知》（银发〔2016〕202 号）和《山东省财政厅山东省人力资源和社会保障厅关于印发〈山东省创业带动就业扶持资金管理办法〉的通知》（鲁财社〔2016〕69 号）、《中国人民银行济南分行山东省财政厅山东省人力资源和社会保障厅转发〈中国人民银行财政部人力资源社会保障部关于实施创业担保贷款支持创业就业工作的通知〉的通知》（济银发〔2016〕236 号）、《山东省财政厅关于印发〈山东省普惠金融发展专项资金管理暂行办法》的通知〉（鲁财金〔2017〕17 号）等文件精神，结合我省实际，制定本办法。

第二条　本办法所称创业担保贷款，是指以具备规定条件的创业者个人或小微企业为借款人，由财政部门按规定对金融机构向符合条件的借款人发放的创业担保贷款给予担保或贴息（小微企业自行选择贴息或担保中的一项），用于支持个人创业或小微企业扩大就业的贷款业务。

本办法所称经办担保机构，是指由各地人力资源社会保障、财政部门认定，对创业担保贷款提供担保服务的机构（其中包括全省各级公共就业和人才服务机构）。

本办法所称经办银行，是指由各级人民银行分支机构会同财政、人力资源社会保障部门确定的为符合条件的个人和小微企业提供创业担保贷款的银行业金融机构。

第三条　人力资源社会保障、财政、人民银行作为创业担保贷款管理部门应当遵循职责明确、分级负责、规范运作、监管强化的原则，推动工作有序开展。

第二章　借款人范围、条件

第四条　借款人是指在法定劳动年龄内，城镇登记失业人员、就业困难人员（含残疾人）、复员转业退役军人、刑满释放人员、高校在校生、毕业 5 年内的高校毕业生（含服务基层项目大学生和留学回国学生）、化解过剩产能企业职工和失业人员、返乡创业农民工、网络商户、建档立卡贫困人口。

其中，高校在校生是指山东省内全日制普通高等学校（研究生培养单位）就读的在校学生。申请时需持有本人身份证、《学生证》、所在学校学籍管理部门出具的相关证明。化解过剩产能

企业职工和失业人员是指按照相关文件明确的钢铁、煤炭等行业化解过剩产能企业下岗职工和失业人员。返乡创业农民工是指积累了一定资金、技术、管理经验返乡创业的农民工。申请时需持有所属村委会（社区居委会）相关证明和所在辖区街道（乡、镇）人力资源社会保障服务中心出具的相关证明。网络商户是指被认定为灵活就业人员并在网络平台实名注册、稳定经营且信誉良好的网络商户创业者。建档立卡贫困人口是指省扶贫开发领导小组办公室审核认定的贫困人口。

对上述群体中的妇女，应纳入重点对象范围。

第五条 创业担保贷款企业借款人范围。符合工信部《关于印发中小企业划型标准规定的通知》（工信部联企业〔2011〕300号）文件规定，且当年新招用符合创业担保贷款申请条件的人员（不包括大学生村官、留学回国学生、返乡创业农民工、网络商户）数量达到30%（超过100人的企业达到15%）以上，并签订1年以上劳动合同的小微企业。

第六条 企业借款人应具备的条件。

（一）小微企业应无拖欠职工工资、欠缴社会保险费等严重违法违规信用记录。

（二）企业、法定代表人和主要股东社会声誉好，无不良信用记录，无违法乱纪行为，无重大诉讼案件。

第三章 贷款用途、额度、期限和利率

第七条 创业担保贷款应当用于借款人创业的开办经费和经营所需资金，不得转借他人使用，不得用于购买股票、期货等有价证券和从事股本权益性投资，不得用于违反国家有关法律、法规的用途。

第八条 个人借款人贷款额度、期限和利率。最高不超过10万元，贷款期限最长不超过3年。已发放的创业担保贷款到期确需继续使用的，借款人应当于贷款到期前1个月提出贷款展期申请。经担保机构同意后，经办银行可按规定展期1次，展期不超过1年，展期贷款利息由借款人承担，担保机构负责担保。

贷款利率可在贷款合同签订日贷款基础利率的基础上上浮1个百分点。除助学贷款、扶贫贷款、首套住房贷款、购车贷款以外，个人创业担保贷款申请人及其家庭成员（以户为单位）自提交创业担保贷款申请之日起向前追溯5年内，应没有商业银行其他贷款记录。

第九条 企业借款人贷款额度。最高不超过300万元，贷款期限最长不超过2年。对还款及时、信誉良好的小微企业，可根据其资金需求情况给予不超过两年的展期担保支持，不予贴息。

贷款利率由经办银行根据借款人的经营状况、信用情况等与借款人协商确定。

第四章 贷款申请、审核和发放

第十条 创业担保贷款按照“借款人依规定申请、人力资源社会保障部门按规定审核借款人资格、担保机构按职责尽职调查、经办金融机构审核放贷、财政部门按规定贴息”的流程办理。

（一）借款人可持相关资料向创业地人力资源社会保障部门申请创业担保贷款资格；也可通过创业担保贷款资金管理系统进行初步审核，审核通过后，到创业地人力资源社会保障部门核实相关材料。

（二）人力资源社会保障部门对借款人申请创业担保贷款资格进行审核，对资料齐全、符合条件的及时出具资格认定证明。

（三）借款人凭人力资源社会保障部门出具的资格认定证明，向受托担保机构和经办金融机构提出担保、贷款申请。

（四）对符合条件、资料齐全的借款人，原则上担保机构、经办金融机构在7个工作日内联合对其创业项目的有关情况、信用状况、生产经营情况、偿债能力等进行调查、审核。对调查合格并符合担保、贷款条件的，原则上在5个工作日内与借款人签订担保、借贷合同，经办金融机构向借款人发放贷款；对不符合贷款条件的，及时通知借款人并说明原因。需要补充完善手续的应一次性告知贷款申请人。

第十一条 鼓励各级担保机构结合本地实际降低反担保门槛或取消反担保，需要提供反担保的，允许灵活采取一种或多种反担保方式相结合

的担保措施。

（一）自然人反担保。党政机关、事业单位、国有企业及担保机构认可的其他具备担保能力的人员提供连带责任保证担保。个人创业担保贷款，原则上提供一名反担保人即可。

（二）抵押反担保。按有关规定可办理抵押登记手续的房产等。

（三）质押反担保。自然人或企业拥有的银行存单、有价证券等。

（四）第三方机构反担保。担保公司，有条件的创业孵化基地和创业园区等提供反担保。

（五）担保机构认可的其他反担保方式。

第五章 贷款贴息管理

第十二条 创业担保贷款财政贴息，在规定的贷款额度、利率和贴息期限内，按照实际贷款额度、利率和计息期限计算。其中，对符合条件的个人创业担保贷款，财政部门第1年给予全额贴息，第2年贴息2/3，第3年贴息1/3；对符合条件的小微企业创业担保贷款，财政部门按照贷款合同签订日贷款基础利率的50%给予贴息。

对展期、逾期的创业担保贷款，财政部门不予贴息。

第十三条 符合中央标准的创业担保贷款，贴息资金由各级财政按规定比例分担；超中央标准符合省级标准的，由省级全额承担（含中央标准内贷款）；市、县（市、区）自行提高标准的，由市县财政全额承担（含中央及省级标准内贷款）。上述各类贷款要分离管理，分账核算，并纳入创业担保贷款资金管理系统统一管理。

第十四条 本办法印发后，经市、县（市、区）人民政府同意，可适当放宽创业担保贷款借款人条件、提高贷款利率上限，具体贴息标准和条件由各市县结合实际予以确定。

第十五条 对创业担保贷款贴息资金，由省级结合中央资金，对东、中、西部地区分别承担50%、60%、70%，对东部地区的荣成、高青、利津、垦利、沂源5县（市、区），按照中部地区补贴政策执行，其余省财政直接管理县（市，以下简称直管县）及县级现代预算管理制度改革试点县（市、区）按照西部地区补贴政策执行。

第六章 贷款回收

第十六条 担保基金运营管理机构或经办银行按照国家财务会计制度和创业担保贷款政策有关规定，计算创业担保贷款应贴息金额，按季度向市、县级财政部门申请贴息资金。市级财政部门审核通过后，在1个月内向经办银行拨付；对直管县，由县级财政部门负责相关贴息资金审核拨付工作。

第十七条 经办银行负责到期创业担保贷款回收工作。贷款到期前1个月，经办银行应当通知借款人按时履约还贷。担保机构积极配合经办银行做好相关回收工作。

第十八条 创业担保贷款逾期未还清的，经办银行和担保机构应当向债务人依法追偿。对逾期90天经努力仍不能回收的贷款，经办银行须将借款人纳入不良贷款征信，并向担保机构提出代偿申请，出具《创业担保贷款代位清偿通知书》、相关工作记录和证明资料。担保机构按约定及时以书面形式报财政、人力资源社会保障、人民银行三部门同意后，按担保合同约定在30天内从担保基金账户中支付所欠贷款本金及贷款逾期利息。

第七章 担保基金管理

第十九条 创业担保贷款担保基金，是指由地方政府出资设立的，用于为创业担保贷款提供担保的专项基金。担保基金由政府指定的公共服务机构或其委托的融资性担保机构负责运营管理。担保基金实行封闭运行、专户存储、单独核算，在规定放大倍数额度内使用。

第二十条 各级财政、人力资源社会保障部门要根据全省创业担保贷款工作开展情况，多方筹集资金补充担保基金，建立创业担保贷款担保基金持续补充机制，满足贷款发放需要。除按规定经财政、人力资源社会保障部门批准用于代偿损失外，不得随意减少基金规模。

第二十一条 各级财政部门应会同人力资源社会保障部门、人民银行、担保机构、经办银行研究确定担保基金年度代偿率的最高限额，严格逾期创业担保贷款管理。经办银行要制订创业担保贷款风险控制办法，加大对不良贷款的催收力度。建立经办银行金融机构动态管理，鼓励引入竞争机制，以采取不划转风险基金的方式增加经办银行。对不执行创业担保贷款政策相关规定或经办业务量明显偏低的经办银行，实行退出制度。当担保基金对单个经办金融机构的贷款担保代偿率达到10%时，担保机构应向其提出预警通知；当代偿率达到20%的最高限额时，要暂停该经办金融机构的新增担保贷款业务，待担保机构与经办金融机构采取必要的风险防控措施，并报经同级财政部门、人力资源社会保障部门和人民银行分支机构批准后，再恢复该经办金融机构的办理资格。

第二十二条 贷款到期后，不能按时足额偿还贷款的，经办银行和担保机构应积极催收，确实无法追偿形成代偿损失的，由财政部门按相关规定予以核销。

担保基金代位清偿后产生的债权由相关经办银行和担保机构负责依法追偿。债务人不能清偿逾期债务的，由反担保人按合同约定履行清偿义务。清偿的债务包括创业担保贷款本金及全部逾期利息。对确实无法追偿的，可以按规定程序从担保基金中核销。由此产生的损失，按担保机构和经办银行签订的合作协议分别承担。

第二十三条 逾期贷款经担保机构和经办银行追偿后，确实无法收回的债权，符合以下条件的可认定为代偿损失。

（一）借款人依法宣告破产、关闭、解散或者撤销，相关程序已经终结，对借款人和担保人进行追偿后，经法院或者破产管理人出具证明，仍无法收回的债权；

（二）借款人或者借款企业实际控制人死亡，或者根据民法的规定宣告失踪或者死亡，或者丧失完全民事行为能力或劳动能力，在依法对其财产或遗产进行追偿，并对其担保人进行追偿后，仍无法收回的债权；

（三）借款人遭受重大自然灾害或者意外事故，损失巨大，在依法对其财产进行清偿，并对担保人进行追偿后，仍无法收回的债权；

（四）借款人已经完全停止经营活动，被县级及县级以上市场监督管理部门依法注销、吊销营业执照，对借款人和担保人进行追偿后，仍无法收回的债权；

（五）借款人触犯刑法，依法被判处刑罚，导致其丧失还款能力，其财产不足归还所借债务，又无其他债务承担者，经追偿后，仍无法收回的债权；

（六）对借款人和担保人诉诸法律后，或者借款人和担保人按照破产法相关规定进入重整或者和解程序后，重整协议或者和解协议经法院裁定通过，根据重整协议或者和解协议无法追偿的剩余债权；

（七）对借款人和担保人诉诸法律后满两年，经过强制执行程序后仍然无法收回的债权。

（八）其他因素造成，经财政部门查实认定，确实无法收回的。

第二十四条 逾期贷款经担保机构和经办银行追偿后，确实无法收回的债权，符合以下条件的不可认定为代偿损失。

（一）借款人或者担保人有经济偿还能力，担保机构或金融机构未按照规定履行必要措施和实施必要程序追偿的债权；

（二）违反法律、法规规定，以各种形式逃废或悬空的债权；

（三）因业务违规造成的逃废或者悬空的债权；

（四）财政部门依法认定不应核销的债权。

第二十五条 担保基金采取以下三种运作方式。

（一）担保基金直接担保。由财政、人力资源社会保障部门与创业担保贷款经办银行，签订创业担保贷款委托协议，并直接将担保基金存入经办银行，为创业担保贷款提供担保。

（二）担保机构担保。由财政、人力资源社会保障部门确定创业担保贷款担保机构，签订创业担保贷款委托协议，并将担保基金存入担保机构在经办银行设立的专用账户，委托担保机构为创业担保贷款提供担保。

（三）经办银行担保。担保机构应与经办银行签署书面合作协议，明确双方承担责任，确定风险分担比例及逾期贷款的处理程序，并报同级财政、人力资源社会保障部门备案。

对于无担保机构，财政部门将担保基金存入指定经办银行，由担保基金直接提供担保的，财政、人力资源社会保障部门应与经办银行签署合作协议，由经办银行承担担保机构的相应职责。

第八章 考核与激励机制

第二十六条 建立创业担保贷款奖励机制。按各地当年新发放创业担保贷款总额的1%，奖励创业担保贷款工作成效突出的经办银行、创业担保贷款担保基金运营管理机构等单位，用于其工作经费补助。

第二十七条 创业担保贷款奖励性补助资金的奖励基数，包括经省、市、县（市、区）人民政府同意、由各级财政部门自行决定贴息的创业担保贷款。对主要以基础利率或低于基础利率发放贷款的经办银行，可在奖励资金分配上给予适度倾斜。

第二十八条 人力资源社会保障、财政和人民银行等部门联合建立创业担保贷款年度考核制度。对承担创业担保贷款业务的经办银行和担保机构，按照其业务开展情况、工作力度等进行考核，对工作业绩突出的进行表彰。

第九章 部门职责

第二十九条 各级各有关部门要认真履行职责，加强协调配合，定期通报情况，及时解决工作中遇到的问题，大力开展创业担保贷款发放工作。要强化责任意识和风险防控意识，把好贷前审查关，确保担保基金良性运转、安全使用。要加强对创业担保贷款的管理，杜绝重复贴息，并做好相关资料和信息的保密工作，避免引起不良连锁反应。

第三十条 人力资源社会保障部门负责因地制宜地推动创业担保贷款业务的开展；负责申请人的申请登记、资格审查及统计报告，使用创业担保贷款资金系统完成录入与审核工作，指导申请人办理贷款，并加强督促检查；宣传创业担保贷款政策。

第三十一条 财政部门负责与人力资源社会保障部门共同筹集担保基金和贴息资金，定期调研贷款需求情况，合理调整基金规模；及时足额拨付有关资金，建立健全创业担保贷款代偿损失补偿机制；加强对担保基金和财政贴息资金的监督检查，积极防范控制风险，确保政策落到实处。

第三十二条 人民银行分支机构负责督促检查经办银行贯彻落实情况，协调好经办银行与相关部门的关系；督导经办银行完善操作流程和审批办法，及时掌握经办银行创业担保贷款业务开展情况和存在的问题，有效指导经办银行开展创业担保贷款工作。

第三十三条 经办银行负责创业担保贷款的审核、发放、回收、追偿工作；调查借款申请人反担保情况，核定其贷款额度和期限；合理简化贷款手续，对已发放的创业担保贷款单独设立台账，接受有关部门的监督检查；对申请人未能按期还款的，要采取多种方式催收追偿，并及时通报担保机构和财政、人力资源社会保障及人民银行等部门。

第三十四条 担保机构负责创业担保贷款的担保工作，在经办银行设立创业担保贷款担保基金专用账户，实行专账核算；认真审查贷款申请项目，调查贷款申请人和反担保人情况；监督贷款资金使用情况，跟踪项目经营情况，从严控制风险；对贷款到期申请人不按期还款的，与经办银行共同做好贷款催收工作。

担保机构应严格按照创业担保贷款政策规定开展担保业务，建立完善的评估制度，严格审核借款企业及个人提交的有关资料，建立保前评估、过程监控、保后追偿与处置的担保操作规程。

担保机构应与经办金融机构签署书面合作协议，明确双方责任，确定风险分担比例及逾期贷款的处理程序，并报同级财政部门备案。对企业和个人的资信调查、贷款风险评估、贷后监督等，担保机构与金融机构要协调联动、共同考察，形成高效安全的借、保、贷、还运行机制。

第十章 附 则

第三十五条 全省各级小额贷款担保机构相应更名为创业贷款担保中心。

第三十六条 创业扶贫担保贷款的申请发放依照《山东省创业扶贫担保贷款资金管理办法》(鲁财金〔2016〕6号)执行。

第三十七条 此前我省出台的有关创业担保贷款政策和规定与本办法内容不一致的，以本办法的规定为准。

第三十八条 本办法自2017年11月1日起施行，有效期至2018年12月31日。

山东省人力资源和社会保障厅
关于公布2017年度省级创业示范平台名单的通知

（2017年10月27日 鲁人社字〔2017〕297号）

各市人力资源社会保障局，省直有关部门，各有关高等院校：

根据《山东省实施大学生创业孵化基地和大学生创业园区项目管理办法》（鲁人社发〔2011〕97号）、《山东省实施创业孵化基地和创业园区项目管理办法》（鲁人社发〔2014〕15号）、《山东省实施省级留学人员创新创业示范园项目认定和管理暂行办法》（鲁人社发〔2017〕15号）、《山东省省级示范创业大学评估认定暂行办法》（鲁人社办发〔2016〕63号）等有关规定，省人力资源社会保障厅委托第三方社会机构对申报省级创业示范平台的单位，本着好中选优原则，经过材料审核、集中答辩、实地评审、公示等程序，认定山东锦尚创业孵化基地等12家单位为山东省创业孵化示范基地，认定淄博市张店区青年创业园等6家单位为山东省创业示范园区，认定智汇蓝海互联网品牌孵化基地等10家单位为山东省大学生创业孵化示范基地，认定潍坊市大学生创业产业园为山东省大学生创业示范园区，认定济南留学人员国际企业孵化园等4家单位为山东省省级留学人员创新创业示范园，认定西联动力创业大学等6家单位为山东省省级示范创业大学。

被认定的省级创业示范平台要严格按照有关文件要求，规范管理，落实好各项优惠扶持政策，规范使用奖补资金，促进创业带动就业。要把省级示范平台做大做强，切实发挥示范带动作用，引领全省创业载体建设再上新水平。各级、各有关部门要向省级示范单位学习，统筹规划，合理布局，培育扶持一批有特色、有前景，具有一定示范和辐射带动作用的创业平台，为创业者提供良好的创业环境和创业服务，助推大众创业、万众创业，促进新旧动能转换。

附件：2017年度省级创业示范平台名单

2017年度省级创业示范平台名单

一、山东省创业孵化示范基地

山东锦尚创业孵化基地
济南阳光地带创业孵化示范基地
青岛托普创业创新工场
鲁南网商谷创业园创业孵化基地
中国潍坊国际人才创业孵化中心
昌乐县职业农民创业孵化基地
汶上华儒创业孵化基地
日照市电子商务产业园电商创业孵化基地
临沂尚城跨境电商创业园
乐陵电子商务产业园创业孵化示范基地
华翔创新创业孵化基地
万泰创业孵化示范基地

二、山东省创业示范园区

淄博市张店区青年创业园
楼德商贸物流园
泰山创业·星火科技园
鸿儒国际文化创意产业园
临清市烟店轴承创业园区
山东利德金融电子创业园

三、山东省大学生创业孵化示范基地

智汇蓝海互联网品牌孵化基地
台儿庄软件与服务外包产业园
日照京华大学生创业孵化基地
曹县大集大学生返乡创业孵化示范基地
济南大学（济南市市中区）创业学院
齐鲁工业大学大学生创业孵化基地
曲阜师范大学大学生创业孵化基地
山东交通学院大学生创业孵化基地
山东协和学院大学生创业孵化中心
山东青年政治学院青年众创基地

四、山东省大学生创业示范园

潍坊市大学生创业产业园

五、山东省省级留学人员创新创业示范园

济南留学人员国际企业孵化园
中国青岛留学人员创业园
烟台留学人员创业园区
济宁留学人员创业园

六、山东省省级示范创业大学

西联动力创业大学
枣庄创业大学
东营创新创业大学
烟台创业大学
莱芜创业大学
临沂创业大学

二、社会保障

（一）综合

山东省人力资源和社会保障厅、山东省财政厅、山东省扶贫开发领导小组办公室

关于进一步做好社会保险精准扶贫工作的意见

（2017 年 9 月 5 日　鲁人社发〔2017〕37 号）

各市人力资源社会保障局、财政局、扶贫开发领导小组办公室：

为贯彻党中央、国务院和省委、省政府关于打赢脱贫攻坚战的决策部署，全面落实“十三五”脱贫攻坚规划，按照《人力资源社会保障部财政部国务院扶贫开发领导小组办公室关于切实做好社会保险扶贫工作的意见》（人社部发〔2017〕59 号）和全省脱贫攻坚推进会精神，织密扎牢社会保障“安全网”，现就进一步做好社会保险精准扶贫工作提出如下意见：

一、明确社会保险精准扶贫的目标任务

社会保险精准扶贫的目标任务是，紧紧扭住精准用心用力，聚力做到底数精准、政策精准、措施精准，充分发挥现行社会保险政策作用，完善并落实社会保险扶贫政策，提升社会保险经办服务水平，支持帮助建档立卡贫困人口、低保对象、特困人员等困难群体（以下简称贫困人员）及其他社会成员参加社会保险，基本实现法定人员全

覆盖，逐步提高社会保险待遇水平，助力参保贫困人员精准脱贫，同时避免其他参保人员因年老、疾病、工伤、失业等原因陷入贫困，巩固脱贫攻坚成果，为打赢脱贫攻坚战贡献力量。

二、完善并落实社会保险精准扶贫政策

（一）养老保险精准扶贫。对建档立卡未标注脱贫的贫困人口、低保对象、特困人员等困难群体，符合参加居民基本养老保险条件的，地方人民政府为其代缴部分或全部最低标准养老保险费，并在提高最低缴费档次时，对其保留现行最低缴费档次。参加居民基本养老保险的重度残疾人提出申请，经审核后可以提前5年发放养老金。研究建立居民基本养老保险待遇确定与基础养老金最低标准正常调整机制，完善居民基本养老保险筹资和保障机制。根据经济发展和居民收入水平增长情况，适时适度逐步提高居民基本养老保险最低缴费标准和基础养老金最低标准。强化多缴多得、长缴多得的激励约束机制，完善缴费补贴政策，引导城乡居民主动参保缴费。加强居民基本养老保险与农村最低生活保障、特困人员救助供养等社会救助制度的统筹衔接，“十三五”期间，在认定农村低保和扶贫对象时，中央确定的居民基本养老保险基础养老金暂不计入家庭收入。

（二）医疗保险精准扶贫。全面落实资助贫困人员参保政策，对贫困人员参加居民基本医疗保险个人缴费部分由财政给予补贴；依法将包括农民工在内的合同制工人纳入生育保险，由用人单位缴纳生育保险费，职工个人不缴费。完善居民大病保险制度，对建档立卡贫困人口，大病保险起付线减半，分段报销比例提高5个百分点，封顶线提高到50万元。对建档立卡贫困人口使用经省统一谈判的大病保险特殊用药不设起付线；2017年度，各地要按照《山东省人力资源和社会保障厅关于执行〈国家基本医疗保险、工伤保险和生育保险药品目录（2017年版）〉有关问题的通知》（鲁人社发〔2017〕34号）要求，做好我省大病保险18种特殊药品与2017年版《国家药品目录》和纳入国家药品乙类目录范围内谈判药品的衔接，对经大病保险支付后的个人自付部分，再按乙类药品政策规定由基本医疗保险基金予以补助，确保参保人员实际待遇水平不降低。各市要合理确定门诊大病、慢病支付病种，逐步提高贫困人员门诊保障水平；要将符合条件的孕妇住院分娩医疗费用纳入居民基本医疗保险报销范围。加强基本医保、大病保险与医疗商业补充保险、医疗救助等的有效衔接，实现部门间信息互联共享，对已核准的因病致贫返贫患者，通过政策衔接，实施综合保障，提高其医疗保障受益水平。加快推进分级诊疗体系建设，实行医保差异化支付政策，适当提高基层医疗机构基本医保报销比例，促进贫困人员就近合理有序就医；进一步扩大异地就医结算范围，优化贫困人员异地就医程序，提供“一站式”即时结算服务，切实减轻贫困人员医疗费用垫支负担。

（三）工伤保险精准扶贫。进一步做好建筑业农民工按项目参加工伤保险工作，着力构建建筑业按项目参加工伤保险工作长效机制。围绕按项目参加工伤保险模式积极推进政策创新，对用工方式灵活、流动性大、贫困劳动力相对集中的行业，探索按项目等方式参加工伤保险。积极推进工伤预防工作，建立健全工伤保险费率浮动机制，指导各地充分运用费率浮动政策，定期进行费率浮动，发挥费率浮动的杠杆作用，促使企业加强工伤预防。对符合工伤保险待遇先行支付情形的贫困劳动力，工伤保险经办机构应给予先行支付。按规定将疗效可靠的尘肺病治疗药物列入工伤保险药品目录，将符合医疗诊疗规范的尘肺病治疗技术和手段纳入工伤保险金支付范围。

三、强化社会保险精准扶贫的保障措施

（一）加强组织领导。各地要充分认识开展社会保险精准扶贫工作的重要性，把精准扶贫、精准脱贫作为一件极其严肃的政治任务来抓，围绕扶贫大局，创新思路对策，加强协调配合，全力抓好社会保险精准扶贫政策的落实。省人力资源社会保障厅具体指导推进社会保险精准扶贫工作。各级扶贫开发领导小组办公室要建立完善扶贫对象销号制度，共享建档立卡贫困人员动态管理信息，为实施社会保险精准扶贫定期提供数据支撑。各级人力资源社会保障部门要建立管理台账，做好人员标识，动态掌握建档立卡贫困人口

参保和待遇保障情况。各地财政部门要做好社会保险补助资金的预算安排和分配下达，确保按时足额拨付到位。

（二）提高经办服务能力。各地要科学整合现有公共服务资源和社会保险经办管理资源，加大社会保险经办人员培训力度，开展“送培训到基层”活动，提高培训层次和质量。全面实施全民参保计划，深入贫困地区、农民工集中的高风险行业、单位和岗位，精准掌握贫困人员和贫困劳动力参加社会保险情况，精准落实社会保险扶贫政策，精准开展参保登记及缴费等经办服务工作，做到“应保尽保”。探索创新经办管理服务模式、服务方法、服务手段，加强经办窗口作风建设，简化优化流程，提供安全、方便、快捷的服务。

（三）加强社会保险精准扶贫信息支撑。加快推进“标准化、信息化、一体化”建设，组织实施“互联网 + 人社”2020 行动计划，将社会保险信息系统向基层延伸。积极推进扶贫数据资源共享，加强全民参保登记信息系统推广应用，推动公共就业、社会保险等人力资源社会保障领域数据与建档立卡贫困人口、低保对象、特困人员等外部共享数据的比对，实现对贫困人员的精准识别。研究制定相关大数据分析主题，探索建立与精准扶贫相关的大数据分析模型。

（四）加强宣传引导。把政策宣传作为推动工作的重要措施，坚持政策触角延伸到哪里、宣传就跟进到哪里，既要注重政策宣传、经办宣传让社会保险精准扶贫政策“家喻户晓”，也要注重成果宣传、典型宣传，推动社会保险精准扶贫精准实施。要精准宣传，在精准识别贫困人员的基础上，针对不同类型贫困人员精准制定不同险种的宣传重点。要广泛宣传，利用乡镇（街道）人力资源社会保障所、合作金融机构、定点医疗卫生机构等场所，设置宣传栏、张贴宣传画。要紧紧依靠报刊杂志、电视广播等传统媒体，利用党报党刊、电视广播的优势，壮大主流舆论，形成社会保险精准扶贫的舆论声势。

（五）加大督导调度力度。各地人力资源社会保障、财政、扶贫部门要按照各自职责，加强工作调度，防范廉政风险，定期开展督促检查。要夯实数据基础，定期统计调度养老保险、医疗保险、工伤保险等精准扶贫情况。对推进社会保险扶贫工作成效突出的地区和个人，推广其经验做法；对思想认识不到位、扶贫政策不落实、廉政风险防范不力的，予以通报批评并责成及时纠正，确保完成社会保险精准扶贫目标任务。

山东省人力资源和社会保障厅、山东省民政厅、山东省财政厅
关于完善我省社会保障体系机制若干问题的意见

（2017 年 12 月 8 日　鲁人社发〔2017〕49 号）

各市人力资源社会保障局、民政局、财政局：

社会保障是我国一项重要的社会经济制度，是保障和改善民生的重要基石。近年来，我省社会保障事业取得长足发展，为保障人民生活、促进经济发展、维护社会稳定发挥了积极作用。但是，随着新型城镇化、人口老龄化、社会结构多元化，我省社会保障体系不够完善、机制不够健全、发展不平衡不充分等问题日益凸显，与人民群众对拥有更加稳固可靠的社会保障的新期待还有一定距离。为认真贯彻落实党的十九大精神，全面建成多层次的社会保障体系，现就进一步完善社会保障体系机制问题，提出如下意见：

一、明确新时代我省社会保障体系机制建设的总体要求

（一）总体要求。以习近平新时代中国特色社会主义思想为指导，深入贯彻党的十九大精神，坚持全覆盖、保基本、多层次、可持续的基本方针，按照兜底线、织密网、建机制的基本要求，聚焦实现覆盖全民、城乡统筹、权责清晰、保障适度、可持续的奋斗目标，充分发挥社会保险主体作用，

强化社会救助托底功能，积极完善社会福利、慈善事业等制度，力争用两到三年时间，建立起基本保障人人享有、保障项目基本完备、待遇水平逐步提高、转移衔接顺畅有序、管理服务精准便捷的制度体系，形成责任界定明晰、事权划分合理、运行规范高效、活力充分激发的体制机制，促进社会保障朝着更加公平、更可持续方向发展，不断满足人民群众日益增长的社会保障需求。

二、进一步健全完善社会保障制度体系

（二）完善城镇职工基本养老保险制度。按照国家顶层设计，深化养老保险制度改革，完善社会统筹与个人账户相结合的城镇职工基本养老保险制度，做好全国统筹等重大改革举措的衔接准备工作。深化机关事业单位养老保险制度改革，全面实施按新制度计发待遇工作，加快推进省直驻济以外单位和中央驻鲁单位参保，实现新制度全覆盖。落实企业职工基本养老保险基金中央调剂制度，健全与中央调剂办法相衔接的省级调剂制度，进一步增强调剂能力。研究制定适合省情的遗属抚恤、病残津贴政策，逐步健全"老遗残"一体化保障体系。

（三）健全基本医疗保险制度。深化基本医疗保险支付方式改革，从今年起全面实施医保基金预算管理，完善总额控制办法，建立完善以按病种付费为主，按人头、按床日等适应不同人群、疾病、服务特点的多元复合支付方式。逐步扩大按病种付费的病种数量和实施范围，到 2017 年底，各统筹地区按病种付费的病种数量力争达到 100 种以上。巩固居民医疗保险制度整合成果，进一步提升管理服务水平。遵循保留险种、保障待遇、统一管理、降低成本的总体思路，稳妥推进生育保险和职工基本医疗保险合并实施试点。

（四）拓展社会保障制度领域和基本功能。推进职工长期护理保险制度试点，力争用三年时间在全省推开。各试点市要按照鲁政办字〔2017〕63 号文件要求，进一步完善政策措施，提高管理服务水平；其他市要确保 2017 年选择 1 到 2 个县（市、区）启动实施。修订《山东省失业保险办法》，出台失业保险金申领发放办法，完善参保企业稳岗补贴和职工技能提升补贴制度，进一步发挥失业保险"保生活、防失业、促就业"的功能作用。坚持"先保后征"原则，加快推进被征地农民社会保障政策落实。

（五）加快构建多层次社会保障体系。在完善职工基本养老保险制度的基础上，制定完善针对企业职工的企业年金具体办法，形成鼓励和引导企业建立年金的政策机制，促进覆盖率明显提升；出台针对机关事业单位工作人员的职业年金基金管理具体办法；支持个人储蓄性养老保险和商业养老保险加快发展。不断巩固完善大病保险制度，及时确定纳入支付范围的药品品种和数量，逐步扩大大病保险特药保障范围。理顺优化大病保险购药结算流程，充分发挥零售药店的积极作用。规范居民大病保险支付范围，建立健全盈亏调节机制和清算制度，加强对商业保险公司的考核评估。统筹推进补充医疗保险、商业健康保险发展。

三、加快实现法定人群全覆盖

（六）全面实施全民参保计划。扎实开展参保数据比对清理，加强省、市间数据动态互联、实时更新，做到"一人一码、身份唯一、数字准确、底子清楚"。推动"全民参保登记计划"向"全民参保计划"拓展升级，对各类人员参加社会保险情况进行全程追踪，实现源头管理和精确管理。对未参保人员和"断保"人员进行精确分类，精准制定措施，将其纳入相应社会保险制度，促进由制度全覆盖向人员全覆盖转变。

（七）着力推进重点群体参保。以农民工、非公有制经济组织从业人员、灵活就业人员和新兴业态从业者为重点，提高职工社会保险参保覆盖面。巩固"同舟计划"成果，深入推进按建设项目参加工伤保险，研究交通运输、铁路、水利、能源、机场等建设项目参保政策，启动实施多领域建设项目参保工作。积极推进社会保险精准扶贫，建立多部门联合工作机制，按规定落实贫困人员参加居民基本养老保险、居民医疗保险个人缴费财政补助政策。

四、强化社会保险费征缴激励约束机制

（八）强化参保缴费政策措施。规范完善社会保险缴费基数政策，形成合理的缴费基数，避

免对低收入群体的制度性挤出。严格执行国家和省统一规定的职工基本养老保险费率政策，各地不得自行调整费率。规范用人单位和职工社会保险补缴政策，引导其按时足额缴费，维护参保职工权益。落实居民养老保险缴费补贴政策，鼓励居民提高缴费水平，获得相应待遇。适度提高居民医疗保险政府补助和个人缴费标准，2018 年人均个人缴费标准不低于 180 元。推行居民养老、医疗保险统一征缴，提高参保、续保率。

（九）依法加大征缴力度。各地要严格落实单位和个人的社会保险缴费责任，完善申报缴纳办法，加强社会保险稽核，防止虚报、瞒报缴费基数造成少缴、漏缴。研究统一的社会保险缴费基数核定办法，规范缴费基数管理。加大社会保险欠费清收力度，对恶意欠费单位通过依法采取强制措施、建立黑名单制度、发挥社会征信系统作用等手段，促进基金应收尽收。完善欠费管理制度，按照权责发生制的原则健全欠费信息数据，及时记录欠费补缴情况。理顺参保缴费机制，除国家和省另有规定外，用人单位原则上要按照属地原则参加各项社会保险，逐步实现在同一统筹地参保缴费。健全社会保险缴费查询机制，为参保单位、个人提供缴费信息网上查询等便利条件，发挥社会监督作用。广泛开展社会保险政策宣传解读，提高用人单位、个人依法参保缴费意识。加强各级社会保险经办机构队伍建设和能力建设，严格内控制度，规范执行“五险合一、一票征缴”经办流程，持续加大征缴工作力度，充分发挥社会保险费征缴对增加基金收入的主渠道作用。

五、建立更加科学合理的待遇确定和调整机制

（十）优化社会保险待遇确定机制。坚持权责清晰、精算平衡，合理兼顾公平与效率，实行职工养老保险缴费与待遇计发更加紧密挂钩的办法，健全参保缴费激励约束机制，促进多缴多得、长缴多得。严格规范基本医疗保险的责任边界，合理确定基本医疗保险待遇标准。逐步扩大医疗保险药品目录范围，规范门诊慢性病（大病）病种和补偿政策。

（十一）完善社会保险待遇正常调整机制。统筹考虑我省经济发展、职工工资增长、居民消费价格指数上涨、基金支撑能力、财政承受能力等因素，适时适度调整各项社会保险待遇水平。完善“定额调整、挂钩调整与适当倾斜相结合”的退休人员基本养老金调整办法，促进形成公平与效率兼顾、企业与机关事业单位大体统一的调整机制。逐步提高居民养老保险基础养老金标准。到“十三五”末，职工基本医保政策范围内住院费用支付比例达到 75% 以上，居民基本医保政策范围内住院费用支付比例达到 75% 左右；将失业保险待遇水平提高到最低工资标准的 90%。

六、促进社会保障制度无缝衔接

（十二）确保社会保险关系顺畅转移接续。进一步研究细化城乡、地域、企业与机关事业单位之间的养老保险转接办法，统一全省养老保险关系转移接续规程。各市要严格按照鲁人社规〔2017〕12 号、13 号等文件规定，做好职工养老保险关系转移接续工作，消除制度壁垒和流动性阻碍。全面实现异地就医联网即时结算，进一步简化异地就医备案手续，取消就医地定点医疗机构和经办机构审批盖章程序。扩大定点医疗机构范围，每个县（市、区）至少开通一家异地就医联网结算医院。研究出台我省失业保险关系转移接续暂行办法。

（十三）加强医疗保险与医疗救助的衔接。建立贫困人口（含低保、特困人员、建档立卡贫困人口）医疗保障工作协调机制。加强基本医疗保险、大病保险、医疗救助、医疗商业补充保险的递进互补和“一站式”即时结算信息平台建设，加快实现“建档立卡贫困人口个人负担医疗费用低于医疗总费用的 10%”的目标。加大医疗救助力度，全面开展重特大疾病医疗救助，提高重特大疾病住院救助封顶线，积极开展事前救助，让贫困患者得到及时治疗。

七、保持社会保障基金安全稳定运行

（十四）提高社会保险统筹互济能力。进一步规范企业职工基本养老保险省级统筹，实现基本制度、缴费政策、待遇政策、基金使用、基金预算和经办管理“六统一”，尽快统一依据全省在岗职工平均工资确定缴费及计发待遇基数，推行基金市级统收统支，积极创造条件实现全省统

收统支。逐步提高居民养老保险统筹层次。规范职工医疗保险、失业保险市级统筹。2017 年实现居民基本医疗保险基金市级统收统支。提高工伤保险统筹层次，进一步完善省级调剂制度，2020 年实现全省参保范围、缴费政策、工伤认定和劳动能力鉴定办法、待遇支付标准、经办流程和信息系统的统一。

（十五）形成基金风险预防化解机制。加强社会保险基金监督和收支预算管理，强化运行分析，健全预警机制，最大限度遏制基金不合理支出。建立全省社会保险参保信息比对核查机制，防止违规重复享受社会保险待遇。2017 年起，建立企业特殊工种等提前退休审批的年度随机复核制度，每年省对各市的复核比例不低于 30%。强化违规退休审批责任追究，推进信息公开，接受社会监督。严禁将居民养老保险个人账户储存额用于非个人账户养老金支出。完善养老保险待遇领取资格认证体系，及时查处欺诈冒领养老金违规行为。完善医疗保险基金总额控制办法，健全与总额控制相适应的考核评价体系和动态调整机制。完善医疗保险服务协议管理，强化对医疗行为的监管。加快推进全省社会保险业务、财务数据省级集中，建立业务财务一体化管理信息系统，确保社会保险业务与财务数据关联对应。

（十六）扩大社会保险基金筹资渠道。各级政府要健全完善社会保险财政补助机制，社会保险基金出现缺口时，各级政府承担社会保险基金发放兜底责任。扎实做好企业职工基本养老保险基金委托运营，实现保值增值，搞好资金战略储备。积极推进划转部分国有资本充实社会保障基金，加快研究制定使用股权分红和运作收益弥补企业职工基本养老保险基金缺口的具体办法。

八、充分发挥社会救助作用

（十七）增强解困助贫功能。做好农村低保制度与扶贫开发政策的衔接，2017 年农村低保标准全部达到省定扶贫线以上，及时将符合条件的建档立卡贫困人口纳入低保保障范围，推动低保对象和建档立卡贫困人口共享各项扶贫开发政策。强化特困人员救助供养制度的托底保障，按照区域优化、布局合理原则，充分利用乡镇敬老院等现有资源，建设农村综合性社会福利服务机构。充分发挥临时救助的“救急难”功能，加强和改进临时救助工作，对救助对象、困难类型、救助标准进行分类细化，提高工作针对性和有效性。

（十八）构建“大救助”工作机制。推进“大救助”社会救助体系建设，在省、市、县三级建立政府主导的社会救助独立机构，强化省级机构和人员队伍建设，统筹社会救助资源，强化社会救助管理职能，统筹制定全省救助政策，提高社会救助体系的整体效果。建设“大救助”综合信息平台，由省级统一部署，省、市、县、乡四级建设使用，加强部门间信息共享共用，做到“底数精准”、“救助需求精准”。完善“部省市县”四级贯通的核对信息网络，提升“精准救助”和“精准识别”能力，做到“应保尽保”和“应退尽退”。

（十九）加大政府购买服务力度。研究制定我省推行政府购买服务，加强基层社会救助经办服务能力的实施意见，增强基层经办服务能力。加强政府救助与社会力量救助的统筹衔接，畅通工作渠道，形成政府主导、多方参与、协调联动、有序高效的社会救助工作格局。

九、大力提升社会保障经办服务和信息化水平

（二十）建设更加便捷高效优质的社会保障服务体系。以推进社会保障公共服务“标准化、信息化、一体化”为目标，全面推行综合柜员制，实施全省统一的服务清单和业务流程，为参保对象提供社会保险缴费申报、费用征缴、权益记录、待遇核定发放等“一条龙”“一站式”服务。落实“互联网+人社”2020 行动计划，实现社会保障信息系统和数据省级集中，建成省级社会保障信息资源库。建立全省统一的社会保障公共服务平台，向上对接全国社会保险公共服务平台，横向对接省政府省级网上服务大厅，形成跨领域、跨部门、跨层级的联动服务能力。加快建设全省社会保障大数据平台，充分应用互联网、大数据、移动应用等技术手段，逐步实现线上线下服务渠道的有机衔接，实现各类社会保障公共服务事项“全省通办”。加快推进“社保卡”应用，推动“社保卡”与“居民健康卡”融合，2020 年基本实现人员持卡全覆盖，实现社会保障“一卡通”。

十、切实加强组织领导

（二十一）组织领导。各地要高度重视社会保障体系机制建设工作，切实加强组织领导，建立健全管理体制，完善部门间工作协调机制，定期研究解决社会保障改革发展重要问题。人力资源社会保障、民政、财政等部门按照职能分工，各司其职，密切配合，落实责任。要健全目标考核机制，将社会保险扩面征缴任务和确保发放责任纳入相应考核指标体系。加强社会保障队伍建设，合理配置机构和人员，抓好学习培训，提高从业人员政策水平和业务能力。加大政策解读和宣传引导力度，让全社会更加熟悉、更好理解和更大力度支持社会保障政策，共同促进社会保障事业健康协调可持续发展。

山东省人力资源和社会保障厅、山东省财政厅
关于印发山东省社会保险基金监督举报奖励办法的通知

（2017 年 8 月 9 日　鲁人社规〔2017〕16 号）

各市人力资源社会保障局、财政局：

现将《山东省社会保险基金监督举报奖励办法》印发给你们，请结合实际认真抓好贯彻落实。省人力资源社会保障厅省财政厅 2015 年 3 月 18 日印发的《山东省社会保险基金监督举报奖励暂行办法》（鲁人社发〔2015〕14 号）同时废止。

山东省社会保险基金监督举报奖励办法

第一条　为进一步加强社会保险基金监管，调动社会力量参与社会保险基金监督的积极性，防范和制止侵害社会保险基金的违法违规行为，维护参保人员的合法权益和社会保险基金安全完整，根据《中华人民共和国社会保险法》《社会保险基金监督举报工作管理办法》（原劳动和社会保障部令 2001 年第 11 号）等有关规定，制定本办法。

第二条　公民、法人和其他社会组织（以下简称举报人）对本省行政区域内养老保险基金、医疗保险基金、失业保险基金、工伤保险基金和生育保险基金等各项社会保险基金（以下简称社会保险基金）在征缴、支付、管理、投资运营等环节发生的违法违规行为进行举报，适用本办法。

举报人负有管理、经办、监督社会保险基金等法定职责的，不适用于本办法。

第三条　县级以上社会保险行政部门负责本行政区域内的社会保险基金监督举报奖励工作。社会保险行政部门可根据情况委托社会保险经办机构或社会中介机构对举报事项进行核查。

社会保险行政部门应当设立社会保险基金监督举报电话、电子邮箱，并向社会公布举报电话号码、传真号码、电子邮箱和通讯地址等。

第四条　本办法所称违反社会保险基金管理规定行为的举报范围包括：

（一）单位或个人有下列违法违规行为之一的：

1. 单位采取涂改、伪造、藏匿、变造原始材料或提供虚假证明材料的方式，瞒报、少报参保人数和缴费工资基数，少缴社会保险费的；

2. 单位伪造、变造材料，虚构、隐瞒事实，骗取社会保险基金的；单位协同个人、其它机构骗取社会保险基金的；单位通过其它方式骗取社会保险基金的；

3. 个人伪造、变造材料，虚构、隐瞒事实，骗取社会保险基金的；个人利用他人身份和社会保险证明违规享受社会保险待遇、骗取社会保险基金的；个人协同他人、单位或其它机构骗取社会保险基金的；

4. 弄虚作假办理劳动能力鉴定骗取社会保险基金的；

5. 其他违反规定，造成社会保险基金损失的行为。

（二）协议管理医疗机构、协议管理零售药店等医药服务机构及其工作人员有下列违法违规行为之一的：

1. 将非参保人员的医药费用纳入社会保险基金支付的；

2. 采用串换项目等方式，将非社会保险基金支付范围的医药费用纳入社会保险基金支付的；

3. 将交通肇事、医疗事故、境外就医等发生的不符合医疗保险基金支付范围的医药费用纳入社会保险基金支付的；

4. 违反规定提高收费标准、擅自设立收费项目等不合理增加社会保险基金支出的；

5. 采用多计多收医疗医药费用、挂床住院等手段骗取套取社会保险基金的；

6. 以伪造医疗信息、病历以及其他资料的方式，骗取社会保险基金的；

7. 采用刷卡退付现金等手段，套取社会保险基金的；

8. 其他违反规定，造成社会保险基金损失的行为。

（三）社会保险经办机构及其工作人员有下列违法违纪行为之一的：

1. 未严格执行社会保险费征缴有关政策规定，违规降低缴费比例、减免社会保险费，或与缴费单位串通，以虚假资料逃缴、少缴社会保险费，造成社会保险基金流失的；

2. 未严格审查和核算享受社会保险待遇的资格和标准，或利用职权伪造、篡改社会保险档案，或与相关单位、个人串通，以虚假资料冒领、骗取社会保险待遇，造成社会保险基金流失的；

3. 与社会保险服务机构及其工作人员或者享受社会保险待遇人员串通，非法套取社会保险基金的；

4. 为未取得协议管理服务资格的医疗机构或零售药店提供社会保险资金结算服务的；

5. 贪污、截留、挤占、挪用社会保险基金的；

6. 滥用职权、徇私舞弊、玩忽职守，致使社会保险基金遭受损失的；

7. 其他违反规定，造成社会保险基金损失的行为。

（四）劳动能力鉴定机构及其工作人员有下列违法违规行为之一的：

1. 擅自篡改劳动能力鉴定委员会作出的鉴定结论，造成社会保险基金损失的；

2. 其他违反规定，造成社会保险基金损失的行为。

（五）社会保险行政部门及其工作人员有下列违法违规行为之一的：

1. 违反规定办理退休，造成社会保险基金损失的；

2. 违反规定为不符合条件的人员认定工伤，造成社会保险基金损失的；

3. 其他违反规定，造成社会保险基金损失的行为。

（六）其他机构及其工作人员有违法违规行为，并造成社会保险基金损失的。

第五条 举报人可通过来访、信函、电话、传真或电子邮件等方式进行举报，举报事项应当事实清楚。

第六条 上级社会保险行政部门接到的下级社会保险行政部门管辖的举报案件，可向下级转办。下级社会保险行政部门对上级社会保险行政部门交办的举报案件，应当及时办理，并按要求向交办单位书面报告调查处理意见和处理结果。

上级社会保险行政部门发现下级社会保险行政部门对举报案件的处理不适当或有错误的，应当责成下级社会保险行政部门重新处理，必要时可以直接调查处理。

第七条 凡符合受理范围的举报，社会保险行政部门应当自受理之日起30日内办结。情况复杂的可以适当延长，但最长不得超过60日。

第八条 举报人要求答复本人所举报案件办理结果的，社会保险行政部门应当负责将办理结果告知举报人。

第九条 举报人举报事项经查证属实，社会保险行政部门及社会保险经办机构应及时追回违法违规基金，并接受财政、审计部门的监督。

第十条 举报人举报事项同时符合以下条件的，由负责案件查处的社会保险行政部门给予奖励：

（一）有明确被举报主体的；

（二）实名举报的；

（三）举报的内容符合本办法第四条规定且事实清楚、证据充分的；

（四）举报人提供的主要违法违规事实、证据事先未被社会保险行政部门或社会保险经办机构掌握的；

（五）举报反映的问题经查证属实的。

第十一条 给予奖励单位在案件查结后30日内，通知符合奖励条件的举报人领取奖金。

举报人应持本人居民身份证或其他有效身份证件及社会保险基金违法违规案件举报奖励通知书到社会保险行政部门领取奖金。联名举报的，奖金由举报第一署名者或者第一署名者委托的其他署名者领取。同一事项向多个受理单位举报，只能获得一次奖励，由负责直接查处的单位给予奖励。

举报人不能亲自领取的，可由代理人代为领取。由代理人代为领取的，必须出具举报人的书面委托书、举报人和代理人的居民身份证或其他有效身份证件以及社会保险基金违法违规案件举报奖励通知书。

举报人自接到社会保险基金违法违规案件举报奖励通知书之日起30日内领取奖金，30日内未领取奖金的，视为自动放弃。

第十二条 对举报人的奖励金额按查证属实的违法违规金额的1%予以奖励，最多不超过5000元。对举报案情重大，且一次性追回社会保险基金超过50万的，对举报人按追回基金的1%增发奖金，增发奖金最多不超过10000元。

第十三条 对编造事实、恶意举报的行为，社会保险行政部门依法追究举报人的责任；举报事项造成严重后果、涉嫌犯罪的，移交司法机关处理。

第十四条 本办法所规定奖励资金由同级财政列入年度预算。举报奖励专项资金由社会保险行政部门，按照财务制度规定单独列账，专款专用。专项资金的使用情况应接受财政、审计部门的监督。

第十五条 各级社会保险行政部门应当为举报人保密，妥善保管举报奖励有关材料及凭证。对举报人宣传报道，须征得举报人同意。

第十六条 本办法由省人力资源社会保障厅负责解释。

第十七条 本办法自2017年8月9日起施行，有效期至2022年8月8日。

（二）养老保险

山东省人民政府办公厅
关于贯彻国办发〔2016〕91号文件全面放开养老服务市场提升养老服务质量的实施意见

（2017年7月10日　鲁政办发〔2017〕52号）

各市人民政府，各县（市、区）人民政府，省政府各部门、各直属机构，各大企业，各高等院校：

为全面贯彻落实《国务院办公厅关于全面放开养老服务市场提升养老服务质量的若干意见》（国办发〔2016〕91号），实现到2020年全面放开养老服务市场的目标，进一步加快推进全省养老服务业发展，经省政府同意，现提出如下实施意见：

一、深化放管服改革

（一）简化养老项目审批手续。优化审批流程，精简办事环节，发展改革、国土资源、住房城乡建设部门分别负责牵头项目审批（或项目核准、备案）、用地审批、规划报建和施工许可各个阶段工作，每个审批阶段由牵头部门统一受理申请材料、统一组织其他审批部门开展并联审批。设立营利性养老机构，按照“先照后证”的简化程序执行，达到法人登记条件的，可先申请登记注册机构，再申请设立养老机构许可。非营利性养老机构在取得民政部门设立许可证后，依法办理相应登记。养老机构从事餐饮服务活动，应当依法取得营业执照等合法主体资格后，再申请食品经营许可证。申请人能够提供服务设施法定产权证明的，不再要求提供建设单位的竣工验收合格证明；符合已经批复的控制性详细规划且通过水影响评估审查的区域，不再对区域内具体养老投资项目进行交通影响、水影响等方面的评估审查。

（二）积极稳妥解决老旧养老服务设施问题。对因年代久远或其他客观原因无法办理建设、施工、规划许可、土地证明、消防许可、环保、不动产登记等前置证明的，由县级人民政府协调有关部门核查后出具相关证明文件，为办理设立许可手续提供便利。其中，1998 年 9 月以前建设使用且建筑主体未发生改、扩建的，以及建筑面积在 300 平方米以下或者投资 30 万元以下的，不需要办理消防设计审核、消防验收或备案手续，但须符合消防安全要求；1998 年 9 月 1 日后、本实施意见下发之日前新建、改建或者扩建（含室内装修、用途变更）的养老机构，建筑面积大于 1000 平方米的，依法办理消防设计审核、消防验收手续；建筑面积 300 平方米以上、不大于 1000 平方米的，依法办理消防设计备案和竣工验收消防备案手续。养老机构建筑达到二层及以上的，须设置电梯。达到消防安全规定要求的，即可申请办理消防手续。

（三）整合改造闲置资源发展养老服务。各级人民政府要组织开展现有社会闲置资源调查、整理和信息收集工作，摸清底数和相关环境信息，建立台账，防范入居环境风险。投资主体对拟整合改造的闲置资源评估论证后，向当地民政、住房城乡建设、国土资源、公安消防、财政等部门提出改造方案，由民政部门牵头为其提供各类手续办理服务。民政部门对建设项目进行核实后，委托社会专业机构出具包含实地勘测的建筑物面积、结构和安全度等内容的房屋检测报告，并出具养老机构使用用途的认可证明材料。投资主体凭民政部门出具的认可证明材料向住房城乡建设部门提出申请，住房城乡建设部门依法依规办理施工许可等手续。投资主体凭民政部门出具的认可证明材料向公安消防部门提出申请，公安消防机构依法依规进行消防设计审核（备案）、消防验收（竣工验收消防备案）。对改造后符合补助条件的，依据有关政策规定及时核定拨付专项补助资金。

二、优化市场环境

（一）落实优惠扶持政策。积极落实《山东省人民政府关于加快社会养老服务体系建设的意见》（鲁政发〔2012〕50 号）、《山东省人民政府关于加快发展养老服务业的意见》（鲁政发〔2014〕11 号）等文件规定的各项税费减免政策；各类营利性和非营利性社区居家养老服务组织、小型养老机构，同等享受《山东省人民政府关于进一步做好新形势下就业创业工作的意见》（鲁政发〔2015〕21 号）规定的小微企业税费减免、创业补贴、投融资支持等优惠扶持政策。放宽民办非营利性养老机构资产管理政策，允许民办非营利性养老机构出资者拥有对投入资产的所有权，并按不高于同期银行 1 年期贷款基准利率 2 倍的标准提取盈余收益。鼓励企事业单位、社会团体和个人等社会力量通过公益性社会团体、基金会，向非营利性养老服务机构和为老服务组织捐赠，在计算所得税应纳税所得额时按规定标准予以税前扣除。

（二）建立价格形成机制。对于民办营利性养老机构，服务收费项目和标准由经营者自主确定。对于民办非营利性养老机构，服务收费标准由经营者合理确定，有关部门对其财务收支状况、收费项目和调价频次进行必要监管，同时加强对价格水平的监测分析。对于政府运营的养老机构，以扣除政府投入、社会捐赠后的实际服务成本为依据，按照非营利原则，实行政府定价或政府指导价管理，具体收费标准由市、县（市、区）人民政府制定；对于以公建民营等方式运营的养老机构，采用招投标、委托运营等竞争性方式确定运营方，具体服务收费标准由运营方依据委托协议等合理确定。

（三）推进诚信体系建设。建立覆盖养老服务行业法人、从业人员和服务对象的行业信用体系。加强养老服务领域诚信教育，通过“齐鲁敬老使者”评选、养老服务品牌创建，培育一批养老服务诚信个人和企业（组织）典型，带动形成“孝润齐鲁、安养山东”诚信文化。建立完善诚信记录和归集机制，在山东养老信息网动态发布养老行业诚信、失信行为，同时将信用信息推送至“信用山东”官方网站，并将信用信息作为各项支持政策的重要衡量因素，让诚信行为得到社会和市场认可，让违规失信行为受到相应惩戒。引导各级成立养老服务组织和行业协会，将符合条件的纳入承接政府购买服务社会组织名录，优先给予场地支持。

三、完善服务体系

（一）提升养老服务水平。鼓励社会力量兴办集中收住失智、精神疾病等老年慢性病患者的专门养老机构，引导一、二级医疗机构利用闲置床位改建养老机构，提高护理型养老床位比例，重点满足失能、半失能老年人需求。大力发展嵌入式养老机构，推进日间照料中心向养老服务综合体发展，条件成熟的转化成微型养老机构，满足老年人就近养老需求。加快公办养老机构改革，鼓励民间资本通过参资入股、收购、委托管理、公建民营等方式参与，到2020年，全省80%以上的公办养老机构转制为企业、社会组织或实现公建民营，政府运营的养老床位数占养老床位总数的比例不超过40%。引导社会力量运营养老服务信息平台、日间照料中心和农村幸福院，对符合条件的给予运营补贴，实现连锁化、品牌化、规模化发展。鼓励各地采取政府补贴、产业引导和业主众筹等相结合的方式，开展老旧居住小区和老年人家庭的无障碍改造，优先安排贫困、高龄、失能等老年人家庭设施改造，组织开展多层老旧住宅电梯加装。

（二）加快推进医养结合。鼓励基层医疗卫生机构在日间照料中心、农村敬老院、农村幸福院设置服务站点或提供签约服务，由签约家庭医生为社区老年人提供健康指导和基本医疗服务。探索建立家庭病床制度，为有需求的困难家庭和慢性病老年人提供巡诊探视等上门服务，并做好与长期护理保险的衔接，逐步扩大长期护理保险覆盖范围。民政、卫生计生、人力资源社会保障部门建立联合审批制度，做好医养结合项目养老机构设立许可、医疗机构设置审批和医保协议管理纳入等工作，打通医养结合绿色通道。

（三）推行农村多元养老模式。鼓励各地因地制宜，探索通过建设农村幸福院、建设老年人集中居住区、开办家庭化小型化养老机构、建设互助养老院、开展困难老年人代养服务等模式养老。加强农村敬老院建设和改造，重点为特困人员和其他农村低收入老年人及失能、半失能老年人提供便捷可及的养老服务。建立农村留守、困难、鳏寡、独居老年人的关爱服务体系。

四、提升服务质量

（一）提升养老服务人才素质。发挥人才支撑作用，加快建立职业化养老护理员、专业技术和高级管理人才队伍。扩大养老服务人才来源渠道，鼓励卫生专业技术人才、家政服务人员、社会志愿者、退休医务工作者、低龄老年人从事养老服务。建立山东养老服务人才库，对养老服务从业人员实行统一登记管理。探索推行养老志愿服务积分制，志愿者参与养老服务贡献与将来接受养老服务情况挂钩。完善职业技能等级与养老服务人员薪酬待遇挂钩机制。根据经济社会发展状况，稳步提高养老服务从业人员薪酬水平，推动养老服务行业平均薪酬待遇原则上不低于上年度本地服务行业的平均工资水平。

（二）健全养老服务标准体系。加快研究制定养老服务重点领域标准，完善养老服务通用基础、服务技能、服务机构管理、居家养老服务、社区养老服务、老年产品用品标准等养老服务标准体系，围绕产业发展需要制定实施一批地方标准，鼓励养老服务提供主体创新性地制定团体标准。加大养老服务标准化工作宣传力度，使养老服务标准落实到行业管理和经营服务的各个环节，提高全行业实施标准的自觉性。加大养老服务标准的推动实施力度，扶持开展养老服务标准化示范创建，推进养老机构等级划分和质量评估等标准的实施，在养老服务领域形成一批具有辐射带动作用和推广价值的标准化建设试点示范单位。

（三）加快养老服务品牌建设。发挥品牌引领作用，支持养老服务领域整合现有资源，培育和引进机构、社区和居家养老服务品牌，提供高品质养老服务。加大养老服务品牌建设力度，组织开展山东省服务名牌认定工作，推进“孝润齐鲁、安养山东”服务品牌创建，制定养老服务领域品牌标准评价体系。到2020年，扶持和认定一批养老服务名牌，增强养老服务发展活力。对养老机构、日间照料设施实行全省统一标识，不断提升品牌影响力。

五、强化政策扶持

（一）加强养老设施规划。各地要认真编制养老服务设施专项规划，加快配建新旧小区为老服务设施，为社区居家老年人提供优质便捷的服务。新建小区按每百户不少于20平方米的标准配套建设养老服务设施，民政、住房城乡建设、国土资源等部门要研究制定新建住宅小区配建社区居家养老服务设施和社区管理服务设施建设、移交与管理的办法。老旧小区要按照每百户不少于15平方米的标准，通过置换、租赁、购置等方式，配建养老服务设施。

（二）创新投融资方式。鼓励银行业等金融机构根据养老服务业发展导向和经营特点，制定养老服务业信贷政策，开发针对养老服务业的特色信贷产品，为养老服务业提供差异化信贷支持。探索建立民政部门与证券监管部门的项目信息合作机制，支持符合条件的养老服务企业到境内外资本市场上市挂牌或发行债券，通过政府引导、市场运作手段，带动社会资本投资养老服务业。鼓励采取政府和社会资本合作（PPP）模式建设或发展养老机构，为社会资本投资参与养老服务业提供全方位支持。

（三）完善财政支持政策。调整优化现有建设运营补助政策，逐步将侧重点由“补砖头”“补床头”向“补人头”转变，切实发挥好财政资金的引导作用。加大对失能老年人的服务保障，鼓励各地统筹困难失能老年人护理补贴、困难老年人高龄津贴、服务补贴等老年人保障制度，为困难失能老年人购买养老服务，按月确定养老服务时间。探索多元化保险筹资模式，鼓励商业保险参与长期护理保险经办管理，满足多样化、多层次的长期护理保障需求。

（四）完善土地支持政策。统筹利用闲置资源发展养老服务，有关部门应按程序依据规划调整其土地使用性质。营利性养老服务机构利用存量建设用地建设养老设施，涉及划拨建设用地使用权出让（租赁）或转让的，在原土地用途符合规划的前提下，允许补缴土地出让金（租金），办理协议出让或租赁手续。企事业单位、个人对城镇现有空闲厂房、学校、社区用房等进行改造和利用，举办养老服务机构，经有关部门批准临时改变建筑使用功能从事非营利性养老服务且连续经营一年以上的，五年内土地使用性质可暂不作变更。民间资本举办的非营利性养老机构与政府举办的养老机构可依法使用农民集体所有的土地。对在养老服务领域采取政府和社会资本合作（PPP）方式的项目，可以国有建设用地使用权作价出资或者入股建设。

六、加强服务监管

（一）加强服务质量评估。培育发展第三方评估组织，加强养老服务质量评估，促进服务行为规范，形成政府指导、行业自律、社会监督相结合的监管体系。按照属地管理的原则，加强对本辖区养老机构和组织服务质量、运营及安全管理的情况的监督检查。定期开展养老机构、企业（组织）等级评估，对人员、设施、服务、管理、信誉等情况进行综合评价并向社会公布，评估结果与落实优惠政策、发放资金补助等挂钩。大力推行老年人能力评估，为发放补贴、提供服务提供标准。老年人能力和设施等级评估工作经费列入同级财政预算保障。

（二）推进养老服务信息化。深入推进“互

联网＋养老”，建设智慧健康养老示范基地，加快全省“两台一网”推广应用，形成全省养老服务大数据。发挥12349养老服务信息平台作用，建立老年人需求和投诉平台。建立养老项目网上审批公示制度，规范和优化审批流程，提高服务质量和效率。整合现有户籍、医疗、社会保障等信息资源，建设统一规范、互联互通的养老服务信息共享系统，实现个人、家庭、社区、机构与养老服务资源的有效对接。将养老机构、日间照料中心、居家养老组织等纳入信息系统，实时动态监管，促进行业自律。

（三）**建立联合执法机制**。民政、公安、食品药品监管等部门要加强协调配合，建立联合执法机制，加强对养老服务机构运营和服务的监管，确保老年人人身安全。对养老服务机构消防、食品等安全情况定期开展监督检查，及时整改安全隐患，防止各类安全事故发生。发现安全隐患整改不达标或拒不整改的，由相关部门按照程序依法作出处罚或强制关停，并将作出处罚的信息在有关媒体予以公示，同时妥善做好收住老年人的安置工作。引导养老机构、为老服务组织与服务对象签订服务协议，切实保障老年人合法权益。对养老服务中虐老欺老等行为，要依法严厉查处。

各级、各有关部门要把全面放开养老服务市场、提升养老服务质量摆在重要位置，认真组织落实，并对政策落实情况进行跟踪分析和监督检查，确保各项工作落地见效。加强协调配合，落实和完善相关优惠政策，共同促进养老服务提质增效。民政部门要切实履行监督管理、行业规范、业务指导职责，发挥牵头协调作用。发展改革部门要将养老服务业发展纳入经济社会发展规划、相关专项规划和区域规划，支持养老服务业发展。财政部门要加大财政投入力度，优化资金补助结构和使用效益。其他各有关部门要各司其职、各负其责，及时解决工作中遇到的问题，形成齐抓共管、整体推进的工作格局。

山东省人力资源和社会保障厅、山东省财政厅
关于2017年调整退休人员基本养老金的通知

（2017年7月10日　鲁人社发〔2017〕26号）

各市人民政府，省直各部门、单位，各养老保险省直管企业，各中央驻鲁机关事业单位：

根据《人力资源社会保障部财政部关于2017年调整退休人员基本养老金的通知》（人社部发〔2017〕30号）精神，结合我省实际，经省政府同意，并报人力资源社会保障部、财政部批准，从2017年1月1日起，调整企业和机关事业单位退休人员基本养老金。现就有关事项通知如下：

一、调整范围

2016年12月31日前已按规定办理退休、退职手续并按月领取基本养老金的退休、退职人员（以下简称退休人员）。

二、调整办法和标准

这次调整退休人员基本养老金，采取定额调整、挂钩调整和适当倾斜相结合的办法。

（一）**定额调整**。每人每月增加55元养老金。

（二）**挂钩调整**。按以下两部分计算增加养老金：

1. 按2016年12月本人基本养老金的2.1%确定月增加额。

2. 企业和机关事业单位退休人员分别执行下述挂钩调整办法：

（1）企业退休人员与本人缴费年限挂钩调整。缴费年限每满1年，按1.7元确定月增加额。其中，缴费年限含视同缴费年限，不含特殊工种

等折算增加的年限；缴费年限不足 1 年的，按 1 年计算。

（2）机关事业单位退休人员与本人职务（岗位、技术等级，下同）挂钩调整。根据职务层级不同划分若干档次，每个档次以 31 元为基数乘以不同的调整系数确定月增加额。各职务层级的具体调整系数，遵循衔接平衡原则，另行确定。

（三）适当倾斜。2016 年 12 月 31 日前，年满 70 周岁不满 75 周岁（以办理退休手续时按规定确认的出生年月计算，下同）、年满 75 周岁不满 80 周岁和年满 80 周岁以上的退休人员，每人每月分别增加 15 元、30 元和 60 元养老金。

同时，综合考虑不同年龄、不同情况人员以往年度倾斜的养老金累计标准，对达到相应年龄的有关人员，分别补齐累计标准差额。其中，2016 年 1 月 1 日至 12 月 31 日期间达到 70 周岁、75 周岁和 80 周岁的企业退休人员（不含企业一次性补缴参保人员）每人每月分别增加 290 元、190 元和 360 元，企业一次性补缴参保人员每人每月分别增加 70 元、60 元和 120 元，机关事业单位退休人员每人每月分别增加 20 元、80 元和 80 元。

三、资金列支渠道

调整基本养老金所需资金，参加企业职工基本养老保险的，从企业基本养老保险基金中列支；参加机关事业单位工作人员基本养老保险的，从机关事业单位基本养老保险基金中列支；未参加城镇职工基本养老保险的，由原渠道解决。

四、相关问题处理

（一）按相关规定办理退休手续的建国前老工人，基本养老金调整办法另行制定。

（二）按本通知调整基本养老金的退职人员，系指按《劳动保险条例》第 13 条丙款、国发〔1978〕104 号、鲁革发〔1972〕143 号文件规定办理退职手续并按月领取退职生活费的人员。

（三）本通知所称企业一次性补缴参保人员，系指按鲁政办发〔2011〕64 号等文件规定办理一次性补缴参保手续的人员，以及按鲁人社发〔2015〕29 号等文件规定以个人身份补缴、补缴前未参加基本养老保险、没有可以认定的视同缴费年限、补缴时已超过法定退休年龄、一次性补缴养老保险费后领取基本养老金的人员。

（四）确定本人月基本养老金基数时，企业退休人员按鲁劳社发〔1999〕82 号文件及有关规定执行；机关事业单位退休人员按鲁人社办发〔2015〕78 号文件及有关规定应当纳入基本养老保险统筹的待遇项目确定。

（五）本次调整基本养老金，一律计算到元，不足 1 元的按 1 元增加。

五、组织实施

本次调整退休人员基本养老金，体现了党中央、国务院和省委、省政府对广大退休人员的亲切关怀，直接关系退休人员的切身利益，涉及面广，政策性强。各市、各部门（单位）要高度重视，切实加强领导，精心组织实施。调整退休人员基本养老金时，养老保险管理工作规范、基础信息齐全准确的，经统筹地人力资源社会保障行政部门核准后，由负责统筹的社会保险经办机构直接办理。尚不具备条件的，可由单位或单位主管部门协助办理。各市要按照省统一部署，制定工作实施方案，对调整养老金工作的组织领导、工作进度、资金保障等作出周密安排，确保各项工作平稳进行。

山东省人力资源和社会保障厅、山东省财政厅
关于贯彻落实人社部发〔2017〕36号文件进一步做好居民医疗保险工作的通知

（2017年8月2日 鲁人社发〔2017〕33号）

各市人力资源社会保障局、财政局：

为进一步提升我省城乡居民医疗保障能力和水平，保持居民基本医疗保险和居民大病保险（以下分别简称基本医保和大病保险）制度持续平稳发展，根据《人力资源社会保障部财政部关于做好2017年城镇居民基本医疗保险工作的通知》（人社部发〔2017〕36号）要求，结合我省实际，现就有关事项通知如下：

一、提高筹资标准，增强保障能力

（一）提高财政补助标准。2017年基本医保各级财政人均补助标准新增30元，平均每人每年达到450元。落实《山东省人民政府关于贯彻国发〔2016〕44号文件实施支持农业转移人口市民化若干财政政策的意见》（鲁政发〔2016〕23号），对于居住证持有人选择参加当地基本医保的，个人按当地居民相同标准缴费，各级财政按照当地参保居民同样的标准给予补助，新生儿可随父母在居住地参保。要结合全民参保登记计划的实施，加强全省参保缴费信息共享，做好参保信息比对工作，避免重复参保、重复补助。

（二）稳步提升个人筹资水平。2018年基本医保人均个人缴费标准不低于180元。个人缴费实行分档的统筹地区，要合理确定个人缴费档次，并逐步向1档过渡。大力推行参保居民网上缴费、银行代收等方式，提高参保缴费信息化、便利化水平，引导居民连续参保。适当延长集中参保缴费期限，定期开展参保情况动态分析，重点抓好流动人员、学生和新生儿等人群参保工作，有效抑制参保人员断保流失，确保应保尽保。

二、完善政策机制，促进制度均衡发展

（三）规范基本医保政策。各市要按照“保障适度、收支平衡”的原则，在精算平衡的基础上不断完善基本医保政策。要将农村妇女符合条件的住院分娩医疗费用纳入支付范围。逐步规范统一门诊慢病（大病）病种和补偿政策，根据当地居民可支配收入和医保筹资水平，科学调整住院起付标准、报销比例和最高支付限额，积极引导合理有序就医，缩小地区间待遇差距，稳步提高保障水平。要进一步提高基金统筹层次，以推进基本医保经办管理业务数据和财务数据市级集中为着力点，抓紧制定出台市级统筹工作方案，在2017年底前全面实现基金市级统收统支。

（四）健全大病保险运行机制。完善大病保险筹资和盈亏调节机制，建立资金清算制度，厘清与基本医保待遇支付责任和范围，实现基本医保和大病保险均衡发展。完善大病保险委托承办合同，加强对商保公司政策落实情况的考核和监督。做好医保经办与商保机构的就医、转诊信息对接共享工作，充分发挥商保机构医疗费用巡查优势，提高医疗费用管控效能。

三、推进医保扶贫，形成保障合力

（五）深入开展医保精准扶贫。全面落实资助参保政策，确保将低保对象、特困人员、建档立卡贫困人口等困难人员纳入居民医保范围。要结合本地实际，切实做好建档立卡贫困人口大病保险倾斜政策的实施。对符合《山东省农村贫困人口大病专项救治工作实施方案》（鲁卫办字〔2017〕58号）规定的11种大病临床路径救治对象，按原有基本医保和大病保险政策给予足额补偿。

（六）做好扶贫政策衔接。加强基本医保、大病保险与医疗商业补充保险、医疗救助、农村贫困人口大病专项救治等政策和经办业务的有效

衔接，实现部门间信息互联共享，充分利用基本医保管理信息系统，为参保人员提供"一站式"即时结算服务，切实减轻贫困人员医疗费用垫支负担。

四、加强基金管理，强化风险防控

（七）加强基金监管。进一步加强基本医保基金预算管理，全面实施支付方式改革，健全实时监控、信息披露和考核评价机制，切实发挥医保基金控费作用，严格控制医疗费用不合理增长。健全医保基金管理制度，规范基金收缴、划拨和支付行为，注重加强财政补助资金绩效评价。完善基本医保管理信息系统，以实行医保医师管理为基础，加强对医务人员服务行为的监控，严厉打击骗取医保基金行为，加大违法、违规、违约行为查处力度。要增强风险防范意识，健全基金运行分析制度，加强基金风险监测，制定化解风险预案，有效应对基金收不抵支风险。

（八）规范基金核算。各级财政部门和人力资源社会保障部门要切实加强基本医保基金财务管理，将基本医保纳入财务业务一体化管理信息系统统一管理，确保业务数据与财务数据准确、一致；使用同一个收入户、支出户和财政专户管理核算不同险种的，要分险种记账、分别计息；同时要强化财政补贴、缴费收入、利息收入和大病保险资金的对账工作，确保基金核算准确。经办机构在本年度收到参保居民缴纳的以后年度个人缴费，以及收到的其他属于以后年度的基金收入，应通过"暂收款"科目核算，并在该科目下相应设置"预收基金收入"明细科目及相关明细账。除上述基金收入要根据归属年度进行核算外，其他基金收支业务会计核算应以收付实现制为基础。

五、加强宣传引导，稳定社会预期

（九）营造良好氛围。各级人力资源社会保障部门和财政部门要高度重视、密切配合，注重加强对医保政策的宣传和舆情监测，合理引导预期，做好风险应对。充分利用各种资源，建立宣传长效机制。通过宣传，准确解读医保政策尤其是医保扶贫政策，引导居民积极参保。对实施过程中遇到的重大问题要及时向省人力资源社会保障厅、省财政厅报告。

山东省人力资源和社会保障厅
关于转发人社部规〔2016〕5号文件明确城镇企业职工基本养老保险关系转移接续有关问题的通知

（2017年5月23日　鲁人社规〔2017〕13号）

各市人力资源社会保障局，省社会保险事业局：

现将《人力资源社会保障部关于城镇企业职工基本养老保险关系转移接续若干问题的通知》（人社部规〔2016〕5号）转发给你们，并结合我省实际对有关问题予以明确，请一并贯彻执行。

一、关于省内跨市流动就业人员转移接续。参加企业职工基本养老保险人员（以下简称参保人员）省内跨市（指设区的市，含养老保险省直管企业，下同）流动就业的，其养老保险关系转移接续，执行人社部规〔2016〕5号文件对跨省流动就业人员的规定。

二、关于缴费信息历史遗留问题的处理。

参保人员按人社部规〔2016〕5号文件第二条规定，将1998年1月1日之前的缴费相应年度计为视同缴费年限的，退休时相应计发过渡性养老金，不重复计发个人账户养老金。

三、关于重复领取基本养老金的处理。

对《国务院办公厅关于转发人力资源社会保障部、财政部城镇企业职工基本养老保险关系转移接续暂行办法的通知》（国办发〔2009〕66号）

实施后重复领取基本养老金的参保人员，社会保险经办机构在按规定清理其养老保险关系时，凡与本人协商不一致或难以取得联系的，经相关社会保险经办机构沟通确认后，可以先保留其数额最高的基本养老金继续发放，其它暂停发放；待协商一致后，再按规定办理。

四、关于退役军人养老保险关系转移接续。退役军人跨省或省内跨市流动就业的，在转移其1998年1月1日至2005年12月31日期间的退役养老保险补助时，个人账户规模（比例）由缴费工资的8%调整至11%，并按11%计算转移；统筹基金，仍按缴费工资的12%转移。

五、关于城镇企业成建制省内跨市转移养老保险关系的处理。

在省、市政府主导下的规模以上企业成建制转移，按照省政府统一要求或根据两市协商，合理确定方案，妥善转移接续养老保险关系。

本通知自2016年11月30日开始执行，已有规定与本通知不一致的，按本通知执行，有效期至2021年11月29日。

附件：人力资源社会保障部明确城镇企业职工基本养老保险关系转移接续有关问题的通知

人力资源社会保障部
关于城镇企业职工基本养老保险关系转移接续若干问题的通知

各省、自治区、直辖市及新疆生产建设兵团人力资源社会保障厅（局）：

国务院办公厅转发的人力资源社会保障部、财政部《城镇企业职工基本养老保险关系转移接续暂行办法》（国办发〔2009〕66号，以下简称《暂行办法》）实施以来，跨省流动就业人员的养老保险关系转移接续工作总体运行平稳，较好地保障了参保人员的养老保险权益。但在实施过程中，也出现了一些新情况和新问题，导致部分参保人员养老保险关系转移接续存在困难。为进一步做好城镇企业职工养老保险关系转移接续工作，现就有关问题通知如下：

一、关于视同缴费年限计算地问题。

参保人员待遇领取地按照《暂行办法》第六条和第十二条执行，即，基本养老保险关系在户籍所在地的，由户籍所在地负责办理待遇领取手续；基本养老保险关系不在户籍所在地，而在其基本养老保险关系所在地累计缴费年限满10年的，在该地办理待遇领取手续；基本养老保险关系不在户籍所在地，且在其基本养老保险关系所在地累计缴费年限不满10年的，将其基本养老保险关系转回上一个缴费年限满10年的原参保地办理待遇领取手续；基本养老保险关系不在户籍所在地，且在每个参保地的累计缴费年限均不满10年的，将其基本养老保险关系及相应资金归集到户籍所在地，由户籍所在地按规定办理待遇领取手续。缴费年限，除另有特殊规定外，均包括视同缴费年限。

一地（以省、自治区、直辖市为单位）的累计缴费年限包括在本地的实际缴费年限和计算在本地的视同缴费年限。其中，曾经在机关事业单位和企业工作的视同缴费年限，计算为当时工作地的视同缴费年限；在多地有视同缴费年限的，分别计算为各地的视同缴费年限。

二、关于缴费信息历史遗留问题的处理。

由于各地政策或建立个人账户时间不一致等客观原因，参保人员在跨省转移接续养老保险关系时，转出地无法按月提供1998年1月1日之前缴费信息或者提供的1998年1月1日之前缴费信息无法在转入地计发待遇的，转入地应根据转出地提供的缴费时间记录，结合档案记载将相应年度计为视同缴费年限。

三、关于临时基本养老保险缴费账户的管理。

参保人员在建立临时基本养老保险缴费账户地按照社会保险法规定，缴纳建立临时基本养老保险缴费账户前应缴未缴的养老保险费的，其临时基本养老保险缴费账户性质不予改变，转移接续养老保险关系时按照临时基本养老保险缴费账户的规定全额转移。

参保人员在建立临时基本养老保险缴费账户期间再次跨省流动就业的，封存原临时基本养老保险缴费账户，待达到待遇领取条件时，由待遇领取地社会保险经办机构统一归集原临时养老保险关系。

四、关于一次性缴纳养老保险费的转移。

跨省流动就业人员转移接续养老保险关系时，对于符合国家规定一次性缴纳养老保险费超过3年（含）的，转出地应向转入地提供人民法院、审计部门、实施劳动保障监察的行政部门或劳动争议仲裁委员会出具的具有法律效力证明一次性缴费期间存在劳动关系的相应文书。

五、关于重复领取基本养老金的处理。

《暂行办法》实施之后重复领取基本养老金的参保人员，由本人与社会保险经办机构协商确定保留其中一个养老保险关系并继续领取待遇，其他的养老保险关系应予以清理，个人账户剩余部分一次性退还本人。

六、关于退役军人养老保险关系转移接续。

军人退役基本养老保险关系转移至安置地后，安置地应为其办理登记手续并接续养老保险关系，退役养老保险补助年限计算为安置地的实际参保缴费年限。

退役军人跨省流动就业的，其在1998年1月1日至2005年12月31日间的退役养老保险补助，转出地应按11%计算转移资金，并相应调整个人账户记录，所需资金从统筹基金中列支。

七、关于城镇企业成建制跨省转移养老保险关系的处理。

城镇企业成建制跨省转移，按照《暂行办法》的规定转移接续养老保险关系。在省级政府主导下的规模以上企业成建制转移，可根据两省协商，妥善转移接续养老保险关系。

八、关于户籍所在地社会保险经办机构归集责任。

跨省流动就业人员未在户籍地参保，但按国家规定达到待遇领取条件时待遇领取地为户籍地的，户籍地社会保险经办机构应为参保人员办理登记手续并办理养老保险关系转移接续手续，将各地的养老保险关系归集至户籍地，并核发相应的养老保险待遇。

九、本通知从印发之日起执行。

人力资源社会保障部《关于贯彻落实国务院办公厅转发城镇企业职工基本养老保险关系转移接续暂行办法的通知》（人社部发〔2009〕187号）、《关于印发城镇企业职工基本养老保险关系转移接续若干具体问题意见的通知》（人社部发〔2010〕70号）、《人力资源社会保障部办公厅关于职工基本养老保险关系转移接续有关问题的函》（人社厅函〔2013〕250号）与本通知不一致的，以本通知为准。参保人员已经按照原有规定办理退休手续的，不再予以调整。

山东省人力资源和社会保障厅、山东省财政厅
关于转发人社部规〔2017〕1号文件明确机关事业单位基本养老保险关系和职业年金转移接续有关问题的通知

（2017年6月2日　鲁人社规〔2017〕12号）

各市人力资源社会保障局、财政局，省社会保险事业局：

现将《人力资源社会保障部财政部关于机关事业单位基本养老保险关系和职业年金转移接续有关问题的通知》（人社部规〔2017〕1号）转发给你们，并结合我省实际提出如下意见，请一并贯彻执行。

一、我省同一设区的市和省本级按规定建立的机关事业单位工作人员养老保险制度统筹范围，属于人社部规〔2017〕1号文件规定的“同一统筹范围”。

二、高校、科研院所等事业单位专业技术人员离岗创业保留人事关系期间，可暂不转移基本养老保险关系，继续缴纳基本养老保险费和职业年金，缴费基数参照原单位在岗同类人员的标准和办法核定。

三、参保人员在转移接续原机关事业单位养老保险统筹试点期间的基本养老保险关系时，编制内工作人员按人社部规〔2017〕1号文件第一条第（六）部分规定执行；已参保的编制外人员按《关于印发山东省机关事业单位工作人员养老保险制度改革实施办法的通知》（鲁人社发〔2015〕46号）规定，划转至企业养老保险继续参保。

四、按照人社部规〔2017〕1号文件规定补记职业年金后，有关人员不再按《关于转发劳动和社会保障部、财政部、人事部、中央机构编制委员会办公室〈关于职工在机关事业单位与企业之间流动时社会保险关系处理意见的通知〉的通知》（鲁劳社〔2001〕55号）规定给予基本养老保险一次性补贴。

五、参保人员从机关事业单位流动到企业参保的，其视同缴费指数按照历年参加企业养老保险和改革后参加机关事业单位养老保险的实际缴费指数的加权平均值确定。

六、改革后，参保人员从企业流动到机关事业单位，过渡期内达到退休年龄的，按照鲁人社发〔2015〕46号文件等规定确定老办法待遇标准，具体办法另行制定。

七、参保人员从机关事业单位流动到企业的，达到退休年龄时，按照《关于转发人力资源社会保障部、财政部城镇企业职工基本养老保险关系转移接续暂行办法的通知》（国办发〔2009〕66号）、《关于转发省人力资源社会保障厅、省财政厅〈山东省企业职工基本养老保险关系转移接续实施办法〉的通知》（鲁政办发〔2010〕50号）等国家和我省规定确定待遇领取地。

八、参保人员在我省原机关事业单位养老保险统筹试点期间的个人缴费，按鲁政发〔2015〕4号、鲁人社发〔2015〕46号文件规定一次性发放给本人的，其职业年金个人账户中不再包含人社部规〔2017〕1号文件规定的“划转缴费”。

本通知自2014年10月1日开始执行，有效期至2019年9月30日。已有规定与本通知不一致的，按本通知执行。

附件：

人力资源社会保障部、财政部关于机关事业单位基本养老保险关系和职业年金转移接续有关问题的通知

人力资源社会保障部　财政部
关于机关事业单位基本养老保险关系和职业年金转移接续有关问题的通知

各省、自治区、直辖市及新疆生产建设兵团人力资源社会保障厅（局）、财政（务）厅（局）：

按照《国务院关于机关事业单位工作人员养老保险制度改革的决定》（国发〔2015〕2号）和《国务院办公厅关于印发机关事业单位职业年金办法的通知》（国办发〔2015〕18号）的规定，为做好机关事业单位养老保险参保人员基本养老保险关系和职业年金转移接续工作，切实维护流动就业人员的养老保险权益，现就有关问题通知如下：

一、关于机关事业单位基本养老保险关系转移接续

（一）参保人员在同一统筹范围内的机关事业单位之间流动的，只转移基本养老保险关系，不转移基金。

（二）参保人员在机关事业单位养老保险制度内跨统筹范围流动的，在转移基本养老保险关系的同时，转移基金。

（三）参保人员从机关事业单位流动到企业的，在转移基本养老保险关系的同时，转移基金。其中，参保人员经组织批准从机关事业单位调动到企业的，基本养老保险关系转移至调入企业参保地的企业职工基本养老保险社保经办机构；参保人员因辞职、辞退等原因离开机关事业单位的，基本养老保险关系转移至户籍所在地的企业职工基本养老保险社保经办机构。以后在户籍所在地以外就业参保的，基本养老保险关系转移接续按照《国务院办公厅关于转发人力资源社会保障部、财政部城镇企业职工基本养老保险关系转移接续暂行办法的通知》（国办发〔2009〕66号）相关规定执行；高校、科研院所等事业单位专业技术人员离岗创业保留人事关系期间，可暂不转移基本养老保险关系。待其正式办理离职后，根据其重新就业情况，按照上述办法相应转移接续基本养老保险关系。

（四）参保人员跨统筹范围流动或从机关事业单位流动到企业的，个人缴费部分按计入本人基本养老保险个人账户的全部储存额计算转移；单位缴费部分以本人改革后各年度实际缴费工资为基数，按12%的总和转移，参保缴费不足1年的，按实际缴费月数计算转移。

（五）参保人员从企业流动到机关事业单位的，在转移基本养老保险关系的同时，个人缴费部分和单位缴费部分转移比照国办发〔2009〕66号文件相关规定执行。其中，改革前曾参加企业职工基本养老保险、改革后参加机关事业单位基本养老保险的参保人员，按照上述办法转移接续在企业参保期间的基本养老保险关系。

（六）改革前参加地方原有机关事业单位养老保险试点、改革后纳入机关事业单位基本养老保险的人员，在转移接续基本养老保险关系时，不转移参加试点期间的单位缴费和个人缴费，改革前的个人缴费本息按照《人力资源社会保障部、财政部关于贯彻落实〈国务院关于机关事业单位工作人员养老保险制度改革的决定〉的通知》（人社部发〔2015〕28号）有关规定执行。

二、关于机关事业单位参保人员养老保险关系转移接续后的职业年金补记

（一）参保人员办理了正式调动或辞职、辞退手续离开机关事业单位的，根据改革前本人在机关事业单位工作的年限长短补记职业年金，以实账方式划转至本人职业年金个人账户，所需资金由其原所在单位按现行经费保障渠道解决。补记职业年金标准详见附件。

（二）参保人员从企业再次流动到机关事业单位的，本人退休时，按照机关事业单位养老保

险办法计发待遇，同时补记职业年金的本金及投资收益划转到待遇领取地机关事业单位基本养老保险统筹基金。若参保人员在退休前从机关事业单位又流动到企业的，不再重复补记职业年金，原补记的职业年金转移和管理运营按照国办发〔2015〕18号文件规定执行。

三、关于养老保险关系转移接续后的相关待遇计发参数

（一）参保人员在机关事业单位之间跨统筹范围流动的，待达到退休年龄时，视同缴费指数根据本人退休时的职务职级（技术职称）所对应的待遇领取地的视同缴费指数标准确定；过渡期内老办法待遇标准中的退休补贴标准，根据2014年9月本人的职务职级（技术职称）对应的待遇领取地退休补贴标准确定；在其他统筹地区参保缴费时段的实际缴费指数，可以按照本人相应年度缴费工资基数和待遇领取地对应的上年度在岗职工平均工资计算，也可以按照本人相应年度缴费工资基数和其他统筹地区对应的上年度在岗职工平均工资计算，就高不就低。

（二）参保人员从机关事业单位流动到企业参保的，其视同缴费指数按企业职工基本养老保险有关政策确定。

（三）改革后，参保人员从企业流动到机关事业单位，过渡期内达到退休年龄的，可参照待遇领取地同等条件（如职务、技术职称等）人员的标准，确定其老办法待遇标准，实行新老办法对比计发养老待遇，具体办法由各地根据实际制定。过渡期之后达到退休年龄的，直接按照新办法计发养老待遇。其他类似人员，按照上述办法处理。

（四）参保人员在机关事业单位与企业之间流动的，养老保险关系转移接续后的基本养老保险缴费年限（含视同缴费年限）、个人账户储存额累计计算。

四、关于养老保险关系转移接续后的待遇领取地确定

（一）参加机关事业单位养老保险制度的人员达到退休年龄时，其退休时的基本养老保险关系所在地为待遇领取地。

（二）参保人员从机关事业单位流动到企业的，待达到退休年龄时，按照国办发〔2009〕66号文件等规定确定待遇领取地。

五、关于处理多重养老保险关系

参保人员同时存续多重基本养老保险关系或重复缴纳基本养老保险费的，应按照“先转后清”的原则，由转入地社保经办机构负责按规定清理。

六、关于职业年金转移接续

职业年金个人账户实账部分按照国办发〔2015〕18号文件的规定转移接续，职业年金单位缴费采取记账方式管理的部分，按以下办法转移接续：

（一）参保人员在由相应的同级财政全额供款的单位之间流动时，可转移本人的职业年金单位缴费部分的累计记账额，继续由转入单位采取记账方式管理。

（二）参保人员由机关事业单位流动到企业、在非同级财政全额供款的单位之间流动，或者由财政全额供款单位流动到非财政全额供款单位的，应当由转出单位相应的同级财政保障拨付资金记实后转移接续。

（三）参保人员由非财政全额供款单位流动到财政全额供款单位后，原实账积累的个人账户资金按规定转移接续，同时其到新就业单位后的职业年金单位缴费部分可采取记账方式管理。

七、关于职业年金、企业年金个人账户管理和待遇计发

（一）参保人员在机关事业单位与企业之间流动时，本人职业年金或者企业年金个人账户包含的按照规定正常缴费形成的职业年金（以下简称正常缴费）、参加本地机关事业单位养老保险试点的个人缴费本息划转的资金（以下简称划转缴费）、补记的职业年金（以下简称补记缴费）和企业年金分别管理并计算收益。

（二）参保人员从机关事业单位流动到企业并在企业职工养老保险制度内达到退休年龄，参加所在企业建立企业年金计划的，将正常缴费、补记缴费和企业年金累计储存额合并计算，按照企业年金制度相关规定领取企业年金待遇，同时将划转缴费累计储存额一次性支付给本人。

（三）参保人员从机关事业单位流动到企业并在企业职工养老保险制度内达到退休年龄，所在企业没有建立企业年金计划并由原管理机构管理运营正常缴费、划转缴费和补记缴费的，将正常缴费和补记缴费累计储存额合并计算，按照国办发〔2015〕18号文件规定领取职业年金待遇，同时将划转缴费累计储存额一次性支付给本人。

（四）参保人员从企业流动到机关事业单位的，原在企业建立的企业年金按规定转移并投资运营。在机关事业单位养老保险制度内达到退休年龄的，过渡期内，企业年金累计储存额不计入新老办法标准对比范围，按照企业年金制度相关规定领取企业年金待遇，同时按照国办发〔2015〕18号文件规定领取职业年金待遇；过渡期之后，将职业年金、企业年金累计储存额合并计算，按照国办发〔2015〕18号文件规定领取职业年金待遇。

（五）参保人员在职期间或退休后死亡的，其正常缴费、划转缴费、补记缴费和企业年金累计储存余额可以继承。

机关事业单位基本养老保险关系和职业年金转移接续经办规程另行制定。

本通知自2014年10月1日开始执行，已有规定与本通知不一致的，按本通知执行。

附件：补记职业年金标准公式

补记职业年金标准公式

补记职业年金标准 $=G\times 12\times S\times 12\%\times \prod_{n=2014}^{N}(1+M_n)$

G:2014年9月本人月工资收入中包含的个人缴费工资基数项目；

S：改革前本人在机关事业单位工作年限；

M_n: 2014年10月至本人离开机关单位时历年的职业年金个人账户记账利率。

山东省人力资源和社会保障厅
关于公布2017年度职工基本养老保险缴费及计发待遇基数的通知

（2017年6月19日　鲁人社字〔2017〕160号）

各市人力资源社会保障局，省社会保险事业局：

根据省统计局2016年度统计年报，2016年度全省在岗职工平均工资（城镇非私营单位在岗职工平均工资口径）为63562元，全省职工平均工资（城镇非私营单位从业人员平均工资口径）为62539元。在确定2017年度职工基本养老保险缴费及计发待遇基数时，以此为依据。

（三）医疗、生育保险

山东省人民政府办公厅

关于试行职工长期护理保险制度的意见

（2017 年 4 月 6 日　鲁政办字〔2017〕63 号）

各市人民政府，各县（市、区）人民政府，省政府各部门、各直属机构，各大企业，各高等院校：

我省开展职工长期护理保险试点工作以来，各试点市高度重视，结合本地实际，精心组织实施，试点工作取得了良好效果。经省政府同意，决定在全省试行职工长期护理保险制度。现提出以下意见：

一、总体要求

全面贯彻党的十八大和十八届三中、四中、五中、六中全会精神，深入学习贯彻习近平总书记系列重要讲话精神，在认真总结试点经验的基础上，以解决失去生活自理能力的人员长期护理保障问题为重点，以基层医疗机构和老年护理机构为依托，建立长期护理保险制度，减轻参保患者家庭的事务性和经济负担，增进人民群众在共建共享发展中的获得感，促进社会和谐安定。

二、基本原则

职工长期护理保险坚持以人为本，提高人民群众的生活质量和人文关怀水平；坚持基本保障，根据当地经济发展水平和各方面承受能力，量力而行，合理确定基本保障范围和待遇标准；坚持责任分担，权利义务对等，建立多渠道筹资机制；坚持因地制宜，各市结合实际制订具体实施办法和政策标准，由点到面逐步推开；坚持机制创新，鼓励各地大胆探索，逐步完善可持续发展的体制机制，提升保障绩效和管理水平；坚持统筹协调，做好各类社会保障制度的功能衔接，协同推进健康产业和服务体系发展。

三、基本政策

（一）参保范围。参加职工基本医疗保险的职工和退休人员（以下简称“参保人员”）纳入长期护理保险覆盖范围。

（二）资金筹集渠道。职工长期护理保险资金通过职工医保统筹基金、单位补充医保资金、个人缴费及财政补助、福彩公益金等渠道解决。其中，个人缴费不低于筹资总额的 30%，个人缴费可从职工个人医保账户代扣。各市要根据各方面的承受能力和职工长期护理保险待遇水平合理确定具体筹资办法、筹资比例和筹资标准。鼓励各地结合实际，探索拓宽包括用人单位缴费、接受社会捐助等资金渠道，建立动态筹资机制，并随经济社会发展逐步提高筹资水平。

（三）保障范围。职工长期护理保险重点保障长期处于失能或半失能状态的参保人员日常生活照料和与基本生活密切相关的医疗护理等所需服务费用。各市可根据当地保障需求和资金承受能力，低水平起步，科学确定重点保障人群和具体保障项目，并随经济发展和资金支撑能力提高逐步调整。

（四）待遇支付。职工长期护理保险资金支付协议护理服务机构和人员为参保人员提供的符合规定的长期护理服务费用，可对保障对象发生的护理服务费用进行直接补偿或通过购买方式向提供服务的机构或护理人员支付费用。护理服务费用由护理保险资金和保障对象个人按比例或按定额分担，对贫困人员可以给予适当照顾。长期护理保险待遇可按机构护理、家庭护理等不同形式、护理不同等级、提供护理服务不同方式等制定差别化的待遇保障政策，原则上规定范围内的护理服务费用支付标准掌握在75%左右。参保人员享受职工长期护理保险待遇的资格条件、支付范围和具体支付比例，由各市确定。各地要积极探索享受护理待遇与个人缴费适当挂钩的办法，强化个人责任。

四、管理服务

（一）资金管理。职工长期护理保险统筹层次原则上与职工医疗保险相一致，资金按照以收定支、收支平衡、略有结余的原则使用，执行现行社会保险基金管理制度，在职工基本医疗保险基金中单独管理，专款专用。建立举报投诉、信息披露、内部控制、欺诈防范等风险管理制度，提高监管水平。

（二）服务管理。各市要建立健全对护理服务机构和从业人员的协议管理和监督稽核等制度，明确服务内涵、服务标准以及质量评价等技术管理规范。建立长期护理需求认定和等级评定标准体系，制定待遇申请和资格审定及变更等管理办法。对护理服务费用支出，探索实行总量预算控制下的复合式付费方式和结算办法。

（三）经办管理。各市要加强长期护理保险经办管理服务能力建设，制定经办规程，优化服务流程，明确相关标准，创新管理服务机制。鼓励各地通过探索购买服务、委托管理以及定制护理服务和护理产品等多种实施路径、方法，在确保资金安全和有效监控前提下，与具有资质的商业保险机构等社会力量合作，提高经办管理服务能力。加强信息网络系统建设，逐步实现与养老护理机构、医疗卫生机构以及其他行业领域信息平台的信息共享和互联互通，提高经办管理质量和效率。

五、配套措施

（一）加强与其他保障制度之间的统筹衔接。搞好与其他社会保险制度在筹资、待遇等方面的政策与管理衔接。对应由现有社会保障制度和国家法律法规规定支付的护理费用，已经纳入残疾人保障、军人伤残抚恤、精神疾病防治等国家法律规定范围的护理项目和费用，长期护理保险资金不再给予支付。

（二）积极促进长期护理服务市场的发展。积极推进公立护理服务机构等护理服务体系建设，引导社会力量、社会组织参与长期护理服务，积极鼓励和支持长期护理服务机构和平台建设，促进长期护理服务产业发展。充分利用促进就业创业的政策和资金，鼓励各类人员到长期护理服务领域就业创业，对其中符合条件的，按规定落实相关补贴政策。加大对护理人员的职业培训力度，按规定落实职业培训补贴政策。逐步探索建立长期护理专业人才培养机制。充分运用长期护理保险费用支付政策对护理需求和服务供给资源配置的调节作用，引导保障对象优先采用居家护理和社区护理服务，鼓励机构服务向社区和家庭延伸。鼓励护理对象的亲属、邻居和社会志愿者提供护理服务。

（三）探索建立多层次长期护理保障制度。积极引导发挥社会救助、商业保险、慈善事业等的有益补充，解决不同层面护理需求。鼓励探索老年护理补贴制度，保障特定贫困老年人长期护理需求，发挥其“兜底”作用。鼓励商业保险机构开发适销对路的保险产品和服务，发展与长期护理社会保险相衔接的商业护理保险，满足多样化、多层次的长期护理保障需求。

六、组织实施

建立长期护理保险制度是应对人口老龄化的一项重要社会保障制度安排。各地要高度重视，切实加强领导，认真做好组织实施工作。先期开展试点的市，要按照本意见要求进一步调整完善政策措施，提高管理服务水平；其他市2017年要选择1—2个县启动实施，利用3年左右时间在全省全面建立职工长期护理保险制度。人力资源社会保障部门要发挥统筹协调作用，会同有关部门确定职工长期护理保险资金的筹集标准、支付范围和待遇标准，制定管理规范和基本流程，指导社会保险经办机构做好资金筹集、支付等日常经办服务工作。财政部门要按照相关规定，会同有关部门将职工长期护理保险财政补助资金和福彩公益金纳入年度预算，对职工长期护理保险资金管理中的财务列支和会计核算办法作出规定，加强对资金筹集、管理和使用的监督。民政部门要配合人力资源社会保障部门做好职工长期护理与养老服务的衔接。卫生计生部门要加强对医疗机构的管理，规范医疗服务行为，督促医疗机构不断提高护理服务质量。各有关部门要通力配合、密切协作，研究工作中出现的新问题、新情况，不断完善方案设计。要建立宣传机制，加强正面宣传，引导社会舆论，确保职工长期护理保险工作的平稳顺利开展。

各市具体实施方案请于 2017 年 6 月底前报省人力资源社会保障厅、省财政厅备案。

山东省人力资源和社会保障厅、山东省财政厅
关于做好基本医疗保险跨省异地就医住院医疗费用直接结算工作有关问题的通知

（2017 年 4 月 26 日　鲁人社发〔2017〕13 号）

各市人力资源社会保障局、财政局、省社会保险事业局：

为全面推进跨省异地就医直接结算工作，按照人力资源社会保障部、财政部《关于做好基本医疗保险跨省异地就医住院医疗费用直接结算工作的通知》（人社部发〔2016〕120 号）及有关配套文件要求，结合我省实际，现就有关问题通知如下：

一、强化跨省异地就医管理服务工作

（一）明确目标任务。2017 年重点解决跨省异地安置退休人员住院医疗费用直接结算，年底扩大到符合转诊规定人员的异地就医住院医疗费用直接结算。结合本地户籍和居住证制度改革，逐步将异地长期居住人员和常驻异地工作人员纳入异地就医住院医疗费用直接结算覆盖范围。

（二）加快系统改造升级。各市要严格按照要求及时完成本地医疗保险业务系统和定点医疗机构系统的改造升级工作，重点对开通跨省异地就医直接结算的医院读写终端进行改造。同时，要建立社会保障卡出省检查机制，确保跨省异地就医人员能够持社保卡办理住院登记、出院结算等业务。

（三）规范经办流程。参保人员跨省异地就医前，应到参保地社会保险经办机构（以下简称经办机构）按规定办理异地就医登记备案手续，并对所持有的社会保障卡进行出省检测。参保人员异地就医出院结算时，就医地经办机构根据全国统一的大类费用清单，将异地就医人员住院医疗费用等信息经国家异地就医结算系统实时传送至参保地经办机构（或省异地就医平台），按照参保地规定进行计算，并将计算结果经国家异地就医结算系统回传至就医地定点医疗机构，用于定点医疗机构与参保人员直接结算。跨省异地就医执行就医地支付范围及有关规定（基本医疗保险药品目录、诊疗项目和医疗服务设施标准）。基本医疗保险统筹基金的起付标准、支付比例和最高支付限额执行参保地政策。

（四）落实就医地管理责任。各市经办机构要落实就医地管理责任，将跨省异地就医统一纳入协议管理。指导跨省定点医疗机构对异地和当地参保人员的医疗服务一视同仁，提供合理、必要的医疗服务。加强异地就医医疗费用审核监督，积极探索实行与本地付费方式改革相一致的异地就医费用结算办法。

（五）规范转诊转院程序。各市经办机构要结合落实分级诊疗有关政策规定，规范双向转诊制度，制定异地转诊规定细则，出台跨省异地就医直接结算相关文件，在方便就医的同时积极引导合理就医，提高基金使用效率。

二、切实做好费用清算资金收付工作

（一）跨省异地就医费用医保基金支付部分在地区间实行先预付后清算。部级经办机构根据往年跨省异地就医医保基金支付金额，核定预付金额度。预付金额度为可支付两个月资金。2017

年全省应付应收预付金由省级统一垫付和收取，不再分解到市。跨省异地就医医疗费清算按照部级统一清分，省、市两级清算的方式，按月全额清算。省社保局通过省异地就医平台对各市跨省异地就医费用进行清分。

1．跨省清算流程。跨省异地就医预付及清算资金由参保地省级财政专户与就医地省级财政专户进行划拨。省社保局将收到的预付及清算单和收款人信息（收款人名称、收款人账号、收款人开户银行、大额支付行号），于5个工作日内提交给省财政厅。省财政厅在确认跨省异地就医资金全部缴入省级财政专户，对省社保局提交的预付及清算单审核无误后，在10个工作日内向就医地省级财政部门划拨预付和清算资金。如因收款人信息有误发生退款的，省财政厅应及时向省社保局反馈，省社保局应在2个工作日内将正确收款人信息提供给省财政厅，省财政厅在2个工作日内划拨资金。省财政厅在完成预付和清算资金划拨及收款后，5个工作日内将划拨及收款信息以书面形式反馈省社保局，省社保局据此进行会计核算，并将划拨及收款信息及时反馈部级经办机构。

2．省内清算流程。市级经办机构通过省异地就医平台查询本市跨省异地就医应付应收医疗费用具体数额，确认后生成基金收款和付款单据。省、市级经办机构通过收入户、支出户及时完成清算资金的付款和收款，及时在省异地就医平台确认付款、收款信息，并据此进行会计核算。各市经办机构应将市级收入户、支出户账户信息以正式文件报省社保局备案，如变更账户，需要提前书面告知省社保局。

（二）加强对账确认工作。省财政厅根据省社保局提供的医疗费用收付款信息，向外省及时足额划拨跨省结算资金和确认收款，并将收付款信息反馈省社保局。各级经办机构与财政部门要定期核对异地就医结算账目和款项，确保账账相符、账实一致。市级经办机构要及时在省异地就医平台进行收付款的确认，并加强与省级对账、与业务部门对账。各市经办机构应及时完成与本统筹区跨省异地就医定点医疗机构的对账确认工作，并按服务协议约定，及时拨付确认的费用。在同属省级和市级跨省定点医疗机构发生的费用，由省社保局结算；在同属市级和县（市、区）跨省定点医疗机构发生的费用，由市级经办机构结算。

（三）其他问题。因费用审核发生的争议及纠纷，按人社部发〔2016〕120号文件所附经办规程规定妥善处理。划拨跨省异地就医资金过程中发生的银行手续费、银行票据工本费不得在基金中列支。跨省异地就医医疗费用结算和清算过程中形成的预付款项和暂收款项按相关会计制度规定进行核算。

三、工作要求

（一）加强组织领导。跨省异地就医工作是深化医药卫生体制改革的一项重要任务，涉及广大人民群众的切身利益，各市要高度重视、加强领导、统筹谋划、密切配合、精心组织、协调推进，纳入目标任务考核管理，确保按时完成任务。

（二）强化保障措施。各市经办机构要根据管理服务的需要，加强机构、人员和办公条件保障，合理配置业务、财务人员，保证服务质量，提高工作效率。

（三）做好宣传引导。各地要充分利用现有12333咨询服务电话和门户网站等多种渠道加强政策解读和舆论引导，澄清医保“全国漫游”等不当提法，合理引导群众预期。各地经办机构要加强信息公开，提供就医地定点医疗机构分布信息、参保地报销政策信息、跨统筹地区基本医疗保险业务经办指南、查询投诉等服务。

山东省人力资源和社会保障厅
关于执行《国家基本医疗保险、工伤保险和生育保险药品目录（2017年版）》有关问题的通知

（2017年8月21日　鲁人社发〔2017〕34号）

各市人力资源社会保障局：

为贯彻落实《人力资源社会保障部关于印发国家基本医疗保险、工伤保险和生育保险药品目录（2017年版）的通知》（人社部发〔2017〕15号）和《关于将36种药品纳入国家基本医疗保险、工伤保险和生育保险药品目录乙类范围的通知》（人社部发〔2017〕54号）精神，保障广大参保人员的基本用药需求，现就执行《国家基本医疗保险、工伤保险和生育保险药品目录（2017年版）》（以下简称“2017年版《国家药品目录》”）有关事项通知如下：

一、自2017年9月1日起，全省基本医疗保险、工伤保险和生育保险统一执行2017年版《国家药品目录》和人社部发〔2017〕54号文件确定的36种谈判药品，药品通用名、药品分类、剂型和限定支付范围等按照国家规定执行。

二、我省2017版基本医疗保险、工伤保险和生育保险药品目录发布前，《山东省基本医疗保险、工伤保险和生育保险药品目录（2010年版）》中的药品，已纳入2017年版《国家药品目录》的按照国家规定执行；未纳入2017年版《国家药品目录》的，暂按原规定执行，待我省2017版药品目录发布后，按新规定执行；2017年版《国家药品目录》删除的品种不再执行。

三、人社部发〔2017〕54号文件确定的36种谈判药品纳入药品乙类目录范围，支付标准按照国家规定执行，支付标准范围包括基本医疗保险基金和参保人员共同支付的全部费用。各市要根据医疗保险基金支付能力等情况，合理确定基本医疗保险基金和参保人员的分担比例，个人自付比例由各设区的市人力资源社会保障局统一制定，并报省厅备案。要采取有效措施鼓励定点零售药店为参保人员提供药品，发挥药店在医保药品供应保障方面的积极作用。

四、做好我省大病保险制度与2017年版《国家药品目录》和纳入国家药品乙类目录范围内谈判药品的衔接。对在我省大病保险支付范围现已纳入2017年版《国家药品目录》和国家确定的36种谈判药品的药品，实行过渡期政策，按原规定执行到2017年12月31日。各市要做好过渡期的政策衔接工作，对经大病保险支付后的个人自付部分，再按乙类药品政策规定由基本医疗保险基金予以补助，确保参保人员实际待遇水平不降低。

五、各市要高度重视，认真做好2017年版《国家药品目录》和国家谈判药品执行工作，于8月31日前做好目录内药品对应，及时更新完善信息系统药品数据库，确保9月1日起执行。2017年版《国家药品目录》和国家确定的谈判药品名单请到省人力资源社会保障厅门户网站下载。各市在目录执行中遇有重大问题，要及时向省厅报告。

山东省人力资源和社会保障厅、山东省财政厅、山东省卫生和计划生育委员会、山东省食品药品监督管理局

关于将部分新药暂时纳入医保支付范围的通知

（2017 年 2 月 4 日 鲁人社规〔2017〕6 号）

各市人力资源社会保障局、财政局、卫生计生委、食品药品监督管理局：

为加快推进医药卫生体制改革，促进我省医药产业创新发展，保障参保人员用药权益，经过相关部门共同组织、专家评审和价格谈判，确定将 2009 年 11 月以后取得新药证书的 10 种新药（见附件），纳入我省基本医保支付范围。现就有关事项通知如下：

一、本次纳入医保支付范围的 10 种新药，适用于全省基本医疗保险、工伤保险和生育保险，并严格按照准入药品名称、剂型及省统一谈判确定的支付标准执行。

二、纳入医保支付的新药参照《基本医疗保险、工伤保险和生育保险药品目录》乙类药品进行管理，个人首先自付比例由各市根据当地基金运行情况确定。

三、各市要结合医保支付方式改革，加强对新药纳入医保基金支付范围后的监督管理。对执行过程中出现的情况及时上报省人力资源社会保障厅。

本通知自 2017 年 2 月 4 日起施行，有效期至 2019 年 2 月 3 日。

附件：暂时纳入基本医保支付范围的新药名单

暂时纳入基本医保支付范围的新药名单

序号	通用名称	剂型	支付标准（元）
1	二甲双胍格列吡嗪片（II）	片剂	38 元 /16 片
2	罗红霉素氨溴索片	片剂	36 元 /8 片
3	聚卡波非钙片	片剂	80 元 /30 片
4	佐米曲普坦鼻喷雾剂	喷剂	395 元 /3ml
5	溴芬酸钠滴眼液	滴剂	56 元 /5ml
6	美他多辛注射液	注射剂	196 元 /5ml
7	聚乙二醇化重组人粒细胞刺激因子注射液	注射剂	1700 元 /1.0ml
8	色甘萘甲那敏鼻喷雾剂	气雾剂	49 元 /6ml
9	参枝苓口服液	液剂	198 元 /10 支
10	富马酸氯马斯汀注射液	注射剂	198.2 元 / 支

注：以上药品不同规格，按医保支付指导标准的最小计量单位比价折算。

山东省人力资源和社会保障厅、山东省财政厅
关于大病保险合规医疗费用补偿有关问题的通知（试行）

（2017 年 3 月 16 日　鲁人社规〔2017〕8 号）

各市人力资源社会保障局、财政局：

根据《山东省政府人民办公厅关于建立职工大病保险制度的意见》（鲁政办发〔2016〕55 号）、《山东省人力资源和社会保障厅等 6 部门关于印发山东省职工大病保险实施方案的通知》（鲁人社发〔2016〕50 号）和《山东省人力资源和社会保障厅山东省财政厅关于完善居民大病保险政策有关问题的通知》（鲁人社字〔2016〕412 号）等文件规定，现就大病保险合规医疗费用补偿有关问题通知如下：

一、职工和居民大病保险合规医疗费用范围

2017 年全省职工大病保险合规医疗费用范围为山东省人力资源和社会保障厅《关于将注射用地西他滨等 18 种药品纳入大病保险支付范围的通知》（鲁人社字〔2016〕426 号）公布的 18 种药品（以下简称特药）的费用，其他费用暂不列入职工大病保险资金补偿范围。居民大病保险在山东省人力资源和社会保障厅《关于明确居民大病保险合规医疗费用范围的通知》（鲁人社办发〔2015〕68 号）文件确定的合规医疗费用范围基础上，将特药费用纳入补偿范围。

二、对特药实行“三定”管理

为合理使用医保基金，保障患者用药安全，充分发挥职工大病保险精准保障作用，对特药实行“三定”管理，即定责任医师、定医疗机构和定零售药店。责任医师负责对参保患者治疗各个阶段提供医疗服务，包括诊断、评估、开具处方、慈善申请、随诊跟踪及宣传教育等工作；定点医疗机构负责为患者提供特药治疗服务，协助医保经办机构做好特药资格审核确认等工作；定点零售药店负责药品的外配处方配药供应及慈善赠药有关事宜的落实等服务工作。各市应将定点责任医师、医疗机构和零售药店名单向社会公布，方便参保患者就医取药，同时接受社会监督。

使用富马酸替诺福韦二吡呋酯片、注射用雷替曲塞、培门冬酶注射液等非靶向治疗药品（以下简称非靶向特药），原则上不实行“三定”管理，按照现行临床治疗规定执行。

三、规范特药管理及费用结算流程

（一）特药使用。对适应症和作用机理相同的靶向治疗药物，原则上不能同时使用。如临床治疗确需同时使用 2 种以上特药的，应符合药品使用说明书及卫生计生部门颁布的临床治疗路径。

（二）费用结算。对省统一谈判确定的特药医保结算价格，全省统一执行，统一调整，各市不再进行二次议价。使用特药（含甲磺酸伊马替尼）的费用不计入住院或门诊大病总额控制指标，不纳入药占比考核。各统筹地区医保经办机构要与商业保险承办机构做好衔接工作，尽快与当地特药定点医药机构实行联网结算；暂不能实现联网结算，需个人先行垫付再审核补偿的，要完善费用结算补偿业务流程，确保为参保人提供“一窗口、一站式”服务，提高补偿服务效率。2017 年度大病保险费用补偿从 1 月 1 日起计算。

（三）异地就医特药管理服务。参保患者在异地就医发生的特药费用，按我省特药规定的医保结算价和有关规定补偿。对本通知下发前已在异地就医取药的患者，应尽量简化审核、评估流程，方便异地参保患者及时享受特药待遇。

四、职工和居民大病保险资金不予支付的特药费用范围

（一）未按规定程序审核确认发生的特药费用；

（二）除异地就医患者外，非经责任医师开具处方或在非特药定点医药机构取药发生的费用（非靶向特药除外）；

（三）高出省统一谈判确定的特药医保结算价格的费用；

（四）经审核确认不符合使用特药条件或超出适应症、临床治疗路径所发生的费用。

五、其他问题

（一）为确保特药政策及时落地，各市可制定过渡性措施，对供药企业已作为定点或慈善援助点的医药机构及责任医师，本着“先纳入、后规范”的原则，保障患者按时享受待遇。

（二）特药纳入离休干部医疗保障用药范围，经费由原渠道解决。

本通知自 2017 年 3 月 16 日起施行，有效期至 2017 年 12 月 31 日。

山东省人力资源和社会保障厅
关于职工基本医疗保险关系转移接续有关问题的通知

（2017 年 6 月 14 日　鲁人社规〔2017〕14 号）

各市人力资源社会保障局：

根据社会保险法以及人力资源社会保障部等部委《关于印发流动就业人员基本医疗保障关系转移接续暂行办法的通知》（人社部发〔2009〕191 号）和山东省人民政府《关于完善城镇医疗保障体系有关问题的通知》（鲁政发〔2003〕108 号）等有关规定，现就职工基本医疗保险关系转移接续有关问题通知如下：

一、参加职工基本医疗保险的个人按规定经组织、人力资源社会保障部门批准跨统筹地区调动，或者其所在单位跨统筹地区整建制转移的，社会保险经办机构在办理职工基本医疗保险关系转移接续时，对其达到退休年龄时的缴费年限达到国家规定的缴费年限（含视同缴费年限），但未达到转入地统筹地区规定的职工基本医疗保险实际缴费年限的，不再要求其补缴职工基本医疗保险费。

二、符合《国务院办公厅关于转发人力资源社会保障部财政部城镇企业职工基本养老保险关系转移接续暂行办法的通知》（国办发〔2009〕66 号）和《山东省企业职工基本养老保险关系转移接续实施办法》（鲁政办发〔2010〕50 号）规定在省本级办理退休、且退休时未参加省级直管单位或其他市、县（市、区）职工基本医疗保险的人员，在户籍所在地的县（市、区）参加职工基本医疗保险，按照当地规定补缴医疗保险费，享受当地退休人员医疗保险待遇；或者参加当地居民基本医疗保险，享受居民医疗保险待遇。

本通知自 2017 年 7 月 14 日起施行，有效期至 2022 年 7 月 13 日。

山东省人力资源和社会保障厅
关于做好省直医疗保险与2017年国家医疗保险药品目录调整政策衔接有关问题的通知

（2017年8月30日　鲁人社办发〔2017〕74号）

各省直医疗保险参保单位、协议管理医药机构：

按照《山东省人力资源和社会保障厅关于执行〈国家基本医疗保险、工伤保险和生育保险药品目录（2017年版）〉有关问题的通知》（鲁人社发〔2017〕34号）及有关规定，为做好省直基本医疗保险、大病保险与2017年国家医疗保险药品目录调整的衔接工作，保障广大参保人员基本用药需求，现就有关事项通知如下：

一、做好省直医疗保险药品目录衔接工作

自2017年9月1日起，省直医疗保险药品目录执行《国家基本医疗保险、工伤保险和生育保险药品目录（2017年版）》（以下简称“2017年版国家药品目录”）和《关于将36种药品纳入国家基本医疗保险、工伤保险和生育保险药品目录乙类范围的通知》（人社部发〔2017〕54号）确定的36种谈判药品，药品名称、剂型和限定支付范围等按照国家规定执行。原有关规定与本通知不一致的，以本通知为准。

我省2017版药品目录发布前，原在我省医保目录范围内未纳入2017年版国家药品目录的药品，暂按原规定执行，待我省2017版药品目录发布后，按新规定执行；2017年版国家药品目录删除的品种不再执行。

二、做好省直职工大病保险部分药品衔接工作

按照鲁人社发〔2017〕34号文件要求，对在我省大病保险支付范围现已纳入2017年版《国家药品目录》和国家确定的36种谈判药品的药品，实行过渡期政策至2017年12月31日，具体办法如下：

（一）**支付政策**。地西他滨、达沙替尼、吉非替尼、埃克替尼、重组人凝血因子IX等5种药品继续按我省谈判价格执行；硼替佐米、来那度胺、厄洛替尼、重组人血管内皮抑制素、贝伐珠单抗、曲妥珠单抗、阿帕替尼等7种药品自9月1日起执行国家谈判价格。以上12种药品，参保人9月1日后购药产生的费用，大病保险支付后的个人自付部分（含起付线）再由基本医保基金给予50%的补助。替诺福韦二吡呋酯纳入省直基本医疗保险乙类药品管理，按基本医疗保险政策规定支付。

（二）**支付范围**。按照《山东省人力资源和社会保障厅关于将注射用地西他滨等18种药品纳入大病保险支付范围的通知》（鲁人社字〔2016〕426号）及相关规定确定的商品名、剂型、规格、包装、生产商（供应商）予以支付，不符合规定的药品费用不予支付。对国家限定支付范围与我省大病保险支付范围不一致的药品，省直职工大病保险按原规定支付，基本医疗保险基金补助部分按国家规定执行。

（三）**药品管理**。药品在过渡期内仍按照《关于做好大病保险特殊药品经办管理服务工作的通知》（鲁社保发〔2016〕38号）规定管理，申请、审核、报销流程继续按照《关于做好省直大病保险特药费用审核结算工作的通知》（鲁社保函〔2017〕39号）规定执行。今后，对部分国家和我省确定的谈判药品和其他有关高值药品，逐步参照大病保险特殊药品管理方法实行“三定”管理。同时，要发挥协议管理药店在药品供应保障方面的积极作用。

（四）**赠药方案**。对使用有慈善捐助（赠药）方案药品的患者，9月1日前已使用药品但未进入

慈善捐助（赠药）流程的，9 月 1 日起按国家谈判价格购药，并可继续申请慈善捐助（赠药），具体方案以各慈善组织和药品供应商发布为准。

三、规范省直医疗保险部分乙类药品个人首先支付比例

为规范省直医疗保险药品管理，对国家谈判药品和我省谈判药品中纳入 2017 年版国家药品目录的，个人首先支付比例规定为：

利拉鲁肽、替格瑞洛、重组人尿激酶原、重组人脑利钠肽、托伐普坦、阿利沙坦酯、吗啉硝唑氯化钠、喹硫平、帕罗西汀、司维拉姆、碳酸镧、银杏二萜内酯葡胺注射液、银杏内酯注射液、复方黄黛片、注射用黄芪多糖、参一胶囊、替诺福韦二吡呋酯等 17 种药品个人首先支付比例 10%。

重组人凝血因子Ⅶa、泊沙康唑、尼妥珠单抗、索拉非尼、拉帕替尼、西达本胺、阿比特龙、氟维司群、重组人干扰素 β-1b、依维莫司、康柏西普、雷珠单抗、利妥昔单抗、甲磺酸伊马替尼等 14 种药品个人首先支付比例 20%。

地西他滨、达沙替尼、吉非替尼、埃克替尼、重组人凝血因子Ⅸ、硼替佐米、来那度胺、厄洛替尼、重组人血管内皮抑制素、贝伐珠单抗、曲妥珠单抗、阿帕替尼等 12 种大病保险药品过渡期结束后，自 2018 年 1 月 1 日起，个人首先支付比例规定为 20%。

山东省人力资源和社会保障厅、山东省财政厅
关于完善省级直管单位职工医疗保险有关政策的通知

（2017 年 7 月 12 日　鲁人社字〔2017〕181 号）

医疗保险省级直管单位：

根据《中央、省属驻济企业、自收自支和企业化管理事业单位基本医疗保险暂行办法》（鲁劳社〔2007〕26 号）和省人力资源社会保障厅、财政厅《关于省属驻济机关事业单位参加职工基本医疗保险有关问题的通知》（鲁人社发〔2012〕52 号）等有关规定，为较好地保障参保人员医疗保险待遇水平，现就完善省级直管单位职工医疗保险有关政策问题通知如下：

一、参保人员住院基本医保统筹基金最高支付限额由 20 万元提高到 24 万元，门诊基本医保基金最高支付限额由 4500 元提高到 5000 元。

二、参保人员住院（含急诊留观）床位费基本医保支付标准由 40 元／日提高到 50 元／日。

三、参保人员化验结果及临床表现高度怀疑恶性肿瘤并在临床上按照恶性肿瘤放化疗等手段进行治疗（三级或专科医疗机构出具相关治疗方案）的患者，其放化疗费用按照门诊大病的管理规定执行。

四、参保人员为亲属或他人无偿提供组织器官供体者，其发生的手术、检查治疗等符合医保支付范围的费用（不含器官组织源费用、器官组织源贮存费用）纳入基本医疗保险支付范围。

五、参保人员到西藏、青海等海拔 3500 米以上地区工作或因公到这些地区出差期间患病发生的门诊、住院医疗费用不设起付线。

六、2016 年度大额医疗费用补助超支费用由补充医疗保险基金支出。

七、本通知自 2017 年 7 月 20 日起执行。

（四）工伤保险

山东省人力资源和社会保障厅、山东省财政厅
关于印发山东省工伤保险省级调剂金管理办法的通知

（2017 年 1 月 25 日　鲁人社发〔2017〕3 号）

各市人力资源社会保障局、财政局：

为增强工伤保险基金抗风险能力，根据《工伤保险条例》和《山东省贯彻〈工伤保险条例〉实施办法》（鲁政发〔2011〕25 号）等规定，结合我省实际，研究制定了《山东省工伤保险省级调剂金管理办法》，现印发给你们，请认真贯彻执行。

山东省工伤保险省级调剂金管理办法

第一条　为增强工伤保险基金抗风险能力，分散工伤风险，保证重大事故的工伤保险待遇支付，保障工伤职工及时获得医疗救治和经济补偿，根据《工伤保险条例》和《山东省贯彻〈工伤保险条例〉实施办法》（鲁政发〔2011〕25 号）等规定，结合我省实际，制定本办法。

第二条　建立工伤保险省级调剂金制度。统筹地区应当按照本办法规定上解工伤保险调剂金，形成工伤保险省级调剂金，专项用于补助统筹地区工伤保险待遇支付等。

第三条　工伤保险省级调剂金纳入省级财政专户集中管理，专款专用。

第四条　统筹地区应当按照上年度工伤保险基金征缴收入（社会保险基金决算数）3% 的比例上解工伤保险省级调剂金。

省人力资源社会保障厅会同省财政厅根据工伤保险省级调剂金的使用情况，适时对工伤保险省级调剂金上解比例进行调整。

工伤保险省级调剂金累计结余达到上年度全省 2 个月工伤保险待遇支付能力后，暂停上解。工伤保险省级调剂金使用后，累计结余低于上年度全省 2 个月工伤保险待遇支付能力时，恢复上解。

第五条　统筹地区应当于每年 9 月底前将本年度应上解工伤保险省级调剂金上解到省。未按规定及时、足额上解工伤保险省级调剂金的，由省人力资源社会保障厅、财政厅责令在 30 日内上解。

第六条　统筹地区已实现工伤保险市级统筹，按时足额上解工伤保险省级调剂金，完成上年度工伤保险参保和基金征缴计划，建立并运行工伤保险储备金制度，具备下列情形之一的，可以申请使用工伤保险省级调剂金。

（一）工伤保险基金累计结余（包括储备金）不足 2 个月的工伤保险待遇支出；

（二）参加工伤保险的用人单位发生符合国家安全生产事故分类标准的重大及以上事故；

（三）其他需要省级调剂补助的特殊情况。

工伤保险省级调剂金原则上每年调剂一次，特殊情况下可以实施紧急调剂。

第七条　统筹地区申请工伤保险省级调剂金，应当以当地人力资源社会保障局、财政局名义向省人力资源社会保障厅、财政厅提交申请报告，申请报告应包括下列内容：

（一）当年工伤保险基金收入和支付情况；

（二）工伤保险储备金的提取和使用情况；

（三）工伤保险基金支付不足的原因；

（四）申请工伤保险省级调剂金的数额及依据；

（五）申请工伤保险省级调剂金的用途。

第八条 省人力资源社会保障厅、财政厅收到统筹地区申请工伤保险省级调剂金的报告后，应当及时审核，根据统筹地区工伤保险基金支付能力和省级调剂金结存情况，在统筹地区年度上解总量的5倍以内给予调剂补助。特殊情况或上年度未申请使用的，可适当提高。

（一）对基金结余不足2个月待遇支付的市，省级按不超过当期基金收支缺口的80%拨付调剂金；

（二）对符合国家安全生产事故分类标准的重大及以上事故，省级按照不超过工（伤）亡人员的一次性工亡补助金的60%拨付调剂金；

（三）其他特殊情况，省级按照统筹地区基金支付能力和相关要求合理确定调剂金拨付额度。

第九条 统筹地区对省级拨付的工伤保险调剂金要严格管理、合理支出，不得挤占、挪用，年终向省人力资源社会保障厅、财政厅报告使用情况。

第十条 工伤保险省级调剂金的上解、下拨程序按《社会保险基金财务制度》（财社字〔1999〕60号）和基金收支两条线管理规定执行。

第十一条 省人力资源社会保障厅、省财政厅负责对工伤保险省级调剂金的收支、管理和使用情况进行监督检查，定期通报工伤保险省级调剂金收支、结余情况。

第十二条 本办法由省人力资源社会保障厅、省财政厅负责解释。

山东省人力资源和社会保障厅、山东省财政厅
关于2017年调整一级至四级工伤职工伤残津贴生活护理费和工亡职工供养亲属抚恤金标准的通知

（2017年8月4日　鲁人社发〔2017〕32号）

各市人力资源社会保障局、财政局，省直各部门（单位），各高等院校：

为切实保障一级至四级工伤职工和工亡职工供养亲属的基本生活，根据《工伤保险条例》（修订）和《山东省贯彻〈工伤保险条例〉实施办法》（鲁政发〔2011〕25号）的有关规定，自2017年1月1日起，对一级至四级工伤职工伤残津贴、生活护理费和工亡职工供养亲属抚恤金标准进行调整。现就有关事项通知如下：

一、调整范围

2016年12月31日前，企业、事业单位、社会团体（参照公务员法管理的事业单位、社会团体除外）、民办非企业单位、基金会、律师事务所、会计师事务所等组织和有雇工的个体工商户及已纳入工伤保险制度实施范围的公务员和参照公务员法管理的事业单位、社会团体的工作人员中，领取伤残津贴的一级至四级工伤职工、经批准领取生活护理费的工伤职工和领取供养亲属抚恤金的工亡职工（含一级至四级伤残职工退休后领取基本养老金期间死亡人员）供养亲属。

二、调整标准

伤残津贴：对符合条件的一级至四级工伤职工，每人每月分别按195元、185元、175元、165元的标准增加。

生活护理费：以统筹地区2016年度职工月平均工资为基数，按照《工伤保险条例》（修订）第三十四条第二款规定的比例确定。

供养亲属抚恤金：配偶每人每月增加69元，其他供养亲属每人每月增加51元，孤寡老人或者孤儿在上述标准的基础上每人每月再增加20元。

三、资金来源

调整上述三项待遇所需费用，已参加工伤保

险的，从工伤保险基金支付；未参加工伤保险的，由用人单位支付。

调整一级至四级工伤职工伤残津贴、生活护理费和工亡职工供养亲属抚恤金标准，充分体现了党和政府对工伤职工以及工亡职工亲属的关怀。各市人力资源社会保障局、财政局及各有关单位要高度重视，切实加强领导，精心组织实施，确保 2017 年 8 月底前完成此项工作，将待遇发放到相关人员手中。2017 年 9 月 10 日前，各市要将调整工伤保险定期待遇工作总结及《2017 年调整工伤保险待遇情况统计表》（见附件），分别报省人力资源社会保障厅、省财政厅。

附件：2017 年调整工伤保险待遇情况统计表（略）

山东省人力资源和社会保障厅
关于印发山东省工伤职工劳动能力鉴定工作规程的通知

（2017 年 1 月 23 日　鲁人社规〔2017〕4 号）

各市人力资源社会保障局：

《山东省工伤职工劳动能力鉴定工作规程》已经 2017 年第 1 次厅长办公会审议通过，现印发给你们，请遵照执行。

山东省工伤职工劳动能力鉴定工作规程

第一章　总　则

第一条　为规范工伤职工劳动能力鉴定工作，依法组织工伤职工劳动能力鉴定，保障用人单位和职工的合法权益，根据《工伤保险条例》《工伤职工劳动能力鉴定管理办法》（人力资源社会保障部国家卫生和计划生育委员会令第 21 号）和《山东省贯彻〈工伤保险条例〉实施办法》（鲁政发〔2011〕25 号）等有关规定，制定本规程。

第二条　省劳动能力鉴定委员会负责全省工伤职工劳动能力鉴定工作管理，设区的市劳动能力鉴定委员会负责本辖区内工伤职工劳动能力鉴定工作管理。

省劳动能力鉴定委员会和设区的市劳动能力鉴定委员会分别由省和设区的市人力资源社会保障行政部门、卫生计生行政部门、工会组织、社会保险经办机构代表以及用人单位代表组成，其劳动能力鉴定办事机构分别承担本级劳动能力鉴定委员会的日常工作。

第三条　省和设区的市劳动能力鉴定委员会组织开展工伤职工劳动能力鉴定工作，适用本规程。

第二章　申请与受理

第四条　职工发生工伤，经治疗伤情相对稳定后或者停工留薪期满（含劳动能力鉴定委员会确认的延长期限），存在残疾、影响劳动能力的，用人单位、工伤职工或者其近亲属应当及时向设区的市劳动能力鉴定委员会提出劳动能力鉴定申请。

第五条　申请劳动能力鉴定的用人单位、工伤职工或者其近亲属对设区的市劳动能力鉴定委员会作出的鉴定结论不服的，可以在收到该鉴定结论之日起 15 日内向省劳动能力鉴定委员会提出再次鉴定申请。省劳动能力鉴定委员会作出的劳动能力鉴定结论为最终结论。

第六条　自劳动能力鉴定结论作出之日起 1 年后，工伤职工或者其近亲属、所在单位或者社会保险经办机构认为工伤职工伤残情况发生变化的，可以向设区的市劳动能力鉴定委员会申请劳动能力复查鉴定。

对复查鉴定结论不服的，可以按照本规程第五条规定申请再次鉴定。

第七条 提出劳动能力鉴定申请应当准确完整填写《劳动能力鉴定申请表》（见附件 1），并提交以下材料：

（一）《认定工伤决定书》原件和复印件；

（二）有效的诊断证明、按照医疗机构病历管理有关规定复印或者复制的检查、检验报告等完整病历材料；患职业病的职工，应当提供有效的职业病诊断证明书或者职业病诊断鉴定书；存在精神障碍的应当提供有效的精神病诊断证明及相关治疗材料；

（三）工伤职工的居民身份证或者社会保障卡等其他有效身份证明原件和复印件；

（四）手术或烧伤工伤职工提交伤情稳定后受伤部位 5 寸彩色照片；

（五）劳动能力鉴定委员会规定的其他材料。

第八条 提出劳动能力鉴定申请时，有下列情形之一的，除提交本规程第七条规定的材料外，还应当提交相关材料：

（一）用人单位委托代理人提出劳动能力鉴定申请的，应当提交授权委托书及代理人身份证原件和复印件；

（二）近亲属代表工伤职工提出劳动能力鉴定申请的，应当提交有效近亲属关系证明，身份证原件和复印件；

（三）提出劳动能力复查鉴定申请的，应当提交劳动能力鉴定委员会曾经作出的全部劳动能力鉴定结论书原件和复印件。认为伤情加重的，应当提交近期的有效诊断证明、按照医疗机构病历管理有关规定复印或者复制的检查、检验报告等完整病历材料；

（四）提出劳动能力再次鉴定申请的，应当提交书面申请书说明理由，并提交《初次鉴定结论书》的原件和复印件及收到初次鉴定结论的有效时间证明。

第九条 劳动能力鉴定委员会工作人员接受政策咨询和接待拟申请劳动能力鉴定的用人单位、工伤职工或者其近亲属，实行首问责任制，应当填写《劳动能力鉴定申请接待登记台账》（见附件 2）留存备查或在信息平台系统登记。

第十条 申请人提供材料不完整的，劳动能力鉴定委员会应当自收到申请之日起 5 个工作日内出具《劳动能力鉴定材料补正告知书》（见附件 3），一次性书面告知申请人需要补正的全部材料，并告知补正时限。申请人应当在规定时限内补正，无正当理由逾期不补正的，视为申请人撤回劳动能力鉴定申请。

申请人提供材料完整或者经补正后材料完整的，劳动能力鉴定委员会应当出具《劳动能力鉴定材料收讫告知书》（见附件 4）。

申请人补正材料的时间不计算在劳动能力鉴定委员会作出鉴定结论的时限内。

第十一条 劳动能力鉴定材料收讫后，劳动能力鉴定委员会应当对申请材料进行审核，有以下情形之一的，不予受理劳动能力鉴定申请：

（一）不属于统筹地区劳动能力鉴定委员会管辖范围的；

（二）申请人不具备申请资格的；

（三）未进行工伤认定的（经人力资源社会保障行政部门确认的老工伤人员除外）；

（四）工伤职工与用人单位终止、解除劳动（聘用）合同并按规定领取一次性工伤待遇终止工伤保险关系的；

（五）法律、法规、规章规定的其他情形。

不予受理劳动能力鉴定申请的，应当出具《劳动能力鉴定申请不予受理告知书》（见附件 5），并说明不予受理的理由。

第三章 鉴定程序

第十二条 劳动能力鉴定委员会应当视工伤职工伤情等从医疗卫生专家库中随机抽取 3 名或者 5 名与伤情相关科别的专家组成专家组进行鉴定。

第十二条 劳动能力鉴定委员会应当提前通知工伤职工进行鉴定的时间、地点以及应当携带的材料。工伤职工应当按照通知的时间、地点参加现场鉴定。

工伤职工因故不能按时参加现场鉴定的，应当提前告知劳动能力鉴定委员会。

第十四条 劳动能力鉴定委员会应当按照公

开、公正、公平的原则组织鉴定，鉴定现场逐步实行全程录像。

劳动能力鉴定时应当按照以下程序进行：

（一）工伤职工身份确认。工作人员应当对工伤职工的身份进行确认，并组织签到。

（二）现场体检。专家组听取被鉴定人的陈述，现场查阅病历、诊断证明、医学影像资料等相关材料，可以对被鉴定人进行询问和临床检查。因鉴定工作需要，专家组提出应当进行有关检查和诊断的，劳动能力鉴定委员会可以委托具备资格的医疗机构协助进行有关的检查和诊断。

（三）专家组提出鉴定意见。专家组应当根据职工工伤认定的受伤部位和伤情，结合病历材料及现场体检情况，依据《劳动能力鉴定职工工伤与职业病致残等级》国家标准，提出鉴定意见并填写《劳动能力鉴定专家评审表》（见附件6）。参加鉴定的专家应当签署意见并签名。专家意见不一致时，按照少数服从多数的原则确定专家组的鉴定意见。

专家组鉴定意见应当包括伤情介绍（伤残部位、器官功能障碍程度、诊断情况等）和作出鉴定的依据（对应条款、晋级原则等）。

第十五条 工伤职工有下列情形之一的，劳动能力鉴定委员会可以中止鉴定程序：

（一）因故不能按时参加现场鉴定的；

（二）专家组认为需要补充完善医学检查、检验及病历材料或需要进一步明确诊断的；

（三）工伤职工经治疗伤情尚未相对稳定需要继续治疗或观察的；

（四）影响专家提出鉴定意见的其他情形。

中止情形消失后，经书面申请，劳动能力鉴定委员会同意，可以调整现场鉴定的时间，作出劳动能力鉴定结论的期限相应顺延。

第十六条 工伤职工有下列情形之一的，当次鉴定终止：

（一）无正当理由不参加现场鉴定的；

（二）拒不参加劳动能力鉴定委员会安排的检查和诊断的。

当次鉴定终止情形消失后，经工伤职工书面申请，劳动能力鉴定委员会同意，重新计算劳动能力鉴定结论作出时间。

第十七条 工伤职工因伤（病）情危重无法自主行动，且不能采用常规辅助手段到达指定现场参加鉴定的，用人单位、工伤职工或者其近亲属提出书面申请并提供医疗卫生机构出具的相关证明，经劳动能力鉴定委员会同意，可以组织专家上门进行查体，并按照以下程序进行：

（一）组织劳动能力鉴定的工作人员应当对工伤职工身份进行核实；

（二）根据工伤职工提供的相关病历材料，组织相关科别的专家进行体检，查体过程应当采集必要的视音频资料，查体专家应当向专家组汇报查体情况，经专家组讨论提出鉴定意见；

（三）因鉴定工作需要，查体专家提出应当进行有关检查和诊断的，可以委托具备资格的医疗机构协助进行有关的检查诊断，工伤职工及其家属应当予以配合。

第十八条 劳动能力鉴定委员会根据专家组的鉴定意见作出劳动能力鉴定结论，作出鉴定结论的时限应当符合相关规定，鉴定结论书的基本样式参考附件（见附件7至附件9）。

第十九条 劳动能力鉴定委员会对于在本委作出的鉴定结论书中，发现有个别文字上的错误或者遗漏，伤情介绍中个别伤情的漏写、笔误和其他笔误，应当予以及时更正、补正，出具《劳动能力鉴定结论更正（补正）通知书》（见附件10），并及时送达工伤职工及其用人单位，并抄送社会保险经办机构。

涉及伤残等级、生活自理障碍程度等影响鉴定结论实质性内容的，不适用于更正、补正。劳动能力鉴定委员会出具的《劳动能力鉴定结论更正（补正）通知书》不影响原鉴定结论通知书的时限及相关法律效力。

第二十条 省劳动能力鉴定委员会受理再次鉴定申请后，应当及时通知设区的市劳动能力鉴定委员会。设区的市劳动能力鉴定委员会应当自收到通知之日起5个工作日内，对初次鉴定情况写出书面报告，连同初次鉴定的专家查体诊断记录、鉴定意见及所作检查结论（报告）复印件，一并报省劳动能力鉴定委员会。

第二十一条 用人单位提出再次鉴定申请，按规定需要工伤职工及其近亲属提供相关材料的，工伤职工及其近亲属应当提供。不提供的，用人单位可以凭山东省劳动能力鉴定委员会出具的《劳动能力鉴定材料补正告知书》及单位公函，到初次鉴定的设区的市劳动能力鉴定委员会要求协助提供下列材料的复印件：

（一）被鉴定人的身份证复印件；

（二）被鉴定人提供的有效诊断证明、按照医疗机构病历管理有关规定复印或者复制的检查、检验报告等完整病历材料；

（三）其他按规定应当提供的材料。

第二十二条 设区的市劳动能力鉴定委员会应当自收到用人单位提出的协助提供材料申请之内起5个工作日内，按照初次鉴定过程中所留的信息联系工伤职工核实相关情况，并为用人单位开具《协助补正单》（附件11）。

工伤职工不提供相关材料或联系方式无效时，设区的市劳动能力鉴定委员会应当将协助提供的材料复印件进行密封，加盖劳动能力鉴定委员会印章，报省劳动能力鉴定委员会。

第二十三条 省劳动能力鉴定委员会组织专家审查再次鉴定材料时，发现有下列情形之一的，应当中止再次鉴定，并通知设区的市劳动能力鉴定委员会、用人单位及工伤职工，启动复核鉴定程序：

（一）鉴定结论遗漏或超出《认定工伤决定书》载明的对劳动功能障碍程度等级和生活自理障碍程度等级有较大影响的受伤部位、伤情的；

（二）鉴定伤情检查严重失实的；

（三）工伤职工伤情未相对稳定或停工留薪期未满的；

（四）鉴定不符合规定程序的；

（五）严重影响鉴定结论的其他情形。

第二十四条 设区的市劳动能力鉴定委员会应当自收到省劳动能力鉴定委员会通知之日起60日内作出复核鉴定结论。

经复核鉴定没有发现问题的，设区的市劳动能力鉴定委员会将复核鉴定结论报省劳动能力鉴定委员会，省劳动能力鉴定委员会应当及时恢复再次鉴定程序。

经复核鉴定确有问题的，设区的市劳动能力鉴定委员会应当出具《复核鉴定结论书》（见附件8）并及时送达用人单位及工伤职工，抄送社会保险经办机构及省劳动能力鉴定委员会，省劳动能力鉴定委员会将终止再次鉴定程序。

用人单位或者工伤职工对复核鉴定结论不服的，可以在收到该复核鉴定结论之日起15日内向省劳动能力鉴定委员会申请再次鉴定。

第二十五条 劳动能力再次鉴定、复核鉴定和复查鉴定的程序按照本章的规定执行。

第四章 期间与送达

第二十六条 劳动能力鉴定工作中以日、月、年计算的期间从次日起算。时限截止的最后一日为法定公休日的，顺延至法定公休日后第一个工作日。

第二十七条 劳动能力鉴定委员会应当自作出鉴定结论之日起20日内将劳动能力鉴定结论及时送达工伤职工及其用人单位，并抄送职工参加工伤保险所在地的社会保险经办机构。

第二十八条 劳动能力鉴定结论书的送达参照民事法律有关送达的规定执行，可以采取直接送达、留置送达、邮寄送达或者公告送达等方式。

劳动能力鉴定委员会采取邮寄送达方式时，应交由国家邮政机构进行邮寄，并在“内件品名”中注明《劳动能力鉴定结论书》及文号。

采取直接送达、留置送达、邮寄送达等方式无法送达的，可以在受送达人住所地张贴公告，或者在报纸、网站发布公告，自公告发出之日起经过六十日即视为送达。公告送达的，应当在案卷中记明原因和经过。

第五章 监督管理

第二十九条 省劳动能力鉴定委员会应当加强对设区的市劳动能力鉴定委员会的业务指导，并履行下列职责：

（一）全省劳动能力鉴定数据的统计分析；

（二）全省劳动能力鉴定工作人员的业务培训；

（三）制定全省劳动能力鉴定文书基本样式；

（四）制定全省劳动能力鉴定工作考核办法，

并将考核结果予以通报。

第三十条 劳动能力鉴定委员会应当定期组织专家培训学习，对医疗卫生专家库实行动态管理。

第三十一条 劳动能力鉴定委员会组成人员、劳动能力鉴定工作人员及参加鉴定的医疗卫生专家与当事人有利害关系的，应当回避。

第六章　附　则

第三十二条 劳动能力鉴定委员会应当及时对鉴定材料整理归档。劳动能力鉴定档案材料包括：

（一）劳动能力鉴定申请表；

（二）《认定工伤决定书》复印件；

（三）劳动能力鉴定材料收讫补正告知书；

（四）病历资料（包括诊断证明、住院病历、检验报告、影像学检查资料等）；

（五）工伤职工的居民身份证或者社会保障卡等其他有效身份证明的复印件；

（六）劳动能力鉴定结论书；

（七）送达手续；

（八）与劳动能力鉴定有关的其他材料。

第三十三条 劳动能力鉴定档案按照《社会保险业务档案管理规定（试行）》进行管理，比照工伤保险待遇类（二）工伤认定材料，保存期限 50 年。

第三十四条 各级劳动能力鉴定委员会应当按照本规程鉴定程序和文书格式要求规范劳动能力鉴定工作。存在特殊情况的，可以根据工作实际适当调整，并报省劳动能力鉴定委员会备案。

本规程自 2017 年 3 月 1 日起施行，有效期至 2022 年 2 月 28 日。

附件：

1．劳动能力鉴定申请表（略）

2．劳动能力鉴定申请接待登记台账（略）

3．劳动能力鉴定材料补正告知书（略）

4．劳动能力鉴定材料收讫告知书（略）

5．劳动能力鉴定申请不予受理告知书（略）

6．劳动能力鉴定专家评审表（略）

7．初次（复查）鉴定结论书（略）

8．复核鉴定结论书（略）

9．再次鉴定结论书（略）

10．劳动能力鉴定结论更正（补正）通知书（略）

11．协助补正单（略）

12．劳动能力鉴定文书送达回证（略）

山东省人力资源和社会保障厅
关于印发山东省工伤职工劳动能力鉴定现场管理办法（试行）的通知

（2017 年 1 月 23 日　鲁人社规〔2017〕5 号）

各市人力资源社会保障局：

《山东省工伤职工劳动能力鉴定现场管理办法（试行）》已经 2017 年第 1 次厅长办公会审议通过，现印发给你们，请遵照执行。

山东省工伤职工劳动能力鉴定现场管理办法（试行）

第一章　总　则

第一条 为加强劳动能力鉴定现场管理，提高工作效率，提升鉴定质量，促进劳动能力鉴定工作制度化、科学化、规范化建设，保证鉴定的公平、公正，根据《工伤保险条例》《工伤职工劳动能力鉴定管理办法》（人力资源社会保障部国家卫生和计划生育委员会令第 21 号）和《山东省贯彻〈工伤保险条例〉实施办法》（鲁政发〔2011〕25号）等有关规定，制定本办法。

第二条 本省行政区域内集中进行的工伤职工劳动能力初次鉴定、复查鉴定、复核鉴定和再次鉴定，适用本办法。

第三条 劳动能力鉴定委员会负责组织、实施辖区内的劳动能力鉴定现场管理工作，为工伤职工营造安全、有序的劳动能力鉴定环境。

第二章 场地设施

第四条 劳动能力现场鉴定的场地应当设在有条件的医疗机构。劳动能力鉴定现场应当具有相对独立的管理区域，包含身份核验区、等候区、检查室等功能区和功能室，并张贴醒目功能标识牌、路径指示牌。

第五条 劳动能力鉴定现场应当根据劳动能力鉴定工作需要配备身份证验证设备、摄录像器材、观片灯、卷尺、叩诊锤、角度尺、瞳孔笔等常用工具；配套计算机、复印机、扫描仪、传真机、打印机等常用办公设备。

第六条 劳动能力鉴定现场应当明示劳动能力鉴定工作制度、工作纪律等规定，张贴劳动能力鉴定现场注意事项等。

第三章 人员配备

第七条 劳动能力鉴定专家和工作人员在劳动能力鉴定现场应当统一佩戴身份标识，劳动能力鉴定专家应当穿着医务工作服。

第八条 劳动能力鉴定委员会应当根据《劳动能力鉴定职工工伤与职业病致残等级》国家标准规定的门类和医学分科及参加鉴定的工伤职工数量配备劳动能力鉴定专家和工作人员，开展劳动能力鉴定及维持现场秩序等工作。

对于劳动能力鉴定现场的突发情况应当有应急处置预案。

第四章 现场流程

第九条 劳动能力鉴定专家和工作人员应当在劳动能力鉴定开始前到达劳动能力鉴定现场。

第十条 劳动能力鉴定委员会应当根据《劳动能力鉴定职工工伤与职业病致残等级》国家标准规定的门类和医学分科进行分组；属于复合损伤或者伤情较为复杂的，应当分别注明所涉及医学分科。

第十一条 工伤职工应当根据劳动能力鉴定通知，持本人身份证及劳动能力鉴定委员会要求携带的其他资料，经工作人员确认身份后依序进入等候区。

第十二条 进入等候区的工伤职工应当服从劳动能力鉴定工作人员安排，由工作人员依次引导进入相应检查室，接受劳动能力鉴定专家现场查体面检。陪同人员应当根据工作人员引导在等候区等待，非经工作人员允许不得进入劳动能力鉴定检查室。

第十三条 专家应当对照申请表中的鉴定项目，结合工伤认定情况和病例资料，了解职工的伤病史及治疗经过，根据鉴定工作需要进行查体，并完整记录伤情（包括伤残部位、器官功能障碍程度、诊断情况等）。

第十四条 劳动能力鉴定专家检查结束，工伤职工及其陪同人员、用人单位代表等劳动能力鉴定相关当事人应当及时离开劳动能力鉴定现场。

劳动能力鉴定专家需要工伤职工或用人单位补充医学资料或进一步检查的，工伤职工或用人单位应当根据劳动能力鉴定专家要求，在指定时间内补充医学资料或完成全部检查。

第五章 管理监督

劳动能力鉴定专家和工作人员在劳动能力鉴定现场应当遵守以下劳动能力鉴定工作规范要求：

（一）身份标识明显、着装规范、仪容整洁、精神饱满；

（二）应当将手机等通信设备统一进行管理；

（三）不得向劳动能力鉴定利害相关人透露专家信息，对劳动能力鉴定涉及的秘密和工伤职工的个人隐私应当保密，不得私自拆阅和复制劳动能力鉴定过程中形成的鉴定材料；

（四）不得对工伤职工伤情的治疗情况进行

评价或推荐介绍治疗方案，不得作出其他可能引起工伤职工及其陪同人员、用人单位代表等劳动能力鉴定相关当事人误解的行为。

第十六条 劳动能力鉴定专家和工作人员具有下列行为的，劳动能力鉴定委员会应当对其批评教育，责令改正；情节严重的，应当要求其退出劳动能力鉴定现场，并依照有关规定处理；构成犯罪的，移送有关部门追究刑事责任：

（一）利用职务或工作之便收受当事人财物的；

（二）徇私舞弊、提供虚假鉴定意见的；

（三）玩忽职守、无正当理由不履行职责的；

（四）篡改、伪造、隐匿、销毁鉴定病历材料的；

（五）影响鉴定结论公平公正的其他情形。

第十七条 工伤职工及其陪同人员、用人单位代表等劳动能力鉴定相关当事人，具有下列行为的，劳动能力鉴定委员会可以终止鉴定程序；构成犯罪的，移送有关部门追究刑事责任：

（一）提供与伤病情不符的虚假诊断证明的；

（二）篡改、伪造、隐匿、销毁病历材料的；

（三）冒名顶替及伪造身份证件的；

（四）侵犯他人隐私或谩骂侮辱专家及工作人员等扰乱现场鉴定秩序的；

（五）对专家及工作人员人身安全进行威胁的；

（六）影响专家组提出鉴定意见的其他情形。

第六章 附 则

第十八条 山东省工伤职工劳动能力鉴定确认事项、非因工伤残或因病丧失劳动能力程度鉴定工作现场管理参照本办法执行。

第十九条 本办法自2017年3月1日起施行，有效期至2019年2月28日。

山东省人力资源和社会保障厅、山东省财政厅
关于印发省属驻济机关事业单位工作人员参加工伤保险有关问题的通知

（2017年4月6日 鲁人社规〔2017〕10号）

各市人民政府，省政府各部门、各直属机构，各高等院校：

山东省人力资源和社会保障厅、山东省财政厅2014年印发的《关于省属驻济机关事业单位工作人员参加工伤保险有关问题的通知》（鲁人社发〔2014〕11号）将于2017年4月30日有效期届满。为切实加强省属驻济南机关事业单位的工伤管理，保障因工作遭受事故伤害或患职业病的工作人员的工伤权益，按照《山东省行政程序规定》有关要求，经省政府同意，现将省属驻济机关事业单位工作人员参加工伤保险有关问题通知如下：

一、省属驻济南机关事业单位（以下简称用人单位）依法参加工伤保险，为其在职职工（以下简称职工）缴纳工伤保险费。

二、工伤保险费根据以支定收、收支平衡的原则确定缴费费率，并根据用人单位工伤发生率、使用工伤保险基金等情况对费率进行浮动。

三、用人单位以本单位职工工资总额为基数，按0.2%的费率缴纳工伤保险费。职工个人不缴纳工伤保险费。

四、用人单位参加省本级工伤保险，省社会保险事业局负责工伤保险参保登记、缴费、待遇核拨等经办业务。

五、用人单位职工受到事故伤害或患职业病的，其工伤认定由省人力资源社会保障行政部门负责。工伤认定的范围、工伤认定程序按照《工

伤保险条例》《工伤认定办法》（人力资源和社会保障部令第8号）及相关规定办理。

六、职工发生工伤，经治疗伤情相对稳定后存在残疾、影响劳动能力的，其劳动能力鉴定由山东省省直机关事业单位劳动能力鉴定委员会按照《工伤职工劳动能力鉴定管理办法》（人力资源和社会保障部、国家卫生和计划生育委员会令第21号）办理。

申请鉴定的用人单位或者个人对省直机关事业单位劳动能力鉴定委员会作出的鉴定结论不服的，可以在收到该鉴定结论之日起15日内向山东省劳动能力鉴定委员会提出再次鉴定申请。山东省劳动能力鉴定委员会作出的劳动能力鉴定结论为最终结论。

七、工伤保险待遇标准及费用支付项目、渠道按照《工伤保险条例》和《山东省贯彻〈工伤保险条例〉实施办法》等有关规定执行，涉及统筹地区上年度职工月平均工资的，按照省人力资源社会保障厅、省财政厅公布的上年度社会保险省级直管单位在岗职工月平均缴费工资的标准执行。

工伤职工需要住院治疗或需异地就医的，其住院伙食补助费和异地就医交通食宿费标准按省人力资源社会保障厅、省财政厅《关于公布省属驻济机关事业单位工作人员住院治疗工伤的伙食补助费和异地就医交通食宿费标准的通知》（鲁人社办发〔2014〕108号）文件执行。

八、工伤职工需要进行工伤康复或必须安装辅助器具的，经山东省省直机关事业单位劳动能力鉴定委员会确认，符合规定的费用，从工伤保险基金中支付。

九、工伤职工治疗非工伤引发的疾病，不享受工伤医疗待遇，已参加基本医疗保险的按照基本医疗保险规定处理。

十、如工伤职工同时符合其他相关公伤保障政策规定的，工（公）伤待遇不得重复享受。其应享受的公伤待遇总额超过《工伤保险条例》规定标准的部分，由用人单位按规定予以补足。

十一、中央、部队驻济南机关事业单位可参照本通知规定参加工伤保险。驻济南以外中央、部队、省属机关事业单位按照属地管理原则，在单位所在地参加工伤保险，执行参保地工伤保险政策。

十二、本通知自2017年5月1日起施行，有效期至2022年4月30日。2014年5月1日前，职工因工作遭受事故伤害或者患职业病认定为工伤的，其工伤医疗待遇由省社会保险事业局从工伤保险基金中支付，其他待遇仍由用人单位按原渠道支付。

（五）失业保险

山东省人力资源和社会保障厅、山东省财政厅
关于阶段性降低失业保险费率有关问题的通知

（2017年3月9日　鲁人社发〔2017〕8号）

各市人民政府，各县（市、区）人民政府，省政府各部门、各直属机构，各大企业，各高等院校：

为进一步减轻企业负担，增强企业活力，促进稳定就业，根据人力资源社会保障部、财政部《关于阶段性降低失业保险费率有关问题的通知》（人社部发〔2017〕14号）精神，经省政府同意，现就有关问题通知如下：

自2017年1月1日起，我省阶段性降低失业保险费率，由1.5%降至1%，其中单位费率由1%降至0.7%，个人费率由0.5%降至0.3%，降低费率期限执行至2018年4月30日。

山东省人力资源和社会保障厅、山东省财政厅
关于调整失业保险金标准的通知

（2017年10月30日　鲁人社发〔2017〕43号）

各市人民政府：

为保障失业人员的基本生活需求，根据《山东省失业保险规定》（省政府令第161号），结合当地城市居民最低生活保障标准、最低工资标准及失业保险基金承受能力，经省政府同意，决定调整各地失业保险金标准（见附件）。调整后的失业保险金标准，从通知印发次月起执行。

附件：失业保险金调整标准表

失业保险金调整标准表

单位：元/月·人

行政区域	调整后的失业保险金标准
济南市所辖区域 青岛市所辖区域 淄博市所辖区域 东营市所辖区域 烟台市所辖区域 潍坊市所辖区域 威海市所辖区域	1080

续表

行政区域	调整后的失业保险金标准
枣庄市所辖区域 济宁市所辖区域 泰安市所辖区域 日照市所辖区域 莱芜市所辖区域 临沂市所辖区域	1030
德州市所辖区域 聊城市所辖区域 滨州市所辖区域 菏泽市所辖区域	980

山东省人力资源和社会保障厅、山东省财政厅
关于进一步做好扩大失业保险基金支出范围试点工作的通知

（2017年9月23日　鲁人社规〔2017〕17号）

各市人力资源社会保障局、财政局：

为进一步发挥失业保险预防失业、促进就业作用，保持政策连续性，根据国家人力资源社会保障部、财政部《关于东部7省（市）扩大失业保险基金支出范围试点有关问题的通知》（人社部发〔2012〕32号）要求，经研究，将我省扩大失业保险基金支出范围试点政策延长执行到国家修订的《失业保险条例》正式实施之日。现就有关问题通知如下：

一、试点原则。按照失业保险制度保障失业人员基本生活、预防失业和促进就业的要求，本着积极稳妥、量力而行、统筹兼顾、收支平衡的原则，在保障失业人员基本生活的前提下，根据本地区促进就业和稳定就业工作的需要，以预防失业和促进就业为重点，积极稳妥地开展试点工作。

二、试点条件。设区的市（以下简称市）和省本级开展扩大失业保险基金支出范围试点工作必须同时具备以下条件：（1）失业保险扩面征缴状况良好；（2）失业保险基金滚存结余保证支付24个月以上失业人员相关待遇；（3）失业保险基金使用管理规范。

三、试点支出项目和标准。失业保险促进就业的支出项目包括职业培训补贴、就业创业服务补助（指职业介绍补贴）、职业技能鉴定补贴、社会保险补贴、（公益性）岗位补贴。各支出项目的补贴标准、资金申请及支付管理，按照《山东省就业补助资金管理暂行办法》（鲁财社〔2016〕27号）执行。

四、试点支出范围。参加失业保险，符合试点支出项目，且为《山东省就业补助资金管理暂行办法》（鲁财社〔2016〕27号）规定条件的人员和单位。

五、试点支出额度。各市应当根据本地区失业保险基金收支、结余情况，结合促进就业的任务目标，按照规定的对象范围和支出项目进行试点，重点用于各项政策性补贴支出。各市试点资金支出总额度一般控制在上年末失业保险基金累

计结余额的 15% 以内，基金结余少的统筹地区可适当提高支出比例，最高不得超过上年末基金累计结余额的 20%。

六、试点资金管理。失业保险基金支出项目不得形成固定资产，不得用于人员经费、公用经费等应由部门预算安排的支出，不得擅自扩大基金使用范围、增加或变相增加支出项目。要符合失业保险基金管理规定，要与财政就业补助资金分账管理，要切实加强对失业保险基金的使用、管理与监督。各市在试点工作中遇到的重大问题要及时向省人力资源社会保障厅、省财政厅报告。

本通知自 2017 年 9 月 29 日起施行，有效期至 2022 年 9 月 28 日。

三、人才队伍建设

（一）专业技术人才

山东省人民政府办公厅
印发关于改革完善博士后制度的实施意见的通知

（2017 年 5 月 21 日　鲁政办发〔2017〕44 号）

各市人民政府，各县（市、区）人民政府，省政府各部门、各直属机构，各大企业，各高等院校：

《关于改革完善博士后制度的实施意见》已经省政府同意，现印发给你们，请结合实际认真贯彻执行。

关于改革完善博士后制度的实施意见

为贯彻落实《国务院办公厅关于改革完善博士后制度的意见》（国办发〔2015〕87 号），深入实施人才强省和创新驱动发展战略，努力构建有利于博士后事业发展的体制机制，着力提高博士后研究人员培养质量，加快培养造就一支具有自主创新能力的博士后青年人才队伍，充分发挥博士后制度在引进、培养和使用高层次创新型青年人才、推动大众创业万众创新中的重要作用，为实现经济文化强省战略目标提供人才保障和智力支持，现结合我省实际，提出如下实施意见：

一、推进管理制度改革

（一）改进设站（基地）和培养方式。围绕省委、省政府重大战略部署，优化设站（基地）区域、行业和结构布局，适度控制博士后科研流动站、科研工作站设站规模，稳步扩大园区类博士后科研工作站分站和基地设立数量。开展博士后科研工作站独立招收试点和博士后科研流动站设站方式改革试点工作。加大对中小型高科技企业特别是民营中小型高科技企业申报设立博士后科研工作站（基地）的支持力度。进一步规范博士后科研流动站、基地联合培养工作，不断提高基地招收、培养博士后研究人员工作水平，加快促进基地建设发展。

（二）充分发挥设站（基地）单位主体作用。高校、科研院所、企业等设站（基地）单位是对博士后研究人员进行管理的责任主体，负责研究制定具体管理办法，明确进站（基地）条件，规范进站（基地）程序，加强过程评价，严格出站（基地）考核，切实履行管理责任。改革博士后证书发放方式，按照国家有关规定做好证书发放工作。

（三）探索下放博士后管理权限。省博士后工作管理部门负责建立博士后工作管理协调机制，研究制定博士后工作发展规划和配套政策、措施，开展进出站（基地）管理、经费资助、评估考核、服务保障等工作。在国家现行分级管理体制基础上，对博士后事业发展速度较快、设站（基地）单位数量和博士后研究人员招收数量较多的市，探索下放博士后管理权限，扩大市级博士后工作管理部门开展进出站（基地）管理、评估考核、服务保障等工作的自主权，提升服务保障水平。

（四）建立健全评估机制。探索建立我省实时、动态的评估体系，省博士后工作管理部门定期开展新设博士后科研流动站、科研工作站（基地）评估工作，每5年开展一次对设站（基地）单位的综合评估，对评估结果优秀的单位按有关规定予以表扬，对评估不合格的单位取消设站（基地）资格。

二、健全完善管理办法

（五）严格执行博士后招收规定。坚持博士后制度培养青年人才的基本方向，博士后申请者一般应为新近毕业的博士毕业生，年龄应在35周岁以下，申请进入企业博士后科研工作站（基地）或人文社会科学领域、人才紧缺基础薄弱的自然科学领域博士后科研流动站的，可适当放宽进站（基地）条件。设有国家重点科研基地、承担国家重大科技项目的非设站单位，备案后可依托重大科技项目招收项目博士后。适当放开设站单位博士毕业生不得进入本单位同一个一级学科博士后科研流动站的限制。在职博士后研究人员应以高等学校、科研院所教学科研人员为主，并严格控制比例。不得招收党政机关领导干部在职进站（基地）从事博士后研究。

（六）完善博士后培养及评价办法。研究制定博士后研究人员站（基地）内资助措施。充分发挥博士后合作导师在博士后研究人员招收、培养、使用、考核、管理等方面的主导作用，强化设站（基地）单位专家学术委员会在博士后进站（基地）遴选、中期考核、出站（基地）评定中的作用。建立以科研计划书为主要内容的培养制度，完善以创新性科研成果为核心评价标准的博士后绩效考核评价体系。支持设站（基地）单位对不同学科领域、不同研究类型的博士后研究人员实施分类培养、分类评价。在我省博士后科研流动站、科研工作站（基地）从事科研工作的在站（基地）博士后研究人员，以及出站（基地）后在我省工作的博士后研究人员，可按照人事管理权限组织参加职称评审和岗位竞聘，其在站（基地）期间科研成果可作为自进站（基地）以来首次参加职称评审，以及在站（基地）或出站（基地）后岗位竞聘的依据。对具有较强的科学研究和创新潜能的优秀博士后研究人员，可适当放宽选拔条件，纳入“泰山学者青年专家计划”“省有突出贡献的中青年专家”等青年高层次人才选拔培养项目。

（七）畅通退出渠道。严格执行国家及省博士后研究人员退站（基地）条件和程序。退站（基地）、滞站（基地）博士后研究人员到公有制单位任职的，其人事档案由用人单位组织或人事部门接收管理；退站（基地）、滞站（基地）博士后到非公有制企业和社会组织任职的，其人事档案由用人单位工商注册（登记管理）机构的同级公共就业和人才服务机构或经人力资源社会保障部门授权的单位免费接收管理；退站（基地）、滞站（基地）博士后未就业的，其人事档案由当事人户籍所在地县（市、区）或原用人单位同级的公共就业和人才服务机构或经人力资源社会保障部门授权的单位免费接收管理。

三、加大青年创新人才培养力度

（八）推行“人才＋项目”培养模式。大力推行“人才＋项目”的培养模式，鼓励设站（基地）单位、备案的非设站单位依托国家或省重点科研基地、重大科技项目、重大工程、重点学科招收培养博士后研究人员。对从事基础性、前沿性、原创性重大项目研究的博士后研究人员，其在站（基地）时间可以根据项目研究需要适当延长，确保研究取得成效，努力掌握一批核心技术，拥有一批自主知识产权。

（九）发挥省博士后创新项目专项资金激励引导作用。加大对省博士后创新项目支持力度，提高资金使用效益，重点资助发展潜力大、创新能力强的优秀博士后研究人员从事的研究项目，支持他们从事原创性、基础性、前瞻性和重大公益性课题研究。在项目评审论证时，对以非定向就业博士毕业生、无人事（劳动）关系人员和海外留学博士身份进站（基地）的博士后研究人员在站（基地）期间承担的博士后创新项目予以优先资助；对博士后科研工作站（基地）申报的创新项目给予适当倾斜。对接国家博士后创新人才支持计划，启动实施省博士后创新人才支持计划，结合国家及省重点实验室等科研基地，瞄准国家及省重大战略、战略性高新技术和基础科学前沿领域，每年择优遴选一定数量的应届或新近毕业的优秀博士，专项资助其从事博士后研究工作，为青年人才创造良好的科研条件和宽松的科研环境，培养造就一批优秀青年创新人才。

（十）加大博士后交流和培养力度。鼓励、支持博士后研究人员积极申报国家组织的博士后国际交流计划，符合条件的外籍博士后研究人员可申报国家和省引智项目计划。加大我省博士后国际化培养力度，每年资助一定数量的35岁以下的优秀在站（基地）博士后研究人员、拟进站（基地）的应届博士毕业生到国外（境外）优秀高校、科研机构、企业的优势学科领域研修访学、合作研究或参加国际学术交流活动。鼓励、支持有条件的市、有关部门（单位）和设站（基地）单位积极申报举办全国博士后学术交流活动，或开展区域（行业）内的博士后学术交流活动。

四、大力支持博士后创新创业

（十一）拓展提升省博士后创新实践基地功能。围绕实施创新驱动发展战略和产业转型升级需要，统筹利用现有资源，充分依托省博士后创新实践基地，吸引和支持博士后研究人员到基地创新创业，促进产学研用相结合，加速科技成果转化。鼓励基地设立单位围绕博士后研究人员组建科研创新团队。鼓励、支持有条件的市、有关部门（单位）出台配套政策支持。

（十二）加大创新创业政策激励力度。大力吸引省内外出站（基地）博士后研究人员来鲁创新创业。鼓励各类创业孵化基地、创业园区为博士后研究人员自主创业提供一站式服务，积极促进科研成果转化。鼓励、支持博士后研究人员自主创业，按省有关规定享受创业补贴和创业担保贷款；各地创业孵化基地、创业园区应优先为创业博士后研究人员提供创业场所，按规定给予场地租赁费用减免。在站（基地）博士后研究人员按规定享受国家和省关于支持科技人员创新创业的激励政策。博士后研究人员按国家和省有关规定享受在站（基地）期间科研成果转化收益。鼓励符合条件的企业按照有关规定，通过股权、期权、分红等激励方式，调动博士后研究人员创新创业的积极性。探索建设博士后创新创业基地。

（十三）鼓励期满出站（基地）博士后研究人员留鲁（来鲁）工作。对用人单位急需、紧缺的优秀博士后研究人员，自愿到我省高等院校、科研机构、医疗卫生等事业单位工作的，可简化招聘程序，采取考察的方式招聘；经用人单位申请、主管部门审核同意，报同级事业单位人事综合管理部门审批后，可不受单位岗位限制。有条件的市及设站（基地）单位可对出站后留鲁（来鲁）工作或创业的博士后研究人员给予一定标准的安家补贴或租房补贴，为博士后研究人员留鲁工作创造良好的工作和生活条件。

五、做好保障和服务工作

（十四）保障博士后研究人员权益。博士后研究人员享受设站（基地）单位职工待遇，其福利待遇、成果转化奖励等按照合同或协议执行。设站（基地）单位应按单位性质与博士后研究人员签订事业单位聘用合同、企业劳动合同或工作协议，明确双方的权利、义务以及工作目标、课题要求、在站工作期限、产权成果归属、违约责任等内容。其中，博士后研究人员为在职人员的，设站（基地）单位还应与博士后研究人员及其所属单位签订协议，明确各方的权利义务等有关事项。设站（基地）单位应按有关规定为博士后研究人员缴纳社会保险费。

（十五）完善博士后研究人员服务保障。依托国家博士后研究人员进出站“在线预审、一次办结”服务平台，完善博士后研究人员进出站（基地）工作服务机制，提升公共服务窗口服务水平和办事效率。简化省外博士后研究期满出（退）站后来鲁工作的博士后研究人员落户证明手续。省外博士后研究人员出（退）站后，可直接凭全国或其他省（区、市）博士后工作管理部门出具的户口迁移介绍信、《调动人员情况登记表》等落户证明材料，到落户所在地按照规定办理落户。与博士后研究人员共同居住生活的配偶、未婚子女、父母可以随迁户口。为来鲁工作的外籍博士后研究人员提供便利，按照签订的事业单位聘用合同、企业劳动合同或工作协议确定的在站时间办理签证、工作许可和居留手续。鼓励各市、有关部门和设站（基地）单位通过购买社会化服务、货币补助或统筹利用公租房、人才公寓等多种方式解决博士后研究人员周转房问题。协调解决博士后研究人员配偶安置、子女入学等问题，切实解除博士后研究人员后顾之忧。

（十六）加大财政经费投入力度。统筹教育、科技、人才、就业创业、创新等方面资金，加大对博士后人才培养、创新项目、交流培养、设站（基地）单位等方面的投入力度。省财政对省属高校博士后科研流动站按照每人每年8万元，每站不超过5人的标准予以补助；对新设立的博士后科研流动站、科研工作站招收首位博士后研究人员进站启动创新项目后，省财政给予设站单位10万元博士后研究人员招收补贴。各市、有关部门（单位）和设站（基地）单位应对博士后科研流动站、科研工作站（基地）予以相应资金支持，鼓励有条件的市设立博士后创新创业基金。设站（基地）单位投入博士后工作的经费中，用于研发新技术、新产品、新工艺的，按照国家税收有关规定，享受企业所得税税前加计扣除优惠政策。对于延期出站（基地）的博士后研究人员，其日常经费由设站（基地）单位、博士后合作导师和博士后研究人员本人协商解决。

（十七）建立市场多元化投入机制。充分利用市场机制，采取鼓励政策措施，通过设立政府引导基金、风险投资基金、企业冠名、联合投资等形式，引导各类社会资金支持博士后研究人员创新创业和科技成果转化，并获得相应的回报，逐步建立以政府资助为导向、设站（基地）单位和社会投入为主体的多元化投入机制。

（十八）健全完善博士后工作管理协调机制。建立由省人力资源社会保障部门牵头，省发展改革、教育、科技、公安、财政等相关部门，以及省科学院、省医学科学院、省农业科学院、中国石油化工股份有限公司胜利油田分公司、山东大学等有关博士后设站单位组成的省博士后管理委员会，负责组织贯彻落实国家有关博士后工作的方针、政策，制定全省博士后工作发展规划，协调解决全省博士后管理服务工作中的重大问题。

（十九）搭建交流服务平台。整合现有信息资源，加快推进博士后研究人员和科技项目交流信息服务平台、手机APP等信息化建设，为博士后研究人员、科技成果与用人单位、市场的信息沟通提供便利服务。不定期组织省级博士后科技服务团、示范团，为基层提供科技服务咨询。鼓励、支持各市、有关部门（单位）举办博士后人才引荐、项目交流、科技成果转化、博士后科技服务团等活动，搭建区域性博士后交流平台，推进博士后人才和科技项目对接。

（二十）发挥社会组织作用。鼓励、支持博士后研究人员发起成立学术性社会组织，搭建学术交流平台。通过政府转移职能、购买服务等方式，支持社会组织为博士后科技研发、自主创新、人才培养等方面提供多种形式的服务。

山东省人力资源和社会保障厅（山东省外国专家局）、
山东省公安厅、山东省人民政府外事办公室

关于贯彻落实外专发〔2017〕40号文件做好我省全面实施外国人来华工作许可制度的通知

（2017年5月27日　鲁人社发〔2017〕17号）

各市人力资源社会保障局（外国专家局）、公安局、外办，省直有关部门，有关高等院校、大企业：

为贯彻落实《国家外国专家局人力资源社会保障部外交部公安部关于全面实施外国人来华工作许可制度的通知》（外专发〔2017〕40号），建立标准统一、程序规范的外国人来华工作许可制度，结合实际，现就做好我省全面实施外国人来华工作许可制度有关事项通知如下：

一、指导思想

全面贯彻党的十八大和十八届三中、四中、五中、六中全会精神，深入贯彻落实习近平总书记关于引进外国人才和智力工作系列重要讲话和批示精神，牢固树立创新、协调、绿色、开放、共享的发展理念，践行“聚天下英才而用之”的战略思想，深入实施人才优先发展战略和就业优先战略，坚持“鼓励高端，控制一般，限制低端”原则，健全外国人才来华工作管理制度，实现外国人到山东工作许可、签证、居留有机衔接，逐步形成具有山东特色的人才制度优势，更好地服务全省重大战略和经济社会发展。

二、工作目标

贯彻落实《中华人民共和国出境入境管理法》，整合我省外国人才来华工作管理服务资源，理顺管理体制，优化机构和职能，建立统一、权威、高效的外国人才管理体制。深化“放管服”改革，推进政府职能转变，严格落实行政许可标准化要求，全面规范行政许可行为，科学实施分类管理，推进“互联网＋政务服务”建设，加强政务信息资源共享，运用大数据提升监管效能，创新事中事后监管，建立外国人来华工作领域的社会信用体系，形成科学管理、互联共享、协同监管、公众参与、便捷高效的外国人工作管理体系和规范管理、严格审批的外国人来华工作管理制度，实现对省内就业市场的有益补充，提升服务管理的科学化、规范化、信息化、国际化水平。

三、主要任务

（一）全面实施外国人来华工作许可制度。对外国人来山东工作实行统一管理，简化申请材料，优化审批流程，规范申请标准，完善高效合理、科学反映市场需求的外国人来华工作分类标准，制定山东省外国人来华工作许可鼓励性加分细则（见附件），为外国高端人才来华工作、创新创业开辟“绿色通道”，提高服务保障水平。

（二）完善外国人来华工作法规制度。进一步建立完善政策体系，加快制定《外国人在山东工作管理暂行办法》，探索建立外国人来山东工作指导目录、外国人才市场测试、外国人和用人单位信用管理等制度，完善分类标准和许可服务指南。及时清理涉及行政审批制度改革的部门规章和规范性文件，废止不适应外国人来华工作许可制度实施的政策性文件。各地各部门不得出台与这项改革相违背的政策措施。

（三）创新“互联网＋政务服务”运用。构建统一、规范、多级联动的“互联网＋政务服务”技术和服务体系，形成“前台综合受理、后台分类审批、统一窗口出件”模式。人力资源社会保障、公安、外事等部门要加强信息共享、后台认证和业务协同，整合共享公共服务资源，实现政务服务的标准化、精准化、便捷化、平台化、协同化。

（四）加强事中事后监管。制定出台《关于加强山东省外国人来华工作许可事中事后监管工作的意见》，完善“双随机、一公开”工作机制，加强我省外国人来华工作领域的政务诚信、商务诚信和个人诚信体系建设，建立用人单位、在山东工作外国人、受委托专门机构信用记录形成、归集、公示、使用机制，运用大数据加强对市场主体服务监管，健全守信激励和失信惩戒机制。

四、具体实施

（一）准备阶段（2017 年 4—5 月）。推进完成职能整合，确保各项工作平稳过渡。制定完善有关政策，召开全面实施外国人来华工作许可制度业务培训会议，部署实施工作、解读分类管理政策、服务指南、操作系统。做好用人单位培训、宣传工作，组织在线注册账号。

（二）过渡阶段（2017 年 5 月 1 日至 2017 年 6 月 30 日）。2017 年 5 月 1 日起正式实施外国人来华工作许可制度，启用“外国人来华工作管理服务系统”，发放《中华人民共和国外国人工作许可通知》（以下简称《外国人工作许可通知》）和《中华人民共和国外国人工作许可证》（以下简称《外国人工作许可证》，人力资源社会保障部和国家外专局联合印制），来华工作外国人凭《外国人工作许可通知》和《外国人工作许可证》办理相关签证和居留手续。现行有效期内的外国专家来华工作许可和外国人入境就业许可及相关证件继续有效。

（三）分级实施阶段。根据《山东省人民政府关于 2017 年第一批削减省级行政权力事项和清理规范行政审批中介服务收费项目的通知》（鲁政字〔2017〕82 号）要求，将辖区内外国人来华工作许可下放至设区市人民政府人力资源社会保障部门，中央和省直驻济单位外国人来华工作许可继续由省人力资源社会保障厅（省外国专家局）办理。各市人力资源社会保障局要及时制定承接方案，做好承接工作，将“辖区内外国人来华工作许可”纳入本部门行政许可事项目录向社会公布，并按照要求编制公开有关业务手册和服务指南。

五、保障措施

各地各部门要统一认识，密切配合，加强工作协调和制度落实，不断提升政务服务供给能力和水平，最大程度利企便民。主动发布权威信息，回应社会关切，引导社会预期，让用人单位和社会各界及时了解新政策、知晓新制度，形成推动实施外国人工作许可制度的良好舆论氛围。

附件：山东省外国人来华工作许可鼓励性加分细则（试行）

山东省外国人来华工作许可鼓励性加分细则（试行）

计分项	标准	得分
创业型人才	创办企业的出资人（在我省创办企业的外国人，仅限于出资人，实际出资额不低于 100 万元人民币，个人股份不低于 30%）	10
层次相对较高	当选市级“友谊奖”的人员	10
	市级人才计划入选者或市级人才相关奖项获得者	10
	曾获得市级及以上引智资金扶持人员	10
区域定向	省级财政困难县	10
	省级扶贫任务比较重的县	10
特殊人才	其他经省级外国人工作管理部门认定的紧缺特殊人才	10

注：1. 鼓励性加分总分为 10 分，不重复计分。
2. 市级人才计划、市级人才相关奖项，需经省外专局备案。
3. 计分项根据全省经济社会发展需要，适时进行调整。

山东省人力资源和社会保障厅
印发关于加强基层专业技术人才队伍建设的实施意见的通知

（2017年5月23日　鲁人社发〔2017〕18号）

各市人民政府，各县（市、区）人民政府，省政府各部门、各直属机构，各大企业，各高等院校：

省人力资源社会保障厅研究制定的《关于加强基层专业技术人才队伍建设的实施意见》已经省政府同意，现印发给你们，请认真组织实施。

关于加强基层专业技术人才队伍建设的实施意见

为贯彻落实中共山东省委印发《关于深化人才发展体制机制改革的实施意见》的通知（鲁发〔2016〕22号）和《人力资源和社会保障部关于加强基层专业技术人才队伍建设的意见》（人社部发〔2016〕57号）精神，健全完善县（市、区）及以下基层人才工作体制机制，培养造就一支扎根基层、素质优良、结构合理、服务发展的专业技术人才队伍，制定本实施意见。

一、创新评价使用机制

（一）完善以品德、能力、业绩为导向的评价机制。克服唯学历、唯论文等倾向，提高工作量、工作实绩、业务能力和基层工作年限等评价权重。基层专业技术人才在本专业岗位中的工作总结、教案、病历、技术推广总结、工程项目方案、专利成果等反映本人学术技术水平的成果，以及获得两年以上的事业单位年度考核优秀等次，在本专业领域获得县级及以上党委、政府或者市级及以上部门的表彰奖励，均可作为基层专业技术职务资格评审的重要参考。

（二）创新基层专业技术人才评价办法。完善评审专家责任制，灵活采用业务测试、评审、面试答辩、考评结合、综合评议等多种方式，对申报人员的学术技术水平和能力业绩情况进行科学、客观的评价。在职称评审时，可对基层专业技术人才实行单独分组、单独评审。职称外语和计算机应用能力考试成绩不再作为基层专业技术人才职称评审的必要条件。

（三）完善基层专业技术人才职称评审倾斜政策。在乡镇专业技术岗位工作的专业技术人才（医疗卫生专业除外），申报评审专业技术职务资格，可不受所学专业限制；评审时，侧重考察其实际工作业绩。非乡镇单位专业技术人才交流聘用到乡镇单位专业技术岗位工作，在现岗位工作1年以上，经考核符合相应专业技术职务资格条件的，可不受任职年限和职务级别的限制，申报评审相应专业技术职务资格。有条件的市、部门（单位）可根据实际情况，适当减免基层专业技术人才职称评审费用。

（四）建立“定向评价、定向使用”的乡镇专业技术职称评审制度。在现有专业技术职务资格评审系列基础上，由各设区的市结合本地实际情况，研究制定本地区乡镇（不含城区街道办事处）专业技术职称评审管理办法，对乡镇专业技术人才实行“定向评价、定向使用”，颁发乡镇专业技术职务资格证书，证书在全省乡镇区域内有效。国家实行以考代评的职称系列，基层单位可允许低于国家合格标准5分且符合岗位条件的人员参加竞争聘用。

（五）健全完善乡镇专业技术人才职务晋升机制。乡镇专业技术人才可以自主选择参加全省统一的专业技术职务资格评审或乡镇专业技术职务资格评审。按乡镇专业技术职务资格标准评审的专业技术人才，不得以取得的相应职务资格去申报晋升全省统一的专业技术职务资格。乡镇专业技术人才流动到城区街道办事处及县（市、区）以上单位工作的，其取得的乡镇专业技术职务资格证书不作为相应岗位的聘用依据。

（六）加大对乡镇专业技术人才聘用力度。健全完善乡镇事业单位岗位结构比例动态调整机制。“定向评价、定向使用”的乡镇高级专业技术岗位，由县（市、区）人力资源社会保障部门实行总量控制、比例单列，不占乡镇事业单位专业技术岗位结构比例总数。具体设置数量和管理办法由设区的市人力资源社会保障部门负责制定。

二、完善引进培养机制

（七）完善基层事业单位公开招聘制度。适当放宽基层事业单位招聘人员学历要求，公开招聘乡镇事业单位工作人员，学历最低可以到高中、中专（含技工学校），行业职业准入对学历有要求的岗位除外。基层事业单位首次与招聘人员签订聘用合同的同时，可以约定最低服务年限。对紧缺专业岗位或乡镇事业单位公开招聘后不能形成竞争的，经设区的市以上事业单位公开招聘主管机关批准，可适当降低开考比例或不设开考比例，划定成绩合格线。乡镇事业单位公开招聘硕士研究生或副高级职称以上专业技术人才，可采取面试、组织考察等方式进行招聘；急需专业本科以上学历、中级以上专业技术职务资格人员到乡镇学校、医院、水利、农技、林业、文化等公共服务事业单位工作，且最低服务年限在5年以上的，经县（市、区）人力资源社会保障部门考核合格，可采取直接考察的方式公开招聘。省、市级所属事业单位面向社会公开招聘时，应拿出一定数量岗位招聘有基层专业技术岗位工作经历的人员，应聘人员需满足基层最低服务年限。

（八）创新基层专业技术人才培养模式。继续实施免费师范生制度；推进实施免费医学生制度，实行乡村订单定向免费医学生培养工作，重点实施面向乡镇卫生院、村级卫生室的免费医学生培养；逐步扩大免费生的招生范围，探索实施专业人才定向培养计划，为乡镇一线培养各类专业技术人才。

（九）健全基层专业技术人才继续教育制度。鼓励支持依托当地高等院校、职业学院、医疗机构、科研机构或大型企业公司，创建省级专业技术人才继续教育基地。进一步推进继续教育制度与工作考核、岗位聘用、职称评审等人事管理制度的衔接。基层专业技术人才每年参加继续教育时间累计不少于90学时，用人单位应保障其参加继续教育权利和学习期间各项待遇。大力实施基层专业技术人才知识更新工程，从2017年起，全省专业技术人才省级高级研修计划每年安排20期以上高研班，用于培训全省县乡两级1000名左右急需紧缺、骨干专业技术人才和企业高级经营管理人才。

三、引导人才向基层流动

（十）促进人才合理流动。充分发挥市场在人才资源配置中的决定性作用和企事业单位用人主体作用，鼓励和支持企事业单位加大人才引进力度。加快人才公共服务体系建设，进一步打破户籍、地域、身份、学历、人事关系等制约，健全完善人才在不同性质单位之间流动社会保险转移接续办法。推进县域内义务教育学校校长、教师交流轮岗，义务教育学校教师评聘高级教师和评选特级教师须有1年以上在农村学校、薄弱学校任教的经历。在乡村学校（含城镇学校交流、支教教师）任教3年以上、经考核表现突出的教师，同等条件下优先评聘。继续执行城市医疗卫生专业技术人才晋升高级专业技术职称须有1年以上农村基层工作服务经历的政策。

（十一）创新基层柔性招才引智方式。深化提升科技副职选派、基层人才挂职研修、急需紧缺人才项目引进等工作，开展卫生、农业、教育、科技、文化领域人才到基层挂职锻炼和兼职服务。专业技术人才由单位选派到基层服务期间，其原单位岗位、职级、工资福利保留不变。将在基层服务的经历、贡献和业绩作为职称评审的重要考核指标，纳入省级医疗机构、农业科研机构等高级专业技术职务资格评审、岗位聘用的必要条件。

（十二）**加大各类人才服务基层力度**。建立省级重点人才工程人选基层志愿服务制度，每年建设10家省级专家服务基地，鼓励专家服务基地依托当地重点产业开展专家服务基层活动。继续开展好选调优秀高校毕业生到村任职、“三支一扶”计划等基层服务项目，统筹各类大学生到基层就业创业计划。通过政府购买工作岗位、实施学费和助学贷款代偿、提供创业扶持等方式，引导高校毕业生到农村和社区服务、就业和自主创业。切实落实好工作生活补贴、参加社会保险、职称评定和创业扶持等优惠政策。设区的市以下机关事业单位考录和公开招聘，扩大基层定向岗位比例，引导服务期满毕业生报考基层岗位。

（十三）**鼓励和引导高层次急需紧缺人才到基层一线工作**。鼓励社会力量引进高层次人才奖励适当向基层倾斜。通过特设岗位引进到乡镇事业单位工作的急需高层次人才，可不受用人单位岗位结构比例和核定的岗位数限制，其所聘岗位等级可放宽至专业技术八级。对具有副高级以上专业技术职务资格，基层急需且本人自愿到乡镇事业单位工作的，经逐级申请，设区的市人力资源社会保障部门审批，可聘用到正高级基层专业技术岗位。在推荐、选拔国家百千万人才工程人选、享受国务院政府特殊津贴专家、省有突出贡献的中青年专家、齐鲁和谐使者、齐鲁文化英才和齐鲁名师等国家级或省级人才时，注重向基层专业技术人才倾斜。

四、健全激励保障机制

（十四）**完善基层收入分配制度**。对基层事业单位，在核定绩效工资总量时给予倾斜。严格落实乡镇工作补贴制度，调离乡镇工作岗位或退休人员，从调离或退休的下月起，停发乡镇工作补贴。支持基层专业技术人才转移转化科技成果，落实成果转化收益分配有关规定。

（十五）**加大基层专业技术人才表彰奖励力度**。坚持精神奖励和物质奖励相结合，建立以政府奖励为导向、单位奖励为主体、社会奖励为补充的基层专业技术人才奖励体系。对长期在乡镇工作、作出突出贡献、取得显著成效的专业技术人才，按照有关规定给予表彰奖励。

（十六）**完善多元化人才投入机制**。健全政府、企业和社会力量共同参与的多元投入保障机制。加大政府财政投入力度，将基层专业技术人才队伍建设经费纳入市、县（市、区）人才发展专项资金，予以优先保障；引导企业加大人才投入，鼓励企业设立人才发展专项基金，专门用于人才开发；充分利用天使投资、风险投资和股权投资基金等社会资本加大对基层专业技术人才创新创业的金融扶持。

五、加强组织领导

（十七）**建立健全工作机制**。要充分认识加强基层专业技术人才队伍建设的重要意义，省人力资源社会保障部门要在省人才工作领导小组领导下，积极发挥职能作用，做好全省基层专业技术人才队伍建设的统筹规划和政策制定，教育、财政、卫生计生、农业等部门负责各自行业基层专业技术人才队伍建设的具体实施工作。各地、各部门要密切沟通协作，健全工作机制，创新完善政策，形成共同推进基层专业技术人才队伍建设的强大合力。

（十八）**建立基层专业技术人才工作目标责任制**。各地要把基层专业技术人才队伍建设纳入本地区人才工作总体规划统一部署实施，并作为人才工作考核的重要内容，确保基层专业技术人才工作各项目标任务落实到位。加强专业技术人才管理队伍建设，利用3年左右时间，对县域内从事专业技术人才管理服务的骨干轮训一遍。

（十九）**加强宣传引导工作**。充分运用报刊、广播、电视等传统媒体和手机、网络等新媒体，加大对先进典型的宣传力度，弘扬先进事迹，营造关心支持基层专业技术人才工作的良好氛围。激励引导广大基层专业技术人才立足岗位、扎根基层、务实奉献，为山东省在全面建成小康社会中走在前列作出积极贡献。

山东省人力资源和社会保障厅、山东省卫生和计划生育委员会 关于改革我省基层卫生专业技术职务资格评审制度的通知

（2017 年 1 月 6 日　鲁人社规〔2017〕1 号）

各市人力资源社会保障局、卫生计生委，省直各部门（单位），各大企业：

为深入贯彻中央和省委关于深化人才发展体制机制改革精神，根据人力资源社会保障部、国家卫生计生委《关于进一步改革完善基层卫生专业技术人员职称评审工作的指导意见》（人社部发〔2015〕94 号）、人力资源社会保障部《关于加强基层专业技术人才队伍建设的意见》（人社部发〔2016〕57 号）部署和要求，经研究决定改革我省基层卫生专业技术职务资格评审制度。现就有关事项通知如下：

一、总体思路

坚持以党的十八大和十八届三中、四中、五中、六中全会精神为指导，遵循卫生行业特点和人才成长规律，按照事业单位人事制度改革的要求，建立健全与事业单位岗位管理制度相衔接，更加符合医疗卫生实际、科学合理的专业技术职务资格评审制度，进一步调动基层广大卫生专业技术人员积极性、主动性、创造性，为全面深化医药卫生体制改革，加快健康山东建设提供有力的人才支撑。

二、基本原则

坚持德才兼备、以用为本，注重医德医风，注重实际贡献；坚持分级管理、分类评价，建立体现基层卫生专业技术人员特点的综合评价机制；坚持职称评审与医疗卫生单位岗位管理、人员聘用、绩效管理制度相衔接；坚持依法管理，与医师、护士执业注册管理相结合；坚持公开、平等、竞争、择优的原则。

三、主要内容

（一）设立基层卫生高级专业技术职务资格。在我省具有独立法人资格的乡镇、社区及以下卫生计生服务机构中工作增设基层卫生高级专业技术职务资格。在这些机构中工作的卫生计生专业技术人员，可根据自身条件自主选择参加全省卫生或基层卫生高级专业技术职务资格评审。通过评审取得基层卫生高级专业技术职务资格的，颁发相应资格证书，该证书仅限于在全省乡镇、社区及以下卫生计生服务机构中聘用（任）。县（市、区）级以上医疗卫生机构专业技术人员可以应聘到基层卫生计生服务机构中工作并申报评审基层卫生高级专业技术职务资格。

（二）下放评审权限。将基层卫生正高级、副高级专业技术职务资格评审权限下放至设区的市，由设区的市根据国家和我省制定的基层卫生高级专业技术职务资格评审标准条件，结合本地实际，负责本市乡镇和社区医疗卫生单位基层卫生高级专业技术职务资格评审工作，并颁发相应资格证书。

（三）调整完善评审内容。从基层卫生事业发展和人民群众健康需要出发，制定基层卫生高级专业技术职务评价标准条件。对乡镇和社区医疗单位中的卫生专业技术人员，重点考核提供基本公共卫生服务，以及常见病、多发病的诊疗、护理、康复等综合服务，承担公共卫生管理工作，以及对村卫生室、社区卫生服务站的综合管理、技术指导和乡村医生的培训等工作情况。将常见病、多发病诊治专题报告、病案分析资料、工作总结、医疗卫生新技术推广使用报告、开展健康教育与健康促进次数、健康档案管理数等作为评审标准的重要内容。论文、科研等只作为评审的参考条件。职称外语、计算机应用能力考试成绩不作为申报职称的必要条件。加强医德医风考核，引导卫生专业技术人员在强化服务意识、提高服

务质量、突出工作业绩上下功夫。

（四）实行评聘结合。按照“定向评价、定向使用”的原则，在全省乡镇、社区及以下卫生计生服务机构增设基层卫生高级专业技术岗位，用于聘用具有基层卫生高级专业技术职务资格人员。基层卫生高级专业技术岗位实行总量控制、比例单列，不占各设区的市专业技术高级岗位结构比例。具体设置数量和管理办法由设区的市人力资源社会保障局负责制定。

四、完善管理机制

（一）严格评审管理。人力资源社会保障部门要发挥好职称管理和事业单位人事制度综合管理职能作用，统筹本地区基层卫生专业技术职务资格评审制度改革和岗位管理工作。卫生计生部门要发挥行业主管部门的职能优势，把握行业特点，加强业务标准的制定和监管，抓好具体改革措施的实施和改革工作的推进。

各设区的市要严格执行国家和省有关规定组建高评委，细化评价标准，严格评审程序，采取多种考核评审方式，认真执行评审工作方案和评审结果公示制度，做到客观公正、公开透明，自觉接受基层医疗卫生机构和专业技术人员的监督。要充分发挥基层医疗卫生机构的积极性和主动性，扩大用人自主权，搞活用人机制。基层医疗卫生机构要对申报人员加强医德医风和年度考核，对其业绩贡献进行严格审核把关，切实把想用好用能用的人才推荐出来参加评审。

（二）加强监督检查。各设区的市每年要将当年度评审基层卫生高级专业技术职务资格的结果报省人力资源社会保障厅、省卫生计生委备案。

省人力资源社会保障厅会同省卫生计生委建立定期抽查制度，重点对评审标准、程序和结果等进行检查，对检查中发现评审标准把握不严、程序不规范、投诉较多、争议较大的，将责令整改；对违纪违规的人员，要按照党员、干部管理权限，分别由其主管机关或纪检监察机关、人事部门根据有关规定和法定程序查处。

深化基层卫生专业技术职务资格评审制度改革，是加强卫生计生人才队伍建设的重要举措，政策性强，涉及面广，关系广大基层卫生计生专业技术人员切身利益。各级要加强领导、精心组织、周密部署，深入细致地做好政策解释、舆论宣传和思想政治工作，引导广大基层卫生计生专业技术人员积极支持和参与改革。要及时研究解决改革中出现的新情况、新问题，妥善处理改革发展稳定的关系，确保改革工作有序推进。

本通知自 2017 年 5 月 1 日起施行，有效期至 2022 年 4 月 30 日。

山东省人力资源和社会保障厅、山东省财政厅

关于印发山东省会计系列正高级会计师资格评价标准条件（试行）的通知

（2017 年 1 月 10 日　鲁人社规〔2017〕2 号）

各市人力资源社会保障局、财政局，省直各部门（单位），各大企业，各高等院校：

现将《山东省会计系列正高级会计师资格评价标准条件（试行）》印发给你们，请遵照执行。

山东省会计系列正高级会计师资格评价标准条件（试行）

第一章　总　则

第一条　为进一步贯彻落实中央和省委关于深化人才发展体制机制改革的意见和精神，建立和完善高级会计师资格评价制度，客观公正地评价会计专业人才的学识水平和业务工作能力，建设高素质的会计专业人才队伍，根据《中华人民共和国会计法》《会计专业职务试行条例》《山东省实施〈中华人民共和国会计法〉办法》等法规、政策，制定本办法。

第二条　会计系列正高级专业技术职务资格名称为正高级会计师。

第三条　正高级会计师实行面试与评审相结合的评价方式，面试合格并评审通过方可取得正高级会计师资格。

第二章　标准条件

第四条　基本条件

（一）拥护中国共产党领导，热爱祖国，遵守宪法及《中华人民共和国会计法》等法律法规，恪守职业道德，廉洁奉公，爱岗敬业，有效履行岗位职责；

（二）持有会计从业资格证书；

（三）近五年各年度考核均为合格（称职）以上。

第五条　学历（学位）及资历条件

具有大学本科以上学历或硕士以上学位，取得高级会计师资格后，从事财务会计工作5年以上。

第六条　工作经历

具备下列条件之一：

（一）在县以上机关事业单位、社会团体中担任总会计师、会计机构负责人或相当职务累计满5年，或者担任会计主管累计满7年；

（二）在大中型企业中担任总会计师、会计机构负责人或相当职务累计满5年，或者担任会计主管累计满7年；

（三）在会计中介机构从事会计中介业务10年以上，并作为注册会计师或持有相关职业资格证书专职执业5年以上。

第七条　学术水平

（一）精通财务、会计和相关专业知识，熟悉国内外财务、会计发展最新动态，对财务、会计专业理论有深入研究，能利用研究成果解决本专业工作中重要或关键的疑难问题。

（二）取得高级会计师资格后，具备下列条件之一：

1. 在公开发行的期刊上发表有较高学术价值的财务会计类论文2篇以上（独立完成或第一作者，每篇2000字以上）；

2. 本人公开出版有较高学术价值的财务会计类书籍1部以上，或者正式出版的财务会计类书籍中，本人撰写部分不少于15万字；

3. 省、部级会计专业课题或研究成果的主要完成人。

第八条　工作业绩、成果

取得高级会计师资格后，具备下列条件之一：

（一）负责本系统或者本单位财务管理工作期间，在经济决策、财务管理、提高效益等方面业绩突出，得到省级以上财政部门认可或者市级以上财政部门推广；

（二）负责本单位财务管理工作，积极推行新的会计法规、准则、制度及内部控制规范，效果显著，在市级以上范围起引领和示范作用，得到省级以上财政部门认可或者市级以上财政部门推广；

（三）在全省开展的财政监督检查、会计管理改革等过程中，通过调研报告、管理建议书等形式提出重大建设性意见，被省级以上财政部门采纳并实施；

（四）负责或作为主要参与者制定财务会计类地方性法规或管理办法；

（五）主持或参与市级以上重点工程、技术项目、重大建设项目的经济可行性论证，或大中型企业上市、改制、兼并重组、清算等方案的拟定，提出的建议、措施或方案得到有效实施且效果显著；

（六）在会计中介机构作为项目负责人承担大中型企业年度审计、资产评估、管理咨询等项目10个以上，为市级以上行业发展做出较大贡献；

（七）入选省级以上高端会计人才培养工程，完成所有课程学习。

第三章 破格申报条件

第九条 取得高级会计师资格以来业绩显著、贡献突出，符合下列条件之一的人员可不受学历（学位）、资历、工作经历的限制，破格参评：

（一）入选全国会计领军人才培养工程；

（二）被财政部聘为全国会计准则、制度及内部控制标准体系建设咨询委员会咨询专家，参与已发布政策、制度的研究起草工作；

（三）获省、部级科学技术二等奖以上的主要完成人，或者获省社会科学优秀成果二等奖以上的主要完成人；

（四）获得国务院各部门、机构或者省级人民政府表彰的先进个人等荣誉称号。

第四章 附 则

第十条 资历年限以及工作经历年限计算截止到参评当年年底。

第十一条 对违反专业技术职务评审纪律和有关规定的，按照国家、省有关政策规定和党员、干部管理权限予以处理。

第十二条 本办法中词（语）的特定解释：

（一）凡冠有“以上”“不少于”的，均含本级或本数量；

（二）企业分类标准参见《关于印发中小企业划型标准规定的通知》（工信部联企业〔2011〕300号）；

（三）期刊是指具有国内统一的CN刊号，公开出版发行的专业研究性合法期刊，不含增刊、专刊；论文发表必须为独立完成或第一作者；论文字数指正文字数，不包括摘要、关键词、参考文献；

（四）出版书籍指具有ISBN国际标准书号，公开出版发行的专业研究性合法书籍，不包括一个单位、一个系统统一出版的论文集、讲话集、报告集；

（五）“市级”均指设区的市，不含县级市；

（六）“主要完成人”指在工作中起支配、决定作用的，应排前三位。

第十三条 本办法由省财政厅负责解释。

第十四条 本办法自2017年2月20日起施行，有效期至2019年12月19日。

山东省人力资源和社会保障厅、山东省教育厅
关于印发山东省中等职业学校教师专业技术职务资格评价标准条件（试行）的通知

（2017年1月12日 鲁人社规〔2017〕3号）

各市人力资源社会保障局、教育局，省直各部门（单位）：

现将《山东省中等职业学校教师专业技术职务资格评价标准条件（试行）》印发给你们，请在职称评审工作中遵照执行。

山东省中等职业学校教师专业技术职务资格评价标准条件（试行）

为进一步贯彻中央《关于深化人才发展体制机制改革的意见》（中发〔2016〕9号）和省委《关于深化人才发展体制机制改革的实施意见》（鲁发〔2016〕22号）精神，推动我省中等职业学校教师专业技术职务资格评价工作制度化、规范化、科学化，促进中等职业教育科学发展，根据国家职称评审的有关政策规定，结合我省中等职业学校教师职称制度改革工作实际，制定本标准条件。

一、基本条件

（一）遵守宪法和法律，自觉执行党和国家的教育方针，忠诚于人民的教育事业。

（二）具有崇高的职业理想和坚定的职业信念，自觉遵守教育法律法规、学校规章制度和教学行为规范，具有高尚的职业道德，热爱教育事业；教书育人，注重身教，为人师表，坚持以德立身、以德立学、以德施教。

（三）身体健康，心理素质良好，能全面履行岗位职责。

（四）具有《教师法》规定的教师资格。

（五）具有符合《教师法》规定的学历。

（六）符合国家和省规定的继续教育要求。

（七）任现职以来，近5年年度考核结果均为“合格”以上，任职5年内的，每年考核均为“合格”以上。

二、业绩能力水平

（一）正高级讲师（正高级实习指导教师）

1. 育人工作业绩卓著

（1）具有高尚师德和人格魅力，积极履行育人职责，将思想道德教育融入教学全过程，形成可供学习借鉴的德育经验或模式。

（2）积极参与学生管理工作，任现职以来积极承担班主任或学生社团指导（辅导）等工作，尊重学生差异，关注每个学生的全面发展。

（3）学生评价高，满意度高。

2. 教育教学业务精湛

（1）完成学校规定的教学课时工作量，专业教师承担2门以上课程教学工作，参与指导实验、实训、顶岗实习、社会调查或毕业设计等工作，成绩显著。

（2）具有扎实的基础理论知识和专业（学科）知识，掌握本专业（学科）国内外发展前沿动态并融入教学，教学经验丰富，教学方式灵活多样，教学效果好、质量高，形成比较鲜明的教学特色，在全国或省内同专业（领域）享有较高知名度。任现职以来，获得市级以上专业（学科）带头人、教学能手、名师等奖励（表彰），或在主管部门举办的教学基本功、优质课、信息化教学大赛、教师技能大赛等比赛中获省级以上奖励。任现职以来，年度考核至少2次为“优秀”。

（3）积极参与课程教学改革，准确把握课程改革方向，不断探索改进课堂教学方式，对本专业（学科）课程的开发与建设有较系统研究。任现职以来，通过开设示范课、举办专题学术讲座等形式，在本专业（领域）起到学术带头作用。

（4）专业教师实践教学能力突出。专业教师近5年到企业或生产服务一线参加实践活动累计6个月以上，熟练掌握企业生产和服务流程，熟悉行业企业对人才培养的要求，协助企业开展技术攻关和合作研发，并获得相应专利或研发成果。实践性较强专业的教师取得与任职专业有关的职业（执业）资格。

（5）专业教师注重培养学生的专业技能和创新创业能力，直接指导学生进行专业技能实习实训、创新创业、技能大赛等教学实践活动并取得突出成绩。

3. 教研科研成果丰硕

（1）任现职以来，主持或作为核心成员参加省（部）级以上教科研课题（前3位），并通过鉴定；或获得省（部）级以上教科研成果奖励（前3位）。

（2）任现职以来，在公开出版发行的刊物上发表1篇以上本专业教育教学研究论文或学术论文；主持编写本专业教材或研究论著并正式出版。

4. 团队协作成效显著

具有良好的团队精神和协作能力，能够在教育教学团队中充分发挥带头引领作用，创造性地完成教育教学研究和实践任务，参与国家或省级专业教学指导方案（课程标准）的制定，或作为项目负责人牵头制定市级专业（课程）人才培养方案。任现职以来，系统指导过2名以上青年教师，指导工作成绩显著。

（二）高级讲师（高级实习指导教师）

1. 育人工作业绩优秀

（1）具有高尚师德和人格魅力，积极履行育人职责，能结合所教专业（学科）特点，将思想道德教育融入课堂教学，引导学生养成良好行为习惯，促进学生身心健康成长。

（2）积极参与学生管理工作，任现职以来承担班主任或学生社团指导（辅导）等工作3年以上，引导形成良好班风学风，尊重学生差异，关注每个学生的全面发展。

（3）学生评价高、满意度高。

2. 教育教学业务精通

（1）完成学校规定的教学课时工作量，专业教师承担2门以上课程教学工作。参与指导实验、实训、顶岗实习、社会调查或毕业设计等工作，成效明显。

（2）具有较扎实的基础理论知识和专业知识，了解本专业国内外发展趋势，教学经验较丰富，教学方式灵活多样，教学效果好、质量高、有特色，在本专业（领域）有知名度。任现职以来，获得过县级以上专业（学科）带头人、教学能手、名师等奖励（表彰），或在主管部门举办的教学基本功、优质课、信息化教学大赛、教师技能大赛等比赛中获市级以上奖励。任现职以来，年度考核至少2次为“优秀”。

（3）积极参与课程教学改革，掌握课程改革方向，不断探索改进课堂教学方式，对本专业课程的开发与建设有一定研究。通过开设示范课、举办专题学术讲座等形式，在本区域内起到学术带头作用。

（4）专业教师实践教学能力较强。专业教师近5年到企业或生产服务一线参加实践活动累计6个月以上，掌握企业生产和服务流程，熟悉行业企业对人才培养的要求，协助企业开展技术攻关和合作研发，并取得相应科技成果。实践性较强专业的教师取得与任职专业有关的职业（执业）资格。

（5）专业教师注重培养学生的专业技能和创新创业能力，直接指导学生进行专业技能实习实训、创新创业、技能大赛等教学实践活动并取得优异成绩。

3. 教研科研成果丰富

（1）任现职以来，参与市级以上教科研课题（前3位），并通过鉴定；或获市级教科研成果奖励（前3位）。

（2）任现职以来，在公开出版发行的刊物上发表1篇以上教育教学研究论文或学生思想政治工作研究论文；或担任过正式出版教材的主编；或主持各类教学项目或工程、产品开发项目的实施。

4. 团队协作成效明显

具有良好的团队精神，能够在教学团队中充分发挥骨干作用，完成教育教学研究和实践任务，牵头制定专业人才培养方案。任现职以来，系统指导过2名以上青年教师，指导工作成绩优秀。

（三）讲师（一级实习指导教师）

1. 育人工作业绩良好

（1）积极履行育人职责，能结合所教专业（学科）特点，将思想道德教育融入课堂教学，促进学生身心健康成长。

（2）任现职以来承担班主任，或学生社团指导（辅导）等工作3年以上，引导形成良好班风学风，能够与学生进行有效交流，了解学生思想状态，关注每个学生的全面发展。

（3）学生评价高、满意度高。

2. 教育教学成绩优良

（1）完成学校规定的教学课时工作量，承担1门以上课程教学工作，参与指导实验、实训、顶岗实习、社会调查或毕业设计等工作，态度端正、方法得当。

（2）能够准确把握和使用教材，熟悉所教专业（学科）课程体系，掌握课程标准。能够使用现代教育技术开展教育教学活动，课堂教学效果良好，完成教学目标和任务，教学质量达到要求。

（3）积极参与课程改革，参与开发数字化教学资源，参与选修课程开设和开发、校本教材的开发等。

（4）专业教师实践教学积极努力。任现职以来在企业实践工作每年不少于 1 个月或在企业工作 1 年以上，熟练掌握企业生产和服务流程，熟悉行业企业对人才培养的要求。实践性较强的专业教师取得与任职专业有关的职业（执业）资格。

（5）专业教师注重培养学生专业技能和创新创业能力，直接指导学生进行专业技能实习实训、创新创业和技能大赛等教学实践活动并取得良好成绩。

3. 具有一定的研究能力

（1）任现职以来，参与校级以上科研课题（前 5 位）；或获校级以上成果奖励。

（2）具有撰写教育教学或教学实践活动科研论文的能力。具有参与各类教学项目或工程、产品开发项目实施的能力。

4. 具有较强的团队精神

具有良好的团队精神，能够在教学团队中充分发挥积极作用，参与人才培养方案的制定，较好地完成教育教学研究和实践任务。

（四）助理讲师、教员（二级、三级实习指导教师）

1. 担任课程的讲授及其他教学工作，参与指导实验实训、实习、课程设计、毕业设计及学生基本技能的训练。

2. 参与实验室建设与管理，参与组织和指导学生生产实践、社会调查、社会服务或教学管理等方面的工作。

3. 参与教学法研究或技术开发、人才培养方案制定、校本教材开发、技能大赛指导训练等方面的工作。

4. 承担班主任或辅导员工作。

三、学历资历条件

（一）教师

1. 正高级讲师：具有大学本科及以上学历或硕士及以上学位，在教学一线从事教育教学工作 20 年以上，并在高级讲师岗位从事教学工作 5 年以上。

2. 高级讲师：获得博士学位，在讲师职务岗位从事教学工作 2 年以上；获得大学本科及以上学历或硕士及以上学位，在讲师职务岗位从事教学工作 5 年以上。

3. 讲师：获得博士学位；获得硕士学位、研究生班毕业证书或第二学士学位且已在助理讲师职务岗位从事教学工作 2 年以上；获得大学本科学历或学士学位，在助理讲师职务岗位从事教学工作 4 年以上。

4. 助理讲师、教员：获得硕士学位或研究生班毕业证书或第二学士学位证书；获得大学本科学历或学士学位，见习 1 年期满并考核合格。

（二）实习指导教师

1. 正高级实习指导教师：具有大学本科及以上学历或硕士及以上学位，并具有高级技师职业资格证书。任职年限等参照专业教师执行。

2. 高级实习指导教师：具有大学本科及以上学历或硕士及以上学位，并具有技师以上职业资格证书。任职年限等参照专业教师执行。

3. 一级、二级、三级实习指导教师：具有大学专科及以上学历，并具有高级技工以上职业资格证书。任职年限等参照专业教师执行。

本标准条件自 2017 年 2 月 20 日起施行，有效期至 2019 年 2 月 19 日。

山东省人力资源和社会保障厅、山东省财政厅
关于印发山东省会计系列高级会计师资格评价标准条件的通知

（2017 年 3 月 8 日　鲁人社规〔2017〕7 号）

各市人力资源社会保障局、财政局，省直各部门（单位），各大企业，各高等院校：

现将《山东省会计系列高级会计师资格评价标准条件》印发给你们，请遵照执行。

山东省会计系列高级会计师资格评价标准条件

第一章　总　则

第一条　为进一步贯彻落实中央和省委关于深化人才发展体制机制改革和深化职称制度改革的意见和精神，完善高级会计师资格评价制度，客观公正地评价会计专业人才的学识水平和业务工作能力，建设高素质的会计专业人才队伍，根据《中华人民共和国会计法》《会计专业职务试行条例》《山东省实施〈中华人民共和国会计法〉办法》等法规、政策，制定本标准条件。

第二条　高级会计师资格实行考试与评审相结合的评价制度。凡申请参加高级会计师资格评审的人员，须参加全国统一组织的高级会计师资格考试，取得合格成绩的，在有效期内可申请参加专业技术资格评审。

第二章　报考条件

第三条　基本条件

（一）拥护中国共产党领导，热爱祖国，遵守宪法及《中华人民共和国会计法》等法律法规，恪守职业道德，廉洁奉公，爱岗敬业，有效履行岗位职责；

（二）持有会计从业资格证书；

（三）近五年各年度考核均为合格（称职）以上；

（四）符合国家或省继续教育有关要求。

第四条　学历（学位）及资历条件

取得会计师或相关系列（指审计、经济、统计，下同）中级专业技术资格，符合下列条件之一者，可报考高级会计师：

（一）具有博士研究生学历（博士学位），取得会计师或相关系列中级专业技术资格后，从事财务会计工作 2 年以上；

（二）具有硕士研究生学历（硕士学位），取得会计师或相关系列中级专业技术资格后，从事财务会计工作 4 年以上；

（三）具有大学本科学历，取得会计师或相关系列中级专业技术资格后，从事财务会计工作 5 年以上；

（四）具有大学专科学历，取得会计师或相关系列中级专业技术资格后，从事财务会计工作 10 年以上。

第三章　评审条件

第五条　专业理论知识

（一）具有系统、扎实的财务、会计专业知识和经济理论知识，了解国内外财务、会计发展趋势和宏观经济政策；

（二）具有较强的研究能力，熟练掌握会计准则、会计制度以及与财务、会计工作相关的法律、法规，能够运用以上知识制订行业、单位的财务制度，保证会计工作目标的实现；

（三）具有丰富的实际工作经验，精通业务，

有解决财务会计工作中复杂问题的能力，对财务会计管理或生产经营管理提出建设性意见。

第六条 学术水平

取得会计师或相关系列中级专业技术资格后，具备下列条件之一：

（一）在公开发行的报刊上发表有较高学术价值的财务会计类论文 2 篇以上，每篇 1500 字以上；

（二）在公开出版的有较高学术价值的财务会计类书籍中，本人撰写部分不少于 5 万字；

（三）市级以上会计专业课题或研究成果的主要完成人。

第七条 业绩与成果

取得会计师或相关系列中级专业技术资格后，具备下列条件 2 项以上：

（一）主持的财务、会计工作，达到会计基础工作规范化要求并被县级以上财政部门确认为优秀单位；

（二）负责或执笔拟定、修订的本单位财务、会计管理制度或内部控制制度、财务预算、会计岗位操作规程、会计监督检查方案等，经批准实施后效果显著；

（三）立足本职工作，参与管理，当好领导参谋，在增加收入、节约开支、降低成本、提高资金使用效率，增加国家财政收入等方面，做出重要贡献，成绩突出；

（四）作为第一撰稿人，撰写过 2 篇以上财务分析报告或专题调查报告，报告主题明确，层次清楚，文字流畅，分析透彻，建议切实可行；

（五）主持或承担市级以上批准的财务、会计方面的科研课题，有创新或独到见解，对实际工作有指导意义，其成果已通过鉴定；

（六）在开展内部审计、查错纠弊、建立健全内部控制制度过程中，通过调研报告、管理建议书等提出重要的建设性意见，被单位采纳实施后效果显著；

（七）作为项目负责人或主要承办人承担县级以上重点工程、技改项目的经济可行性论证项目 2 个以上，或大中型企业改制、上市、重组、清算等项目 2 个以上；

（八）在会计中介机构中作为项目负责人或主要承办人承担大中型企业年度审计、资产评估、管理咨询等项目 2 个以上。

第四章 破格条件

第八条 不具备从事专业工作资历要求，但确有真才实学，取得会计师或相关系列中级专业技术资格以来业绩显著、贡献突出的人员，同时符合下列条件的可破格报考：

（一）各年度考核均为合格（称职）以上，其中至少有 2 年度考核为优秀；

（二）具备下列 1、3 或 2、3 条件（同一获奖项目、获奖论文或著作按一项计算）；其中，获得设区的市政府或省级以上政府人力资源社会保障部门与业务主管部门联合表彰的奖项，或者获得省部级“先进会计工作者”称号的，符合下列条件之一：

1. 作为主要完成人承担省级以上项目（课题），并已结项；

2. 获省、部级科学技术三等奖以上及相当奖励项目的主要完成人；或者获省社会科学成果三等奖以上的主要完成人；或者获 2 项以上与财务会计相关的国家专利；

3. 在公开发行的报刊上发表有较高学术价值的财务会计类论文 3 篇以上，每篇 3000 字以上；或者在公开出版的有较高学术价值的财务会计类书籍中，本人撰写部分不少于 10 万字。

第五章 附　则

第九条 资历年限以及工作年限计算截止到评审年度的当年年底。

第十条 对违反专业技术职务评审纪律和有关规定的，按照国家、省有关政策规定和党员、干部管理权限予以处理。

第十一条 本标准条件中词（语）的特定解释：

（一）凡冠有“以上”“不少于”的，均含本级或本数量；

（二）报刊含报纸和期刊，报纸、期刊是指具有国内统一的 CN 刊号，公开出版发行的合法出版物，期刊不含增刊、专刊；论文发表必须为独立完成或第一作者；论文字数指正文字数，不包括摘要、关键词、参考文献；

（三）出版书籍指具有ISBN国际标准书号，公开出版发行的专业研究性合法书籍，不包括一个单位、一个系统统一出版的论文集、讲话集、报告集，总字数不少于15万字；

（四）“市级”均指设区的市，不含县级市；

（五）“主要完成人”指在工作中起支配、决定作用的，应排前三位。

第十二条 本标准条件由省财政厅负责解释。

第十三条 本标准条件自2017年3月8日起执行，有效期至2022年3月7日。省人力资源和社会保障厅、省财政厅印发的《山东省高级会计师资格评价试行办法》（鲁人社〔2009〕12号）同时废止。

山东省人力资源和社会保障厅、山东省卫生和计划生育委员会

关于印发山东省基层卫生高级职称评审条件指导标准（试行）的通知

（2017年10月13日 鲁人社规〔2017〕19号）

各市人力资源社会保障局、卫生计生委，省直各部门（单位），各大企业：

现将《山东省基层卫生高级职称评审条件指导标准（试行）》印发给你们，请遵照执行。

山东省基层卫生高级职称评审条件指导标准（试行）

为客观、公正、科学地评价我省基层医疗卫生机构专业技术人员的能力和水平，逐步建立分类评审制度，培养造就一支综合素质好、技能适宜的基层卫生专业技术人才队伍。根据人力资源社会保障部、国家卫生计生委《关于进一步改革完善基层卫生专业技术人员职称评审工作的指导意见》（人社部发〔2015〕94号）和省人力资源社会保障厅、省卫生计生委《关于改革我省基层卫生专业技术职务资格评审制度的通知》（鲁人社规〔2017〕1号）等有关规定，结合我省基层卫生工作实际和岗位要求，制定本评审条件指导标准。

一、适用范围

本条件适用于经卫生计生行政部门批准且具有独立法人资格的乡镇、社区及以下卫生计生服务机构中卫生专业技术人员。

二、资格设置

基层卫生高级职称分为医、药、护、技4类，正高级和副高级职称名称分别为：

（一）基层主任医师、基层副主任医师

（二）基层主任药师、基层副主任药师

（三）基层主任护师、基层副主任护师

（四）基层主任技师、基层副主任技师

三、评审标准条件

（一）基本条件

1. 遵守中华人民共和国宪法和法律，认真贯彻执行党的路线、方针、政策，遵纪守法，积极工作。

2. 具有良好的思想素质和职业道德，能全面、熟练地履行岗位职责，完成规定的工作。积极承担医疗、预防及培养指导下级卫生专业技术人员任务。

3. 取得法定的相应专业执业资格并依法完成注册。

4. 按照规定完成继续医学教育培训。

5. 任现职期间在上级医疗卫生机构进修时间

累计6个月以上。

6. 任现职以来，近5年年度考核结果均为“合格”（含合格）以上。

（二）学历资历条件

1. 基层主任医（药、护、技）师，符合下列条件之一：

（1）具有大学本科及以上学历或学士及以上学位，聘任副主任（基层副主任）医（药、护、技）师专业技术职务5年以上；

（2）具有大学专科学历，从事本专业工作25年以上，聘任副主任（基层副主任）医（药、护、技）师专业技术职务8年以上。

2. 基层副主任医（药、护、技）师，符合下列条件之一：

（1）具有大学本科及以上学历或学士及以上学位，聘任主治（主管）医（药、护、技）师专业技术职务5年以上；取得博士学位，聘任主治（主管）医（药、护、技）师专业技术职务2年以上；

（2）具有大学专科学历，聘任主治（主管）医（药、护、技）师专业技术职务8年以上。

（三）能力业绩条件

1. 基层主任医（药、护、技）师条件

（1）全科医学：需具有注册范围为全科医学的医师执业证书。在全方位开展健康促进、疾病预防、诊疗、康复、社区护理等方面有丰富的经验；能根据社区情况制定社区诊断方案，熟练掌握主要慢性病的一、二、三级预防，以及急症的鉴别诊断、紧急救治处理与转诊；通过对病例的筛查，能及时准确地发现常见慢性病人，并对其进行长期跟踪服务；能正确识别、评价与干预心理行为疾患和家庭、社区健康问题，有较强的基层卫生保健组织管理能力；能制定社区不同人群的健康计划，组织实施，并对全程进行评价。

（2）内科：具有全面承担、指导本专业各项业务工作的能力，并在本专业范围内有专长和特长；具有精湛的技术操作能力，具备正确抢救危急重症能力，具有较强的医疗活动组织管理能力。

（3）外科：具有全面承担、指导本专业各项业务工作的能力，并在本专业范围内有专长和特长；能独立完成本专业较复杂手术，有丰富的临床经验和较强的应变能力，具有较强的医疗活动组织管理能力。

（4）妇产科：具有全面承担、指导本专业各项业务工作的能力，并在本专业范围内有专长和特长；能独立完成本专业较复杂手术，有丰富的临床经验和较强的应变能力，具有较强的医疗活动组织管理能力。

（5）儿科：具有全面承担、指导本专业各项业务工作的能力，并在本专业范围内有专长和特长；具有精湛的技术操作能力，具备正确抢救危急重症能力，具有较强的医疗活动组织管理能力。

（6）口腔科：具有全面承担、指导本专业各项业务工作的能力，并在本专业范围内有专长和特长；具有精湛的技术操作能力，具备正确抢救急重症能力，具有较强的医疗活动组织管理能力。

（7）公共卫生：在全面掌握本专业的基础理论知识，掌握本专业相关的法律、法规、标准及技术规范的基础上，对本专业某一方面有一定的研究；能制定疾病控制工作计划，并具有组织实施、评价和总结的能力；能组织开展重点疾病的预测预报，对常见的疾病防治、计划免疫、学校卫生、妇幼保健、紧急疫情、不明原因的群体病提出处理原则和防治方案；能正确处理公共卫生事件。

（8）计划生育：精通本专业基础理论和专业知识，并在本专业范围内有专长和特长。在计划生育服务和相关疾病的诊断、治疗及预防等方面有丰富的临床经验；能正确、熟练地组织和指导对专科危重病人的抢救和治疗；能解决疑难复杂病症的诊治及重大技术问题；能承担疑难复杂病症的会诊；对计划生育技术服务工作有全面的组织管理能力。

（9）药学：全面掌握本专业的基本理论知识，熟悉药事法规，根据所从事岗位特点，能熟练解决本专业复杂疑难问题；全面掌握药剂专业的操作规程与技术；具备指导下级药师解决疑难问题和组织下级药师开展合理用药咨询、药品不良反应监测、药物治疗方案设计的能力，对新药及药品有一定的分析评价能力。

中药人员还应全面系统掌握中药的加工炮制、制剂、调配、鉴别和养护等技术操作，并在某一方面有所特长和专长。

（10）护理：全面掌握护理专业的基础理论与专科知识；在本专业护理方面有丰富的临床经验和造诣；能正确、熟练地组织、指导护理及配合医生抢救危重病人；具有较高的解决护理工作中复杂疑难问题的综合能力；能全面负责管理范围日常工作的质量监督、控制。

（11）医技类：熟练掌握本专业现状及发展动态，在本专业某一领域具有较高的基础知识和专业能力；具有丰富的临床经验和熟练的技术操作能力，能熟练解决本专业复杂疑难问题，对本专业的临床工作具有较强的组织管理能力。

（12）中医：全面掌握中医基础理论、中医经典著作及与本专业相关学科的进展；熟练运用中医理、法、方、药进行辨证论治；能熟练运用中医适宜技术防治常见病、多发病，并做好适宜技术推广工作；对本专业领域内较复杂的疾病、危急重症和较疑难的病症有较深的理解，并能正确的诊断和熟练地处理；具备较高的带教能力，可全面开展中医基层师承工作。

2. 基层副主任医（药、护、技）师条件

（1）全科医学：需具有注册范围为全科医学的医师执业证书。在全方位开展健康促进、疾病预防、诊疗、康复、社区护理等方面有一定的经验；能根据社区情况制定社区诊断方案，熟练掌握主要慢性病的一、二、三级预防，以及急症的鉴别诊断、紧急救治处理与转诊；通过对病例的筛查，能及时准确地发现常见慢性病人，并对其进行长期跟踪服务；具有一定的基层卫生保健的组织管理能力；能制定社区不同人群的健康计划，组织实施，并对全程进行评价。

（2）内科：熟练掌握正确的病史采集和物理学检查技术；掌握常见疾病的发病原理及其诊断、鉴别诊断要点和处理原则；掌握常用诊疗技术、相关技能及常用药物的正确使用；对较复杂疑难病症能做出正确诊断并及时安全转送；具有较高的医疗活动组织管理能力。

（3）外科：对外科领域内疾病、危急重症能作出正确地诊断、鉴别诊断和初步处理；熟练掌握外科各种中型手术的指征、手术操作技术、手术前后处理等；具有较高的医疗活动组织管理能力。

（4）妇产科：对妇产科领域内疾病、危急重症能作出正确地诊断、鉴别诊断和初步处理；熟练掌握中型手术的指征、手术操作技术、手术前后处理等；具有较高的医疗活动组织管理能力。

（5）儿科：熟练掌握正确的病史采集和物理学检查技术；掌握常见疾病的发病原理及其诊断、鉴别诊断要点和处理原则；掌握常用诊疗技术、相关技能及常用药物的正确使用；对较复杂疑难病症能做出正确诊断并及时安全转送；具有较高的医疗活动组织管理能力。

（6）口腔科：熟练掌握正确的病史采集和物理学检查技术；掌握常见疾病的发病原理及其诊断、鉴别诊断要点和处理原则；掌握常用诊疗技术、相关技能及常用药物的正确使用；对较复杂疑难病症能做出正确诊断；具有较高的医疗活动组织管理能力。

（7）公共卫生：掌握系统的预防医学理论，三级预防原则及步骤；熟悉常见传染病的防治、检疫、隔离措施；具有组织实施传染病、慢病防治及地方病、寄生虫病防治方案能力，能承担流行病学调查任务；熟悉儿童计划免疫、学校卫生、妇幼保健、健康咨询、健康检查、检查结果的判读及健康指导；熟练进行公共卫生有关业务活动的设计及数据的收集、处理工作。

（8）计划生育：具有本专业系统的基础理论和专业知识，能正确、熟练地完成计划生育的各项技术服务工作；能正确、熟练地解决计划生育常见的复杂、疑难病症的诊治和手术问题；能承担计划生育的指导与咨询工作；在计划生育技术服务工作中有一定的组织、管理能力；对本地区的计划生育技术服务工作提出指导性的意见。

（9）药学：掌握本专业的基本理论知识，具有较丰富的药学工作经验，了解医院药学管理及法规的基本内容；掌握药品供应、调配、管理及养护等各项工作的技术要求和操作规范；掌握毒、麻、精神药品等特殊药品的管理规定，了解药品不良反应监测的程序与监测方法。

中药人员应熟练掌握中药的加工炮制、制剂、调配、鉴别和养护等技术操作，并在某一方面有所专长。

（10）护理：掌握护理专业的基础理论与专科知识，具有丰富的临床护理经验；掌握本专科疾病的护理要点、治疗原则，能熟练掌握本专科护理技能；能独立解决本专业疑难重症病例的护理问题。

（11）医技类：了解本专业现状及发展动态，熟练掌握本专业各项技术操作及相关技能，有丰富的实践经验；能吸收最新技术并应用于本专业，为相关学科提供准确的诊断、检查报告，参与有关疾病的诊断、治疗、预防工作；了解本专业仪器设备的原理、性能、使用及其安装、保养和维护。

（12）中医：全面掌握中医基础理论、中医经典著作及与本专业有关的各家学说；能运用中医理、法、方、药进行辨证论治；能熟练运用中医适宜技术防治常见病、多发病；对本专业领域内较复杂疑难的疾病、危急重症有深入的了解，并能正确的诊断和处理；掌握与本专业有关的现代医学临床知识及技能；具备中医带教能力，可开展中医基层师承工作；具有较高的医疗活动组织管理能力。

四、评价考核重点

参加基层卫生高级专业技术职务资格评审的专业技术人员，论文、科研不做硬性规定。根据医疗卫生机构功能定位和分级诊疗的要求，将常见病、多发病诊治专题报告、病案分析资料、工作总结、医疗卫生新技术推广使用报告、开展健康教育与健康促进次数、健康档案管理数等作为评审标准的重要内容。重点考核提供基本公共卫生服务，常见病、多发病的诊疗、护理、康复等综合服务能力，承担公共卫生管理工作以及对村卫生室、社区卫生服务站的综合管理、技术指导和乡村医生的培训等工作情况。加强医德医风考核，引导卫生专业技术人员在强化服务意识、提高服务质量、突出工作业绩上下功夫。

五、附则

（一）申报基层卫生高级职称的专业技术人员不得同一年度申报评审全省统一的卫生高级职称。取得基层卫生副高级职称的专业技术人员申报全省统一的卫生正高级职称时，需取得全省统一的卫生副高级职称后申报。

（二）学历必须是国家承认的正规学历，所学专业必须与本人所申报的专业相同或相近。

（三）本文所称“以上”含本数，所称“以下”含本级。

（四）本标准由省卫生和计划生育委员会负责解释。

（五）各设区的市可根据国家和省有关规定以及本评审条件指导标准，结合当地实际，制定本市具体的评价标准。对不具备规定的学历、资历但长期扎根基层，业绩显著、贡献突出的，各设区的市可制定相应破格条件。

（六）本指导标准自2017年10月13日起施行，有效期至2019年10月12日。

山东省人力资源和社会保障厅、中共山东省委组织部、山东省科学技术厅、山东省财政厅关于印发山东省离岸创新人才引进使用支持办法（试行）的通知

（2017 年 10 月 26 日　鲁人社规〔2017〕20 号）

各市党委组织部，政府人力资源社会保障局、科技局、财政局，省直有关部门（单位），有关高等院校、大企业：

现将《山东省离岸创新人才引进使用支持办法（试行）》印发给你们，请结合实际，认真抓好落实。

山东省离岸创新人才引进使用支持办法（试行）

第一章　总　则

第一条　为进一步贯彻党的十九大精神，全面贯彻习近平总书记关于人才工作系列重要讲话精神，大力实施人才强省战略，健全人才发展体制机制，积极推动新旧动能转换，吸引更多高层次离岸创新人才服务山东经济社会发展，根据省第十一次党代会精神和省委《关于深化人才发展体制机制改革的实施意见》要求，结合山东实际，制定本办法。

第二条　本办法所称离岸创新人才，是指我省各类企业、高等院校、科研机构、社会组织等单位（以下简称“用人单位”）在国（境）外设立的基地、研发中心等机构聘请使用的外籍高层次创新人才。离岸创新人才是我省高层次创新人才的重要群体。

第三条　鼓励用人单位“走出去”在国（境）外建立前端孵化基地、离岸研发中心（机构）等，面向全球布局和争取创新资源。支持用人单位通过市场化手段，构建低成本、便利化、全要素、开放式、配套成熟完善的海外空间载体，探索“省内注册、海外经营、境外孵化、成果回归、分建共享”的离岸人才智力培育模式。

第四条　离岸创新人才引进使用应遵循以下原则：

（一）**服务发展大局**。紧密围绕山东经济社会事业发展，主动服务“一带一路”“两区一圈一带”、山东半岛国家自主创新示范区等重大战略需要，特别是服务战略性新兴产业发展，服务新旧动能转换，提升离岸人才贡献率。

（二）**坚持以用为本**。充分发挥市场配置决定性作用、用人单位主体作用和政府推动作用，重点引进全省经济社会发展急需紧缺的高层次离岸创新人才和团队，提高自主创新能力和竞争力。

（三）**扩大人才开放**。聚焦人才国际化，放眼全球，深化人才开放与国际合作，充分开发利用离岸创新人才资源，积极参与国际人才竞争，厚植山东原创优势，全方位提升山东人才国际竞争力、辐射力、影响力。

（四）**注重制度创新**。聚焦离岸创新人才发展体制机制中的重点难点问题，持续推进精准创新、系统创新、协同创新，在改革中释放制度新红利，在创新中打造发展新引擎，率先形成具有国际竞争力的离岸人才制度优势。

（五）优化服务环境。创新激励政策，完善配套服务，简化工作流程，营造良好环境，为离岸创新人才及用人单位提供高效便捷的服务。

第二章　认定程序

第五条　申报认定的离岸创新人才应符合下列条件之一：

（一）从事科学前沿探索研究，具有创新潜质的优秀科学家；

（二）推动我省在关键核心技术和自主知识产权上实现突破的创新领军人才；

（三）帮助我省企业参与国际经济竞争的企业家及管理经营人才；

（四）从事战略规划、风险评估、资本运作、产品设计、技术转移等领域工作的高层次专门人才；

（五）通晓国际经济金融运行规则、熟悉“一带一路”沿线国家及驻在国法律制度和政策的高端人才。

第六条　引进的离岸创新人才聘用期原则上不少于1年，每年在我省单位和企业在国（境）外设立的基地、研发中心等工作时间不少于6个月。特别优秀的离岸创新人才可适当放宽工作时限。

第七条　省人力资源社会保障厅（省外国专家局）随时接受用人单位提出的离岸创新人才认定申请。用人单位按要求提供申报人选的护照、学历、学位证书复印件，与企业、单位签订的工作（聘用）合同和海外任职证明材料等，经市人力资源社会保障局（外国专家局）初审汇总后，报送省人力资源社会保障厅（省外国专家局）。省属企业、单位直接将材料报送省人力资源社会保障厅（省外国专家局）。

第八条　省人力资源社会保障厅（省外国专家局）对申请人选进行汇总、审核后，定期组织相关领域专家召开评审认定会，认定结果向社会公布。

第三章　优惠政策

第九条　经认定的离岸创新人才主持或参与的科研、技术、管理项目可按规定申报国家、省、市各类人才计划项目，符合条件的全职人才，申报泰山学者工程、泰山产业领军人才工程、“外专双百计划”时，可不受有关名额限制。离岸创新人才工作期间的发明创造，可按照相关规定申请专利。

第十条　依托国家和省级重点实验室、工程（技术）研究中心等设立访问学者岗位，鼓励离岸创新人才来我省开展合作研究。

第十一条　鼓励用人单位以长期聘用、柔性引进、短期技术交流等多种方式引进离岸创新人才，鼓励对做出突出贡献的离岸创新人才采取期权、股权和企业年金等中长期激励方式进行激励。

第十二条　支持离岸创新人才以投资、智力资本（技术、知识产权、管理等）入股、技术转让等方式参与用人单位的收入分配。

第十三条　定期组织离岸创新人才参与我省开展的外国专家建言、外国专家齐鲁行、集中休假联谊等活动，增强其荣誉感、归属感和获得感，营造良好的氛围。

第十四条　对华友好并为我省经济社会发展做出突出贡献的离岸创新人才可推荐评选省政府“齐鲁友谊奖”、中国政府“友谊奖”。

第十五条　离岸创新人才来鲁开展工作交流，可根据与用人单位签定的劳动合同期限申请办理外国人工作许可证。离岸创新人才申请外国人工作许可证，在办理签证入境前，无需提交纸质材料核验，无犯罪记录证明、工作资历、专业技术或学历证明等采用承诺制，全流程在线办理。

第十六条　入选省级以上人才工程的离岸创新人才可纳入申请办理人才签证的范围。已持其他签证入境或持有效居留停留证件的离岸创新人才，可以直接在境内申请外国人工作许可证，无须出境办理工作签证。

第十七条　支持我省各类企业、高等院校、科研机构、社会组织、个人等在国（境）外建立研发基地、开放实验室、科技孵化器、技术转移中心等离岸创新创业基地。视离岸人才引进使用数量和基地规模，经评审认定，分三档给予离岸创新创业基地500万元、400万元、300万元的引才补贴。

第四章 服务保障

第十八条 建立离岸创新人才工作平台。配齐配强工作力量，综合协调离岸人才服务管理工作，并对重点工作实行督办督查。建立部门联动机制，发挥部门优势为离岸人才提供各类服务。

第十九条 建立离岸创新人才服务平台。为离岸创新人才提供定制化服务，包括提供低成本、高效率的办公运行服务，提供科研设备、科技文献、数据库等科技服务，提供新技术、新产品交流推广服务，提供技术咨询、技术培训和融资服务等。开发网上精准对接服务平台，为离岸人才提供网上服务。符合条件的离岸创新人才经审核（评审）认定，可颁发《山东省引进高层次高技能人才服务绿卡》，享受“绿色通道”服务待遇。

第二十条 发挥各类引才机构和渠道作用。充分发挥友好省州、友好城市、中国国际人才交流协会驻外机构和我省驻外机构的资源优势，为我省设立的海外基地、研发机构吸引离岸创新人才提供帮助和支持。充分发挥海外人才工作站的作用，实施服务外包，积极为离岸创新人才提供相关服务。采取多种方式，鼓励和支持海外人才工作站、国际猎头公司等各类人才中介引进离岸创新人才。

第二十一条 优化离岸创新人才服务环境。建立完善符合国际惯例的离岸人才评价体系和激励保障机制，完善离岸创新人才供求和竞争机制。推动政府人才公共服务与经营性服务分离，整合公共人才服务体系，强化公益服务保障。实行特事特办、一人一策，简化对离岸人才的管理服务手续。

第二十二条 引导各级和社会各界加大对引进离岸创新人才工作经费投入力度，健全政府、社会、用人单位等多元经费投入机制。

第二十三条 营造引进使用离岸创新人才的良好氛围。充分利用新闻媒体和网站，推介我省引进离岸创新人才的方针政策，营造良好社会环境和舆论氛围，推进离岸人才管理法制建设。鼓励社会力量打造公信力强、影响力大的离岸创新人才奖励品牌。

第二十四条 离岸创新人才除享受本办法规定的相关政策外，同时享受我省外国高端人才等同类高层次人才相应的优惠政策。离岸创新人才及使用单位提交的相关材料应真实有效，对弄虚作假者，给予取消引进、使用资格，追缴奖励补贴资金，通报批评等处理。

第五章 附 则

第二十五条 本办法由省人力资源社会保障厅（省外国专家局）负责解释。

第二十六条 本办法自2017年12月1日起施行，有效期至2019年11月30日。

山东省人力资源和社会保障厅
关于公布我省中级职称评审委员会目录清单的通知

（2017年12月18日 鲁人社办发〔2017〕87号）

各市人力资源社会保障局，省直有关部门（单位），省属有关企业：

为进一步加强我省中级职称评审工作的科学化管理，理顺评审渠道、精简评审机构、提高评审质量，根据省人力资源社会保障厅《山东省专业技术职务评审委员会组织办法（试行）》（鲁人发〔2002〕26号）和《关于对全省中级职称评审委员会加强监督管理工作的通知》（鲁人社字〔2017〕150号）的要求，我厅对全省中级职称评审委员会（以下简称“中评委”）进行了调查摸底和评估公示，现将全省中评委有关情况通知如下：

一、公布目录清单

全省中评委实行清单式管理。经评估审查和公示，现对《全省省直部门（单位）省属企业中级职称评审委员会目录》予以公布。各设区的市的中评委，应在国家设置的职称系列范围内，根据需要进行设置，公布目录清单文件于 2017 年 12 月底报我厅备案。今后中级职称评审工作须全部使用“全省职称申报评审系统”，评审结果全部纳入“全省职称证书查询系统”，并向社会提供查验服务。凡目录清单之外的部门、单位，未经批准一律不得自行开展中级职称评审工作。

二、加强监督管理

推行中级职称评审委员会目录清单是一项重要的基础性工作。各部门（单位）要高度重视，加强评委会自身建设，严格执行国家和我省有关职称政策，健全评审委员会工作程序和评审规则，明确评委会评审专家和工作人员责任，自觉接受社会对评审工作的监督，确保科学评审、阳光评审、公平评审。

三、建立动态管理机制

目录清单接受社会监督，保持相对稳定，实行动态调整。原则上每 3 年对全省中评委进行一次调查摸底，根据评审工作开展情况和实际工作需要进行调整。对于不能正确行使评审权、不能确保评审质量的，我厅将视情节严重暂停其评审工作直至撤销评审权。

山东省省直部门（单位）、省属企业中级职称评审委员会目录清单

<table>
<tr><th>主管单位序号</th><th>评委会序号</th><th colspan="2">评委会所在部门</th><th>评审系列</th></tr>
<tr><td>1</td><td>1</td><td colspan="2">省发展和改革委员会</td><td>工程技术</td></tr>
<tr><td>2</td><td>2</td><td colspan="2">省经济和信息化委员会</td><td>工程技术</td></tr>
<tr><td rowspan="2">3</td><td>3</td><td colspan="2" rowspan="2">省教育厅</td><td>中等专业学校教师</td></tr>
<tr><td>4</td><td>中小学教师</td></tr>
<tr><td rowspan="2">4</td><td>5</td><td colspan="2" rowspan="2">省科学技术厅</td><td>自然科学研究</td></tr>
<tr><td>6</td><td>工程技术</td></tr>
<tr><td rowspan="3">5</td><td>7</td><td colspan="2" rowspan="3">省司法厅</td><td>法医</td></tr>
<tr><td>8</td><td>律师</td></tr>
<tr><td>9</td><td>公证员</td></tr>
<tr><td rowspan="3">6</td><td>10</td><td rowspan="3">省人力资源社会保障厅</td><td rowspan="2">省人力资源社会保障厅</td><td>技工学校教师</td></tr>
<tr><td>11</td><td>工程技术</td></tr>
<tr><td>12</td><td>省公共就业和人才服务中心</td><td>工程技术</td></tr>
<tr><td>7</td><td>13</td><td colspan="2">省国土资源厅</td><td>工程技术</td></tr>
<tr><td>8</td><td>14</td><td colspan="2">省住房和城乡建设厅</td><td>工程技术</td></tr>
<tr><td>9</td><td>15</td><td colspan="2">省交通运输厅</td><td>工程技术</td></tr>
<tr><td>10</td><td>16</td><td colspan="2">省水利厅</td><td>工程技术</td></tr>
<tr><td>11</td><td>17</td><td colspan="2">省农业厅</td><td>农业技术</td></tr>
<tr><td rowspan="2">12</td><td>18</td><td colspan="2" rowspan="2">省海洋与渔业厅</td><td>工程技术</td></tr>
<tr><td>19</td><td>自然科学研究</td></tr>
<tr><td>13</td><td>20</td><td colspan="2">省林业厅</td><td>工程技术</td></tr>
</table>

续表 1

主管单位序号	评委会序号	评委会所在部门		评审系列
14	21	省文化厅		图书资料
	22			艺术
	23			群众文化
	24			美术
	25			文物博物
	26			中等专业学校教师
15	27	省卫生和计划生育委员会		档案
	28			图书资料
	29			工程技术
	30			工艺美术
	31			群众文化
	32			艺术
16	33	省环境保护厅		工程技术
17	34	省新闻出版广电局		播音
	35			艺术
	36			工程技术
	37			新闻
18	38	省体育局		体育教练员
19	39	省质量技术监督局		工程技术
20	40	省人民防空办公室		工程技术
21	41	省监狱管理局		工程技术
22	42	省畜牧兽医局		农业技术
23	43	省国防科学技术工业办公室		工程技术
24	44	省政协办公厅		新闻
25	45	省档案局		档案
26	46	省地质矿产勘查开发局		工程技术
27	47	省煤田地质局		工程技术
28	48	省煤炭工业局		工程技术
29	49	省轻工集体企业联社		工艺美术
	50			工程技术
30	51	大众报业集团（大众日报社）		新闻
31	52	山东能源集团有限公司		工程技术
	53			档案
	54			技工学校教师
32	55	山东钢铁股份有限公司	莱芜钢铁集团有限公司	工程技术

续表 2

主管单位序号	评委会序号	评委会所在部门		评审系列
33	56	山东高速集团有限公司	山东高速集团有限公司	工程技术
	57		中国山东国际经济技术合作公司	工程技术
34	58	山东省商业集团有限公司		工程技术
	59			新闻
	60			技工学校教师
	61			中小学教师
	62			图书资料
	63			档案
	64			实验技术
35	65	山东省医药集团有限公司		药品技术
36	66	山东省冶金工业总公司		工程技术
	67			中小学教师
	68			档案
	69			技工学校教师
	70			图书资料
37	71	山东黄金集团有限公司		工程技术
38	72	山东广电网络有限公司		工程技术
39	73	兖矿集团有限公司		工程技术
	74			技工学校教师
	75			中小学教师
40	76	山东重工集团有限公司	潍柴控股集团有限公司	工程技术
	77			技工学校教师
41	78	齐鲁交通发展集团有限公司		工程技术

（二）技能人才

山东省人民政府

关于给予第44届世界技能大赛有功人员记功奖励的通报

（2017年11月9日　鲁政字〔2017〕194号）

各市人民政府，各县（市、区）人民政府，省政府各部门、各直属机构，各大企业，各高等院校：

世界技能大赛由世界技能组织举办，每两年一届，是当今世界层次最高、规模最大、影响力最广的职业技能竞赛，其竞技水平代表了各领域职业技能发展的世界水平，是世界技能组织成员展示和交流职业技能的重要平台。第44届世界技能大赛共有68个成员国家、地区的1260余名选手参加，在6大类51个比赛项目中展开竞技。中国代表团52名选手参加了47个项目的比赛，共取得15枚金牌、7枚银牌、8枚铜牌和12个优胜奖，是中国代表团有史以来取得的最好成绩。山东工业技师学院学生袁强夺得工业控制项目金牌，实现了我省金牌零的突破，为山东争得了荣誉。

为助推我省新旧动能转换重大工程，建设知识型、技能型、创新型劳动者大军，弘扬劳模精神和工匠精神，营造劳动光荣的社会风尚和精益求精的敬业风气，经研究，决定对在第44届世界技能大赛工业控制项目中获得金牌的选手袁强记个人一等功，对在第44届世界技能大赛工业控制项目参赛工作中作出突出贡献的指导专家和教练袁海嵘、闫虎民记个人一等功。

希望受记功奖励的人员珍惜荣誉、再接再厉、继续攀登，做好技能技艺传帮带，推动本领域整体技能水平提升。希望广大企业职工和职业院校学生向获奖选手学习，刻苦钻研，奋发进取，掀起学技能、练本领、创一流的热潮。各级、各部门要深入学习贯彻党的十九大精神，进一步加强高技能人才队伍建设，大力营造尊重技能人才、鼓励创新创造的良好社会氛围，为实现山东创新发展、持续发展、领先发展，不断开创经济文化强省建设新局面作出新的更大贡献。

山东省人力资源和社会保障厅、山东省财政厅
关于山东省高技能人才培养特色载体建设工程的实施意见

（2017年3月24日　鲁人社发〔2017〕10号）

各市人力资源社会保障局、财政局，省直有关部门（单位）：

为贯彻落实人力资源社会保障部《技工教育“十三五”规划》《关于推进技工院校改革创新的若干意见》（人社部发〔2014〕96号）和省人力资源社会保障厅、省财政厅等11部门《关于加强高技能人才工作助推产业转型升级的意见》（鲁人社发〔2016〕22号）等文件要求，进一步培育和传承精益求精的工匠精神，加强高技能人才队伍建设，提高高技能人才培养质量，决定组织实施山东省高技能人才培养特色载体建设工程（以下简称“特色载体建设工程”），并提出如下意见：

一、指导思想

紧紧围绕我省经济转型升级和产业结构调整要求，通过实施特色载体建设工程，打造一批在创新人才培养模式、提高人才培养质量、增强社会服务能力等方面发挥示范带动作用的特色人才培养载体，引领全省技工教育转型发展，形成有利于高技能人才成长和发挥作用的制度环境和社会氛围，为实施创新驱动发展战略、推动供给侧结构改革、建设经济文化强省提供强有力的技能人才保证。

二、建设目标及思路

以加强高技能人才培养为目标，根据本地区支柱产业和高新技术产业发展对高技能人才的需求，突出“高精尖缺”导向，坚持统筹规划、合理布局、引领带动、资源共享，“十三五”期间，全省建设一批能够满足高技能人才培养、评价、引进、使用、激励、保障等不同要求，定位明确、各有侧重、相互支撑的具有山东特色的高技能人才培养载体。

（一）全省建设20所技工教育特色名校。主动适应全省产业结构调整、转型升级对技能人才的需求，紧密对接我省传统支柱产业、战略性新兴产业、现代服务业和各地特色优势产业发展，以技师学院、高级技工学校为主体，优化整合实训资源、课程资源、教师资源，发挥核心优势专业的辐射带动作用，深化工学结合、校企合作，全面实施一体化课程教学改革，形成服务产业发展、特色鲜明、互为补充、相互联动、国内一流

的技工教育特色名校。

（二）全省建设100所齐鲁技能大师特色工作站。主要依托在技能含量较高的行业、大中型企业和职业院校中工作的高技能人才以及部分掌握传统技能、民间绝技和非物质文化遗产的技能大师，围绕高科技产业、战略性新兴产业、先进制造业、现代服务业和经济社会发展急需、紧缺行业（领域）建立工作站，开展带徒传技、技能攻关、技艺传承、技能推广等活动。

（三）全省建设“4+N”个技能大赛集训基地。在我省已认定的世界技能大赛中国集训基地中，分批建设4个国际领先、国内一流的技能大赛省级重点集训基地。依托各市、行业企业和技工院校，建设一批功能完备、特色突出、管理规范、运营有序的技能大赛省级集训基地。

三、实施步骤

特色载体建设工程从2017年起至2020年，由省人力资源社会保障厅、省财政厅共同组织实施。按照单位申报、市级（省直主管部门）推荐、省级竞争性评审、项目立项、项目实施、项目验收等操作程序，分年度、分类别、分批次推进，稳步实施。对入选建设工程的项目单位实行动态管理，对项目验收绩效考核不合格的单位，取消立项，收回财政补助资金。

省人力资源社会保障厅、省财政厅按照建设项目分别制定《山东省技工教育特色名校建设项目管理办法》（附件1）、《齐鲁技能大师特色工作站建设项目管理办法》（附件2）、《山东省世界技能大赛集训基地建设项目管理办法》（附件3），并根据以上实施办法制定年度实施方案和项目申报书，分年度、分项目组织实施。

四、保障措施

（一）加强领导。特色载体建设工程由省人力资源社会保障厅和省财政厅共同组织领导，负责制定实施及考核办法、项目评审立项、指导组织实施、政策监督保障等工作，为实施特色载体建设工程创造良好的环境和条件。省人力资源社会保障厅负责特色载体建设工程的申报评审和组织协调等日常工作。

（二）加大投入。省财政对特色载体建设工程给予专项经费支持。各建设单位要调整支出结构，加大对建设项目的投入力度，同时要多方争取当地政府、主管部门（单位）的投入和支持，多渠道筹集建设资金，确保特色载体建设工程的顺利实施。

（三）健全制度。建立绩效考核制度、动态管理制度、评审验收制度，制定科学的申报评价指标和验收评价指标，激发项目单位建设与管理的活力。建立资源共享管理制度，提高特色载体建设工程的整体效益和辐射效应。各级人力资源社会保障和财政部门要充分认识高技能人才对全省经济发展的重要性，加强协调配合，创造良好的舆论环境、体制环境和政策环境，形成重视、关心、支持高技能人才发展的良好局面。

附件：1.《山东省技工教育特色名校建设项目管理办法》

2.《齐鲁技能大师特色工作站建设项目管理办法》

3.《山东省世界技能大赛集训基地建设项目管理办法》

附件1

山东省技工教育特色名校建设项目管理办法

第一章　总　则

第一条　为进一步培育和传承精益求精的工匠精神，强化技工教育内涵和特色发展，提高人才培养质量，发挥名校带动作用，增强技工教育服务我省经济社会发展的能力，省人力资源社会保障厅、省财政厅决定实施山东省技工教育特色名校建设项目（以下简称“特色名校建设项目”）。为确保建设项目顺利实施，提高资金使用效益，特制定本办法。

第二条　特色名校建设项目是指适应全省产

业结构调整、转型升级对技能人才的需求，紧密对接全省和当地传统支柱产业、战略性新兴产业、现代服务业和各地特色优势产业发展，优化整合实训资源、课程资源、教师资源，深化工学结合、校企合作，全面实施一体化课程教学改革，在“十三五”期间，建成一批服务产业发展、特色鲜明、互为补充、相互联动、国内一流的技工教育特色名校，带动全省技工教育转型发展。

第三条 特色名校建设项目按照统筹规划、公开竞争、择优遴选、分批建设、动态管理的原则组织实施。

第四条 特色名校建设项目分批、分期进行，每所特色名校建设项目周期为3年。

第二章 项目建设目标及任务

第五条 自2017年起，利用4年时间在全省重点建设20所服务区域经济发展和产业转型升级对高技能人才需求的示范性技工院校，使其在内部管理、人才培养、教学体系、专业建设、实训基地、社会服务、校企合作、师资队伍建设等方面达到国内一流水平。

第六条 特色管理体系建设。遵循技工教育规律和技能人才成长规律，不断深化院校内部管理体制改革，建立一整套科学、合理、先进、有效，适应技工院校发展的教学、科研、招生、就业、学生管理、师资队伍建设、校企合作等管理制度，以科学的管理确保院校的可持续发展。

第七条 特色专业建设。建立以市场需求为导向的专业动态调整机制，优化专业设置和结构，培育和发展与山东省产业转型升级相匹配的特色优势专业。每个学校遴选3个办学理念先进、校企深度融合、特色鲜明、有市场发展前景、集聚度高的专业进行重点建设。加强优质核心课程建设，每个重点建设专业建成2门以上核心课程。教研教改成果突出，开发和参与开发出版教材不少于5种，部省级教研成果每年不少于3项，在部省级以上刊物发表专业论文每年不少于20篇。重点专业毕业生就业率不低于98%。

第八条 特色课程体系建设。全面推进一体化课程教学改革，重点专业全部实行一体化课程教学改革，其他符合条件的专业到2020年前全部推行一体化课程教学改革。组织开发一批一体化课程教材、教案和工作页。建立以职业活动为导向，以校企合作为基础，以综合职业能力培养为核心，理论教学与技能操作融合贯通、适应互联网移动教育的课程体系，带动并指导区域内技工院校开展教学改革。

第九条 特色社会服务体系建设。推动办学功能的多元化，面向城乡各类劳动者开展不同层次的职业技能培训，承担农民工职业技能提升、离校未就业高校毕业生技能就业专项行动、技师培训等政府补贴性培训和企业职工培训任务，大力开展创业培训，为构建劳动者终身职业培训体系提供服务。重点建设专业承担各类非全日制培训年培训量不少于0.5万人次，培训合格人数不低于80%。

第十条 特色校企合作机制建设。完善校企联合育人机制，充分发挥企业在技能人才培养中的重要主体作用，以重点建设专业为龙头，推动学校与不少于10个规模以上企业（含2个以上世界500强企业）共建校内外生产性实训基地、创新创业教育实践平台等。积极参与实施企业新型学徒制试点工作和“百校千企”校企合作计划，实施企业新型学徒制试点的专业不少于3个，推动专业设置与产业需求对接、课程内容与职业标准对接、教学过程与工作过程对接，形成校企利益共同体，学校就业率和用人单位满意率分别达到97%和90%以上，推动学校办学质量的提升，实现校企合作的可持续发展。

第十一条 特色师资队伍建设。加大海外高技能人才、技能专家、一体化教师等优秀拔尖人才的引进力度，拥有一批在全国具有一定影响的教学名师。加大一体化教师培训力度，邀请国内外专家进行师资培训，选派管理人员和优秀教师到国外培训，学院一体化教师数量达到专业教师总数的80%以上，其中，获得市级以上首席技师、有突出贡献的技师和技术能手称号的教师不少于5名。培养一批师德优良、专业水平拔尖、操作技能精湛、创新能力强的省级或市级优秀教师、教学能手和教学团队。

第十二条 特色研修基地建设。根据省人力资源社会保障厅统一安排，完善相关条件，积极承担区域内技工院校管理人员和师资队伍培训研修任务，培养一批师德高尚、业务精湛、结构合理的高素质管理人员和教师队伍，提高区域内技工院校的一体化教学水平和综合管理能力。

第三章 项目建设申报条件

第十三条 申报单位应为技师学院、高级技工学校，办学条件优良，其中校园占地面积200亩以上，建筑面积达10万平方米以上，全日制在校学生4000人以上，毕业生就业率达到95%以上。

第十四条 申报单位要具有专业优势，与当地产业发展密切相关、相互支撑，能充分体现学校的发展特色和区域经济特色。具备承担区域内技工院校管理人员和师资队伍培训研修任务的基本条件。

第十五条 申报单位要有高水平的专业带头人与数量充足的骨干教师，一体化教师比例占全部专业教师数量比例达到60%以上，专业带头人政治素养高、管理能力强、教学经验丰富，并具有高级讲师（高级实习指导教师）以上职称或具有全国技术能手称号。

第十六条 校企合作有深厚基础，申报单位与5家规模以上企业有紧密合作关系。

第十七条 人才培养模式改革力度大，一体化课程教学改革成效显著，社会服务能力强，毕业生就业数量和就业质量较高。具备满足教学需要的实习实训基地，实践教学经费投入充足，在校生近3年来在市级以上职业技能竞赛中取得三等奖以上的不少于10名。

第四章 项目实施

第十八条 项目申报。符合条件的技工院校根据省人力资源社会保障厅的部署要求申报特色名校建设项目，提交申报材料，主要包括：

（一）特色名校建设项目申报书。包括当地产业发展情况、学校办学情况、重点建设专业设施设备情况、重点专业带头人与骨干教师情况、校企合作共建情况；

（二）建设项目实施方案。包括项目组织与管理、建设内容、建设目标、预期成果、实施计划、项目估算总投资、资金来源及落实等；

（三）制度建设等支持保障措施；

（四）符合遴选条件的其他证明材料。

第十九条 审核确定。特色名校建设项目应经市人力资源社会保障局、财政局或省直主管部门组织专家评议论证，提出推荐意见；省人力资源社会保障厅通过现场演示、答辩、实地考核等环节，经综合研究和公示无异议后，公布年度项目建设单位名单，并结合特色名校专业建设情况确定省级补助资金数量。

第二十条 项目实施。学校是特色名校建设项目建设与管理的责任主体，其主要职责是：制定本校的特色名校建设规划并组织实施；组建本校建设领导小组；明确重点建设专业及相关专业带头人；研究制定配套制度；落实特色名校建设的配套经费与自筹经费，在人、财、物等方面保证特色名校的建设与管理需要；按要求提交特色名校建设年度报告，配合做好检查、评估验收等工作。

申报材料确定的各项建设内容，应在建设期内按期完成，建设过程中原则上不作调整。

第二十一条 检查验收。特色名校建设项目实行年度报告、中期检查和期末评估验收制度。

（一）项目建设学校每年年底对特色名校建设情况进行总结，形成特色名校建设年度报告；

（二）省人力资源社会保障厅组织对特色名校建设情况进行中期检查，检查内容主要包括特色名校建设任务进展情况、标志性成果的阶段目标完成情况以及经费的使用和绩效、学校配套或自筹经费的到位情况等，对没有达到建设要求的终止立项支持，收回补助资金；

（三）特色名校建设项目完成后，由省人力资源社会保障厅组织评估验收，对验收不合格的，限期整改；整改仍不合格的，撤销建设项目并收回财政补助资金。

第五章 经费管理与监督

第二十二条 特色名校建设项目资金以地方

和学校投入为主，省财政给予适当补助。项目建设学校应积极争取市级财政和学校主管部门（单位）加大资金投入，共同实施特色名校建设项目。学校所在地市级财政或学校主管部门配套资金较多的，同等条件下优先考虑。

第二十三条 特色名校建设项目自确定公布后，省人力资源社会保障厅、省财政厅每年在省人代会审查批准省级预算后60日内下达省级特色名校建设项目补助资金。各市、各有关部门应在收到省级补助资金后60日内下达到项目建设单位，由项目建设单位按建设计划统筹使用。

第二十四条 特色名校建设项目专项经费主要用于以下支出：

（一）特色技能（工种）实践教学体系建设、教学及实验实训条件建设；

（二）特色专业建设方案、特色专业教学资源库建设；

（三）特色课程与课程群建设、教材建设；

（四）人才培养方案、特色人才引进方案、教师教学能力提升、教学团队建设、教育教学改革与研究、学术交流等方面的支出（含差旅费、咨询费、培训费、食宿费、交通费、版面费、评审费、办公耗材购置等）；

（五）参加、举办或承办省级二类以上职业技能竞赛等的专家咨询费、培训费、食宿费、交通费、差旅费等；

（六）承办省人力资源社会保障厅统一安排的区域内技工院校管理人员和师资队伍培训研修任务，所产生的授课教师的讲课费、食宿费以及培训所需的教材费、印刷费、租车费、劳务费等会务费用。

第二十五条 项目建设学校要严格按照规定使用专项补助资金，不得擅自改变资金性质和用途，不得挪用、挤占，防止虚列支出现象发生，确保资金使用的安全、规范、有效。

第二十六条 各市人力资源社会保障局、财政局和学校主管单位要切实加强对项目建设和资金使用的监管，确保项目预算执行及时、到位。

第二十七条 省人力资源社会保障厅、省财政厅按照国家和省有关规定，加强对建设项目资金管理使用情况的监督检查。项目建设完成后，委托第三方进行专项补助资金绩效评价。

第二十八条 各级人力资源社会保障、财政部门要建立特色名校建设专项补助资金“谁使用，谁负责”的责任追究机制。对滞留、截留、挤占、挪用、虚列、套取、私分特色名校建设专项补助资金等行为，按照《预算法》《财政违法行为处罚处分条例》等国家有关规定追究法律责任。

第六章 附 则

第二十九条 本办法由省人力资源社会保障厅、省财政厅负责解释。

第三十条 本办法自印发之日起施行。

附件2

齐鲁技能大师特色工作站建设项目管理办法

第一章 总 则

第一条 为加快培养一批技能精湛、素质优秀的“大国工匠”，推动高技能人才队伍建设，省人力资源社会保障厅、省财政厅决定实施齐鲁技能大师特色工作站（以下简称“技能大师工作站”）建设项目。为确保建设项目顺利实施，提高资金使用效益，特制定本办法。

第二条 技能大师工作站的主要功能是发挥高技能领军人才在带徒传技、技能攻关、技艺传承、技能推广等方面的重要作用，在各行业生产企业与科研院所、高等院校之间、上下游产业之间建立有效运行的产学研合作创新研发机制，实现技能大师工作站成员单位的共同发展。

第三条 技能大师工作站建设项目主要围绕高科技产业、战略性新兴产业、先进制造业、现代服务业和经济社会发展急需、紧缺行业（领域）组织实施。

第四条 技能大师工作站主要依托在技能含量较高的行业、大中型企业和职业院校中工作的高技能人才以及部分掌握传统技能、民间绝技和非物质文化遗产的技能大师进行建设。

第二章 项目建设目标及任务

第五条 2017 年至 2020 年，每年遴选建设 25 个技能大师工作站。技能大师工作站要以企业的发展需求和各方的共同利益为基础，以提升产业技术创新能力为目标，以企业院校参与为支撑，以高技能人才参与为核心，以政府服务支持为保障，形成联合开发、优势互补、利益共享、风险共担的技术创新型合作组织。

第六条 技能大师工作站采取自主创新与集成创新相结合的形式，充分汇集现有高技能人才资源优势，承担以下主要任务：

（一）根据各工种现有生产工艺技术基础标准，积极开展具有创新性、前瞻性、标准化的开发与研究，逐步建立和完善各工种工艺及产品制造的标准化体系，为关键技术的研究和产品制造提供标准支持；

（二）根据行业、工种发展需求，组织技能大师工作站成员学习新知识、新技术，研究开发生产实践中的关键共性技术，促进产业技术进步和提高核心竞争力；

（三）凝聚技能大师工作站技术、人才、设备和信息等资源，实现知识产权共享、技术转移和扩散，加快成果转化，为满足企业发展、生产应用需求提供成熟的先进技术、工艺及其技术成果；

（四）对引进技术进行消化吸收，开展国内外技术合作交流，促进自主创新能力的提高。大力推广传统技能、民间绝技和非物质文化遗产的传承。依托工作站，开展技艺传承，培养青年技能人才；

（五）开展各工种新技术、新工艺、新产品的技术验证和评审，提供高技能人才的技术革新、人才培训、信息咨询等学习平台，促进技能大师工作站整体技术的提升；

（六）积极为技能大师工作站成员的发展争取政府部门的政策和项目支持，为高技能人才队伍建设建言献策。

第三章 项目建设申报条件

第七条 技能大师工作站建设项目申报单位应符合以下条件：

（一）技能大师的条件。技能大师应当是某一行业（领域）技能拔尖、技艺精湛并具有较强创新创造能力和社会影响力的高技能人才，应同时具备以下条件：

1. 获得中华技能大奖、国务院特殊津贴、全国技术能手、齐鲁首席技师（山东省首席技师）、山东省有突出贡献的技师以及泰山产业领军人才（技能类）称号之一的；

2. 积极开展技术技能革新，取得有影响的发明创造，并产生较大经济效益的；

3. 在带徒传技方面经验丰富、成绩突出，所带徒弟多人成为单位技能骨干、在各类职业技能竞赛中取得优异成绩；

4. 身体健康，能够承担工作站日常工作。

（二）依托企业建立技能大师工作站，企业应当具备的条件：有符合条件的技能大师 2 名以上；技能人才比较密集；高度重视技能人才队伍建设工作，建立了较为完善的技能人才培养、评价、选拔、使用和激励制度；企业职工教育经费用于高技能人才培养、交流等方面的费用不低于 50%，能够为技能大师工作站提供相应的资金支持以及包括场所、设备在内的必要工作条件（其中固定工作场所一般不少于 60 平方米）。

（三）依托技工院校、职业院校或公共职业技能实训基地建立技能大师工作站，应当具备的条件：有符合条件的技能大师 2 名以上；高度重视技能人才队伍建设，制定了一系列加快高技能人才队伍建设的政策措施；能够为技能大师工作站提供相应的资金支持以及包括场所、设备在内的必要的工作条件（其中固定工作场所一般不少于 60 平方米）。

（四）具有突出绝技绝活，并在积极挖掘和传承传统工艺、非物质文化遗产传承与保护上作出较大贡献的技能型人才，可参照上述条件单独申报。

第四章 项目实施

第八条 项目申报。符合条件的单位根据省人力资源社会保障厅的部署要求申报技能大师工作站建设项目，提交申报材料，主要包括：

（一）技能大师工作站申报表。

（二）申报报告。申报技能大师工作站职业（工种）、技能大师工作站成立的必要性和现有优势、技能大师简介、技能大师工作站计划目标等。

（三）技能大师工作站所依托的企业、院校或公共职业技能实训基地有关情况说明。包括加快高技能人才队伍建设的措施，企业职工教育经费用于高技能人才培养、交流等方面的费用不低于50%的证明材料，能够为技能大师工作站提供资金支持以及场所、设备等工作条件的情况说明。

（四）企业法人营业执照或主管部门批准成立的文件以及组织机构代码证的复印件。

（五）技能大师候选人的身份证、中华技能大奖或全国技术能手获奖证书及技师以上职业资格证书复印件。

第九条 审核确定。技能大师工作站建设项目应经市人力资源社会保障局或省直主管部门组织专家评议论证，按照名额、条件要求评审确定推荐项目候选单位；省人力资源社会保障厅通过评审、考察等方式，经综合研究后公布年度项目建设单位名单。

第十条 项目实施。技能大师工作站要根据行业（企业）的需要，开展各种形式的主题活动，组织开展新知识、新技术的学习培训、技术交流，解决技术难题、组织技术攻关、技术成果的筛选与推荐。要积极参与相关行业、产业的非物质文化遗产传承与保护工作，推动相关非遗项目的人才培养。

申报材料确定的各项建设内容，应在建设期内按期完成，建设过程中原则上不作调整。

第十一条 检查验收。省人力资源社会保障厅负责对技能大师工作站进行综合管理和指导。建立考核制度，对技能大师工作站实施动态管理。对考核评估不合格的，撤销技能大师工作站项目建设资格，追回财政补助资金。

第十二条 技能大师工作站有下列情形之一的，取消其技能大师工作站项目建设资格：

（一）工作站主要带头人有违法违纪行为或者重大过失的；

（二）不开展技术研发、技术交流、技术革新、技术攻关，带徒传技等工作的；

（三）采取弄虚作假、谎报等不正当手段骗取设立技能大师工作站的；

（四）非法挪用省级财政专项补助资金的；

（五）其他应当取消技能大师工作站的行为。

第十三条 技能大师工作站要加强知识产权管理，对所产生的专利、技术标准、技术秘密、非专利技术成果以及与技术成果开发内容有关的著作权、专利权等权属依法予以约定和保护。

第五章 经费管理与监督

第十四条 省级财政对技能大师工作站建设项目给予20万元补助资金。市级财政或主管部门可安排专项资金用于对技能大师工作站技术技能创新研发等活动给予补助。行业、企业或学校要为工作站提供办公场所、实训设备等必要的工作条件，并安排技能大师带徒津贴、研究（攻关）项目补贴以及日常工作经费等。地方政府安排的配套资金及行业企业支持资金、项目建设单位自筹资金不得低于省级财政补助资金。

第十五条 技能大师工作站省级补助资金主要用于以下支出：

（一）技能大师工作站技术革新项目研发经费。包括项目所需的原材料、教材、电子设备、小型设备、辅助工具、实验研究的补助等；

（二）技能大师工作站成员组织开展或参加的与本行业、本专业领域密切相关的国内外技术交流、考察学习、培训等费用（含差旅费、咨询费、培训费、食宿费、交通费等）；

（三）技能成果检测认定与奖励、科技创新与发明等费用；

（四）开展技艺传承，培养青年技能人才所需的课时费、劳务费等费用（含评审费、专利申请费、版面费等）。

第十六条 项目建设单位要严格按照规定使用专项补助资金，不得擅自改变资金性质和用途，不得挪用、挤占，防止虚列支出的现象发生，确保资金使用的安全、规范、有效。

第十七条 省人力资源社会保障厅、省财政厅按照国家和省有关规定，加强对建设项目资金管理使用情况的监督检查。项目建设完成后，委托第三方进行专项补助资金绩效评价。

第十八条 各市人力资源社会保障局、财政局和技能大师工作站主管单位要切实加强对项目建设和资金使用的监管，确保项目预算执行及时、到位。

第十九条 各级人力资源社会保障、财政部门要建立技能大师工作站专项补助资金“谁使用，谁负责”的责任追究机制。对滞留、截留、挤占、挪用、虚列、套取、私分补助资金等行为，按照《预算法》《财政违法行为处罚处分条例》等国家有关规定追究法律责任。

第六章　附　则

第二十条 本办法由省人力资源社会保障厅、省财政厅负责解释。

第二十一条 本办法自印发之日起施行。

附件 3

山东省世界技能大赛集训基地建设项目及竞赛获奖人员奖励管理办法

第一章　总　则

第一条 为做好我省世界技能大赛集训基地（以下简称“集训基地”）建设及竞赛获奖人员奖励管理工作，制定本办法。本办法所称世界技能大赛集训基地分为省级集训基地和省级重点集训基地。

第二条 集训基地建设目的在于对接世界技能大赛相关竞赛规则和技术标准，发挥集训基地引领作用，科学组织集训，有针对性地培养参赛选手，提高参赛水平。同时，不断积累经验，逐步形成一整套科学系统的集训方法，以赛促训、以赛促教，并以此带动我省技能人才培养工作的创新发展。

第三条 集训基地建设按照坚持世赛标准、统筹设点布局、高效支持保障、强化引领示范的原则组织实施。

第二章　建设目标及任务

第四条 “十三五”期间，在我省已认定的世界技能大赛中国集训基地中，按照世界技能大赛标准和要求，每年遴选建设 1 个国际领先、国内一流的技能大赛省级重点集训基地；按照世界技能大赛中国选拔赛标准和要求，依托各市、行业企业、技工院校，每年遴选建设 3—5 个功能完备、特色突出、管理规范、运行有序的技能大赛省级集训基地。原则上每个项目单位只建设一个基地。

第三章　省级集训基地和重点集训基地申报条件

第五条 省级集训基地要满足以下标准。

（一）具有满足集训项目要求的训练场地和生活场所；

（二）具有满足集训项目要求的设施、设备和辅助工具；

（三）具有承担集训项目的技术优势、师资优势；

（四）参加历届世界技能大赛、世界技能大赛中国选拔赛或国家级一类职业技能竞赛项目成绩优异，并具有承办省级以上职业技能竞赛经验；

（五）上级主管部门积极支持，并提供人力、物力、财力保障。

第六条 省级重点集训基地在我省已认定为世界技能大赛中国集训基地中遴选建设，在满足省级集训基地条件的同时，要满足以下要求。

（一）能组建由丰富竞赛经验、过硬专业技能、强烈敬业精神的专业骨干教师和企业技术骨干组成的项目技术保障团队；

（二）相关专业的社会认可度和影响力较高，在国内有很强的专业引领和示范作用；

（三）能制定承担国家集训工作的各项方案，从人力、物力、财力及训练、生活等各个方面全力满足集训团队需要；

（四）能满足人力资源社会保障部其他要求。

第四章　集训基地认定实施

第七条　项目申报。符合条件的技工院校或企业根据省人力资源社会保障厅的部署要求，分别申报省级重点集训基地、省级集训基地建设项目。申报时须提交以下申报材料：

（一）集训基地建设申报书；

（二）集训基地建设实施方案。包括项目建设内容、建设目标、预期成果、实施计划、项目估算总投资、资金来源及落实等；

（三）制度建设等支持保障措施；

（四）符合遴选条件的其他证明材料。

申报省级重点集训基地还应提供世界技能大师中国集训基地的认定材料。

第八条　审核确定。集训基地建设项目应经市人力资源社会保障局、财政局或省直主管部门组织专家评议论证，提出推荐意见；经省人力资源社会保障厅、省财政厅综合评审研究、公示后，公布项目建设单位名单。

第九条　项目实施。学校或企业是集训基地建设项目建设与管理的责任主体，其主要任务是：制定集训基地建设规划并组织实施；研究制定配套制度；落实集训基地建设的配套经费与自筹经费，在人、财、物等方面保证集训基地建设的建设与管理需要；按要求提交集训基地建设年度报告，配合做好评估验收等工作。

申报材料确定的各项建设内容，应在建设期内按期完成，建设过程中一般不作大的调整。

第五章　集训基地建设经费使用与监督管理

第十条　集训基地建设项目资金以地方和建设单位投入为主，省财政给予适当补助。项目建设单位应积极争取市级财政和主管部门（单位）加大资金投入，共同实施建设项目。市级财政和主管部门（单位）配套资金投入较多的，同等条件下优先考虑。

第十一条　集训基地建设根据年度预算安排和项目建设投资总额，省财政按照项目建设情况确定补助金额，并一次性下达补助资金，由项目建设单位按年度使用计划组织项目实施。省级重点集训基地省级补助经费数额 300 万，省级集训基地省级补助经费数额 100 万。

第十二条　集训基地建设专项经费按照省财政厅批复的项目预算内容、范围用于以下开支：

（一）集训基地的设备、工量具购置费用，设施设备维修维护、耗材费；

（二）举行技术交流会议、外出观摩、培训、参赛等费用（含差旅费、食宿费、参赛工具运输费、参赛服装定制费，选手、技术指导专家、教练的授课、指导、生活补助等费用）；

（三）职业技能大赛科研课题研究、成果转化及资料翻译等费用（含评审费、专利申请费、版面费等）；

（四）职业技能大赛宣传经费；

（五）职业技能大赛获奖选手和指导团队奖励经费；

（六）承担省级职业技能大赛启动仪式、总结和技术交流活动有关费用（含设备设施租赁费、会议费、交通费等）。

第十三条　鼓励社会各界对世界技能大赛集训基地建设和参赛工作进行赞助。

第十四条　项目建设单位要严格按照规定使用专项补助资金，不得擅自改变资金性质和用途，不得挪用、挤占，防止虚列支出的现象发生，确保资金使用的安全、规范、有效。

第十五条　省人力资源社会保障厅、省财政厅按照国家和省有关规定，加强对建设项目资金管理使用情况的监督检查。项目建设完成后，委托第三方进行专项补助资金绩效评价，对建设项目验收不合格或者不按规定和要求使用专项资金的，收回省级补助资金。

第十六条　各级人力资源社会保障、财政部门要建立集训基地建设专项补助资金“谁使用，谁负责”的责任追究机制。对滞留、截留、挤占、挪用、虚列、套取、私分补助资金等行为，按照《预算法》《财政违法行为处罚处分条例》等国家有关规定追究法律责任。

第六章 技能大赛获奖人员奖励

第十七条 省人力资源社会保障厅、省财政厅对获得世界技能大赛和国家级、省级一类职业技能竞赛优异成绩的选手给予奖励。对为选手获奖提供指导和帮助的技术指导专家、教练和技术翻译以及选手所在单位，省人力资源社会保障厅给予通报表扬，所在单位可参照国家和省有关标准给予奖励。

第十八条 对我省在世界技能大赛中获得金牌、银牌、铜牌和优胜奖的选手，按国家和省有关规定给予奖励。

（一）对获得世界技能大赛金牌的选手，可直接晋升为高级技师并破格认定为当年度齐鲁首席技师；获得世界技能大赛银牌、铜牌的选手，可直接晋升为高级技师并破格认定为当年度山东省有突出贡献的技师。对入选世界技能大赛国家集训队的选手，认定为当年度“山东省技术能手”，并在现有职业资格等级的基础上晋升一级职业资格。

（二）对我省获得世界技能大赛金牌、银牌、铜牌和优胜奖的选手，分别给予50万元、20万元、10万元和5万元奖励；获得世界技能大赛中国选拔赛和国家级一类职业技能竞赛项目前3名的选手，分别给予5万元、2万元和1万元奖励，选送单位为技工院校的，一次性给予高技能人才培育奖励补助5万元；入选世界技能大赛国家集训队的选手给予8000元奖金；对获得省级一类职业技能竞赛项目的1、2、3名选手分别给予5000元、3000元和2000元奖励。同一竞赛项目按照最高成绩奖励。

上述奖金，符合个人所得税法第四条第一款规定的，可按规定予以免税。

第十九条 以上获奖选手和指导教师参加中华技能大奖、全国技术能手、齐鲁首席技师、省有突出贡献的技师等项目评选时，在同等条件下优先推荐。

第七章 附 则

第二十条 本办法由省人力资源社会保障厅、省财政厅负责解释。

第二十一条 本办法自印发之日起施行。

山东省人力资源和社会保障厅

关于公布国家级高技能人才培训基地国家级技能大师工作室建设项目单位的通知

（2017年5月22日 鲁人社字〔2017〕119号）

各市人力资源社会保障局，省直有关部门（单位），省属技工院校：

为贯彻落实省人力资源社会保障厅、财政厅《山东省深入推进国家高技能人才振兴计划实施方案》（鲁人社字〔2016〕379号）部署要求，实施人才优先发展战略和创新驱动发展战略，为推进供给侧结构性改革和中国制造2025提供技能人才支撑，省人力资源社会保障厅会同省财政厅，按照统筹规划、合理布局、引领带动、资源共享的原则，经单位申报、各市及省直有关部门推荐、申报单位现场答辩、专家评审和公示等程序，认定烟台市技师学院等5所院校为国家级高技能人才培训基地建设项目单位；山东省城市服务技师学院等5个单位国家级技能大师工作室建设项目单位（名单见附件），现予以公布，并报人力资源社会保障部备案。

各市、各主管部门（单位）要加强对建设项目单位资金使用的监督管理，确保建设项目按期完成。各项目单位要建立专账，严格按照规定使用补助资金，做到专款专用，确保高质量完成建设项目。

省人力资源社会保障厅、财政厅将按照国家和省有关规定，依照建设项目单位制定的实施方案，对项目建设情况和资金使用情况进行监督管理和中期检查。项目建设完成后，委托第三方对项目建设情况进行评估验收。验收不合格的，限期整改；整改后仍不合格的，撤销建设项目，收回补助资金。

附件：2017年国家级高技能人才培训基地国家级技能大师工作室建设项目单位名单

2017年国家级高技能人才培训基地国家级技能大师工作室建设项目单位名单

一、国家级高技能人才培训基地建设项目单位

1. 烟台市技师学院
2. 济南市技师学院
3. 日照市技师学院
4. 青岛四方机车车辆技师学院
5. 济宁市工业技师学院

二、国家级技能大师工作室建设项目单位

1. 山东省城市服务技师学院
2. 北汽福田汽车股份有限公司诸城奥铃汽车厂
3. 山东临工工程机械有限公司
4. 山东劳动技师学院
5. 黄河窑陶瓷博物馆有限公司

四、人事制度改革

山东省人民政府办公厅关于转发省人力资源社会保障厅省公务员局山东省“十三五”行政机关公务员培训规划的通知

（2017年4月25日 鲁政办字〔2017〕70号）

各市人民政府，各县（市、区）人民政府，省政府各部门、各直属机构：

为贯彻落实《国务院办公厅关于转发人力资源社会保障部国家公务员局“十三五”行政机关公务员培训纲要的通知》（国办发〔2016〕92号）精神，省人力资源社会保障厅、省公务员局拟定的《山东省“十三五”行政机关公务员培训规划》已经省政府同意，现转发给你们，请结合本地区、本部门实际，认真贯彻执行。

山东省“十三五”行政机关公务员培训规划

省人力资源社会保障厅　省公务员局

为加强行政机关公务员（以下称公务员）队伍建设，全面提升公务员素质和履职能力，根据《中华人民共和国公务员法》《干部教育培训工作条例》和《国务院办公厅关于转发人力资源社会保障部国家公务员局“十三五”行政机关公务员培训纲要的通知》（国办发〔2016〕92号）等，结合我省公务员培训工作实际，制定本规划。

一、指导思想和基本原则

（一）指导思想。全面贯彻党的十八大和十八届三中、四中、五中、六中全会精神，深入贯彻习近平总书记系列重要讲话精神和治国理政新理念新思想新战略，统筹推进“五位一体”总体布局和协调推进“四个全面”战略布局，牢固树立和贯彻落实创新、协调、绿色、开放、共享的发展理念，认真落实省委、省政府决策部署，以坚定理想信念、提高履职能力、改进工作作风为重点，努力培养和造就一支忠诚、干净、担当的高素质、专业化公务员队伍，为加快经济文化强省建设、在全面建成小康社会进程中走在前列提供人才保证和智力支持。

（二）基本原则。

1. 坚持紧扣中心，服务大局。紧紧围绕我省“十三五”经济社会发展总体目标，自觉服从和服务于省委、省政府中心工作和改革发展稳定大局，紧密结合加快推进供给侧结构性改革、产业转型升级、发展方式转变等重点任务，统筹考虑公务员岗位职责和健康成长需求，精心部署、积极推进公务员培训，充分发挥培训的先导性、基础性、战略性作用。

2. 坚持以德为先，注重能力。深入贯彻党的干部教育培训方针，按照德才兼备、以德为先的培养标准，突出理想信念、党性观念、纪律规矩、政治文化和职业道德教育，把能力培养贯穿公务员培训的始终，全面提升公务员德才素质和履职能力。

3. 坚持改革创新，力求实效。主动适应形势任务发展变化，遵循公务员成长规律和培训规律，坚持问题导向和目标导向，创新培训理念、培训制度和培训方式方法，优化资源配置，完善内容设置，增强公务员培训的生机和活力，提升培训质量和效益。

4. 坚持全员培训，突出重点。按照干部管理权限，以全员培训为目标，探索推进分类培训，持续扩大培训覆盖面，提高培训统筹性，补齐培训短板，解决“多年不训”问题。根据不同类别、不同层次、不同岗位公务员的特点，开展个性化、差异化、精准化培训，着重加强基层和机关基础岗位（以下简称“双基”）公务员培训。

5. 坚持依法治训，从严管理。严格依法依规开展行政机关公务员培训，规范培训流程，从严管理教师、学员行为，保持良好培训秩序和学习风气。

二、工作目标和主要任务

（一）工作目标。

1. 培训水平明显提高。培训制度更加健全，分类培训取得突破性进展。培训理念更加开放，培训模式更具活力，网络培训成为培训重要方式。培训职能分工更加明确、合理，分级管理、分工负责的培训体系更加完善。公务员培训主管部门履行培训规划、宏观指导、协调服务、制度建设与督促检查等管理职能，各地、各部门负责制定本地、本机关公务员的培训计划并认真落实，切实履行培训主体责任。培训工作刚性约束和活力显著增强。

2. 培训任务全面落实。公务员每人每年参加培训累计不少于12天或者90学时（对担任领导职务的公务员有其他规定的，按有关规定执行）。省公务员局每年为全省培训乡镇长200名、“双基”公务员400名、新任职处级公务员400名。

3. 培训质量全面提升。全面加强公务员理想信念教育和职业道德教育，大力实施公务员职业道德教育计划，力争5年内将公务员培训一遍。加强和改进初任、任职、在职和专门业务培训，初任培训实现应训必训，任职培训参训率不断提高，在职和专门业务培训针对性、实效性不断增强。公务员队伍理想信念更加坚定，履职能力显著提升，工作作风明显改进。

（二）主要任务。

1. 深入开展理想信念教育。深入开展马克思列宁主义、毛泽东思想、邓小平理论、“三个代表”重要思想、科学发展观特别是习近平总书记系列重要讲话精神培训，加强党的路线方针政策、社会主义核心价值观、党史国史、国情形势、廉政教育、国家安全教育等培训，引导广大公务员坚定理想信念，增强“四个自信”，牢固树立政治意识、大局意识、核心意识、看齐意识，发扬优良传统，做到知行合一、以知促行。

2. 扎实推进职业道德教育培训。深入推进公务员职业道德建设工程，扎实开展以“坚定信念、忠于国家、服务人民、恪尽职守、依法办事、公正廉洁”为主要内容的公务员职业道德培训。积极开展富有行业特色、地域特点的职业道德建设主题实践活动，提升公务员队伍的思想境界和职业操守，催生公务员愿干事、想干事的内生动力。将职业道德教育作为公务员初任、任职、在职培训的必修内容，纳入各级行政学院等培训机构培训课程，突出信念、忠诚、责任、纪律、廉洁、诚信等方面培训。每名公务员每年接受职业道德培训或者参与职业道德主题实践活动的时间总计不少于8学时。

3. 坚持抓好公务员四类培训。初任培训要在保证应训必训基础上，制定实施初任培训大纲，规范新录用公务员培训内容，探索开展岗位实训及导师制等，进一步提高培训质量。加强对市、县（市、区）以及公安、司法、地税等部门自行组织的新录用公务员初任培训的业务指导，确保培训时间、内容、质量等符合相关规定。任职培训要着重提高参训率，健全统一管理、统一要求、分级培训的培训模式，确保新任职公务员在规定时间内接受培训，提高其胜任领导岗位的素质和能力。专门业务培训以部门、单位为主组织，培训时间根据实际需要确定，培训要突出前瞻性、实用性，重点提高公务员的业务工作能力。在职培训要服务中心工作，以更新知识、开阔视野为重点，灵活运用讲座、网络学习、研究式学习等方式，促使公务员更新知识、提高素质。

4. 大力实施“双基”公务员培训。继续实施基层公务员培训工程，坚持务实、管用原则，重点加强县（市、区）、乡镇（街道）和公共服务部门基层公务员培训，不断提高其依法行政、政策执行、服务群众、安全生产、环境保护、应急处置和维护稳定等本领。实施机关基础岗位公务员培训工程，以机关内设机构一般工作人员为重点，加强调查研究能力、沟通协调能力、文字表达能力等培训。根据公务员履职能力需要，实行脱产培训与在职自学、现场培训与网络培训相结合，采取名师送教下基层活动等方式，推动优质培训资源向机关基础岗位和基层倾斜。各级、各部门要将“双基”公务员培训列入年度培训计划，确保“双基”公务员每人每年参加脱产培训不少于6天。

5. 组织实施公务员专业素养和科学人文提升培训。针对公务员队伍中存在的不会为、不善为的问题，强化公务员精准培训。围绕法治政府建设目标任务，突出宪法培训，开展与履行岗位职责密切相关的法律法规培训，提高行政机关公务员法治素养。继续组织实施公务员履职能力提升和“服务业千人培训工程”培训项目，重点加强新发展理念、供给侧结构性改革、政府治理与服务、统筹城乡发展、精准扶贫、创新创业、推进网络安全与信息技术、服务业转型升级等培训，引导各级公务员改进管理方式，优化工作方法，提高管理能力和服务水平。广泛开展哲学、历史、科技、文学、艺术以及国防军事、外交、民族、宗教、安全保密、电子政务、心理健康等方面的培训，提升公务员科学人文素养。

6. 探索推进分类培训。根据综合管理类、专业技术类、行政执法类公务员岗位要求和培训需求，采用“通用能力培训＋类别专业能力培训”等方式积极探索推进公务员分类培训。综合管理类公务员培训以提高公共管理能力和综合能力素质为重点，专业技术类公务员培训以更新知识和提升专业技术水平为重点，行政执法类公务员培训以强化法律意识和提升执法能力为重点，增强培训的针对性、实效性。做好人民警察及其他特殊工作岗位公务员实训工作。

7. 积极开展对口培训和援助交流。继续做好国家安排的对口培训工作，努力办成精品对口培训项目。采取举办培训班、送教上门等形式，做好西藏、青海、新疆公务员对口援助培训工作。积极推进市、县（市、区）间公务员培训交流。继续加大对西部经济隆起带、沂蒙革命老区等地区的公务员培训支持力度，将优质资源向其倾斜。紧紧围绕打赢脱贫攻坚战，结合贫困地区实际需要，开展精准培训，创新培训方式方法，有效提升贫困地区公务员队伍抓改革促发展能力。

三、组织保障

（一）加强组织领导。各级、各部门要切实把公务员培训工作摆上重要议事日程，纳入本地区、本部门工作发展规划，纳入政府工作绩效考评内容，结合实际制定本地区、本部门、本系统公务员培训实施方案，并抓好组织实施。各级公务员主管部门要加强对培训工作的协调指导、监督检查，及时发现和解决存在的问题，总结推广有益经验和做法。

（二）健全培训制度。深入贯彻《干部教育培训工作条例》和《公务员培训规定（试行）》，制定出台推进全省公务员职业道德建设工程的实施意见。完善培训需求调研制度，把需求调研作为培训计划生成的必经环节。各部门要以思想政治教育、专门业务、知识更新等为重点做好本机关公务员年度培训计划的编制和实施工作。

（三）创新培训方式方法。对初任、任职培训等有完成时限要求的、涉及中心工作的重点班次及重点岗位公务员可以实行点名调训。充分利用山东干部学习网，大力开展自主选学培训。运用现代信息技术，探索“互联网＋培训”新模式，完善网络培训制度，建立兼容、开放、共享、规范的公务员网络培训体系。探索建立网络课件开发交流共享制度，优化网络载体的运用，实现网络培训全员覆盖。强化培训管理信息系统的开发和利用，切实提高培训管理水平。改进教学方式方法，综合运用讲授式、研讨式、案例式、模拟式、体验式等教学方法。

（四）加强培训基础建设。各级公务员主管部门要加强对培训机构的业务指导。充分发挥党校、行政学院、干部学院培训主渠道作用，积极利用国家、省级公务员特色实践教育基地以及知名高等院校、科研院所、社会培训机构等的资源优势为公务员培训服务。强化教材体系建设，打造一批精品课程。坚持政治合格、素质优良标准，进一步完善省、市级师资库。注重挖掘具有山东特色的公务员政德教育、党性教育等培训教育资源，打造一批公务员特色实践教育基地。

（五）提升培训管理者队伍素质。通过举办培训班、研讨交流、参观考察等多种形式，对培训管理者开展培训基础理论、现代教育培训方法等的培训，提高公务员培训组织管理水平，努力培养一支具有现代培训理念、掌握现代培训方法、富有开拓创新精神的公务员培训管理者队伍。“十三五”期间，省公务员局重点培训500名培训管理者。

（六）强化培训激励约束机制。落实培训与使用相结合的制度。完善培训学时学分登记制度，健全培训档案，如实记载参加培训情况和考核结果。将参加脱产培训情况记入公务员年度考核登记表，参加2个月以上的脱产培训情况记入干部任免审批表。对无正当理由不参加培训的，给予批评教育直至组织处理。对脱产培训考核不合格的，年度考核不得确定为优秀等次。

（七）保证培训经费投入。各级政府要按照公务员法规定将公务员培训经费列入年度财政预算，按照公务员培训管理分工安排经费，尤其要对“双基”公务员培训给予必要保障，保证培训工作需要。财政困难的地方可统筹使用自有财力和上级转移支付财力，为培训工作顺利开展提供保障。严格执行有关财务规定，加强培训经费管理，确保专款专用，坚持厉行节约、勤俭办学，提高经费使用效益。

（八）严格培训监督管理。各级公务员主管部门要会同有关部门对公务员培训工作情况进行监督检查，制止和纠正违反公务员培训法规制度的行为，并对有关责任人员提出处理意见和建议。公务员必须严格遵守培训规章制度，严格遵守学习培训和廉洁自律各项规定，完成规定的培训任务。

山东省人力资源和社会保障厅、中共山东省委组织部、山东省机构编制委员会办公室、山东省财政厅关于转发人社部规〔2016〕6号文件在全省建立机关事业单位防治“吃空饷”问题长效机制的通知

（2017年4月7日　鲁人社发〔2017〕12号）

各市人民政府，各县（市、区）人民政府，省直各部门、单位：

经省政府同意，现将人力资源社会保障部、中央组织部、中央编办、财政部《关于建立机关事业单位防治“吃空饷”问题长效机制的指导意见》（人社部规〔2016〕6号，以下简称《指导意见》）转发给你们，并就我省建立机关事业单位防治“吃空饷”问题长效机制有关事宜通知如下：

一、要对照《指导意见》界定的7类“吃空饷”情形，结合前期集中治理活动成果，聚焦问题多发领域，有针对性地做好建章立制工作，补齐制度短板。各地要结合实际，坚持防范与惩治并重，研究制定本地区建立防治“吃空饷”长效机制具体实施办法。

二、要按照“属地管理、分级负责”和“谁主管、谁负责”的原则，压实用人单位主体责任，切实加强人员“进、管、出”全流程监管，牢牢把住人员日常管理、工资发放管理、离岗人员管理等关键环节，注重从源头预防“吃空饷”问题。对上级巡查发现或转办交办的投诉举报事项，应当在1个月内作出处理并报告结果，复杂问题经请示后可适当延长办理时间。

三、要进一步完善议事协调机制，按照《指导意见》要求，相应调整机关事业单位“吃空饷”集中治理领导小组职责，把工作重心转移到长效机制建立上。各级人力资源社会保障部门要发挥统筹协调作用，做好信息汇总和督导调度等工作，每年1月份向上级人力资源社会保障部门报告本地区上年度防治“吃空饷”情况。

四、要抓紧对前期开展的“吃空饷”问题集中治理活动组织一次“回头看”，确保存量问题查处到位、违纪人员惩戒到位、违规资金追缴到位，为全面建立防治“吃空饷”问题长效机制夯实基础。

人力资源社会保障部　中央组织部　中央编办　财政部 关于建立机关事业单位防治“吃空饷”问题长效机制的指导意见

各省、自治区、直辖市人民政府，国务院各部委、各直属机构：

按照国务院部署，各地区、各部门深入扎实开展机关事业单位“吃空饷”问题集中治理工作，追缴资金，处理违纪人员，“吃空饷”现象得到有效遏制。同时，在治理过程中发现“吃空饷”问题具有隐蔽性、反复性，为巩固集中治理工作成果，进一步从源头上加强综合治理，经国务院同意，现就建立机关事业单位防治“吃空饷”问题长效机制提出以下指导意见。

一、严格界定“吃空饷”情形

机关事业单位“吃空饷”问题只要是指：

1. 在机关事业单位挂名并未实际到岗上班，但从机关事业单位领取工资、津贴补贴的。

2. 因请假、因公外出期满无正当理由逾期不归或旷工等原因，按规定单位应当与其终止人事关系，但仍在原单位领取工资、津贴补贴的。

3. 已与单位终止人事关系或已办理离退休手续，仍按在职人员领取工资、津贴补贴的。

4. 已死亡或被人民法院宣告死亡、失踪，仍由他人继续领取工资、津贴补贴的。

5. 受党纪政纪处分及行政、刑事处罚等，按规定应当停发或降低工资待遇，但仍未停发或按原标准领取工资、津贴补贴的。

6. 机关事业单位隐瞒事实、虚报人员编制或实有人数套取财政资金的。

7. 其他违纪违规领取工资、津贴补贴的。

二、严格人员日常管理

各地区、各部门要按照公务员考试录用、事业单位公开招聘、干部交流、人才引进等管理规定选拔、使用人员，严格按照政策规定和工作程序办理进人手续，严格执行公务员登记制度和事业单位工作人员实名统计制度。充分利用信息化手段，及时采集、更新在岗人员信息和工资发放信息，逐步建立机构编制、人员在岗、工资发放和人员交流等情况定期内部公示制度。加强考勤管理，机关事业单位工作人员因病、因事请假须严格履行请销假手续，并按照干部管理权限进行报批、备案，对违反规定的行为要及时依法依规处理。加强考核工作，将日常考核、年度考核与人员晋升、岗位和工资调整紧密挂钩。机关事业单位工作人员与单位解除、终止人事关系的，或者已死亡或被人民法院宣告死亡、失踪的，应按规定及时办理工资核销和社会保险关系转移或终止手续的。

三、严格工资发放管理

机关事业单位工作人员病假期间，按国家有关政策执行相应的工资福利待遇，符合病退、退职条件，应及时办理相关手续，执行相应的待遇。受党纪政纪处分的，须按规定取消、停发或降低工资待遇。机关事业单位工作人员被审判、检察、公安、国家安全机关采取强制措施和受行政刑事处罚，所在单位在收到告知书后，要按规定对其工资待遇进行处理，并按照干部管理权限报告有关单位和部门。工作人员按规定办理退休手续后，须在退休次月执行相应的退休待遇。

四、严格离岗人员管理

机关事业单位一般不得以日常工作为由借调人员，因完成专项工作或者重点任务确需借调工作人员，须经借出、借入单位领导集体研究，并按照干部管理权限履行审批程序，明确借调期限，借调期满后继续借用的，须重新履行审批手续。严格禁止各种形式的非组织借调行为。机关事业单位工作人员离岗进修培训、挂职锻炼，需按照干部管理权限审批，并按有关规定抓好日常管理。对按照中央加快实施创新驱动发展战略和大众创业、万众创新等有关文件要求离岗创业的高校、科研院所等事业单位科研人员，各地区、各部门要通过完善聘用合同管理、强化考核等办法，加强规范管理。

五、严格监督管理

各级组织、机构编制、财政和人力资源社会保障等部门要加快实现部门间信息共享和对接，建立机构编制、岗位管理、人员聘用、工资管理、社保缴费、财政预算等工作的互联管理平台。组织、人力资源社会保障部门要充分履行职责，健全统一指导、分基调控、分类管理的人事管理体制。完善人事管理制度，加强对各类人员管理及工资待遇执行等方面的政策指导。强化人事监管，健全各项管理程序，完善人员流动管理机制。机构编制部门要全面实行机构编制实名制管理，严格人员编制使用核准备案制度，强化部门间联动管理综合约束机制，依法依规推进机构人员编制信息公示公开。加强机构运行和编制使用情况的动态监测，切实加大“12310”举报受理和案件查处工作力度。财政部门要会同人力资源社会保障等部门进一步加强财政统发工资管理，严格按照财政预算核拨人员经费。根据相关规定对增人增资证明材料进行审核。

六、严格责任追究

各级组织、机构编制、财政和人力资源社会保障等部门要形成常态化联合治理工作机制，定期和不定期开展专项检查，督促有关地方和部门及时核实处理发现的问题。各地区、各部门要在政务公开网站公布举报电话、邮箱，对举报线索须及时核查处理，并向实名举报人反馈结果。对“吃空饷”问题，坚持发现一起查处一起，对查实的问题“零容忍”，坚决纠正违规行为，严肃处理负有责任的领导人员和相关责任人，对违纪违规的要按照有关规定给予处理，对涉嫌违法犯罪的要移交司法机关处理。对占编“吃空饷”的单位要严格按照规定核减相应编制和预算，并收回空余编制。

各地区、各部门要将预防、治理“吃空饷”问题纳入党风廉政建设工作范畴。机关事业单位主要负责同志作为第一责任人，要切实负起领导责任。组织、机构编制、财政和人力资源社会保障等部门要各司其职、密切配合、加强协调。要宣传防治“吃空饷”问题的重要意义和取得的成效，对于社会普遍关注、群众反映强烈、影响恶劣的典型案件，要定期进行内部通报或公开曝光，对违法违规行为形成有效震慑。

中共山东省委组织部、山东省人力资源和社会保障厅
关于印发山东省事业单位工作人员考核办法的通知

（2017 年 12 月 4 日　鲁人社发〔2017〕45 号）

各市党委组织部、政府人力资源社会保障局，省直各部门（单位），各高等院校：

现将《山东省事业单位工作人员考核办法》印发给你们，请结合实际认真贯彻执行。在实施中遇到的问题，请及时向省委组织部、省人力资源社会保障厅反映。

山东省事业单位工作人员考核办法

第一章　总　则

第一条　为全面准确评价事业单位工作人员的德才表现和工作实绩，进一步规范事业单位工作人员考核工作，调动事业单位工作人员的积极性、主动性、创造性，促进事业单位工作人员队伍依法履行职责，提高公共服务质量和效率，根据《事业单位人事管理条例》（国务院令第 652 号）

等相关规定，结合实际，制定本办法。

第二条 事业单位聘用在管理岗位、专业技术岗位、工勤技能岗位以及特设岗位的工作人员考核，适用本办法。事业单位领导人员的考核，按照有关规定执行。

法律、法规对事业单位工作人员考核另有规定的，从其规定。机关工勤人员、参照公务员法管理的事业单位中的工勤人员以及使用事业编制的各类学会、协会、基金会等社会团体工作人员的考核，参照本办法执行。

第三条 事业单位工作人员考核坚持民主公开、客观公正、科学规范、注重实绩的原则，以聘用合同规定的岗位职责任务和工作标准为依据，以工作绩效为重点内容，以服务对象满意度为基础，按照规定的内容、标准、程序和方法进行，充分发挥考核结果的激励约束作用。

第四条 事业单位工作人员考核实行单位内部评议与服务对象评价相结合、定性分析与定量分析相结合、平时考核与定期考核相结合，在主管部门（举办单位）和同级组织、人力资源社会保障部门的指导下进行。

第五条 各级组织、人力资源社会保障部门负责事业单位工作人员考核的综合管理和监督检查。

第六条 省委组织部、省人力资源社会保障厅会同有关行业部门，探索制定分行业考核工作实施细则。

第二章 考核内容

第七条 事业单位应当全面准确考核工作人员的德、能、勤、绩、廉等方面，重点考核工作实绩。

德，主要考核遵纪守法情况和在政治立场、思想政治素质、社会公德、职业道德、家庭美德、个人品德等方面的表现。

能，主要考核履行岗位职责能力、业务水平以及管理、专业技术和技能水平的提高、知识更新、工作创新等情况。

勤，主要考核工作责任心、工作态度、勤奋敬业精神、公共服务意识等方面的情况。

绩，主要考核履行岗位职责情况，完成工作任务的数量、质量、效率，取得成果的水平，所产生的社会效益以及服务对象的满意度。

廉，主要考核廉洁从业方面的表现。

第八条 事业单位工作人员考核分为平时考核、年度考核和聘期考核。

第九条 平时考核重点考核工作人员履行岗位职责与出勤、遵守单位管理制度情况，完成日常工作任务、阶段工作目标情况及所产生的效益，服务对象的满意度等。平时考核由事业单位根据实际情况自行安排。

第十条 年度考核以平时考核为基础，侧重考核年度工作任务完成情况及工作表现。一般在每年年末或者次年年初进行。

事业单位可以根据行业特点，按照农历年、学年等周期进行年度考核。

第十一条 聘期考核以年度考核为基础，侧重考核聘期任务目标完成情况。一般在聘期结束前一个月内进行。

聘期考核与年度考核间隔不超过2个月的，可以同时组织。

第十二条 事业单位应当将工作人员的绩效考核与平时考核、年度考核、聘期考核相结合，统筹安排，有效衔接。

第三章 考核标准

第十三条 考核标准应当以岗位职责及年度、聘期工作任务为基本依据，具体标准由事业单位根据有关法律法规政策，结合实际情况自行制定。考核标准应当明确具体，不同岗位、不同层次的工作人员，在业务水平和工作业绩方面应当有不同的要求。

第十四条 年度考核结果分为优秀、合格、基本合格、不合格四个档次。

第十五条 管理岗位聘用人员考核各档次的基本标准是：

优秀：正确贯彻执行党和国家的路线、方针、政策，模范遵守国家的法律、法规和各项规章制度，廉洁奉公，精通业务，工作勤奋，有改革创新精神，履行岗位职责出色，工作成绩突出。

合格：正确贯彻执行党和国家的路线、方针、政策，自觉遵守国家的法律、法规和各项规章制度，廉洁自律，熟悉业务，工作积极，能够履行岗位职责，完成工作任务。

基本合格：贯彻执行党和国家的路线、方针、政策，遵守国家的法律、法规和各项规章制度，业务素质一般，未完全履行岗位职责，基本完成工作任务，或在执行党风廉政建设各项规定和廉洁从业方面存在不足。

不合格：政治、业务素质较低，组织纪律较差，难以适应工作要求，或工作责任心不强，履行岗位职责差，不能完成工作任务或在工作中造成严重失误，或在执行党风廉政建设各项规定和廉洁从业方面存在严重不足。

第十六条 专业技术岗位聘用人员考核各档次的基本标准是：

优秀：拥护党和国家的路线、方针、政策，模范遵守国家的法律、法规及各项规章制度和职业道德，学风端正、学术诚信、清正廉洁、勤奋敬业，专业技术能力强或提高快，工作有创新，履行岗位职责出色，工作成绩突出，成果显著。

合格：拥护党和国家的路线、方针、政策，自觉遵守国家的法律、法规及各项规章制度和职业道德，学风端正、学术诚信、廉洁从业、工作负责，专业技术能力较强或提高较快，能够履行岗位职责，完成工作任务，取得一定的业绩成果。

基本合格：遵守国家法律、法规及各项规章制度和职业道德，业务素质一般，未完全履行岗位职责，基本完成工作任务，或在学风建设、学术诚信、职业道德、廉洁从业等方面存在不足。

不合格：政治、业务素质较低，组织纪律较差，难以适应工作要求，或工作责任心不强，履行岗位职责差，不能完成工作任务，在工作中造成严重失误或责任事故，或在学风建设、学术诚信、职业道德、廉洁从业等方面存在严重不足。

第十七条 工勤技能岗位聘用人员考核各档次的基本标准是：

优秀：政治思想表现好，模范遵守法律、纪律和各项规章制度，职业技能水平高，工作有创新，勤奋敬业，严格遵守劳动安全规定，履行岗位职责出色，业绩突出。

合格：政治思想表现好，自觉遵守法律、纪律和各项规章制度，职业技能水平较高，工作积极，自觉遵守劳动安全规定，无责任事故，能够履行岗位职责，完成工作任务。

基本合格：政治思想表现一般，遵守国家法律、法规和各项规章制度，职业技能水平较低，未完全履行岗位职责，基本完成工作任务，不能严格执行操作规程，忽视劳动安全，出现事故苗头或发生轻微事故。

不合格：组织纪律较差，难以适应工作要求，履行岗位职责差，职业技能水平差，不能完成工作任务，或工作责任心不强，在工作中造成严重失误，或忽视劳动安全、违反工作和操作规程，发生严重事故。

第十八条 年度考核优秀档次人数一般不超过本单位实际参加年度考核工作人员人数的15%。对乡镇（街道）事业单位、当年集体获得省部级以上表彰奖励、取得重大工作创新或者作出突出贡献的事业单位，年度考核优秀档次比例可适当提高，最多不超过20%。实际参加年度考核工作人员人数少于10人的单位，可根据实际情况确定1～2名年度考核优秀档次人员。

事业单位主管部门（举办单位）可统筹组织实施所属事业单位的年度考核工作。

优秀档次比例应当向单位主体岗位和一线岗位倾斜。

第十九条 事业单位工作人员经批准在两类岗位上任职的，考核内容应当包括聘用合同规定的两类岗位职责任务。如两个岗位分别考核，年度考核档次依据两个岗位考核中较低档次确定。

第二十条 聘期考核结果分为优秀、合格、不合格三个档次。

超额完成聘用合同规定的聘期任务或者实现聘用合同规定的聘期目标，或者聘期内取得重大工作突破或重大创新成果，成绩显著的，聘期考核确定为优秀档次。

完成聘用合同规定的聘期任务或者实现聘用合同规定的聘期目标，聘期考核确定为合格档次。

无正当理由，未完成聘用合同规定的聘期任务或者未实现聘用合同规定的聘期目标，聘期考核确定为不合格档次。

第四章　考核方法

第二十一条　平时考核一般采取工作纪实、绩效分析、专项工作检查、考勤等方法进行，由主管领导予以审核评价。

注重对事业单位工作人员在应对重大突发事件、完成重大任务时的表现进行跟踪考核。

第二十二条　年度考核和聘期考核一般采取绩效分析、部门内部评议、服务对象满意度调查、综合评价等方法进行。

对事业单位中层管理岗位工作人员的考核，可以安排其在一定范围内述职，并进行民主测评。

第二十三条　绩效分析主要通过有关统计数据，对工作人员完成工作任务的数量、质量、效率以及所产生的社会效益和经济效益进行核算处理，形成量化结果。

绩效分析指标应当根据行业特点设计，突出公共服务特点。

第二十四条　部门内部评议主要通过部门内部人员的评价，了解事业单位工作人员的实际工作表现以及在本部门工作人员中的认可度。

部门内部评议一般采取个别谈话、召开座谈会、填写评议表等方式进行。评议表应当填写具体的评议意见，包括工作表现、不足之处等。

第二十五条　单位民主测评主要通过单位全体工作人员或者工作人员代表的评价，了解中层管理岗位工作人员的工作情况以及在本单位工作人员中的认可度。

单位民主测评一般采取无记名（或记名）测评等方式进行，测评分项分档，按照“德、能、勤、绩、廉”五个类别设置测评项目，意见分为好、较好、一般、差四个档次。

第二十六条　服务对象满意度调查主要通过服务对象的评价，了解事业单位工作人员的服务意识、服务态度、服务质量等情况以及在服务对象中的公认度。

服务对象满意度调查一般针对工作人员个体进行，也可以根据行业工作特点针对工作人员集体进行。

服务对象满意度调查分为即时调查和定期调查。即时调查主要适用于服务对象流动性较强的公共服务，一般采取电子投票、填表、第三方评价等方式进行。定期调查主要适用于服务对象相对固定的公共服务，一般采取无记名（或记名）问卷调查、约谈走访、召开座谈会等方式进行。电子投票、填表、第三方评价、问卷调查等可以根据行业特点设计，采用量化统计分析的方法。

无特定指向服务对象的公共服务，可以结合工作特点，实行定期调查与及时调查相结合，一般采取第三方评价的方式进行。

第二十七条　综合评价主要对绩效分析、部门内部评议、单位民主测评、服务对象满意度调查等方式获得的结果和平时考核情况进行分析比较，相互补充印证，修正绩效分析的量化结果，全面、客观、公正地对事业单位工作人员作出评价。

综合评价一般应当形成包括定性评价和定量评价的综合性评价意见，作为审议考核档次建议的主要依据。

第五章　考核程序

第二十八条　事业单位在年度考核、聘期考核时一般应当成立考核工作领导小组，负责考核工作的具体组织实施。考核工作领导小组一般由本单位负责人、单位内部组织人事等有关人员、工作人员代表组成。考核工作领导小组成员在考核工作中按照有关规定实行回避制度。

无人事管理权限的事业单位由主管部门（举办单位）统一组织实施工作人员年度考核工作。

第二十九条　年度考核按照下列程序进行：

（一）考核工作领导小组制定年度考核工作方案，并通过职工代表大会或者其他形式听取工作人员意见；

（二）考核单位负责人集体研究确定年度考核工作方案并公布；

（三）被考核人进行个人总结或述职，填写《山东省事业单位工作人员年度考核表》（见附件1）；

（四）主管领导根据被考核人平时考核情况和个人总结等，写出评语，提出考核档次建议；

（五）考核工作领导小组按照本办法第四章确定的考核方法组织考核，审议考核档次建议；

（六）考核单位负责人集体研究确定考核档次；

（七）考核工作领导小组对拟确定的考核结果在本单位范围内公示，公示期一般不少于 5 个工作日，对拟确定为基本合格、不合格档次的工作人员进行组织谈话；

（八）将考核结果以书面形式告知被考核人。

第三十条 聘期考核程序由事业单位在主管部门（举办单位）指导下参考年度考核程序确定，由单位统一组织填写《山东省事业单位工作人员聘期考核表》（见附件 2）。

第三十一条 平时考核程序由事业单位根据实际情况确定。

第三十二条 实行事业单位工作人员年度考核结果备案制度。年度考核结束 20 个工作日内，各事业单位或主管部门（举办单位）如实填写《山东省事业单位工作人员年度考核结果备案表》（见附件 3），连同年度考核被确定为优秀、基本合格、不合格档次人员名单，报同级组织、人力资源社会保障部门备案。凡未经备案的，不得兑现有关待遇。

第三十三条 考核单位应当将年度考核表和聘期考核表存入工作人员本人档案。

第三十四条 事业单位工作人员对年度考核、聘期考核结果如有异议，可以按照《事业单位工作人员申诉规定》（人社部发〔2014〕45 号）有关规定申请复核、提出申诉。

第六章　考核结果使用

第三十五条 考核结果作为调整事业单位工作人员岗位、工资以及续订、解除聘用合同的依据。

第三十六条 事业单位工作人员年度考核被确定为合格及以上档次的，按照下列规定办理：

（一）按照有关规定增加薪级工资；

（二）按照有关规定发放绩效工资；

（三）本年度计算为现聘岗位（职员等级）的任职年限。

其中，年度考核被确定为优秀档次的，在当期绩效工资分配时应当予以倾斜，在参加竞聘上岗时同等条件下应当予以优先考虑。近三个年度考核均被确定为优秀档次的，在参加竞聘上岗时，采取加分或者其他方式予以优先考虑。

第三十七条 事业单位工作人员年度考核被确定为基本合格档次的，用人单位按照下列规定办理：

（一）对其诫勉，限期改进；

（二）不得增加薪级工资；

（三）按照有关规定核减绩效工资；

（四）本年度不计算为现聘岗位（职员等级）的任职年限；

（五）一年内不得聘用到高于调整后所聘岗位等级的岗位；

（六）连续两年被确定为基本合格档次的，按照降低 1 ～ 2 个岗位等级的原则调整到同类别或者其他类别的岗位。

第三十八条 事业单位工作人员年度考核被确定为不合格档次的，用人单位按照下列规定办理：

（一）不得增加薪级工资；

（二）按照有关规定核减绩效工资；

（三）按照降低 1 ～ 2 个岗位等级的原则调整到同类别或者其他类别的岗位；

（四）本年度不计算为现聘岗位（职员等级）的任职年限；

（五）一年内不得聘用到高于调整后所聘岗位等级的岗位；

（六）连续两年年度考核被确定为不合格档次的，用人单位按照《事业单位人事管理条例》有关规定可以与其解除聘用合同。

第三十九条 事业单位工作人员聘期考核被确定为合格及以上档次且岗位存续的，如工作人员提出续订聘用合同的，事业单位原则上应当与其续订。

事业单位工作人员聘期考核被确定为优秀档次的，在职务晋升、竞聘上岗、职称评审、工人技术等级考核、科研资助、评先树优等方面予以优先考虑和倾斜。

事业单位工作人员聘期考核被确定为不合格档次的，事业单位可以不与其续订聘用合同，终止人事关系，或者在平等自愿、协商一致的基础上重新订立聘用合同。

第七章 考核相关问题

第四十条 对首次就业的工作人员，在试用期内参加年度考核，只写评语，不确定档次。

对非首次就业的工作人员，本年度在机关、其他事业单位、军队以及其他单位工作时间与本单位工作时间合并计算，不满全年一半工作日的（含试用期），参加年度考核，只写评语，不确定档次；工作累计满全年一半工作日的（含试用期），由其现所在事业单位进行年度考核并确定档次，有关情况由原单位提供。

本条前款所称其他单位工作时间，以订立合同且缴纳养老保险的时间计算。

第四十一条 对事业单位派出的工作人员进行年度考核，按照下列规定办理：

（一）挂职锻炼、驻外的工作人员，在挂职锻炼、驻外期间由挂职、派驻单位进行考核并确定档次，并反馈派出单位。挂职锻炼、驻外不足全年一半工作日的，由派出单位进行考核；

（二）学习培训、执行任务的工作人员，由派出单位进行考核，主要根据学习培训、执行任务的表现确定档次。有关情况由其学习培训、执行任务的相关单位提供。

第四十二条 对病假（工伤除外）、事假累计超过全年一半工作日的工作人员，不参加年度考核。

第四十三条 对受政纪处分的工作人员进行年度考核，按照下列规定办理：

（一）受到警告处分的，在作出处分决定的当年，不能确定为优秀档次；

（二）受到记过处分的，在作出处分决定的当年，确定为基本合格或者不合格档次；

（三）受到降低岗位等级或者撤职处分的，在受处分期间（含作出处分决定的当年），确定为不合格档次。

本条前款第（二）、（三）项情形，且不符合本办法第十五、十六、十七条所列基本合格、不合格情形的，不适用本办法第三十七条第（六）项、第三十八条第（三）项和第（六）项的规定。

处分解除后，其年度考核不再受该处分影响。

第四十四条 受党纪处分的工作人员年度考核按照中纪委、中组部、原人事部《关于受党纪处分的党政机关工作人员年度考核有关问题的意见》（组通字〔1998〕19号）和中纪委、中组部、人力资源社会保障部、国家公务员局《关于受党纪处分公务员年度考核有关问题的答复意见》（组通字〔2016〕60号）有关规定执行。

第四十五条 事业单位工作人员涉嫌违法违纪被立案调查尚未结案的，参加年度考核，不写评语、不定档次。结案后未作党纪、政纪处分的，立案审查期间按正常考核补定档次，受党纪和政纪处分的，自首次立案到作出处分决定前的考核周期只写评语不确定档次。

第四十六条 不参加年度考核或者考核不确定档次的事业单位工作人员，不得按年度考核结果增加薪级工资，绩效工资按有关规定执行，本年度不计算为现聘岗位（职员等级）的任职年限。

第四十七条 对无正当理由不参加年度考核的事业单位工作人员，经教育后仍拒绝参加的，其考核结果直接确定为不合格档次。

第四十八条 对在考核过程中有徇私舞弊、打击报复、弄虚作假等行为的，按照有关规定予以严肃处理。

第八章 附 则

第四十九条 本办法由省委组织部、省人力资源社会保障厅负责解释。

第五十条 本办法自印发之日起施行。

附件：

1．山东省事业单位工作人员年度考核表（略）

2．山东省事业单位工作人员聘期考核表附件（略）

3．山东省事业单位工作人员年度考核结果备案表附件（略）

中共山东省委组织部、山东省人力资源和社会保障厅、山东省公安厅、山东省公务员局 关于规范驻济党政机关事业单位新招录招聘人员户口迁移工作的通知

（2017 年 10 月 11 日　鲁人社发〔2017〕77 号）

中共济南市委组织部，济南市人力资源和社会保障局（公务员局）、公安局，省直各部门（单位），各驻济高等院校：

为简化规范驻济党政机关事业单位新招录招聘人员户口迁移手续，营造良好的人才引进环境，根据户口登记管理的有关规定，现就做好驻济党政机关事业单位新招录招聘人员户口迁移工作有关问题通知如下：

一、人员范围

驻地在济南市（含济南市代管县）的党政机关事业单位新录用的公务员（含选调生、参照公务员法管理人员，下同）、新招聘的事业单位工作人员，其配偶、未婚子女可按自愿原则随迁落户。

二、落户程序

驻济党政机关事业单位新招录招聘人员到用人单位正式报到后，可持本人有效身份证件、户口簿、县级以上党委组织部、政府人力资源和社会保障局（公务员局）审批或备案的录用聘用材料、用人单位出具的户口迁移介绍信，以及随迁人员亲属关系证明等到拟落户地县（区、市）级公安机关申请。拟落户地应按照自有产权住房、使用权住房等合法稳定住所、单位集体户、人才服务中心集体户的顺序选择，并提交相关证明材料。

县（区、市）级公安机关应在 5 个工作日内完成材料审核以及户口的准迁、迁移，并通知拟落户地公安派出所。其中，录用聘用材料查看原件，留存加盖用人单位公章的复印件。

三、有关要求

新招录招聘人员的户口迁移，是党政机关事业单位引进人才的重要保障。济南市党委组织部、政府人力资源和社会保障局（公务员局）、公安局要本着为人才提供贴心、暖心、舒心服务的原则，按照本通知精神，认真抓好政策规定的贯彻落实，方便新招录招聘人员办理落户手续。省直各部门（单位）、各驻济高等院校要认真履行工作职责，切实做好新招录招聘人员户口迁移的管理服务工作。要严格标准条件，严肃工作纪律，对审批或备案的录用聘用材料复印件、户口迁移介绍信等加盖单位公章，对出具的相关材料负责，确保相关信息真实、准确、有效。对弄虚作假的，依法依规严肃追究责任。

附件：驻济党政机关事业单位招录招聘人员户口迁移介绍信（样本）（略）

中共山东省委组织部、山东省人力资源和社会保障厅关于进一步做好县乡事业单位公开招聘工作的若干意见

（2017 年 12 月 4 日　鲁人社规〔2017〕21 号）

各市党委组织部、政府人力资源社会保障局，省直有关部门（单位）：

为贯彻落实党的十九大精神，鼓励和引导优秀人才到基层干事创业，逐步解决县乡事业单位招人难、留人难问题，根据中组部、人力资源社会保障部《关于进一步做好艰苦边远地区县乡事业单位公开招聘工作的通知》（人社部规〔2016〕3 号）和省委《关于深化人才发展体制机制改革的实施意见》（鲁发〔2016〕22 号）等有关政策，现就进一步做好县乡事业单位公开招聘工作提出以下意见，请认真贯彻执行。

一、合理设置岗位招聘条件

（一）放宽学历条件。县（市、区）、乡镇（街道）事业单位招聘工作人员，原则上应为大学专科以上学历。取得高级工、预备技师职业资格的高级技校或技师学院全日制毕业生，分别按照全日制高职（大专）、本科毕业生应聘符合条件的岗位。

（二）放宽专业条件。县（市、区）、乡镇（街道）事业单位招聘专业技术人员，除专业性较强的岗位外，专业可以放宽到学科大类。乡镇（街道）事业单位招聘九级以下管理岗位工作人员，专业可不作要求。

（三）放宽户籍条件。52 个省财政困难县（市、区）、20 个脱贫任务比较重的县（市、区）（附件 1、2）和长岛县，可以按照县（市、区）、乡镇（街道）事业单位分别不高于本年度招聘计划 30%、50% 的比例招聘具有本县（市、区）及周边县（市、区）户籍人员（或生源）。

（四）放宽年龄条件。县（市、区）、乡镇（街道）事业单位招聘九级以下管理岗位工作人员和十一级以下专业技术岗位工作人员，年龄一般为 40 周岁以下；招聘八至十级专业技术岗位工作人员，年龄一般为 45 周岁以下；招聘七级以上专业技术岗位工作人员，年龄一般为 50 周岁以下。招聘急需紧缺的七级以上专业技术岗位工作人员，可以根据工作需要适当放宽年龄限制。

二、改进招聘方式方法

（五）优化招聘方式。乡镇（街道）事业单位招聘硕士以上人员，县（市、区）事业单位招聘具有副高级以上专业技术职务资格人员或者博士，以及行业、岗位、脱贫攻坚急需紧缺专业人才，可以根据实际情况，采取面试、组织考察、技能操作等方式公开招聘。

（六）降低开考比例。乡镇（街道）事业单位根据应聘人员报名、专业分布等情况，经设区的市组织、人力资源社会保障部门核准，可以适当降低开考比例，或不设开考比例划定合格分数线。

三、完善激励保障措施

（七）为事业单位工作人员搭建干事创业平台。县（市、区）、乡镇（街道）事业单位招聘高层次专业技术人员，符合条件的，可以突破岗位总量、最高等级和结构比例，使用特设岗位予以聘用。探索建立乡镇（不含街道）基层高级职称“定向评价、定向使用”的职称评聘制度。“定向评价、定向使用”的乡镇高级专业技术岗位，实行总量控制、比例单列。

（八）拓宽事业单位工作人员职业发展空间。积极选派业务骨干到上级单位或者发达地区挂职锻炼、跟班学习，注重选拔优秀乡镇事业单位负责人进入乡镇领导班子。根据国家安排部署，开展县以下事业单位管理岗位职员等级晋升制度试点。县以上事业单位面向社会公开招聘时，应当

根据工作需要，拿出一定数量岗位招聘具有5年以上乡镇事业单位工作经历的人员。

（九）落实事业单位工作人员工资待遇。进一步落实乡镇工作补贴、带薪年休假制度等政策，严格执行乡镇工作补贴增发标准，切实兑现按在乡镇工作年限逐年增发的部分，逐步提高事业单位工作人员工资待遇。

（十）完善“三支一扶”政策措施。自2017年起，乡镇（不含街道）事业单位在编制和岗位空缺数额内招募“三支一扶”人员。“三支一扶”人员服务满2年且考核合格的，采取考核考察的方式公开招聘为乡镇（不含街道）事业单位工作人员，在聘用合同中约定5年的最低服务期限（含“三支一扶”计划服务年限）。已按照基层项目有关政策被聘用为事业单位工作人员或公务员的，不得再次报考“面向服务基层项目人员”招考的岗位。

四、严密组织实施

（十一）加大监督检查力度。各级组织、人力资源社会保障部门要切实履行好事业单位公开招聘工作综合管理部门的职责，强化工作监督，狠抓制度落实，建立监督检查的长效机制。全面落实公开招聘各项纪律要求，加大对违纪违规行为的查办力度，对以权谋私、违规进人等违纪违法行为，依法依规查处，严肃问责，公开通报。

（十二）加强信用体系建设。根据《事业单位公开招聘违纪违规处理规定》（人力资源和社会保障部令第35号），探索建立事业单位公开招聘违纪违规与诚信档案库，对招聘工作中违反公开招聘纪律或存在不诚信情形的应聘人员，记入诚信档案库。

（十三）保持事业单位工作人员基本稳定。对放宽年龄、户籍条件和降低开考比例招聘的县（市、区）、乡镇（街道）事业单位工作人员，事业单位应当与工作人员在聘用合同中约定3~5年最低服务年限，并明确违约责任和相关要求，在最低服务期限内，其他单位不得以借调、帮助工作等方式将其借出或调走。

（十四）驻在乡镇的其他事业单位可参照执行。驻在乡镇的省、设区的市属事业单位，经主管部门（举办单位）同意，报同级组织、人力资源社会保障部门批准，可以参照本意见执行。

本意见自2017年12月4日起施行，有效期至2022年12月3日。

附件1：省财政困难县（市、区）名单（略）

附件2：脱贫任务比较重的县（市、区）名单（略）

山东省人力资源和社会保障厅、中共山东省委组织部、山东省机构编制委员会办公室、山东省财政厅关于印发《山东省省直机关事业单位预防和治理“吃空饷”问题实施办法》的通知

（2017年7月12日　鲁人社办发〔2017〕64号）

省直各部门、单位：

为进一步做好省直机关事业单位“吃空饷”问题防治工作，建立防治“吃空饷”长效机制，根据《关于建立机关事业单位防治“吃空饷”问题长效机制的指导意见》（人社部规〔2016〕6号）和《关于转发人社部规〔2016〕6号文件在全省建立机关事业单位防治“吃空饷”问题长效机制的通知》（鲁人社发〔2017〕12号）规定，结合省直实际，我们研究制定了《山东省省直机关事业单位预防和治理“吃空饷”问题实施办法》，现印发给你们，请认真抓好贯彻落实。

山东省省直机关事业单位预防和治理“吃空饷”问题实施办法

第一条 为巩固省直机关事业单位（以下简称省直单位）“吃空饷”问题专项治理工作成果，防止问题反弹，建立省直单位预防和治理“吃空饷”问题（以下简称防治“吃空饷”）长效机制，依据《国务院办公厅转发人力资源社会保障部等部门关于开展机关事业单位“吃空饷”问题集中治理工作意见的通知》（国办发〔2014〕65号）和《人力资源社会保障部中央组织部中央编办财政部关于建立机关事业单位防治“吃空饷”问题长效机制的指导意见》（人社部规〔2016〕6号），制定本办法。

第二条 省直单位防治“吃空饷”应当坚持以下原则：

（一）谁主管，谁负责。省直单位承担用人单位主体责任，摸清岗位、人员、工资底数，规范人事档案管理，健全内部制度，严格监管规程。

（二）零容忍，严防范。防治“吃空饷”应当有案必查，有错必纠，有责必问，增强执纪问责震慑力，始终保持高压态势。

（三）惩防结合，预防为主。实现工作重心向构建长效机制转移，保持重心前移，注重源头治理，防范于未然。

（四）重在日常，抓在经常。盯住人员日常管理、工资发放管理、离岗人员管理等重点环节，补齐制度短板，强化政策执行，保持韧劲，常抓不懈。

第三条 省直单位及其工作人员有下列情形之一的，属于“吃空饷”：

（一）在省直单位挂名并未实际到岗上班，但从省直单位领取工资、津贴补贴的；

（二）因请假、因公外出、离岗创业期满无正当理由逾期不归或旷工等原因，按规定单位应当与其终止人事关系，但仍在原单位领取工资、津贴补贴的；

（三）已与省直单位终止人事关系或已办理离退休手续，仍按在职人员领取工资、津贴补贴的；

（四）已死亡或被人民法院宣告死亡、失踪，仍由他人继续领取工资、津贴补贴的；

（五）受党纪政纪处分及行政、刑事处罚等，按规定应当停发或降低工资待遇，但仍未停发或按原标准领取工资、津贴补贴的；

（六）省直单位隐瞒事实、虚报人员编制或实有人数套取财政资金的；

（七）病假期间没有按照规定执行相应待遇，以及提供虚假、伪造医疗机构证明材料领取病假待遇的；

（八）其他违纪违规领取工资、津贴补贴的。

第四条 省直单位应当严格人员日常管理，坚持问题导向，排查管理薄弱环节，不断完善政策措施，严明纪律和规矩，堵塞监管漏洞。

（一）严把进人关。按照公务员考试录用、事业单位公开招聘、干部交流、人才引进等管理规定选拔、使用人员，严格按照政策规定和工作程序办理用编及进人手续，严格执行公务员登记制度和事业单位工作人员实名统计制度，严格落实编制实名制管理制度。

（二）严格考勤管理。完善病假事假等请销假制度，工作人员因病、因事请假须明确请假期限，严格履行请销假手续，并按照干部管理权限报批、备案。其中，请病假时间半年及以上的，一般应当出具三级甲等以上医疗机构证明材料。对无故旷工、逾期不归等违反规定的行为要及时依法依规处理。

（三）健全考核办法。逐步完善日常考核制度，将平时考核、年度考核、聘期考核情况与人员晋升、岗位和工资调整等紧密挂钩。

（四）加强信息维护。利用省人力资源社会保障部门统一建立的人事人才系统等信息化手段，及时采集、更新在岗人员信息和工资发放信息，确保数据真实、完整。与工资发放相关指标发生变化、需要变更工资业务的，由主管部门负责汇总并查验核实，统一向省直单位工资发放审核机构报送。

（五）强化监督手段。建立公示制度，在单位内部定期对机构编制、人员在岗、工资发放、人员交流等情况进行公示，对经批准兼职和因各种原因不在岗人员要列明事由和期限。健全监督举报制度，强化内部监督，畅通群众举报通道，对举报线索须及时核查处理，并向实名举报人反馈结果。

（六）狠抓宣传教育。在单位内网、内刊等开辟专栏，宣传相关法律法规以及防治“吃空饷”问题重要意义，对社会普遍关注、群众反映强烈、影响恶劣的典型案件进行内部通报或公开曝光，帮助干部职工提高辨别能力和监督水平，对违法违规行为形成有效震慑。

第五条 省直单位应当严格工资发放管理，加强人事、财务制度衔接，强化监督制约，保障财政资金安全。

（一）工作人员与单位解除、终止人事关系的，或者已死亡或被人民法院宣告死亡、失踪的，应当按规定及时办理工资核销和社会保险关系转移或终止手续。

（二）工作人员病假期间，按国家有关政策执行相应的工资福利待遇，符合病退、退职条件的，应当及时办理相关手续，执行相应的待遇。

（三）工作人员受党纪政纪处分的，应当按照规定取消、停发或降低工资待遇。被审判、检察、公安、国家安全机关采取强制措施和受行政刑事处罚，所在单位在收到告知书后，应当按照规定对其工资待遇进行处理，并按照干部管理权限报告有关单位和部门。

（四）工作人员按规定办理退休手续后，应当在退休次月起执行相应的退休待遇。

第六条 省直单位应当严格离岗、兼职等人员管理，单列管理台帐，强化监督考核，把各类离岗和兼职人员作为重点群体加强监管。

（一）严格人员借调程序。一般不得以日常工作为由借调人员，因完成专项工作或者重点任务确需借调工作人员，须经借出、借入单位领导集体研究，并按照干部管理权限履行审批程序，明确借调期限，借调期满后继续借用的，须重新履行审批手续。严格禁止各种形式的非组织借调行为。

（二）工作人员离岗进修培训、挂职锻炼、到企业挂职或参与项目合作等，应当按照干部人事管理权限审批，并按有关规定抓好日常管理，派出单位应当承担监管职责，主动加强与接收单位联系，定期了解离岗人员学习或挂职工作情况，并记录在案。

（三）对按照中央加快实施创新驱动发展战略和大众创业、万众创新等有关文件要求离岗创业的高校、科研院所等事业单位专业技术人员，应当建立健全管理服务机制，订立离岗协议，明确监管机构和人员，压实监督责任，通过完善聘用合同管理、强化考核等办法，加强规范管理，严格落实相关制度；经单位同意在外单位兼职或者在职创办企业的，应当约定兼职期限，明确权利和义务，并严格考核，保证其切实履行本单位岗位职责、完成本职工作。

（四）加强对医师多点执业的监督管理。第一执业地点医疗机构与医师在协商一致基础上签订聘用（劳动）合同，明确人事（劳动）关系和权利义务，严格医师岗位管理，合理确定其岗位职责、工作时间和工作量，完善考核、奖惩、竞聘上岗等具体管理办法，保证执业医师保质保量完成工作任务。

第七条 省直单位对“吃空饷”问题坚持“零容忍”态度，发现一起查处一起，坚决纠正违规行为。对省政府及有关主管部门转办交办的投诉举报事项或巡查发现问题，省直单位应当在 1 个月内作出处理并报告结果，问题复杂的可以酌情延长办理时间，但延期最长不得超过 1 个月。

第八条 对查实“吃空饷”的人员和单位，要追缴违规侵占资金上缴省级国库，并根据不同情形区别处理：

（一）对各种理由挂名不在岗的，应当及时清退；

（二）对依法依规应终止人事关系的，应当在规定期限内按规范程序办理相关手续；

（三）对已办理离退休手续、终止人事关系、死亡、被人民法院宣告死亡或失踪等的，应当按规定时间及时核销工资关系；

（四）对按照相关政策应当停发或降低工资水平的，应当自规定时间起停发或按新标准执行；

（五）对单位“吃空饷”套取财政资金的，应当按照规定核减相应编制和预算，收回空余编制。

（六）事业单位发生“吃空饷”问题的，酌情核减单位绩效工资总量。

第九条 省直单位及其工作人员有以下情形的，对负有责任的领导人员和相关责任人员，应当按照有关规定作出组织处理或者追究党纪政纪责任，涉嫌违法犯罪的，要移交司法机关处理。

（一）在集中治理活动中隐瞒事实，不纠正、不处理、不上报存在的“吃空饷”问题以及集中治理活动结束后发生新的“吃空饷”问题的；

（二）组织人事、财务等内部制度不健全，管理混乱，纪律松散，人员在编在岗、工资发放等基础信息情况不明、底数不清，并且不按照相关规定和有关部门要求进行整改的；

（三）在预防和治理“吃空饷”工作中消极应付、推诿扯皮、防治不力，造成严重不良影响的；

（四）违反本办法第七条规定，不能按照要求处理举报投诉事项，或存在打击报复举报人、投诉人情形的；

（五）存在违反相关法律法规或者不执行防治“吃空饷”政策措施其他情形的。

第十条 医疗机构及其工作人员出具虚假、伪造病假证明材料，医疗机构主管部门应当对相关责任人员给予通报批评，情节严重的，依法依规给予处分。

第十一条 省直单位要将预防、治理“吃空饷”问题纳入党风廉政建设工作范畴，主要负责同志是第一责任人，承担领导责任，要将防治“吃空饷”情况纳入年度述职述廉报告内容。

单位领导班子是集体责任人，要将防治“吃空饷”纳入党委（党组）党风廉政建设工作要点，建立有效防范机制。

第十二条 省直单位的组织人事和财务部门按照各自职责分工，分别做好本单位防治“吃空饷”相关具体工作。

省以下垂管部门的省级机关负责指导、协调和监督系统内各级各单位做好防治“吃空饷”工作。

第十三条 省直单位主管部门应当对本部门及所属单位办理工资业务的相关证明材料严格审核把关，承担预防“吃空饷”监管职责。省直单位弄虚作假、徇私舞弊，以及主管部门玩忽职守、把关不严，发生虚报冒领工资等情形，情节严重的，按照防治“吃空饷”有关规定严肃追责。

省直单位工资发放审核机构应当优化工作流程，强化事后监管，加强工作指导和监督，组织业务培训，提高省直单位工资经办人员防治“吃空饷”能力水平。

第十四条 省委组织部、省编办、省财政厅和省人力资源社会保障厅建立联合治理工作机制，与省纪检监察部门建立沟通通报机制，根据督察巡视需要抽调人员组成工作组，适时开展工作巡查和专项检查，督促省直有关单位及时核实处理发现的问题。

统筹推进信息化建设，利用技术手段强化省直单位“吃空饷”风险防控，积极推进组织、机构编制、财政和人力资源社会保障等部门间的信息共享，构建业务对接机制，逐步实现省本级机构编制、岗位管理、人员聘用、工资管理、社保缴费、财政预算等业务协同。

第十五条 省人力资源社会保障厅设立省直单位“吃空饷”问题举报电话和邮箱。电话：12333-2号键；邮箱：ckxts@sdhrss.gov.cn。

第十六条 本办法自发布之日起施行。

五、劳动关系

山东省劳动人事争议调解仲裁条例

（2017 年 7 月 28 日山东省第十二届人民代表大会常务委员会第三十一次会议通过）

第一章 总 则

第一条 为了公正及时解决劳动人事争议，保护当事人合法权益，促进劳动人事关系和谐稳定，根据《中华人民共和国劳动争议调解仲裁法》《事业单位人事管理条例》等法律、行政法规，结合本省实际，制定本条例。

第二条 本省行政区域内用人单位和劳动者发生的下列劳动人事争议的调解仲裁，适用本条例：

（一）企业、个体经济组织、民办非企业单位等组织和劳动者之间，机关、事业单位、社会团体和与其建立劳动关系的劳动者之间，因确认劳动关系，订立、履行、变更、解除和终止劳动合同，工作时间、休息休假、社会保险、福利、培训以及劳动保护，劳动报酬、工伤医疗费、经济补偿或者赔偿金等发生的劳动争议；

（二）事业单位、社会团体和与其建立人事关系的工作人员之间因终止人事关系以及履行聘用合同发生的人事争议。

第三条 解决劳动人事争议，应当遵循合法、公正的原则，着重调解，及时裁决，依法保护当事人的合法权益。

第四条 发生劳动人事争议，双方当事人可以协商，劳动者也可以请工会或者第三方参与协商，达成和解协议。

双方当事人不愿协商、协商不成或者达成和解协议后不履行的，可以向调解组织申请调解；不愿调解、调解不成或者达成调解协议后不履行的，可以向劳动人事争议仲裁委员会申请仲裁；对仲裁裁决不服的，除法律另有规定的外，可以向人民法院提起诉讼。

第五条 县级以上人民政府应当加强对劳动人事争议调解仲裁工作的领导，推动劳动人事争议仲裁调解与人民调解、行政调解、司法调解衔接联动，建立健全劳动人事争议调解仲裁工作协调、考核和经费保障机制。

第六条 县级以上人民政府人力资源社会保障部门指导本行政区域的劳动人事争议调解仲裁工作；教育、卫生和计划生育、科学技术、文化等部门按照职责分工，做好劳动人事争议调解仲裁的相关工作。

第七条 县级以上人民政府人力资源社会保障部门会同工会、企业方面代表建立协调劳动关系三方机制，共同研究预防和解决劳动争议的重大问题。

第二章 调 解

第八条 县级以上人民政府应当建立劳动人事争议化解机制，推进劳动人事争议调解组织建设，发挥调解组织在化解劳动人事争议中的作用。

第九条 发生劳动人事争议，当事人可以到下列调解组织申请调解：

（一）用人单位劳动人事争议调解组织；

（二）行业性、区域性劳动人事争议调解组织；

（三）在乡镇、街道设立的具有劳动人事争议调解职能的组织；

（四）依法设立的人民调解组织；

（五）其他具有劳动人事争议调解职能的组织。

乡镇人民政府、街道办事处应当对前款第三项调解组织履行职责予以支持。

第十条 劳动人事争议调解组织在调解劳动人事争议中履行下列职责：

（一）调解劳动人事争议；

（二）引导当事人履行和解协议、调解协议；

（三）宣传劳动人事法律、法规、规章和政策；

（四）协助用人单位建立劳动人事争议预防预警机制；

（五）法律、法规、规章规定的其他职责。

劳动人事争议调解组织应当接受劳动人事争议仲裁委员会的业务指导。

第十一条 劳动人事争议调解组织负责聘任、解聘调解员，建立调解员名册，并对聘任的调解员给予适当工作补助。

人力资源社会保障部门和工会应当定期对调解员进行劳动人事争议调解业务培训。

第十二条 发生劳动人事争议，当事人可以口头或者书面向劳动人事争议调解组织提出调解申请，劳动人事争议调解组织也可以在征得双方当事人同意后主动进行调解。

劳动人事争议调解组织自收到调解申请或者主动进行调解之日起十五日内结束调解，但是双方当事人同意延期的除外。

第十三条 经调解达成协议的，应当制作调解协议书。调解协议书应当载明当事人基本情况、调解请求事项、调解结果、协议履行期限和履行方式等内容。

调解协议书由双方当事人签名或者盖章，经调解员签名并加盖调解组织印章后生效，对双方当事人具有约束力，当事人应当履行。

第十四条 双方当事人可以自调解协议书生效之日起十五日内，共同向有管辖权的劳动人事争议仲裁委员会提出仲裁审查申请。劳动人事争议仲裁委员会经审查认为调解协议书形式和内容合法有效的，应当依法出具仲裁调解书。

第三章 仲 裁

第一节 一般规定

第十五条 省、设区的市、县（市、区）设立的劳动人事争议仲裁委员会由人力资源社会保障部门代表、工会代表、企业联合会和工商业联合会等企业方面代表，以及教育、卫生和计划生育、科学技术、文化等行业主管部门代表组成。劳动人事争议仲裁委员会主任由本级人民政府负责人或者人力资源社会保障部门主要负责人担任。

劳动人事争议仲裁委员会下设办事机构，具体承担劳动人事争议仲裁委员会的日常工作。办事机构应当配备适应办理案件需要的专职仲裁员和辅助工作人员，配置必要的办公场所和设施设备。

第十六条 劳动人事争议仲裁委员会履行下列职责：

（一）聘任、解聘仲裁员；

（二）受理劳动人事争议案件；

（三）讨论重大或者疑难的劳动人事争议案件；

（四）制定本仲裁委员会的工作规则；

（五）监督本仲裁委员会的仲裁活动；

（六）法律、法规、规章规定的其他职责。

第十七条 劳动人事争议仲裁委员会应当聘任符合法律规定条件的人员担任仲裁员，并建立仲裁员名册。

仲裁员分为专职仲裁员和兼职仲裁员。专职仲裁员在劳动人事争议仲裁委员会办事机构中从事劳动人事争议处理工作的人员中聘任。兼职仲裁员在劳动人事争议仲裁委员会组成单位工作人员以及专家、学者、律师中聘任。

仲裁员办理案件应当按照规定给予适当补助。

第十八条 发生劳动人事争议的用人单位和劳动者为劳动人事争议仲裁案件的当事人。

劳务派遣单位或者用工单位与劳动者发生劳动争议的，劳务派遣单位和用工单位为共同当事人。

与劳动人事争议案件处理结果有利害关系的单位和个人，可以作为第三人申请参加仲裁活动，或者由劳动人事争议仲裁委员会通知其参加仲裁活动。

第十九条 当事人、法定代理人可以委托一至二名代理人参加仲裁活动。委托他人参加仲裁活动，应当向劳动人事争议仲裁委员会提交由委托人签名或者盖章的委托书，委托书应当载明委托事项和权限。

下列人员可以被委托为仲裁代理人：

（一）律师、基层法律服务工作者；

（二）当事人的近亲属或者用人单位的工作人员；

（三）当事人所在单位、居民委员会、村民委员会以及有关社会团体推荐的公民。

第二十条 申请人申请仲裁应当依法提出仲裁申请。

劳动人事争议仲裁委员会对未经调解直接申请仲裁的，可以提出调解建议，告知双方当事人由调解组织先行调解；当事人不同意调解的，应当及时受理。

第二十一条 劳动人事争议仲裁委员会应当自收到仲裁申请之日起五个工作日内作出是否受理的决定。

对符合下列条件的仲裁申请应当受理，并通知申请人；需要补充相关材料的，应当一次性书面告知申请人需要补正的内容：

（一）属于本条例规定的劳动人事争议范围；

（二）有明确的仲裁请求和事实理由；

（三）申请人是与本案有直接利害关系的自然人、法人或者其他组织，有明确的被申请人；

（四）属于本仲裁委员会管辖范围。

劳动人事争议仲裁委员会认为仲裁申请不符合受理条件的，应当书面通知申请人不予受理，并说明理由。

劳动人事争议仲裁委员会不予受理或者逾期未作出决定的，申请人可以就该劳动人事争议事项依法向人民法院提起诉讼。

第二十二条 劳动人事争议仲裁委员会裁决劳动人事争议案件实行仲裁庭制。仲裁庭由三名仲裁员组成，设首席仲裁员。简单劳动人事争议案件可以由一名仲裁员独任仲裁。

仲裁庭仲裁劳动人事争议案件，应当配置专门的仲裁场所。仲裁场所应当相对独立、标志明显、设施设备齐全。

仲裁庭开庭时，仲裁员和记录人员应当着装整齐，佩戴仲裁徽章。

第二十三条 劳动人事争议仲裁证据包括：

（一）当事人陈述；

（二）书证；

（三）物证；

（四）视听资料；

（五）电子数据；

（六）证人证言；

（七）鉴定意见；

（八）勘验笔录。

当事人提供的证据经查证属实的，仲裁庭应当将其作为认定事实的根据。

第二十四条 当事人应当对自己提出的主张提供证据。但是，与争议事项有关的证据属于用人单位掌握管理的，用人单位应当提供；用人单位不提供的，应当承担不利后果。

依照法律、法规、规章规定无法确定举证责任承担的，仲裁庭可以根据公平原则和诚实信用原则，综合当事人举证能力等因素确定举证责任的承担。

第二十五条 仲裁庭根据当事人主张和案件情况，确定当事人应当提供的证据和举证期限。当事人在举证期限内提供证据确有困难的，经仲裁庭批准，可以适当延长举证期限。

第二十六条 仲裁庭可以在开庭前组织当事人交换证据。对当事人无异议的事实、证据应当记录在卷；对有异议的事实、证据，应当记录异议的理由。

第二十七条 有下列情形之一的，劳动人事争议仲裁委员会可以依法调查取证，也可以委托其他劳动人事争议仲裁委员会或者其他单位调查取证：

（一）当事人因客观原因不能自行收集证据，提出申请的；

（二）劳动人事争议仲裁委员会认为裁决案件需要的。

劳动人事争议仲裁委员会调查取证时，不得少于两人，并应当向当事人或者有关人员出示工作证件。

劳动人事争议仲裁委员会调查取证时，具有市场监督管理职能的部门、金融机构、社会保险经办机构等有关单位应当予以协助配合，不得收取费用。

第二十八条 当事人对专门性问题申请鉴定的，经仲裁庭同意，可以协商确定鉴定机构进行鉴定；协商不成的，由仲裁庭指定鉴定机构进行鉴定。

第二十九条 仲裁庭作出裁决前，当事人达成和解协议的，申请人可以撤回仲裁申请。

第三十条 劳动人事争议案件仲裁期间，有下列情形之一的，仲裁庭应当中止仲裁：

（一）劳动者一方当事人死亡，需要等待继承人表明是否参加仲裁的；

（二）劳动者一方当事人丧失民事行为能力，尚未确定法定代理人参加仲裁的；

（三）用人单位终止，尚未确定权利义务承受人的；

（四）一方当事人因不可抗拒的事由，不能参加仲裁的；

（五）案件裁决需要以其他案件的处理结果为依据，其他案件尚未处理完结的；

（六）案件裁决依据适用问题需要有权机关作出解释的；

（七）案件裁决需要等待工伤认定、伤残等级鉴定、司法鉴定意见的；

（八）因突发事件不能进行案件裁决的；

（九）法律、法规、规章规定的其他情形。

中止情形消除后，仲裁庭应当恢复仲裁。中止期间不计入仲裁期限。

第三十一条 劳动人事争议案件仲裁期间，有下列情形之一的，仲裁庭应当终结仲裁：

（一）劳动者一方当事人死亡，没有继承人或者继承人明确表示不参加仲裁的；

（二）申请人撤回仲裁申请的；

（三）仲裁庭逾期未作出裁决，当事人就该争议事项向人民法院提起诉讼，人民法院已经受理的；

（四）法律、法规、规章规定的其他情形。

第三十二条 仲裁庭在作出裁决前，应当先行调解。调解达成一致的，仲裁庭应当制作调解书；调解不成或者调解书送达前一方当事人反悔的，仲裁庭应当及时作出裁决。

第三十三条 仲裁庭裁决劳动人事争议案件，应当自劳动人事争议仲裁委员会受理仲裁申请之日起四十五日内结案；案情复杂需要延期的，经劳动人事争议仲裁委员会主任或者其委托的仲裁机构负责人书面批准，可以延期并书面通知当事人，但是延长期限不得超过十五日。仲裁庭逾期未作出仲裁裁决的，当事人可以就该劳动人事争议事项向人民法院提起诉讼。

仲裁庭裁决劳动人事争议案件，其中一部分事实已经清楚的，可以就该部分先行裁决。

第三十四条 当事人对发生法律效力的调解书、裁决书，应当依照规定的期限履行。一方当事人逾期不履行的，另一方当事人可以依法向人民法院申请执行。

第三十五条 仲裁庭对追索劳动报酬、工伤医疗费、经济补偿或者赔偿金的案件，根据当事人的申请，依法裁决先予执行的，在移送人民法院执行时，应当提交下列材料：

（一）移送执行函；

（二）先予执行裁决书；

（三）先予执行裁决书的送达回证；

（四）人民法院认为应当提供的其他材料。

第三十六条 仲裁文书的送达采取直接送达、委托送达、留置送达、邮寄送达等方式。

受送达人下落不明或者适用前款规定的方式无法送达的，可以公告送达。劳动人事争议仲裁委员会采取公告送达的，可以在受送达人住所地张贴公告，也可以在报纸或者人力资源社会保障部门网站发布公告，自公告之日起三十日即视为送达，本条例有特别规定的除外。

第三十七条 县级以上人民政府司法行政部门确定的法律援助机构，应当依法为符合法律援助条件的当事人及时提供法律援助。

第三十八条 劳动人事争议案件的管辖、仲裁工作人员的回避等本条例未作具体规定的事项，适用法律、法规、规章的有关规定。

第二节 特别规定

第三十九条 劳动人事争议案件有下列情形之一的，可以适用简易程序：

（一）权利义务明确、事实清楚的；

（二）双方当事人同意适用简易程序的；

（三）法律、法规、规章规定的其他情形。

适用简易程序的劳动人事争议案件可以由一名仲裁员独任仲裁。

适用简易程序的劳动人事争议案件，应当自劳动人事争议仲裁委员会受理仲裁申请之日起三十日内结案。

第四十条 劳动人事争议案件有下列情形之一的，不得适用简易程序：

（一）被申请人下落不明；

（二）集体争议；

（三）集体合同履行争议；

（四）劳动人事争议仲裁委员会认为不宜适用简易程序的案件；

（五）法律、法规、规章规定的其他情形。

仲裁庭适用简易程序仲裁案件过程中发现有前款规定情形的，应当将案件转为普通程序，裁决期限自受理申请之日起计算。

第四十一条 劳动者一方在十人以上并有共同请求的劳动人事争议案件，为集体争议案件。

集体争议案件的劳动者一方可以推举三至五名代表人参加仲裁活动。代表人参加仲裁的行为对其所代表的劳动者发生效力；但是，代表人变更、放弃仲裁请求，承认对方当事人的仲裁请求或者与对方当事人和解，应当征得被代表的劳动者同意。

第四十二条 因履行集体合同发生争议，经协商解决不成的，用人单位工会可以依法申请仲裁；用人单位尚未建立工会的，由上级工会指导劳动者推举产生的代表依法申请仲裁。

第四十三条 仲裁庭裁决集体争议案件或者因履行集体合同发生的争议案件，可以组织工会、企业联合会、工商业联合会、行业主管部门等参加调解仲裁活动，协助解决争议。

第四十四条 集体争议案件或者因履行集体合同发生的争议案件，劳动人事争议仲裁委员会采取公告送达方式送达仲裁文书的，自公告之日起十五日即视为送达。

第四章 法律责任

第四十五条 对违反本条例的行为，法律、行政法规已有处理规定的，适用其规定。

第四十六条 调解员、仲裁员以及其他工作人员，在解决劳动人事争议案件中有下列行为之一的，劳动人事争议调解组织或者劳动人事争议仲裁委员会应当予以解聘，并移交所在单位或者相关部门依法予以处理：

（一）不按照规定受理劳动人事争议申请，或者不按照规定程序处理劳动人事争议案件，情节严重的；

（二）隐瞒、伪造证据的；

（三）与当事人串通，损害国家、集体或者第三人利益的；

（四）索取或者收受当事人、代理人贿赂的；

（五）其他滥用职权、玩忽职守、徇私舞弊的行为。

第四十七条 仲裁参加人以及其他人员有下列行为之一的，劳动人事争议仲裁委员会可以给予批评教育、责令改正；构成违反治安管理行为的，由公安机关依法处理；构成犯罪的，依法追究刑事责任：

（一）以暴力、威胁或者其他方法干扰调解、仲裁活动，阻碍仲裁工作人员依法履行职责的；

（二）扰乱仲裁庭秩序的；

（三）对仲裁工作人员、仲裁参加人、证人、鉴定人等进行打击报复的。

第四十八条 仲裁参加人在仲裁活动中存在串通、伪造、毁灭证据或者虚构劳动人事关系等行为的，劳动人事争议仲裁委员会可以根据情节给予批评教育，并可以移交相关部门依法予以处理。

第五章 附 则

第四十九条 本行政区域内实施公务员法的机关与聘任制公务员之间、参照公务员法管理的机关（单位）与聘任工作人员之间因履行聘任合同发生的人事争议，军队聘用单位与文职人员之间因履行聘用合同等发生的人事争议，依照本条例执行。

第五十条 本条例自2017年10月1日起施行。

六、工资收入分配改革

山东省人民政府 关于公布全省最低工资标准的通知

（2017 年 5 月 27 日　鲁政字〔2017〕86 号）

各市人民政府，各县（市、区）人民政府，省政府各部门、各直属机构，各大企业，各高等院校：

根据我省经济社会发展和职工工资水平增长等情况，经人力资源社会保障部审核，确定调整最低工资标准。现公布如下：

一、调整后的全省月最低工资标准为 1810 元、1640 元、1470 元；小时最低工资标准为 18.1 元、16.4 元、14.7 元（各市最低工资标准见附件）。

二、月最低工资标准适用于全日制就业劳动者；小时最低工资标准适用于非全日制就业劳动者。

三、调整后的最低工资标准从 2017 年 6 月 1 日起执行，鲁政字〔2016〕117 号文件同时废止。

四、各地要加强对《最低工资规定》（原劳动和社会保障部令第 21 号）和最低工资标准的宣传，在当地主要媒体公布最低工资标准，让用人单位、劳动者和公众广为了解。要进一步加强对用人单位执行最低工资标准情况的监督检查，依法查处违反《最低工资规定》的行为，切实维护劳动者合法权益。

附件：各市最低工资标准表

各市最低工资标准表

地区	月最低工资标准	小时最低工资标准
济南市：历下区、市中区、槐荫区、天桥区、历城区 青岛市：市南区、市北区、黄岛区、崂山区、李沧区、城阳区 淄博市：淄川区、张店区、临淄区 东营市所辖县（区） 烟台市：芝罘区、福山区、牟平区、莱山区、龙口市、莱州市、蓬莱市、招远市 潍坊市：潍城区、寒亭区、坊子区、奎文区、诸城市、寿光市 威海市所辖市（区）	1810 元	18.1 元
济南市：长清区、章丘区、平阴县、济阳县、商河县 青岛市：胶州市、即墨市、平度市、莱西市 淄博市：博山区、周村区、桓台县 枣庄市：市中区、滕州市 烟台市：莱阳市、栖霞市、海阳市、长岛县 潍坊市：青州市、安丘市、高密市、昌邑市、临朐县、昌乐县 济宁市：任城区、兖州区、曲阜市、邹城市、微山县 泰安市：泰山区、新泰市、肥城市 日照市所辖县（区） 莱芜市所辖区 临沂市：兰山区、罗庄区、河东区 滨州市：滨城区、博兴县、邹平县	1640 元	16.4

续表

地区	月最低工资标准	小时最低工资标准
淄博市：高青县、沂源县 枣庄市：薛城区、峄城区、台儿庄区、山亭区 济宁市：鱼台县、金乡县、嘉祥县、汶上县、泗水县、梁山县 泰安市：岱岳区、宁阳县、东平县 临沂市：沂南县、郯城县、沂水县、兰陵县、费县、平邑县、莒南县、蒙阴县、临沭县 德州市所辖县（市、区） 聊城市所辖县（市、区） 滨州市：沾化区、惠民县、阳信县、无棣县 菏泽市所辖县（区）	1470元	14.7元

山东省人民政府
关于发布2017年企业工资指导线的通知

（2017年5月27日　鲁政字〔2017〕87号）

各市人民政府，各县（市、区）人民政府，省政府各部门、各直属机构，各大企业，各高等院校：

根据我省经济社会发展和企业职工工资状况，经人力资源社会保障部审核，我省以2016年全省企业在岗职工平均工资估算数57714元为基数，确定了2017年企业工资指导线。现发布如下：

（一）企业职工货币工资增长基准线：7.5%。

（二）企业职工货币工资增长上线：12%。

（三）企业职工货币工资增长下线：3%。

各市人民政府要根据本通知制定实施意见。企业应当贯彻按劳分配、同工同酬原则，建立职工工资正常增长机制。企业应在政府发布企业工资指导线30日内，与职工开展工资集体协商，制定工资调整实施方案，并向人力资源社会保障部门备案。

山东省人力资源和社会保障厅
关于试发布部分技能岗位工资基准价位和企业人工成本信息的通知

（2017年12月4日　鲁人社发〔2017〕44号）

各市人力资源社会保障局，省直有关部门，各大企业：

为贯彻党的十九大关于提高就业质量和人民收入水平精神，落实国务院、省政府关于激发重点群体活力带动城乡居民增收有关要求，助推产业转型升级和新旧动能转换，完善多劳者多得、技高者多得的技能人才收入分配政策，大力弘扬新时期工匠精神，营造崇尚技能的社会氛围，经调查研究，现试发布2016年部分技能岗位工资基准价位和企业人工成本信息，并就有关事项通知如下：

一、近期我厅对2016年度我省18个行业门类5543户企业、118万名职工的薪酬情况进行了调查，在对调查数据进行筛选、汇总、分析的基础上，形成了2016年部分技能岗位工资基准价位（详见附件1）和分行业企业人工成本信息（详见附件2）。

技能岗位工资基准价位是抽样调查的人力资源市场工资价位中位数，即样本数据从低到高排序后，处于50%分位的工资数据。企业人工成本信息包括我省不同行业企业人工成本水平以及劳动报酬、保险费用、福利费用、教育经费、劳动保护费用、住房费用和其他人工成本等构成情况。

二、企业要进一步加强成本管理，积极与技能岗位工资基准价位和企业人工成本信息对标，按照职工工作岗位和技能水平，根据企业经济效益情况，合理确定职工工资水平。中级技能水平劳动者、企业生产经营正常的，工资水平原则上与工资基准价位相适应；初级技能水平劳动者、企业生产经营困难的，工资水平可以适当低于工资基准价位；高级技能水平劳动者、企业经济效益较好的，工资水平可以适当高于工资基准价位。

三、各级公共就业服务机构和基层人力资源社会保障公共服务平台应在其平台及时公布人力资源市场工资价位和企业人工成本信息，并为用人单位和劳动者提供查询服务。

附件：

1.2016年部分技能岗位工资基准价位表

2.2016年分行业企业人工成本水平及构成表

附件1

2016年部分技能岗位工资基准价位表

序号	职业代码	技能岗位名称	工资基准价位（元/月）
1	3010100	行政业务办理人员	3790
2	3010200	行政事务处理人员	3200
3	3020100	保卫人员	2875
4	4010100	采购人员	3085
5	4010200	销售人员	2680
6	4020100	轨道交通运输服务人员	7260
7	4020200	道路运输服务人员	4055
8	4020500	装卸搬运和运输代理服务人员	3285
9	4020600	仓储人员	3055
10	4020700	邮政和快递服务人员	4070
11	4030200	餐饮服务人员	2785
12	4040100	信息通信业务人员	5850
13	4050100	银行服务人员	7120
14	4050400	保险服务人员	4120
15	4060100	物业管理服务人员	2500
16	4070500	安全保护服务人员	2895
17	4110300	水供应服务人员	3085

续表

序号	职业代码	技能岗位名称	工资基准价位（元/月）
18	4120100	汽车摩托车修理技术服务人员	3800
19	6010400	畜禽制品加工人员	3185
20	6010500	水产品加工人员	3085
21	6040200	纺纱人员	3080
22	6040300	织造人员	3570
23	6040600	印染人员	3165
24	6050100	纺织品和服装剪裁缝纫人员	2910
25	6070100	制浆造纸人员	4000
26	6100100	石油炼制生产人员	4340
27	6110100	化工产品生产通用工艺人员	3270
28	6110200	基础化学原料制造人员	4095
29	6110300	化学肥料生产人员	2975
30	6140100	橡胶制品生产人员	3365
31	6150100	水泥、石灰、石膏及其制品制造人员	3045
32	6160100	矿物采选人员	4670
33	6170200	炼钢人员	3380
34	6170600	轻有色金属冶炼人员	5435
35	6180100	机械冷加工人员	3180
36	6180200	机械热加工人员	3660
37	6180300	机械表面处理加工人员	3150
38	6200100	通用基础件装配制造人员	3335
39	6220100	汽车零部件、饰件生产加工人员	3635
40	6250100	电子元件制造人员	3095
41	6280100	电力、热力生产和供应人员	4150
42	6289900	水生产、输排和水处理人员	4050
43	6290100	房屋建筑施工人员	3125
44	6290300	建筑安装施工人员	3500
45	6300100	专用车辆操作人员	3470
46	6300500	通用工程机械操作人员	4165
47	6310100	机械设备修理人员	4040
48	6310300	检验试验人员	3400
49	6310500	包装人员	3085
50	6310600	安全生产管理人员	3950

附件 2

2016 年分行业企业人工成本水平及构成表

行业	企业平均人工成本（元/年）	各项费用占人工成本比重（%）						
		从业人员工资总额	福利费用	教育经费	保险费用	劳动保护费用	住房费用	其他人工成本
总计	68891	72.72	3.96	0.82	16.41	1.09	2.23	2.78
农、林、牧、渔业	59618	76.12	4.08	1.04	13.92	0.72	0.99	3.13
采矿业	75057	71.61	4.06	0.66	19.65	0.91	2.37	0.73
制造业	63730	74.20	4.17	0.74	16.10	1.30	1.69	1.81
电力、热力、燃气及水生产和供应业	75821	67.89	5.11	0.88	19.08	1.36	4.48	1.20
建筑业	82259	65.44	3.49	1.37	15.66	2.22	2.00	9.82
批发和零售业	60002	72.75	3.82	0.73	17.85	0.83	1.83	2.18
交通运输、仓储和邮政业	66890	70.49	3.71	0.64	16.88	0.89	3.28	4.12
住宿和餐饮业	61208	74.59	3.96	0.62	16.02	0.69	1.81	2.32
信息传输、软件和信息技术服务业	87736	76.91	2.44	0.36	16.30	0.16	3.31	0.53
金融业	146193	71.86	4.49	1.09	14.31	0.80	4.29	3.16
房地产业	80240	74.13	4.03	0.88	15.12	0.95	2.52	2.37
租赁和商务服务业	68083	74.39	3.64	0.56	16.99	0.53	2.22	1.66
科学研究和技术服务业	78118	72.67	4.71	1.24	14.33	1.51	2.05	3.49
水利、环境和公共设施管理业	69336	69.33	3.18	0.87	15.44	3.58	2.14	5.48
居民服务、修理和其他服务业为	57709	73.26	3.66	0.71	16.87	0.83	2.55	2.11
教育	59765	73.95	4.45	1.64	13.98	0.74	3.00	2.25
卫生和社会工作	77157	78.99	2.32	0.31	15.53	0.54	2.10	0.21
文化、体育和娱乐业	72705	75.55	3.48	0.54	16.31	0.40	2.83	0.89

七、规划财务

山东省人力资源和社会保障厅
关于印发 2017 年全省人力资源社会保障工作要点的通知

（2017 年 2 月 3 日　鲁人社发〔2017〕1 号）

各市人力资源社会保障局，省厅各处室、直属单位，省公务员局：

现将《2017 年全省人力资源社会保障工作要点》印发给你们，请结合实际，认真抓好贯彻落实。

2017 年全省人力资源社会保障工作要点

2017 年全省人力资源社会保障工作的总体要求是：深入贯彻党的十八大和十八届三中、四中、五中、六中全会精神和习近平总书记系列重要讲话精神，全面落实省委、省政府的决策部署，坚持稳中求进工作总基调，牢固树立和全面贯彻五大发展理念，坚持民生为本、人才优先的工作主线，适应经济发展新常态，服务供给侧结构性改革，深入实施就业优先战略和人才强省战略，加快建立更加公平更可持续的社会保障制度，全面深化人事制度和工资收入分配制度改革，大力构建更加和谐稳定的劳动关系，着力提升基本公共服务能力和水平，在更高水平上推进全省人力资源社会保障事业转型发展。

一、全力确保就业局势稳定

（一）确保完成就业工作目标任务。继续把就业放在各项工作首位，实现由依赖经济增长拉动的被动性增长向以创业带动就业的主动性增长、由扩大规模向提质扩量并重的转型，着力化解就业结构性矛盾，确保城镇新增就业 110 万人以上，城镇登记失业率控制在 4% 以内。

（二）积极落实完善就业创业政策。深入实施就业优先战略，落实国家新一轮就业创业政策和“十三五”就业发展规划，及时完善稳定和扩大就业的政策措施，不断拓展就业新空间。落实就业创业资金管理办法，加强资金风险防控，加大政策宣传、督促检查、绩效评估的力度，充分释放就业创业政策的整体效力。

（三）突出抓好重点群体就业。组织实施“高校毕业生就业创业促进计划”，落实新一轮“三支一扶”计划，引导更多的高校毕业生到基层建功立业。高度重视化解过剩产能、淘汰落后产能对就业的深度影响，全力做好钢铁、煤炭等行业职工的分流安置和再就业工作。对去产能任务重、失业风险大的地区，开展就业援助专项行动，发挥好失业保险的援企稳岗作用，防止出现集中性、系统性失业风险。组织开展农民工 3 项 3 年行动计划的终期验收考核，积极推进农民工综合服务中心建设。大力实施就业精准扶贫，做强“就业扶贫车间”品牌，加大农村公益性岗位开发力度，加快创业带动就业脱贫步伐，组织好跨区域劳务输出，帮助贫困人口实现就业脱贫，全面完成就业脱贫任务。

（四）**大力促进创业带动就业**。制定推动创业平台创新发展的指导意见，鼓励各地打造创业培训平台综合体，为大学生、返乡农民工、科技人员等重点群体创业提供载体。创建30家省级创业孵化示范基地、创业示范园区和7家省级示范创业大学，开展第二批省级创业型城市、街道（乡镇）创建工作，落实创业担保贷款政策，举办第二届中国泰山创业峰会，进一步优化创业环境。

（五）**不断强化职业技能培训**。根据转岗职工、高校毕业生、农民工、就业困难人员等不同群体的特点，精准实施"加强就业培训提高就业与创业能力五年规划"，开展专项职业培训行动，组织开展创业齐鲁训练营活动，建立终身职业培训制度，提高劳动者的就业和转岗能力。

（六）**切实加强公共就业服务**。探索建立全省统一的公共就业服务标准体系，实施"公益招聘联盟推进计划"。完善就业信息监测平台、岗位信息服务平台和供求信息发布制度，实现就业信息的共享与对接。发展家庭服务业，加强品牌建设，创造更多的就业岗位。加强就业形势研判，完善失业监测和预警、调控机制，建立失业风险应急机制。

二、深入推进社会保障体系建设

（七）**进一步改革完善社会保险制度**。按照国家养老保险制度改革总体部署，做好职工基础养老金全国统筹、渐进式延迟退休年龄等改革政策落实工作。深化机关事业单位养老保险制度改革，加快完善配套政策，推进中央驻鲁单位和省直驻济以外单位参保工作，尽快实现新制度的人群全覆盖。推进职业年金基金投资运营。继续推进非营利性民办学校教师养老保险与公办学校教师同等待遇试点。完善居民大病保险制度，全面实施职工大病保险制度，不断提高大病保障水平。继续开展长期护理保险制度试点，各市选择1—2个县（市、区）进行试点，探索建立社会化的职工长期护理保险制度。深化医保支付方式改革，探索制定医保药品支付标准，完善以总额控制为主，按服务单元、按病种和按人头付费相结合的复合式结算办法。启动《山东省失业保险规定》修订工作，推动失业保险的功能转型。建立工伤保险省级调剂金制度，做好工伤预防、工伤康复和劳动能力鉴定工作。

（八）**全力推进社会保险人员全覆盖**。大力实施全民参保登记计划，着力解决断保断缴问题，基本实现法定人群全覆盖。完善参保缴费政策，健全居民养老保险参保缴费激励机制，全面推行居民养老保险、医疗保险费统一征缴，积极推动医保精准扶贫和被征地农民社会保障政策落实。完善居民医疗保险市级统筹制度，调整居民医保筹资标准，协调财政部门提高居民医保的财政补助标准。做好医保精准扶贫工作。全面落实工伤保险"同舟计划"，实现建筑业从业人员的全部参保。

（九）**强化社会保险运行监管和经办服务**。配合做好"五证合一"登记制度改革有关工作。推进跨省异地安置退休人员住院医疗费用即时结算，并逐步扩大到符合转诊条件的异地就医人员住院费用。加强社保基金精算分析，做好企业养老保险结余基金委托投资运营后续工作。提高社保经办服务水平，强化社保基金的监督，切实收好、管好、用好各项社会保险基金。完善基本养老金调整机制，适当提高养老、失业、工伤等社会保险待遇。

三、加快创新人才工作体制机制

（十）**推进人才制度和政策创新**。聚焦高校、中职学校和技工院校等领域，加强与国家改革的衔接，深化分类推进人才评价机制改革和职称制度改革，努力解决评价标准不科学、用人主体自主权发挥不够等问题。制定支持青年人才创新创业的政策措施，加大对博士后创新人才、海外留学回国人才等的扶持力度，实施"海创山东"人才发展计划，制定普惠性的留学回国人员创新创业扶持政策，创建省级示范留学人员创业园，吸引优秀留学人员来鲁工作。开展博士后科研工作站独立招收试点工作，探索设立1—2个博士后创新创业基地。建立市场评价要素贡献办法，制定人才股权、期权激励政策。深入推进职业资格改革，贯彻国家职业资格目录清单制度，清单外一律不得开展职业资格许可和认定，清单内除准入类职业资格外，一律不得与就业创业挂钩。组织开展技能类职业资格改革调研，探索建立多元化技能人才评价办法。

（十一）推进高层次、高技能人才队伍建设。修订《山东省有突出贡献中青年专家选拔管理办法》，深入实施国家百千万人才、泰山产业领军人才等各类重大人才工程，加大“高精尖缺”人才引进力度。加强基层专业技术人才队伍建设，深入实施专业技术人才知识更新工程，不断提高人才的研发和成果转化能力。着力加强技工院校内涵建设，继续开展“百校千企”技能人才培养工程，组织实施技工教育特色名校、齐鲁技能大师特色工作站“双特”建设项目，深化企业新型学徒制、产学研未来工匠联盟等试点项目，推进技工院校在“专业化、市场化、国际化”办学上实现新突破。制定全省职业技能大赛管理办法，统筹全省各级各类技能大赛，加快国家级、省级职业技能大赛训练基地建设。全力备战第44届世界技能大赛，力争取得好成绩。

（十二）推进人才服务迈向更高水平。完善高层次、高技能人才服务绿色通道等政策，健全人才公共服务体系，构建全省统一的公共人才服务平台，为人才提供更加便捷、贴心的服务。研究制定省级专家服务基地管理办法，引导高层次人才服务经济社会发展。推进人才服务规范化，继续举办好“山东－名校人才直通车”活动，加强流动人员人事档案管理服务，扎实做好人才基本公共服务。全力保障人事考试安全，推进人事考试基础建设提升工程，满足人才测评、选拔需求。加快人力资源服务产业转型发展，重点打造一批辐射性强、带动作用大的区域园区，提升人才服务的社会化水平。

四、加强引进国外人才和智力工作

（十三）完善引智工作体制机制。制定新形势下引进外国人才工作的实施意见、离岸创新人才引进使用办法，在引进模式、奖励机制、永久居留等方面力争实现新突破。加速推进引智成果推广转化，促进引智成果产业化，积极培育重大引智项目。通过多种形式设立海外人才工作站，完善工作站管理、激励和经费保障机制。发挥外专、外事、侨务、商务、海外人才服务机构等渠道作用，建立海外联络机构协同运行机制。推进引智试验区建设，形成“一区一业、一业一品”的试验区建设新局面。加强引智工作信息化建设，打造项目单位和外国专家直接沟通的平台。

（十四）加大国外人才引进力度。扎实推进外国人来华工作许可制度，精心组织实施“外专千人计划”“外专双百计划”等重大引智项目，支持引智载体建设，让高层次外国专家向往山东、建设山东、留在山东。

（十五）加强出国（境）培训监督管理。开展“出国（境）培训成效年”活动，研究制定关于提高出国培训成效的意见，建立境外培训评估体系，创新成果共享办法。启动万人出国培训计划和“重点出国培训工程”，围绕国家、省重大发展战略，培养一批有国际影响力的人才团队，实现重要行业和关键领域的重大突破。组织开展外国专家系列专题讲座，继续举办“齐鲁国际讲堂”和“科技创新讲堂”，扩大培训范围，为人才国际化提供培训平台。

五、不断深化人事制度改革

（十六）提高公务员管理科学化水平。积极稳妥推进公务员分类管理，贯彻实施专业技术类、行政执法类公务员管理规定，按照“成熟一个，纳入一个”的原则，建立符合不同类型公务员特点的管理制度。继续推进聘任制公务员管理试点。着力推行公务员平时考核。建立审计人员省级统一招录体制，改进基层公务员考录办法，深化本土优秀人才考录基层公务员试点，探索公务员分类考试和考录诚信约束机制，优化公务员来源结构。继续抓好公务员四类培训和重点工程（项目）的组织实施，深化对口援助培训，实施公务员职业道德建设工程。开展“做人民满意公务员”活动，打造一支忠诚、干净、担当的公务员队伍。

（十七）稳慎推进公务员职务与职级并行制度试点工作。坚决贯彻中央改革部署，统筹谋划，主动对接，既要平稳推进现有人员顺利入轨，又要做好与县以下职务与职级并行制度的并轨衔接，严格掌握进度，确保队伍稳定。不断总结试点经验，努力打造新的亮点工程。

（十八）加强事业单位人事管理。创新完善法人治理结构事业单位人事管理制度，推行管理岗位职员等级晋升制度，对实行人员总量控制单位人员，进一步规范管理，实现同工同酬、同等待遇。强化岗位职责任务，规范聘用合同管理。健全岗位设置动态调整机制，开展专业技术二级岗位评审工作。完善公开招聘制度，探索不同行业、不同专业和不同岗位类型特点的分类考试、考核办法，研究出台艰苦边远地区事业单位公开招聘政策。开展事业单位公开招聘专项检查，加大公开招聘的监督指导，确保公平、公正。

（十九）做好军转安置工作。创新军转安置工作的体制机制，实施“阳光安置”，扩大“人岗相适”试点，拓宽军转干部进入政法队伍渠道，合理配置军转干部人才。完善自主择业军转干部管理服务政策，切实做好军转干部自主择业工作，健全企业军转干部解困稳定长效机制，确保总体稳定。

六、全面优化工资收入分配结构

（二十）深化企业工资收入分配制度改革。继续推进国有企业负责人薪酬制度改革，完善配套政策，加强监督检查，确保平稳运行。深化国有企业工资决定机制改革，健全与劳动力市场基本适应、与企业经济效益和劳动生产率挂钩的工资决定和正常增长机制。继续推动以农民工为重点的同工同酬，让劳动者共享发展成果。加强企业工资分配宏观指导，组织好企业薪酬调查，开展制造业人工成本监测，完善企业工资指导线和最低工资标准发布机制，及时发布人工成本信息和工资指导价位。推动《山东省企业工资支付条例》立法进程。

（二十一）完善公务员工资制度。按照国家部署，组织实施地区附加津贴制度，研究完善公务员奖金制度，配合做好规范改革性补贴相关工作。全面推行员额法官、检察官和司法辅助人员工资制度改革，指导做好法院、检察院人员上划省统一管理前的工资管理工作。配合公务员职务与职级并行试点、公务员分类管理，做好有关工资收入分配工作。

（二十二）完善事业单位工资制度。落实事业单位高层次人才分配激励机制指导意见，研究制定实施办法。研究建立符合行业特点的事业单位薪酬分配制度，做好实行法人治理结构的省属公立医院、科研院所工资收入分配工作，完善其他事业单位绩效工资管理办法，逐步建立绩效工资动态增长机制。

七、积极构建和谐稳定的劳动关系

（二十三）解决好劳动关系领域的突出矛盾。认真落实中央《关于构建和谐劳动关系的意见》和我省实施意见，努力提高劳动关系工作水平。做好劳动关系突出矛盾的排查、化解和应急处置，及时发现、有效化解矛盾风险。做好农民工权益保障工作，深入推进农民工同工同酬。高度重视解决拖欠农民工工资问题，加强源头治理，扎实开展专项整治，确保农民工按时、足额拿到工资。

（二十四）做好劳动关系协调工作。完善劳动关系三方协调机制，在省、市、县三级建立更加系统、更加完善的劳动关系调处机制。推进和谐劳动关系综合试验区试点和劳动关系和谐城市建设，广泛开展和谐劳动关系创建活动。开展劳务派遣市场动态监测，规范劳务派遣市场，指导企业规范劳务派遣用工。

（二十五）进一步提升劳动人事争议处理效能。深入推进仲裁院标准化建设，加强专业性劳动争议预防调解工作，加强仲裁案例指导，强化“一裁终局”，力争仲裁结案率达到90%以上。

（二十六）加强劳动保障监察执法。健全劳动保障监察工作体系，提高执法规范化水平。推行“双随机、一公开”执法机制，建立劳动保障守信激励和失信惩戒机制，扎实开展执法检查，努力营造诚实、自律、守信的劳动用工环境。

八、加强综合性基础性工作

（二十七）积极推进法治人社建设。统筹做好“放管服”各项工作，确保如期完成省政府赋予的简政放权改革任务。加快地方立法进度，进一步健全完善地方立法体系。加大依法行政指导力度，举办“法治人社”建设培训班，不断提高全系统依法行政能力和水平。

（二十八）做好规划统计财务工作。全面推进人力资源社会保障“十三五”规划实施，编制重点项目库，争取财政支持，确保重点工作和重大项目落到实处。积极开展人力资源社会保障领域社会信用体系建设，健全信用制度，建立联合奖惩机制。加快提升统计服务决策能力，不断提高统计分析和研究成果质量。夯实财务管理基础，健全资产管理体制机制，妥善解决部分历史遗留问题。继续加大内部审计工作力度，充分发挥审计的监督作用。做好人力资源社会保障部门对口援疆、援藏、援青和对口扶贫协作重庆工作。

（二十九）进一步加强调查研究。加强调研统筹协调，推进重要改革和重要工作调研，加快调研成果转化。严格落实基层联系点制度，定期到基层人力资源社会保障部门、企业和科研院所进行调查研究，开展政策宣传和上门送服务活动。充分发挥专家咨询作用，提高决策科学化水平。深入研究经济形势、社会风险等因素对人力资源社会保障工作的影响，为领导决策提供参考。

（三十）扎实做好新闻宣传工作。以重要改革、重要工作和重要活动为重点，坚持传统媒体宣传和新媒体宣传并重、提升宣传层次和扩大宣传覆盖面并重、政务信息和新闻宣传并重，不断提高宣传工作的主动性、针对性和影响力。加强舆论引导监控，妥善应对负面舆情。精心策划发布主题、发布议程，提高新闻发布工作水平。充分发挥新媒体工作室作用，利用微博、微信、手机客户端的传播优势，抢占网络舆论制高点。

（三十一）进一步推进政务公开。依法、及时受理依申请公开事项，切实做到依法公开、依法答复。加强门户网站建设，及时准确权威发布政府信息，加强网站整合工作力度，把门户网站打造为信息公开的第一平台。围绕群众和社会关注的热点、难点问题，创新公开形式，拓宽公开渠道，不断提高政务公开水平和公共服务能力。扎实做好政务信息采编和报送工作。

（三十二）切实提高信息化水平。加强顶层设计，制定印发人力资源社会保障信息化“十三五”规划。实施“互联网+人社”行动，初步形成线上线下融合、服务衔接有序的“互联网+人社”发展格局。完善省级异地就医结算系统，继续做好医保监控、社保关系转移接续、全民参保登记等重点业务系统建设。推进人力资源社会保障各领域信息系统省集中建设，做好系统间共享协同。开通社会保障卡102项应用，加强对跨地区、跨业务社保卡应用支撑。加快全省12333发展步伐，秉承“倾听民意、服务民生”理念，创新服务形式，强化热点难点分析指导能力，全力构建上下联动、高效优质、专业规范的咨询体系。

（三十三）加强和改进信访维稳工作。加大信访突出问题的分析梳理和政策研究，集中力量从源头上化解信访矛盾，确保把矛盾化解在基层，把问题解决在当地。健全社会稳定风险预警和评估机制，及时制定应对预案，认真排查和梳理矛盾风险点，对可能引发影响社会稳定的问题早发现、早处理。完善社会风险化解机制，明确主体、责任到位，确保不发生系统性、区域性风险。

（三十四）全面提升公共服务水平。以“标准化、信息化、一体化”建设为重要抓手，推动人社领域公共服务，实现由传统服务模式向现代服务模式的转型。坚持标准化先行，继续清理规范性文件，简化办事环节和手续，持续推动服务下沉，完善公共服务办事指南，打造规范服务的新模式。坚持信息化引领，深入挖掘人社数据资源，打造“互联网+人社服务”的新模式。坚持一体化推进，把加强系统上下协作作为经线，把加强各业务板块协作作为纬线，加快资源整合，打造整体服务的新模式。

九、从严从实加强党建和自身建设

（三十五）全面推进机关党建各项工作落实。落实党建主体责任，健全机关党建工作责任制。在全系统持续深入开展“两学一做”学习教育，巩固学习教育成果。加强基层党组织建设，健全基层党组织书记党建工作述职评议考核机制，并把考核结果作为党内评先树优的重要参考，打造过硬党支部。以科学发展综合考核为契机，查漏补缺，积极整改，全面推动机关党建各项工作取得新进展。健全干部人事工作制度，树立正确用人导向，加强对干部的日常监督和管理，加大平时考核力度，调动干部职工的积极性主动性创造性，着力打造一支信念坚定、为民服务、勤政务实、敢于担当、清正廉洁的人社干部队伍。

（三十六）全面加强党风廉政建设。严格落实党风廉政建设主体责任，坚决履行一岗双责，层层传导压力，把全面从严治党各项要求落到实处。完善廉政风险防控机制，健全监督制约体系，加强对领导干部和重点岗位、重要环节的监督，加快完善具有部门特色的党风廉政建设惩防体系。坚决整治侵害群众利益的不正之风和腐败问题，维护群众切身利益，增强人民群众获得感，厚植党的执政基础。

（三十七）坚持不懈推进作风建设。全面落实中央“八项规定”精神、省委实施办法和厅党组10条规定，持续纠正“四风”，健全作风建设长效机制，加大庸政懒政和不担当不作为问题明察暗访力度，督促各级党组织改进作风。加强群团建设，深入开展文明单位创建活动。

山东省人力资源社会保障厅
关于加快推进全省12333电话咨询服务事业发展的实施意见

（2017年3月13日　鲁人社办发〔2017〕28号）

各市人力资源社会保障局：

为加快推进我省12333电话咨询服务事业发展，进一步方便群众咨询办事，根据人力资源社会保障部办公厅《关于加快推进12333电话咨询服务事业发展的指导意见》（人社厅发〔2016〕186号）精神，现提出如下实施意见：

一、总体要求

“十三五”期间，全省12333电话咨询服务建设要认真贯彻落实国务院和省委、省政府建设服务型政府、增加公共服务供给有关要求，紧紧围绕我省人力资源和社会保障中心工作，坚持从群众需要出发的发展思路，强化我省12333电话咨询服务能力建设，推动技术、服务、业务创新，秉承“倾听民意，服务民生”的服务理念，提升服务意识，丰富服务内容，拓宽服务渠道，规范服务标准，全力构建上下联动、高效优质、专业规范的咨询服务体系，推动我省12333电话咨询服务事业全面发展。

（一）服务群众，务求实效。将以人为本的服务理念贯穿于咨询服务工作的全过程，确保群众问题及时解答、咨询服务快捷有效。

（二）统筹发展，全面覆盖。紧跟事业发展，为群众提供优质高效的咨询服务，推动服务地域、业务领域、服务功能全覆盖，强化电话咨询服务的普及性和有效性。

（三）共享协同，创新服务。加强完善知识库，开放共享数据，加强各业务之间的协同联动。拓展多元化服务渠道，提升咨询服务的主动性和便捷性，形成智能化的服务能力。

（四）统一标准，规范发展。统一电话咨询服务标准，形成省、市、县三级上下一体、标准一致的咨询服务体系，逐步实现电话咨询服务下沉、进行分级管理，推进电话咨询服务科学化、规范化发展。

二、发展目标

全省12333电话咨询服务要围绕中心，服务群众，着力加强机构队伍建设，增强咨询服务能力，加大咨询服务供给，拓展咨询服务内容，创新咨询服务方式，健全咨询服务标准，规范咨询服务体系，提升咨询服务质量，实现机构实体化、咨询专业化、服务规范化、渠道多样化和管理一体化。“十三五”时期我省12333电话咨询服务事业发展的主要目标是：

（一）服务供给明显增强。各市12333咨询服务机构实体化建设效果明显，机构职责明确，管理制度健全；人员配备合理，每百万户籍人口拥有10名以上专职咨询员；工作场地符合工作要求，人均8平米以上；12333电话综合接通率普遍提高，达到80%以上。

（二）服务手段日益丰富。各市建立健全知识库运维机制，知识库内容覆盖全面，依托知识库开展咨询服务；全部地市提供12333网上咨询服务，开通移动应用、短信、微信等服务渠道，各渠道间协同，实现一致服务。

（三）业务范围持续扩大。纳入“人力资源社会保障领域基本公共服务项目清单”的服务事项，全部提供12333电话咨询服务，加快推进12333电话咨询服务覆盖人力资源和社会保障全部业务领域。

（四）服务质量不断提升。健全全省12333电话咨询服务标准规范，提升12333电话咨询服务质量，提高12333电话咨询服务满意度，年均服务质量投诉率低于万分之一。

三、主要任务

12333电话咨询服务是建设全省人力资源社会保障系统公共服务建设的重要内容和组成部分，要按照全省“三化”建设总体要求，逐步实现我省12333电话咨询服务体系的标准化、信息化和一体化发展。

（一）以标准化建设为中心，抓好咨询服务基础建设

1. 推进机构实体化建设，夯实咨询服务基础。推进12333电话咨询服务机构实体化建设，明确职能，落实场地和设施，合理布局，强化咨询服务基础，鼓励有条件的市设立县级咨询中心。多渠道引进人才，壮大咨询队伍力量，建立咨询员激励机制，研究核心人才成长发展路径，切实加强咨询服务人员培训工作，努力打造专业化的咨询员队伍，强化人员服务基础。探索社会化服务方式，利用社会资源提升服务效能。

2. 健全12333电话咨询标准体系，规范咨询服务形象。统一12333短号码对外提供电话和短信服务。制定全省12333电话咨询服务规范（见附件），建立健全12333电话咨询服务标准规范体系。加强服务质量监控，推动各项规范贯彻落实，形成管理有标准、过程有监督、工作有评价、事后有考核的工作管理格局。统一形象，加大宣传力度，提升12333知晓度，打造12333公共服务品牌。

3. 建立健全管理制度和工作机制，提高咨询服务科学化水平。制定电话咨询服务管理制度，建立咨询服务质量监控体系，健全全省绩效考核评估机制，强化监督和检查指导，提升12333电话咨询服务质量，提高12333电话咨询服务满意度。

（二）以信息化建设为抓手，拓展咨询服务渠道

1. 抓好信息系统建设，做好服务支撑。加强12333电话咨询系统省集中建设，完善自动语音、质量监控、短信服务、业务联动、投诉举报等功能，完成省集中系统与单独建设系统的对接，实现全省集约化发展，有效支撑跨地区业务服务和数据集中管理。加强12333电话咨询系统应用，健全知识库运行维护机制，定期梳理政策文件和答复口径，依法依规提供服务。借助数据集成和应用集成技术，完善12333电话咨询服务监测分析平台，提高省、市间政策法规和业务数据的共享能力。

2. 拓展服务渠道，提升服务水平。巩固和完善12333电话咨询服务渠道，依托省级平台建设市级自动语音库，提供5×8小时人工服务和7×24小时自动语音服务。大力发展自动语音和互联网服务，实现网上咨询、网上查询、网上反馈等相关功能。丰富移动应用，自助终端、短信、微信等多种服务渠道，打通服务群众“最后一公里”，形成多形式、多层次、全方位的人力资源社会保障咨询服务体系。加强技术创新、探索语音识别、智能客服等新技术的应用，提升全省12333电话咨询服务的智能化水平。

3. 强化咨询数据收集，推进数据利用。建立和完善咨询数据采集标准，搜集整理咨询业务数据和来电行为数据，夯实数据基础，提升数据质量。加强数据分析利用，及时洞察民生诉求，分析用户行为规律，提升服务的针对性、有效性和主动性，加强分析成果的应用转化，定期编写舆情报告，深化对管理决策的支撑作用。

（三）以一体化建设为目标，打造咨询服务协同机制

1. 丰富服务内容，加强业务联动。推动12333电话咨询服务向全业务领域、全服务流程拓展，

业务范围覆盖就业、社会保险、劳动关系、人事人才和收入分配等业务领域；业务环节由政策咨询向投诉举报、信息查询、业务办理延伸、实现业务办理的在线预约和进度查询，提升12333电话咨询服务体验。探索面向各类服务对象的身份验证机制，并与网站、短信、移动应用及线下窗口等服务渠道实现用户身份互信与服务联动。

2. 深化政务公开，规范咨询服务。全省12333电话咨询服务工作按照“便民利民、创新机制、有问必答”的总体原则，在全省范围内实现人力资源和社会保障政策“首问负责，一号对外，一口受理；分类处置，统筹协调，统一回复”的工作模式，代表人力资源社会保障部门统一受理并对外答复人民群众提出的政策咨询。建立政策咨询日常协作机制和重要政策决策联动机制，疑难问题实时沟通，重大政策及时宣传，解答口径提前明确，社情民意按时反馈。

四、进度安排

“十三五”时期全省12333电话咨询服务事业发展以标准化规范、信息化手段和一体化机制建设为主要目标，对于12333电话咨询服务建设发展较快的市，可按照以下进度安排提前开展各项工作，优先实现应用效果。具体进度安排如下：

（一）2017年12月底前，省厅梳理12333电话咨询服务对外服务事项，建立信息查询标准；建立全省考核评估机制，制定全省考核评估办法，加强电话咨询服务监控；梳理社会保险业务联动目录，建立业务联动机制，完善投诉举报系统功能，完成12333电话咨询系统与各市核心平台三版、社保卡管理系统及全省投诉举报联动平台的对接，实现与社会保险、社保卡、劳动保障监察等相关业务的联动。全省实现统一服务标识，统一服务形象，统一服务规范。各市明确机构职责，建立健全管理制度，报送推进12333电话咨询服务机构实体化建设方案；健全知识库运行维护机制、完善自动语音、质量监控等系统应用功能；开通短信服务，实现互联网服务；单独建设系统的市完成与省集中系统的对接，实现全省集约化发展；纳入我省“人力资源社会保障领域基本公共服务项目清单”的服务事项，全部提供12333电话咨询服务，符合条件的市实现“首问负责，一号对外，一口受理”；每百万户籍人口拥有不低于3名以上专职咨询员，电话综合接通率达到60%以上；有条件的市设立县级12333电话咨询服务机构。

（二）2018年12月底前，省厅梳理公共就业、劳动关系领域业务联动目录，完成12333电话咨询系统与省集中公共就业人才服务信息系统及劳动关系管理信息系统的对接，实现与公共就业、劳动关系领域相关业务的联动；运用大数据手段，人工智能技术，语音识别技术等，加强数据分析利用，创建政府由“自助式浏览”到“智能化关怀服务”的全新服务方式；建立社会问题预警监测机制，加强对热点事件和突发形势的预警预防，主动化解社会矛盾。各市完善移动应用，开通自助终端、微信等多种服务渠道，每百万户籍人口拥有不低于5名以上专职咨询员，电话综合接通率达到70%以上，扩大县级12333电话咨询中心建设规模；30%以上的县（市、区）成立12333电话咨询服务机构。

（三）2019年6月底前，省厅梳理人事人才和收入分配领域业务联动目录，完成12333电话咨询系统与省集中人事人才一体化管理信息系统的对接，实现与人事人才和收入分配相关业务的联动；实现业务办理的在线预约和进度查询，提升12333电话咨询服务体验；实现电话、微信、手机APP、网站等多种服务渠道的一体化平台建设，建立面向各类服务对象的身份验证机制，并与网站、短信、移动应用及线下窗口等服务渠道实现用户身份互信与服务联动。各市根据来电情况合理配备每百万户籍人口拥有专职咨询员数量，确保电话综合接通率达到80%以上，人均工作场地8平米以上，年均服务质量投诉率低于万分之一，50%以上的县（市、区）成立12333电话咨询服务机构。

五、保障措施

（一）**加强组织领导**。各市要高度重视12333电话咨询服务工作，制定工作方案，推动各项任务落实。加强机构实体化建设，积极争取当地财政、编制等有关部门支持，采取多种形式充实队伍，通过政府购买服务等渠道申请财政预算，解决12333专项发展资金，保障好咨询员待遇。建立完善各市财政资金投入机制，将12333电话咨询服务工作纳入当地人力资源社会保障事业发展规划和信息化专项规划，采取有效措施，拓展资金来源渠道，形成政府部门主导，社会力量广泛参与的多元化资金投入格局。

（二）健全工作机制。各市要建立沟通协作机制，业务部门应在政策向社会公布前及时向电话咨询机构进行宣讲、做好培训，明确解答口径，电话咨询服务机构应及时向业务部门反馈群众关注的热点问题。建立疑难问题办理制度，明确办理程序和答复时限。

（三）强化业务培训。建立健全咨询队伍培训长效机制，省、市分级分类开展培训，建立全省“一会一训”制度，省厅定期开展电话咨询服务理念和电话沟通技巧等综合培训，各市定期开展业务知识培训，提高咨询队伍的整体素质。

（四）推进作风建设。落实《人力资源社会保障部关于建立窗口单位作风建设长效机制的意见》（人社部发〔2014〕91号），健全完善服务评价、服务监督、督导检查等工作机制，进一步完善服务规范、服务用语、强化纪律要求，推动改进作风，增强服务意识，不断提升服务水平。

（五）建立通报和考核制度。建立全省通报制度，定期通报咨询服务质量监控结果，将人员、经费、标准、业务考核指标纳入考核范围，定期通报各市考核评估结果和工作情况。建立考评绩效与工资挂钩制度，充分调动工作人员积极性和主动性。

附件：山东省12333电话咨询服务规范（略）

八、法制建设

山东省人力资源和社会保障厅
关于在全省人力资源和社会保障领域开展社会信用体系建设的实施意见

（2017年4月10日　鲁人社发〔2017〕11号）

各市人力资源社会保障局，省厅各处室、直属单位，省公务员局：

为加快推进全省人力资源和社会保障领域社会信用体系建设，切实提高全社会诚信意识和信用水平，根据省政府《山东省社会信用体系建设规划（2015—2020年）》和省人力资源社会保障厅《关于创建山东省社会信用体系建设试点示范单位的工作方案》等有关规定，制定本实施意见。

一、重要意义

人力资源社会保障领域社会信用体系建设，是社会信用体系建设的重要组成部分。人力资源社会保障部门作为重要的民生部门，大力推进人社领域信用体系建设，是坚持稳中求进工作总基调、牢固树立和全面贯彻五大发展理念的关键环节，是适应经济发展新常态、服务供给侧结构性改革和坚持民生为本、人才优先工作主线的必然要求，是促进用人单位和个人遵守人社领域法律、法规和政策，营造良好的诚信环境，助推人社事业在更高水平上转型发展的重要手段。

二、总体要求

（一）指导思想。全面贯彻落实党的十八大和十八届三中、四中、五中、六中全会精神，深入贯彻习近平总书记系列重要讲话精神，按照中央和省里的决策部署，以健全人社领域信用制度和建设人社信用信息平台为基础，以公务员和事业单位人员诚信管理和教育、社会保险、劳动用工等领域诚信建设为重点，以“标准化、信息化、一体化”建设（以下简称“三化”建设）和“互联网＋人社”2020行动计划为支撑，以提高全社会诚信意识和信用水平、促进全省人社事业健康可持续发展为目的，全面开展人社领域社会信用体系建设。

（二）基本原则。

——健全制度，规范发展。制定完善人力资源社会保障领域守信和失信行为认定、信用信息的管理和使用、信用修复、异议申诉等规章制度，依法依规开展守信联合激励和失信联合惩戒，实现信用体系建设的法制化、规范化。

——统筹规划，分步实施。按照“先基础信息后行为信息，先机构信息后个人信息，先独立运行后联合运作”的步骤，统筹规划、分类指导，有计划、分阶段组织实施。

——重点突破，试点先行。以省厅创建社会信用体系建设试点示范单位为契机，选择基础较好、代表性强的公务员和事业单位人员诚信管理和教育、社会保险和劳动用工等领域率先探索，先行先试，取得经验逐步推广。

——互联互通，开放共享。依托省厅“三化”建设，加强信用信息管理，逐步实现各级人力资源社会保障部门与当地政府及其他部门间的信用信息开放共享和互联互通，有序落实守信联合激励和失信联合惩戒。

（三）工作目标。

1. 试点创建阶段（2017—2018年）：公务员和事业单位人员诚信管理和教育、社会保险、劳动用工等领域信用制度基本建立，信用信息记录逐步充实完善，信用信息平台建成使用，部门和行业间联合奖惩机制初步形成，社会诚信意识普遍增强，顺利通过省社会信用体系建设试点示范单位评估验收。

2. 完善提升阶段（2019—2020年）：在人力资源社会保障领域全面开展信用体系建设，信用法规制度健全完善，覆盖全省的人力资源社会保障信用信息平台功能齐备、运行良好，与我省各级政府、部门及人力资源社会保障部信用信息平台互联互通，守信激励和失信惩戒机制全面有效运行，经济社会发展信用环境明显改善，信用体系在保障人力资源社会保障事业发展上发挥重要的基础性作用。

三、主要任务

在试点创建阶段，人力资源社会保障信用体系建设的主要任务包括：

（一）公务员及事业单位工作人员诚信管理和教育领域。建立公务员和事业单位工作人员诚信档案，将公务员考试录用、事业单位工作人员招聘考试（考核）、职称评聘、年度考核结果等信用信息纳入档案。完善公务员和事业单位工作人员招录（聘）和考核评价制度，将诚信记录作为公务员和事业单位工作人员录用、考核、任（聘）用和奖惩的重要依据。深入开展公务员及事业单位工作人员诚信、守法和道德教育。

（二）社会保险领域。开展社会保险诚信参保制度建设，对社会保险领域失信行为的认定、管理和披露发布等进行明确，规范参保缴费行为。建立完善医疗保险协议管理医疗机构信用管理制度，加大对医疗保险协议管理医疗机构、协议管理零售药店及参保人员违规、欺诈、骗保等失信行为的惩戒力度。建设全省集中的社会保险数据库。进一步完善社会保险基金监督管理制度，加大社会保险基金欺诈失信行为打击力度。

（三）劳动用工领域。贯彻落实人力资源社会保障部《企业劳动保障守法诚信等级评价办法》《重大劳动保障违法行为社会公布办法》等规章制度，组织开展守法诚信等级评价活动，依规公布我省范围内用人单位重大劳动保障违法行为等。建立覆盖全省的劳动关系管理信息系统。完善劳动用工领域相关单位和人员的信息记录，逐步建立覆盖全省用人单位的劳动保障守法诚信档案库。积极推动人力资源服务行业诚信建设。组织实施我省诚信人力资源服务机构创建工作，评选诚信示范人力资源服务机构并公示宣传。

（四）人事考试领域。完善人事考试违纪违

规人员数据库建设。

（五）人才领域。完善高级专业技术职务资格和职业资格证书数据库建设。

（六）“双公示”工作。人力资源社会保障部门作出的行政许可和行政处罚信息要按规定上网向社会进行公示。

（七）联合奖惩机制建设。积极开展人力资源社会保障信用评价体系应用试点工作。推动公务员和事业单位人员诚信管理和教育、社会保险、劳动用工等领域信用信息，在人力资源社会保障部门内部相关工作中的应用，将信用评价与就业创业资金使用、专业技术职务评聘、岗位聘用、评选表彰等挂钩。建立信用信息联合奖惩机制，与相关部门联动响应，逐步推动信用信息在其他部门的应用，实现对守信者的联合激励和对失信者的联合惩戒。

（八）信用信息平台建设。建设完善全省人力资源社会保障信用信息平台，归集、管理和报送人力资源社会保障信用信息，与全省公共信用信息平台等双向交换信用信息。

在完善提升阶段，人力资源社会保障信用体系建设的主要任务是：充分利用试点创建阶段累积的成熟经验和制度信息成果，把信用体系建设拓展到人力资源社会保障各个领域、各个层级，实现完善提升阶段工作目标。

四、保障措施

（一）加强组织领导。全省各级人力资源社会保障部门要高度重视社会信用体系建设，强化组织领导，完善制度措施，争取经费支持，及时研究有关重大问题，指导、协调、推进本地区人力资源社会保障信用体系建设工作。

（二）强化责任落实。要按照实施意见确定的工作目标和主要任务，根据职责分工和工作实际，制定具体落实方案，做出周密部署安排，确保任务落实到位。要定期对本地区信用体系建设情况进行通报，及时发现问题并提出改进措施。

（三）注重宣传引导。要根据本地区事业发展实际，结合“三化”建设和“互联网＋人社”2020行动计划，积极探索有效的推进模式，广泛开展信用体系建设宣传交流活动，充分发挥示范带动作用，树立行业诚信典范，全面提升人力资源社会保障信用水平。

山东省人力资源和社会保障厅
关于印发山东省人力资源社会保障行政执法信息公示实施办法的通知

（2017年12月27日　鲁人社发〔2017〕52号）

各市人力资源社会保障局，省厅各处室、直属单位，省公务员局：

《山东省人力资源社会保障行政执法信息公示实施办法》已经第23次厅长办公会审议通过，现印发给你们，请认真贯彻执行。

山东省人力资源社会保障行政执法信息公示实施办法

第一章　总　则

第一条　为规范人力资源社会保障行政执法信息公示工作，提高行政执法的透明度，促进严格规范公正文明执法，依法维护公民、法人和其他组织的合法权益，根据《山东省人民政府办公厅关于推行行政执法公示制度执法全过程记录制度重大执法决定法制审核制度的意见》和《山东省行政执法信息公示办法》等有关规定，结合我省人力资源社会保障工作实际，制定本办法。

第二条 人力资源社会保障部门（包括法律、法规和规章授权的组织以及受委托执法的组织）公示行政执法信息，适用本办法。

第三条 人力资源社会保障行政执法信息公示，是指人力资源社会保障部门通过一定载体和方式，将行政执法主体、人员、职责、权限、依据、程序、结果、监督方式、救济途径等信息主动向社会公示，保障行政相对人和社会公众的知情权、参与权、救济权、监督权，自觉接受社会监督。

第四条 人力资源社会保障部门在行政许可、行政处罚、行政强制、行政检查四类行政执法行为中推行行政执法信息公示制度。

国家和省人民政府对行政执法类别公示范围有新规定的，从其规定。

第五条 行政执法信息公示应当坚持合法、及时、准确、便民的原则。

第二章 公示内容

第六条 人力资源社会保障部门应当将本部门行政执法主体名单、权力清单、责任清单、随机抽查事项清单、行政执法人员清单等信息通过本部门官方网站向社会公示。

人力资源社会保障部门应当根据法律、法规和规章立改废以及本部门机构职能调整等情况，对上述公示信息进行动态调整。

第七条 人力资源社会保障部门应当主动将下列行政执法信息向社会公示：

（一）执法主体。公示行政执法主体的名称、具体职责、内设执法机构、职责分工、管辖范围、执法区域。

（二）执法人员。公示本部门和本部门所属执法机构行政执法人员姓名、性别、执法区域、工作单位和证件编号等。

（三）执法依据。公示行政执法所依据的法律、法规、规章和规范性文件。

（四）执法权限。公示行政许可、行政处罚、行政强制、行政检查的职权范围。

（五）执法程序。公示行政执法的方式、步骤、时限和顺序，制定行政执法流程图。

（六）随机抽查事项清单。公示随机抽查事项清单，包括抽查依据、抽查主体、抽查内容、抽查方式、抽查比例、抽查频次等内容。

（七）救济方式。公示行政相对人依法享有的听证权、陈述权、申辩权和申请行政复议或者提起行政诉讼等法定权利和救济途径。

（八）服务指南。逐项编制行政执法服务指南，服务窗口明示工作人员姓名、职务、工作单位等信息，方便群众办事。

（九）监督举报。公示接受监督举报的地址、邮编、电话、邮箱及受理程序。

（十）其他依法应当向社会公示的信息。

第八条 人力资源社会保障行政执法人员在行政执法过程中，应当根据不同执法环节，主动向行政相对人公示下列行政执法信息：

（一）主动出示有效执法证件。有执法标志的，应当佩戴执法标志。

（二）主动告知行政相对人执法事由、执法依据、权利义务等，并做好说明解释工作。

（三）依法出示并送达相关执法文书。

第九条 人力资源社会保障部门应当主动将下列行政执法结果向社会公示：

（一）行政许可。行政许可单位名称、许可类别、许可项目、许可时间、有效期限等。

（二）行政处罚。行政处罚相对人、违法事实、处罚依据、处罚结果、处罚时间以及行政处罚决定书编号等。

（三）行政强制。行政强制的措施、执行方式、执行结果、查封扣押清单等。

（四）行政检查。行政检查对象、检查依据、检查方式、检查时间、检查事项、检查内容、存在问题以及整改情况等。

行政执法结果公示可以采取摘要形式或者决定书形式。采取摘要形式向社会公示的，应当公示行政执法决定书文号、行政执法相对人名称、行政执法事项名称、主要事实、依据、作出行政执法决定的行政执法机关名称和日期等内容。

第十条 人力资源社会保障部门公示行政执

法信息，应当符合《中华人民共和国保守国家秘密法》及有关法律、法规和规章的规定。有下列情形之一的，不得向社会公示：

（一）行政执法信息涉及国家秘密、商业秘密、个人隐私的；

（二）行政执法信息公示后可能危及国家安全、公共安全、经济安全和社会稳定的；

（三）行政执法信息公示后可能妨碍正常执法活动的；

（四）法律、法规和规章规定的不予公示的其他情形。

第三章　公示载体

第十一条　行政执法信息公示以本部门官方网站为主要公示载体，也可以通过公告、公报等文件方式或者广播电视、办公场所公告栏、微信公众号、手机APP新媒体等载体，全面、准确、及时地公示有关行政执法信息。

第十二条　人力资源社会保障部门应当将本部门行政执法信息公示平台和执法办案系统与本级政府的行政执法信息公示平台对接，实现行政执法信息互联互通。

第四章　公示程序

第十三条　人力资源社会保障部门应当将行政执法信息自信息形成之日起20个工作日内予以公示。

因行政执法依据变更或者执法机关职能调整等原因致使行政执法信息内容发生变化的，人力资源社会保障部门应当自相关内容变更之日起7日内更新公示内容。

第十四条　行政执法信息公示工作应当按照“谁执法、谁公示”的原则，由人力资源社会保障部门履行行政执法职责的科（处）室、单位明确一名工作人员，具体负责公示内容的收集、整理、上传、发布和更新工作。其中，行政许可和行政处罚信息按照规定向“信用山东”网站或者本级政府规定的有关网站进行公示。

第十五条　公示行政执法信息应当执行信息公开相关制度，严格履行内部审核、保密审查等规定程序。

第十六条　人力资源社会保障部门发现公示的执法信息内容不准确的，应当及时进行更正。

公民、法人或者其他组织有证据证明人力资源社会保障部门公示的行政执法信息不准确的，可以申请更正。人力资源社会保障部门应当及时予以更正并书面答复申请人。

第十七条　行政执法决定依法被撤销、确认违法或者要求重新作出行政执法决定的，人力资源社会保障部门应当及时撤销原行政执法信息，并作必要的说明。

第五章　附　则

第十八条　人力资源社会保障部门及其行政执法人员违反行政执法信息公示规定的，依法追究有关责任。

第十九条　本办法自2017年12月27日起施行。

山东省人力资源和社会保障厅

关于印发山东省企业劳动保障守法诚信等级评价实施办法的通知

（2017年4月17日　鲁人社规〔2017〕9号）

各市人力资源社会保障局：

现将《山东省企业劳动保障守法诚信等级评价实施办法》印发给你们，请遵照执行。

山东省企业劳动保障守法诚信等级评价实施办法

第一条 为增强劳动保障监察的针对性和效率，实行企业分类监管，督促企业遵守劳动保障法律规定，履行守法诚信义务，根据国务院《劳动保障监察条例》（国务院令第423号）、人力资源社会保障部《关于印发〈企业劳动保障守法诚信等级评价办法〉的通知》（人社部规〔2016〕1号）等有关规定，结合我省实际，制定本办法。

第二条 县级以上人力资源社会保障部门按照劳动保障监察管辖范围负责企业劳动保障守法诚信等级评价（以下称守法诚信等级评价）工作。其所属的劳动保障监察机构负责守法诚信等级评价组织实施工作。

上级人力资源社会保障部门可以委托下级人力资源社会保障部门对企业进行劳动保障守法诚信等级评价。

上级人力资源社会保障部门委托下级人力资源社会保障部门实施守法诚信等级评价，应当出具委托文书。下级人力资源社会保障部门应当将企业守法诚信等级评价情况及意见建议报上级人力资源社会保障部门，由委托的人力资源社会保障部门确定等级。

第三条 守法诚信等级评价的对象为依法取得营业执照或者登记证书满一年的企业。

企业设立的分支机构，依法取得营业执照或者登记证书的，应当作为独立的守法诚信等级评价对象。分支机构所在地的人力资源社会保障部门应当将分支机构的诚信等级评价情况及时通报企业所在地的人力资源社会保障部门。

第四条 人力资源社会保障部门开展守法诚信等级评价，应当根据事实，遵循依法、公正原则。

第五条 人力资源社会保障部门开展守法诚信等级评价以每年的1月1日至12月31日为一个评价年度，于次年上半年完成。

第六条 人力资源社会保障部门开展守法诚信等级评价，主要依据日常巡视检查、书面材料审查、随机抽查、举报投诉查处以及专项检查等劳动保障监察和其他有关工作中取得的企业上一年度信用记录进行。

人力资源社会保障部门开展守法诚信等级评价，应当听取当地政府有关部门、工会组织的意见和建议。

第七条 人力资源社会保障部门应当围绕以下内容开展守法诚信等级评价：

（一）制定内部劳动保障规章制度的情况；

（二）与劳动者订立劳动合同的情况；

（三）遵守劳务派遣规定的情况；

（四）遵守禁止使用童工规定的情况；

（五）遵守女职工和未成年工特殊劳动保护规定的情况；

（六）遵守工作时间和休息休假规定的情况；

（七）支付劳动者工资和执行最低工资标准的情况；

（八）参加各项社会保险和缴纳社会保险费的情况；

（九）其他遵守劳动保障法律、法规和规章的情况。

第八条 人力资源社会保障部门开展守法诚信等级评价确定以下标准、等级：

（一）企业遵守劳动保障法律、法规和规章，未因劳动保障违法行为被查处的，评为A级。

（二）企业因劳动保障违法行为被查处，但不属于C级所列情形的，评为B级。

（三）企业存在下列情形之一的，评为C级。

1. 因劳动保障违法行为被查处二次以上（含三次）的；

2. 因劳动保障违法行为引发群体性事件、极端事件或造成严重不良社会影响的；

3. 因使用童工、强迫劳动等严重劳动保障违法行为被查处的；

4. 拒不履行劳动保障监察限期整改指令、行政处理决定或者行政处罚决定的；

5. 无理抗拒、阻挠人力资源社会保障部门实施劳动保障监察的；

6. 因劳动保障违法行为被追究刑事责任的。

第九条 人力资源社会保障部门开展守法诚信等级评价按照下列程序进行：

（一）初步评价。劳动保障监察机构按照诚信等级评价的内容和标准，对企业守法诚信等级进行初步评价。

（二）征求意见。劳动保障监察机构征求劳动关系、社会保险经办、劳动争议调解仲裁等相关机构对初步评价结果的意见，相关机构对初步评价结果有不同意见的，应当书面反馈并提供依据。

（三）确定等级。劳动保障监察机构对相关机构提出的意见进行汇总，参考有关部门和工会组织反映的意见和建议，提出评价意见，报人力资源社会保障部门审定。

第十条 人力资源社会保障部门可以通过适当方式将守法诚信等级评价结果告知企业。

第十一条 企业对守法诚信等级评价结果有异议的，可以向作出评价的人力资源社会保障部门提出复核申请。人力资源社会保障部门应当及时复核；经查实等级评价有误的，应当予以重新评价。

第十二条 人力资源社会保障部门应当将守法诚信等级评价结果录入劳动保障监察管理信息系统，归入企业劳动保障守法诚信档案，至少保留3年。

第十三条 人力资源社会保障部门根据企业劳动保障守法诚信等级评价情况，对劳动保障监察管辖范围内的企业实行分类监管：

（一）对于上年度被评为A级的企业，免予当年劳动保障监察日常巡视检查和专项检查；

（二）对于上年度被评为B级的企业，当年不超过一次劳动保障监察日常巡视检查；

（三）对于上年度被评为C级的企业，列为劳动保障监察重点对象，增加当年度劳动保障监察日常巡视检查频次。

第十四条 对于被评为C级的企业，人力资源社会保障部门应当对其主要负责人、直接责任人进行约谈，敦促其遵守劳动保障法律、法规和规章。

第十五条 人力资源社会保障部门应当将守法诚信等级评价结果作为企业评优评先、评选劳模、招标、公司上市、和谐劳动关系企业评选等劳动保障守法情况审查的重要依据，据实出具相关证明。

第十六条 守法诚信等级评价结果确定后，企业发生劳动保障违法行为需要降级的，作出评价的人力资源社会保障部门应当重新评价，及时调整其守法诚信等级。

第十七条 人力资源社会保障部门应当与工商、金融、住房城乡建设、税务等部门和工会组织建立信用信息交换共享机制，对企业实行守信联合激励和失信联合惩戒。

劳动保障监察机构应当及时将书面审查、日常巡视检查、举报投诉专查和专项检查情况等录入劳动保障监察信息管理系统，利用劳动保障监察管理信息系统开展评价工作。

第十八条 人力资源社会保障部门工作人员在守法诚信等级评价工作中滥用职权、玩忽职守、徇私舞弊的，按照有关规定给予处分。

第十九条 对其他劳动保障监察对象开展守法诚信等级评价工作，依照本办法执行。

第二十条 设区的市人力资源社会保障部门可以根据本办法，制定实施细则。

第二十一条 本办法自2017年7月1日起施行，有效期至2022年6月30日。

山东省人力资源和社会保障厅
关于废止部分规范性文件的通知

（2017年10月30日　鲁人社字〔2017〕307号）

各市人力资源社会保障局：

根据省政府法制办《关于开展政府规章和规范性文件清理工作的通知》（鲁府法发〔2017〕11号）要求，我厅对以厅名义制定下发的人力资源社会保障规范性文件进行了全面清理。经厅长办公会研究，决定废止规范性文件17件。现将废止规范性文件目录予以公布，已经废止的规范性文件一律不得再作为行政管理的依据。

附件：废止规范性文件目录

废止规范性文件目录

序号	文件名称	文号	统一编号	有效期
1	《关于创建创业型城市（县、区）的指导意见》	鲁劳社〔2009〕31号	SDPR-2016-0140008	2020年12月31日
2	《关于转发〈人社部、财政部关于进一步规范农村劳动者转移就业技能培训工作的通知〉的通知》	鲁人社〔2009〕33号	SDPR-2016-0140009	2018年12月31日
3	《关于进一步做好企业工资集体协商工作的意见》	鲁劳社〔2002〕31号	SDPR-2016-0140012	2020年12月31日
4	《关于进一步做好解决企业拖欠工资工作的通知》	鲁劳社函〔2004〕376号	SDPR-2016-0140016	2020年12月31日
5	《关于进一步做好涉军劳动保障工作，促进双拥工作深入开展的通知》	鲁劳社〔2006〕38号	SDPR-2016-0140021	2020年12月31日
6	《关于转发人力资源和社会保障部办公厅〈关于开展春暖行动提高农民工劳动合同签订率的通知〉的通知》	鲁劳社电〔2008〕11号	SDPR-2016-0140027	2020年12月31日
7	《关于开展劳动保障年检工作的通知》	鲁劳社〔2001〕9号	SDPR-2016-0140042	2020年12月31日
8	《关于印发〈山东省省管单位人力资源社会保障诚信等级认定办法〉和〈山东省省管单位人力资源社会保障违法行为社会公布办法〉的通知》	鲁人社发〔2011〕18号	SDPR-2016-0140043	2020年12月31日
9	《关于印发山东省高级会计师资格评价试行办法的通知》	鲁人社〔2009〕12号	SDPR-2016-0140075	2017年12月31日
10	《关于扩大职业资格证书覆盖面提高职业技能鉴定质量的通知》	鲁劳社办〔2001〕19号	SDPR-2016-0140079	2020年12月31日

续表

序号	文件名称	文号	统一编号	有效期
11	《转发劳动保障部办公厅关于加强职业技能鉴定质量管理有关工作的通知》	鲁劳社函〔2003〕336号	SDPR–2016–0140083	2020年12月31日
12	《关于全省技工学校高级班毕业生进行职业技能统一鉴定的通知》	鲁劳社办〔2004〕34号	SDPR–2016–0140084	2020年12月31日
13	《关于印发〈山东省民办职业培训学院设置标准（试行）〉的通知》	鲁劳社函〔2006〕405号	SDPR–2016–0140090	2017年12月31日
14	《关于在全省中等职业学校实施“提升技能促进就业培训计划”的通知》	鲁劳社〔2009〕38号	SDPR–2016–0140094	2020年12月31日
15	《关于进一步做好全省技工院校毕业证书验印发放管理有关工作的通知》	鲁人社办发〔2010〕79号	SDPR–2016–0140097	2020年12月31日
16	《关于机关事业单位工人技术等级考核有关问题的通知》	鲁人社办发〔2011〕135号	SDPR–2016–0140099	2020年12月31日
17	《关于开展城镇居民基本医疗保险门诊统筹试点的指导意见》	鲁人社发〔2010〕35号	SDPR–2016–0140193	2020年12月31日

大事记

一月

13 日　全省人力资源和社会保障工作会议在济南召开，省委组织部副部长、省人力资源社会保障厅厅长韩金峰作工作报告。

17 日　“情系农民工、温暖回家路”免费送农民工返乡过大年活动在济南市历城区鲁能 7 号建设工地举行。此次活动由省人力资源社会保障厅部署安排，济南市人力资源社会保障局等部门组织承办。

20 日　由省人力资源社会保障厅、省扶贫办、省总工会、省妇联和临沂市人民政府联合举办的山东省 2017 年“春风行动”启动活动暨“春风送岗”临沂市集中招聘活动在临沭县举行。

同日　省人力资源社会保障厅组织召开 2016 年度厅属基层党组织书记抓党建述职评议考核会议，部分党支部书记向厅直属机关党委现场述职。

二月

9 日　省人力资源社会保障厅与省工商局在济南举行企业信息交换共享合作协议签署仪式，省人力资源社会保障厅党组副书记、副厅长夏鲁青，省工商局副局长郭际水，分别代表两厅出席签约仪式并签署共享协议。

15 日　山东省人力资源和社会保障厅、重庆市人力资源和社会保障局联合举办的就业鲁渝行——“百企万岗进重庆”活动在重庆市丰都县启动。

22 日　全省人力资源和社会保障事业发展“十三五”规划纲要解读培训班在济南开班。

23 日　省人力资源社会保障厅选派的五名新一轮第一书记，奔赴菏泽市鄄城县旧城镇五个帮包村上任，开启了新一轮为期两年的帮扶工作。

28 日　省政府新闻办召开新闻发布会，介绍山东省“外专双百计划”有关情况。

三月

1 日　人力资源社会保障部副部长汤涛来到潍坊市，对潍柴控股集团有限公司和山东工业技师学院进行考察调研。

6—7 日　全省公务员管理暨考录工作会议在济南召开。

8 日　由省人力资源社会保障厅、省妇女联合会联合开展的“相约三月 共创未来”2017 女性就业创业专场招聘活动在省人力资源市场举行。

10 日　由省委组织部、省人力资源社会保障厅、省公务员局联合组织的省直部门公务员平时考核工作推进部署会在省人力资源社会保障厅召开。

15 日　全省人力资源社会保障系统人才工作座谈会在济南召开。

16 日　全省引进外国人才和智力工作视频会议在济南召开。

20—21 日　全省人才服务工作座谈会在济南召开。会议传达人力资源社会保障部和省人力资源社会保障厅有关会议精神，交流经验，分析形势，部署 2017 年重点工作。

21 日　第一期“三支一扶”人员省级示范培

训班在山东管理学院正式开班，403 名“三支一扶”人员代表参加培训。

23 日　全省企业工资分配制度改革研讨会在济南召开。

24 日　省人力资源社会保障厅举办全面从严治党责任书签字仪式暨党的十八届六中全会精神专题辅导讲座。

四月

7 日　省人力资源社会保障厅联合省金融办在中央财经大学成功举办“山东—名校人才直通车”金融人才专场招聘活动。

14 日　省政府新闻办召开新闻发布会，介绍山东省基层卫生职称制度改革的有关情况。

15—16 日　山东省组团参加第十五届中国国际人才交流大会。

18—19 日　全省人力资源社会保障系统 2017 年党风廉政建设工作座谈会在济南召开。

19 日　省人力资源社会保障厅、潍坊市人民政府联合在潍坊市启动“证卡合一”试点，标志着全省《就业创业证》与社会保障卡“证卡合一”工作的正式实施。

同日　省人力资源社会保障厅召开全省职称管理改革工作会议，贯彻落实中办、国办《关于深化职称制度改革的意见》、全国深化职称制度改革工作部署会议及全省人社工作会议精神，对深化职称制度改革工作进行动员部署。

20 日　省就业和农民工工作联席会议 2017 年第一次会议在济南召开。省委常委、常务副省长李群出席会议并讲话。会议原则通过省就业和农民工工作联席会议 2017 年就业工作要点、农民工工作要点。

21 日　省人力资源社会保障厅联合省教育厅、省总工会、省工商联在省人力资源市场成功举办“2017 年山东省民营企业招聘周启动活动暨第四届大中城市联合招聘高校毕业生春季专场活动”。

20—25 日　全国留学人员回国创业高级研修班在威海举办。

28 日　山东省暨济南市“农民工恳谈日”活动在济南市燕山新居三箭集团建筑工地举办。

五月

2—3 日　人力资源社会保障部副部长、国家外国专家局局长张建国来山东省就外国人来华工作许可制度全面实施、高端人才服务专区建设等工作进行调研，并为全省引进外国人才高级研修班授课。

3 日　全省引进外国人才高级研修班在山东行政学院开班。会前，省委副书记、省长龚正对引进外国人才工作提出明确要求。国家人力资源和社会保障部副部长、国家外国专家局局长张建国出席并授课，省委常委、常务副省长李群出席并讲话。

4 日　全省创业服务、职业培训及市场服务业务座谈会在济南召开。

同日　全省人社规划财务工作座谈会在济南召开。

9 日　省人力资源社会保障厅召开会议，传达全省退役士兵安置和权益保障工作会议精神，系统解读省委办公厅、省政府办公厅《意见》，动员全系统做好退役士兵权益保障政策落实工作。

同日　全省劳动保障监察工作座谈会在济南召开。

14 日　省人力资源社会保障厅（省外国专家

局）联合国家外专局国际人才交流协会，在济南组织举办为期半月的中小学英语教师全封闭英语口语培训班。

15日　省人力资源社会保障厅新旧动能转换重大工程推进工作领导小组召开第一次会议。

16日　省人力资源社会保障厅党组中心组开展集中学习研讨，传达贯彻全省推进“两学一做”学习教育常态化制度化工作座谈会精神，研究推进省人力资源社会保障厅“两学一做”学习教育常态化制度化有关工作。

22—23日　全省人社公共服务“三化”建设座谈会在济南召开。

24日　由省人力资源社会保障厅主办，省公共就业和人才服务中心承办的“全省就业和人才服务政策进校园进企业宣讲月”启动仪式在山东中医药大学举行。

同日　省人力资源社会保障厅召开党组扩大会议，传达刘家义书记来省人力资源社会保障厅调研讲话精神，梳理分解工作任务。

25—26日　省人力资源社会保障厅在济宁兖州召开全省职业能力建设工作暨技工院校教育教学改革现场会。

31日　全省人力资源社会保障系统学习贯彻刘家义书记讲话精神视频会议召开。会议传达学习省委书记刘家义在省人力资源社会保障厅调研时讲话精神，对全面贯彻落实刘家义书记指示要求、扎实做好各项重点工作进行动员部署，进一步解放思想，创新机制，推动人社工作在更高水平上转型发展，全面走在全国前列，为实现山东省创新发展、持续发展、领先发展做出积极贡献。

六月

1日　省政府新闻办公室召开新闻发布会，介绍《山东省有突出贡献的中青年专家选拔管理办法》《关于改革完善博士后制度的实施意见》《关于加强基层专业技术人才队伍建设的实施意见》等三个文件的有关情况。

7日　由人力资源社会保障部留学人员和专家服务中心、省人力资源社会保障厅、聊城市人民政府共同举办的“万名专家服务基层暨创新驱动·智汇水城—2017院士专家聊城行”活动在聊城成功举办。

13—17日　中国共产党山东省第十一次代表大会召开，省委组织部副部长、省人力资源社会保障厅厅长韩金峰同志作为省第十一次党代会代表参加大会。

19日　省人力资源社会保障厅召开厅务会，传达学习贯彻省第十一次党代会精神。

同日　由省人力资源社会保障厅主办，山东省留学人员和专家服务中心、威海市人力资源社会保障局共同承办的“全国灰霾天气防控与干预高级研修班”在威海市开班。

20日　全省引进高层次高技能人才服务窗口能力建设培训班在威海举办。

22日　人力资源社会保障部副部长吴道槐一行来山东调研高校毕业生就业创业工作，组织召开全省高校毕业生就业工作座谈会。

本月　在全省人力资源社会保障系统开展“学身边榜样　做人社先锋”活动。

七月

2—8日　省人力资源社会保障厅与山东大学联合举办的第一期处级干部暨优秀党务干部综合素质能力提升与思维创新培训班在山东大学威海校区成功举办，厅机关及直属单位88名处级干部参加培训。

9日　省人力资源社会保障厅召开党组扩大会

议，传达学习省委省政府重点工作推进情况视频会议和省管主要领导干部培训班精神，对全厅及全系统作风建设进行再强调、再部署。

11 日　由人力资源社会保障部主办，省人力资源社会保障厅、青海省人力资源社会保障厅承办的“万名专家服务基层行动计划·山东专家走进青海”活动在青海省西宁市启动。

15 日　省人力资源社会保障厅等 7 部门在山东省科技馆联合举办 2017 年世界青年技能日主题活动。

19 日　省人力资源社会保障厅召开全厅党员干部大会，对全面推进“两学一做”学习教育常态化制度化进行再动员再部署。

21 日　全省军队转业干部安置工作电视会议在济南召开。

26—27 日　省人力资源社会保障厅召开 2017 年上半年度工作总结汇报会。会议传达人力资源社会保障部务虚会精神；对照年初确定的重点工作任务，总结上半年的工作情况，分析当前工作中存在的矛盾和问题，提出下半年工作思路和措施。

28 日　《山东省劳动人事争议调解仲裁条例》经省第十二届人大常委会第三十一次会议审议通过，并将于 10 月 1 日起正式施行。省人大常委会办公厅召开新闻发布会，介绍了条例的贯彻实施等有关情况。

八月

3 日　省人力资源社会保障厅在济南市举行失业保险参保职工技能提升补贴发放仪式。

同日　省人力资源社会保障厅一行 4 人，抵达西藏自治区日喀则市调研山东交通技师学院援藏技能支教团工作情况，慰问山东援藏干部和技能支教老师，并与日喀则市人力资源社会保障局商谈下步技能对口援藏事宜。

10—11 日　全省人社系统 2017 年半年工作总结交流会在泰安召开。会议传达贯彻人力资源社会保障部年中务虚会精神，总结梳理上半年工作，深入分析人力资源社会保障事业发展面临的新形势，全面研讨工作中存在的突出矛盾和问题，并安排部署下半年工作。

13 日　“2017 院士专家周村行暨新旧动能转换与科技创新论坛”在周村区周村财富广场—智汇创新谷隆重开幕。

27 日—9 月 1 日　全省人事考试干部队伍综合素质能力提升专题培训班在上海复旦大学举办。

九月

8 日　中国民主促进会山东省委员会赴省人力资源社会保障厅开展人才发展体制机制改革和评价问题专项调研。

15 日　首届全国创业就业服务展示交流活动在济南启动。本次活动是全国双创活动周的一项重要内容，由人力资源社会保障部与山东省政府共同举办，省人力资源社会保障厅与济南市政府承办。中共中央政治局委员、国务院副总理马凯作出重要指示，省委书记刘家义，人力资源和社会保障部部长尹蔚民出席首届全国创业就业服务展示交流活动启动仪式并致辞，省委常委、常务副省长李群参观在济南举办的首届全国创业就业服务展示交流活动主题展示现场。

21—22 日　全省和谐劳动关系创建现场会在济宁召开。

25—28 日　省人力资源社会保障厅在济南成功举办全省政府人才公共服务能力提升高级研修班，全省 17 市及有关县区人社部门的 59 名高层次人才服务人员参加研修。

28 日　“山东—名校人才直通车”下半年首场活动在吉林大学和东北师范大学成功举办。

十月

11 日　首届全国创业就业服务展示交流活动总结会在济南召开。会议全面总结首届全国创业就业服务展示交流活动的成果和经验，通报表扬作出突出贡献的先进单位和先进个人。

14 日　省人力资源社会保障厅与浪潮集团在济南签署战略合作协议。双方将在云计算、大数据、移动互联网等领域深入开展合作，全面提高人力资源社会保障领域服务能力，推动山东省人社工作继续走在前列。

18 日　省人力资源社会保障厅全体干部职工集中收听收看党的十九大开幕会盛况，聆听习近平总书记代表十八届中央委员会所作的工作报告。

19 日　省人力资源社会保障厅党组理论中心组开展专题学习，深入学习研讨党的十九大报告精神，研究部署学习贯彻十九大精神有关工作。

20 日　在第 44 届世界技能大赛中，山东培养的参赛选手夺得 2 枚金牌、1 枚银牌和 2 个优胜奖，实现山东奖牌零的突破，为山东争得了荣誉。

26 日　省人力资源社会保障厅召开党组扩大会议，传达学习党的十九大精神，对贯彻落实工作作出安排部署。

十一月

17 日　省人力资源社会保障厅与省卫生计生委在济南举行信息共享暨社会保障卡融合居民健康卡合作协议签署仪式。

27 日　中国工程院公布 2017 年院士增选结果，山东省三名科学家当选中国工程院院士。

本月　省人力资源社会保障厅（机关）复审合格，继续保持“全国精神文明单位”称号。

十二月

14 日　山东省第 44 届世界技能大赛总结奖励电视电话会议在济南召开。

23 日　省就业和农民工工作联席会议 12 个成员单位联合召开做好 2018 年春节前保障农民工工资支付工作视频会议，部署 2018 年春节前治欠保支工作。

26 日　省委组织部、省人力资源社会保障厅、省教育厅、团省委召开全省引导和鼓励高校毕业生到基层工作电视电话会议。

27 日　省人力资源社会保障厅党组理论中心组围绕学习贯彻习近平新时代中国特色社会主义思想进行集体学习研讨。

28 日　省人力资源社会保障厅召开全省人力资源社会保障扶贫领域腐败和作风突出问题专项治理工作推进视频会议。

统计资料

第一部分　全省人力资源社会保障主要指标简析

一、就业

（一）城镇新增就业。2017年，全省实现城镇新增就业128.28万人，完成年度计划的116.61%，同比增长6.03%。失业人员再就业58.09万人，完成年度计划的129.08%；就业困难人员就业8.78万人，完成年度计划的146.41%。从各市数据看，东营、威海、淄博、泰安、日照、烟台等9市失业人员再就业同比均有增长。

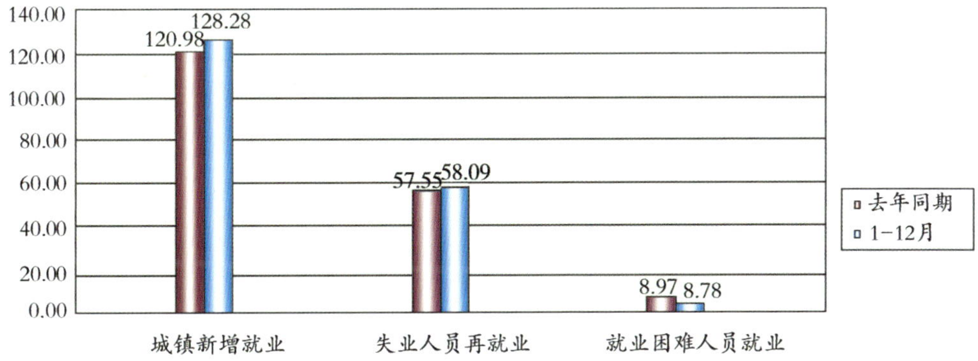

图1　城镇新增就业、失业人员再就业、就业困难人员就业同比

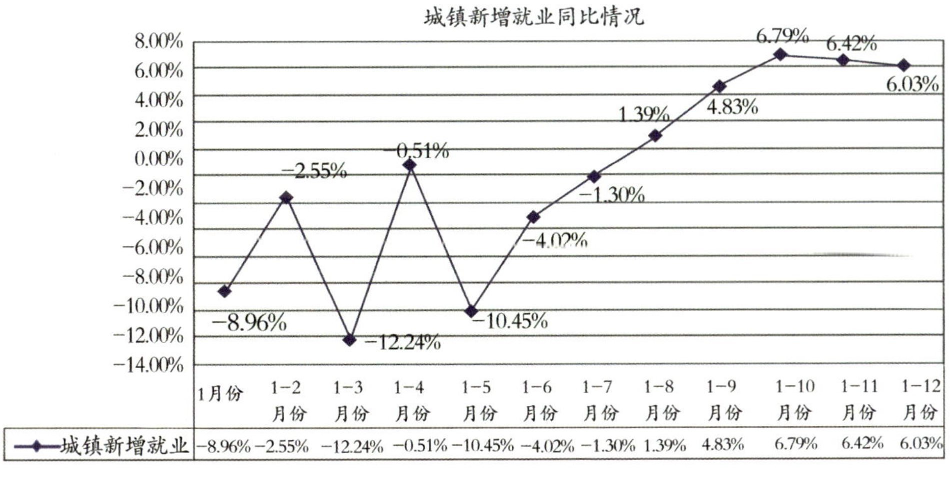

图2　城镇新增就业同比

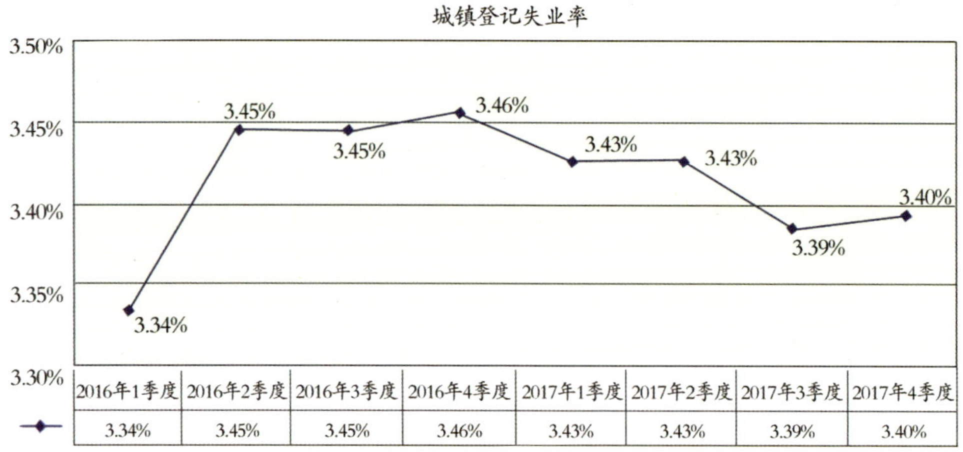

图 3 城镇登记失业率同比

（二）城镇登记失业人员。期末实有城镇登记失业人员 45.75 万人，城镇登记失业率 3.40%，同比下降 0.06 个百分点。

（三）高校毕业生就业。2017 年，山东省普通高校（含研究生培养单位）共计 147 所，非师范类高校毕业生人数 56.54 万人，较去年增加 5.60 万人，增长为 10.99%，生源规模再创历史新高。截至 12 月底，山东省 56.54 万 2017 届非师范类高校毕业生中，实现就业人数 53.33 万人，总体就业率为 94.32%。较去年同期相比略有增长，增长为 0.44 个百分点。从山东省 2017 届非师范类毕业生就业单位性质分布看，企业接收人数最多，到企业就业比例为 66.14%，其中，国有企业占 8.99%，非国有企业占 57.15%；另外，到党政机关就业比例为 1.48%；到事业单位就业比例为 9.36%；到其他性质单位占 23.02%。

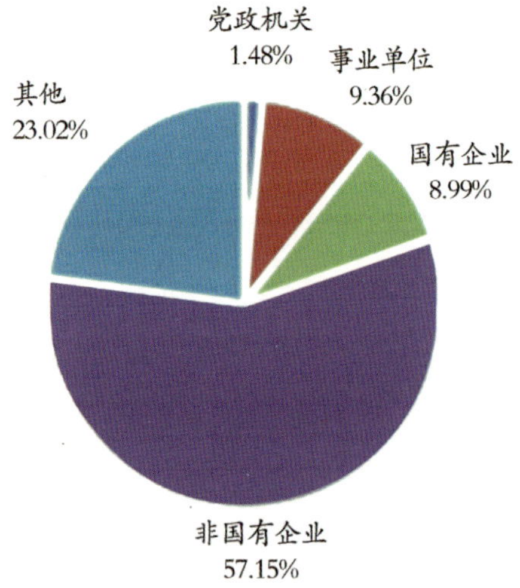

图 4 毕业生就业单位性质分布图

（四）创业扶持政策落实。2017 年，享受一次性创业补贴 3.47 万人（高校毕业生 2378 人，返乡创业农民工 5450 人），补贴金额 2.29 亿元。享受一次性岗位开发补贴 4433 人（高校毕业生 389 人，返乡创业农民工 1110 人），补贴金额 1108.9 万元。

（五）就业扶持政策落实。2017 年，全省支出就业补助资金 15.19 亿元。其中职业培训补贴 3.08 亿元，职业技能鉴定补贴 2566.87 万元，社会保险补贴 7.97 亿元，公益性岗位补贴 3.34 亿元，就业见习补贴 1683.42 万元，求职创业补贴 2323.76 万元，就业创业服务补助 1041.23 万元，高技能人才培养补助 352 万元。

2017 年，全省共有 108.56 万人享受到有关就业补助资金政策。其中：享受技能鉴定补贴 19.38 万人，享受职业培训补贴 37.73 万人，享受社会保险补贴 30.77 万人，享受公益性岗位补贴 16.46 万人，享受求职创业补贴 3.54 万人。

（六）创业担保贷款发放。2017 年，全省共发放创业担保贷款 49502 笔，其中个人 48229 笔，小微企业 1273 笔；发放创业担保贷款 83.34 亿元（省担保中心发放 5.25 亿元），其中个人 53.06 亿元，小微企业 30.28 亿元。直接扶持创业 5.9 万人，带动（吸纳）就业 26.93 万人。

全省发放创业担保贷款中向“化解过剩产能企业职工和失业人员”发放创业担保贷款 435 笔，发放金额 5313 万元。

（七）职业培训。2017 年，全省共有 65.71 万人参加职业培训，实现就业的 41.94 万人。参加职业技能培训的人员中就业技能培训 48.64 万人；岗位技能提升培训 6693 人；创业培训 16.39 万人。取得证书的 53.55 万人。

（八）公共就业服务。2017 年，全省单位登记招聘 268.22 万人次，登记求职 199.41 万人次，接受职业指导 84.44 万人次，接受职业介绍 114.55 万人次，接受创业服务 21.79 万人次。

（九）就业援助。2017 年，全省新增就业困难人员 9.01 万人，有 8.86 万名就业困难人员实现就业，其中公益性岗位安置 8693 人。全省城镇新增零就业家庭 7017 户，已援助 7017 户，有 7510 人零就业家庭成员实现就业，实现动态消零。

全省新产生农村“零转移就业贫困家庭”1307 户，已援助 1307 户，帮扶就业 1910 人。农村“零转移就业贫困家庭”本期实现存量消零。

二、社会保险

（一）职工基本养老保险

截至 2017 年底，全省参加职工基本养老保险的总人数达到 2660.9 万人，比去年底增加 84.6 万人，增长 3.3%。其中在职职工 2022.2 万人，比去年底增加 53.2 万人，增长 2.7%；离退休人员 638.8 万人，比去年底增加 31.4 万人，增长 5.2%。

参加企业养老保险的人数为 2303.4 万人，比去年底增加 79.2 万人。其中：在职职工 1775.3 万人，比去年底增加 53 万人；离退休人员 528.1 万人，比去年底增加 26.2 万人。实际缴费人数为 1450.8 万人，比去年底增加 36.6 万人。征缴企业养老保险费 1515.0 亿元，比去年同期增加 28.9 亿元，增长 1.9%，其中征缴本期 1468.4 亿元，收缴率为 98.3%；清欠历年欠缴 46.6 亿元，清欠率为 44.9%。养老金支出 1621.3 亿元，比去年同期增加 158.3 亿元，增长 10.8%。企业退休人员中实行社区管理的人数为 497.4 万人，社区管理比例为 99.7%。

参加机关事业单位养老保险的人数为 357.6 万人，比去年底增加 5.3 万人。其中：在职职工 246.8 万人，比去年底增加 0.2 万人；离退休人员 110.7 万人，比去年底增加 5.2 万人。征缴机关事业单位养老保险费 483.0 亿元，比去年同期增加 37.5 亿元，增长 8.4%，其中征缴本期 467.3 亿元，收缴率为 99.9%；清欠历年欠缴 15.7 亿元，清欠率为 97.3%。各级财政补助收入 102.6 亿元。养老金支出 605.2 亿元，比去年同期增加 73 亿元，增长 13.7%。

（二）居民基本养老保险

参加居民基本养老保险参保人数为 4530.6 万人，比去年底减少 8.3 万人，下降 0.2%。其中 60 周岁以上人数为 1487.9 万人，比去年底增加 49.3 万人。基金收入 366 亿元，比去年同期增加 44.2 亿元，增长 13.7%，其中个人缴费 129.9 亿元。养老金支出 223.4 亿元，比去年同期增加 24.4 亿元，增长 12.2%。

（三）基本医疗保险

参加基本医疗保险人数达到9295.7万人，比去年底增加106.9万人，增长1.2%。

1. 参加职工基本医疗保险人数2013.1万人，比去年底增加53.1万人，增长2.7%。享受待遇人数726.4万人。征缴职工基本医疗保险费705.8亿元，比去年同期增加74亿元，增长11.7%，其中征缴本期690.1亿元，收缴率99.1%，清欠历年欠费15.7亿元，清欠率82.2%。

2. 参加居民基本医疗保险的人数达到7282.6万人，比去年底增加53.8万人，增长0.7%。享受待遇人数3069万人。

（四）失业保险

参加失业保险的人数为1268.3万人，比去年底增加45.5万人，增长3.7%。累计领取失业保险金的人数为37.3万人。征缴失业保险费59.1亿元，比去年同期减少15.8亿元，下降21.1%，征缴本期57.4亿元，收缴率为98.8%，清欠历年欠费1.7亿元，清欠率为23.3%；失业保险金支出25.8亿元，比去年同期减少0.3亿元，下降1.1%。

（五）工伤保险

参加工伤保险的人数为1569.1万人，比去年底增加58.3万人，增长3.9%。享受工伤待遇人数11.1万人，其中，伤残待遇人数8.1万人，因工死亡人数1787人，供养直系亲属人数2.9万人。征缴工伤保险费55.9亿元，比去年同期增加8.1亿元，增长17%，征缴本期55亿元，收缴率为99.5%，清欠历年欠费0.95亿元，清欠率为62.6%。

（六）生育保险

参加生育保险的人数为1186.6人，比去年底增加47.4万人，增长4.2%。其中女性参保人数达497.9万人，占全部参保人数的42%。享受生育保险待遇的生育人数35.3万人。征缴生育保险费40.7亿元，比去年同期增加6.2亿元，增长18%，其中征缴本期39.9亿元，收缴率为99%，清欠历年欠费0.84亿元，清欠率为40.2%。

（七）有关情况说明

1. 企业养老保险清欠历年欠费比去年同期减少101.8亿元，降幅68.6%，主要原因是《关于统一和规范企业职工基本养老保险费补缴政策的通知》（鲁人社发〔2015〕29号）暂停实施，补缴人数和收入同比减少。

2. 菏泽市根据《关于印发菏泽市职工基本医疗保险实施办法的通知》（菏政发〔2016〕19号）要求，在职职工单位缴费比例调整为7.5%，比2016年增加1.5个百分点。

3. 居民基本医疗保险临沂市参保人数比去年底增加11.4万人，增幅较大，主要原因是①该市将民政登记贫困人员纳入参保范围，增加2.9万人；②兰陵县重点将应保未保学生儿童纳入参保范围，增加2万多人。

4. 居民基本医疗保险菏泽市参保人数比去年底增加13.4万人，增幅较大，主要原因是该市建立居民基本医疗保险连续足额缴费机制，受政策调整影响，补缴2017年度居民医疗保险人员增加较大。

5. 失业保险征缴收入比去年同期减少15.8亿元，下降21.1%，主要原因是根据《关于阶段性降低失业保险费率有关问题的通知》（鲁人社发〔2017〕8号），自2017年1月1日起，我省阶段性降低失业保险费率，由1.5%降至1%。

全省人力资源社会保障统计数据

一、全省新增就业数据

指标	单位	全年
城镇新增就业人数	人	1282751
失业人员实现再就业人数	人	580882
就业困难人员实现就业人数	人	87846

二、全省城镇登记失业人员数据

指标	单位	全年
上期末结转登记失业人数	人	456502
本期新增登记失业人数	人	659669
其中：女性	人	301265
就业转失业人员	人	334321
高校毕业生	人	99121
就业困难人员	人	74033
残疾人	人	1182
本期登记失业人员就业数	人	629813
其中：女性	人	279096
高校毕业生	人	102168
就业困难人员	人	78841
残疾人	人	1105
期末实有登记失业人数	人	457487
其中：女性	人	192117
高校毕业生	人	33922
就业困难人员	人	11845
长期失业者	人	114345
残疾人	人	642
登记失业率	%	3.40%

三、全省创业扶持政策落实数据

指标	单位	全年
一次性岗位开发补贴金额	万元	1108.9
享受一次性岗位开发补贴人数	人	4433
其中：高校毕业生	人	389
返乡创业农民工	人	1110
一次性创业补贴金额	万元	22880.86
一次性创业补贴人数	人	34671
其中：高校毕业生	人	2378
返乡创业农民工	人	5450
一次性创业场所租赁补贴	万元	1415.19
一次性创业场所租赁补贴人数	人	1954

四、全省就业扶持政策落实数据

指标	单位	全年
本期就业补助资金使用额	万元	151911.34
其中：职业培训补贴	万元	30812.19
其中：就业技能培训补贴	万元	21301.39
其中：劳动预备制培训生活费补贴	万元	58.87
创业培训补贴	万元	7144.61
企业在职职工岗位技能培训补贴	万元	269.82
职业技能鉴定补贴	万元	2566.87
社会保险补贴	万元	79725.91
其中：就业困难人员社会保险补贴	万元	77692.79
其中：企业吸纳	万元	33465.14
公益性岗位安置	万元	12664.48
灵活就业	万元	30757.2
高校毕业生社会保险补贴	万元	208.06

续表

指标	单位	全年
小微企业吸纳	万元	88.38
就业见习补贴	万元	7.49
公益性岗位补贴	万元	33405.96
就业见习补贴	万元	1683.42
求职创业补贴	万元	2323.76
就业创业服务补助	万元	1041.23
高技能人才培养补助	万元	352
本期享受技能鉴定补贴人数	人	193782
其中：本期享受职业培训补贴人数	人	377297
其中：就业技能培训补贴享受人数	人	279412
其中：劳动预备制培训生活费补贴享受人数	人	1181
创业培训补贴享受人数	人	83642
企业在职职工岗位技能培训补贴享受人数	人	2647
本期享受社会保险补贴人数	人	307715
其中：就业困难人员享受人数	人	170470
其中：企业吸纳	人	37731
公益性岗位安置	人	36243
灵活就业	人	95928
高校毕业生享受人数	人	609
小微企业吸纳	人	235
灵活就业	人	44
本期享受公益性岗位补贴人数	人	164576
本期享受就业见习补贴人数	人	6846
本期享受求职创业补贴人数	人	35369

五、全省创业担保贷款数据

指标	单位	全年
创业担保贷款发放笔数	笔	49502
个人	笔	48229
其中：微利项目	笔	47956
女性	笔	15549
城镇登记失业人员	笔	24249
高校毕业生	笔	2567
其中：返乡高校毕业生	笔	381
返乡农民工	笔	13645
刑释解教人员	笔	1
化解过剩产能企业职工和失业人员	笔	435
网络商户	笔	119
经创业培训人员	笔	3442
小微企业	笔	1273
其中：女性创业企业	笔	157
创业担保贷款发放金额	万元	833422
个人	万元	530586
其中：微利项目	万元	522032
女性	万元	175903.9
城镇登记失业人员	万元	228462.1
高校毕业生	万元	47618
其中：返乡高校毕业生	万元	3919
返乡农民工	万元	159564.4
刑释解教人员	万元	966
化解过剩产能企业职工和失业人员	万元	5313
网络商户	万元	1283
经创业培训人员	万元	35565
小微企业	万元	302836
其中：女性创业企业	万元	34838
创业担保贷款实际还款金额	万元	1016167.61
创业担保贷款逾期未还金额	万元	5983.71
创业贷款担保基金代偿金额	万元	5639.69

续表

指标	单位	全年
期末创业贷款担保基金代偿余额	万元	36015.45
到位贴息资金数额	万元	49723.74
其中：微利项目	万元	44366.34
小微企业	万元	5357.4
直接扶持创业人数	人	59047
带动（吸纳）就业人数	人	269276
创业贷款担保基金余额	万元	472136.36
其中：省级担保基金余额	万元	45009
市级担保基金余额	万元	240421.6
县级担保基金余额	万元	186705.76
创业贷款担保机构数量	个	147
其中：隶属于人力资源社会保障部门的	个	107
县级创业贷款担保机构数量	个	120

六、全省职业培训数据

指标	单位	全年
本期实际参加职业培训人数	人	657115
其中：女性	人	350322
就业技能培训	人	486445
其中：城镇登记失业人员	人	130187
农村转移劳动者	人	274715
毕业年度的高校毕业生	人	28213
城乡未继续升学的应届初高中毕业生	人	26784
退役士兵	人	1574
服刑、戒毒人员	人	6413
岗位技能提升培训	人	6693
其中：在岗农民工	人	5667
创业培训	人	163977
其中：城镇登记失业人员	人	47444
农村转移劳动者	人	46423
毕业年度的高校毕业生	人	55809

续表

指标	单位	全年
城乡未继续升学的应届初高中毕业生	人	5559
退役士兵	人	544
服刑、戒毒人员	人	1524
取得证书人数	人	535514
其中：女性	人	270710
农村转移就业劳动者	人	201459
取得专项职业能力证书人数	人	4751
取得初级工职业资格证书人数	人	225024
取得中级工职业资格证书人数	人	56351
取得高级工职业资格证书人数	人	29754
取得技师职业资格证书人数	人	2704
取得高级技师职业资格证书人数	人	592
取得培训合格证书人数	人	47789
创业培训合格人数	人	137421
实现就业人数	人	419409
其中：女性	人	217064
就业技能培训	人	325648
其中：城镇登记失业人员	人	104405
农村转移劳动者	人	172822
毕业年度的高校毕业生	人	17352
城乡未继续升学的应届初高中毕业生	人	18625
退役士兵	人	1059
创业培训	人	85062
其中：培训后当期成功创业人数	人	58411
定点培训机构个数	个	1229
其中：职业技能培训定点机构个数	个	1065
其中：人力资源和社会保障部门所属机构个数	个	227
创业培训定点机构个数	个	329
其中：人力资源和社会保障部门所属机构个数	个	123

七、全省公共就业服务数据

指标	单位	全年
期末公共就业和人才交流服务机构个数	个	26628
期末公共就业和人才交流服务机构工作人员数	人	36834
其中：专职工作人员数量	人	17265
本期登记招聘人数	人	2682210
其中：第二产业	人	1210738
第三产业	人	1336103
本期登记求职人数	人	1994121
其中：毕业学年的高校毕业生	人	373670
农村转移劳动者	人	640106
建档立卡贫困人员	人	16921
女性	人	870921
本期职业指导人次	人	844401
其中：毕业学年的高校毕业生	人	177819
农村转移劳动者	人	273138
建档立卡贫困人员	人	43549
女性	人	349847
本期职业介绍人次	人	1145544
其中：毕业学年的高校毕业生	人	204041
农村转移劳动者	人	453603
建档立卡贫困人员	人	9085
女性	人	467935
本期创业服务人次	人	217924
期末代理保管人事档案人数	人	2669581
期末管理流动党员人数	人	13695

八、全省就业援助数据

指标	单位	全年
上期末结转的就业困难人员数	人	8710
其中：女性	人	4733
残疾人	人	258
就业救助对象	人	84
本期新增就业困难人员数	人	90137
其中：女性	人	46400
残疾人	人	923
就业救助对象	人	19941
本期实现就业的就业困难人员人数	人	88610
其中：女性	人	45959
残疾人	人	1002
就业救助对象	人	19309
其他原因减少的就业困难人员人数	人	2249
期末实现就业的困难人员人数	人	8435
其中：女性	人	4531
残疾人	人	242
就业救助对象	人	37
上期末结转公益性岗位人员数	人	27871
本期安置公益性岗位人员数	人	8693
其中：4050 人员数	人	3284
本期退出公益性岗位人员数	人	6010
期末实有公益性岗位人员数	人	27402
上期末结转的零就业家庭户数	个	0
本期新增的零就业家庭户数	个	7017
本期消除的零就业家庭户数	个	7017
本期实现就业的零就业家庭成员数	人	7510
总计消除的零就业家庭户数	个	93518
总计实现就业的零就业家庭成员数	人	104139
期末实有零就业家庭户数	个	0
上期结转零转移就业贫困家庭	个	0
本期新增零转移就业贫困家庭	个	1307
本期消除零转移就业贫困家庭	人	1307
本期实现就业的零转移就业贫困家庭成员	人	1910
其中：女性	人	893
期末实有零转移就业贫困家庭	个	0

九、全省社会保险数据（1）

1. 企业养老保险

指标	单位	期末累计	2016 年	增量	增长 (%)
参保人数	万人	2303.4	2224.2	79.2	3.6
# 职工	万人	1775.3	1722.3	53.0	3.1
# 离退休	万人	528.1	501.9	26.2	5.2
实际缴费人员	万人	1450.8	1414.2	36.6	2.6
职工负担系数		0.4	0.4	0.0	2.6

2. 机关事业单位养老保险

指标	单位	期末累计	2016 年	增量	增长 (%)
参保人数合计	万人	357.6	352.2	5.3	1.5
参保职工人数	万人	246.8	246.7	0.2	0.1
实际缴费人员	万人	246.6	246.3	0.3	0.1
离退休人数	万人	110.7	105.5	5.2	4.9
职工负担系数	—	0.4	0.4	0.0	4.8

3. 居民养老保险

指标	单位	期末累计	2016 年	增量	增长 (%)
参保人数	万人	4530.6	4538.9	–8.3	–0.2
#60 周岁以上	万人	1487.9	1438.7	49.3	3.4
实际缴费人数	万人	2238.8	2241.9	–3.1	–0.1
# 政府代缴人数	万人	57.4	37.3	20.1	53.7

4. 医疗保险

指标	单位	期末累计	2016 年	增量	增长 (%)
参保人员	万人	9295.7	9188.8	106.9	1.2
# 职工医保	万人	2013.1	1960.0	53.1	2.7
# 在职	万人	1526.8	1494.4	32.3	2.2
# 退休	万人	486.3	465.6	20.7	4.4
# 居民医保	万人	7282.6	7228.8	53.8	0.7

5. 失业保险

指标	单位	期末累计	2016 年	增量	增长 (%)
参保人数	万人	1268.3	1222.9	45.5	3.7

6. 工伤保险

指标	单位	期末累计	2016 年	增量	增长 (%)
参保人数	万人	1569.1	1510.9	58.3	3.9

7. 生育保险

指标	单位	期末累计	2016 年	增量	增长 (%)
参保人数	万人	1186.6	1139.1	47.4	4.2
# 女性	万人	497.9	478.8	19.1	4.0

十、全省社会保险数据（2）

1. 企业养老保险

指标	单位	期末累计	2016 年	增量	增长 (%)
征缴收入	亿元	1515.0	1486.0	28.9	1.9
# 本期	亿元	1468.4	1337.7	130.7	9.8
# 清欠	亿元	46.6	148.4	-101.8	-68.6
收缴率	%	98.3	96.7	1.6	1.6
清欠率	%	44.9	78.1	-33.2	-42.5
养老金支出	亿元	1621.3	1463.0	158.3	10.8

2. 机关事业单位养老保险

指标	单位	期末累计	2016 年	增量	增长 (%)
征缴收入	亿元	483.0	445.5	37.5	8.4
# 本期	亿元	467.3	417.4	49.9	12.0
# 清欠	亿元	15.7	28.1	-12.4	-44.2
收缴率	%	99.9	99.9	0.0	0.0
清欠率	%	97.3	98.4	-1.1	-1.1
实支养老金	亿元	605.2	532.2	73.0	13.7
财政补助收入	亿元	102.6	98.1	4.6	4.7

3. 居民养老保险

指标	单位	期末累计	2016 年	增量	增长 (%)
本期基金收入	亿元	366.0	321.8	44.2	13.7
# 个人缴费收入	亿元	129.9	121.5	8.4	6.9
本期基金支出	亿元	229.3	204.8	24.5	12.0
# 养老金支出	亿元	223.4	199.1	24.4	12.2

4. 职工基本医疗保险

指标	单位	期末累计	2016 年	增量	增长 (%)
征缴收入	亿元	705.8	631.8	74.0	11.7
# 本期	亿元	690.1	602.8	87.3	14.5
# 清欠	亿元	15.7	29.0	-13.3	-45.8
收缴率	%	99.1	99.4	-0.3	-0.3
清欠率	%	82.2	95.3	-13.1	-13.7

5. 失业保险

指标	单位	期末累计	2016 年	增量	增长 (%)
征缴收入	亿元	59.1	74.9	-15.8	-21.1
# 本期	亿元	57.4	73.9	-16.5	-22.3
# 清欠	亿元	1.7	1.0	0.7	66.4
基金支出	亿元	25.8	26.1	-0.3	-1.1
收缴率	%	98.8	98.5	0.2	0.2
清欠率	%	23.3	16.7	6.6	39.5
累计领取失业保险金人数	万人	37.3	40.0	-2.6	-6.6

6. 工伤保险

指标	单位	期末累计	2016 年	增量	增长 (%)
征缴收入	亿元	55.9	47.8	8.1	17.0
# 本期	亿元	55.0	46.9	8.1	17.3
# 清欠	亿元	0.9	0.9	0.0	1.0
收缴率	%	99.5	99.2	0.3	0.3
清欠率	%	62.6	60.8	1.8	3.0
享受工伤待遇人数	人	110755	110596	159	0.1

7. 生育保险

指标	单位	期末累计	2016 年	增量	增长 (%)
征缴收入	亿元	40.7	34.5	6.2	18.0
# 本期	亿元	39.9	33.4	6.5	19.3
# 清欠	亿元	0.8	1.1	-0.2	-21.8
收缴率	%	99.0	98.6	0.4	0.4
清欠率	%	40.2	49.7	-9.6	-19.2

十一、分市企业养老保险数据（1）

	参保人数（人）	比去年底净增（人）	实际缴费人数（人）	比去年底净增（人）
总计	17753161	530141	14507612	365684
省直	1030646	-19264	998498	-19264
济南	2391257	202427	1594578	120328
青岛	3137860	43982	2361018	112384
淄博	1074584	35111	863802	-14361
枣庄	585444	14982	551526	15061
东营	447151	11998	294319	6099
烟台	1647318	26457	1243576	16654
潍坊	1208428	21340	1084672	5176
济宁	986657	28980	836705	17886
泰安	832126	11713	704165	-1662
威海	740640	21545	678873	16231
日照	438832	5893	381465	-5998
莱芜	274266	2596	236242	1650
临沂	900306	49524	827338	32158
德州	505316	17456	443843	18678
聊城	454848	15080	419420	13534
滨州	492825	8761	451582	5373
菏泽	604657	31560	535990	25757

十一、分市企业养老保险数据（2）

	离退休人员人数（人）	征缴收入（万元）			养老金支出（万元）
			# 本期	# 清欠	
总计	5280595	15149776	14683742	466034	16212517
省直	622087	2658373	2567522	90851	2960484
济南	405221	1797008	1757968	39040	1522357
青岛	860066	2584658	2506201	78457	2642255
淄博	335001	774421	734280	40141	994236
枣庄	118213	273242	266325	6917	343750
东营	34796	284172	284172	0	97862
烟台	563196	1330145	1315502	14643	1623292
潍坊	405568	1044735	1015461	29274	1150661
济宁	250288	686995	661781	25214	753451
泰安	207834	532036	486601	45435	548253
威海	351321	617637	616563	1074	807189
日照	180537	326879	314578	12301	355078
莱芜	129826	182605	163716	18889	315300
临沂	269885	627618	612318	15300	638335
德州	139275	385662	379242	6420	391276
聊城	141910	380593	349682	30911	408573
滨州	140540	368907	357887	11020	326521
菏泽	125031	294090	293943	147	333644

十二、分市机关事业单位养老保险数据（1）

	参保人数（人）	比去年底净增（人）	实际缴费人数（人）	比去年底净增（人）
总计	2468413	1560	2466373	3189
省直	76194	10	76194	1356
济南	163437	-2268	163437	-2268
青岛	225925	2826	225925	2826
淄博	113617	-1479	113617	-1479
枣庄	99891	-811	99891	-811
东营	65105	301	65105	301
烟台	171311	1717	171311	1717
潍坊	216937	-3033	216937	-3033
济宁	199667	59	197627	342
泰安	115200	-460	115200	-460
威海	73206	-25	73206	-25
日照	68116	2121	68116	2121
莱芜	29474	-374	29474	-374
临沂	227540	351	227540	351
德州	142221	-594	142221	-594
聊城	144572	2236	144572	2236
滨州	93564	-507	93564	-507
菏泽	242436	1490	242436	1490

十二、分市机关事业单位养老保险数据（2）

	离退休人数（人）	征缴收入（万元）	# 本期	# 清欠	养老金支出（万元）
总计	1107226	4829736	4672835	156901	6051776
省直	41462	202749	202749	0	275982
济南	86393	420788	360146	60642	475974
青岛	109707	587104	535145	51959	661245
淄博	55562	232522	232522	0	330380
枣庄	40656	188932	182812	6120	225172
东营	21445	126244	126244	0	118075
烟台	98943	337018	335706	1312	566605
潍坊	100573	416370	411474	4896	554864
济宁	86346	344000	344000	0	448001
泰安	58590	221901	220406	1495	315230
威海	37593	146678	146678	0	217445
日照	25307	140345	138987	1358	145963
莱芜	13507	54376	50114	4262	72875
临沂	85485	424387	424387	0	457512
德州	62074	220225	220225	0	295646
聊城	56987	229277	214200	15077	279008
滨州	40857	170533	161582	8951	211565
菏泽	85739	366287	365458	829	400234

十三、分市居民基本养老保险数据（1）

	参保人数（人）	60周岁以上（人）	缴费人数（人）	政府代缴人数（人）
合计	45306395	14879370	22387774	574031
济南	2269932	820517	1261073	69765
青岛	2936181	1017100	1021973	25411
淄博	1503068	614163	768733	10441
枣庄	1916941	542131	825180	38121
东营	755266	276024	433022	8431
烟台	3172688	1176035	976644	16471
潍坊	4737132	1543040	2738670	36507
济宁	4468834	1288053	2386738	80783
泰安	2797030	885412	1243988	32445
威海	900111	381663	388381	2348
日照	1389104	443623	719783	10297
莱芜	502347	166390	141617	1219
临沂	5368445	1745435	2894882	64349
德州	3026890	938065	1541937	17314
聊城	3018563	920519	1708481	15969
滨州	1910269	665031	811854	8889
菏泽	4633594	1456169	2524818	135271

十三、分市居民基本养老保险数据（2）

	本期基金收入（万元）	个人缴费（万元）	本期基金支出（万元）	养老金支出（万元）
合计	3660252	1298530	2293201	2234309
济南	282573	54686	135919	119757
青岛	407893	148848	299842	287413
淄博	127862	38110	88087	86534
枣庄	116993	50239	72577	71848
东营	143059	85380	64218	63252
烟台	380122	185305	237757	232819
潍坊	341496	118601	212291	209193
济宁	318265	126456	179232	176883
泰安	169407	45281	117863	111442
威海	151713	86222	83649	83635
日照	84409	24883	57904	57086
莱芜	28542	6401	22308	21770
临沂	345602	103571	221561	218520
德州	178722	51235	117806	116187
聊城	183587	60226	115331	113535
滨州	123391	31843	85863	84738
菏泽	276619	81245	180993	179698

十四、分市基本医疗保险数据(1)

	参保人数（人）	职工医保（人）	比去年底净增（人）	在职职工（人）	退休人员（人）	居民医保（人）	比去年底净增（人）
合计	92956848	20130968	530573	15267730	4863238	72825880	538367
省直	276045	276045	5080	192361	83684	—	—
济南	6367066	2286836	142043	1771384	515452	4080230	38898
青岛	8454668	3474162	157144	2632999	841163	4980506	38088
淄博	4303800	1322684	3093	930336	392348	2981116	815
枣庄	3705837	603470	2625	454948	148522	3102367	-42644
东营	2013122	727494	28494	592537	134957	1285628	23526
烟台	6232619	2170193	32003	1463422	706771	4062426	90423
潍坊	8271212	1701030	34587	1254631	446399	6570182	6938
济宁	7979821	1145435	12508	884193	261242	6834386	-14033
泰安	5304497	1054513	7332	806088	248425	4249984	12416
威海	2519727	929734	8931	746321	183413	1589993	-6123
日照	2707821	406069	18549	330301	75768	2301752	74871
莱芜	1203923	277341	1677	215223	62118	926582	6132
临沂	10099492	1122467	19132	891856	230611	8977025	114340
德州	5160638	700161	2343	547697	152464	4460477	47128
聊城	5586857	620079	9171	477617	142462	4966778	-11943
滨州	3764756	586930	25657	476778	110152	3177826	25465
菏泽	9004947	726325	20204	599038	127287	8278622	134070

十四、分市基本医疗保险数据 (2)

	职工医保收缴情况			享受待遇人数	
	征缴收入（万元）	# 本期	# 清欠	职工医保（人）	居民医保（人）
合计	6939722	6794256	145466	7263807	30689799
省直	224437	217373	7064	101884	—
济南	930588	880192	50396	421504	1274892
青岛	1455039	1398883	56156	1634198	1672606
淄博	392977	392977	0	1125173	1004321
枣庄	172349	172349	0	156455	1248726
东营	278494	278279	215	461910	804301
烟台	622516	620969	1547	383441	1461077
潍坊	540998	510939	30059	391147	925297
济宁	386184	386184	0	280915	852857
泰安	297146	297146	0	484198	2659237
威海	314510	314510	0	419921	252996
日照	146726	146726	0	135010	823198
莱芜	53129	53129	0	87095	726251
临沂	378614	378614	0	571625	6237436
德州	191323	191323	0	98819	2631658
聊城	203349	203349	0	176861	2933802
滨州	180673	180644	29	178775	1768514
菏泽	170670	170670	0	154876	3412630

十五、分市失业保险数据（1）

	参保人数（人）		累计领取失业保险金人数（人）	平均缴费工资（元/月）	平均缴费比例	
		比去年底净增（人）			单位	个人
合计	12683370	454604	373288	3723.6	0.7%	0.3%
省直	809235	-41591	272	6964.9	0.8%	0.4%
济南	1471891	114094	36211	4133.0	0.7%	0.3%
青岛	2102543	159497	84338	3010.0	0.7%	0.3%
淄博	816100	12100	40615	3978.0	0.7%	0.3%
枣庄	434227	6490	7851	2521.9	0.7%	0.3%
东营	292393	6514	5469	3784.4	0.7%	0.3%
烟台	1115011	30672	40333	4127.9	0.7%	0.3%
潍坊	979563	38415	40150	3945.0	0.7%	0.3%
济宁	821505	16851	14763	2898.9	0.8%	0.4%
泰安	619546	4451	17716	3339.7	0.7%	0.3%
威海	577191	13672	25093	3363.1	0.7%	0.3%
日照	277214	6318	7399	3513.2	0.7%	0.3%
莱芜	216514	3911	3424	2585.5	0.7%	0.3%
临沂	624276	23191	19713	3805.1	0.7%	0.3%
德州	375287	9145	5606	3905.5	0.7%	0.3%
聊城	358595	20463	8777	3468.1	0.7%	0.3%
滨州	404124	9164	5756	2974.9	0.7%	0.3%
菏泽	388155	21247	9802	2304.0	0.8%	0.4%

十五、分市失业保险数据（2）

	征缴收入（万元）			失业保险金支出（万元）
		# 本期	# 清欠	
合计	591001	573674	17327	258115
省直	79209	79209	0	258
济南	71692	69573	2119	24980
青岛	100494	94898	5596	51827
淄博	31286	30818	469	29912
枣庄	18674	10918	7756	6570
东营	13102	13102	0	3608
烟台	54893	54334	559	28366
潍坊	43018	42813	205	29245
济宁	33805	33805	0	10238
泰安	23677	23677	0	14399
威海	22979	22979	0	18344
日照	11393	11120	274	4514
莱芜	7176	7068	108	2313
临沂	28765	28765	0	13871
德州	14321	14312	9	3463
聊城	12869	12793	76	6067
滨州	12740	12584	156	3682
菏泽	10906	10906	0	6457

十六、分市工伤保险数据（1）

	参保人数（人）		征缴收入（万元）		
		比去年底净增（人）		# 本期	# 清欠
合计	15691321	582555	559364	549913	9451
省直	100839	1096	2162	2143	19
济南	1875134	262892	64375	63149	1226
青岛	2586842	139442	73231	67544	5687
淄博	1009035	28868	33107	32166	941
枣庄	480588	3117	17623	17623	0
东营	638015	21951	30778	30778	0
烟台	1198630	-3023	62272	61448	824
潍坊	1318665	4583	43065	42503	562
济宁	975426	5754	27180	27180	0
泰安	894322	3319	40942	40942	0
威海	719831	3748	37512	37512	0
日照	374930	6100	14274	14274	0
莱芜	268539	2935	7270	7270	0
临沂	1024075	16106	29855	29855	0
德州	603452	3198	20129	20082	47
聊城	512004	16359	21865	21865	0
滨州	481147	8803	13259	13114	145
菏泽	629847	57307	20465	20465	0

十六、分市工伤保险数据（2）

	本期享受工伤保险待遇人数（人）	伤残待遇人数（人）	因公死亡人数（人）	供养亲属人数（人）
合计	110755	80598	1787	28571
省直	151	139	6	6
济南	11185	9381	135	1683
青岛	8347	5638	203	2535
淄博	9887	7006	143	2754
枣庄	3542	1411	82	2091
东营	4243	2180	86	1987
烟台	14000	11812	198	2003
潍坊	8538	6532	138	1875
济宁	5575	4297	23	1255
泰安	13084	8560	167	4405
威海	7405	6217	127	1063
日照	2017	1431	28	559
莱芜	1770	1198	25	552
临沂	4954	2522	89	2345
德州	3419	2643	69	711
聊城	5231	3875	110	1249
滨州	2271	1533	67	675
菏泽	5136	4223	91	823

十七、分市生育保险数据（1）

	参保人数（人）	比去年底净增（人）	# 女性（人）	本期享受待遇人次
合计	11865502	474297	4978657	908919
济南	1527337	105685	643216	122749
青岛	2211628	197100	968897	278311
淄博	654626	–95	249289	48174
枣庄	365082	2564	141863	11480
东营	484426	3575	202903	36846
烟台	1133692	13440	481320	65794
潍坊	879712	14599	351986	83500
济宁	735331	10603	315491	44839
泰安	789722	3975	326584	35054
威海	637107	31051	284982	38829
日照	306493	6950	114219	20074
莱芜	192374	2644	62380	9814
临沂	600195	24400	244626	47933
德州	407986	6970	168927	20978
聊城	250565	15562	104915	15032
滨州	301052	18086	147564	13459
菏泽	388174	17188	169495	16053

十七、分市生育保险数据（2）

	征缴收入（万元）	# 本期	# 清欠
合计	406923	398528	8395
济南	79352	78350	1002
青岛	118153	112002	6151
淄博	29029	28495	534
枣庄	5626	5626	0
东营	18505	18505	0
烟台	27528	27087	441
潍坊	35471	35318	153
济宁	16257	16257	0
泰安	19254	19254	0
威海	—	—	—
日照	8219	8219	0
莱芜	3553	3553	0
临沂	17647	17647	0
德州	6983	6983	0
聊城	5613	5613	0
滨州	9085	8971	114
菏泽	6648	6648	0

附　录

荣获 2017 年度“山东荣誉公民”名单

2017 年 9 月 13 日，山东省人民政府印发《关于授予谢尔盖・伊万赫年科等 6 名外国友人“山东省荣誉公民”称号的决定》，为表彰外国友人为我省经济社会发展和对外交流合作作出的重要贡献，省政府决定授予谢尔盖・伊万赫年科等 6 人“山东省荣誉公民”称号。名单如下：

2017 年度“山东省荣誉公民”名单

序号	姓名	性别	国籍	出生日期	工作单位及职务	申报单位
1	谢尔盖・伊万赫年科	男	乌克兰	1950.04.18	乌克兰国家科学院超硬材料研究所第十三研究室主任	省科技厅
2	马丁・哈姆・瑞德	男	澳大利亚	1953.10.24	澳大利亚阿德莱德大学农业地球和环境科学学院教授	省科技厅
3	马尔科・帕迪尼	男	意大利	1959.12.14	青岛益达制冷设备有限公司董事长	青岛市政府
4	曾繁如	男	新加坡	1932.03.18	山东曲阜儒学新院院长、山东曲阜宜居工坊文化产业有限公司董事长	济宁市政府
5	巴里・贝克	男	美国	1942.10.22	米德兰—东营姊妹城协会会长	东营市政府
6	约翰・文	男	比利时	1963.02.01	威海金太阳光热发电设备有限公司技术顾问	威海市政府

荣获 2017 年度齐鲁友谊奖专家名单

2017 年 11 月 24 日，山东省人民政府印发《关于授予艾德铭先生等 20 名外国专家齐鲁友谊奖的决定》，为表彰外国专家在推动我省经济建设和社会发展中作出的突出贡献，省政府决定，授予艾德铭等 20 名外国专家齐鲁友谊奖。名单如下：

2017 年度齐鲁友谊奖获奖专家名单

序号	专家姓名	国籍	申报单位
1	艾德铭	德国	青岛市疾病预防控制中心
2	大森荘司	日本	山东电工电气日立高压开关有限公司
3	弗拉基米尔・郭瑞	乌克兰	山东巴顿科尼等离子科技有限公司
4	卫欣	加拿大	枣庄市金恒通农业新能源科技有限公司
5	弗兰克・科隆	荷兰	山东中天水土资源生态开发建设有限公司
6	格奥尔基・科维谢塔兹	格鲁吉亚	烟台高新区中俄高新技术产业化合作促进中心
7	托马斯・马丁・弗彻特	德国	山东威能环保电源科技股份有限公司

续表

序号	专家姓名	国籍	申报单位
8	约阿西姆・克雷蒙特	德国	山东永华机械有限公司
9	李章荣	韩国	山东景源生物科技有限公司
10	罗蒙	西班牙	威海维特佳特种材料涂层有限公司
11	皮特・道格拉斯・克拉森	德国	日照市人民医院
12	葛瑞琪娜・科瑞乌尼科娃	白俄罗斯	山东泰金精锻股份有限公司
13	卡沃尔・盖那基・安东诺维奇	白俄罗斯	山东中瑞电子股份有限公司
14	阿博拉杜欣・瓦西里・阿纳托里耶维奇	俄罗斯	山东华业钨钼科技股份有限公司
15	安纳托里・米兰丘克	乌克兰	山东省科学院
16	尤金娜・戴・盖	俄罗斯	山东省农业科学院
17	科拉迪奥・欧佩迪	意大利	山东重工集团
18	觉道健一	日本	山东大学
19	夏苏鲁	美国	济南大学
20	刘敬权	澳大利亚	青岛大学

2017年度山东省齐鲁首席技师名单

2017年12月15日，山东省人民政府办公厅印发《关于公布2017年度齐鲁首席技师名单的通知》，经逐级推荐、选拔，省人才工作领导小组研究同意并报省政府批准，现将2017年度齐鲁首席技师名单（150名）公布如下：

冯　刚　济南元首针织股份有限公司
高　杰（女）　泉城（香港）派克森美容公司
刘东春（女）　济南阳光大姐服务有限责任公司
房　迎　济南锅炉集团有限公司
张道杰　济南四机数控机床有限公司
郑　强　国网山东省电力公司青岛供电公司
管益辉　中车青岛四方机车车辆股份有限公司转向架分厂
汤　磊　国网山东省电力公司青岛供电公司
周　强　青岛前湾集装箱码头有限责任公司
李　鹏　中车青岛四方机车车辆股份有限公司转向架分厂
胡玉忠　青岛东生集团股份有限公司
尹　星　青岛地铁集团有限公司运营分公司
徐丕兵　青岛市技师学院
崔惠峰　青岛海尔股份有限公司
许　玲（女）　山东扳倒井股份有限公司
黄玉双（女）　博山区盈鑫职业培训学校
陈　伟　山东硅元新型材料股份有限公司
常承立　华能辛店电厂
王明先　山东唐骏欧铃汽车制造有限公司
孙　健　山东鲁南机床有限公司

张宝民 山东泉兴水泥有限公司
李 征 枣庄供电公司薛城供电部
王广东 枣庄中联水泥有限公司
陈 斌 胜利油田胜机石油装备有限公司
梁荣波 东营平安恒通环保科技有限公司
王 勇 国网东营市垦利区供电公司
商永辉 东营市粮食储备库
刘 兵 东营市技师学院
郭新忠 东营华泰化工集团有限公司
马厚悦 华泰集团有限公司
吕国荣 烟台工贸技师学院
王德泰 山东丽鹏股份有限公司
梁国忠 山东核电设备制造有限公司
栾琪文 烟台职业学院
王国祥 龙口港集团有限公司
李永强 烟台财会培训中心
王元海 烟台工贸技师学院
孙华静（女） 山东中矿集团有限公司
徐丽姣（女） 山东恒邦冶炼股份有限公司
张爱玲（女） 孚日集团股份有限公司
许传海 山东潍坊福田模具有限责任公司
李新奎 山东省民族中等专业学校
刘明俊 潍柴控股集团有限公司
王带军 山东临朐恺强模具有限公司
张海涛 山东默锐科技有限公司
戚永强 潍坊东方大酒店有限公司
刘学军 国网山东省电力公司昌乐县供电公司
刘海升 高密市高级技工学校
董传峰 国网山东省电力公司梁山县供电公司
刘启叶（女） 济宁济东园艺科技发展有限公司
徐立向 山东摩天建设集团有限公司
周 建 泰安市乐食餐饮管理有限公司
曹书峰 山东泰西水泥有限公司
王文革（女） 泰安如意科技时尚产业有限公司
杨庆珍 山东金阳矿业集团有限公司
李 丽（女） 泰安技师学院
孙启栋 泰山酒业集团股份有限公司
高 文（女） 山东华阳农药化工集团有限公司
刘洪海 三角轮胎股份有限公司
高建强 威海青威集装箱码头有限公司
刘洪强 威海广泰空港设备股份有限公司
武 刚 天润曲轴股份有限公司
刘铁柱 威海昆嵛酒店有限公司
刘志远 山东华鹏玻璃股份有限公司
隋永波 浦林成山（山东）轮胎有限公司
田振东 日照港股份有限公司第一港务分公司
张龙华 五莲县奥航汽车装备有限公司
马爱伟 日照盛润茶业专业合作社
冯展帅 山东五征集团有限公司
安佰福 山东双港活塞股份有限公司
毕研美（女） 山东力创科技股份有限公司
王敦会 山东泰山钢铁集团有限公司
王庆平 山东汇金股份有限公司
张 聪 天元建设集团有限公司
秦立山 山东临工工程机械有限公司
石振强 临沂市今日美食职业培训学校
亓玉久 临沂市商业学校
娄树营 鲁南技师学院
刘俊涛 临沂宾馆有限责任公司
王新龙 山东中茂实业集团有限公司贵都大酒店
孙连伟 德州梁子黑陶文化有限公司
王成福 山东福田药业有限公司
滕俊华 山东德州扒鸡集团有限公司
韩红权 山东智衡减振科技股份有限公司
张开革 德州市光明电力服务有限责任公司
曲永建 山东鲁北国家粮食储备库
张之栓 聊城市光明电力服务有限责任公司
朱振军 聊城交通汽运集团有限责任公司
李宏身 山东万德酒业集团有限公司
李明德 山东滨州渤海活塞股份有限公司
赵贞波 菏泽高级技工学校
曹晓燕（女） 黄河窑陶瓷博物馆有限公司
陈 强 国网山东省电力公司曹县供电公司
岳英东 曹县人民政府招待所
杨贵雪（女） 山东东明石化集团有限公司
刘 波 济南铁路局青岛动车段
李宏伟 济南铁路局淄博工务段
胡金海 中国石化集团胜利石油管理局电力管理总公司

吕书栋　中国石化集团胜利石油管理局胜东社区管理中心
白瑞义　中国石油化工股份有限公司胜利油田分公司孤岛采油厂
赵法武　中国石油化工股份有限公司胜利油田分公司河口采油厂
明晓峰　中石化胜利石油工程有限公司地质录井公司
王洪臣　中石化胜利石油工程有限公司渤海钻井总公司
阎　斌　中国航天科技集团公司五院第五一三研究所
刘　民　山东特种工业集团有限公司
朱连博　山东新华制药股份有限公司
沈传国　山东鲁抗医药股份有限公司
李英杰　潍柴控股集团有限公司
李仁壮　山东钢铁股份有限公司莱芜分公司
贾　川　莱芜钢铁集团有限公司
董丹华（女）　山东扳倒井股份有限公司
周鹏辉　中粮长城葡萄酒（烟台）有限公司
崔光水　山东凯翔生物化工股份有限公司
赵洪刚　山东洛北春集团有限公司
李维振　山东景芝酒业股份有限公司
孙贵鹏　烟台报捷新闻印刷有限责任公司
李忠民　山东银鹰炊事机械有限公司
晁进福　青岛琅琊台集团股份有限公司
于学晖　青岛市洁神洗涤股份有限公司
菅　敏（女）　山东宏杰纺织科技有限公司
刘淑娟（女）　山东宏儒纺织科技有限公司
宋蕾蕾（女）　山东铭宏纺织科技有限公司
宓兰兰（女）　山东宏杰纺织科技有限公司
郭金陵　兖矿集团兴隆庄煤矿
刘丹丹（女）　兖矿集团鲁南化工有限公司
周朋云　兖矿集团鲍店煤矿
张　强　兖矿集团济三电力公司
顾生兵　兖矿集团东华重工再制造分公司
陈　涛　济钢集团有限公司
吴俊旭　济南市工艺美术协会
王　利　泰安市泰山景区王力雕刻艺术有限公司
刘运斌　山东神力索具有限公司
牛兆学　青岛海尔空调电子有限公司
何立敏　山东黄金矿业（玲珑）有限公司
颜克林　山东黄金矿业（莱州）有限公司焦家金矿
张杰超　山东黄金矿业股份有限公司新城金矿
徐长雨　山东新华制药股份有限公司
逄润瑶（女）　青岛黄海制药有限责任公司
亓富军　国网山东省电力公司临沂供电公司
冯新岩　国网山东省电力公司检修公司
李荣德　国网山东省电力公司泰安供电公司
张保民　山东送变电工程公司
徐继龙　枣庄矿业（集团）有限责任公司新安煤业有限公司
崔立军　肥城矿业集团白庄煤矿有限公司
张荣强　汇泰投资集团股份有限公司
刘雪峰　烟台海博鲁菜研究中心
邓学义　济南舜耕山庄集团公司
车　勇　山东医药技师学院
张　莉（女）　山东特殊教育职业学院
袁　强　山东工业技师学院

2016年度山东省技术能手名单

2017年4月20日，山东省人力资源和社会保障厅印发《关于授予傅强等200人"山东省技术能手"称号的通报》，为进一步培育和传承精益求精的"工匠精神"，加快推进全省高技能人才队伍建设，引领带动广大劳动者钻研技术业务，走岗位成才之路，根据《关于加强高技能人才工作助推产业转型升级的意见》（鲁人社发〔2016〕22号）和《山东省高级技能人才评选奖励办法》》（鲁劳社〔2002〕33号）及有关规定，经各市人力资源社会保障局、省直有关部门（单位）推荐和省人力资源社会保障厅研究，决定授予傅强等200人"山东省技术能手"称号，公布名单如下：

2016年度山东省技术能手名单

济南市职业技能竞赛（3人）

傅　强　中国重汽济南动力有限公司铸锻中心
张广恒　山东润寰汽车销售服务有限公司
胡雯皓　济南市技师学院

青岛市职业技能竞赛（3人）

柳建厚　青岛啤酒厂
高　磊　青岛港国际股份有限公司前港分公司
陈　雷　国网山东省电力公司青岛市黄岛区供电公司

淄博市职业技能竞赛（3人）

胡正刚　山东金岭铁矿
崔万元　淄博市公共汽车公司
肖雪萍　淄博银座商城有限责任公司

枣庄市职业技能竞赛（3人）

蔡福宗　枣庄技师学院
张　群　山东泉兴矿业集团有限责任公司
张成新　滕州市远通公路工程有限公司

东营市职业技能竞赛（3人）

张　涛　胜利油田胜利动力机械集团有限公司
许同玉　华泰集团有限公司
吕建峰　利华益维远化工有限公司

烟台市职业技能竞赛（3人）

张凯丽　烟台老年公寓
张　波　烟台工贸技师学院
贾　亮　万华化学集团股份有限公司

潍坊市职业技能竞赛（3人）

刘家涛　潍柴控股集团有限公司
赵　兵　北汽福田诸城奥铃汽车厂
高继明　高密市高级技工学校

济宁市职业技能竞赛（3人）

邓祥振　山推高级技工学校
王玉可　凯尔菱电（山东）电梯有限公司
刘朝霞　济宁高新区香港大厦

泰安市职业技能竞赛（3人）

刘延忠　山东泰开变压器有限公司
李士动　国网山东省电力公司泰安供电公司
段慧龙　泰安技师学院

威海市职业技能竞赛（3人）

唐玉青　威海公共交通集团有限公司
刘宁宁　威海职业（技术）学院
邓鹏飞　威海广泰空港设备股份有限公司

日照市职业技能竞赛（3人）

梁加全　横山天湖集团有限公司
刘贤强　奥的斯机电电梯有限公司山东分公司
王洪建　日照市裕鑫动力有限公司

莱芜市职业技能竞赛（3人）

王美昌　莱芜市巨鼎酒店管理有限公司
宗世涛　山东泰山钢铁集团有限公司

李振东　山东鲁碧建材有限公司

临沂市职业技能竞赛（3人）

官德瑞　临沂市技师学院
张家铭　沂州福来喜酒店
丁彦玲　山东圆觉文化传播有限公司

德州市职业技能竞赛（3人）

孙立宝　山东德州双汇食品有限公司
李　雷　澳德乐大酒店
高凤云　山东德百集团超市公司

聊城市职业技能竞赛（3人）

李玉涛　山东时风（集团）有限责任公司
李孟全　聊城交通汽运集团有限责任公司
张爱忠　山东信发化工有限公司

滨州市职业技能竞赛（3人）

王海滨　滨州市腾达酒店
杜洪泉　滨州市贵苑大酒店
张　慧　滨州市中百大厦

菏泽市职业技能竞赛（3人）

张　强　国网山东省电力公司菏泽供电公司
王冬玲　菏泽市食品药品检验检测中心
殷　园　菏泽市社会福利院

第十二届山东省青年职业技能大赛（6人）

刘树英　泰安如意科技时尚产业有限公司
孙正见　临沂市技师学院
丁　春　山东毛豆科技网络有限公司
范入方　山东舒朗服装服饰股份有限公司
杨　洋　临沂市技师学院
赵　亮　山东省菏泽信息工程学校

第七届山东省化工行业职业技能大赛（4人）

常文军　滨化集团股份有限公司
孙江涛　山东滨化东瑞化工有限责任公司
许建刚　滨化集团股份有限公司
杜璐璐　滨化集团股份有限公司

山东省交通运输行业职业技能竞赛（4人）

安　伟　济南市公共交通总公司
王先红　济南市公共交通总公司
王金良　青岛港国际股份有限公司大港分公司
郝平川　潍坊市公共交通总公司

山东省水利行业职业技能大赛（3人）

曾文科　济宁市水利工程施工公司
刘代新　济宁市水利工程施工公司
于　涛　南水北调东线山东干线有限公司胶东管理局双王水库管理处

山东省体育行业职业技能竞赛（3人）

张世华　青岛市林武跆拳道俱乐部
孟　干　济南奥林匹克体育中心游泳馆
阎安涛　济南奥林匹克体育中心游泳馆

山东省工程测量职业技能竞赛（10人）

王自贤　山东冶金技师学院
马洪波　威海市地方铁路局
卢衍彬　山东省地方铁路局岚山管理处
于中华　山东省地方铁路局益羊铁路管理处
丁　诚　山东省地方铁路局岚山管理处
姜长磊　山东冶金技师学院
史先周　威海市地方铁路局
赵世宁　山东省地方铁路局益羊铁路管理处
苏立平　山东省地方铁路局益羊铁路管理处
李炳伟　山东省地方铁路局益羊铁路管理处

第四届全省粮食行业职业技能竞赛（3人）

程小丽　山东省粮油收储有限公司
杨　枫　山东省粮油收储有限公司
朱志选　临沂市粮食质量检测中心

山东省农机职业技能竞赛（2人）

盛卫来　费县探沂镇公进庄
夏永亭　滨州市云泉农机有限公司

“玥玛杯”山东省第五届五金制品行业技能竞赛（2人）

董　平　山东缔安防盗科技有限公司
张春发　济南锁具行业协会

“知行堂杯”山东省第五届工艺美术行业技能竞赛（1人）

田洪波　潍坊市工艺美术协会

“海尔杯”山东省第十一届家电行业职业技能竞赛（4人）

高立丽　山东现代学院
马淑君　山东力明学院
牛兆学　海尔中央空调顾客服务部
徐　昊　海尔空调技术部

山东省特种设备职业技能竞赛（3人）

庞　涛　日立电梯（中国）有限公司山东分公司

马寿虎　潍坊特钢集团有限公司
刘海江　山东拓能核电检测有限公司

山东省酿酒职业技能大赛（2人）
郭新琦　天地缘酒业有限公司
刘明坤　山东兰陵美股份有限公司

山东省商业系统职业技能竞赛（3人）
吕其兰　滕州银座商城有限公司大同路分公司
梁　静　泰安银座商城有限公司齐鲁分公司
崔玉梅　潍坊百货集团股份有限公司坊子佳乐家超市

第二届山东省旅游饭店行业服务技能竞赛（5人）
徐　俏　山东大厦
王　栋　山东大厦
邓淑霞　莱芜宾馆
孙晓伟　威海卫大厦
唐在飞　威海蓝天宾馆

山东省第四届电子设备装接技能比武大赛（1人）
李文峰　积成电子股份有限公司

第一届山东省铁道行业劳务派遣工职业技能竞赛（1人）
袁宁宁　济南铁路局青岛客运段

胜利油田第十九届职业技能竞赛（6人）
杨　宏　中石化胜利油田分公司滨南采油厂
唐　琳　中石化胜利油田分公司胜利采油厂
王新佳　中石化胜利石油工程公司黄河钻井总公司
赵　莉　中石化胜利油田分公司胜利采油厂
刘　鹏　中石化胜利油田分公司油气集输总厂
王海霞　中石化胜利油田管理局电力管理总公司

山东省营业员技能大赛（2人）
鞠富霞　银座集团济南八一店
朱　倩　银座集团淄博中心店

山东省黄金行业职业技能竞赛（3人）
张韶明　山东黄金矿业（莱州）有限公司焦家金矿
崔淑林　山东黄金矿业（玲珑）有限公司
綦希斌　山东黄金矿业（莱州）有限公司三山岛金矿

山东省黄河防汛抢险技能竞赛（1人）
张林轩　菏泽黄河河务局牡丹黄河河务局刘庄管理段

山东省畜牧兽医行业技能大赛（3人）
许晓燕　乳山市畜牧兽医工作站
肖培长　邹平县台子镇畜牧兽医站
刘跃光　诸城市畜牧兽医管理局相州畜牧兽医管理站

“福彩杯”山东省第二届孤残儿童护理员职业技能竞赛（1人）
刘云霞　济南市儿童福利院

港华燃气第五届客户服务大赛（1人）
刘星辉　清远港华燃气有限公司

山东省第四届摄影行业技能竞赛（2人）
王苓敏　济南人像摄影职业技能培训学校
陈建英　济南人像摄影职业技能培训学校

第七届全省气象行业职业技能竞赛（1人）
孟凡辉　夏津县气象局

山东省银行业金融机构金融统计暨跨境人民币业务技能竞赛（2人）
梁　霞　中国人民银行威海市中心支行
王嘉钰　中国农业发展银行威海市分行

全省邮政营业员、储汇业务员职业技能竞赛（2人）
郑玉婵　中国邮政集团公司济南市分公司
赵丽芳　中国邮政集团公司威海市分公司

山东联通员工技能竞赛（1人）
杜　援　中国联合网络通信有限公司济南市分公司

全省变电站值班员职业技能竞赛（1人）
徐万米　国网山东省电力公司淄博供电公司

第四届山东中烟工业有限责任公司烟机设备修理职业技能大赛（3人）
张　鹏　山东中烟工业有限责任公司济南卷烟厂
田　祥　菏山东中烟工业有限责任公司青岛卷烟厂
盖志强　山东中烟工业有限责任公司青岛卷烟厂

山东省钢铁黄金有色金属行业职工职业技能竞赛（6 人）

徐爱波　山钢股份莱芜分公司
李刚林　山钢股份莱芜分公司
陈　旭　山钢集团莱钢集团公司
郭　强　山东黄金矿业（莱州）有限公司三山岛金矿
王京芳　山东黄金矿业股份有限公司新城金矿
宋　涛　山东铝业公司

第四届山东省印刷行业职业技能大赛（3 人）

赵敏远　山东技师学院
张兴光　青岛黎马敦包装有限公司
纪　松　青岛黎马敦包装有限公司

全国工业机器人技术应用技能大赛山东省选拔赛（1 人）

闫学超　山东技师学院

第七届全国数控技能大赛山东省选拔赛（25 人）

高守河　山东工业技师学院
徐永瑞　山东技师学院
王岳鸿　山东技师学院
庄金修　山东工业技师学院实习工厂
周志强　山东工业技师学院
薛　彬　山东技师学院
赵　明　山东技师学院
吕玫萱　山东技师学院
钱　乐　山东技师学院
范振康　山东技师学院
张　伟　山东工业技师学院实习工厂
吴盛平　山东技师学院
梁　斌　山东工业技师学院实习工厂
罗　伟　山东技师学院
李　贵　淄博市技师学院
昃向淋　淄博市技师学院
赵曰耀　山东技师学院
朱亚会　山东技师学院
刘忠帅　山东技师学院
高　伟　山东技师学院
马国伟　山东劳动职业技术学院
张　超　山东劳动职业技术学院
庞佳诚　山东工业技师学院实习工厂
杨延峰　烟台职业学院
杨延凯　山东工业技师学院

第 44 届世界技能大赛山东省选拔赛及入选国家集训队优秀选手（22 人）

范振豪　山东技师学院
王昌省　山东工程技师学院
任洪鑫　淄博市技师学院
邓　欣　日照市技师学院
袁　强　山东工业技师学院
徐雪彦　山东劳动职业技术学院
曲　笛　山东省城市服务技师学院
单体宝　山东工业技师学院
吴凯琪　山东劳动职业技术学院
毕贞辉　烟台城乡建设学校
孙荟丰　烟台城乡建设学校
高　凡　烟台城乡建设学校
高　适　烟台城乡建设学校
史晓峰　烟台城乡建设学校
王建强　山东交通技师学院
杨永帅　山东工业技师学院
王玉鑫　山东劳动职业技术学院
安　帅　山东劳动职业技术学院
孔德龙　淄博技师学院
郑　辉　山东技师学院
王乐意　临沂市技师学院
王雯雯　潍坊市技师学院

全国工业机器人技术应用技能大赛（2 人）

刘　寒　邹平远大物资有限公司
赵　普　山东技师学院

中国技能大赛第六届全国饭店业职业技能竞赛（1 人）

刘铁柱　威海昆嵛酒店有限公司

“中国箱包之都·白沟杯”全国首届皮具设计制作职业技能竞赛（1 人）

于桂香　金猴集团有限公司

中国技能大赛全国住房城乡建设行业“陕建杯”职业技能竞赛（2 人）

李先杰　青岛建安建设集团有限公司
王世青　山东锦华建设集团有限公司

索 引

H

J

K

L

M

N

P

Q

R

S

T

W

X

Y

Z

济南市人民政府向外国专家颁发“泉城友谊奖”

济南市人力资源和社会保障局与湖南省湘西州人力资源和社会保障局签订两地劳务扶贫协作协议

济南市工伤预防试点工作启动

智能武装家政，机器人将作为济南家政人员外脑

济南市开发应用调解仲裁网格化集成管理系统

济南市社保服务大厅工作人员热心为群众服务

2017 中国全球智库创新年会在青岛市举行

第 17 届中国青岛蓝色经济国际人才暨产学研合作洽谈会

青岛市“春风行动”共举办 140 场招聘大集

青岛市创新社会保险待遇资格认证方式，实现手机 APP 自主认证

淄博市人民政府向外国专家颁发“淄博友谊奖”

淄博市人力资源和社会保障局和澳大利亚联邦科学与工业研究院中澳创新技术转移中心签署合作意向书

淄博市第二届创客大赛

淄博市实现社保卡“一卡通”

枣庄市山亭区桑村就业扶贫车间

枣庄市人力资源和社会保障局开展全民参保登记入户调查

枣庄市开展农民工权益维护政策法规宣传

枣庄市为困难企业职工发放稳岗补贴

东营市第二届海外留学人才招才引智对接会

东营市举办招才引智座谈会及海外人才工作站签约仪式

东营市开展居民医疗保险进社区宣传活动

广饶县大王镇人力资源和社会保障服务中心荣获“全国人力资源和社会保障系统先进集体”称号

烟台市劳动人事争议仲裁院获“全国人力资源和社会保障系统优质服务窗口”称号

烟台市人力资源和社会保障局获山东省社会保障卡知识竞赛一等奖

烟台市社保经办服务进养老院

烟台市举办中国人力资本论坛

潍坊市大学生创新创业大赛

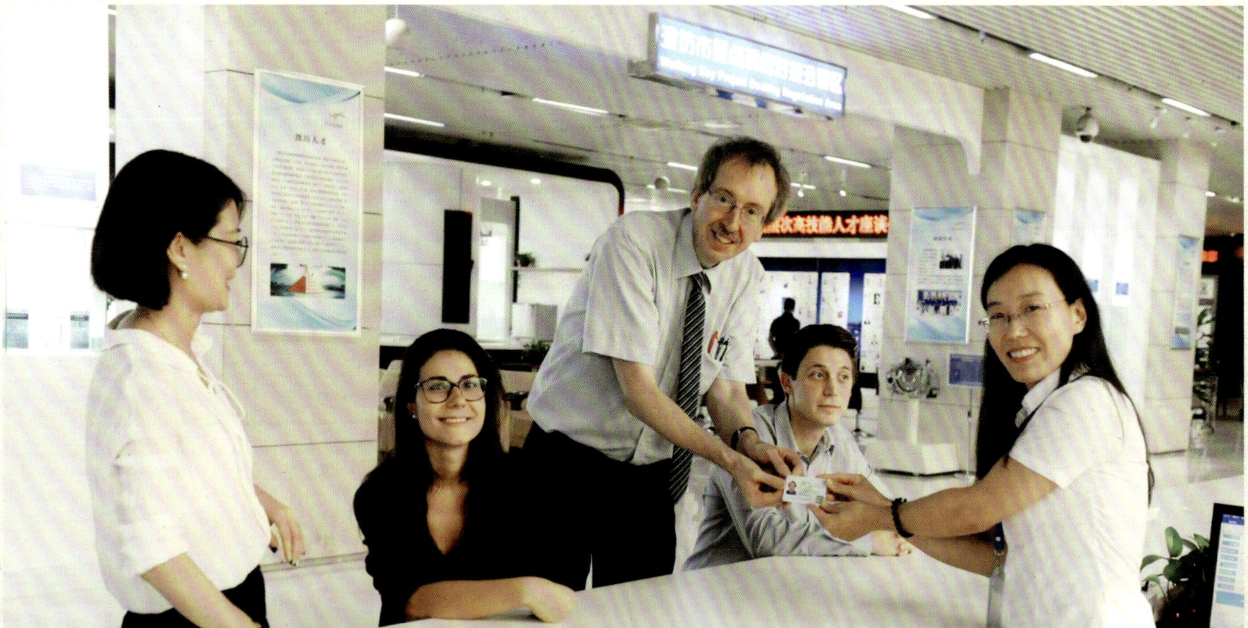

潍坊市为外国专家提供一站式服务

潍坊市在“全国大众创业万众创新活动周”演示人社自助服务终端

山东省《就业创业证》和社会保障卡“证卡合一”在潍坊试点

辽宁省葫芦岛市 82 岁老人姜西荣成为济宁市首例跨省异地就医结算的病人

济宁市就业扶贫车间

济宁市人力资源和社会保障局工作人员走进企业宣传政策

济宁市启动全民参保计划

泰安市委书记王云鹏（右）会见“第二届外国专家泰安行”外国专家代表

泰安市委组织部副部长，泰安市人力资源和社会保障局党委书记、局长蒋永斌（右）看望军转干部

泰安市开展以“话说居民养老保险”为主题的 12333 全国统一咨询日活动

泰安市社会保障卡知识竞赛决赛

中国留日同学总会在威海市设立国内首个创新创业基地

威海市与俄罗斯沃罗涅什市签署“双创”基地协议

参加威海市“英创会”的国内外专家走进企业参观考察

威海市人力资源和社会保障局在枣庄市举办对口扶贫协作专场招聘活动

中共日照市委常委、日照市常务副市长刘兆亮会见荣获“中国政府友谊奖”的日照市外国专家

山东省社会保障卡知识竞赛日照赛区选拔赛

举办“2017 中国·日照创业示范平台发展高峰论坛”

日照市举办第三届“技能之星”职业技能大赛

莱芜市举行工伤保险集中宣传活动

莱芜市举办 2017 年春季大型用工招聘会

莱芜市开展专家服务基层活动

莱芜市劳动人事争议仲裁委员会聘请当地律师事务所和法律服务所专业人士任兼职仲裁员

临沂市人民政府向外国专家颁发“沂蒙友谊奖”

临沂市开展人社法律法规宣传活动

返乡创业大学生带动贫困人员脱贫致富

蒙阴县垛庄镇就业扶贫车间

德州市获批鲁北人才改革试验区

德州市人力资源和社会保障局设立廉政室，党风廉政建设工作取得显著成效

德州市社会保障卡知识竞赛决赛

德州市菁英荟——优秀青年人才招聘会

聊城市举办海外高层次人才交流会

聊城市举办“创新驱动·智汇水城——2017 院士专家聊城行”活动

聊城市举办“第四届创业大赛暨首届创业孵化平台服务能力大赛”

聊城市积极推进“标准化、信息化、一体化”建设，争创国家级社保标准化先行城市

滨州市制发社保卡 372 万张，持卡人口覆盖率达 95.6%

山东省首届“十大最美基层人社干部”获得者、滨州市经济技术开发区沙河街道人力资源社会保障所李会娟（左）热心服务群众

滨州市举办 2017“春风行动”大型招聘会

滨州市完成首例跨省就医住院费用实时结算

菏泽市返乡创业大会

菏泽市人力资源市场特需型就业创业服务区

菏泽市涌现出一大批返乡创业典型

菏泽市创业大学

图书在版编目（CIP）数据

山东省人力资源和社会保障年鉴 . 2018 / 山东省人力资源和社会保障厅编 . -- 北京 : 中国文史出版社，2018.10

ISBN 978-7-5205-0690-8

Ⅰ. ①山… Ⅱ . ①山… Ⅲ . ①人力资源管理 – 山东 – 2018 – 年鉴②社会保障 – 山东 – 2018 – 年鉴 Ⅳ . ① F249.275.2-54 ② D632.1-54

中国版本图书馆 CIP 数据核字 (2018) 第 252253 号

责任编辑：程　凤

出版发行：中国文史出版社

社　　址：北京市海淀区西八里庄69号院　邮编：100142

电　　话：010- 81136606　81136602　81136603（发行部）

传　　真：010-81136655

印　　装：山东新华印务有限责任公司

经　　销：全国新华书店

开　　本：889 × 1194　1/16

印　　张：29.25

字　　数：563千字

版　　次：2018年10月北京第1版

印　　次：2018年10月第1次印刷

定　　价：298.00元